Imagina

Español sin barreras

Curso intermedio de lengua española

José A. Blanco

C. Cecilia Tocaimaza-Hatch

VISTA®
HIGHER LEARNING

Boston, Massachusetts

Publisher: José A. Blanco

President: Janet Dracksdorf

Editorial Development: Judith Bach, Deborah Coffey, María Victoria Echeverri, Iñigo Javaloyes

Project Management: Maria Rosa Alcaraz, Hillary Gospodarek, Sharon Inglis, Adriana Lavergne, Sofía Pellón

Technology Production: Lauren Krolick, Sonja Porras, Paola Ríos Schaaf

Design: Robin Herr, Michelle Ingari, Jhoany Jiménez, Erik Restrepo Vallejo, Nick Ventullo

Production: Oscar Díez, Jennifer López, Fabián Montoya, Andrés Vanegas

Student Text (Perfectbound) ISBN: 978-1-61857-881-5
Student Text (Casebound) ISBN: 978-1-61857-883-9

Instructor's Annotated Edition ISBN: 978-1-61857-884-6

Library of Congress Control Number: 2013952275

1 2 3 4 5 6 7 8 9 WC 19 18 17 16 15 14

INSTRUCTOR'S ANNOTATED EDITION

Table of Contents

The Vista Higher Learning Story
Your Specialized Foreign Language Publisher

Independent, specialized, and privately owned, Vista Higher Learning was founded in 2000 with one mission: to raise the teaching and learning of world languages to a higher level. This mission is based on the following beliefs:

- It is essential to prepare students for a world in which learning another language is a necessity, not a luxury.
- Language learning should be fun and rewarding, and all students should have the tools they need to achieve success.
- Students who experience success learning a language will be more likely to continue their language studies both inside and outside the classroom.

With this in mind, we decided to take a fresh look at all aspects of language instructional materials. Because we are specialized, we dedicate 100 percent of our resources to this goal and base every decision on how well it supports language learning.

That is where you come in. Since our founding, we have relied on the invaluable feedback of language instructors and students nationwide. This partnership has proved to be the cornerstone of our success by allowing us to constantly improve our programs to meet your instructional needs.

The result? Programs that make language learning exciting, relevant, and effective through:

- unprecedented access to resources
- a wide variety of contemporary, authentic materials
- the integration of text, technology, and media, and
- a bold and engaging textbook design.

By focusing on our singular passion, we let you focus on yours.

The Vista Higher Learning Team

VISTA®
HIGHER LEARNING

500 Boylston Street, Suite 620, Boston, MA 02116-3736 TOLL-FREE: 800-618-7375
TELEPHONE: 617-426-4910 FAX: 617-426-5209 www.vistahigherlearning.com

Getting to Know IMAGINA

IMAGINA, Third Edition, is a market-leading intermediate Spanish program designed to provide students with an active and rewarding learning experience as they strengthen their language skills and develop their cultural competency. **IMAGINA** takes an interactive, communicative approach. It focuses on real communication in meaningful contexts to develop and consolidate students' speaking, listening, reading, and writing skills. **IMAGINA** features a fresh, magazine-like design that engages students while integrating thematic, cultural, and grammatical concepts within every section of the text.

NEW to the Third Edition

- New Supersite offers more powerful course management tools and a simplified user experience—now with iPad®-friendly* features

- Online Partner Chat and video Virtual Chat activities for conversational skill building and oral practice

- Three new authentic short films: **No me ama** (lesson 1), **Recursos humanos** (lesson 7), **El clon** (lesson 8)

- New **Literatura** reading in lesson 2: **La vida y los recuerdos** by Eugenia Viteri

- **Flash Cultura** section integrated in the textbook

- Expanded Testing Program with new vocabulary and grammar quizzes **(Minipruebas)**

- More activities online, including all **Manual de gramática** activities found in the back of the textbook

Plus, the original hallmark features of IMAGINA

- Authentic short films by award-winning Hispanic filmmakers and a wide range of pre- and post-viewing activities

- Dramatic photos and thought-provoking discussion questions

- Real-life, practical vocabulary related to the lesson theme followed by directed and communicative activities

- Rich, contemporary cultural presentations, including **Flash Cultura** video and **En pantalla** TV clips

- Clear, comprehensive grammar explanations followed by thematically and culturally relevant activities

- **Manual de gramática** supplemental grammar explanations and practice for every lesson at the back of the book

- Authentic literary selections including poems and short stories

*Students must use a computer for audio recording and select presentations and tools that require Flash or Shockwave.

CONTENIDO

CONTENIDO

CONTENIDO

Icons

Familiarize yourself with these icons that appear throughout **IMAGINA**.

 Content on the Supersite: audio, video, and presentations

 Activity on the Supersite

 Pair activity

 Group activity

Pair and mouse icons together indicate that the activity is available as an assignable Partner Chat on the Supersite. Additional practice on the Supersite, not included in the textbook, is indicated with this icon feature:

 Practice more at **vhlcentral.com.**

The IMAGINA Supersite

The **IMAGINA** Supersite is your online source for integrating text and technology resources. The Supersite enhances language learning and facilitates simple course management. With powerful functionality, a focus on language learning, and a simplified user experience, the Supersite offers features based directly on feedback from thousands of users.

End Student Frustration

Make it a cinch for students to track due dates, save work, and access all assignments and resources.

Set-Up Ease

Customize your course and section settings, create your own grading categories, plus copy previous settings to save time.

All-in-One Gradebook

Add your own activities or use the new grade adjustment tool for a true, cumulative grade.

Grading Options

Choose to grade student-by-student, question-by-question, or spot check. Plus, give targeted feedback via in-line editing and voice comments.

Accessible Student Data

Conveniently share information one-on-one, or issue class reports in the formats that best fit you and your department.

Instructor resources include:

- A gradebook to manage rosters, assignments, and grades
- **NEW!** Time-saving auto-graded activities, plus question-by-question and automated spot-checking
- A communication center for announcements, notifications, and help requests
- Downloadable digital image bank (PDF), pre-made syllabi and lesson plans (RTF), and Testing Program (RTF)
- Instructor Resources (answer keys, audio-video scripts, translations, grammar powerpoints)
- **NEW!** Online administration of quizzes and exams, now with time limits and password protection
- **NEW!** Tools to add your own content to the Supersite:
    - Create and assign Partner Chat and open-ended activities
    - Upload and assign videos and outside resources
- **NEW!** Single sign-on feature for integration with your LMS
- Lab and Testing Audio Program MP3 files
- **NEW!** Live Chat for video chat, audio chat, and instant messaging
- Voiceboards for oral assignments, group discussions, and projects
- **v̂Text** the online, interactive text

Each section of the textbook comes with resources and activities on the **IMAGINA** Supersite, many of which are auto-graded with immediate feedback. Plus, the Supersite is iPad®-friendly*, so it can be accessed on the go! Visit **vhlcentral.com** to explore this wealth of exciting resources.

PARA EMPEZAR
- Audio of the **Vocabulary** with recording activity for oral practice
- Textbook and extra practice activities
- Partner Chat and Virtual Chat activities for increased oral practice

CORTOMETRAJE
- Streaming video of the short film with instructor-controlled options for subtitles
- Audio of the **Vocabulary** with recording activity for oral practice
- Pre- and post-viewing activities
- Partner Chat and Virtual Chat activities for increased oral practice

IMAGINA
- Main **IMAGINA** cultural reading
- **Conexión Internet** search activity
- Streaming video of **Flash Cultura** cultural video and **En pantalla** TV clips
- Auto-graded textbook and extra practice activities
- Virtual Chat activity for increased oral practice

ESTRUCTURAS
- Textbook grammar presentations
- Textbook and extra practice activities
- Partner Chat activities for increased oral practice
- **Repaso** self-test

CULTURA
- Audio-synced reading of the main **CULTURA** text
- **Conexión Internet** search activity
- Textbook and extra practice activities
- Partner Chat and Virtual Chat activities for increased oral practice

LITERATURA
- Audio-synced reading of the literary text
- Textbook and extra practice activities
- Partner Chat and Virtual Chat activities for increased oral practice
- **Plan de redacción** composition activity

VOCABULARIO
- Vocabulary list with audio
- Flashcards with audio

MANUAL DE GRAMÁTICA
- Textbook grammar presentations
- Practice activities with immediate feedback
- Animated grammar tutorials for review topics

Plus! Also found on the Supersite:
- Lab audio MP3 files
- My Vocabulary tool for personalized word lists and flashcards
- Live Chat to connect with students in real time, without leaving your browser (instant messaging, audio chat, video chat)
- Communication center for instructor notifications and feedback
- A single gradebook for all Supersite activities
- WebSAM online Student Activities Manual
- **v̂Text** online, interactive student edition with access to Supersite activities, audio, and video.

Supersite features vary by access level. Visit **vistahigherlearning.com** to explore which Supersite level is right for you.
*Students must use a computer for audio recording and select presentations and tools that require Flash or Shockwave.

CONTENIDO

outlines the content and themes of each lesson.

Lesson opener The first two pages introduce students to the lesson theme. Dynamic photos and brief descriptions of the theme's film, culture topics, and readings serve as a springboard for class discussion.

Lesson overview A lesson outline prepares students for the linguistic and cultural topics they will study in the lesson.

ⓢupersite

Supersite resources are available for every section of the lesson at **vhlcentral.com**. Icons show you which textbook activities are also available online, and where additional practice activities are available. The description next to the ⓢ icon indicates what additional resources are available for each section: videos, audio recordings, readings and presentations, and more!

Supersite features vary by access level. Visit **vistahigherlearning.com** to explore which Supersite level is right for you.

PARA EMPEZAR

practices the lesson vocabulary with thematic activities.

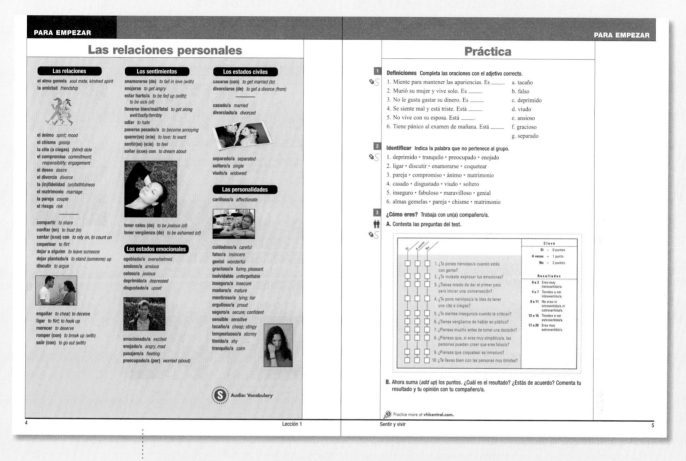

Vocabulary Easy-to-study thematic lists present useful vocabulary.

Photos and illustrations Dynamic, full-color photos and art illustrate selected vocabulary terms.

Práctica This set of activities practices vocabulary in diverse formats and engaging contexts.

Supersite

- Audio recordings of all vocabulary items
- All textbook activities including Partner Chat activities
- Additional online-only Virtual Chat activities and practice activities

Supersite features vary by access level. Visit **vistahigherlearning.com** to explore which Supersite level is right for you.

CORTOMETRAJE

features award-winning short films by contemporary Hispanic filmmakers.

Films Compelling short films from four different countries let students see and hear Spanish in its authentic contexts. Films are thematically linked to the lessons.

Escenas Video stills with captions from the film prepare students for the film and introduce some of the expressions they will encounter.

Notas culturales These sidebars with cultural information related to the **Cortometraje** help students understand the cultural context and background surrounding the film.

Supersite

- Streaming video of short films with instructor-controlled subtitle options

Supersite features vary by access level. Visit **vistahigherlearning.com** to explore which Supersite level is right for you.

PREPARACIÓN and ANÁLISIS

provide pre- and post-viewing support for each film.

Preparación Pre-viewing activities set the stage for the film by providing vocabulary support, background information, and opportunities to anticipate the film content.

Análisis Post-viewing activities check student comprehension and allow them to explore broader themes from the film in relation to their own life.

Supersite

- All textbook activities including Partner Chat activities

- Additional online-only Virtual Chat and practice activities

Supersite features vary by access level. Visit **vistahigherlearning.com** to explore which Supersite level is right for you.

IMAGINA

simulates a voyage to the featured country or region.

Magazine-like design Each reading is presented in the attention-grabbing visual style you would expect from a magazine.

Readings Dynamic readings draw students' attention to culturally significant locations, traditions, and monuments of the country or region.

El español de... Terms and expressions specific to the country or region are highlighted in easy-to-reference lists.

Supersite

- All reading selections

Supersite features vary by access level. Visit **vistahigherlearning.com** to explore which Supersite level is right for you.

GALERÍA DE CREADORES

profiles important cultural and artistic figures from the region.

Profiles and dramatic images Brief descriptions provide a synopsis of the featured person's life and cultural importance. Colorful photos show their faces and artistic creations.

Activities ¿Qué aprendiste? activities check student comprehension of the **Imagina** and **Galería de creadores** readings and lead them to further exploration.

Flash Cultura Each lesson features a video shot in the form of a news broadcast. Video stills and activities provide visual and linguistic cues to help prepare students for watching the video. Comprehension and expansion activities help them get the most out of it.

Ⓢupersite

- All reading selections
- **Conexión Internet** search activity
- Textbook activities and online-only Virtual Chat and comprehension activities

Supersite features vary by access level. Visit **vistahigherlearning.com** to explore which Supersite level is right for you.

ESTRUCTURAS

presents key intermediate grammar topics with detailed visual support.

Integration of Cortometraje Photos with quotes or captions from the lesson's short film show the new grammar structures in meaningful contexts.

Charts and diagrams Colorful, easy-to-understand charts and diagrams highlight key grammar structures and related vocabulary.

Grammar explanations Explanations are written in clear, easy-to-understand language for reference both in and out of class.

Atención These sidebars expand on the current grammar point and call attention to possible sources of confusion.

Taller de consulta These sidebars reference relevant grammar points presented actively in **Estructuras**, and refer students to the supplemental **Manual de gramática** found at the end of the book.

ESTRUCTURAS

progresses from directed to communicative practice.

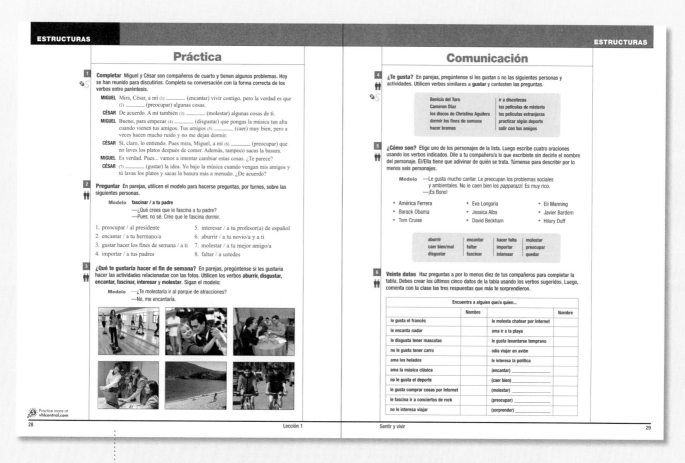

Práctica Directed exercises support students as they begin working with the grammar structures, helping them master the forms they need for personalized communication.

Comunicación Open-ended, communicative activities help students internalize the grammar point in a range of contexts involving pair and group work.

Manual de gramática Practice for grammar points related to those taught in **Estructuras** are included for review and/or enrichment at the end of the book.

Supersite

- Grammar presentations
- All textbook activities including Partner Chat activities
- Additional online-only practice activities
- **Manual de gramática** with corresponding activities

Supersite features vary by access level. Visit **vistahigherlearning.com** to explore which Supersite level is right for you.

SÍNTESIS

brings together the lesson grammar and vocabulary themes.

ESTRUCTURAS

Síntesis

Un consejo sentimental

Doctora Corazones,

Tengo 30 años. Hace tres meses que conocí a Marcela, mi novia. Creo que es la mujer de mi vida y le soy fiel°. Pero tengo un problema y me gustaría consultarlo con usted: Resulta° que me vine a San Antonio por seis meses por razones de trabajo y mi novia se quedó en Nueva York. Por eso, diariamente nos comunicamos por Internet: nos encanta escribirnos mensajes electrónicos por medio del chat.

Un día se me ocurrió hacerme pasar por otro hombre,° para ver si la conquistaba. La verdad es que me costó bastante, pero lo logré°. Ahora mi novia mantiene una segunda relación virtual con un hombre que ella piensa que es otro. Este juego me preocupa mucho y realmente no sé cómo manejarlo°. Yo la quiero mucho y estoy seguro de que ella me ama, pero para mí esto es como una traición°, un engaño°. La verdad es que no sé qué hacer.

Estoy desesperado.
Gracias,
Carlos

faithful

It turns out

se me... I got the idea to pretend I was another man

I succeeded

handle it

betrayal/deception

1 **La carta** Trabajen en grupos pequeños. Lean la carta dirigida a la Dra. Corazones, consejera sentimental, y luego contesten las preguntas.

1. ¿Por qué Carlos y su novia se comunican por Internet?
2. ¿Qué hizo Carlos?
3. ¿Cuál es el resultado?
4. ¿Cómo se siente él ahora?

2 **Comentar** Con el grupo, comenten el problema de Carlos y propongan una solución. Elijan a un miembro del grupo para presentar la solución a la clase.

3 **La solución** Con toda la clase, escuchen y comenten las soluciones propuestas por los grupos, pensando en las siguientes preguntas. Entre todos, deben proponer una solución al problema de Carlos.

1. ¿Cómo reaccionan los grupos ante el problema de Carlos?
2. ¿Propone cada grupo una solución distinta?
3. ¿Cuál es la mejor solución?

30   Lección 1

Reading Theme-related readings, realia, and charts reinforce the grammar structures and lesson vocabulary in engaging formats.

Activities This section integrates the three grammar points of the lesson, providing built-in, consistent review and recycling as you progress through the text.

upersite

• **Repaso** self-tests

Supersite features vary by access level. Visit **vistahigherlearning.com** to explore which Supersite level is right for you.

CULTURA

features a dynamic cultural reading.

Readings Brief, comprehensible readings present students with additional cultural information related to the lesson theme.

Design Readings are carefully laid out with line numbers, marginal glosses, pull quotes, and box features to help make each piece easy to navigate.

Photos Vibrant, dynamic photos visually illustrate the reading.

Supersite

• Audio-sync technology for the cultural reading that highlights text as it is being read

• All textbook activities including one Partner Chat activity

• Additional online-only Virtual Chat activity

• **Conexión Internet** search activity

Supersite features vary by access level. Visit **vistahigherlearning.com** to explore which Supersite level is right for you.

LITERATURA

showcases literary readings by well-known writers from across the Spanish-speaking world.

Literatura Comprehensible and compelling, these readings present new avenues for using the lesson's grammar and vocabulary.

Design Each reading is presented in the attention-grabbing visual style you would expect from a magazine, along with glosses of unfamiliar words.

⑤upersite

- Audio-sync technology for the literary reading that highlights text as it is being read

Supersite features vary by access level. Visit **vistahigherlearning.com** to explore which Supersite level is right for you.

PREPARACIÓN and ANÁLISIS

activities provide in-depth pre- and post-reading support for each selection in Literatura and Cultura.

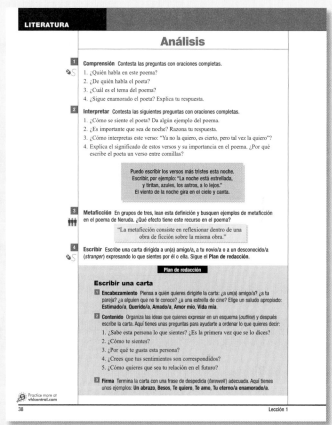

Preparación Vocabulary presentation and practice, author biographies, and pre-reading discussion activities prepare students for the reading.

Análisis Post-reading activities check student understanding and guide them to discuss the topic of the reading, express their opinions, and explore how it relates to their own experiences.

Plan de redacción A guided writing assignment concludes every **Literatura** section.

Supersite

• All textbook activities including one Partner Chat activity

• Additional online-only Virtual Chat and comprehension activities

• **Sobre el autor** reading

Supersite features vary by access level. Visit **vistahigherlearning.com** to explore which Supersite level is right for you.

VOCABULARIO

summarizes the active vocabulary in each lesson.

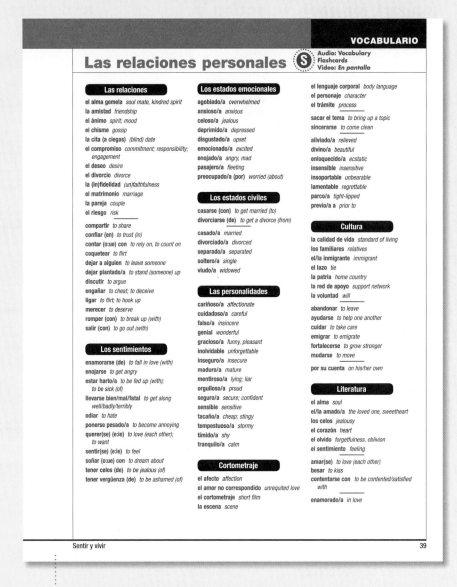

VOCABULARIO

Las relaciones personales
Audio: Vocabulary
Flashcards
Video: *En pantalla*

Las relaciones
el alma gemela *soul mate, kindred spirit*
la amistad *friendship*
el ánimo *spirit; mood*
el chisme *gossip*
la cita (a ciegas) *(blind) date*
el compromiso *commitment; responsibility; engagement*
el deseo *desire*
el divorcio *divorce*
la (in)fidelidad *(un)faithfulness*
el matrimonio *marriage*
la pareja *couple*
el riesgo *risk*

compartir *to share*
confiar (en) *to trust (in)*
contar (o:ue) con *to rely on, to count on*
coquetear *to flirt*
dejar a alguien *to leave someone*
dejar plantado/a *to stand (someone) up*
discutir *to argue*
engañar *to cheat; to deceive*
ligar *to flirt; to hook up*
merecer *to deserve*
romper (con) *to break up (with)*
salir (con) *to go out (with)*

Los sentimientos
enamorarse (de) *to fall in love (with)*
enojarse *to get angry*
estar harto/a *to be fed up (with); to be sick (of)*
llevarse bien/mal/fatal *to get along well/badly/terribly*
odiar *to hate*
ponerse pesado/a *to become annoying*
querer(se) (e:ie) *to love (each other); to want*
sentir(se) (e:ie) *to feel*
soñar (o:ue) con *to dream about*
tener celos (de) *to be jealous (of)*
tener vergüenza (de) *to be ashamed (of)*

Los estados emocionales
agobiado/a *overwhelmed*
ansioso/a *anxious*
celoso/a *jealous*
deprimido/a *depressed*
disgustado/a *upset*
emocionado/a *excited*
enojado/a *angry, mad*
pasajero/a *fleeting*
preocupado/a (por) *worried (about)*

Los estados civiles
casarse (con) *to get married (to)*
divorciarse (de) *to get a divorce (from)*
casado/a *married*
divorciado/a *divorced*
separado/a *separated*
soltero/a *single*
viudo/a *widowed*

Las personalidades
cariñoso/a *affectionate*
cuidadoso/a *careful*
falso/a *insincere*
genial *wonderful*
gracioso/a *funny, pleasant*
inolvidable *unforgettable*
inseguro/a *insecure*
maduro/a *mature*
mentiroso/a *lying; liar*
orgulloso/a *proud*
seguro/a *secure; confident*
sensible *sensitive*
tacaño/a *cheap; stingy*
tempestuoso/a *stormy*
tímido/a *shy*
tranquilo/a *calm*

Cortometraje
el afecto *affection*
el amor no correspondido *unrequited love*
el cortometraje *short film*
la escena *scene*

el lenguaje corporal *body language*
el personaje *character*
el trámite *process*

sacar el tema *to bring up a topic*
sincerarse *to come clean*

aliviado/a *relieved*
divino/a *beautiful*
enloquecido/a *ecstatic*
insensible *insensitive*
insoportable *unbearable*
lamentable *regrettable*
parco/a *tight-lipped*
previo/a a *prior to*

Cultura
la calidad de vida *standard of living*
los familiares *relatives*
el/la inmigrante *immigrant*
el lazo *tie*
la patria *home country*
la red de apoyo *support network*
la voluntad *will*

abandonar *to leave*
ayudarse *to help one another*
cuidar *to take care*
emigrar *to emigrate*
fortalecerse *to grow stronger*
mudarse *to move*

por su cuenta *on his/her own*

Literatura
el alma *soul*
el/la amado/a *the loved one, sweetheart*
los celos *jealousy*
el corazón *heart*
el olvido *forgetfulness, oblivion*
el sentimiento *feeling*

amar(se) *to love (each other)*
besar *to kiss*
contentarse con *to be contented/satisfied with*

enamorado/a *in love*

Sentir y vivir
39

Vocabulario All the lesson's active vocabulary is grouped in easy-to-study thematic lists and tied to the lesson section in which it was presented.

Ⓢupersite

- Audio recordings of all vocabulary items
- Vocabulary flashcards with audio

Supersite features vary by access level. Visit **vistahigherlearning.com** to explore which Supersite level is right for you.

IMAGINA and the *Standards for Foreign Language Learning*

Since 1982, when the *ACTFL Proficiency Guidelines* were first published, that seminal document and its subsequent revisions have influenced the teaching of modern languages in the United States. **IMAGINA** was written with the concerns and philosophy of the *ACTFL Proficiency Guidelines* in mind. It emphasizes an interactive, proficiency-oriented approach to the teaching of language and culture.

The pedagogy behind **IMAGINA** was also informed from its inception by the *Standards for Foreign Language Learning in the 21st Century*. First published under the auspices of the *National Standards in Foreign Language Education Project*, the Standards are organized into five goal areas, often called the Five C's: Communication, Cultures, Connections, Comparisons, and Communities. National Standards icons appear on the pages of your IAE to call out sections that have a particularly strong relationship with the Standards.

Since **IMAGINA** employs a communicative approach to the teaching of Spanish, the Communications goal is an integral part of the student text. Diverse formats (discussion topics, role-plays, interviews, oral presentations, and so forth) promote authentic communicative exchanges in which students provide, obtain, and interpret information, as well as express emotions or opinions. Interactive **Comunicación, Síntesis,** and **Análisis** activities allow students to synthesize grammatical, cultural, and thematic material to expand their communicative abilities. In addition to oral skills, written communicative skills are strengthened through a wide array of practical and creative tasks.

IMAGINA also stresses cultural competency and the ability to make connections as invaluable components of language learning. **Cortometraje, Imagina, Cultura,** and **Literatura** all give the opportunity to acquire information, expand cultural knowledge, and recognize distinctive viewpoints. Through connections with multiple disciplines such as film, literature, and art, students are exposed to various cultural practices and perspectives of the Spanish-speaking world. **Nota cultural** sidebars provide additional opportunities for students to connect to language through culture.

Students develop further insight into the nature of language and culture through comparisons with their own. Compelling discussion topics throughout the text encourage students to compare new information with familiar concepts and ideas. In addition, the clear, comprehensive grammar explanations in **Estructuras** allow students to compare and contrast the grammatical structures of their own language with those presented in **IMAGINA**.

Finally, **IMAGINA** encourages students to expand their use of language beyond the classroom setting and participate in broader, richer Spanish-speaking communities. In the **Imagina** section of each lesson, outside projects, multimedia resources, and online information and activities provide access to a wealth of opportunities for students to expand their use of Spanish outside the classroom.

As you become familiar with the **IMAGINA** program, you will find many more connections to the *Standards for Foreign Language Learning*. We encourage you to keep its goals in mind and to make new connections as you work with the text and ancillaries.

Instructor Resources

IMAGINA, Third Edition, offers a wide array of resources to support instructors and students. Below is a list of the key instructor support materials.

Instructor's Annotated Edition

This edition of **IMAGINA** contains tips, suggestions, ideas for expansion, and more, all conveniently overprinted on the Student Edition page.

Supersite

In addition to full access to the Student Supersite, the password-protected Instructor Supersite offers a robust course management system that allows you to assign and track student progress. *For more details, see pages IAE-12 and IAE-13.*

Instructor's Resource DVD Set

This DVD set includes the **Cortometraje** films and the **Flash Cultura** videos, both with instructor-controlled subtitles in English and Spanish. The videos are also available on the Supersite.

Testing Program

The Testing Program is delivered in ready-to-print PDF and also in editable RTF (rich text format). The testing materials include vocabulary and grammar quizzes (**Minipruebas**), lesson tests (**Pruebas**), mid-term and final exams (**Exámenes**), optional testing, answer keys, and MP3 files for listening activities.

Other Resources

Other resources available on the Supersite include: a sample lesson plan; scripts for the Lab Audio Program; scripts and translations for the **Cortometraje** films, **Flash Cultura** episodes, and **En pantalla** TV clips; teaching suggestions for some textbook sections; and the Student Activities Manual Answer Key.

Student Ancillaries

Student Activities Manual (SAM)

The **Student Activities Manual** consists of two parts: the **Workbook** and the **Lab Manual**.

- **Workbook**

  The **Workbook** activities provide additional practice of the vocabulary and grammar for each textbook lesson. They also reinforce the content of the **Imagina** section.

- **Lab Manual**

  The **Lab Manual** activities focus on building students' pronunciation and listening comprehension skills in Spanish. They provide additional practice of the vocabulary and grammar of each lesson. They also revisit the **Literatura** reading with dramatic recordings and activities.

WebSAM

Completely integrated with the **IMAGINA** Supersite, the **WebSAM** provides access to online **Workbook** and **Lab Manual** activities with instant feedback and grading for select activities. The complete audio program is accessible online in the **Lab Manual** and features record-submit functionality for select activities. The MP3 files can be downloaded from the **IMAGINA** Supersite and can be played on a computer, portable MP3 player or mobile device.

Student Activities Manual Answer Key

This component, available upon instructor request, includes answers for all activities with discrete answers in the **Student Activities Manual**.

IMAGINA, Third Edition, Supersite

Included with the purchase of every new student edition, the passcode to the Supersite (**vhlcentral.com**) gives students access to a wide variety of interactive activities for each section of every lesson of the student text, including auto-graded activities for extra practice with vocabulary, grammar, video, and cultural content; reference tools; the **En pantalla** TV clips; the short films, **Flash Cultura** videos; the Lab Program MP3 files, and more. *For additional details, see pages IAE-12 and IAE-13.*

IMAGINA Film Collection

Fully integrated with your textbook, the **IMAGINA** Film Collection features dramatic short films by Hispanic filmmakers. These films are the basis for the pre- and post-viewing activities in the **Cortometraje** section of each lesson. The films are a central feature of the lesson, providing opportunities to review and recycle vocabulary from **Para empezar**, and previewing and contextualizing the grammar from **Estructuras**.

These films offer entertaining and thought-provoking opportunities to build listening comprehension skills and cultural knowledge of Spanish speakers and the Spanish-speaking world.

Besides providing entertainment, the films serve as a useful learning tool. As students watch the films, they will observe characters interacting in various situations, using real-world language that reflects the lesson themes as well as the vocabulary and grammar they are studying.

The films are available on the **IMAGINA**, Third Edition Supersite or on the Instructor's Resource DVD Set.

LECCIÓN 1
NEW! No me ama
(Argentina; 15 minutos)

A young Argentine couple goes on vacation in Uruguay.

LECCIÓN 2
Adiós mamá
(México; 8 minutos)

In this award-winning short film, a man is grocery shopping alone on an ordinary day when a chance meeting makes him the focus of an elderly woman's existential conflict.

LECCIÓN 3
Encrucijada
(México; 10 minutos)

A desperate man, conquered by the pressures of life, turns to the dark side to try to change his luck. Unfortunately for him, his deal with the Devil quickly spins out of control.

LECCIÓN 4
El Rincón de Venezuela
(Venezuela/EE.UU.; 19 minutos)

It's enough of a struggle for one immigrant family to keep their restaurant afloat without having to worry about the political preferences of their patrons.

LECCIÓN 5
Raíz
(España; 17 minutos)

An older couple joyfully awaits the visit of the son they haven't seen in some time.

LECCIÓN 6
Hiyab
(España; 8 minutos)

Fátima's teacher is concerned that her wearing a headscarf will make the student stand out at her new school. How far will she go to fit in?

LECCIÓN 7
NEW! Recursos humanos
(España; 14 minutos)

A woman goes on a job interview. But her interviewer isn't who he appears to be.

LECCIÓN 8
NEW! El clon
(España; 12 minutos)

A troubled writer decides to get himself cloned, setting in motion a series of events with a nightmarish outcome.

LECCIÓN 9
Espíritu deportivo
(México; 11 minutos)

A funeral turns into a soccer game as aging athletes honoring the memory of one of their teammates start to rehash old victories.

LECCIÓN 10
Un pedazo de tierra
(México/EE.UU./Argentina; 24 minutos)

In honoring their great-great-grandfather's dying wish, two brothers learn a little more about themselves and the people that came before them.

The overwhelmingly popular **Flash Cultura** video provides an entertaining and authentic complement to the **Imagina** section of each lesson. Correspondents from various Spanish-speaking countries report on aspects of life in their countries, conducting street interviews with residents along the way. These episodes draw attention to similarities and differences between Spanish-speaking countries and the U.S., while highlighting fascinating aspects of the target culture. The videos are available on the **IMAGINA**, Third Edition Supersite or on the Instructor's Resource DVD Set.

LECCIÓN 1

Las relaciones personales
(España)

LECCIÓN 2

El metro del D.F.
(México)

LECCIÓN 3

El cine mexicano
(México)

LECCIÓN 4

De compras en Barcelona
(España)

LECCIÓN 5

Un bosque tropical
(Costa Rica)

LECCIÓN 6

Puerto Rico: ¿nación o estado?
(Puerto Rico)

LECCIÓN 7

El mundo del trabajo
(Ecuador)

LECCIÓN 8

Inventos argentinos
(Argentina)

LECCIÓN 9

Lo mejor de Argentina
(Argentina)

LECCIÓN 10

Machu Picchu: encanto y misterio
(Perú)

En pantalla

This online-only component features authentic TV clips from the country or region of focus correlated with each **IMAGINA** lesson. The clips, several new to the Third Edition, are available for viewing on the Supersite.

Online-only activities support each TV clip.

LECCIÓN 1
Estados Unidos

LECCIÓN 2
México

LECCIÓN 3
El Caribe

LECCIÓN 4
Centroamérica

LECCIÓN 5
Ecuador

LECCIÓN 6
Chile

LECCIÓN 7
Bolivia

LECCIÓN 8
Perú

LECCIÓN 9
Argentina/ Uruguay

LECCIÓN 10
España

General Teaching Considerations

Orienting Students to the Textbook

You may want to spend some time orienting students to the **IMAGINA** textbook on the first day. Have students flip through **Lección 1**. Explain that all lessons are organized in the same manner so they will always know "where they are" in the textbook. Emphasize that all sections are self-contained, occupying either a full page or spreads of two facing pages. Call students' attention to the use of color and/or boxes to highlight important information in charts, diagrams, word lists, and activities. Provide a brief overview of the main sections of each lesson: **Para empezar, Cortometraje, Imagina, Estructuras, Cultura, Literatura,** and **Vocabulario**. Then point out the **Atención, Taller de consulta,** and **Nota cultural** sidebars and explain that these boxes provide useful lexical, grammatical, and cultural information related to the material they are studying. Point out that the **Manual de gramática** in the back of the book offers additional grammar topics with practice for review or expansion.

Flexible Lesson Organization

To meet the needs of diverse teaching styles, institutions, and instructional objectives, **IMAGINA** has a very flexible lesson organization. You can begin with the lesson opener spread and progress sequentially through the lesson, or you may rearrange the order of the material in each lesson to suit your teaching preferences and students' needs.

If you do not want to devote class time to teaching grammar, you can assign the **Estructuras** explanations for outside study, freeing up class time for working with the activities. The **Manual de gramática** at the end of the book provides additional flexibility in grammar instruction. Related grammar points for each lesson can be incorporated into classroom instruction, assigned for individual study, or used as needed for review and enrichment.

Identifying Active Vocabulary

The thematic vocabulary lists in **Para empezar** are active vocabulary, as are all words and expressions in the **Vocabulario** boxes of the **Cortometraje, Cultura,** and **Literatura** sections. Words in the charts, lists, and sample sentences of **Estructuras** are also part of the active vocabulary load. At the end of each lesson, the **Vocabulario** section provides a convenient one-page summary of the items students should know and that may appear on quizzes and exams.

Note that regional variations presented in the **Imagina** section as well as the marginal glosses from the readings and film captions are presented for recognition only. They are not included in testing materials, although you may wish to make them active vocabulary for your course, if you so choose. The additional terms and lexical variations provided in the annotations of the Instructor's Annotated Edition are also considered optional.

Suggestions for Using
Contenido and *Para empezar*

Lesson Theme and Vocabulary

- Use the title, photo, and text on the lesson opening page as a springboard to introduce the themes and vocabulary of the lesson. Use the discussion questions in the introductory paragraph and **Preview** annotation for partner, group, or class activities.

- Allow time for students to scan the table of contents and flip through the pages of each lesson, much as they would a magazine. Have students point out sections that appeal to them and briefly describe the cultural and thematic content of each lesson.

- To prepare students for new material, have them review what they already know about each theme by brainstorming related vocabulary words they have already learned.

- Introduce the new vocabulary by describing words and categories, then asking students yes/no or multiple-choice questions.

- Introduce the new vocabulary using Total Physical Response (TPR) or interactive class games such as Charades, Pictionary, and Hangman.

- Tell students that they will see some of the vocabulary in the context of a short film and ask them to look at the vocabulary and predict what they think the short film might be about.

- Use the lab materials in class to introduce vocabulary and develop listening skills or assign lab and workbook activities for extra practice outside of class.

Práctica

- The **Práctica** exercises can be done orally as class, pair, or group activities. Selected pair activities may also be completed online as Partner Chat activities. They may also be assigned as written homework.

- Insist on the use of Spanish during partner and group activities. Encourage students to use the language creatively.

- Have students form pairs or groups quickly. Assign or rotate partners and group members as necessary to ensure a greater variety of communicative exchanges.

- Allow sufficient time for pair and group activities (between five and ten minutes depending on the activity), but do not give students too much time or they may lapse into English and socialize. Always give students a time limit for an activity before they begin.

- Circulate around the room and monitor students to make sure they are on task. Provide guidance as needed and note common errors for future review.

- Remind students to jot down information during pair and group discussion activities so they can report the results to the class.

- Encourage students to practice more online on the **IMAGINA** Supersite.

Suggestions for Using *Cortometraje*

The **Cortometraje** section of the student text and the **IMAGINA** Film Collection were created as interlocking pieces. All photos in the **Cortometraje** section are actual video stills from authentic films. These dramatic short films highlight the themes and language of each lesson and provide comprehensible input at the discourse level. The films and corresponding activities offer rich and unique opportunities to build students' listening skills and cultural awareness.

Depending on your teaching preferences and school facilities, you might use the **IMAGINA** Film Collection on DVD to show the films in class, or you might assign them for viewing outside the classroom at **vhlcentral.com**. You could begin by showing the first film in class to teach students how to approach viewing a film and listening to natural speech. After that, you could work with the **Cortometraje** section and have students view the remaining films outside of class. No matter which approach you choose, students have the support they need to view the films independently and process them in a meaningful way. Here are some strategies for coordinating the film with the subsections of **Cortometraje**.

Preparación

- Preview the vocabulary in **Preparación** using the activities provided and the suggestions for teaching vocabulary on page IAE-35.
- Initiate group discussion of important themes and issues. Ask students to discuss recent films from the same genre or that touch on similar themes.

Escenas

- The poster, photos, and text in **Escenas** may be used in a variety of ways. Before viewing the film, you might ask students to read or act out the dialogues, invent endings, or make predictions based on the photos and captions. You may also use the scenes while viewing, pausing for discussion at each of the scenes pictured. You may even choose to play the film first as a springboard into the lesson, returning to the scenes and text later for reinforcement.
- Use the **Nota cultural** sidebar to provide background information and cultural context before viewing the film, as a starting point for enrichment activities or projects, and to make connections to cultural information in other sections of the text.
- Use the film to introduce or reinforce the themes, vocabulary, and grammar points in each lesson, pausing and replaying examples of important words, structures, or concepts. If students need additional support before or while viewing, print the scripts (available at **vhlcentral.com**) and provide them to students. Students may read them ahead of time, looking up unknown words, or follow along as they watch.

Análisis

- Have students scan the comprehension questions before viewing the film. Pause the film after key scenes to ask related questions. Replay scenes as needed.
- Ask students to compare the plot, characters, and endings to their earlier predictions.
- Assign expansion and follow-up activities based on the film, such as film reviews, sequels, alternate endings, and comparisons with other **cortos** or recent movies.

Suggestions for Using *Imagina*

The **Imagina** section is designed to be visually stimulating and highly interactive. Use this section in conjunction with the multimedia and online resources available to students and instructors. At **vhlcentral.com**, students can access the **Flash Cultura** video, comprehension activities, and information about the notable figures in the **Galería de creadores**. In addition to the general suggestions listed here, the Instructor's Resources, available on the **IMAGINA** Supersite, contain specific teaching ideas and activities for all ten **Imagina** sections.

- Use the locator map in the lesson opener to help students become familiar with the region of focus.

- Use the opening spread of **Imagina** to introduce the country or region and direct students to the **IMAGINA** Supersite for additional information. The feature articles can be assigned for outside reading or you may use them in class to develop reading skills.

- Call students' attention to the **El español de...** feature. You may wish to bring in film or audio samples from the Film Collection, local TV and radio, or online resources to expose students to lexical variations and regional accents.

- Use the **¡Conozcamos...!/¡Visitemos…!, etc.** feature as you would a travel brochure to highlight "must-see" locations in each region. Encourage students to bring in photographs from their own travels or assign group projects to research important cities, parks, architecture, or museums, depending on the theme of each lesson.

- The highly successful **Flash Cultura** feature is now included in the textbook with in-text pre- and post-viewing support. Show the **Flash Cultura** videos in class via the **IMAGINA** Supersite or assign it for outside viewing. Activities related to each clip are built into the text, with additional activities available at **vhlcentral.com** and in the Student Activities Manual.

- Check comprehension using the **¿Qué aprendiste?** feature.

- Depending on your teaching preferences and time constraints, you may wish to use all of the **Proyecto** features or you might select some for large oral projects. You may choose to have all students complete each **Proyecto** or you may assign one or two small groups for each **Proyecto**.

- Direct students to the **IMAGINA** Supersite for additional information about each of the cultural figures from the **Galería de creadores**. Print out additional examples of artists' work for use in class discussion. You may wish to incorporate additional readings from **Galería** authors into the **Literatura** lesson, focusing on genre, theme, or specific literary techniques. The films of famous directors and actors can be assigned for outside viewing and integrated with the **Cortometraje** section. You may also have students select figures in the **Galería de creadores** section for oral and written projects, such as mock interviews and biographies.

Suggestions for Using *Estructuras* and *Manual de gramática*

Grammar Explanations

- Have students read the explanations at home and come to class with any questions. Explain the grammar in Spanish and try to keep explanations to a minimum, about five to ten minutes for each point. Grammar explanations should be assigned for homework so that class time can be devoted to the **Práctica** and **Comunicación** activities.

- Introduce new grammar in context, using short narrations, guided discussions, brief readings, or realia. Call on students to share what they already know about each grammar point.

- Use other sections of the text to introduce or reinforce grammatical concepts. Pause the **Cortometraje** film to discuss uses of each grammatical structure or have students jot down examples as they watch. Have students take notes of key grammatical structures as they read the **Cultura** and **Literatura** selections.

Práctica, Comunicación, and *Síntesis*

- The **Práctica** exercises can be done orally as class, pair, or group activities. They may also be assigned as written homework.

- Activities marked with a ✎ mouse icon are also available on the Supersite with auto grading, or they can be submitted online for instructor grading. These activities may be assigned as homework; depending on students' success rate, devote additional time to the explanation or to extra **Práctica** activities before moving on to **Comunicación**.

- Insist on the use of Spanish for all pair and group activities.

- Have students form pairs or groups quickly or assign them yourself for variety. Allow sufficient time for **Comunicación** activities (between five and ten minutes), but do not give students too much time or they may lapse into English and socialize. Always give students a time limit for an activity before they begin.

- Circulate around the room to answer questions and keep students on task.

- Encourage students to complete additional practice and take the **Repaso** self-test on the **IMAGINA** Supersite to assess what they have learned.

- Use **Síntesis** activities to review all three grammar points and to make connections with the theme, vocabulary, and culture of the lesson. Encourage debate and open discussion.

Manual de gramática

- Point out the references to related **Manual de gramática** topics in the **Taller de consulta** sidebars of the student text. The supplemental grammar points may be presented sequentially, in conjunction with the **Estructuras** section of each lesson, or you may pick and choose from the topics covered as individual and classroom needs arise.

- Assign the activities for online completion.

- When grading writing assignments, refer students to **Manual de gramática** topics in response to common errors or individual concerns. Have students use the **Manual de gramática** as a tool for revision or when editing one another's work.

Suggestions for Using *Cultura*

Preparación

- Preview the vocabulary in **Preparación** using the activities provided and the suggestions for teaching vocabulary on page IAE-35.
- Refer students to the **Imagina** section for background information and cultural context.

Cultural Readings

- Talk to students about how to become effective readers in Spanish. Point out the importance of using reading strategies. Encourage them to read every selection more than once. Explain that they should read the entire text through first to gain a general understanding of the main ideas without stopping to look up words. Then, they should read the text again for a more in-depth understanding of the material.
- Discourage students from translating the readings into English and relying too heavily on a dictionary. Tell them that reading directly in the language will help them grasp the meaning better and improve their ability to discuss the reading in Spanish.
- Use the reading to reinforce the themes and linguistic structures of each lesson.

Análisis

- Have students scan the comprehension questions before reading, then pause after each paragraph to ask related questions. Ask students to summarize the reading orally or in writing.

Suggestions for Using *Literatura*

Preparación

- Preview the vocabulary in **Preparación** using the activities provided and the suggestions for teaching vocabulary on page IAE-35.
- Read the background information about each author.
- Introduce important themes and literary techniques used in the reading and call attention to genre and style. Encourage students to think about other works they have read in Spanish or English from the same genre or that make use of similar themes and techniques.

Literary Readings

- Talk to students about how to become effective readers in Spanish. Point out the importance of using reading strategies. Encourage them to read every selection more than once. Explain that they should read the entire text through first to gain a general understanding of the plot or main ideas without stopping to look up words. Then, they should read the text again for a more in-depth understanding of the material.
- Discourage students from translating the readings into English and relying too heavily on a dictionary. Tell them that reading directly in the language will help them grasp the meaning better and improve their ability to discuss the reading in Spanish.
- Use the reading to reinforce the themes and linguistic structures of each lesson.

Análisis

- Have students scan the comprehension questions before reading, then pause after each paragraph to ask related questions. Ask students to summarize the reading orally or in writing.
- For the **Escribir** activities (and other writing assignments), have students maintain a writing portfolio so they can periodically review their progress. The Composition Engine on the Supersite allows you to edit a student's draft. Have students create a running list of the most common grammatical or spelling errors they make when writing for reference, when revising their work, or for peer editing. Explain your grading system for writing assignments. This rubric could be used or adapted to suit your needs.

Evaluation			
Criteria	**Scale**		**Scoring**
Appropriate details	1 2 3 4	Excellent	18–20 points
Organization	1 2 3 4	Good	14–17 points
Use of vocabulary	1 2 3 4	Satisfactory	10–13 points
Grammatical accuracy	1 2 3 4	Unsatisfactory	<10 points
Mechanics	1 2 3 4		

Course Planning

The **IMAGINA** program was developed keeping in mind the need for flexibility and manageability in a wide variety of academic situations. The following sample course plans illustrate how **IMAGINA** can be used in courses on semester or quarter systems. You should, of course, feel free to organize your courses in the way that best suits your students' needs and your instructional goals.

Two-Semester System

This chart shows how **IMAGINA** can be completed in a two-semester course. Please see the Table of Contents (p. IAE-6) for a breakdown of the material covered in each lesson.

Semester 1	Semester 2
Lecciones 1–5	Lecciones 6–10

Quarter System

This chart illustrates how **IMAGINA** can be used in the quarter system. If you wish to have more time for review at the end of the course, you may choose to teach four lessons in the first quarter instead. Keep in mind, however, that you will need to adjust testing materials accordingly with the **Testing Program** (available on the Supersite).

Quarter 1	Quarter 2	Quarter 3
Lecciones 1–3	Lecciones 4–6	Lecciones 7–10

Please access the **IMAGINA** Supersite at **vhlcentral.com** for teaching resources for this program.

Reviewers

On behalf of its writers and editors, Vista Higher Learning expresses its sincere appreciation to the many professors nationwide who reviewed **IMAGINA**. Their insights, ideas, and detailed comments were invaluable to the final product.

Rebecca Aho
University of Utah

Pepa Anastasio, Ph.D.
Hofstra University

Byron Barahona
University of California, Santa Cruz

Jeff Barnett
Washington and Lee University

Lorena V. Becerra, M.Ed.
University of the Pacific, CA

Patricia Betancourt, M.A.
Palm Beach State College

Jane H. Bethune, Ph.D.
Salve Regina University

Michelle Bettencourt, Ph.D.
University of North Carolina at Asheville

Sandra Bock
St. Vincent Pallotti High School
Laurel, MD

Monica Botta
Washington and Lee University

Bonnie Brunt
Spokane Falls Community College

Annette Burak
Utica Academy for International Studies
Sterling Heights, MI

Maria Cristina Campos Fuentes
DeSales University

Felice Carr
Kingswood Regional High School
Wolfeboro, NH

Juan Casillas
Santa Barbara City College

Maria Christensen
Mission College Preparatory Catholic High
School San Luis Obispo, CA

Nancy Christoph
Pacific University

Juanita M. Devereaux
University of Oregon

Karen Diaz Anchante
Washburn University

Maureen A. Dougher
Western Piedmont Community College

Linda Egnatz
Lincoln-Way North High School
Frankfort, IL

Santiago Enrique
Miss Porter's School
Farmington, CT

Bridget Espinosa
Novi High School
Novi, MI

Lee Evans
St. Petersburg Catholic High School
St. Petersburg, FL

Dana Flaskerud
Charles Wright Academy
Tacoma, WA

Catherine Fountain
Appalachian State University

José M. García Sánchez
Eastern Washington University

Julia Gargallo
Saint Teresa's Academy
Kansas City, MO

Lydia Gil Keff
University of Denver

Robert Giosh
The Latin School of Chicago
Chicago, IL

Miguel Ángel González-Abellás
Washburn University

Amauri Gutierrez
University of Arizona

Janet Harms
T.C. Williams High School
Alexandria, VA

Dennis Harrod
Syracuse University

Mary T. Hartson
Oakland University

Rachel Hatfield
Cape Fear Academy
Wilmington, NC

Catherine Herbert
Indiana University South Bend

Erinn Holloway
Mississippi University for Women

Nancy R. Holmes
Marian Catholic High School
Chicago Heights, IL

Beatrice Houston
Western Iowa Tech Community College

Justin Howes
University of Arizona

Ricardo Huamán
Elon University

Leslie Keiser
Gonzaga College High School
Washington, DC

Sandra Kingery
Lycoming College

Lina Lee
University of New Hampshire

Mary Leech
Scarsdale High School
Scarsdale, NY

Maryanne Leone
Assumption College

Pilar Lindahl
Community School
Sun Valley, ID

Nancy P. López-Romero
Virginia Polytechnic Institute and
State University

Julie B. Luebbers
Thomas More College

Kenneth V. Luna
California State University, Northridge

Alison Maginn, Ph.D.
Monmouth University

Mark R. Malin
Randolph-Macon College

Valerie Mann-Grosso
Daytona State College
Father Lopez Catholic High School
Daytona, FL

Bonnie McGriff
Beavercreek High School
Beavercreek, OH

Shelley Merello
University of Oregon

Deborah Mistron
Middle Tennessee State University

Tami Morris
University of Utah

Rosario Murcia
University of Oregon

Faith Marie Nava
Trinity Christian College

Maria del Carmen Nicolas Alba
University of Arizona

Glenda Y. Nieto Cuebas
Ohio Wesleyan University

Michael J. Norman
The O'Neal School
Southern Pines, NC

Ruth Ore Giron
University of Arizona

Lori Oxford
Western Carolina University

Robert A. Parsons
University of Scranton

Carrie Petri
Avenues: The World School
New York, NY

Dr. Pablo Pintado-Casas
Kean University

Rosalea Postma-Carttar
University of Kansas

David Raffetto
Chemeketa Community College

Matthieu P. Raillard
Lewis & Clark College

Niurka Ramirez
Westridge School

Marcia Ranieri
Guilderland High School
Guilderland Center, NY

Patricia Reagan
Randolph-Macon College

Josh Reister
Mona Shores High School
Norton Shores, MI

Angel Rivera
Worcester Polytechnic Institute

Deanna Roach
Deer Creek High School
Edmond, OK

Judy Rodríguez
California State University, Sacramento

Octavio Rodriguez
Hoffman Estates High School
Hoffman Estates, IL

Eileen Rodríguez-Kiser
Parkway West High School
Ballwin, MO

Pedro A. Sandin
University of North Carolina at Asheville

Bethany Sanio
University of Nebraska – Lincoln

Gabriel T. Saxton-Ruiz
University of Wisconsin – Green Bay

Lynn Schork
Kingswood Oxford School
West Hartford, CT

Elizabeth Schwartz
San Joaquín Delta College

Amy L. Sellin
Fort Lewis College

Lauren Shaw
Elmira College

Emily C. Stokes
Annie Wright Schools
Tacoma, WA

Belkis Suárez
Mount Mercy University

Christine Swoap
Warren Wilson College

Irma Torres
Greenwich Academy
Greenwich, CT

Luziris Turi, Ph.D.
William Marsh Rice University

Kym van Zanten
Pembroke Hill School
Kansas City, MO

Leonor Valderrama de Sillers
Concordia College, MN

Titania Vargas
Illinois Central College

Stephanie Vences
Parkway South High School
Manchester, MO

Bernardo Viano
Wagner College

Roberto J. Villa
Catlin Gabel School
Portland, OR

Nathan Whalen
University of Oregon

Jonnie Wilhite
Kalamazoo Valley Community College

Jennifer Williams, Ph.D.
Methodist University

Helga Winkler
Moorpark College

Dr. Sonia Zúñiga-Lomelí
Santa Barbara City College

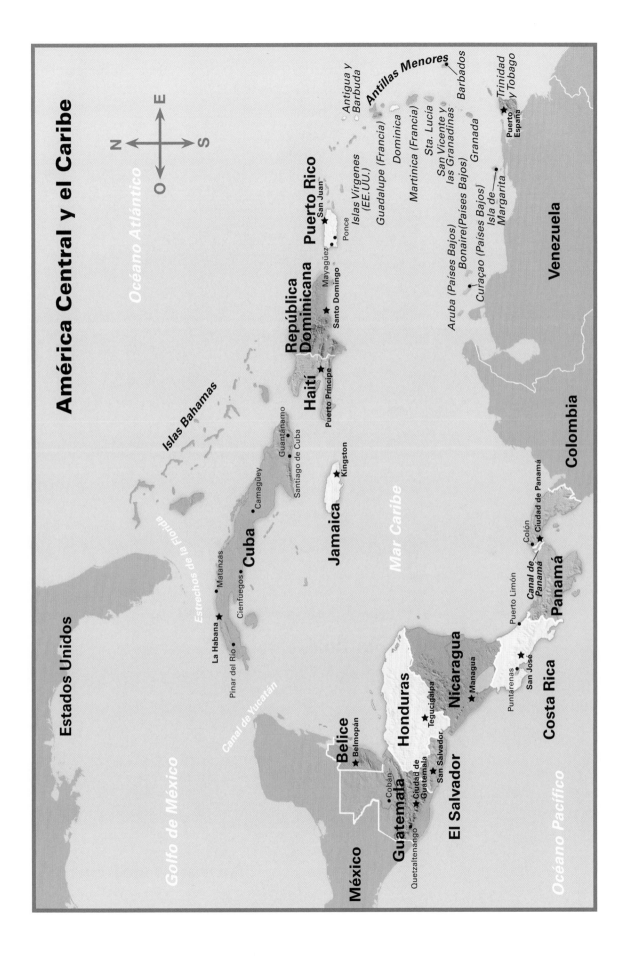

América Central y el Caribe

N · O · E · S

Estados Unidos

Golfo de México

Océano Atlántico

Islas Bahamas

Estrechos de la Florida

Canal de Yucatán

México

Quetzaltenango

Guatemala
Ciudad de Guatemala
Cobán

Belice
Belmopán

Honduras
Tegucigalpa

El Salvador
San Salvador

Cuba
La Habana
Pinar del Río
Matanzas
Cienfuegos
Camagüey
Guantánamo
Santiago de Cuba

Jamaica
Kingston

Haití
Puerto Príncipe

República Dominicana
Santo Domingo

Puerto Rico
San Juan
Mayagüez
Ponce

Islas Vírgenes (EE.UU.)

Antigua y Barbuda

Antillas Menores

Guadalupe (Francia)
Dominica
Martinica (Francia)
Sta. Lucía
San Vicente y las Granadinas
Granada
Barbados

Trinidad y Tobago
Puerto España

Isla de Margarita

Aruba (Países Bajos)
Bonaire (Países Bajos)
Curaçao (Países Bajos)

Venezuela

Colombia

Mar Caribe

Nicaragua
Managua

Costa Rica
Puntarenas
San José

Puerto Limón

Panamá
Colón
Ciudad de Panamá
Canal de Panamá

Océano Pacífico

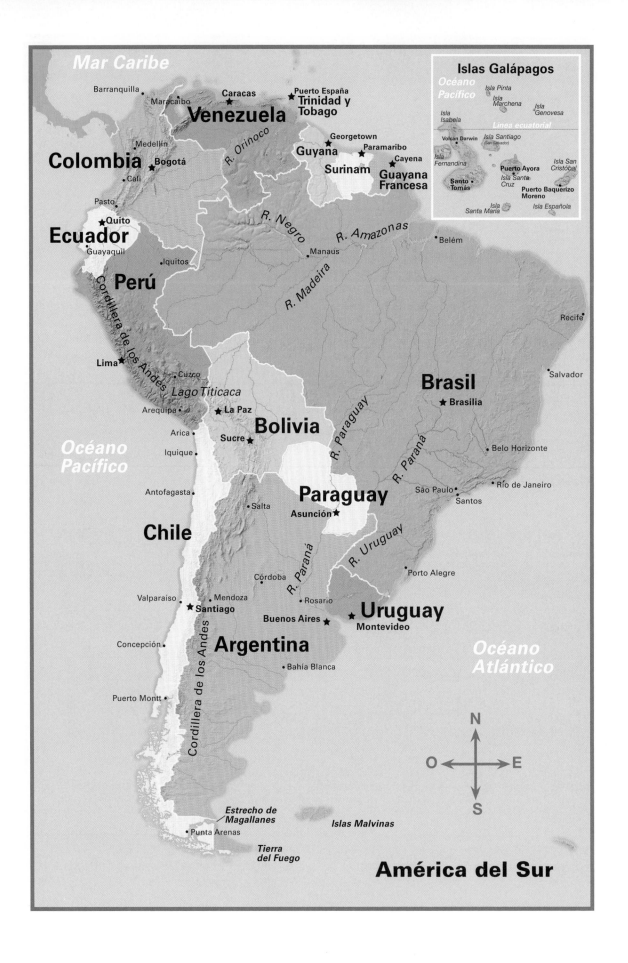

Mar Caribe

Barranquilla
Maracaibo
Caracas ★
Venezuela
Puerto España
Trinidad y
Tobago

Medellín
Colombia
Bogotá ★
Cali

Pasto

Ecuador
★ Quito
Guayaquil

Iquitos

Perú

Lima ★

Cordillera de los Andes

Cuzco
Lago Titicaca

Arequipa

La Paz ★
Bolivia
Sucre ★

Arica

Iquique

Océano
Pacífico

Antofagasta

Salta

Chile

Valparaíso
Mendoza
★ Santiago
Rosario

Buenos Aires ★

Concepción

Argentina

Bahía Blanca

Puerto Montt

Cordillera de los Andes

Estrecho de
Magallanes

Punta Arenas

Tierra
del Fuego

R. Orinoco

Georgetown
Guyana
Paramaribo
Surinam
Cayena
Guayana
Francesa

R. Negro

R. Amazonas

Manaus

Belém

R. Madeira

R. Paraguay

Brasil
★ Brasilia

R. Paraná

Belo Horizonte

Paraguay
São Paulo
Río de Janeiro
Santos

Asunción ★

R. Paraná

R. Uruguay

Porto Alegre

Córdoba

Uruguay
Montevideo

Recife

Salvador

Islas Malvinas

Océano
Atlántico

N
O — E
S

Islas Galápagos

Océano
Pacífico

Isla Pinta
Isla
Marchena
Isla
Genovesa
Isla
Isabela
Línea ecuatorial

Volcán Darwin
Isla Santiago
(San Salvador)

Isla
Fernandina
Puerto Ayora
Isla San
Cristóbal
Isla Santa
Cruz
Santo
Tomás
Puerto Baquerizo
Moreno

Isla
Santa María
Isla Española

América del Sur

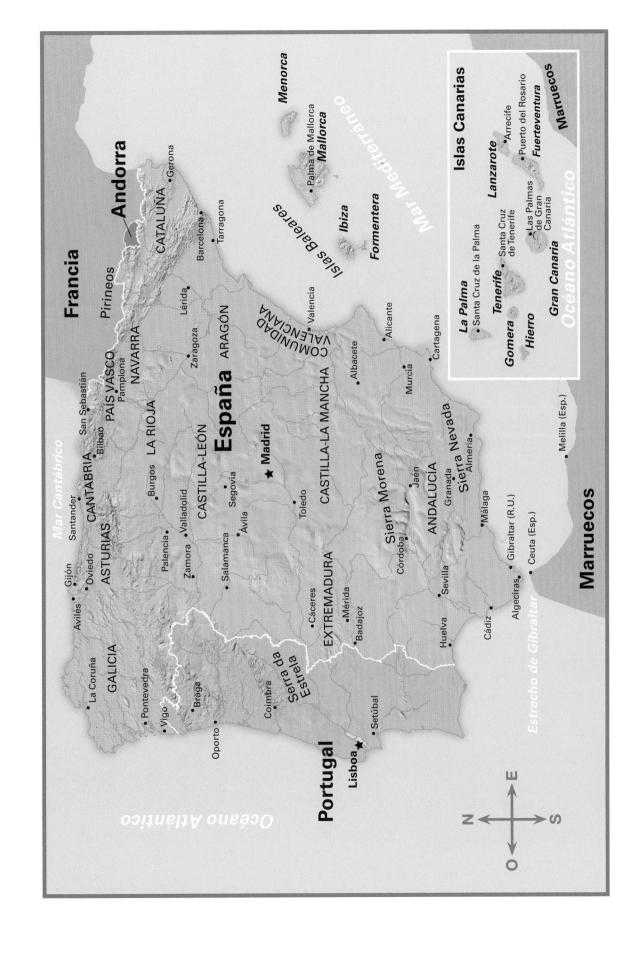

Imagina

Español sin barreras

Curso intermedio de lengua española

Sentir y vivir

El deseo de vivir y el instinto de supervivencia son razón suficiente para seguir adelante. Ésta es una de las cualidades que compartimos los seres humanos independientemente de nuestras circunstancias, nuestros sueños o nuestros objetivos. Gracias a esa motivación nos lanzamos, enamorados, ilusionados, indecisos, a vivir sin tenerle miedo al futuro.

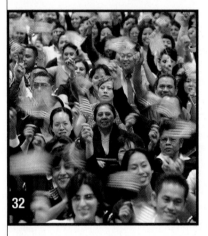

9

32

Destino:
ESTADOS UNIDOS

PREVIEW Invite students to discuss in groups the photo and the text on the opposite page. Ask these questions: **¿Están de acuerdo con que el instinto de supervivencia y el deseo de vivir son motivación suficiente para seguir adelante? ¿Por qué? ¿Le tienen miedo al futuro? ¿Por qué?**

Las relaciones personales

Las relaciones

el alma gemela *soul mate, kindred spirit*
la amistad *friendship*

el ánimo *spirit; mood*
el chisme *gossip*
la cita (a ciegas) *(blind) date*
el compromiso *commitment; responsibility; engagement*
el deseo *desire*
el divorcio *divorce*
la (in)fidelidad *(un)faithfulness*
el matrimonio *marriage*
la pareja *couple*
el riesgo *risk*
_____

compartir *to share*
confiar (en) *to trust (in)*
contar (o:ue) con *to rely on, to count on*
coquetear *to flirt*
dejar a alguien *to leave someone*
dejar plantado/a *to stand (someone) up*
discutir *to argue*

engañar *to cheat; to deceive*
ligar *to flirt; to hook up*
merecer *to deserve*
romper (con) *to break up (with)*
salir (con) *to go out (with)*

VARIACIÓN LÉXICA
enojarse ⟷ enfadarse
enojado/a ⟷ enfadado/a
ligar (Esp./Méx./Cu.) ⟷ levantarse a alguien (Arg./Col.)

Presentation Explain to students that **tempestuoso/a** is not commonly used to refer directly to people. Rather, it is used to refer to a situation or to someone's personality (**carácter tempestuoso, relación tempestuosa**).

Los sentimientos

enamorarse (de) *to fall in love (with)*
enojarse *to get angry*
estar harto/a *to be fed up (with); to be sick (of)*
llevarse bien/mal/fatal *to get along well/badly/terribly*
odiar *to hate*
ponerse pesado/a *to become annoying*
querer(se) (e:ie) *to love; to want*
sentir(se) (e:ie) *to feel*
soñar (o:ue) con *to dream about*

tener celos (de) *to be jealous (of)*
tener vergüenza (de) *to be ashamed (of)*

Los estados emocionales

agobiado/a *overwhelmed*
ansioso/a *anxious*
celoso/a *jealous*
deprimido/a *depressed*
disgustado/a *upset*

emocionado/a *excited*
enojado/a *angry, mad*
pasajero/a *fleeting*
preocupado/a (por) *worried (about)*

INSTRUCTIONAL RESOURCES
Supersite: Audioscripts, SAM AK, Lab MP3s
SAM/WebSAM: WB, LM
Note: SAM: Student Activities Manual AK: Answer Key WB: Workbook LM: Lab Manual

Los estados civiles

casarse (con) *to get married (to)*
divorciarse (de) *to get a divorce (from)*
_____

casado/a *married*
divorciado/a *divorced*

separado/a *separated*
soltero/a *single*
viudo/a *widowed*

Las personalidades

cariñoso/a *affectionate*

cuidadoso/a *careful*
falso/a *insincere*
genial *wonderful*
gracioso/a *funny, pleasant*
inolvidable *unforgettable*
inseguro/a *insecure*
maduro/a *mature*
mentiroso/a *lying; liar*
orgulloso/a *proud*
seguro/a *secure; confident*
sensible *sensitive*
tacaño/a *cheap; stingy*
tempestuoso/a *stormy*
tímido/a *shy*
tranquilo/a *calm*

Audio: Vocabulary

Práctica

1 **Definiciones** Completa las oraciones con el adjetivo correcto.

1. Miente para mantener las apariencias. Es ___b___. a. tacaño
2. Murió su mujer y vive solo. Es ___d___. b. falso
3. No le gusta gastar su dinero. Es ___a___. c. deprimido
4. Se siente mal y está triste. Está ___c___. d. viudo
5. No vive con su esposa. Está ___g___. e. ansioso
6. Tiene pánico al examen de mañana. Está ___e___. f. gracioso

  g. separado

2 **Identificar** Indica la palabra que no pertenece al grupo.

1. deprimido • tranquilo • preocupado • enojado
2. ligar • discutir • enamorarse • coquetear
3. pareja • compromiso • ánimo • matrimonio
4. casado • disgustado • viudo • soltero
5. inseguro • fabuloso • maravilloso • genial
6. almas gemelas • pareja • chisme • matrimonio

3 **¿Cómo eres?** Trabaja con un(a) compañero/a.

A. Contesta las preguntas del test.

B. Ahora suma (*add up*) los puntos. ¿Cuál es el resultado? ¿Estás de acuerdo? Comenta tu resultado y tu opinión con tu compañero/a.

 Practice more at **vhlcentral.com.**

1 Additional examples:
7. Tiene un buen sentido del humor. Es _gracioso_.
8. Aún no se ha casado. Es _soltero_.
9. No quiere que su novia tenga amistades con otros hombres. Es _celoso_.

2 To check comprehension, ask students to describe what the other three words in each list have in common. Ex: 1. **Son emociones negativas.**

2 Have pairs of students use the new vocabulary to create two more groups of words for this activity; then have volunteers find the words that do not belong.

INSTRUCTIONAL RESOURCES
Supersite/DVD: Film Collection
Supersite: Script & Translation

Preparación

Vocabulario del corto

divino/a *beautiful*
enloquecido/a *ecstatic*
insensible *insensitive*
insoportable *unbearable*
lamentable *regrettable*

parco/a *tight-lipped*
previo/a a *prior to*
sacar el tema *to bring up a topic*
el trámite *process*

Vocabulario útil

el afecto *affection*
aliviado/a *relieved*
el amor no correspondido *unrequited love*
el cortometraje *short film*
la escena *scene*
el lenguaje corporal *body language*
el personaje *character*
sincerarse *to come clean*

EXPRESIONES

Chocolate por la noticia. *Tell me something I don't know!*
con cara de pollito mojado *with sad puppy eyes*
hacerse a la idea *to be resigned to the idea*
la necesidad imperiosa *overwhelming need*
Mejor que sobre a que falte. *It's better to have too much than not enough.*
pedir a gritos *to beg for*
seguir la corriente (a alguien) *to act as if in agreement (with someone)*
total… *at the end of the day…*
una pena *a pity*

Give additional support for the following expressions. For **cara de pollito mojado**, say: **Los niños pequeños ponen esta cara para pedir perdón.** Say that the expression **pedir a gritos** is used when someone obviously wants something without actually saying it. Say: **Estaba pidiendo a gritos una oportunidad.**

Point out that **total…** is a false cognate. Here, it is used to preface a conclusion or opinion about a given situation. Say: **Voy a pedirle que salga conmigo; total, no tengo nada que perder.**

1

Definiciones Empareja cada definición con la palabra correcta.

_a_ 1. decir la verdad a alguien
_d_ 2. fantástico
_e_ 3. liberado de algo
_b_ 4. que habla poco
_c_ 5. proceso

a. sincerarse
b. parco
c. trámite
d. divino
e. aliviado

2

Vocabulario Completa las oraciones con las palabras de la lista.

| afecto | insensible | lamentable |
| enloquecido | insoportable | parco |

TEACHING OPTION Tell students that the dialogue in this film contains a lot of Argentinian slang. Examples include **mina** (*girl*), **reboludo** (*jerk*), and **retarada** (*stupid*). Point out that in colloquial Argentinian Spanish, the prefix **re-** typically means *very*, rather than *again*.

1. El profesor de física es un hombre _parco_ que siempre dice lo mínimo.
2. Es _lamentable_ que tenga que trabajar en Navidad.
3. Marta es la mejor amiga que se puede pedir; le tengo mucho _afecto_.
4. Miguel es una persona _insensible_ que siempre ofende con sus palabras.
5. La relación de Marcos y Ana se hizo _insoportable_ y decidieron separarse.

3 **¿Me quieres?** Respondan estas preguntas por turnos.

1. ¿Crees que es importante contarle todo a tu pareja?

2. ¿Es importante decirle a tu pareja que lo/la amas?

3. ¿Qué opinas del amor no correspondido?

4. ¿Sabes apreciar las virtudes de los demás o sólo ves sus defectos?

5. ¿Crees que las relaciones románticas son más o menos complicadas que las relaciones de amistad? ¿Por qué?

4 **¿Un final feliz?** En parejas, miren las ilustraciones y describan lo que está pasando. Imaginen la conversación entre los personajes y escriban un diálogo que incluya el final de la historia. Después, compartan su interpretación con la clase.

3 Ask students to relate their answers to well-known romantic comedies. Name a few titles, such as *10 Things I Hate About You*, *Pretty Woman*, and *Crazy, Stupid, Love.*

4 Ask volunteers to act out their dialogues for the class. Ask: **¿Cuál de los finales parece más realista? ¿Cuál es el más divertido? ¿Y el más romántico?**

TEACHING OPTION Play the first half of the film; ask the class to describe what they saw and predict what will happen in the second half. Then play the entire film; ask students to summarize the plot and evaluate their predictions about the ending.

Short Film

ARGUMENTO *Una pareja de novios de Argentina decide hacer un viaje a Uruguay.*

ÉL Si está todo bien en Buenos Aires, no veo por qué las cosas puedan llegar a cambiar en Uruguay. Todo lo contrario, se van a poner mejor incluso. Va a estar buenísimo.

ÉL Yo sé que me quiere, sí, me quiere, de eso estoy seguro, pero, ¿me ama? Ahora que lo pienso, nunca me lo dijo.

ÉL ¿Cuál es la diferencia entre que me lo diga con palabras a que lo exprese? ¡Ninguna! Por eso, está todo bien, todo perfecto. Igual, no estaría nada mal que me lo dijera.

ÉL ¡No me ama! ¡Claro! ¡Es eso! ¡No me ama! Es así de simple. Cuando alguien no ama al otro, no le dice que lo ama.

ÉL Esto es una bomba de tiempo. Se va a enamorar del primer *hippy* con guitarra que sepa tocar tres acordes de los Beatles.

ÉL Éste es el momento. Sí, se lo digo ahora. Éste es el silencio previo a la tragedia.

PREVIEW Ask students to look at the photos, read the captions, and imagine what the film is about. Then ask them to look at the last photo and predict what happens next. Ask: **¿Creen que el cortometraje tendrá un final feliz?**

TEACHING OPTION Play the first half of the film. Ask the class to describe what they saw and to predict what will happen in the second half. Then play the entire film. Ask students to summarize the plot and evaluate their predictions about the ending.

Análisis

1 **Comprensión** Elige la opción correcta para formar oraciones verdaderas.

1. Los protagonistas de *No me ama* (siempre se pelean/se llevan bien).
2. El personaje masculino del corto también es (el narrador/fotógrafo profesional).
3. Lo que más desea el personaje masculino es que su novia le diga que (lo ama/se quiere casar con él).
4. El personaje masculino decide provocar una pelea para luego (romper/reconciliarse) con su novia.
5. María siempre expresa al protagonista su (afecto/desafecto).

2 **Interpretar** En parejas, comenten las posibles respuestas a estas preguntas sobre el cortometraje.

1. ¿Por qué él piensa que ellos no se conocen completamente?
2. ¿Por qué él no se sincera y le dice lo que le pasa?
3. ¿Por qué está tan seguro de que María no lo ama?
4. ¿Por qué decide romper con ella?
5. ¿Por qué le cuesta tanto tomar la decisión?

3 Ask students if they like love stories, and whether they prefer tragic ones or those with happy endings. Then encourage them to talk about their favorite love story from film or literature. Ask: **¿Cuál fue su parte favorita?**

3 **Opiniones** En parejas, contesten las preguntas y expliquen sus respuestas.

Cuando alguien ama tiene la necesidad imperiosa de decirlo, y no voy a creer que me ama pero no le hace falta decirlo.

1. ¿Les parece que *No me ama* es una historia exagerada o creen que podría ser un reflejo de la realidad?
2. ¿Se identifican con alguno de los protagonistas?
3. ¿Qué creen que siente ella?
4. El protagonista se considera a sí mismo un "neurótico". ¿Están de acuerdo? ¿Por qué?
5. Describan la escena en la que él decide provocar una pelea. ¿Qué dice él para que María se enoje?
6. ¿Por qué creen que no se dice el nombre del protagonista en el cortometraje?
7. ¿Creen que está justificado el sufrimiento del protagonista?
8. ¿Creen que María está realmente enamorada de él?
9. Al final María le dice que lo ama. ¿Creen que él se queda satisfecho al oírlo?
10. ¿Qué conclusión se puede extraer de este cortometraje?

4 **¿Son compatibles?** En grupos, escriban una lista de adjetivos para describir la personalidad del protagonista y otra para describir la personalidad de su novia. Luego, hagan afirmaciones sobre los personajes usando esos adjetivos. Finalmente, comenten si los personajes son o no compatibles.

5 **En breve** Resume en un párrafo la historia que acabas de ver. Utiliza el presente y los verbos **ser** y **estar**. Ten en cuenta:

- ¿Dónde sucede la historia?
- ¿Cuándo ocurre?
- ¿Quiénes son los personajes?
- ¿Qué es lo que sucede?
- ¿Cuál es el final de la historia?

6 **Mesa redonda** En grupos, comenten estas citas (*quotes*) sobre el amor. Compartan sus reflexiones.

"El amor es fe y no ciencia." *Francisco de Quevedo*

"Alguien que ama no insulta ni maltrata." *Lucía Etxebarría*

"El amor se demuestra con actos." *Vicente Blasco Ibáñez*

"Si no te quieren como tú quieres que te quieran, ¿qué importa que te quieran?" *Amado Nervo*

"¿Qué quieres que te diga además de que te amo, si lo que quiero decirte es que te amo?" *Fernando Pessoa*

"La medida (measure) del amor es amar sin medida." *San Agustín de Hipona*

"Amor y odio son, en todo, dos gemelos enemigos, idénticos y contrarios." *José Ortega y Gasset*

 Practice more at **vhlcentral.com.**

4 Discuss the personality traits of the characters. Then have students debate whether those qualities are to be blamed for the conflict in the story, and, if so, which character carries more blame. Ask: **¿Cuál de ellos tiene la culpa?**

5 Correct students' summaries and underline any mistakes with the present tense of **ser** and **estar**. Once students have gone over grammar points **1.1** and **1.2**, hand back their paragraphs and have them self-correct the errors.

6 Tell students that when they have finished they will vote on their favorite quote. Write the names of the authors on the board, and write tally marks next to them as students cast their votes orally. Have each student read aloud the quote he or she is voting for.

TEACHING OPTION If time allows, have students describe the trip, in one paragraph, from the point of view of the character they choose.

INSTRUCTIONAL RESOURCES Supersite: Flash Cultura; Script & Translation; Teaching suggestions; SAM/WebSAM: WB

IMAGINA

S En **vhlcentral.com** encontrarás más información y actividades relacionadas con esta sección.

Cuando se presentó como candidato para gobernador de **California**, **Arnold Schwarzenegger** se despidió de los reporteros con una de sus famosas frases de la película *The Terminator*: *"¡Hasta la vista, baby!"*. Miles y miles de niños pequeños repiten frases en español que aprendieron de Dora y Diego. Éstos no son ejemplos aislados. Hoy día, en todo el territorio de los **Estados Unidos**, personas de todas las edades, profesiones y razas utilizan frases en español, a veces sin saber que vienen de este idioma o aun, sin saber qué significan. Seguramente tú también has escuchado con frecuencia frases como: *"Hola"*, *"Mi casa es su casa"*, *"Vamos"*, *"Adiós, amigo"*, y muchas otras expresiones de boca de personas que no saben español.

ESTADOS

¡EL ESPAÑOL ESTÁ DE MODA!

¿A qué debemos la creciente popularidad del español? La respuesta es sencilla[1]: la influencia del idioma español en la cultura y en la vida diaria de los **Estados Unidos** es cada día mayor. Hoy día, en los Estados Unidos viven más de 40 millones de hispanohablantes que utilizan el español a diario. Se calcula que para el año 2020 la población latina va a llegar a casi 60 millones. Además del hecho[2] de que el número de latinos ha aumentado, hay que señalar que la población latina está cada vez más dispersa por todo el país: podemos encontrar comunidades de hispanohablantes desde Florida hasta Alaska y desde Hawaii hasta Maine. Actualmente, por lo menos una de cada ocho personas en los Estados Unidos es de origen hispano.

Los efectos del rápido crecimiento de la población latina son palpables en la vida diaria de todos los habitantes de los Estados Unidos. ¿Cuántas veces el cajero automático[3] te dio la opción de escoger entre inglés y español? ¿Cuántas veces llamaste a una contestadora automática[4] de atención al cliente y te dieron la opción de seguir el menú en español? ¿Has notado los anuncios[5] en español en aeropuertos, estaciones de tren, hospitales y otros lugares públicos?

Lo que es realmente significativo es el hecho de que millones de estadounidenses están aprendiendo español en escuelas y universidades de todo el país. En la actualidad[6], casi seis millones de estudiantes de secundaria y más de 800.000 estudiantes universitarios se matriculan[7] todos los años en cursos de español. De hecho, el español es el idioma más solicitado[8] en los departamentos de lenguas extranjeras. No queda duda de que el español es el idioma extranjero que tiene un mayor impacto en la cultura estadounidense actual, lo cual se refleja a diario en la calle, en el cine, en Internet y en los medios de comunicación en general.

Signos vitales

Los **Estados Unidos** se encuentran actualmente entre los cinco países con más hispanohablantes en el mundo. Algunos argumentan que la cantidad de hispanohablantes podría reducirse a medida que el inglés se convierte en el primer idioma de hijos y nietos de inmigrantes. Sin embargo, algunas estadísticas contradicen este argumento. Además, el número de hispanohablantes se mantiene vivo gracias a la constante inmigración.

[1] *simple* [2] *fact* [3] *ATM* [4] *answering machine* [5] *notices* [6] *At present* [7] *enroll* [8] *in demand; popular*

UNIDOS

El español en los Estados Unidos

Expresiones del español de uso común en inglés

Adiós, amigo.	*Goodbye, my friend.*
fiesta	*party, celebration, get-together*
gracias	*thank you*
Hasta la vista.	*See you later.*
Mi casa es su casa.	*My house is your house.*
número uno	*the best* (lit. *number one*)
plaza	*plaza; shopping mall*
pronto	*now; quick*
salsa	*sauce; Latin music*
sombrero	*hat*
Vamos.	*Let's go.*

Influencia del inglés en el español

Muchas palabras de uso común en español, especialmente palabras relacionadas con tecnología, están adaptadas del inglés.

chatear	*to chat* (online)
computadora	*computer*
escáner	*scanner*
esnob	*snob*
gol	*goal* (in sports; successful scoring)
marketing	mercadotecnia; *marketing*

Latinos en los EE.UU.

Jorge Ramos nació en la Ciudad de México el 16 de marzo de 1958. Desde noviembre de 1986, es el conductor[1] titular del **Noticiero Univisión** en los Estados Unidos. Es el personaje de la televisión estadounidense en español que más tiempo ha estado en el aire en un mismo programa o noticiero. Además de presentador, Ramos es columnista y autor.

América Ferrera nació en los Estados Unidos el 18 de abril de 1984, pero sus padres son de **Honduras**. Comenzó a actuar desde muy pequeña en la escuela, y luego pasó al cine y a la televisión. En 2007 ganó los premios **Globo de Oro**, **EMMY** y **Alma** por su papel de Betty Suárez en la serie *Ugly Betty*. En 2010 fue la voz de Astrid en *How to Train Your Dragon*.

César Pelli, arquitecto argentino graduado de la **Universidad de Tucumán** en 1949, viajó a los Estados Unidos en 1952 para realizar una maestría en Arquitectura en la Universidad de Illinois y luego se radicó[2] en este país. En 1977 creó su propia firma y ese mismo año fue nombrado decano[3] de la **Escuela de Arquitectura de Yale**, puesto que mantuvo hasta 1984. De su trabajo podemos mencionar el **World Financial Center** en **Nueva York**, las **Torres Petronas** en **Kuala Lumpur**, **Malasia** y la **terminal norte del aeropuerto Ronald Reagan National** de **Washington, D.C.**

Bill Richardson, gobernador de **Nuevo México** por dos períodos (2003–2006 y 2007–2010), es hijo de un estadounidense y una mexicana. Nació en los EE.UU. en 1947, pero pasó la infancia en la Ciudad de México. Realizó sus estudios secundarios y universitarios en Massachusetts. Su carrera política antes de ser gobernador

incluye catorce años como representante en el Congreso, uno y medio como **Embajador ante las Naciones Unidas**, y dos y medio como Secretario de Energía. En 2011 fue nombrado enviado especial[4] para la **Organización de Estados Americanos** (OEA).

[1] *anchor* [2] *settled* [3] *dean* [4] *special envoy*

GALERÍA DE CREADORES

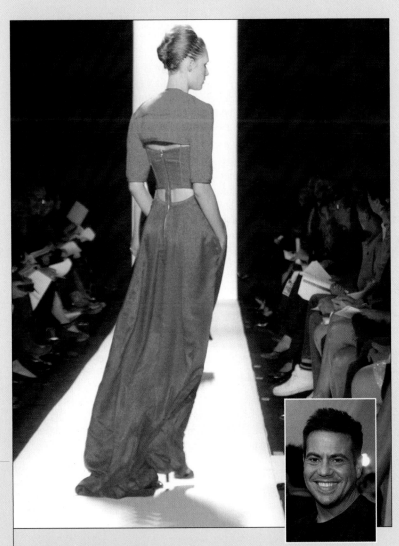

Discuss the **creadores** featured below calling on volunteers to share any previous knowledge of each one. Outside class, have students work in groups to research notable Hispanics in the U.S. from one of several categories. Ex: **literatura**, **diseño y moda**, **cine**, **pintura**.

LITERATURA **Julia Álvarez**

La escritora Julia Álvarez nació en Nueva York, pero pasó su niñez en la República Dominicana. Su familia se exilió en los Estados Unidos cuando Julia tenía diez años. Algunos de los temas de sus libros son sus experiencias derivadas de la dictadura en su país, su proceso de adaptación a una cultura desconocida y la importancia de la identidad. Es autora de *¡Yo!*, *A cafecito story*, *En el tiempo de las mariposas*, y *De cómo las muchachas García perdieron el acento*, entre otras obras. También escribió la obra *Tía Lola* para jóvenes lectores.

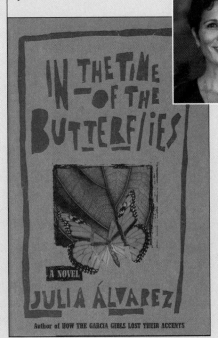

DISEÑO Y MODA **Narciso Rodríguez**

En 1996, Narciso Rodríguez causó sensación con el vestido de novia (*wedding gown*) que diseñó (*designed*) especialmente para Carolyn Bessette, quien lo lució (*wore*) el día de su boda con John F. Kennedy, Jr. En el mundo de la moda (*fashion*), este elegante y sencillo (*simple*) traje fue uno de los diseños más comentados de la década. Desde entonces, el diseñador de ascendencia cubana ha tenido por clientes a Salma Hayek, Sarah Jessica Parker y Charlize Theron. Las características más típicas de sus creaciones son la simplicidad, el uso de materiales ligeros (*lightweight*) y la influencia latina.

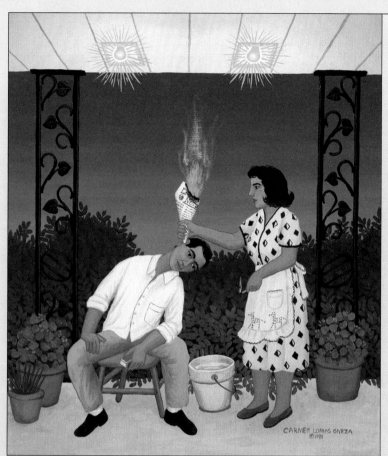

PINTURA **Carmen Lomas Garza**

Esta artista chicana pinta escenas de la vida cotidiana (*everyday*) mexicano-americana inspiradas en recuerdos (*memories*) y experiencias de su niñez en Kingsville, Texas. El objetivo de su arte es mostrar (*to show*) el valor y la humanidad de su cultura. Celebraciones, historias familiares, rituales, preparación de comidas, mitos, tradiciones, juegos (*games*), remedios caseros (*home remedies*) y sueños forman parte de ese paisaje cotidiano. *Earache Treatment* es el título de este cuadro (*painting*). Aquí vemos una práctica antigua, pero todavía muy común hoy día entre muchas familias latinoamericanas y chicanas para curar el dolor de oído (*earache*).

CINE **Robert Rodríguez**

En veinte días y con sólo siete mil dólares, Robert Rodríguez filmó *El mariachi*, la película que ganó el Premio (*Award*) del Público del Festival de Cine de Sundance de 1993. Las aventuras de *El mariachi* continuaron con *Desperado* y *Once upon a time in Mexico*, películas en las cuales actuaron sus amigos Antonio Banderas, Quentin Tarantino y Johnny Depp. El joven texano forma parte del selecto grupo de directores con películas que han recaudado (*grossed*) más de $100 millones. Es autor, productor y director de la película *Machete*, estrenada en 2010.

CONEXIÓN INTERNET

Investiga y aprende sobre otros creadores de la región en **vhlcentral.com**.

¿Qué aprendiste?

Cierto o falso Indica si estas afirmaciones son ciertas o falsas. Corrige las falsas.

1. El español es el segundo idioma más solicitado en las universidades, después del francés. *Falso. El español es el idioma más solicitado.*

2. Muchos niños aprenden frases en español gracias a los dibujos animados. *Cierto.*

3. Es difícil encontrar compañías que ofrecen atención al cliente en español. *Falso. Muchas compañías ofrecen operadores en español.*

4. América Ferrera ganó el Globo de Oro por su actuación en *How to Train Your Dragon*. *Falso. Lo ganó por Ugly Betty.*

Preguntas Contesta las preguntas.

1. ¿Quién popularizó en los Estados Unidos la frase "Hasta la vista, baby"? *Arnold Schwarzenegger popularizó esta frase en la película The Terminator.*

2. ¿Cuántos millones de latinos se calcula que habrá para el año 2020 en los Estados Unidos? *Se calcula que habrá casi 60 millones de latinos.*

3. ¿En qué lugares es común encontrar mensajes o avisos bilingües? *Es común encontrarlos en cajeros automáticos, aeropuertos, estaciones de tren y otros lugares públicos.*

4. Según el artículo, ¿dónde se refleja especialmente la popularidad del español en la cultura estadounidense actual? Menciona por lo menos tres ejemplos. *Se refleja en los departamentos de lenguas extranjeras, en la calle, en el cine, en Internet y en los medios de comunicación en general.*

5. ¿Qué cargo político ocupó Bill Richardson durante catorce años? *Fue representante en el Congreso.*

6. ¿Qué artista de la Galería te interesa más? ¿Por qué? *Answers will vary.*

PROYECTO

En los EE.UU.

¿Qué sabes del mundo latino en los EE.UU.? Escoge un tema e investiga toda la información que necesites en la biblioteca o en Internet para preparar un folleto promocional.

a. una comunidad latina
b. una celebración hispana
c. un lugar para el arte y la cultura latinoamericanos

- Escribe la información que consideras importante e incluye fotos.
- Presenta tu folleto a la clase. Explica por qué escogiste ese tema.

MINIPRUEBA

Completa las oraciones con la información correcta.

1. Los Estados Unidos se encuentran entre los _____ países con más hispanohablantes.
   a. tres   b. cinco   c. seis

2. Bill Richardson nació en _____ .
   a. Cuba   b. México   c. Estados Unidos

3. La popularidad del español en los Estados Unidos es directamente proporcional _____ de la población latina.
   a. al crecimiento   b. al trabajo   c. a la asimilación

4. Según la lectura, muchas _____ ofrecen operadores en español.
   a. empresas   b. estaciones   c. universidades

5. Actualmente, una de cada _____ personas en los Estados Unidos es de origen hispano.
   a. siete   b. ocho   c. cinco

6. En las _____ de los Estados Unidos se matriculan cada año casi seis millones de estudiantes en cursos de español.
   a. universidades   b. escuelas primarias
   c. escuelas secundarias

7. _____ es la cara más conocida en la televisión en español de los Estados Unidos.
   a. Jorge Ramos   b. César Pelli   c. Antonia Novello

8. En español, muchas palabras relacionadas con _____ son de origen inglés.
   a. la familia   b. el cine   c. la tecnología

9. Las torres Petronas en Malasia son obra del _____ César Pelli.
   a. cubano   b. argentino   c. mexicano

10. Julia Álvarez nació en _____ .
    a. Santo Domingo   b. Nueva York   c. Kingsville

11. Narciso Rodríguez alcanzó la fama con un vestido diseñado para _____ .
    a. Salma Hayek   b. Jackie Kennedy
    c. Carolyn Bessette

12. *Desperado* es la _____ parte de *El mariachi*.
    a. segunda   b. tercera   c. cuarta

Las relaciones personales

 Video

¿No es ideal utilizar el tiempo libre para encontrarse con amigos, familiares, parejas…? Los lugares donde puedes reunirte a hablar o comer se vuelven especiales porque forman parte del placer de compartir el tiempo con tu gente. En este episodio de **Flash Cultura**, te llevamos a visitar los lugares de encuentro de Madrid.

Vocabulario

el amor a primera vista *love at first sight*	**el pasacalles** *marching parade*
el callejón *alley*	**el pendiente** *earring*
la campanada *tolling of the bell*	**el punto de encuentro** *meeting point*
datar de *to date from*	**la uva** *grape*

Preparación Cuando tienes tiempo libre, ¿te reúnes con tus amigos? ¿Cuáles son los lugares donde te encuentras habitualmente con ellos? ¿En qué momentos del día y la semana pueden verse? ¿Por qué?

Comprensión Indica si estas afirmaciones son ciertas o falsas. Después, en parejas, corrijan las falsas.

1. Es tradición tomar doce uvas el 31 de diciembre mientras suena el famoso reloj de la Puerta del Sol en el corazón de Madrid. Cierto.

2. La Plaza Mayor es la plaza más conocida y se encuentra en el Madrid Moderno. Falso. La Plaza Mayor se encuentra en el Madrid Antiguo.

3. En la confluencia actual de las calles Toledo y Atocha, se celebraban antiguamente partidos de fútbol. Falso. En la confluencia de las calles Toledo y Atocha, se celebraba el mercado principal de Madrid.

4. El barrio de La Latina se caracteriza por callejones estrechos, plazoletas, cafés y bares de ambiente muy dinámico. Cierto.

5. Ninguno de los entrevistados cree en el amor a primera vista. Falso. Algunos de ellos creen en el amor a primera vista.

6. En El Rastro puedes comprar ropa, pendientes, cuadros, etc. Cierto.

Expansión En parejas, contesten estas preguntas.

- Imagina que estás en Madrid. ¿Cuál de los lugares mostrados prefieres para comer algo o pasear? ¿Por qué?

- ¿Estás de acuerdo con las personas que creen en el amor a primera vista o con las que no creen? Justifica tu respuesta.

- ¿Te gustan los domingos en Madrid: levantarse tarde, comer en un bar de La Latina con amigos y pasear por El Rastro? ¿Cómo son tus domingos?

Corresponsal: Miguel Ángel Lagasca
País: España

(En la Plaza Mayor) los niños juegan, las madres conversan°, los padres hablan de fútbol y política, los jóvenes se juntan, las parejas se miran a los ojos y los turistas admiran el espectáculo°.

La Latina, así como la Plaza Mayor y Puerta del Sol, pertenecen al llamado Madrid Antiguo.

Siempre los celos son una parte importante de la relación, sobre todo cuando se está empezando.

conversan *chat* **espectáculo** *show*

 Practice more at **vhlcentral.com.**

INSTRUCTIONAL RESOURCES

Supersite: Audioscripts, SAM AK, Lab MP3s

SAM/WebSAM: WB, LM

1.1

Point out that all active verbs from **Imagina** are listed on **pp. 412–413**.

TALLER DE CONSULTA

These grammar topics are covered in the **Manual de gramática, Lección 1**.

1.4 Nouns and articles, p. 378
1.5 Adjectives, p. 380

For more stem-changing verbs, see the **Verb conjugation tables, pp. 412-422**.

Review the difference between verb stems and verb endings.

¡ATENCIÓN!

Subject pronouns are normally omitted in Spanish. They are used to emphasize or clarify the subject.

—¿**Viven en California?**
Do they live in California?

—**Sí, ella vive en Los Ángeles, y él vive en San Francisco.**
Yes, she lives in Los Angeles, and he lives in San Francisco.

¡ATENCIÓN!

Jugar changes its stem vowel from **u** to **ue**. **Construir, destruir, incluir,** and **influir** add a **y** before the personal endings. As with other stem-changing verbs, the **nosotros/as** and **vosotros/as** forms do not change.

jugar
juego, juegas, juega, jugamos, jugáis, juegan

incluir
incluyo, incluyes, incluye, incluimos, incluís, incluyen

The present tense

Regular –ar, –er, –ir verbs

- The present tense (**el presente**) of regular verbs is formed by dropping the infinitive ending **–ar, –er,** or **–ir** and adding personal endings.

The present tense of regular verbs			
	hablar	**beb**er	**viv**ir
yo	**habl**o	**beb**o	**viv**o
tú	**habl**as	**beb**es	**viv**es
Ud./él/ella	**habl**a	**beb**e	**viv**e
nosotros/as	**habl**amos	**beb**emos	**viv**imos
vosotros/as	**habl**áis	**beb**éis	**viv**ís
Uds./ellos/ellas	**habl**an	**beb**en	**viv**en

- The present tense is used to express actions or situations that are going on at the present time and to express general truths.

¿Por qué **rompes** conmigo?
Why are you breaking up with me?

Porque no te **amo**.
Because I don't love you.

- The present tense is also used to express habitual actions or actions that will take place in the near future.

Mis padres me **escriben** con frecuencia.
My parents write to me often.

Mañana les **mando** una carta larga.
Tomorrow I'm sending them a long letter.

Stem-changing verbs

- Some verbs have stem changes in the present tense. In many **–ar** and **–er** verbs, **e** changes to **ie** and **o** changes to **ue**. In some **–ir** verbs, **e** changes to **i**. The **nosotros/as** and **vosotros/as** forms never have stem changes in the present tense.

Stem-changing verbs		
e → ie	**o → ue**	**e → i**
pensar *to think*	**poder** *to be able to, can*	**pedir** *to ask for*
p**ie**nso	p**ue**do	p**i**do
p**ie**nsas	p**ue**des	p**i**des
p**ie**nsa	p**ue**de	p**i**de
pensamos	podemos	pedimos
pensáis	podéis	pedís
p**ie**nsan	p**ue**den	p**i**den

Irregular *yo* forms

- Many **–er** and **–ir** verbs have irregular **yo** forms in the present tense. Verbs ending in **–cer** or **–cir** change to **–zco** in the **yo** form; those ending in **–ger** or **–gir** change to **–jo**. Several verbs have irregular **–go** endings, and a few have individual irregularities.

Ending in *-go*

caer *to fall*	yo **caigo**
distinguir *to distinguish*	yo **distingo**
hacer *to do, to make*	yo **hago**
poner *to put, to place*	yo **pongo**
salir *to leave, to go out*	yo **salgo**
traer *to bring*	yo **traigo**
valer *to be worth*	yo **valgo**

Ending in *-zco*

conducir *to drive*	yo **conduzco**
conocer *to know*	yo **conozco**
crecer *to grow*	yo **crezco**
obedecer *to obey*	yo **obedezco**
parecer *to seem*	yo **parezco**
producir *to produce*	yo **produzco**
traducir *to translate*	yo **traduzco**

Ending in *-jo*

dirigir *to direct, manage*	yo **dirijo**
escoger *to choose*	yo **escojo**
exigir *to demand*	yo **exijo**
proteger *to protect*	yo **protejo**

Other verbs

caber *to fit*	yo **quepo**
saber *to know*	yo **sé**
ver *to see*	yo **veo**

> **¡ATENCIÓN!**
>
> Some verbs with irregular **yo** forms have stem changes as well.
>
> **conseguir (e:i)** → **consigo**
> **corregir (e:i)** → **corrijo**
> **elegir (e:i)** → **elijo**
> **seguir (e:i)** → **sigo**
> **torcer (o:ue)** → **tuerzo**

> Explain that for verbs ending in **–ger** and **–gir**, the **yo** form ending changes to **–jo** in order to preserve the soft **g** sound of the infinitive. Likewise, **distinguir** drops the **u** in the **yo** form to maintain correct pronunciation.

- Verbs with prefixes follow the same patterns.

reconocer *to recognize*	yo **reconozco**	**oponer** *to oppose*	yo **opongo**
deshacer *to undo*	yo **deshago**	**proponer** *to propose*	yo **propongo**
rehacer *to remake, redo*	yo **rehago**	**suponer** *to suppose*	yo **supongo**
aparecer *to appear*	yo **aparezco**	**atraer** *to attract*	yo **atraigo**
desaparecer *to disappear*	yo **desaparezco**	**contraer** *to contract*	yo **contraigo**
componer *to make up*	yo **compongo**	**distraer** *to distract*	yo **distraigo**

Irregular verbs

- Other commonly used verbs in Spanish are irregular in the present tense or combine a stem-change with an irregular **yo** form or other spelling change.

dar *to give*	decir *to say*	estar *to be*	ir *to go*	oír *to hear*	ser *to be*	tener *to have*	venir *to come*
doy	digo	estoy	voy	oigo	soy	tengo	vengo
das	dices	estás	vas	oyes	eres	tienes	vienes
da	dice	está	va	oye	es	tiene	viene
damos	decimos	estamos	vamos	oímos	somos	tenemos	venimos
dais	decís	estáis	vais	oís	sois	tenéis	venís
dan	dicen	están	van	oyen	son	tienen	vienen

Práctica

 1 **Un apartamento infernal** Beto tiene quejas (*complaints*) de su apartamento. Completa el párrafo con las palabras de la lista.

caber	hacer	oír	tener
estar	ir	ser	ver

Mi apartamento (1) ___está___ en el quinto piso. El edificio no (2) ___tiene___ ascensor y, para llegar al apartamento, (3) ___tengo___ que subir por la escalera. El apartamento es tan pequeño que mis cosas no (4) ___caben___. Las paredes (*walls*) (5) ___son___ muy delgadas. A todas horas (6) ___oigo___ la radio o la televisión de algún vecino. El apartamento siempre (7) ___está___ oscuro y no puedo (8) ___ver___ cuando (9) ___hago___ la tarea. ¡(10) ___Voy___ a buscar otro apartamento!

2 **¿Qué haces?** Haz preguntas basadas en estas opciones y contéstalas con una explicación.

> **Modelo** **vivir / en la residencia estudiantil**
> —¿Vives en la residencia estudiantil?
> —No, vivo en un apartamento con mis dos mejores amigos, Pablo y Julián.

1. salir / con amigos todas las noches
2. decir / mentiras
3. conducir / estar cansado
4. tener / miedo de ser antipático/a con los amigos
5. dar / consejos sobre asuntos personales
6. venir / a clase tarde con frecuencia

3 **¿Qué hacen los amigos?** Escribe cinco oraciones completas usando los sujetos y los verbos de las columnas.

Sujetos	Verbos	
yo	compartir	exigir
tú	creer	pensar
un(a) buen(a) amigo/a	deber	poner
nosotros/as	desear	traducir
los/las malos/as amigos/as		

1. _____
2. _____
3. _____
4. _____
5. _____

 Practice more at **vhlcentral.com.**

Comunicación

4

En el café Carola está en el Nuyorican Poets Café con unos amigos. En parejas, escriban ocho oraciones en las que Carola describe lo que hace cada persona. Usen algunos verbos de la lista.

beber	estar	oír	ser
decir	hablar	pedir	traer

5

Sueños cumplidos Un nuevo *reality show* tiene como objetivo cumplir los sueños de los participantes.

A. En parejas, lean los sueños de algunos posibles participantes y preparen una lista de preguntas que el/la presentador(a) o el público puede hacerle a cada uno. Usen verbos en presente y el vocabulario de la lección.

María, 21 años
Sus padres la adoptaron cuando era niña. Cuando cumplió los 21, sus padres le contaron que tiene una hermana melliza (*twin*). María quiere conocerla.

Pedro, 35 años
Vive en los Estados Unidos desde los 4 años. No ve a sus abuelos desde entonces. Se acerca el cumpleaños número 90 de su abuela.

Francisco, 50 años
A los 18 años, Francisco emigró a los Estados Unidos. Su hermana, Sofía, emigró a España. Se hablan por teléfono pero hace 32 años que no se ven.

B. Elijan al primer participante del programa e improvisen la primera entrevista. Uno/a de ustedes es el/la presentador(a) y el/la otro/a es el/la participante.

Nota CULTURAL

El **Nuyorican Poets Café**, fundado en 1973 por el profesor **Miguel Algarín**, es un espacio multicultural ubicado en Manhattan dedicado a presentar el trabajo de poetas, músicos y artistas visuales. También exhibe obras de teatro y películas. Este foro apoya y promueve el arte que no tiene presencia en los medios comerciales.

4 Ask: ¿Conocen algún bar o café parecido al Nuyorican Poets Café? Encourage discussion about venues that promote local poets, artists, and musicians.

5 If time allows, encourage pairs to perform their interviews in front of the class.

NATIONAL comparisons STANDARDS

INSTRUCTIONAL RESOURCES

Supersite: Audioscripts, SAM AK, Lab MP3s
SAM/WebSAM: WB, LM

1.2

Ser and *estar*

—*Sí, me quiere, de eso* **estoy** *seguro.*

—*O sea, yo* **soy** *el que dice "te amo".*

Ask students if they remember the different uses of **ser** and **estar** before presenting the grammar explanation.

Have volunteers offer sentences using the two verbs, or ask questions that prompt the use of **ser** and **estar** in their responses. Use the students' examples to help them deduce the general uses of each verb.

Uses of *ser*

Nationality and place of origin	Mis padres **son** argentinos, pero yo **soy** de Florida.
Profession or occupation	El Sr. López **es** periodista.
Characteristics of people, animals, and things	El clima de Miami **es** caluroso.
Generalizations	Las relaciones personales **son** complejas.
Possession	La guitarra **es** del tío Guillermo.
Material of composition	El suéter **es** de pura lana.
Time, date, or season	**Son** las doce de la mañana.
Where or when an event takes place	La fiesta **es** en el apartamento de Carlos; **es** el sábado a las nueve de la noche.

Uses of *estar*

Location or spatial relationships	La clínica **está** en la próxima calle.
Health	Hoy **estoy** enfermo. ¿Cómo **estás** tú?
Physical states and conditions	Todas las ventanas **están** limpias.
Emotional states	¿**Está** Marisa contenta con Javier?
Certain weather expressions	¿**Está** nublado o **está** despejado hoy en Miami?
Ongoing actions (progressive tenses)	Paula **está** escribiendo invitaciones para su boda.
Results of actions (past participles)	La tienda **está** cerrada.

Ser and *estar* with adjectives

- **Ser** is used with adjectives to describe inherent, expected qualities. **Estar** is used to describe temporary or variable qualities, or a change in appearance or condition.

La casa **es** muy pequeña.	¡**Están** tan enojados!
The house is very small.	*They're so angry!*

- With most descriptive adjectives, either **ser** or **estar** can be used, but the meaning of each statement is different.

Julio **es alto**.	¡Ay, qué **alta estás**, Adriana!
Julio is tall. (that is, a tall person)	*How tall you're getting, Adriana!*
Dolores **es alegre**.	El jefe **está alegre** hoy. ¿Qué le pasa?
Dolores is cheerful. (that is, a cheerful person)	*The boss is cheerful today. What's up with him?*
Juan Carlos **es** un hombre **guapo**.	¡Manuel, **estás** tan **guapo**!
Juan Carlos is a handsome man.	*Manuel, you look so handsome!*

- Some adjectives have two different meanings depending on whether they are used with **ser** or **estar**.

ser + [*adjective*]	estar + [*adjective*]
Laura **es aburrida**. *Laura **is boring**.*	Laura **está aburrida** *Laura **is bored**.*
Ese chico **es listo**. *That boy **is smart**.*	**Estoy listo** para todo. *I'm **ready** for anything.*
No **soy rico**, pero vivo bien. *I'm not **rich**, but I live well.*	¡El pan **está** tan **rico**! *The bread **is delicious**!*
La actriz **es mala**. *The actress **is bad**.*	La actriz **está mala**. *The actress **is ill**.*
El coche **es seguro**. *The car **is safe**.*	Creo que puedo ir pero **no estoy seguro**. *I think I can go but **I'm not sure**.*
Los aguacates **son verdes**. *Avocados **are green**.*	Esta banana **está verde**. *This banana **is not ripe**.*
Javier **es** muy **vivo**. *Javier **is** very **sharp**.*	¿Todavía **está vivo** el autor? *Is the author still **living**?*
Pedro **es** un hombre **libre**. *Pedro **is a free** man.*	Esta noche no **estoy libre**. ¡Lo siento! *Tonight I **am** not available. Sorry!*

TALLER DE CONSULTA

Remember that adjectives must agree in gender and number with the person(s) or thing(s) that they modify. See **Manual de gramática, 1.4 p. 378**, and **1.5 p. 380**.

¡ATENCIÓN!

Estar, not **ser**, is used with **muerto/a**.

Bécquer, el autor de las *Rimas*, está muerto.
Bécquer, the author of Rimas, *is dead.*

To help students remember the different meanings of these adjectives, remind them that when used with **ser** they describe inherent qualities, while the meanings associated with **estar** describe temporary or variable qualities. Point out that **muerto/a** is an exception to this general rule. Also point out that the use of **estar malo/a** to mean *ill* with **estar** is restricted to Spain.

Práctica

1

La boda de Emilio y Jimena Completa cada oración de la primera columna con la terminación más lógica de la segunda columna.

1. La boda es ___f___
2. La iglesia está ___c___
3. El cielo está ___h___
4. La madre de Emilio está ___e___
5. El padre de Jimena está ___b___
6. Todos los invitados están ___d___
7. El mariachi que toca en la boda es ___a___
8. En mi opinión, las bodas son ___g___

a. de San Antonio, Texas.

b. deprimido por los gastos.

c. en la calle Zarzamora.

d. esperando a que entren la novia (*bride*) y su padre.

e. contenta con la novia.

f. a las tres de la tarde.

g. muy divertidas.

h. totalmente despejado.

Nota CULTURAL

En **San Antonio**, **Texas** hay una presencia mexicana muy importante. En **Market Square** se venden productos auténticos de **México** como cerámica, comida y artesanía (*handicrafts*).

2

La luna de miel Completa el párrafo en el que se describe la luna de miel (*honeymoon*) que van a pasar Jimena y Emilio. Usa formas de **ser** y **estar**.

LA GLORIA CUBANA

Miami, Florida

Nota CULTURAL

La **Pequeña Habana** es un barrio de **Miami** donde viven muchas personas de ascendencia cubana. La **Calle Ocho** es el corazón de la zona. En ella se pueden encontrar tabaquerías, restaurantes de comida típica cubana y tiendas de productos tradicionales.

Emilio y Jimena van a pasar su luna de miel en Miami, Florida. Miami (1) __es__ una ciudad preciosa. (2) __Está__ en la costa este de Florida y tiene playas muy bonitas. El clima (3) __es__ tropical. Jimena y Emilio (4) __están__ interesados en visitar la Pequeña Habana. Jimena (5) __es__ fanática de la música cubana. Y Emilio (6) __está__ muy entusiasmado por conocer el parque Máximo Gómez, donde las personas van a jugar dominó. Los dos (7) __son__ aficionados a la comida caribeña. Quieren ir a todos los restaurantes que (8) __están__ en la Calle Ocho. Cada día van a probar un plato diferente. Algunos de los platos que piensan probar (9) __son__: el congrí, los tostones y el bistec palomilla. Después de pasar una semana en Miami, la pareja va a (10) __estar__ cansada pero muy contenta.

2 As a follow-up, have students write a different story about Emilio and Jimena using **ser** and **estar**.

 Practice more at **vhlcentral.com**.

Comunicación

3 **Entrevistas**

A. En parejas, usen la lista como guía para entrevistarse. Usen **ser** o **estar** en las preguntas y respuestas.

- origen
- nacionalidad
- personalidad
- personalidad de los padres
- salud

- estudios actuales
- sentimientos actuales
- lugar donde vive/trabaja
- actividades actuales

B. Cambien de pareja y cuéntenle a su compañero/a lo que descubrieron (*found out*) sobre el compañero/a entrevistado/a.

4 **¿Dónde estamos?** En parejas, elijan una ciudad en la que supuestamente están de viaje. Sus compañeros deberán adivinar de qué ciudad se trata. Pueden elegir una de las ciudades de las fotos u otra ciudad importante.

Buenos Aires, Argentina

Quito, Ecuador

Madrid, España

Lima, Perú

San José, Costa Rica

México, D.F., México

- Hagan cinco afirmaciones usando **ser** o **estar** para dar pistas (*clues*) a sus compañeros.
- Si las pistas no son suficientes, sus compañeros pueden hacer preguntas con **ser** o **estar** cuya respuesta sea **sí** o **no**.
- Algunos temas para las afirmaciones o las preguntas pueden ser: ubicación, comida, características de la ciudad, actividades, sentimientos de los viajeros, etc.

INSTRUCTIONAL RESOURCES
Supersite: Audioscripts, SAM AK, Lab MP3s
SAM/WebSAM: WB, LM

To preview the material, ask volunteers to give examples of other verbs that follow the pattern of **gustar**.

TALLER DE CONSULTA

See **3.2, p. 100** for object pronouns.

Briefly review indirect object pronouns and remind students that they describe to whom or for whom an action is performed.

1.3

Gustar and similar verbs

—*Si te **gusta** un tipo como yo es por mi capacidad de hablar.*

Using the verb *gustar*

- Though **gustar** is translated as *to like* in English, its literal meaning is *to please*. **Gustar** is preceded by an indirect object pronoun indicating *the person who is pleased*. It is followed by a noun indicating *the thing or person that pleases*.

INDIRECT OBJECT PRONOUN		SUBJECT
Me	**gusta**	**la película.**
I	*like*	*the movie. (literally: The movie pleases me.)*
¿Te	**gustan**	**los conciertos de rock?**
Do you	*like*	*rock concerts? (literally: Do rock concerts please you?)*

- Because *the thing or person that pleases* is the subject, **gustar** agrees in person and number with it. Most commonly the subject is third person singular or plural.

Singular subject	Plural subject

Nos gusta la música de Celia Cruz.
We like Celia Cruz's music.

Me gustan las quesadillas.
I like quesadillas.

Les gusta su casa nueva.
They like their new house.

¿Te gustan las películas románticas?
Do you like romantic movies?

- When **gustar** is followed by one or more verbs in the infinitive, the singular form of **gustar** is always used.

No nos **gusta** llegar tarde.
We don't like to arrive late.

Les **gusta** cantar y bailar.
They like to sing and dance.

- **Gustar** is often used in the conditional (**gustaría**) to soften a request.

Me **gustaría** un refresco, por favor.
I would like a soda, please.

¿Te **gustaría** ir a una cita con mi amigo?
Would you like to go on a date with my friend?

Verbs like *gustar*

- Many verbs follow the same pattern as **gustar**.

aburrir *to bore*	**hacer falta** *to miss; to need*
caer bien/mal *to (not) get along well with*	**importar** *to be important to; to matter*
disgustar *to upset*	**interesar** *to be interesting to; to interest*
doler *to hurt; to ache*	**molestar** *to bother; to annoy*
encantar *to like very much*	**preocupar** *to worry*
faltar *to lack; to need*	**quedar** *to be left over; to fit (clothing)*
fascinar *to fascinate*	**sorprender** *to surprise*

Me fascina el cine.
Movies fascinate me.

¿**Te molesta** si voy contigo?
Will it bother you if I come along?

A Sandra **le disgusta** esa situación.
That situation upsets Sandra.

Me duelen sus mentiras.
Her lies hurt me.

- The construction **a** + [*prepositional pronoun*] or **a** + [*noun*] can be used to emphasize who is pleased, bothered, etc.

A ella no le gusta bailar, pero **a él** sí.
She doesn't like to dance, but he does.

A Felipe le molesta ir de compras.
Shopping bothers Felipe.

- **Faltar** expresses what someone or something lacks and **quedar** expresses what someone or something has left. **Quedar** is also used to talk about how clothing fits or looks on someone.

Le falta dinero.
He's short of money.

Le falta sal a la comida.
The food needs some salt.

A la impresora no **le queda** papel.
The printer is out of paper.

Esa falda **te queda** bien.
That skirt fits you well.

TALLER DE CONSULTA

See **3.2, p. 101,** for prepositional pronouns.

¿Qué te
hace
falta en
la vida?

**Discoteca
Paladio**

Práctica

1 **Completar** Miguel y César son compañeros de cuarto y tienen algunos problemas. Hoy se han reunido para discutirlos. Completa su conversación con la forma correcta de los verbos entre paréntesis.

MIGUEL Mira, César, a mí (1) _me encanta_ (encantar) vivir contigo, pero la verdad es que (2) _me preocupan_ (preocupar) algunas cosas.

CÉSAR De acuerdo. A mí también (3) _me molestan_ (molestar) algunas cosas de ti.

MIGUEL Bueno, para empezar (4) _me disgusta_ (disgustar) que pongas la música tan alta cuando vienen tus amigos. Tus amigos (5) _me caen_ (caer) muy bien, pero a veces hacen mucho ruido y no me dejan dormir.

CÉSAR Sí, claro, lo entiendo. Pues mira, Miguel, a mí (6) _me preocupa_ (preocupar) que no laves los platos después de comer. Además, tampoco sacas la basura.

MIGUEL Es verdad. Pues... vamos a intentar cambiar estas cosas. ¿Te parece?

CÉSAR (7) _Me gusta_ (gustar) la idea. Yo bajo la música cuando vengan mis amigos y tú lavas los platos y sacas la basura más a menudo. ¿De acuerdo?

2 Call on several students to share their partner's response to items 1 and 5. Encourage them to debate each other's opinions

2 **Preguntar** En parejas, utilicen el modelo para hacerse preguntas, por turnos, sobre las siguientes personas.

> **Modelo** **fascinar / a tu padre**
> —¿Qué crees que le fascina a tu padre?
> —Pues, no sé. Creo que le fascina dormir.

1. preocupar / al presidente
2. encantar / a tu hermano/a
3. gustar hacer los fines de semana / a ti
4. importar / a tus padres

5. interesar / a tu profesor(a) de español
6. aburrir / a tu novio/a y a ti
7. molestar / a tu mejor amigo/a
8. faltar / a ustedes

3 Remind students that the conditional is often used with verbs like **gustar** to soften a request. Ex: **¿Te interesaría ir al gimnasio?** Would you be interested in going to the gym?

3 Compare students' weekday activities with what they would like to do. Ex: **Los lunes tienes clase. ¿Qué te gustaría hacer en vez de ir a clase?**

3 **¿Qué te gustaría hacer el fin de semana?** En parejas, pregúntense si les gustaría hacer las actividades relacionadas con las fotos. Utilicen los verbos **aburrir, disgustar, encantar, fascinar, interesar** y **molestar**. Sigan el modelo:

> **Modelo** —¿Te molestaría ir al parque de atracciones?
> —No, me encantaría.

Comunicación

4 **¿Te gusta?** En parejas, pregúntense si les gustan o no las siguientes personas y actividades. Utilicen verbos similares a **gustar** y contesten las preguntas.

Benicio del Toro	ir a discotecas
Cameron Díaz	las películas de misterio
los discos de Christina Aguilera	las películas extranjeras
dormir los fines de semana	practicar algún deporte
hacer bromas	salir con tus amigos

4 Take a survey of the students' answers and write the results on the board.

5 **¿Cómo son?** Elige uno de los personajes de la lista. Luego escribe cuatro oraciones usando los verbos indicados. Dile a tu compañero/a lo que escribiste sin decirle el nombre del personaje. Él/Ella tiene que adivinar de quién se trata. Túrnense para describir por lo menos seis personajes.

> **Modelo** —Le gusta mucho cantar. Le preocupan los problemas sociales
> y ambientales. No le caen bien los *papparazzi*. Es muy rico.
> —¡Es Bono!

- América Ferrera
- Barack Obama
- Tom Cruise
- Eva Longoria
- Jessica Alba
- David Beckham
- Eli Manning
- Javier Bardem
- Hilary Duff

aburrir	encantar	hacer falta	molestar
caer bien/mal	faltar	importar	preocupar
disgustar	fascinar	interesar	quedar

5 For a related game, divide the class into small groups and give each group member a different photograph of a famous person from current events, recent movies, or popular music. Have group members take turns trying to guess the names of the people from their teammates' descriptions.

6 **Veinte datos** Haz preguntas a por lo menos diez de tus compañeros para completar la tabla. Debes crear los últimos cinco datos de la tabla usando los verbos sugeridos. Luego, comenta con la clase las tres respuestas que más te sorprendieron.

Encuentra a alguien que/a quien...			
	Nombre		Nombre
le gusta el francés		le molesta chatear por Internet	
le encanta nadar		ama ir a la playa	
le disgusta tener mascotas		le gusta levantarse temprano	
no le gusta tener carro		odia viajar en avión	
ama los helados		le interesa la política	
ama la música clásica		(encantar) _____	
no le gusta el deporte		(caer bien) _____	
le gusta comprar cosas por Internet		(molestar) _____	
le fascina ir a conciertos de rock		(preocupar) _____	
no le interesa viajar		(sorprender) _____	

Síntesis

Un consejo sentimental

Doctora Corazones,

Tengo 30 años. Hace tres meses que conocí a Marcela, mi novia. Creo que es la mujer de mi vida y le soy fiel°. Pero tengo un problema y me gustaría consultarlo con usted: Resulta° que me vine a San Antonio por seis meses por razones de trabajo y mi novia se quedó en Nueva York. Por eso, diariamente nos comunicamos por Internet: nos encanta escribirnos mensajes electrónicos por medio del chat.

Un día se me ocurrió hacerme pasar por otro hombre,° para ver si la conquistaba. La verdad es que me costó bastante, pero lo logré°. Ahora mi novia mantiene una segunda relación virtual con un hombre que ella piensa que es otro. Este juego me preocupa mucho y realmente no sé cómo manejarlo°. Yo la quiero mucho y estoy seguro de que ella me ama, pero para mí esto es como una traición°, un engaño°. La verdad es que no sé qué hacer.

Estoy desesperado.

Gracias,

Carlos

faithful

It turns out

se me... *I got the idea to pretend I was another man*

I succeeded

handle it

betrayal/deception

---

1 **La carta** Trabajen en grupos pequeños. Lean la carta dirigida a la Dra. Corazones, consejera sentimental, y luego contesten las preguntas.

1. ¿Por qué Carlos y su novia se comunican por Internet?

2. ¿Qué hizo Carlos?

3. ¿Cuál es el resultado?

4. ¿Cómo se siente él ahora?

2 **Comentar** Con el grupo, comenten el problema de Carlos y propongan una solución. Elijan a un miembro del grupo para presentar la solución a la clase.

3 **La solución** Con toda la clase, escuchen y comenten las soluciones propuestas por los grupos, pensando en las siguientes preguntas. Entre todos, deben proponer una solución al problema de Carlos.

1. ¿Cómo reaccionan los grupos ante el problema de Carlos?

2. ¿Propone cada grupo una solución distinta?

3. ¿Cuál es la mejor solución?

Preparación Audio: Vocabulary

Vocabulario de la lectura	
ayudarse *to help one another*	
la calidad de vida *standard of living*	
los familiares *relatives*	
fortalecerse *to grow stronger*	
por su cuenta *on his/her own*	
la red de apoyo *support network*	
la voluntad *will*	

Vocabulario útil	
abandonar *to leave*	
cuidar *to take care*	
emigrar *to emigrate*	
el/la inmigrante *immigrant*	
el lazo *tie*	
mudarse *to move*	
la patria *home country*	

VARIACIÓN LÉXICA
familiares ↔ parientes
Point out that, **relativo** is an adjective in Spanish, and is a false cognate with the English noun *relative(s)*.

1

Vocabulario Completa el diálogo utilizando palabras y expresiones de la lista.

abandonar	emigrar	por tu cuenta
ayudarse	familiares	red de apoyo
calidad de vida	lazo	voluntad

LUISA Mañana vamos a tener una gran fiesta y van a venir todos mis (1) _familiares_: mis tíos, mis primos y mis abuelos.

CATI ¡Qué lástima! No puedo comer pastel de cumpleaños porque estoy a dieta.

LUISA Te admiro, a mí me falta (2) _voluntad_ para ponerme a dieta.

CATI Para mí no es difícil porque tengo una gran (3) _red de apoyo_: mi madre y mis tías también están a dieta.

LUISA Es bueno (4) _ayudarse_ entre todos.

CATI Es cierto. ¿Por qué no vienes al gimnasio con nosotras? Es más fácil que hacer ejercicio (5) _por tu cuenta_.

2

La inmigración En parejas, contesten las preguntas.

1. ¿Por qué la gente decide emigrar? Comenta por lo menos tres razones.

2. ¿Alguien de tu familia inmigró a este país o emigró a otro país? ¿Por qué decidió hacerlo?

3. De estar forzado/a a abandonar tu patria, ¿adónde irías? ¿Por qué?

4. ¿Cómo crees que cambiaría tu vida al vivir en otro país?

3

Encuesta Indica si estás de acuerdo o no con las siguientes afirmaciones. Cuando termines, comparte tu opinión sobre cada afirmación con la clase.

	Sí	No
1. Es importante vivir siempre cerca de los familiares.	☐	☐
2. Es bueno mantener las tradiciones y costumbres de nuestras familias.	☐	☐
3. Es necesario ser económicamente independiente de los padres.	☐	☐
4. Es bueno que los familiares se ayuden mutuamente.	☐	☐
5. Se aprende mucho más de la vida cuando uno se muda a otra ciudad o a otro país para estudiar o trabajar.	☐	☐

1 To practice new vocabulary, have students work in pairs to write sentences or definitions using words from the above list.

3 Have students conduct a poll to determine the number of students who have moved out of their parents' homes and/or to another city to attend college. Then have them debate the pros and cons of living close to home.

CORRIENTE Latina

Ask students to speculate where this photo was taken (it is a swearing in ceremony for new citizens).

Las tendencias de la inmigración hispana han variado de manera considerable en los últimos años. El perfil del inmigrante ha cambiado y con mayor frecuencia el latino llega a los Estados Unidos con un nivel de estudios más alto y mejor preparado para ejercer° trabajos bien remunerados°.

to carry out
well-paid

También está cambiando el destino que elige para empezar su nueva vida. Si antes se establecía en las grandes ciudades y en los estados del suroeste°, ahora busca oportunidades en pueblos y ciudades del centro y norte del país.

southwest

La distribución de la inmigración se debe en parte a la disponibilidad° de trabajo y en parte a que los inmigrantes que llegan necesitan una red de apoyo. Muchos de ellos no pueden recurrir° a la ayuda que ofrecen los estados por su desconocimiento del inglés y de la

availability
rely on

cultura norteamericana. Los familiares y amigos son los responsables de ayudar a los miembros de su círculo y les facilitan casa y trabajo hasta que se puedan establecer por su cuenta. De esa forma, se han producido y se siguen produciendo grandes concentraciones de hispanos del mismo país de origen en áreas donde su presencia antes era escasa° o inexistente.

scarce

Un muy buen ejemplo es Central Falls, en el estado de Rhode Island. Hoy en día, más de la mitad de sus habitantes° son de origen colombiano, específicamente del departamento° de Antioquia. Todo empezó en 1964 cuando el antioqueño° Pedro Cano llegó a Central Falls. Vino con la ilusión de tener una vida mejor y con la voluntad de trabajar duro° para conseguir sus ideales. Una vez establecido e integrado en la comunidad, fue acogiendo° a sus familiares y a personas conocidas que huían°

inhabitants
state, province
from Antioquia
hard
taking in
were fleeing

> ## Vino con la ilusión de tener una vida mejor y con la voluntad de trabajar duro para conseguir sus ideales.

de la difícil situación socioeconómica y política de su país. Allí iban encontrando el apoyo que necesitaban y podían, de esa forma, mejorar su calidad de vida a la vez que mantenían sus tradiciones y costumbres.

El nacimiento de estos microcosmos también está cambiando el paisaje urbano. Una visita a Central Falls lleva al viajero a un mundo nuevo: las tiendas especializadas en música hispana, los restaurantes de comida colombiana y los establecimientos para enviar dinero a otros países conviven mano a mano con los símbolos de la cultura norteamericana. ■

Latino **USA**

16% Porcentaje de población hispana en los EE.UU.

16 Número de estados en los que viven más de 500.000 hispanos.

50% Porcentaje de la población hispana de los EE.UU. que vive en los estados de California, Texas y Florida.

100.000.000 Número de hispanos en los EE.UU. proyectado para el año 2050.

Análisis

1

Comprensión Elige la opción correcta.

1. El perfil del inmigrante hispano _____.
   a. es el mismo   (b.) ha cambiado   c. es diferente al de otros inmigrantes

2. Además de los puestos de trabajo, lo que atrae hispanos a una comunidad es _____.
   (a.) la presencia de otros hispanos   b. los alquileres baratos   c. las buenas escuelas

3. Pedro Cano vino a los EE.UU. con la ilusión de _____.
   a. establecer una comunidad colombiana   b. ahorrar para después volver a su país   (c.) mejorar su calidad de vida

4. Muchos de los colombianos que viven en Central Falls, RI, emigraron por _____.
   (a.) la situación política y económica   b. las oportunidades de trabajo en Central Falls   c. la posibilidad de mantener sus tradiciones y su cultura

2

Micrófono abierto Trabajen en parejas para escribir una entrevista imaginaria a un(a) hispano/a que hace veinte años vive en los Estados Unidos. Uno/a de ustedes es el/la periodista y el/la otro/a es el/la inmigrante. Consideren estas preguntas y añadan otras.

- ¿Por qué decidió venir a los Estados Unidos?
- ¿Cómo es su vida aquí?
- ¿Cómo era su vida antes de venir?
- ¿Cuántos años tenía cuando llegó aquí?
- ¿Dónde está su familia?
- ¿Piensa regresar algún día a su país de origen?

3

Carta En grupos de tres, imaginen que son inmigrantes y que acaban de llegar a los Estados Unidos o Canadá. Escriban una carta a su familia incluyendo la información que responde a las preguntas. Cuando terminen, lean la carta delante de la clase.

- ¿Dónde están?
- ¿Cómo es la ciudad?
- ¿Qué les fascina de la ciudad? ¿Qué les molesta?
- ¿Están emocionados/as o disgustados/as con el nuevo lugar?

> 6 de septiembre
>
> Queridos padres:
> ¡Estamos en . . . ! ¿Pueden creerlo? Es una ciudad interesante con . . .

Practice more at **vhlcentral.com**

Preparación Reading
Audio: Vocabulary

Sobre el autor

Ya de muy joven, el chileno **Pablo Neruda** (1904-1973) mostraba inclinación por la poesía. En 1924, con tan sólo veinte años, publicó el libro que lo lanzó (*launched*) a la fama: *Veinte poemas de amor y una canción desesperada*. Además de poeta, fue diplomático y político. El amor fue sólo uno de los temas de su extensa obra: también escribió poesía surrealista y poesía de temática histórica y política. Su *Canto general* lleva a los lectores en un viaje por la historia de América Latina desde los tiempos precolombinos hasta el siglo veinte. En 1971, recibió el Premio Nobel de Literatura.

Vocabulario de la lectura	
el alma	*soul*
besar	*to kiss*
contentarse	*to be contented/satisfied with*
el corazón	*heart*
el olvido	*forgetfulness, oblivion*

Vocabulario útil	
el/la amado/a	*the loved one, sweetheart*
amar(se)	*to love (each other)*
los celos	*jealousy*
enamorado/a	*in love*
el sentimiento	*feeling*

INSTRUCTIONAL
RESOURCES
Supersite: Literatura
recording; Scripts; SAM AK
SAM/WebSAM: LM

1

Vocabulario Completa este párrafo sobre una nueva película romántica usando palabras del vocabulario.

Amor sin fronteras es más que una película de amor. En la primera escena, Francisco le dice a Fernanda que él está (1) _____enamorado_____ de ella. La joven, sin embargo, no comparte el (2) _____sentimiento_____, ya que ama en secreto a Javier, el hermano de Francisco, que emigró a Texas hace dos años. Francisco la (3) _____besa_____ y la abraza pero confunde su frialdad con timidez. Sin embargo, cuando Francisco le ofrece llevarla a Texas con él, Fernanda no puede contener la emoción. Es su oportunidad de volver a ver a Javier. La historia de estas dos (4) _____almas_____ confundidas se complica cuando, una vez en Texas, Francisco descubre que su (5) _____amada_____ en realidad ama a su hermano y lo invaden los (6) _____celos_____.

1 As a variant, have students write a similar paragraph about a romantic movie or book they are familiar with.

2

Preparación En parejas, hablen de los siguientes temas.

1. ¿Han estado enamorados/as alguna vez?
2. ¿Les gusta leer poesía?
3. ¿Han escrito alguna vez una carta o un poema de amor?
4. ¿Se consideran románticos/as?
5. ¿Comparten sus sentimientos por escrito? ¿A través de qué medio?
6. ¿Creen que el romanticismo es necesario en el amor?
7. ¿Cuál es su historia de amor favorita? ¿Por qué?
8. ¿Qué consejo le darían a alguien que tiene un amor imposible?
9. ¿Han visto películas que tratan sobre hacer películas o han leído libros en los que el narrador habla sobre personajes que a su vez escriben libros? Den ejemplos.
10. ¿Qué medio de comunicación usarían para una declaración de amor? ¿Qué palabras/imágenes/sonidos usarían? ¿Por qué?

2 For item 9, give students examples of metafictional films and books. Films: *Adaptation, 8 1/2, Stranger than fiction*. Books: *The shining, Secret window, Death in Venice*.

TEACHING OPTION Ask students to find another poem by Pablo Neruda and summarize it for the class. Ask: **¿Qué temas aparecen en esta obra de Neruda? ¿Cuál es su actitud hacia el amor, los sentimientos y la vida humana? ¿Es constante esa actitud?**

POEMA 20

Pablo Neruda

Puedo escribir los versos más tristes esta noche.

Escribir, por ejemplo: "La noche está estrellada°,   *starry*
y tiritan°, azules, los astros°, a lo lejos°".   *stars/in the distance*

blink, tremble

El viento de la noche gira° en el cielo y canta.   *turns*

5   Puedo escribir los versos más tristes esta noche.
Yo la quise, y a veces ella también me quiso.

En las noches como ésta la tuve entre mis brazos.
La besé tantas veces bajo el cielo infinito.

Ella me quiso, a veces yo también la quería.
10   Cómo no haber amado sus grandes ojos fijos°.   *fixed*

Puedo escribir los versos más tristes esta noche.
Pensar que no la tengo. Sentir que la he perdido.

Oír la noche inmensa, más inmensa sin ella.
Y el verso cae al alma como al pasto el rocío°.   *como al. . . like the dew on the grass*

15   Qué importa que mi amor no pudiera guardarla°.   *keep, protect*
La noche está estrellada y ella no está conmigo.

Eso es todo. A lo lejos alguien canta. A lo lejos.
Mi alma no se contenta con haberla perdido.

to bring closer   Como para acercarla° mi mirada la busca.
20   Mi corazón la busca, y ella no está conmigo.

La misma noche que hace blanquear° los mismos árboles.   *to whiten*
Nosotros, los de entonces, ya no somos los mismos.

Ya no la quiero, es cierto, pero cuánto la quise.
voice   Mi voz° buscaba el viento para tocar su oído.

25   De otro. Será de otro. Como antes de mis besos.
Su voz, su cuerpo claro. Sus ojos infinitos.

Ya no la quiero, es cierto, pero tal vez la quiero.
Es tan corto el amor, y es tan largo el olvido.

Porque en noches como ésta la tuve entre mis brazos,
30   mi alma no se contenta con haberla perdido.

Aunque éste sea el último dolor que ella me causa,
y éstos sean los últimos versos que yo le escribo. ■

Análisis

NATIONAL communication STANDARDS

1 Have students write two more comprehension questions, then work in pairs to answer each other's questions.

1 **Comprensión** Contesta las preguntas con oraciones completas.

1. ¿Quién habla en este poema?   *Un hombre enamorado / Un poeta habla en este poema.*

2. ¿De quién habla el poeta?   *El poeta habla de su amada / de su antigua novia.*

3. ¿Cuál es el tema del poema?   *Possible answers: El tema del poema es el amor / son los poemas de amor.*

4. ¿Sigue enamorado el poeta? Explica tu respuesta.   *El poeta no lo sabe. Por ejemplo, dice: "Ya no la quiero, es cierto, pero tal vez la quiero."*

2 Have students discuss their answers in small groups, then have them share their responses with the class.

2 **Interpretar** Contesta las siguientes preguntas con oraciones completas.

1. ¿Cómo se siente el poeta? Da algún ejemplo del poema.

2. ¿Es importante que sea de noche? Razona tu respuesta.

3. ¿Cómo interpretas este verso: "Ya no la quiero, es cierto, pero tal vez la quiero"?

4. Explica el significado de estos versos y su importancia en el poema. ¿Por qué escribe el poeta un verso entre comillas?

> Puedo escribir los versos más tristes esta noche.
> Escribir, por ejemplo: "La noche está estrellada,
> y tiritan, azules, los astros, a lo lejos."
> El viento de la noche gira en el cielo y canta.

3 Provide examples to expand the definition: **Por ejemplo, el narrador puede hacer referencia al proceso de escritura, puede escribir sobre un personaje que a su vez escribe, o puede hacer que sus personajes aprendan que son producto de la imaginación del autor.**

3 **Metaficción** En grupos de tres, lean esta definición y busquen ejemplos de metaficción en el poema de Neruda. ¿Qué efecto tiene este recurso en el poema?

> "La metaficción consiste en reflexionar dentro de una obra de ficción sobre la misma obra."

4 You may wish to introduce additional terms of endearment or affectionate expressions. Ex: **Mi corazón, Mi cielo, Abrazos, Te extraño, etc.**

4 **Escribir** Escribe una carta dirigida a un(a) amigo/a, a tu novio/a o a un desconocido/a (*stranger*) expresando lo que sientes por él o ella. Sigue el **Plan de redacción**.

4 As an alternate writing assignment, have students write a poem or a diary entry reflecting on how they would write a letter to a loved one.

Plan de redacción

Escribir una carta

1 **Encabezamiento** Piensa a quién quieres dirigirle la carta: ¿a un(a) amigo/a? ¿a tu pareja? ¿a alguien que no te conoce? ¿a una estrella de cine? Elige un saludo apropiado: **Estimado/a, Querido/a, Amado/a, Amor mío, Vida mía.**

2 **Contenido** Organiza las ideas que quieres expresar en un esquema (*outline*) y después escribe la carta. Aquí tienes unas preguntas para ayudarte a ordenar lo que quieres decir:

1. ¿Sabe esta persona lo que sientes? ¿Es la primera vez que se lo dices?

2. ¿Cómo te sientes?

3. ¿Por qué te gusta esta persona?

4. ¿Crees que tus sentimientos son correspondidos?

5. ¿Cómo quieres que sea tu relación en el futuro?

TEACHING OPTION Ask a few volunteers to bring in the lyrics and music to a Spanish love song. Listen with the class and discuss how the theme of love is approached by each artist and how their attitudes compare with that of **Poema 20.**

3 **Firma** Termina la carta con una frase de despedida (*farewell*) adecuada. Aquí tienes unos ejemplos: **Un abrazo, Besos, Te quiero, Te amo, Tu eterno/a enamorado/a.**

Practice more at **vhlcentral.com**

Las relaciones personales

Audio: Vocabulary Flashcards
Video: *En pantalla*

Las relaciones

el alma gemela *soul mate, kindred spirit*
la amistad *friendship*
el ánimo *spirit; mood*
el chisme *gossip*
la cita (a ciegas) *(blind) date*
el compromiso *commitment; responsibility; engagement*
el deseo *desire*
el divorcio *divorce*
la (in)fidelidad *(un)faithfulness*
el matrimonio *marriage*
la pareja *couple*
el riesgo *risk*

compartir *to share*
confiar (en) *to trust (in)*
contar (o:ue) con *to rely on, to count on*
coquetear *to flirt*
dejar a alguien *to leave someone*
dejar plantado/a *to stand (someone) up*
discutir *to argue*
engañar *to cheat; to deceive*
ligar *to flirt; to hook up*
merecer *to deserve*
romper (con) *to break up (with)*
salir (con) *to go out (with)*

Los sentimientos

enamorarse (de) *to fall in love (with)*
enojarse *to get angry*
estar harto/a *to be fed up (with); to be sick (of)*
llevarse bien/mal/fatal *to get along well/badly/terribly*
odiar *to hate*
ponerse pesado/a *to become annoying*
querer(se) (e:ie) *to love (each other); to want*
sentir(se) (e:ie) *to feel*
soñar (o:ue) con *to dream about*
tener celos (de) *to be jealous (of)*
tener vergüenza (de) *to be ashamed (of)*

Los estados emocionales

agobiado/a *overwhelmed*
ansioso/a *anxious*
celoso/a *jealous*
deprimido/a *depressed*
disgustado/a *upset*
emocionado/a *excited*
enojado/a *angry, mad*
pasajero/a *fleeting*
preocupado/a (por) *worried (about)*

Los estados civiles

casarse (con) *to get married (to)*
divorciarse (de) *to get a divorce (from)*

casado/a *married*
divorciado/a *divorced*
separado/a *separated*
soltero/a *single*
viudo/a *widowed*

Las personalidades

cariñoso/a *affectionate*
cuidadoso/a *careful*
falso/a *insincere*
genial *wonderful*
gracioso/a *funny, pleasant*
inolvidable *unforgettable*
inseguro/a *insecure*
maduro/a *mature*
mentiroso/a *lying; liar*
orgulloso/a *proud*
seguro/a *secure; confident*
sensible *sensitive*
tacaño/a *cheap; stingy*
tempestuoso/a *stormy*
tímido/a *shy*
tranquilo/a *calm*

Cortometraje

el afecto *affection*
el amor no correspondido *unrequited love*
el cortometraje *short film*
la escena *scene*

el lenguaje corporal *body language*
el personaje *character*
el trámite *process*

sacar el tema *to bring up a topic*
sincerarse *to come clean*

aliviado/a *relieved*
divino/a *beautiful*
enloquecido/a *ecstatic*
insensible *insensitive*
insoportable *unbearable*
lamentable *regrettable*
parco/a *tight-lipped*
previo/a a *prior to*

Cultura

la calidad de vida *standard of living*
los familiares *relatives*
el/la inmigrante *immigrant*
el lazo *tie*
la patria *home country*
la red de apoyo *support network*
la voluntad *will*

abandonar *to leave*
ayudarse *to help one another*
cuidar *to take care*
emigrar *to emigrate*
fortalecerse *to grow stronger*
mudarse *to move*

por su cuenta *on his/her own*

Literatura

el alma *soul*
el/la amado/a *the loved one, sweetheart*
los celos *jealousy*
el corazón *heart*
el olvido *forgetfulness, oblivion*
el sentimiento *feeling*

amar(se) *to love (each other)*
besar *to kiss*
contentarse con *to be contented/satisfied with*

enamorado/a *in love*

INSTRUCTIONAL RESOURCES
Supersite: Testing program

LECCIÓN

2

Vivir en la ciudad

Movimiento, comunicación, convivencia. Estos elementos definen la vida en la gran ciudad, donde el espacio es limitado y hay que ser flexible y tolerante. En **Madrid**, **Buenos Aires**, **Bogotá** o **Lima**, conviven culturas diversas que dan vida a esos espacios de convivencia. En esta lección te invitamos a conocer la historia y la cultura de **México**, el país hispanohablante más grande del mundo.

Destino:
MÉXICO

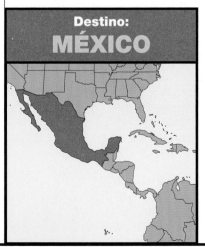

PREVIEW Ask if students have visited any cities in Spanish-speaking countries. Have them share their impressions and make comparisons to cities in the US and Canada. In groups, ask them to describe their own favorite cities.

En la ciudad Audio: Vocabulary

Lugares

las afueras *suburbs*
los alrededores *the outskirts*
el ayuntamiento *city hall*
el barrio *neighborhood*
el centro comercial *mall*

el cine *movie theater*
la ciudad *city*
la comisaría *police station*
la discoteca *dance club*
el edificio *building*
la estación (de trenes/autobuses)
  (train/bus) station
la estación de bomberos *fire station*
la estación de policía *police station*
el estacionamiento *parking lot*
el estadio *stadium*
el metro
  subway
el museo
  museum
la parada (de metro, de autobús)
  (subway, bus) stop
la plaza *square*
el rascacielos
  skyscraper
el suburbio *suburb*
la vivienda *housing;*
  home

Indicaciones

la acera *sidewalk*

la avenida *avenue*
la calle *street*
la cuadra *city block*
la dirección *address*
la esquina *corner*
el letrero *sign, billboard*
el puente *bridge*
el semáforo *traffic light*
el tráfico *traffic*
el transporte público *public transportation*

———

cruzar *to cross*
estar perdido/a
  to be lost
indicar el camino
  to give directions
preguntar el camino
  to ask for directions

Gente

el/la alcalde(sa) *mayor*
el/la ciudadano/a *citizen*
el/la conductor(a) *driver*
la gente *people*
el/la pasajero/a
  passenger
el/la peatón/peatona
  pedestrian
el policía/la mujer policía
  policeman/woman

Actividades

bajar *to go down; to get off (a bus)*
construir *to build*
conversar *to talk*
convivir *to live together; to coexist*
dar un paseo *to take a stroll*
dar una vuelta *to take a walk/ride*
dar una vuelta en bicicleta/carro/
  motocicleta *to take a bike/car/*
  motorcycle ride
disfrutar de *to enjoy*
doblar *to turn*
hacer diligencias *to run errands*
parar *to stop*
pasarlo/la bien/mal *to have a*
  good/bad time
poblar *to settle; to populate*
quedar *to be located*
quedarse *to stay*
recorrer *to travel (around a city)*
relajarse *to relax*
residir *to reside*
subir *to go up; to get on (a bus)*

———

la vida nocturna *nightlife*

Para describir

atrasado/a *late*
cotidiano/a *everyday*
inesperado/a
  unexpected
lleno/a *full*
ruidoso/a *noisy*
vacío/a *empty*

VARIACIÓN LÉXICA
cuadra ↔ manzana
doblar ↔ virar, girar
hacer diligencias ↔ hacer
  mandados/trámites

Point out that unlike the English word
suburb, the Spanish word **suburbio**
connotes a depressed area on a city's
outskirts. Tell students to use **las afueras**
to express the concept of the US suburb.
Point out that **pasarlo** and **pasarla** can
be used interchangeably in the expression
pasarlo/a bien/mal.

Práctica

1 **¿Qué significa?** Empareja cada palabra con su definición.

___g___ 1. no saber cómo llegar a un lugar

___a___ 2. construcción que conecta
    dos lugares

___e___ 3. persona que toma el metro

___f___ 4. todos los días

___c___ 5. reducir la tensión que
    uno tiene

___b___ 6. vivir (en un apartamento)

___i___ 7. pasarlo bien

___d___ 8. anuncio escrito

a. puente

b. residir

c. relajarse

d. letrero

e. pasajero

f. cotidiano

g. estar perdido

h. ruidoso

i. disfrutar

j. la cuadra

2 **Titulares** A estos titulares (*headlines*) de periódico les faltan unas palabras. Complétalos utilizando palabras de la lista.

alrededores	discoteca	hace diligencias
ciudadanos	estacionamientos	suburbio
construyen	está perdida	tráfico

1. Encuentran un tesoro (*treasure*) escondido en un ___suburbio___ de la ciudad

2. Hombre muere en un accidente de ___tráfico___

3. Pareja baila sin parar 24 horas en una ___discoteca___

4. Los ___ciudadanos___ creen que el transporte público debe ser barato

5. ___Construyen___ un rascacielos de más de 300 pisos

6. Una familia de turistas ___está perdida___ en el metro; nadie los ayuda

7. No hay suficiente espacio en los ___estacionamientos___ para tantos automóviles

3 **La ciudad** Indica si estás de acuerdo con estas afirmaciones. Después, compara tus opiniones con las de un(a) compañero/a y explica por qué piensas así. ¿Tienen las mismas preferencias?

	Sí	No
1. Es mejor vivir en una ciudad que en un suburbio.	☐	☐
2. Nunca se debe hablar con desconocidos (*strangers*).	☐	☐
3. Es mejor convivir con alguien que vivir solo.	☐	☐
4. Es mejor vivir en una calle pequeña que en una avenida.	☐	☐
5. Se deben eliminar los parques para construir más edificios.	☐	☐
6. En una ciudad es más cómodo manejar que tomar transporte público.	☐	☐

4 **En el ayuntamiento** Imagina que eres el/la alcalde(sa) de una ciudad. ¿Cómo puedes mejorar la vida de los ciudadanos? ¿Qué cambios quieres hacer? Compara tus ideas con las de tus compañeros/as.

2 In groups, have students invent their own headlines using vocabulary from **Para empezar**. Then have the class vote to decide which headlines are the funniest, scariest, most/least believable, etc.

3 Based on their responses to this activity, divide the class into two groups for a debate on the pros and cons of living in a city versus a small town.

Practice more at **vhlcentral.com.**

INSTRUCTIONAL RESOURCES
Supersite/DVD: Film Collection
Supersite: Script & Translation

Ask personalized questions to
practice new vocabulary and to
preview **Estructura 2.1 p. 56.**
Ex: ¿Alguna vez sufriste un
choque? ¿Alguna vez viste
un choque? ¿Quién tuvo la
culpa? ¿Qué pasó?

So as not to spoil the short
film's ending, you might want
to carefully choose the best
moment to introduce **el
engaño** (*deception*) and **la
trampa** (*trick*). Ask students:
¿Alguna vez fuiste
víctima de una trampa?
¿Cómo ocurrió?

Preparación Audio: Vocabulary

Vocabulario del corto	**Vocabulario útil**
afligirse *to get upset*	**el/la cajero/a** *cashier*
borracho/a *drunk*	**el/la desconocido/a** *stranger*
el choque *crash*	**la fila** *line*
las facciones *features*	**ingenuo/a** *naïve*
parecerse *to look like*	**valorar** *to value*
repentino/a *sudden*	

EXPRESIONES

Pero... si sólo es/son... *But... it's only...*

¿Sabe(s)? *You know?*

¿Y a mí, qué? *What do I care?*

1 **Vocabulario** Completa el artículo con el vocabulario que acabas de aprender.

Robo en supermercado

Ayer un (1) ___desconocido___ robó en el supermercado ESTRELLA.
El hombre entró en la tienda a las nueve de la noche y
esperó en la (2) __fila__ cinco minutos. Después, empezó
a hablar del tiempo con la (3) __cajera__. De repente, las luces
se apagaron (*went out*) y él se fue con el dinero de la caja.
Salió del estacionamiento tan rápido que tuvo un (4) __choque__
con otro carro. Se fue corriendo, pero la policía lo
encontró. Había tomado tequila y estaba (5) __borracho__.
Cuando dijeron que lo iban a llevar a la cárcel (*jail*), dijo:
"¿ (6) __Y a mí, qué__ ?" y saltó al río. No se sabe si está vivo.
Este hombre (7) __se parece__ mucho a Simon Cowell.
Según la gente, tiene las (8) __facciones__ idénticas.

2 Have students share
predictions about item 3
with the class.

2 **Preguntas** En parejas, contesten las preguntas.

1. ¿Hablan con desconocidos en algunas ocasiones? ¿Les gusta hacerlo?

2. Den ejemplos de dos o tres lugares donde es más fácil o frecuente hablar con
gente que no conocen.

3. Según el título del cortometraje, *Adiós mamá,* ¿de qué creen que va a tratar
la historia?

4. ¿A veces son ingenuos/as? ¿Se creen historias falsas? Den ejemplos.

5. ¿Alguna vez les sucedió algo interesante o divertido en un supermercado?
¿Qué sucedió?

3 **Fotogramas** En parejas, observen los fotogramas e imaginen lo que va a ocurrir en el cortometraje. Después, compartan sus ideas.

4 **¿Eres ingenuo?** En parejas, hagan el test de personalidad.

A. Marquen sus respuestas para saber si son ingenuos/as.

TEST DE 😐

😊 **PERSONALIDAD** 😐

😊

1. **Tu compañero/a de apartamento tiene que ir a una conferencia durante el fin de semana y te vas a quedar solo/a.**

   a. Organizas una gran fiesta. Seguro que no lo va a descubrir.

   b. Invitas a unos amigos y se lo cuentas a tu compañero/a cuando regresa.

   c. Limpias la casa. Él/Ella está trabajando y tú debes hacer lo mismo.

2. **¿Con qué afirmación te identificas?**

   a. Debes creer en la gente y pensar bien de todos.

   b. Hay que esperar a conocer a las personas para tener una opinión de ellas.

   c. Todo el mundo es muy egoísta. Hay que tener cuidado.

3. **Un(a) desconocido/a te manda un mensaje de texto y quiere verte para tomar un café por la tarde.**

   a. ¿Quién será? ¡Qué emoción! ¿Será el/la chico/a tan guapo/a de la clase?

   b. Borras el mensaje inmediatamente. ¡Qué manera de perder el tiempo!

   c. ¡Caramba, seguro que es Amalia para pedir dinero! ¡Siempre igual!

4. **¿Con qué personaje de ficción te identificas?**

   a. El Hombre Araña

   b. Darth Vader

   c. Bart Simpson

5. **Un(a) amigo/a te cuenta que el fin de semana pasado estuvo cenando con tu actor/actriz favorito/a.**

   a. No le crees y le preguntas a todo el mundo si es verdad.

   b. Estás muy contento/a y le pides que te cuente todo, todo, todo.

   c. Le cuentas que el fin de semana pasado tú estuviste en Buenos Aires.

6. **Si les preguntamos a tus mejores amigos/as cuál es tu mejor cualidad, ¿qué contestarán?**

   a. Sin duda, eres la mejor persona del grupo.

   b. Eres inteligente como Einstein.

   c. Eres muy divertido/a y aventurero/a.

B. Ahora, intercambien (*exchange*) sus respuestas y díganle a su compañero/a si creen que es ingenuo/a y por qué.

Short Film

Premio especial del Jurado, Semana Internacional de Cine Experimental de Valladolid 1997, España

Una producción de CONACULTA/INSTITUTO MEXICANO DE CINEMATOGRAFÍA Guión y Dirección ARIEL GORDON

Producción JAVIER BOURGES Producción ejecutiva PATRICIA RIGGEN

Fotografía SANTIAGO NAVARRETE Edición CARLOS SALCES Música GERARDO TAMEZ

Sonido SANTIAGO NUÑEZ/NERIO BARBERIS

Arte FERNANDO MERI/AARÓN NIÑO CÁMARA

Actores DANIEL GIMÉNEZ CACHO/DOLORES BERISTAIN/PATRICIA AGUIRRE/PACO MORAYTA

ESCENAS

ARGUMENTO *Un hombre está en el supermercado. En la fila para pagar, la señora que está delante de él le habla.*

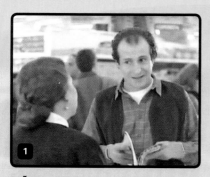

SEÑORA Se parece a mi hijo. Realmente es igual a él.
HOMBRE Ah pues no, no sé qué decir.

SEÑORA Murió en un choque. El otro conductor iba borracho. Si él viviera, tendría la misma edad que usted.
HOMBRE Por favor, no llore.

SEÑORA ¿Sabe? Usted es su doble. Bendito sea el Señor (*Blessed be the Good Lord*) que me ha permitido ver de nuevo a mi hijo. ¿Le puedo pedir un favor?
HOMBRE Bueno.

SEÑORA Nunca tuve oportunidad de despedirme de él. Su muerte fue tan repentina. ¿Al menos podría llamarme mamá y decirme adiós cuando me vaya?

SEÑORA ¡Adiós hijo!
HOMBRE ¡Adiós mamá!
SEÑORA ¡Adiós querido!
HOMBRE ¡Adiós mamá!

CAJERA No sé lo que pasa, la máquina desconoce el artículo. Espere un segundo a que llegue el gerente.
El gerente llega y ayuda a la cajera.

Nota CULTURAL

Supermercados y tienditas

En México, como en casi todo el mundo, las grandes cadenas de supermercados tienen una sólida presencia. Sin embargo, para evitar los interminables pasillos° y las filas de estos establecimientos, hay quien prefiere ir a las "tienditas de la esquina". Estos negocios° son muy populares ya que en ellos se puede comprar pan, queso, jabón, dulces, juguetes° pequeños, pilas° y muchas cosas más. Generalmente hay varias de estas pequeñas tiendas en cada colonia° y allí la gente compra lo que necesita en el momento.

pasillos *aisles* **negocios** *stores*
juguetes *toys* **pilas** *batteries*
colonia *neighborhood*

PREVIEW Read and discuss the dialogue before viewing the film. Ask: **¿Por qué no termina el cortometraje en la quinta escena? ¿Cuál será el problema en la sexta escena?**

TEACHING OPTION While viewing the film, ask students to pay close attention to the characters' facial expressions and their own reactions to the characters' emotions.

Vivir en la ciudad

Análisis

1 Have pairs correct the second paragraph and fill in more details about the short film.

1 Comprensión Lee cada párrafo y decide cuál resume mejor el cortometraje.

(1.) Los personajes están en un supermercado. Ellos no se conocen, pero la señora dice que el hombre se parece a su hijo. Ella nunca pudo despedirse de él porque murió en un accidente de tráfico. Por eso, la señora le pide al hombre que le diga "adiós mamá" al salir. El hombre se da cuenta de la trampa (*trap*).

2. Los personajes están en un supermercado. Ellos no se conocen y, aunque parece que el hombre no tiene ganas de hablar con la señora, ella insiste. Ella le cuenta que estuvo hace poco en un accidente de tráfico y que perdió a su hijo. Le pide al hombre que le diga "adiós mamá" al salir. La señora le cae tan bien al hombre que a él no le importa pagar por lo que ella compró.

2 In pairs, have students compare the results of the quiz on **p. 45** to their reactions to the woman in the film. Ask: **¿Dudaron de las intenciones de la mujer? ¿Son más ingenuos/as de lo que pensaban?**

2 Ampliar En parejas, háganse las preguntas.

1. ¿Qué verdaderos motivos tendría la señora para engañar (*deceive*) al hombre?

2. ¿Qué creen que aprendió el hombre con esta experiencia?

3. ¿Les pasó a ustedes o a alguien que conocen algo similar alguna vez? Expliquen.

4. Si alguien se les acerca (*approach*) en el supermercado y les pide este tipo de favor, ¿qué hacen?

3 Detective El hombre está contándole a un(a) detective lo que pasó en el supermercado. En parejas, uno/a de ustedes es el/la detective y el/la otro/a es el hombre. Preparen el interrogatorio y represéntenlo delante de la clase.

4 Encourage students to use active vocabulary from the film (**p. 44**).

4 Notas Ahora, imagina que eres el/la detective y escribe un informe (*report*) de lo que pasó. Tiene que ser lo más completo posible. Puedes inventar los datos que tú quieras.

5 Students may also write the paragraph individually, then compare and discuss their responses in pairs or with the class.

5 Inventar Primero, lean lo que dice la madre. Después, en parejas, imaginen que el hijo ficticio nunca tuvo un accidente y, por lo tanto, no murió. ¿Qué pasó con él? ¿Cómo fue su vida? ¿Visitaba a su madre con frecuencia? Escriban un párrafo de unas diez líneas.

> **Murió en un choque. El otro conductor iba borracho.**
>
> **Si él viviera, tendría la misma edad que usted.**
>
> **Se habría titulado y probablemente tendría una familia.**
>
> **Yo sería abuela.**

6

Imaginar En parejas, imaginen la vida de uno de los personajes del corto. Escriban por lo menos cinco oraciones usando como base las preguntas.

- ¿Cómo es?
- ¿Con quién vive?
- ¿Qué no le gusta?
- ¿Dónde vive?
- ¿Qué le gusta?
- ¿Tiene dinero?

7

Sociedad En grupos, conversen sobre estas preguntas. Después compartan sus ideas con la clase.

1. ¿Creen que se cometen más delitos (*crimes*) ahora que hace diez años? ¿Por qué?
2. ¿Son más frecuentes en pueblos pequeños o en grandes ciudades? ¿Por qué?
3. ¿Creen que la televisión y el cine son malas influencias para los jóvenes? Expliquen su respuesta.
4. ¿Cómo piensan que se puede eliminar este tipo de conducta criminal? ¿Con más justicia social? ¿Con castigos (*punishments*) más severos?

8

Directores En parejas, imaginen que tienen que hacer su propio (*own*) cortometraje. Contesten las preguntas y luego compartan sus respuestas con la clase.

- ¿De qué trata?
- ¿Por qué les interesa ese tema?
- ¿Quiénes son los protagonistas?
- ¿Qué género (*genre*) prefieren usar (comedia, drama, suspenso, etc.)? ¿Por qué?

9

¿Y tú? En parejas, elijan una de las situaciones y escriban un diálogo. Cuando terminen, represéntenlo delante de la clase.

A

Necesitan mucho dinero y están desesperados porque no saben dónde conseguirlo. ¿Qué hacen? ¿Por qué? ¿Con quién hablan? ¿Qué se dicen?

B

Su mejor amigo/a les pidió mucho dinero el mes pasado; les dijo que se lo iba a devolver en dos días. No se lo ha devuelto todavía y saben que está comprando muchas cosas inútiles.

7 Point out that the word **el crimen** is a false cognate which implies a serious crime, usually involving murder or physical harm. Explain that **el delito** is the general word to refer to minor crimes or offenses.

7 In groups, have students stage a mock political debate to discuss the issue of crime in their own community. Then have them vote for the candidate whose ideas were most convincing.

8 As a project, have students write their own **cortometraje** scripts. If time permits, they may perform or film them for class discussion.

 Practice more at **vhlcentral.com.**

INSTRUCTIONAL RESOURCES Supersite: Flash Cultura; Script & Translation; Teaching suggestions; SAM/WebSAM: WB

IMAGINA

S En **vhlcentral.com** encontrarás más información y actividades relacionadas con esta sección.

México es un país muy rico y de geografía, tradiciones, recursos y gente muy variados. En él vive cerca de la tercera parte de la población mundial de hispanohablantes. Sus habitantes pertenecen a todos los grupos étnicos, entre los que hay más de cincuenta culturas indígenas autóctonas[1]. Su geografía abarca[2] áridos desiertos, densas selvas tropicales y majestuosas cordilleras[3]. Para el viajero, México ofrece hermosísimos y modernos balnearios[4] en **Acapulco, Mazatlán, Cabo San Lucas** y **Cancún**, espectaculares sitios arqueológicos, como los de **Chichén Itzá, Teotihuacán** y **Palenque**, donde se conservan las ruinas de civilizaciones prehispánicas como las de los mayas y los aztecas, y grandes ciudades cuya riqueza cultural y artística se refleja[5] en su arquitectura colonial y moderna. Algunas fiestas tradicionales, como el **Día de los muertos**, han trascendido fronteras y se festejan también en los Estados Unidos.

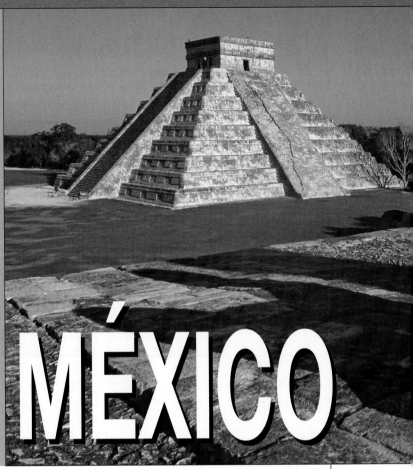

MÉXICO

Templo de Kukulcán en Chichén Itzá

MÉXICO D.F.: el corazón de México

La **Ciudad de México,** o **México D.F.** (Distrito Federal), es el centro cultural, gubernamental[6] y comercial de México. Con más de veinte millones de habitantes, es una de las ciudades más grandes del mundo. El carácter contemporáneo del D.F. se entrelaza[7] día a día con las profundas tradiciones prehispánicas que conservan sus habitantes. La variedad de atractivos que ofrece es innumerable: desde la **Alameda Central**, un parque que ha sido centro de actividad desde la época de los aztecas, hasta **Polanco**, una de las zonas de tiendas y restaurantes más chic de la ciudad.

Catedral Metropolitana en el Zócalo del D.F.

El corazón de la Ciudad de México es la **Plaza de la Constitución**, más conocida como el **Zócalo**. Esta plaza es el punto de encuentro de las más diversas manifestaciones artísticas[8] y movimientos sociales. A su alrededor también se encuentran varias de las instituciones más importantes del país. A un lado del Zócalo está el **Palacio Nacional**, donde el presidente mexicano tiene sus oficinas y donde **Diego Rivera** pintó algunos de sus famosos murales sobre la historia de México. En otro lado de la plaza se encuentra la **Catedral Metropolitana**, cuya construcción fue ordenada por **Hernán Cortés** en el siglo XVI.

Signos vitales

Con algo más de 112 millones de habitantes, **México** es el país hispanohablante más poblado del mundo. Sin embargo, 6 de cada 100 mexicanos mayores de 5 años también hablan alguna lengua indígena de las 89 que existen en el territorio nacional. Las más habladas son el náhuatl y el maya.

[1] native [2] covers [3] mountain ranges [4] resorts [5] is reflected [6] governmental
[7] intertwines [8] **manifestaciones...** artistic expressions

¡Conozcamos el D.F.!

Bosque de Chapultepec Es el parque más grande de la **Ciudad de México**, con un área de más de seis kilómetros cuadrados. En **Chapultepec** se encuentran algunos de los mejores museos de la ciudad, incluyendo el **Museo Nacional de Antropología**, el **Museo de Arte Moderno** y el **Museo Rufino Tamayo**. La riqueza artística también se puede apreciar al aire libre gracias a la fascinante arquitectura, escultura y, por supuesto, naturaleza del bosque.

Tianguis Ya desde la época de los aztecas se organizaban los llamados "tianguis", mercados al aire libre. Allí se vendían e intercambiaban toda clase de productos, desde comida y animales, hasta canastas[1] y tapetes[2]. Hoy los tianguis se pueden ver por toda la ciudad.

Paseo de la Reforma Es una de las principales avenidas de la ciudad y va desde la **Alameda Central** hasta el **Bosque de Chapultepec**. Aquí encontramos, además de museos, importantes bancos y edificios históricos, así como hoteles, almacenes y restaurantes. Cerca de la **Zona Rosa** encontramos el **Monumento a la Independencia**, donde está la escultura del **Ángel de la Independencia**.

El Metro El **Metro** es la manera más eficaz[3] y económica de moverse por todo el **D.F.** Con once líneas diferentes que cubren más de 200 kilómetros, más de cuatro millones de personas lo utilizan todos los días. En las horas de mayor congestión, no está permitido llevar maletas o equipaje[4] por encima de cierto tamaño[5] para facilitar el movimiento de los pasajeros.

[1] baskets [2] rugs (Col.; Méx.) [3] efficient [4] baggage [5] size

El español de México

alberca	piscina; *pool*
aventarse	atreverse; *to dare*
botana(s)	tapas, aperitivos; *appetizers*
camión	autobús; *bus*
chacharear	comprar cosas pequeñas; *to shop for trinkets*
chavo/a	chico/a; *kid, boy/girl*
colonia	barrio; *neighborhood*
platicar	hablar; *to chat*
sale	de acuerdo; *OK*

Palabras derivadas de lenguas indígenas

guajolote	pavo; *turkey*
huaraches	sandalias; *sandals*
jorongo	poncho
papalote	cometa; *kite*

Expresiones y coloquialismos

¡Órale, pues!	*Okay! Great! Let's do it!*
¡Es/Está padre/padrísimo!	Es/Está muy bueno; *It's great!, It's cool!*
¿Qué onda?	¿Qué pasa? ¿Qué tal?; *What's happening?*

GALERÍA DE CREADORES

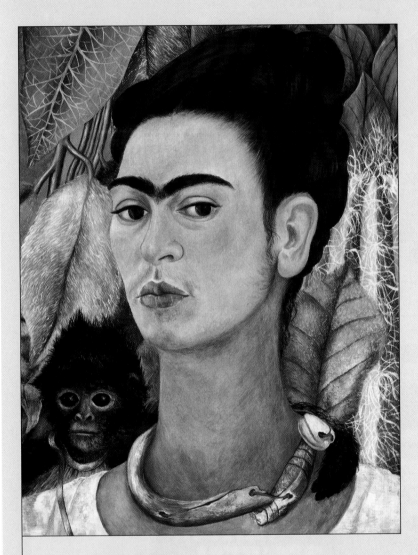

LITERATURA/PERIODISMO

Elena Poniatowska

Hija de madre mexicana y padre polaco, nació en París en 1932 y reside en México desde 1942. Escritora activa y multifacética, Elena Poniatowska es también una intelectual pública y figura política. Ha escrito para muchos periódicos y colaboró en la fundación del diario mexicano *La Jornada*. Como autora, ha escrito en casi todos los géneros: novela, cuento, poesía, ensayo, crónica y entrevista. Algunas de sus obras más conocidas son *La noche de Tlatelolco*, *Tinísima*, *La piel del cielo* y el libro *Leonora* sobre la pintora Leonora Carrington.

PINTURA **Frida Kahlo**

Considerada la mayor representante de la pintura introspectiva mexicana del siglo XX, Frida Kahlo es conocida principalmente por sus autorretratos (*self-portraits*), en los que expresa el dolor de su vida personal. En 1929 se casó con el pintor y muralista Diego Rivera, con quien compartía el deseo de afirmar (*assert*) su identidad mexicana a través del arte. Aquí aparece su obra *Autorretrato con mono*.

Show additional paintings by Frida Kahlo and Diego Rivera, and have students compare and contrast the subjects and styles of each artist. For a dramatic portrayal of Kahlo's life and work, suggest the film *Frida*, starring Mexican actress Salma Hayek.

CINE/DRAMA **Gael García Bernal**

Gael García Bernal nació en el año 1978 en Guadalajara, México, y actualmente es una figura del cine internacional. Hijo de actores, empezó actuando en teatro y apareció en telenovelas y cortometrajes antes de triunfar con la película *Amores perros* (2000). También ha trabajado en *Y tu mamá también* (2001), *La mala educación* (2004), *Babel* (2006), *Blindness* (2008) y *Letters to Juliet* (2010). García Bernal debutó como director con la película *Déficit* (2007), en la cual también interpreta uno de los papeles (*roles*).

Assign one of Gael García Bernal's films for viewing outside the classroom and have students write a brief review.

PINTURA/MURALISMO **Diego Rivera**

Diego Rivera es uno de los pintores mexicanos más reconocidos. Sus murales y frescos relatan la historia y los problemas sociales de su país. Pintó muchas de sus composiciones en techos y paredes de edificios públicos para que la clase trabajadora también pudiera tener acceso al arte. Su obra también cuenta con acuarelas (*watercolors*) y óleos (*oil paintings*) que han sido expuestos en todo el mundo. Aquí se ve una sección de su fresco *Batalla de los Aztecas y Españoles*.

CONEXIÓN INTERNET

Investiga y aprende sobre otros creadores de la región en **vhlcentral.com**.

¿Qué aprendiste?

Cierto o falso Indica si estas afirmaciones son ciertas o falsas. Corrige las falsas.

1. En México vive casi la tercera parte de los hispanohablantes del mundo. Cierto.

2. En Chichén Itzá, Teotihuacán y Palenque se conservan los restos de edificios coloniales. Falso. Se conservan restos de las civilizaciones prehispánicas de los mayas y los aztecas.

3. Elena Poniatowska es una escritora mexicana que nació en Francia. Cierto.

4. La Alameda Central es una catedral de la época azteca. Falso. La Alameda Central es un parque.

5. El Paseo de la Reforma es un mercado al aire libre medio azteca y medio maya. Falso. El Paseo de la Reforma es una de las principales avenidas de la Ciudad de México.

6. Diego Rivera se preocupó por los problemas sociales de su país, pero no los retrató en su obra. Falso. Sus murales y frescos relatan los problemas sociales de su país.

Preguntas Contesta las preguntas.

1. ¿Qué expresa Frida Kahlo en sus autorretratos? Expresa el dolor de su vida personal.

2. ¿Cuáles son las dos lenguas indígenas más habladas en México? Las lenguas indígenas más habladas en México son el náhuatl y el maya.

3. ¿Qué son los tianguis? Los tianguis son mercados al aire libre que empezaron a existir en la época de los aztecas y todavía existen hoy día.

4. ¿En qué edificio público del D.F. se pueden ver murales de Diego Rivera? ¿Quién trabaja allí? En el Palacio Nacional se pueden ver murales de Diego Rivera. Allí es donde trabaja el presidente mexicano.

5. ¿Qué hizo Gael García Bernal por primera vez en la película *Déficit*? Por primera vez actuó y trabajó como director al mismo tiempo.

6. ¿Qué artista de la Galería te interesa más? ¿Por qué? Answers will vary.

PROYECTO

Un viaje a México

Imagina que vas a hacer un viaje a México. Investiga toda la información que necesites en Internet. Después, prepara tu viaje según los siguientes puntos:

- Selecciona los lugares que quieres visitar y recopila fotos.
- Dibuja un mapa para mostrar tu itinerario.
- Presenta tu plan de viaje a tus compañeros/as de clase. Explícales por qué escogiste los lugares adonde vas a ir.

MINIPRUEBA

Completa las oraciones con la información correcta y demuestra lo que aprendiste sobre México.

1. En Acapulco, Mazatlán, Cabo San Lucas y Cancún hay maravillosos _____.
   a. balnearios   b. edificios   c. desiertos

2. La riqueza cultural y artística de las grandes ciudades mexicanas está presente en su _____ colonial y moderna.
   a. civilización   b. geografía   c. arquitectura

3. _____ ha escrito en casi todos los géneros: novela, cuento, poesía, ensayo y más.
   a. Elena Poniatowska   b. Gael García Bernal
   c. Frida Kahlo

4. Todavía hoy en día los habitantes del D.F. conservan las tradiciones _____ que coexisten con el carácter contemporáneo de la ciudad.
   a. tianguis   b. prehispánicas   c. majestuosas

5. En el D.F., _____ es el punto de encuentro de todo tipo de manifestaciones artísticas.
   a. el Zócalo   b. el Palacio Nacional   c. el zoológico

6. Después de trabajar en teatro y telenovelas, Gael García Bernal se convirtió en estrella de cine con la película _____.
   a. *Babel*   b. *Amores perros*
   c. *Y tu mamá también*

7. Rufino Tamayo es el nombre de un prestigioso _____ de México D.F.
   a. artesano   b. museo   c. sitio arqueológico

8. La palabra _____ es un ejemplo del español de México.
   a. piscina   b. sandalia   c. platicar

9. El Paseo de la Reforma es una avenida que empieza en _____ y termina en un bosque.
   a. el Zócalo   b. la Alameda   c. la Catedral

10. En 1929 Frida Kahlo se casó con _____.
    a. Diego Rivera   b. el presidente   c. Rufino Tamayo

11. Diego Rivera pintaba en las paredes de edificios públicos para que los _____ tuvieran acceso al arte.
    a. niños   b. trabajadores   c. políticos

El metro del D.F.

Video

Ya has leído sobre México D.F., una de las ciudades más grandes del mundo. Ahora mira este episodio de **Flash Cultura** para descubrir una de las mayores obras de ingeniería civil de toda Hispanoamérica: el metro del D.F.

Vocabulario

concurridos *crowded*
las exposiciones *exhibitions*
gratuito *free*
imponente *imposing*
la red *network*
repartidas *distributed*
el transbordo *transfer*

Preparación ¿Has visitado alguna vez una gran ciudad? ¿Había mucho tráfico? ¿Qué medio de transporte usaste para ir de un sitio a otro?

Comprensión Indica si estas afirmaciones son ciertas o falsas. Después, en parejas, corrijan las falsas.

1. El metro del D.F. es rápido pero demasiado caro para la gente.

   Falso. El boleto para el metro del D.F. sólo cuesta 18 centavos de dólar.
2. Sólo hay dos sistemas de metro en el mundo que lleven más viajeros que el metro del D.F. Cierto.
3. El metro del D.F. empezó a funcionar en 1920. Falso. El metro empezó a funcionar en 1969.
4. La plaza más importante de México D.F. se llama Chapultepec.
   Falso. La plaza más importante de México D.F. es el Zócalo.
5. El metro del D.F. también se conoce como Metrobús.
   Falso. El Metrobús es un moderno sistema de tranvías.
6. Todo el metro del D.F. es subterráneo.
   Falso. También hay estaciones superficiales a nivel de calle.

Expansión En parejas, contesten estas preguntas.

- ¿Qué ciudades de Estados Unidos tienen un sistema de transporte público comparable al de México D.F.?
- ¿Qué ventajas tiene el transporte público sobre el transporte privado? ¿Cuáles son los principales inconvenientes?
- Cuatro millones de personas utilizan el metro del D.F. todos los días. ¿Qué pasaría si el metro dejara de funcionar de repente?

Corresponsal: Carlos López
País: México

Nos encontramos en el Bosque de Chapultepec, en pleno centro de la ciudad, y uno de los lugares más concurridos.

Algunas de las estaciones son de una sola línea y otras se llaman de transbordo, precisamente porque sirven para cambiar de trenes para ir a diferentes puntos de la ciudad.

Para la gente de pelo blanco, de edad, mayor de 60 años, el transporte es totalmente gratuito.

 Practice more at **vhlcentral.com**.

INSTRUCTIONAL RESOURCES 2.1

Supersite: Audioscripts, SAM AK, Lab MP3s
SAM/WebSAM: WB, LM

TALLER DE CONSULTA

These additional grammar topics are covered in the **Manual de gramática, Lección 2.**

2.4 Progressive forms, p. 382
2.5 Telling time, p. 384

The preterite

- Spanish has two simple tenses to indicate actions in the past: the preterite (**el pretérito**) and the imperfect (**el imperfecto**). The preterite is used to describe actions or states that began or were completed at a definite time in the past.

The preterite of regular *-ar*, *-er*, and *-ir* verbs		
comprar	**vender**	**abrir**
comp**ré**	vend**í**	abr**í**
comp**raste**	vend**iste**	abr**iste**
comp**ró**	vend**ió**	abr**ió**
comp**ramos**	vend**imos**	abr**imos**
comp**rasteis**	vend**isteis**	abr**isteis**
comp**raron**	vend**ieron**	abr**ieron**

- The preterite tense of regular verbs is formed by dropping the infinitive ending (**-ar, -er, -ir**) and adding the preterite endings. Note that the endings of regular **-er** and **-ir** verbs are identical in the preterite tense.

- The preterite of all regular and some irregular verbs requires a written accent on the endings in the **yo, usted, él,** and **ella** forms.

Ayer **empecé** un nuevo trabajo.   Mi mamá **preparó** una cena deliciosa.

Yesterday I started a new job.   *My mom prepared a delicious dinner.*

Remind students that **c** and **g** change to **qu** and **gu** to maintain the hard consonant sounds.

- Verbs that end in **-car, -gar,** and **-zar** have a spelling change in the **yo** form of the preterite. All other forms are regular.

buscar	busc-	-qu-	yo busqué
llegar	lleg-	-gu-	yo llegué
empezar	empez-	-c-	yo empecé

Explain that the combination of a strong vowel (**a, e, o**) and a weak vowel (**i, u**) usually forms a diphthong. The **i** in these verbs is stressed in order to break the diphthong.

- **Caer, creer, leer,** and **oír** change **-i-** to **-y-** in the **usted, él,** and **ella** forms and in the **ustedes, ellos,** and **ellas** forms of the preterite. They also require a written accent on the **-i-** in all other forms.

caer   caí, caíste, **cayó**, caímos, caísteis, **cayeron**
creer   creí, creíste, **creyó**, creímos, creísteis, **creyeron**
leer   leí, leíste, **leyó**, leímos, leísteis, **leyeron**
oír   oí, oíste, **oyó**, oímos, oísteis, **oyeron**

Point out that **–uir** verbs require written accents in the **yo** and **él/ella/Ud.** forms.

- Verbs with infinitives ending in **-uir** change **-i-** to **-y-** in the **usted, él,** and **ella** forms and in the **ustedes, ellos,** and **ellas** forms of the preterite.

You may want to explain that the **y** in forms such as **cayó** and **incluyeron** is a phonetic convention to avoid the three-vowel sequence that would otherwise occur in such forms.

construir   construí, construiste, **construyó**, construimos, construisteis, **construyeron**

incluir   incluí, incluiste, **incluyó**, incluimos, incluisteis, **incluyeron**

- Stem-changing **-ir** verbs also have a stem change in the **usted, él,** and **ella** forms and in the **ustedes, ellos,** and **ellas** forms of the preterite.

Preterite of -ir stem-changing verbs			
pedir		dormir	
pedí	pedimos	dormí	dormimos
pediste	pedisteis	dormiste	dormisteis
pidió	pidieron	durmió	durmieron

- Stem-changing **-ar** and **-er** verbs do not have a stem change in the preterite.

- A number of verbs, most of them **-er** and **-ir** verbs, have irregular preterite stems. Note that none of these verbs takes a written accent on the preterite endings.

*—Nunca **tuve** oportunidad de despedirme de él.*

Preterite of irregular verbs

infinitive	u-stem	preterite forms
andar	anduv-	anduve, anduviste, anduvo, anduvimos, anduvisteis, anduvieron
estar	estuv-	estuve, estuviste, estuvo, estuvimos, estuvisteis, estuvieron
poder	pud-	pude, pudiste, pudo, pudimos, pudisteis, pudieron
poner	pus-	puse, pusiste, puso, pusimos, pusisteis, pusieron
saber	sup-	supe, supiste, supo, supimos, supisteis, supieron
tener	tuv-	tuve, tuviste, tuvo, tuvimos, tuvisteis, tuvieron

infinitive	i-stem	preterite forms
hacer	hic-	hice, hiciste, hizo, hicimos, hicisteis, hicieron
querer	quis-	quise, quisiste, quiso, quisimos, quisisteis, quisieron
venir	vin-	vine, viniste, vino, vinimos, vinisteis, vinieron

infinitive	j-stem	preterite forms
conducir	conduj-	conduje, condujiste, condujo, condujimos, condujisteis, condujeron
decir	dij-	dije, dijiste, dijo, dijimos, dijisteis, dijeron
traer	traj-	traje, trajiste, trajo, trajimos, trajisteis, trajeron

- Note that not only does the stem of **decir (dij-)** end in **j**, but the stem vowel **e** changes to **i**. In the **usted, él,** and **ella** form of **hacer (hizo), c** changes to **z** to maintain the pronunciation. Most verbs that end in **-cir** have **j**-stems in the preterite.

¡ATENCIÓN!

Other **-ir** stem-changing verbs include:

conseguir	**repetir**
consentir	**seguir**
hervir	**sentir**
morir	**servir**
preferir	

¡ATENCIÓN!

Ser, ir, and **dar** also have irregular preterites. The preterite forms of **ser** and **ir** are identical. Note that the preterite forms of **ver** are regular. However, unlike other regular preterites, they do not take a written accent.

ser/ir
fui, fuiste, fue, fuimos, fuisteis, fueron

dar
di, diste, dio, dimos, disteis, dieron

ver
vi, viste, vio, vimos, visteis, vieron

The preterite of **hay** is **hubo**.

Hubo dos conciertos el viernes.
There were two concerts on Friday.

Have students conjugate **deshacer, oponer,** and **atraer.** Note that all verbs ending in **hacer, poner,** and **traer** are also irregular in the preterite.

¡ATENCIÓN!

Note that the third-person plural ending of j-stem preterites drops the i: **dijeron, trajeron.**

Ask a volunteer to conjugate **producir.**

Práctica

1

Acapulco Escribe la forma correcta del pretérito de los verbos indicados.

1. El sábado pasado, mis compañeros de apartamento y yo ___fuimos___ (ir) a Acapulco.

2. (Nosotros) ___Nos quedamos___ (quedarse) en un edificio muy alto y bonito.

3. En la playa, yo ___leí___ (leer) un libro y Carlos ___tomó___ (tomar) el sol.

4. Mariela y Felisa ___caminaron___ (caminar) mucho por la ciudad.

5. Una señora les ___indicó___ (indicar) el camino para ir a un restaurante muy conocido.

6. Por la noche, todos nosotros ___cenamos___ (cenar) en el restaurante.

7. Después, en la discoteca, Carlos y Mariela ___bailaron___ (bailar) toda la noche.

8. Y yo ___vi___ (ver) a unos amigos de Monterrey. ¡Qué casualidad!

9. (Yo) ___Hablé___ (hablar) con ellos un ratito.

10. Y (nosotros) ___llegamos___ (llegar) al hotel a las tres de la mañana. ¡Qué tarde!

Playa de Acapulco

2

¿Qué hicieron? Combina elementos de cada columna para narrar lo que hicieron estas personas.

anoche	yo	conversar
anteayer	mi compañero/a de cuarto	dar
ayer		decir
la semana pasada	mis amigos/as	ir
	el/la profesor(a) de español	pasar
una vez		pedir
dos veces	mi novio/a	tener que

?

3

La última vez En parejas, indiquen cuándo hicieron por última vez estas cosas. Incluyan detalles en sus respuestas. Answers will vary.

Modelo **llorar viendo una película**
— La última vez que lloré viendo una película fue en 2007.
La película fue *Mar adentro*.
— Bueno, ¡yo lloré mucho viendo *Adiós mamá...*!

1. hacer diligencias ...hice...
2. decir una mentira ...dije...
3. olvidar algo importante ...olvidé...
4. perderse en una ciudad ...me perdí...
5. indicar el camino ...indiqué...
6. oír una buena/mala noticia ...oí...
7. hablar con un(a) desconocido/a ...hablé...
8. estar enfadado con un(a) amigo/a ...estuve...
9. ver tres programas de televisión seguidos ...vi...
10. comer en un restaurante ...comí...

 Practice more at **vhlcentral.com.**

Comunicación

4 **La semana pasada** Pasea por el salón de clase y haz preguntas a tus compañeros/as para averiguar qué hicieron la semana pasada. Anota el nombre de la primera persona que conteste que sí a las preguntas.

4 **VARIACIÓN LÉXICA**
conducir ↔ manejar
carro ↔ coche, auto/
automóvil

> Modelo **ir al cine**
> —¿Fuiste al cine la semana pasada?
> —Sí, fui al cine y vi una película muy buena./No, no fui al cine.

Actividades	Nombre
1. asistir a un partido de fútbol	_____
2. conducir tu carro a la universidad	_____
3. dar un consejo (*advice*) a un(a) amigo/a	_____
4. dormirse en clase o en el laboratorio	_____
5. estudiar toda la noche para un examen	_____
6. hablar con un policía	_____
7. hacer una tarea dos veces	_____
8. ir al centro comercial	_____
9. perder algo importante	_____
10. tomar un autobús	_____
11. viajar en transporte público	_____
12. visitar un museo	_____

5 **La ciudad** En parejas, túrnense para hablar de la última vez que visitaron una ciudad que no conocían.

5 Have students share their partners' answers with the class. If any students described the same city, ask the class to compare and contrast the students' experiences.

> Modelo —¿Y qué hiciste en Taxco?
> —Pues muchas cosas… Visité la Iglesia de Santa Prisca, una de las más bellas de México, disfruté de la arquitectura colonial, anduve y anduve, tomé miles de fotos…

- ¿Adónde fuiste?
- ¿Por qué fuiste?
- ¿Quién planeó el viaje?
- ¿Cuándo fue?
- ¿Cuánto tiempo te quedaste?
- ¿Qué hiciste allí?
- ¿Quiénes fueron y quiénes no pudieron ir?
- ¿Te gustó? ¿Por qué?

6 **¿Qué haces para divertirte?**

A. Haz una lista de diez actividades divertidas que hiciste el mes pasado.

B. En parejas, túrnense para preguntarse qué hicieron y averigüen si hicieron lo mismo.

C. Describan a la clase lo que hizo su compañero/a.

D. Luego, la clase decide quién es el/la más activo/a.

INSTRUCTIONAL RESOURCES

Supersite: Audioscripts, SAM AK, Lab MP3s

SAM/WebSAM: WB, LM

2.2

The imperfect

- The imperfect tense in Spanish is used to narrate past events without focusing on their beginning, end, or completion.

—*Mi hijo **era** tímido y de pocas palabras como usted.*

- The imperfect tense of regular verbs is formed by dropping the infinitive ending (**-ar, -er, -ir**) and adding personal endings. **-Ar** verbs take the endings **-aba, -abas, -aba, -ábamos, -abais, -aban**. **-Er** and **-ir** verbs take **-ía, -ías, -ía, -íamos, -íais, -ían**.

The imperfect of regular *-ar*, *-er*, and *-ir* verbs		
caminar	deber	abrir
caminaba	debía	abría
caminabas	debías	abrías
caminaba	debía	abría
caminábamos	debíamos	abríamos
caminabais	debíais	abríais
caminaban	debían	abrían

- **Ir, ser,** and **ver** are the only verbs that are irregular in the imperfect.

The imperfect of irregular verbs		
ir	ser	ver
iba	era	veía
ibas	eras	veías
iba	era	veía
íbamos	éramos	veíamos
ibais	erais	veíais
iban	eran	veían

- The imperfect tense narrates what was going on at a certain time in the past. It often indicates what was happening in the background.

Cuando yo **era** joven, **vivía** en una ciudad muy grande. Todas las semanas, mis padres y yo **visitábamos** a mis abuelos.
When I was young, I lived in a big city. Every week, my parents and I visited my grandparents.

TALLER DE CONSULTA

To express past actions in progress, the imperfect or the past progressive may be used. See **Manual de gramática 2.4, p. 382.**

¿Qué hacías ayer cuando llamé?
What were you doing yesterday when I called?
Estaba estudiando.
I was studying.

Remind students that progressive forms are less common in Spanish than in English. Ex:
I am walking to the bank.
Camino al banco.
I was walking to the bank.
Caminaba al banco.

- The imperfect of **haber** is **había**. There is no plural form.

  Había tres cajeros en el supermercado.
  There were three cashiers in the supermarket.

  Sólo **había** un mesero en el café.
  There was only one waiter in the café.

- These words and expressions, among others, are often used with the imperfect because they express habitual or repeated actions without reference to their beginning or end: **de niño/a** (*as a child*), **todos los días** (*every day*), **mientras** (*while*).

  De niño, vivía en un suburbio de la Ciudad de México.
  As a child, I lived in a suburb of Mexico City.

  Todos los días visitaba a mis primos en un pueblo cercano.
  Every day I visited my cousins in a nearby village.

Point out to students that they might hear native Spanish speakers use the plural form **habían** as the imperfect of **haber**. Explain that this form is common, though ungrammatical in standard Spanish.

If necessary, clarify that imperfect plural forms of **haber** may be used to form the past perfect. Ex: **Habían caminado.** See **Estructuras 8.1, p. 284.**

Práctica

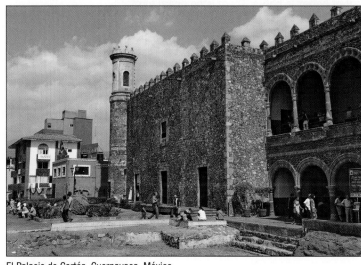

El Palacio de Cortés, Cuernavaca, México

 1 Point out that the imperfect is usually used to talk about someone's age in the past.

1 Ask students: **¿De niños/as, vivían en otra ciudad? ¿Cómo era su vida diaria allá?**

1

Cuernavaca Escribe la forma correcta del imperfecto de los verbos indicados.

Cuando yo (1) ____tenía____ (tener) veinte años, estuve en México por seis meses. (2) ____Vivía____ (vivir) en Cuernavaca, una ciudad cerca de la capital. (3) ____Era____ (ser) estudiante en un programa de español para extranjeros. Entre semana mis amigos y yo (4) ____estudiábamos____ (estudiar) español por las mañanas. Por las tardes, (5) ____visitábamos____ (visitar) los lugares más interesantes de la ciudad para conocerla mejor. Los fines de semana, nosotros (6) ____íbamos____ (ir) de excursión. (Nosotros) (7) ____Visitábamos____ (visitar) ciudades y pueblos nuevos. ¡Los paisajes (8) ____eran____ (ser) maravillosos!

 2 Remind students that the imperfect is used with expressions that signal repetition, such as **los fines de semana** and **por las tardes.**

2

Antes En parejas, túrnense para hacerse preguntas usando estas frases.

> **Modelo** **tomar el metro**
> — ¿Tomas el metro?
> — Ahora sí, pero antes nunca lo tomaba./Ahora no, pero antes siempre lo tomaba.

1. ir a las discotecas   vas / iba
2. tomar vacaciones   tomas / tomaba
3. ir de compras al centro comercial   vas / iba
4. hacer diligencias los fines de semana   haces / hacía
5. trabajar por las tardes   trabajas / trabajaba
6. preocuparse por el futuro   te preocupas / me preocubaba

3

Rutinas En parejas, un(a) compañero/a comienza la narración de alguna rutina que hacía en el pasado. El/La otro/a tiene que adivinar (*to guess*) cómo termina.

> **Modelo** — Mi madre me daba dinero y me llevaba al centro comercial.
> — Tú comprabas ropa y discos. Luego tu madre te recogía y regresaban a casa.

 Practice more at **vhlcentral.com.**

Comunicación

4

¿Y ustedes?

A. Busca en la clase compañeros/as que hacían estas cosas cuando eran niños/as. Escribe el nombre de la primera persona que conteste afirmativamente cada pregunta.

> **Modelo** **ir mucho al cine**
> —¿Ibas mucho al cine?
> —Sí, iba mucho al cine.

¿Qué hacían?	Nombre
1. tener miedo de los monstruos y fantasmas de los cuentos	_____
2. llorar todo el tiempo	_____
3. siempre hacer su cama	_____
4. ser muy travieso/a (*mischievous*)	_____
5. romper los juguetes (*toys*)	_____
6. darles muchos regalos a sus padres	_____
7. comer muchos dulces	_____
8. pasear en bicicleta	_____
9. correr en el parque	_____
10. beber limonada	_____

B. Ahora, comparte con la clase los resultados de tu búsqueda.

5

Antes y ahora En parejas, comparen cómo ha cambiado este lugar en los últimos años. ¿Cómo era antes? ¿Cómo es ahora?

Antes

Ahora

6

Entrevista Trabajen en parejas. Uno/a de ustedes es una persona famosa y el/la otro/a es un(a) reportero/a que la entrevista para saber cómo era su vida de niño/a. Después informen a la clase sobre la celebridad. Sean creativos.

> **Modelo** De niña, Salma Hayek viajaba todos los veranos al sureste de México. Le gustaba ir a las tiendas en el centro de Mérida...

INSTRUCTIONAL RESOURCES

Supersite: Audioscripts, SAM AK, Lab MP3s
SAM/WebSAM: WB, LM

2.3

The preterite vs. the imperfect

- Although the preterite and imperfect both express past actions or states, the two tenses have different uses. They are not interchangeable.

Uses of the preterite

- To express actions or states viewed by the speaker as completed.

    Viviste en ese barrio el año pasado.
    You lived in that neighborhood last year.

    Mis amigas **fueron** al centro comercial ayer.
    My girlfriends went to the mall yesterday.

- To express the beginning or end of a past action.

    La telenovela **empezó** a las ocho.
    The soap opera began at eight o'clock.

    Estas dos noticias **se difundieron** la semana pasada.
    These two news items were broadcast last week.

—*Mi hijo **murió** en un choque.*

- To narrate a series of past actions.

    Salí de casa, **crucé** la calle y **entré** en el edificio.
    I left the house, crossed the street, and entered the building.

    Llegó al centro, le **dieron** indicaciones y **se fue**.
    He arrived at the center, they gave him directions, and he left.

Uses of the imperfect

- To describe an ongoing past action without reference to beginning or end.

    No se podía parar delante de la comisaría.
    Stopping in front of the police station was not permitted.

    Juan **tomaba** el transporte público frecuentemente.
    Juan frequently took public transportation.

—*El otro conductor **iba** borracho.*

- To express habitual past actions.

    Me gustaba jugar al fútbol los domingos.
    I used to like to play soccer on Sundays.

    Solían hacer las diligencias los fines de semana.
    They used to run errands on weekends.

Remind students that **soler** means *to do something usually.* Point out that **soler** is often used in the imperfect because its meaning implies repetition. Ask personalized questions to practice the use of **soler** with infinitives.

- To describe mental, physical, and emotional states or conditions.

    Estaba muy nerviosa antes de la entrevista.
    She was very nervous before the interview.

TALLER DE CONSULTA

To review telling time, see **Manual de gramática 2.5, p. 384.**

- To tell time.

    Eran las ocho y media de la mañana.
    It was eight thirty a.m.

The preterite and imperfect used together

- When narrating in the past, the imperfect describes *what was happening*, while the preterite describes the action that *interrupted* the ongoing activity. The imperfect provides background information, while the preterite indicates specific events that advance the plot.

> Mientras **estudiaba, sonó** la alarma contra incendios. Me **levanté** de un salto y **miré** el reloj. **Eran** las 11:30 de la noche. **Salí** corriendo de mi cuarto. En el pasillo **había** más estudiantes. La alarma **seguía** sonando. **Bajamos** las escaleras y, al llegar a la calle, me **di** cuenta de que **hacía** un poco de frío. No **tenía** un suéter. De repente, la alarma **dejó** de sonar. No **había** ningún incendio.

> *While I was studying, the fire alarm went off. I jumped up and looked at the clock. It was 11:30 p.m. I ran out of my room. In the hall there were more students. The alarm continued to blare. We rushed down the stairs and, when we got to the street, I realized that it was a little cold. I didn't have a sweater. Suddenly, the alarm stopped. There was no fire.*

Different meanings in the imperfect and preterite

- The verbs **querer**, **poder**, **saber**, and **conocer** have different meanings when they are used in the preterite. Notice also the meanings of **no querer** and **no poder** in the preterite.

infinitive	imperfect	preterite
querer	**Quería** acompañarte. *I **wanted** to go with you.*	**Quise** acompañarte. *I **tried** to go with you (but failed).*
		No quise acompañarte. *I **refused** to go with you.*
poder	Ana **podía** hacerlo. *Ana **could** do it.*	Ana **pudo** hacerlo. *Ana **succeeded** in doing it.*
		Ana **no pudo** hacerlo. *Ana **could not** (and did not) do it.*
saber	Ernesto **sabía** la verdad. *Ernesto **knew** the truth.*	Por fin Ernesto **supo** la verdad. *Ernesto finally **discovered** the truth.*
conocer	Yo ya **conocía** a Andrés. *I already **knew** Andrés.*	Yo **conocí** a Andrés en la fiesta. *I **met** Andrés at the party.*
	María y Andrés **se conocían.** *María and Andrés **knew** each other.*	María y Andrés **se conocieron** en Acapulco. *María and Andrés **met** in Acapulco.*

¡ATENCIÓN!

Here are some transitional words useful for clarity when narrating past events.

primero *first*

al principio *in the beginning*

antes (de) *before*

después (de) *after*

mientras *while*

entonces *then*

luego *then, next*

siempre *always*

al final *finally*

la última vez *the last time*

Stress that the imperfect of **poder** describes what a person was *capable* of, whether or not he/she tried. The preterite of **poder** describes what someone did (not) *succeed* in doing.

¡ATENCIÓN!

Saber and **conocer** are not usually interchangeable. **Saber** means *to know* (facts, information, or how to do something), while **conocer** means *to know* or *to be familiar/ acquainted with* (a person, place, or thing).

Some contexts, however, lend themselves to either verb.

La policía sabía/conocía el paradero del sospechoso.

The police knew of the suspect's whereabouts.

TEACHING OPTION Ask students to bring in Spanish newspaper or magazine articles that narrate past events. In pairs, have them highlight verbs in the preterite and imperfect, and match them to the uses described in **Estructuras 2.3, pp. 64–65.**

Práctica

1 **El centro** Elena y Francisca prometieron llevar a su amigo Felipe a una entrevista de trabajo. Completa las oraciones con el imperfecto o el pretérito de estos verbos.

conducir	desayunar	llamar
construir	estar	llegar
cruzar	haber	salir
dar	leer	ser
decir	levantarse	ver

Sample answers.

Eran las ocho cuando Francisca y Elena (1)__se levantaron__ para ir al centro. Elena (2)__desayunaba__ cuando Felipe la (3)__llamó__ para decir que estaba listo. Le (4)__dijo__ otra vez que la cita (5)__era__ a las diez y media. Ellas (6)__salieron__ a las nueve y media. Todavía era temprano y (7)__había__ tiempo. Elena (8)__conducía__ mientras Francisca (9)__leía__ las indicaciones para llegar. Había mucho tráfico cuando (10)__cruzaron__ el puente. No (11)__vieron__ el edificio de oficinas porque (12)__estaban__ perdidas. (13)__Dieron__ muchas vueltas y por fin (14)__llegaron__. Ya eran las once menos cuarto. ¡Pero no (15)__había__ nadie allí!

2 **Interrupciones** Combina palabras y frases de cada columna para contar lo que hicieron las siguientes personas. Usa el pretérito y el imperfecto.

Modelo Ustedes miraban la tele cuando el médico llamó.

yo	dormir		usted	llamar por teléfono
tú	comer	c	el médico	salir
Marta y Miguel	escuchar música	u a	la policía	sonar
nosotros	mirar la tele	n	el/la profesor(a)	recibir el correo electrónico
Paco	conducir	d	los amigos	ver el accidente
ustedes	ir a...	o	Shakira	
			la alarma	

3 **Las fechas importantes**

A. Escribe cuatro fechas importantes en tu vida y explica qué pasó.

Fecha	¿Qué pasó?	¿Con quién estabas?	¿Dónde estabas?	¿Qué tiempo hacía?
Modelo				
el 6 de agosto de 2008	Conocí a Dave Navarro.	Estaba con un amigo.	Estábamos en el gimnasio Vida.	Llovía mucho.

B. Intercambia tu información con tres compañeros/as. Ellos te van a hacer preguntas para conocer más detalles sobre lo que te pasó.

Practice more at **vhlcentral.com**.

Comunicación

4

La mañana de Esperanza

A. En parejas, observen los dibujos. Escriban lo que le pasó a Esperanza después de abrir la puerta de su casa. ¿Cómo fue su mañana? Utilicen el pretérito y el imperfecto en la narración. *Sample answers.*

1. Abrió la puerta. Salió a la calle. Estaba nublado. Eran las diez y media de la mañana.

2. Mientras caminaba por la calle, empezó a llover. Eran las once menos dieciséis.

3. Cuando llegó al supermercado, estaba lloviendo mucho. Eran las once.

4. Llegó a su casa a las once y media. Empezó a preparar el almuerzo.

B. Con dos parejas más, túrnense para presentar las historias que han escrito. Después, combinen sus historias para hacer una nueva.

5

Crónicas En grupos de tres, pongan estos fragmentos de oraciones en una secuencia lógica. Después, completen las oraciones y añadan otras para crear una historia. Usen el pretérito y el imperfecto.

1. Con frecuencia, mis amigos/as …
2. El sábado pasado, …
3. Regularmente, en la plaza de …
4. Anoche, un conductor …
5. Generalmente, los pasajeros …
6. Ayer en la ciudad …

6

Cambios En parejas, díganse en qué ciudad crecieron. Luego, describan los cambios que han transformado esa ciudad y cómo se vivía antes. Por último, resuman para la clase la descripción de su compañero/a.

Modelo Hace cinco años, construyeron un nuevo rascacielos.
Antes, podíamos ver las montañas desde nuestro jardín.

4 Note that the imperfect is used to tell time in the past. Refer students to **Manual de gramática 2.5, p. 384** to review telling time in Spanish.

5 Have each group share its story with the class. Then have students vote for the most interesting one.

TEACHING OPTION Using comic strips or series of photos, have students use the preterite and imperfect to describe what happened in the pictures.

NATIONAL communication STANDARDS

TEACHING OPTION In pairs, have students discuss the following questions: **¿Cuándo fue la última vez que hiciste algo espontáneo? ¿Qué hiciste? ¿Cuáles fueron las consecuencias?**

Síntesis

La ciudad es mía

Esta mañana abrí la ventana de la habitación. Hacía calor. En un instante decidí no leer el periódico, es más, decidí no ir al trabajo. Salí a la calle sin desayunar y, sin dudar, me subí al primer autobús que paró. Había muchos asientos libres, elegí uno sin prisa y me senté.

El autobús avanzaba° y yo observaba escenas cotidianas. Estuve en el autobús un buen rato° y después bajé. Crucé la calle, empecé a caminar y llegué a una plaza inmensa. Había mucha gente. Hombres y mujeres de todas las edades iban y venían en todas direcciones. Me perdí entre la multitud. Estaba contento. Me gusta vagabundear° sin destino° por la ciudad. En una esquina me paré y tomé otra decisión.

Mientras caminaba, seguí a un grupo de jóvenes. Pensé que ellos iban a algún lugar interesante. ¡Y así fue! Yo no solía seguir a la gente, pero hoy era diferente; quería improvisar.

Empezaba a llover, pero las calles no estaban vacías. Yo quise terminar el día con un paseo bajo la lluvia, pero no pude. Algo inesperado° sucedió°. ■

was moving forward

a while

roam/destination

unexpected/ happened

---

1 Ask additional comprehension questions. Ex: **¿Qué tiempo hacía en la mañana? ¿Y en la tarde?**

1 **Preguntas** Contesta las preguntas.

1. ¿Qué decisiones tomó el protagonista ("P") de la historia? Decidió no leer el periódico, no ir al trabajo y seguir a un grupo de jóvenes.

2. ¿Qué transporte público tomó? Tomó el autobús.

3. ¿A quién siguió? ¿Por qué? Siguió a un grupo de jóvenes porque pensó que iban a un lugar interesante.

2 Ask students to speculate about what happened the next day at work.

2 **Detalles** En parejas, inventen las respuestas para completar el día de P por las calles de la Ciudad de México. Utilicen la imaginación y su conocimiento de esta ciudad.

1. ¿A qué plaza llegó P? ¿Qué había? ¿Cómo era?

2. ¿Adónde fueron los jóvenes? ¿Qué hicieron? ¿Qué hizo P?

3. ¿Cómo fue el día de P? ¿Lo pasó bien? ¿Por qué?

3 **Algo inesperado** P no pudo contarnos qué sucedió mientras regresaba a casa bajo la lluvia. En grupos de tres, inventen un desenlace (*outcome*) posible y después compártanlo con la clase.

Preparación Audio: Vocabulary

Vocabulario de la lectura	
acostumbrar	*to do as a custom/habit*
la costumbre	*custom; habit*
el cuidado	*care*
decidido/a	*determined*
difundir (noticias)	*to spread (news)*
el/la habitante	*inhabitant*
el matriarcado	*matriarchy*
el mito	*myth*
permitir	*to allow*

Vocabulario útil	
el bienestar	*well-being*
la característica	*characteristic*
conservar	*to preserve*
cooperar	*to cooperate*
la influencia	*influence*
justo/a	*just, fair*
significar	*to mean*

Explain that, like **soler**, the verb **acostumbrar** often translates as *usually* or *typically*.

1

Vocabulario Completa cada oración con la palabra más adecuada.

1. Me caí dando una vuelta en bicicleta. Iba rápido y no tuve suficiente _____.
   - (a.) cuidado   b. influencia   c. bienestar

2. La ley no _____ doblar cuando hay peatones en la esquina.
   - a. significa   (b.) permite   c. coopera

3. Trata de relajarte un poco cada día. Tienes que pensar en tu _____ mental.
   - (a.) bienestar   b. costumbre   c. mito

4. Supe del accidente porque _____ las imágenes en la televisión.
   - a. significaron   b. acostumbraron   (c.) difundieron

5. Cada barrio es diferente y _____ sus tradiciones independientes.
   - (a.) conserva   b. coopera   c. significa

1 Have students use verbs from the vocabulary lists to write sentences in the preterite and imperfect.

2

Las mujeres de tu vida Contesta las preguntas y explica tus respuestas. También puedes añadir anécdotas y detalles.

1. ¿Qué mujeres ocupan un papel importante en tu vida personal?

2. ¿Qué mujeres tienen papeles importantes en tu comunidad?

3. ¿A qué mujer famosa admiras?

4. ¿Qué cualidades admiras más en la personalidad de una mujer? ¿Y en la de un hombre? ¿Son las mismas?

3

Hombres y mujeres En parejas, hagan dos listas: una con cinco cosas que creen que tienen en común los hombres y las mujeres; y otra con cinco cosas en las que son diferentes. Después, compartan sus listas con la clase. ¿Pueden llegar a alguna conclusión?

Iguales
- Los hombres y las mujeres tienen preocupaciones similares.
- A ambos les preocupa el medioambiente.

Diferentes
- Las mujeres son más sensibles.
- Los hombres tienen menos paciencia.

TEACHING OPTION To preview the reading, ask groups to describe possible characteristics of a matriarchal society.

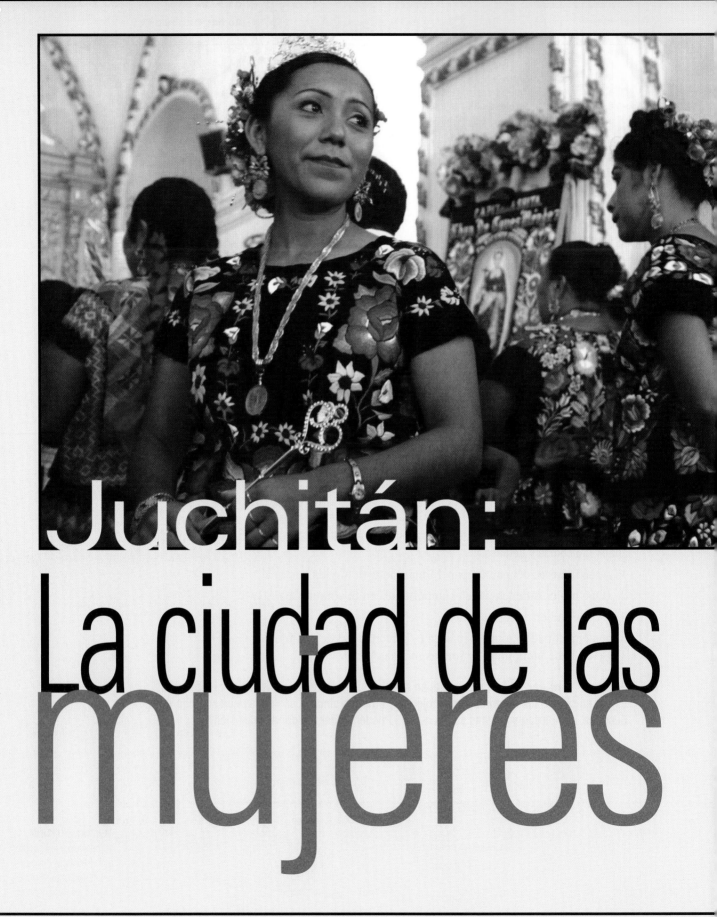

Juchitán:
La ciudad de las
mujeres

Audio: Reading

mainly
Famosa por sus mujeres, fuertes y decididas, Juchitán es una ciudad mexicana mayoritariamente° indígena cuyos mitos y
5 costumbres se resisten a la influencia del exterior.

Está en una zona de México llamada istmo de Tehuantepec, en el sur del estado de Oaxaca, muy cerca de la frontera con
10 Guatemala. Sus habitantes son en su mayoría de la etnia zapoteca y, hasta hoy, todavía
ancient hablan su lengua ancestral°, el zapoteco.

Muchos afirman que en Juchitán existe un matriarcado por la presencia tan
15 trascendental que las mujeres tienen en la economía y la sociedad en general. Además, ellas son las que toman las decisiones importantes en la familia; por ejemplo, si un hombre quiere comprar algo o salir a
20 divertirse, tiene que pedirle dinero a la mujer de la casa.

habitantes de Juchitán Las mujeres juchitecas° son extrovertidas
vestidos y acostumbran llevar trajes° de colores
carry themselves brillantes; además, se desenvuelven° con
25 dignidad y siempre son directas al hablar. Aun las mujeres de mayor edad se visten con
poise/confidence 30 garbo°, confianza° y sin la intención de esconder su edad, porque ser "viejo" no tiene una
35 connotación negativa en su cultura.

La estructura social de esta comunidad está claramente dividida. Los hombres trabajan en el sector de la producción:
agricultural workers/ fishermen/ craftsmen son campesinos°, pescadores°, artesanos°
40 y también son los que toman las decisiones políticas. Por su parte, las mujeres
handle manejan° la organización doméstica, la economía familiar, el comercio y el sistema festivo.
45 Las fiestas son parte importante de la vida en Juchitán, ya que duran varios días

Frida y Juchitán

La pintora mexicana Frida Kahlo admiraba mucho a las mujeres juchitecas. Tenía muchos vestidos bordados (*embroidered*) en Juchitán que llevaba a diario, y en varios de sus autorretratos (*self-portraits*) se pintó con estos vestidos.

y requieren de una compleja preparación.
Las mujeres son las anfitrionas° y, a la hora *hostesses*
del baile, hay más mujeres que hombres
en la pista° bailando al ritmo de la música 50 *dance floor*
tradicional.

El mercado es un punto central en Juchitán, donde las mujeres venden los productos del campo o del mar que los hombres han traído a casa. Es también ahí 55 donde se difunden las noticias entre todos y se arreglan asuntos° sociales y familiares. *issues are settled*

Su capacidad económica le permite a la mujer 60 juchiteca una gran autonomía en relación con el hombre. Ésta se refleja en una 65 sólida autoestima°, *self-esteem* en una presencia dominante dentro del sistema social de la comunidad y en una fuerte y aceptada autoridad en la familia. 70

Ningún hombre juchiteco se siente mal porque el sistema económico está dirigido por las mujeres. Aquí —al contrario del modelo occidental— las prioridades son la alimentación°, el cuidado de niños y 75 *comida* ancianos°, y los banquetes colectivos. Nadie *elderly people* se queda con hambre en Juchitán. ¿Cuántas ciudades pueden decir esto en el llamado "mundo desarrollado°"? ■ *developed*

> **Las mujeres juchitecas son extrovertidas y acostumbran llevar trajes de colores brillantes.**

CULTURA

1 Have students check their answers with a partner.

3 Write responses on the board in two columns: **Positivas** and **Negativas.** Were any qualities listed as both positive and negative? Encourage students to debate the pros and cons of their own community and defend their points of view.

TEACHING OPTION Ask students to compare the description of Juchitán to their previous ideas about what constitutes a matriarchal society. **¿Están de acuerdo en que existe un matriarcado en Juchitán? ¿Por qué?**

Análisis

1 Comprensión Contesta las preguntas con oraciones completas.

1. ¿Cómo son las mujeres juchitecas? Usa por lo menos tres adjetivos de la lectura. Las mujeres juchitecas son fuertes, decididas y extrovertidas.

2. ¿Cuáles son las principales ocupaciones de los hombres juchitecos? Los hombres son campesinos, pescadores, artesanos y políticos.

3. ¿En qué trabajan las mujeres de esta ciudad? Las mujeres trabajan en la organización doméstica, la economía familiar, el comercio y el sistema festivo.

4. ¿Cómo son las fiestas en Juchitán? Duran varios días y se baila mucho.

5. Si quieres saber lo que ha pasado últimamente (*lately*) en Juchitán, ¿adónde debes ir? Debes ir al mercado.

6. ¿Cuándo usaba Frida Kahlo sus vestidos bordados en Juchitán? Los usaba diariamente.

7. ¿Qué logra (*achieve*) la mujer juchiteca con su capacidad económica? Logra una gran autonomía con relación al hombre.

8. ¿A qué le da más importancia el sistema económico de Juchitán? Se le da a la alimentación, al cuidado de niños y ancianos, y a los banquetes colectivos.

2 Opiniones En parejas, contesten las preguntas.

1. ¿Qué opinan del papel de las mujeres en Juchitán?

2. ¿Qué aspecto les pareció el más interesante de esta sociedad?

3. ¿Qué cosas son diferentes entre Juchitán y la sociedad en la que ustedes viven? Hagan una lista.

3 Tu comunidad Escribe cuatro características positivas y cuatro negativas de la comunidad en que vives. Compártelas con la clase.

Características

Positivas	Negativas

4 Imaginar En grupos de cinco, imaginen que forman parte de un nuevo modelo de sociedad. ¿Cómo es? Descríbanlo usando estas preguntas como referencia y añadan otros detalles. Después, compartan sus "sociedades" con la clase.

- ¿Cómo participan las mujeres? ¿Y los hombres?
- ¿Qué trabajo hace cada uno/a de ustedes?
- ¿Cuáles son las prioridades del gobierno?
- ¿Quién(es) encabeza(n) (*lead*) el gobierno?

5 Explicar En parejas, lean las siguientes afirmaciones del artículo. ¿Qué filosofía tienen en común? ¿La cultura occidental valora también esa filosofía? Den al menos tres razones para explicar su opinión.

- "Nadie se queda con hambre en Juchitán."
- "... ser viejo no tiene una connotación negativa ..."
- "Ningún hombre juchiteco se siente mal porque el sistema económico está dirigido por las mujeres."

Practice more at **vhlcentral.com.**

Preparación **(S)** Reading
Audio: Vocabulary

Sobre la autora

Eugenia Viteri (1930-) es una escritora ecuatoriana conocida por sus relatos y novelas de tema social. Entre sus obras más conocidas están las colecciones de cuentos *El anillo* (1955) y *Los zapatos y los sueños* (1978). Los protagonistas de sus obras son personas desamparadas que reflejan los conflictos sociales de su país. En 2008 recibió el Premio Nacional Rosa Campuzano por su contribución a la cultura de Ecuador.

Vocabulario de la lectura	Vocabulario útil
el entierro *burial*	**el/la anciano/a** *elderly person*
los escombros *rubble*	**el desamparo** *helplessness*
la ilusión *dream*	**el dolor** *pain*
mendigar *to beg*	**envejecer** *to age*
perdonar *to forgive*	
repleto/a *crowded*	
la soledad *loneliness*	
subsistir *to survive*	
la ternura *tenderness*	

INSTRUCTIONAL RESOURCES
Supersite: Literatura
recording; Scripts; SAM AK
SAM/WebSAM: LM

1

Vocabulario Empareja las palabras con la definición adecuada.

___b___ 1. anciano   a. cambiar el cuerpo humano con el paso del tiempo

___d___ 2. dolor   b. persona que tiene muchos años

___a___ 3. envejecer   c. pedir dinero en la calle

___c___ 4. mendigar   d. intenso sentimiento de pena

___f___ 5. escombros   e. vivir solo con lo necesario

___e___ 6. subsistir   f. pedazos de una pared en el suelo

2

Envejecer En parejas, contesten las preguntas y expliquen sus respuestas.

1. De todos los atributos de la juventud, ¿cuáles les gustaría conservar en la vejez?

2. ¿Creen que llegar a viejo es una victoria o una derrota?

3. ¿Dónde es más fácil sentirse solo, en un pueblo pequeño o en una gran ciudad?

4. ¿Qué ventajas y qué inconvenientes puede tener una ciudad para los ancianos?

5. Cuál de estas cosas les parece más importante, ¿la salud, el dinero o el amor?

6. ¿Es posible mantener un espíritu joven con el paso de los años?

7. ¿Cuál es su recuerdo más especial de algún abuelo u otro pariente anciano?

8. ¿Qué les gustaría poder recordar dentro de cincuenta años?

3

La vida y los recuerdos Mira la fotografía de la página siguiente y haz una predicción sobre la ambientación (*setting*) del relato que vas a leer. ¿Qué sentimientos te sugiere la imagen?

1 Have pairs of students write a paragraph using the five words selected. Then, encourage pairs to prepare clues for at least four other vocabulary words. Working with another pair, each pair guesses the words for the other pair's clues.

TEACHING OPTION Ask students to think of a happy memory in a city. Encourage volunteers to share their stories with the class.

TEACHING OPTION Have students anticipate the plot, characters, and theme of *La vida y los recuerdos* based on all the information on this page.

La vida y los recuerdos

Eugenia Viteri

Aquella mañana habían caminado como no lo hicieran en muchos años. Derrotados°, ya no podían —como en días lejanos— prestarse ayuda. Pero él había insistido tanto, que ella no pudo negarse al largo paseo.

—Vamos, Mariana, quiero mirar la ciudad. Mirarla, tocarla...

Era un viejecillo octogenario. Nervioso, extravagante, sus ojos apagados° y lacrimosos miraban tímidamente, su cabello gris oscuro crecía desgreñado° sobre la estrecha frente; su ropa —abandonada ropa de mendigo— se adhería a su carne triste hasta formar ambas una sola cosa, una flor sombría de suciedad° y miseria.

—Pero, Ramón, ya no puedo apoyarme en° ti. Y andan tantos carros por allí...

Exigua° y sin formas, ella lucía en el rostro ajado y terroso°, unos ojillos inquietos, vivaces. Con su carga de harapos° también, acompañaba siempre a su marido en la diaria tarea de mendigar.

—¡No es cierto! Todavía tengo fuerzas. Y ahora me siento mejor. Anda, vamos°.

Y emprendieron° su recorrido a través de las calles repletas. No se limitarían a la esquina que en los últimos años había sido su único centro de operaciones. Andar, andar: poseer la urbe. Estaban unidos como sólo pueden estarlo las gentes sencillas, cuyo único problema es subsistir: como dos plantas que han cruzado sus ramajes hasta tener comunes sus raíces°.

Marchaban tomados de las manos y apoyados en sus viejos bastones°. Ayudándose mutuamente, resultaban un solo bloque de ternura. Integrados el uno en el otro, parecían haber abdicado de sus atributos personales.

Una mujer joven los miró con vaga envidia. Dijo al hombre que la acompañaba:

—¡Qué lindos viejitos!

—Huhumm. —El hombre atlético los miró despectivamente°—. Pero no pueden ni andar... Son escombros.

La mujer no lo escuchó. Nostálgica, seguía mirándolos como si quisiera arrancarles el secreto de su amor.

—El amor no tiene escombros —dijo casi para sí. Y súbitamente° siguió andando a pasos rápidos, dejando atrás a su atleta.

Los viejos continuaban su difícil marcha. No habían despegado los labios desde que salieron de casa. Al llegar junto a una iglesia, habló él:

—¿Te acuerdas, Mariana? Aquí bautizamos a nuestro hijo...

—¿Cómo no voy a acordarme? —Movió la cabeza en un gesto de coquetería° ingenua—. Ese día tú andabas furioso conmigo.

—¿Furioso yo?

—Claro, viejo: por celos, por celos...

—¿Celos, yo? ¿Con quién, di?

—Uhhuhh. Con toditos los hombres. —El orgullo hacía crecer la voz gastada°.

Defeated
dimmed
untidy
filth
lean on
Tiny
weathered and dry
load of rags
Come on, let's go
set out on
roots
walking canes
with contempt
suddenly
flirtiness
worn out

65 Él se detuvo bruscamente. Le miró la boca, los ojos; luego, bajó la cabeza, culpable°, pero también enternecido° por el recuerdo de esos años en que el amor era todavía un fruto violento...

with guilt
moved

70 —¿Me has perdonado, Mariana?

—¡Perdonártelo...! Si me gustaban tus celos... —Ella también vivía ahora esos días perdidos—. Qué hermoso era despertar tus celos.

Siguieron caminando lentamente por
75 las soleadas calles, tan llenas de gentes y recuerdos, que entraban impetuosos en ambos corazones.

—¿Te acuerdas, Mariana, que yo le debía una plata° a mi compadre Encarna, y de eso
80 sólo le pagué una parte?

cash

Ella negó débilmente con la cabeza.

—¿Pero no te acuerdas que fue para comprarle los remedios al chico la noche que se nos puso tan malo°?

so sick

85 Ya sus mundos de recuerdos se habían diferenciado. Ella hizo un mohín° de fastidio.

grimace

—Hace ya tanto tiempo... ¿Quién se acuerda?

—¡Qué cabeza la tuya, mujer, qué cabeza...!
90 Ahora, cada uno hablaba para sí, cada uno a su modo.

—La última fiesta del compadre Domingo, le pegaste° a ese tipo que me apretaba tanto° al bailar...

you hit / held me
so tight

95 —¿Qué habrá dicho el compadre Encarna de lo que le quedé debiendo°? ¿Y la mujer, sobre todo, que tenía una lengua°...?

what I owed him
didn't mince words

—Pero no me había dicho nada de enamoramiento. Más vale el otro, el patucho°
100 ése, y de ése ni te diste cuenta.

shorty

—Yo hubiera querido pagarle, pero después vinieron los gastos del entierro del chico... Qué hermoso era...

—Me sentaba bien ese vestido verde que
105 me compraste para la Pascua.

Él nada dijo esta vez. Sus piernas vacilaron y hubo de detenerse.

—Mariana... Mariana...

—¡Qué, hijito, qué!

—Quiero sentarme, ayúdame... Y está 110 oscuro, todo está oscuro.

—A ver, a ver. Estás pálido, Ramón, y tiemblas. Sentémonos aquí.

Difícilmente se acurrucaron en un portal° desierto.

115 *entrance of a building*

—No es nada, no te asustes. Un poco de sueño, cansancio. —Bostezó° largamente, entornó los ojos y continuó—. Qué dulce es dormir cuando no hay ruido. Vamos a dormir juntos, muy juntos, como la noche en que 120 murió el chico.

He yawned

—Como la noche en que te pusiste furioso de celos y después nos reconciliamos...

Él ya se había dormido; ella se dio cuenta, por el ritmo de su respiración, le cubrió la cara 125 con un pañuelo. "Pobrecito, tenía sueño... Mi viejo querido, hoy he vuelto a ser feliz ... muy feliz. Tú también, ¿verdad? Siempre lo fuimos. Con nuestro hijo... y aun cuando él murió... Se llevó mucho: ilusiones, esperanzas... Nos 130 dejó tan pobres... Poco después comenzamos a pedir. Pero siempre juntos, muy juntos..." Apoyó la cabeza sobre sus piernas recogidas° y se fue durmiendo lentamente.

folded

¿Cuánto tiempo durmió junto al 135 cadáver de su viejo? Sentada en medio de su pequeñísimo cuarto, la viejecilla quiere tejer° recuerdos. Inútilmente, porque los recuerdos se fueron con él, y ahora todo es una nebulosa por la que ella transita sola. "Estábamos muy 140 juntos, después nos separaron, después... Se llevaron a Ramón... ¿Y ahora con quién saldré? Y el viejo, esperándome." Se cubrió las piernas con unas mantas raídas° y sonrió coqueta. "No vas a estar celoso cuando llegue, Ramón, no 145 vas a estar celoso..."

to weave

worn out

Se extendió en su camastro°, sonriendo aún. Los celos de su viejo eran el único recuerdo en su soledad. Los demás se fueron con la vida. ◼ 150

cot

Análisis

Comprensión Contesta las preguntas.

1. ¿Quiénes son los protagonistas del cuento? Son una pareja de ancianos pobres.

2. ¿Cuál es su rutina diaria? Cada mañana caminan juntos por las calles de la ciudad y mendigan para subsistir.

3. ¿Qué buenos recuerdos guardan los ancianos? Recuerdan el bautizo de su hijo y los celos de Ramón.

4. ¿Por qué Ramón no pudo devolverle todo el dinero a su amigo? Porque lo necesitaba para pagar el entierro de su hijo.

5. ¿Qué recuerdo está grabado en la memoria de Mariana? Los celos de su marido.

6. ¿Qué recuerdo obsesiona a Ramón? El préstamo que no pudo devolver en su totalidad.

Interpretar Contesta las preguntas con oraciones completas.

1. ¿Por qué siente envidia de la pareja de ancianos la mujer joven que los observa por la calle?

2. ¿A qué se refiere la joven cuando dice, "El amor no tiene escombros"?

3. ¿Por qué se sentía culpable Ramón?

4. ¿Sabía la pareja de ancianos en qué parte de la ciudad estaban?

Contextos En grupos, expresen con sus propias palabras el significado de cada una de estas citas (*quotes*) del texto.

1. "Integrados el uno en el otro, parecían haber abdicado de sus atributos personales."

2. "Bajó la cabeza, culpable, pero también enternecido por el recuerdo de esos años en que el amor era todavía un fruto violento."

3. "Ya sus mundos de recuerdos se habían diferenciado."

4. "Mi viejo querido, hoy he vuelto a ser feliz... muy feliz. Tú también, ¿verdad? Siempre lo fuimos."

5. "Los celos de su viejo eran el único recuerdo en su soledad. Los demás se fueron con la vida."

El final En grupos, compartan sus interpretaciones sobre el cuento y comenten si les ha gustado o no.

Escribir Imagina que eres taxista. Recoges a un cliente. Dice que va a llevar una medicina a un familiar enfermo. Al día siguiente, encuentras la medicina en el asiento de atrás. Sigue el **Plan de redacción** para contar la historia.

Plan de redacción

Escribir un relato

1 Ambientación Cuenta quién eres, dónde estás y qué estás haciendo.

2 Conflicto Describe al cliente y lo que te dice. Luego, describe tu trabajo de detective mientras buscas al cliente por toda la ciudad.

3 Final Di cómo se resuelve el conflicto y cuéntalo usando el pretérito y el imperfecto.

---

2 Ask pairs to list words or expressions from the text that reflect the protagonists' age, and the kind of relationship they have. Have them share their list with another pair and have a discussion about the differences between the old couple and young couple.

TEACHING OPTION Ask students to identify some problems that big cities pose to their most vulnerable inhabitants. Ask: **¿Qué se puede hacer para mejorar la calidad de vida de los ancianos en las grandes ciudades?**

4 Ask students to talk about the feelings this story awakens in them. Ask: **¿Les gustaría vivir en una gran ciudad cuando sean ancianos?**

5 Ask students to use the vocabulary in the **Para empezar** section as they develop the setting of their stories. Tell them that researching an actual city and mentioning real streets and landmarks will make their stories more interesting and believable. Encourage them to think of unusual endings in which the narrator does not necessarily act as a hero.

En la ciudad

Audio: Vocabulary
Flashcards
Video: *En pantalla*

Lugares

las afueras *suburbs*
los alrededores *the outskirts*
el ayuntamiento *city hall*
el barrio *neighborhood*
el centro comercial *mall*
el cine *movie theater*
la ciudad *city*
la comisaría *police station*
la discoteca *dance club*
el edificio *building*
la estación (de trenes/de autobuses) *(train/bus) station*
la estación de bomberos *fire station*
la estación de policía *police station*
el estacionamiento *parking lot*
el estadio *stadium*
el metro *subway*
el museo *museum*
la parada (de metro, de autobús) *(subway, bus) stop*
la plaza *square*
el rascacielos *skyscraper*
el suburbio *suburb*
la vivienda *housing; home*

Indicaciones

la acera *sidewalk*
la avenida *avenue*
la calle *street*
la cuadra *city block*
la dirección *address*
la esquina *corner*
el letrero *sign, billboard*
el puente *bridge*
el semáforo *traffic light*
el tráfico *traffic*
el transporte público *public transportation*

cruzar *to cross*
estar perdido/a *to be lost*
indicar el camino *to give directions*
preguntar el camino *to ask for directions*

Gente

el/la alcalde(sa) *mayor*
el/la ciudadano/a *citizen*
el/la conductor(a) *driver*
la gente *people*
el/la pasajero/a *passenger*
el/la peatón/peatona *pedestrian*
el policía/la mujer policía *policeman/woman*

Actividades

bajar *to go down; to get off (a bus)*
construir *to build*
conversar *to talk*
convivir *to live together; to coexist*
dar un paseo *to take a stroll*
dar una vuelta *to take a walk/ride*
dar una vuelta en bicicleta/carro/motocicleta *to take a bike/car/motorcycle ride*
disfrutar de *to enjoy*
doblar *to turn*
hacer diligencias *to run errands*
parar *to stop*
pasarlo bien/mal *to have a good/bad time*
poblar *to settle; to populate*
quedar *to be located*
quedarse *to stay*
recorrer *to travel (around a city)*
relajarse *to relax*
residir *to reside*
subir *to go up; to get on (a bus)*

la vida nocturna *nightlife*

Para describir

atrasado/a *late*
cotidiano/a *everyday*
inesperado/a *unexpected*
lleno/a *full*
ruidoso/a *noisy*
vacío/a *empty*

Cortometraje

el/la cajero/a *cashier*
el choque *crash*

el/la desconocido/a *stranger*
las facciones *features*
la fila *line*

afligirse *to get upset*
parecerse *to look like*
valorar *to value*

borracho/a *drunk*
ingenuo/a *naïve*
repentino/a *sudden*

Cultura

el bienestar *well-being*
la característica *characteristic*
la costumbre *custom; habit*
el cuidado *care*
el/la habitante *inhabitant*
la influencia *influence*
el matriarcado *matriarchy*
el mito *myth*

acostumbrar *to do as a custom/habit*
conservar *to preserve*
cooperar *to cooperate*
difundir (noticias) *to spread (news)*
permitir *to allow*
significar *to mean*

decidido/a *determined*
justo/a *just, fair*

Literatura

el/la anciano/a *elderly person*
el desamparo *helplessness*
el dolor *pain*
el entierro *burial*
los escombros *rubble*
la ilusión *dream*
la soledad *loneliness*
la ternura *tenderness*

envejecer *to age*
mendigar *to beg*
perdonar *to forgive*
subsistir *to survive*

repleto/a *crowded*

La influencia de los medios

Los medios de comunicación tradicionales compiten hoy con las redes sociales y los blogs. La Internet brinda información e influye en la opinión pública y en nuestra interpretación de la realidad. Pero, ¿quién garantiza nuestra privacidad en un mundo donde la información está a un clic de ratón?

85

89

Destino:
EL CARIBE

CUBA · REPÚBLICA DOMINICANA · PUERTO RICO

PREVIEW Read the text on the previous page together as a class and have students discuss the question in small groups. Ask volunteers from each group to report back to the class, then encourage further debate about the proliferation of the media.

Los medios de comunicación

Los medios

el acontecimiento *event*
la actualidad *current events*
el anuncio *advertisement, commercial*
la censura *censorship*
Internet *Internet*
los medios (de comunicación) *media*
la parcialidad *bias*
la publicidad *advertising*
la radio *radio*
la radioemisora *radio station*
el reportaje *news report*
el sitio web *website*
la temporada *season*

---

enterarse (de) *to become informed (about)*
navegar en la red *to surf the web*

opinar *to express an opinion, to think*
ser parcial *to be biased*
tener buena/mala fama *to have a good/bad reputation*

---

actualizado/a *up-to-date*
destacado/a *prominent*
en directo/vivo *live*
imparcial *impartial, unbiased*
influyente *influential*

Profesionales de los medios

el/la actor/actriz *actor/actress*
el/la cantante *singer*
el/la crítico/a de cine *film critic*
el/la director(a) *director*
la estrella (de cine) *(movie) star (male or female)*
el/la fotógrafo/a *photographer*
el/la locutor(a) de radio *radio announcer*

el/la oyente *listener*
el/la periodista *journalist*
el público *audience, public*
el/la redactor(a) *editor*
el/la reportero/a *reporter*
el/la televidente *television viewer*

El cine y la televisión

la banda sonora *soundtrack*
la cadena *network*
el cine *cinema, movies*
el doblaje *dubbing*
el documental *documentary*
los efectos especiales *special effects*
el estreno *premiere, new movie*
la pantalla *screen*
la película *movie*

VARIACIÓN LÉXICA
Point out that in many regions, **el radio** refers to a radio set, while **la radio** refers to the medium.

el programa de concursos *game show*
el programa de telerrealidad *reality show*
los subtítulos *subtitles*
la telenovela *soap opera*
la transmisión *broadcast*
el video musical *music video*

---

ensayar *to rehearse*
entretener *to entertain*
entrevistar *to interview*
rodar (o:ue) *to shoot (a movie)*
grabar *to record*
transmitir *to broadcast*

La prensa

el horóscopo *horoscope*
la libertad de prensa *freedom of the press*
las noticias locales/internacionales/nacionales *local/international/national news*
el periódico/el diario *newspaper*
la portada *front page, cover*
la prensa (sensacionalista) *(sensationalist) press*
la revista *magazine*
la sección de sociedad *lifestyle section*
la sección deportiva *sports section*
la tira cómica *comic strip*
el titular *headline*

---

investigar *to research; to investigate*
publicar *to publish*
suscribirse (a) *to subscribe (to)*

S Audio: Vocabulary

Práctica

1 In pairs, ask students to come up with two of their own analogies using the new vocabulary.

1 **Analogías** Completa cada analogía con una palabra de la lista.

| actualidad | destacado | imparcial | radio |
| censura | entretener | periodista | sitio web |

1. reportero : reportaje = <u>periodista</u> : periódico
2. noticia internacional : informar = telenovela : <u>entretener</u>
3. televidente : televisión = oyente : <u>radio</u>
4. mentiroso : sincero = parcial : <u>imparcial</u>
5. influyente : importante = <u>destacado</u> : prominente
6. escena : película = <u>sitio web</u> : Internet

2 **Completar** Completa el texto con las palabras correctas de la lista.

2 Have students list a few recent media events, such as awards shows, season premieres, or important news coverage. Then have them poll each other to find out who viewed each event.

acontecimiento	crítico de cine	mala fama	sociedad
anuncios	entrevistó	pantalla	tira cómica
cadena	estrella	sensacionalista	transmitieron

No quería perderme el (1) <u>acontecimiento</u> del año y al final me lo perdí. La (2) <u>estrella</u> de cine asistió al estreno de su última película y una periodista la (3) <u>entrevistó</u>. Fotógrafos de buena y (4) <u>mala fama</u> sacaban fotos para venderlas a la prensa (5) <u>sensacionalista</u>. Algunos reporteros hablaban con un destacado (6) <u>crítico de cine</u> para saber su opinión de la película. El público se entretenía mirando escenas en una (7) <u>pantalla</u> gigante. Varios canales de televisión (8) <u>transmitieron</u> el evento en directo. Al final, no sé qué pasó. ¡Cambié de canal durante los (9) <u>anuncios</u> y me dormí! Mañana voy a leer la sección de (10) <u>sociedad</u> para enterarme de lo que me perdí.

3 **¿Qué opinas tú?** Di si estás de acuerdo con cada afirmación. Después, comparte tus opiniones con un compañero/a.

3 Encourage students to support their opinions with specific examples.

	Sí	No
1. Hoy día es más fácil enterarse de lo que pasa en el mundo.	☐	☐
2. Gracias a los medios de comunicación, la gente tiene menos prejuicios que antes.	☐	☐
3. La libertad de prensa es un mito.	☐	☐
4. La publicidad sólo quiere entretener al público.	☐	☐
5. El objetivo de la prensa sensacionalista es informar.	☐	☐
6. Gracias a Internet, ahora podemos encontrar más información imparcial.	☐	☐
7. La imagen tiene mucho poder en el mundo de la comunicación.	☐	☐
8. Actualmente los reporteros son vendedores de opiniones.	☐	☐
9. Tenemos demasiada información. Es imposible asimilarla toda.	☐	☐
10. El mundo es mejor gracias a los medios de comunicación.	☐	☐

 Practice more at **vhlcentral.com**.

INSTRUCTIONAL RESOURCES
Supersite/DVD: Film Collection
Supersite: Script & Translation

VARIACIÓN LÉXICA
Point out that **un crimen** denotes a serious crime, often involving murder. **Un delito** refers to a lesser infraction.

VARIACIÓN LÉXICA
¿No es cierto? ↔ ¿Verdad que sí?, ¿A que sí?

Preparación **Audio: Vocabulary**

Vocabulario del corto	
apenas *hardly; just*	
el arma *gun*	
el Diablo *the Devil*	
el disparo *shot*	
la encrucijada *crossroads*	
firmar *to sign*	
el pasamontañas *ski mask*	

Vocabulario útil	
adivinar *to guess*	**el fenómeno** *phenomenon*
el alma *soul*	**invocar** *to invoke, to call on*
el ángel *angel*	**los rasgos** *features*
arrepentirse *to regret*	**robar** *to rob*
castigar *to punish*	**el robo** *robbery*
cometer (un delito) *to commit (a crime)*	**la sangre** *blood*
engañar *to deceive, to trick*	**el ser humano** *human being*
la fantasía *fantasy*	**el suceso** *incident*

EXPRESIONES

¿Cómo que…? *What do you mean…?*

en lo que respecta a… *with respect to…*

¿no es cierto? *am I right?, isn't that right?*

1

Emparejar Elige la palabra de la columna B que corresponde a la definición de la columna A.

A		B
_h_ 1. llevarse algo contra la voluntad del dueño		a. adivinar
_d_ 2. llamar a algo o a alguien		b. apenas
_i_ 3. líquido que corre por las venas		c. arma
_c_ 4. instrumento capaz de lastimar a otra persona		d. invocar
_f_ 5. punto donde dos caminos se cruzan		e. disparo
_a_ 6. dar una respuesta sin estar seguro/a de ella		f. encrucijada
_g_ 7. artículo que cubre toda la cabeza hasta el cuello		g. pasamontañas
_e_ 8. descarga de un arma de fuego		h. robar
		i. sangre
		j. suceso

2 Divide the class into two teams. Have students read their descriptions to the class to see which team can guess the most movie titles.

3 Call on students to share their partners' responses. Encourage them to comment on differences of opinion and to defend their personal beliefs.

2

Vocabulario Usa el vocabulario de esta página para escribir el argumento de una película que hayas visto. Después, léeselo a tu compañero/a, quien te hará preguntas para adivinar el título.

3

Preparación En parejas, contesten las preguntas.

1. ¿Conocen alguna historia en la que alguien le vende su alma al Diablo? ¿Cuál? ¿Qué tipo de obra es (novela, película, etc.)?

2. El tema de venderle el alma al Diablo es muy antiguo y frecuente en la cultura occidental (*Western*). ¿Por qué creen que es tan popular?

3. ¿Creen que las malas acciones se castigan de alguna forma? Expliquen.

4 **Fotogramas** Observa los fotogramas e imagina lo que va a ocurrir en el cortometraje.

1.

2.

3.

4.

5 **Tres deseos** En parejas, imaginen que hace diez años le pidieron tres deseos a un ser fantástico. Después, imaginen que hoy pueden pedirle tres más. ¿Son los mismos? ¿Por qué? Escriban sus deseos y compartan sus conclusiones con la clase.

	Hace 10 años	Hoy
Deseo 1		
Deseo 2		
Deseo 3		

6 **Y ahora, ¿qué?** Trabajen con la misma persona de la actividad anterior. Imaginen que el ser fantástico les concedió los tres últimos deseos que pidieron y contesten las preguntas.

1. ¿Cómo se sienten? ¿Son más felices? ¿Por qué?

2. ¿Cómo han cambiado sus vidas?

3. ¿Han cambiado sus relaciones con sus familias y amigos? ¿Cómo? ¿Por qué?

7 **Opiniones** En grupos de tres, lean las citas y expresen sus opiniones. Escriban sus comentarios y después compártanlos con la clase.

1. "Quienes creen que el dinero lo hace todo, terminan haciendo todo por dinero." *Voltaire*

2. "La riqueza consiste mucho más en el disfrute (*enjoyment*) que en la posesión." *Aristóteles*

3. "La felicidad (*happiness*) es darse cuenta de (*realizing*) que nada es demasiado importante." *Antonio Gala*

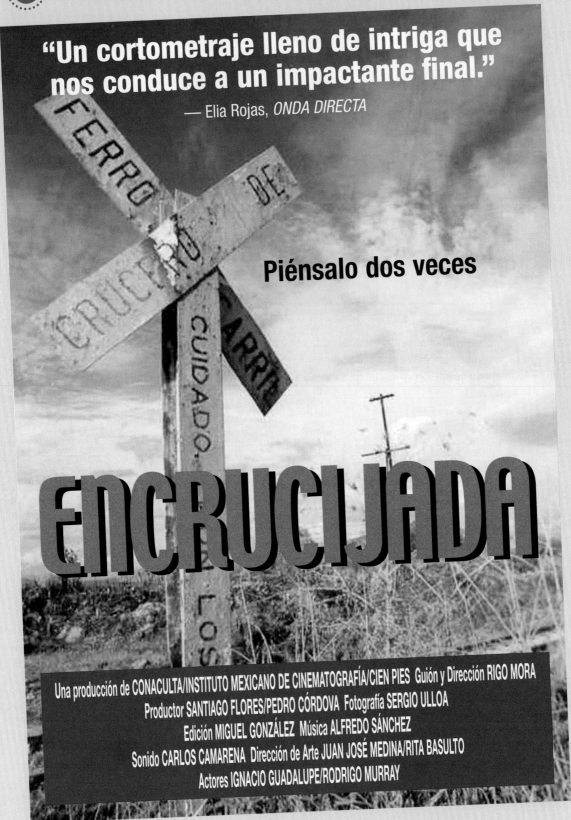

"Un cortometraje lleno de intriga que nos conduce a un impactante final."

— Elia Rojas, *ONDA DIRECTA*

Piénsalo dos veces

ENCRUCIJADA

Una producción de CONACULTA/INSTITUTO MEXICANO DE CINEMATOGRAFÍA/CIEN PIES Guión y Dirección RIGO MORA
Productor SANTIAGO FLORES/PEDRO CÓRDOVA Fotografía SERGIO ULLOA
Edición MIGUEL GONZÁLEZ Música ALFREDO SÁNCHEZ
Sonido CARLOS CAMARENA Dirección de Arte JUAN JOSÉ MEDINA/RITA BASULTO
Actores IGNACIO GUADALUPE/RODRIGO MURRAY

ARGUMENTO *Un hombre desesperado invoca al Diablo.*

(El hombre está invocando al Diablo.)

DIABLO ¿Cómo que te vas? Si apenas voy llegando. Yo sólo vine porque tú me llamaste. Porque tú me llamaste, ¿no es cierto? Necesitas dinero, ¿no?
HOMBRE Sí, creo que sí…

DIABLO *(señalando su carro)* Súbete. Voy a llevarte a un sitio donde hay mucho, pero mucho dinero.
(Se marchan en el carro. El Diablo estaciona en frente de un banco.)

DIABLO Ya llegamos.
HOMBRE ¿Aquí?
DIABLO *(suspirando con resignación)* ¡Ay! ¿Dónde más? Vamos. Toma, ponte esto.
(Le entrega un pasamontañas.) Toma.
(Le entrega un arma de fuego.)

HOMBRE ¿Qué vamos a hacer?
DIABLO ¿No quieres dinero?
HOMBRE ¿Tú no te cubres?
DIABLO ¿Por quién me tomas? Sígueme.
(Entran al banco. Se oyen unos disparos. Salen el hombre y el Diablo.)

DIABLO *(entregándole el dinero al hombre)*
Ten, misión cumplida.

PREVIEW Ask students to read the dialogue aloud with a partner. Then have them write down three questions they hope to answer while viewing the film. Write down several of their questions on the board and ask volunteers to guess the answers.

TEACHING OPTION While viewing, pause the film at each of the scenes pictured in **Actividad 4, p. 83**. Have students compare their predictions with what happens in the film. Ex: **¿Quiénes adivinaron lo que iba a ocurrir en el cortometraje? ¿Están sorprendidos?**

TEACHING OPTION After viewing the film, have students work with their partner from the Preview activity to answer their list of questions, as well as the questions on the board. Discuss as a class.

Análisis

1

Comprensión Contesta las preguntas.

1. ¿Quién es el personaje que maneja el carro? El personaje que maneja el carro es el Diablo.

2. ¿Qué quiere el hombre desesperado? El hombre desesperado quiere dinero.

3. ¿Adónde lo lleva el Diablo para ayudarlo? El Diablo lo lleva al banco.

4. ¿Qué hacen dentro del banco? Roban dinero.

5. ¿Qué tiene que firmar el hombre después del robo? Tiene que firmar un contrato.

6. ¿Cómo lo engañó el Diablo? En la imagen de la televisión el Diablo tiene la cara del hombre.

2 Ask students to study both the foreground and the background of the video still. Refer them to the **Nota cultural** on **p. 85** and ask them to comment on the significance of the portrait.

2

Interpretar Contesta las preguntas.

1. ¿Por qué se titula *Encrucijada* este cortometraje?

2. ¿Por qué el Diablo no se cubre la cara con un pasamontañas?

3. ¿Por qué el Diablo hace que el hombre firme un contrato con su sangre?

4. ¿Qué obtiene el Diablo por ayudar al hombre?

5. ¿Por qué la familia del hombre está tan seria cuando él llega?

6. Mira el fotograma. ¿Cuál es la importancia de esta escena en el desarrollo de la historia?

3 Have pairs answer the questions by creating the background and follow-up stories. Remind them to provide as much information as possible about the characters' lives and to use details from the short film to justify their stories.

3

Antes y después En parejas, imaginen qué pasó en la vida del hombre antes y después de robar el banco.

- ¿Cuál es su situación al principio del corto?
- ¿Por qué decide pedir ayuda al Diablo?
- ¿Para qué necesita tanto dinero?
- ¿Qué le pasó después de robar el banco?
- ¿Lo atrapó la policía o consiguió escapar?
- ¿Cómo reaccionó su familia?
- ¿Qué hizo con el dinero?
- ¿Se arrepintió de su decisión?
- ¿Cómo fue su vida después del robo?

4 Encourage class discussion of images and beliefs about angelic and demonic creatures. Ex: **¿Qué diferencias hay entre las creencias de culturas y religiones diferentes? ¿Cómo han cambiado estas imágenes a través de la historia?**

4

El Diablo En parejas, primero describan brevemente al Diablo del cortometraje. Después, contesten estas preguntas.

1. ¿Es diferente del Diablo que ustedes se imaginaban? ¿Cuáles son las diferencias?

2. ¿Por qué creen que el director eligió presentarlo así?

3. ¿Cómo representarían ustedes al Diablo? ¿Por qué?

5 **Otro deseo** Imaginen que el hombre no desea pedirle dinero al Diablo, sino una de las cosas de esta lista. En parejas, elijan una de ellas y escriban un diálogo.

- conseguir a la mujer amada
- ser más joven
- ser presidente del país
- ser un actor famoso
- otro deseo que se imaginen ustedes

5 As a variant, divide the class into five groups and assign each one a different scenario. Then have volunteers from each group perform their dialogues for the class. Encourage students to add new characters as needed.

6 **¿Qué harían?** Trabajen en grupos para discutir las siguientes situaciones. Después compartan sus ideas con la clase.

1. Imaginen que están pasando por una situación desesperada. ¿Cómo la solucionan? ¿Consideran vender su alma al Diablo? ¿Por qué?

2. Imaginen que necesitan conseguir mucho dinero en 24 horas. ¿Qué opciones consideran? ¿Cuál escogen? ¿Por qué?

7 **Diálogo** En parejas, elijan una de las situaciones e improvisen un diálogo. Utilicen al menos seis palabras o expresiones de la lista. Después, represéntenlo delante de la clase.

alma	disparo	robar
arma	engañar	robo
castigar	fantasía	sangre
cometer un delito	firmar	ser humano
convocar	pasamontañas	suceso

A

Una persona que necesita mucho dinero va paseando por la calle y se le aparece el Diablo para convencerla de que tiene que robar un banco.

B

Un(a) criminal va a robar el dinero de un banco y un ángel se le presenta y lo/la tiene que convencer para que no lo robe.

7 Have students share everyday situations in which they must resist temptation and/or choose between right and wrong. Ask them how often they choose one over the other and how they arrive at the decision.

TEACHING OPTION As a follow-up writing and/ or discussion topic, have students respond to the following questions: **¿Te has encontrado en algún tipo de "encrucijada"? ¿Qué hiciste y por qué? ¿Harías lo mismo otra vez?**

 Practice more at **vhlcentral.com.**

INSTRUCTIONAL RESOURCES Supersite: Flash Cultura; Script & Translation; Teaching suggestions; **SAM/WebSAM: WB**

IMAGINA

 En **vhlcentral.com** encontrarás más información y actividades relacionadas con esta sección.

¡Ecos de piratas y bucaneros!

Septiembre de 1564. Unos pasos que provienen del acantilado[1] se dirigen al corazón de la ciudad amurallada[2]. Las sombras[3], apenas perceptibles en la oscuridad, se comunican sin necesidad de hablar: acaban de encontrar la casa que buscaban. Los habitantes de la gran mansión no van a saber lo que ocurre, pero se darán cuenta de que alguien les está apuntando con un arma. Los piratas han entrado de nuevo en **San Juan**.

Esta escena, que parece extraída de un libro de aventuras, era, sin embargo, la realidad para los habitantes de las islas caribeñas de la época. Desde principios del siglo XVI hasta bien entrado el siglo XVIII, el **Caribe** español sufrió continuos ataques piratas. Los barcos, llenos del oro[4] y la plata[5] que se extraían de las tierras colonizadas, seguían esta ruta. Esto convirtió la zona en gran atractivo para los que buscaban la riqueza rápida a cualquier precio y sin considerar los métodos que tenían que usar para conseguirla.

El **mar Caribe** era el escenario donde se desarrollaba la política internacional de la época. **España** tenía bajo su dominio las **Indias Occidentales**,

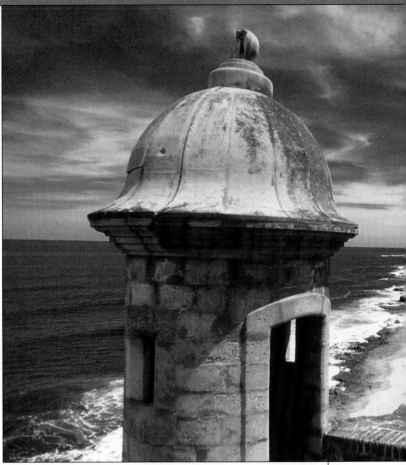

Castillo de San Cristóbal en San Juan, Puerto Rico

una hegemonía que países como **Francia** e **Inglaterra** querían arrebatarle[6] a toda costa. Para ello, los gobiernos de estos países financiaban los ataques piratas a las ciudades y barcos españoles.

Los colonizadores españoles, con el fin de proteger las enormes riquezas en oro, plata y piedras preciosas, construyeron fuertes en todo el Caribe: en **La Habana**, en **Santo Domingo** y en **San Juan**. Estas ciudades-fortaleza[7] fueron el centro vital de las Indias Occidentales por casi cuatro siglos. Sus iglesias y ayuntamientos[8] ya habían existido más de cien años antes de la llegada de los primeros colonos ingleses a tierras norteamericanas. Sus calles vieron pasar a todos los aventureros, conquistadores, bucaneros y comerciantes de esclavos que vivían en esa época.

Estas tres capitales del Caribe están además entre las ciudades más antiguas del Nuevo Mundo fundadas por los europeos. Los barrios coloniales de **La Habana Vieja**, **Ciudad Colonial** y el **Viejo San Juan** han sido declarados Patrimonio Mundial[9] de la Humanidad por la **UNESCO** por su valor histórico.

1 *cliff* 2 *walled* 3 *shadows* 4 *gold* 5 *silver* 6 *snatch* 7 *fortified cities* 8 *city halls* 9 *World Heritage*

EL CARIBE

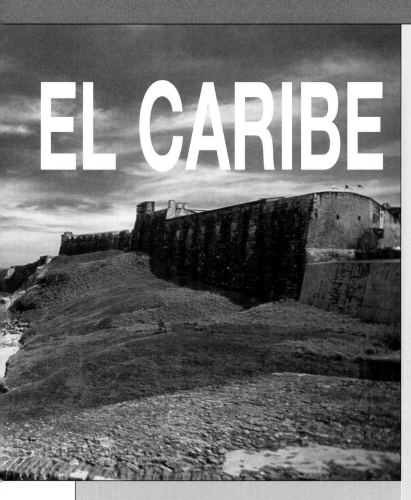

El español del Caribe

ahorita	dentro de poco; *soon* (Cu., P.R., R.D.)
amarillo	plátano maduro; *ripe banana* (R.D., P.R.)
boricua	puertorriqueño/a; *Puerto Rican* (P.R.)
cacata	araña; *spider* (R.D.)
chavos	dinero; *money* (P.R.)
china	naranja; *orange* (P.R.)
embullar	animar; *to encourage* (Cu.)
enfogonado/a	enojado/a; *angry* (P.R.)
espejuelos	gafas; *glasses* (Cu.)
guagua	autobús; *bus* (Cu., P.R., R.D.); *SUV, truck* (P.R.)
guapo/a	valiente; *brave* (Cu., R.D.)
guiar	manejar; *to drive* (P.R.)
halar	tirar; *to pull* (Cu.)
jaba	bolsa; *bag* (Cu.)
juaniquiqui	dinero; *money* (Cu.)
lechosa	papaya (R.D.)
mahones	*jeans* (P.R.)
mata	árbol; *tree* (Cu., R.D.)
¿Qué volá?	¿Qué pasa?; *What's up?* (Cu.)
radiobemba	chismoso/a; *gossipy* (Cu.)
socio/a	amigo/a; *friend, buddy* (Cu.)
timón	volante; *steering wheel* (Cu.)

¡Visitemos las ciudades coloniales!

La Bodeguita del Medio
Muy cerca de la **Catedral de La Habana**, en **La Habana Vieja**, está este famoso restaurante frecuentado por muchos turistas de todo el mundo. Es célebre por su comida cubana típica y por sus mojitos, la popular bebida de la isla. Este lugar ha recibido a personalidades internacionales tales como **Pablo Neruda**, **Gabriela Mistral**, **Julio Cortázar**, **Nat King Cole** y **Gabriel García Márquez**, entre otros. También era el sitio favorito de **Ernest Hemingway**, quien pasaba horas allí bebiendo café y conversando con sus amigos.

Mercado Modelo En plena **Ciudad Colonial** en **Santo Domingo**, este tradicional mercado es conocido por la simpatía de sus vendedores, quienes ofrecen su mercancía[1] en voz muy alta. La variedad de sus productos convierten al **Mercado Modelo** en una muestra

viviente de la cultura dominicana. Aquí se pueden conseguir desde perfumes y flores hasta amuletos e imágenes de santos.

Calle San Sebastián El **Viejo San Juan** cobra vida[2] durante la noche como pocos lugares en **Puerto Rico**, mostrando sus encantos culturales en una combinación de música en vivo, excelentes restaurantes e innumerables sitios para bailar. La zona más famosa es la **calle San Sebastián**. Personas de todas las edades acuden a sus tabernas y cantinas hasta altas horas de la madrugada.

La Mallorquina es el restaurante más antiguo y famoso del **Viejo San Juan**. Fue fundado en 1848 y desde 1936 funciona como negocio familiar. Desde entonces hasta hoy, su menú sigue contando con múltiples platos típicos de la cocina tradicional española,

tales como la paella y el gazpacho. Este restaurante ha servido sus deliciosos platos a personalidades del mundo de las artes y la cultura como **Brooke Shields**, **Nick Nolte**, **Orson Welles** y **Marc Anthony**.

[1] *merchandise* [2] *comes to life*

GALERÍA DE CREADORES

Pass out José Martí's famous poem *Yo soy un hombre sincero*, from *Versos sencillos*. Discuss the significance of the first two lines, the poet's attitude toward art, and his importance in Cuba's political history.

LITERATURA **Rosario Ferré**

La conocida escritora puertorriqueña Rosario Ferré ha escrito cuentos, novelas, poemas, ensayos, biografías y artículos periodísticos. Uno de sus temas centrales es la lucha de la mujer en un mundo dominado y definido por los hombres. Su primer libro, la colección de cuentos *Papeles de Pandora* (1976), recibió premios nacionales e internacionales. Ferré escribe tanto en español como en inglés. También es autora de *Maldito amor*, *La casa de la laguna*, *Las dos Venecias* y *Eccentric Neighborhoods*, entre otras obras.

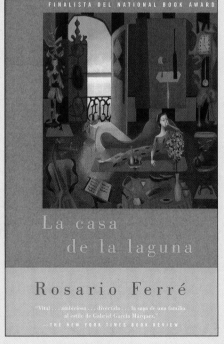

FINALISTA DEL NATIONAL BOOK AWARD

La casa de la laguna

Rosario Ferré

"Vital... ambiciosa... divertida... la saga de una familia al estilo de Gabriel García Márquez."
—THE NEW YORK TIMES BOOK REVIEW

PINTURA **Wifredo Lam**

El arte del pintor cubano Wifredo Lam es, como él, fruto de un sincretismo (*fusion*) de culturas. De padre chino y madre de descendencia europea, africana e india, Lam fue influyente en el arte del siglo XX. El arte africano y el arte primitivo fueron especialmente importantes en sus creaciones surrealistas. Trabajó varios años con Pablo Picasso en París y fue amigo de los mexicanos Frida Kahlo y Diego Rivera. Aquí vemos una pieza que se titula *Vegetación tropical*.

LITERATURA **Julia de Burgos**

Aunque vivió sólo 39 años, Julia de Burgos se destacó (*stood out*) como poeta ilustre no sólo en Puerto Rico, sino también en el resto de Latinoamérica. Sus poemas incluyen elementos caribeños, apasionados temas amorosos y fuertes cuestionamientos feministas. Sus obras incluyen *Poema en veinte surcos*, *Canción de la verdad sencilla* y *El mar y tú*, entre otras.

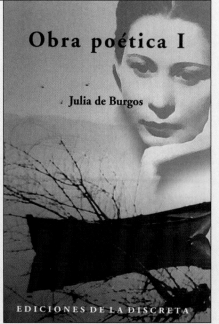

Pass out poems by Rosario Ferré and Julia de Burgos and ask students to compare these poets' approaches to feminist themes.

Have a volunteer bring in photos from Oscar de la Renta's most recent collection. In small groups, ask students to compare his style to that of Narciso Rodríguez (**Lección 1, p. 14**).

DISEÑO Y MODA **Óscar de la Renta**

Cuando las primeras damas de los Estados Unidos, como Nancy Reagan, Hillary Clinton y Laura Bush, necesitaban un vestido para una ocasión especial, llamaban a Óscar de la Renta. En Hollywood, actrices como Penélope Cruz, Sandra Bullock y Tina Fey visten sus creaciones. Desde los años 60, este diseñador dominicano ha sido una verdadera institución en el mundo de la moda. Sin embargo, aunque trabaja principalmente en su elegante estudio en Nueva York, de la Renta nunca ha olvidado sus orígenes. Todavía tiene una casa en la República Dominicana y ha ayudado a crear una escuela y guardería para 1.200 niños en su país natal.

⊘ **CONEXIÓN INTERNET**
Investiga y aprende sobre otros creadores de la región en **vhlcentral.com**.

¿Qué aprendiste?

Cierto o falso Indica si estas afirmaciones son ciertas o falsas. Corrige las falsas.

1. Los piratas atacaban las ciudades y los barcos en el Caribe para robar joyas traídas de España. Falso. Lo hacían para robar oro y plata de las tierras colonizadas.

2. Los gobiernos locales financiaban los ataques piratas. Falso. Los gobiernos de países como Francia e Inglaterra financiaban los ataques piratas.

3. El Caribe contaba con ciudades organizadas más de cien años antes de la llegada de los europeos a Norteamérica. Cierto.

4. Óscar de la Renta ha ayudado a crear una escuela y guardería para niños en la República Dominicana. Cierto.

5. Célebres personalidades han visitado el restaurante La Bodeguita del Medio en La Habana Vieja. Cierto.

6. Wifredo Lam no quiso conocer a otros artistas de su época. Falso. Trabajó con Pablo Picasso y fue amigo de Frida Kahlo y Diego Rivera.

Preguntas Contesta las preguntas.

1. ¿Qué buscaban los piratas ingleses y franceses en el Caribe? Buscaban el oro y la plata que los españoles extraían de los territorios colonizados.

2. ¿Qué elementos y temas se encuentran en la poesía de Julia de Burgos? Se encuentran elementos caribeños y temas amorosos y feministas.

3. ¿Qué dos ingredientes convierten al Mercado Modelo en una muestra de la cultura dominicana? La simpatía de sus vendedores y la variedad de sus productos.

4. ¿De qué país son los platos típicos que ofrece el menú de La Mallorquina? ¿Cuáles son dos de los más conocidos? Son de España. La paella y el gazpacho son dos de los más conocidos.

5. ¿Qué artista de la Galería te interesa más? ¿Por qué? Answers will vary.

PROYECTO

Aventuras en el Caribe

Imagina que eres un(a) explorador(a) o pirata en el Caribe del siglo XVI. Investiga la información que necesites en Internet para escribir una entrada en tu diario explicando lo que sucedió durante el pasado mes.

- Inventa tu aventura y añade todos los detalles: ¿qué lugares visitaste?, ¿qué problemas tuviste?, ¿qué personas/peligros encontraste?, etc.

- Dibuja un mapa con las rutas de ese mes.

- Escribe la entrada en tu diario y preséntala a la clase.

 MINIPRUEBA

Completa las oraciones con la información correcta y demuestra lo que aprendiste sobre el Caribe.

1. La escritora puertorriqueña Rosario Ferré escribe tanto en español como en _____.
   a. francés   (b.) inglés   c. portugués

2. Los ataques piratas estaban _____ por los gobiernos de Inglaterra y Francia.
   a. bloqueados   b. colonizados   (c.) financiados

3. Los colonizadores españoles construyeron _____ en las tres principales ciudades del Caribe para proteger sus riquezas de los ataques piratas. Por eso, estas ciudades se conocían como ciudades _____.
   a. murallas; amuralladas   b. colonias; colonizadas
   (c.) fuertes; fortaleza

4. Cuando no quieren caminar, los boricuas toman la _____.
   a. china   b. ananá   (c.) guagua

5. El escritor norteamericano que pasaba horas en la Bodeguita del Medio era _____.
   (a.) Ernest Hemingway   b. John Steinbeck
   c. Mark Twain

6. El Mercado Modelo de Santo Domingo está en la histórica _____.
   a. Habana Vieja   (b.) Ciudad Colonial
   c. Mallorquina

7. La calle San Sebastián se ha convertido en un importante centro _____ puertorriqueño.
   a. industrial   b. religioso   (c.) cultural

8. Las puertas de La Mallorquina están _____ al público desde 1848.
   a. cerradas   (b.) abiertas   c. amuralladas

9. En Cuba, las personas que no ven bien llevan _____.
   a. chavos   b. mahones   (c.) espejuelos

10. Wifredo Lam tiene varios orígenes culturales, pero el _____ no es uno de ellos.
    (a.) árabe   b. chino   c. indio

11. Óscar de la Renta es una institución en el mundo de la moda desde los años _____.
    (a.) 60   b. 50   c. 80

El cine mexicano

 Video

Aunque hoy en día sólo sea una forma de entretenimiento, el cine es el primer gran medio de comunicación de masas de la historia. Este episodio de **Flash Cultura** trata sobre los orígenes del cine mexicano y sobre el gran desarrollo que ha experimentado durante los últimos años.

Vocabulario

el auge *boom, peak*
el ciclo *series*
difundir *to spread*
fomentar *to promote*
el guión *script*
la muestra *festival*
la sala *movie theater*
tener un papel *to play a role*

Preparación ¿Te gusta ir al cine? ¿Qué clase de películas prefieres ver? ¿Eres aficionado/a a algún género en especial?

Comprensión Indica si estas afirmaciones son ciertas o falsas. Después, corrige las falsas.

1. A los mexicanos no les gustan las películas nacionales, sino solamente las norteamericanas. Falso. A los mexicanos les gustan las películas nacionales y también las norteamericanas.

2. La Cineteca es una cadena de cines con salas en todo el país. Falso. La Cineteca es una espacio específico para los amantes del Séptimo Arte.

3. Cuando van al cine, los mexicanos comen palomitas. Cierto.

4. En los ciclos, se presentan películas de un solo tema o un solo director. Cierto.

5. El Instituto Mexicano de Cinematografía tiene como objetivo hacer famosos a los actores mexicanos. Falso. Tiene como objetivo fomentar la producción de películas mexicanas, realizar coproducciones con otros países y apoyar la promoción del cine de México en todo el mundo.

6. En el año 1989, el cine mexicano no tenía salas ni público en México. Cierto.

Expansión En parejas, contesten estas preguntas.

- ¿Te molesta tener que leer subtítulos en la pantalla cuando miras películas extranjeras?

- ¿Te sorprende que una película pueda ser un "hijo creativo", como dice la actriz Vanesa Bauche? Justifica tu respuesta.

- ¿Es importante para el cine de un país tener identidad propia? ¿Cómo se logra eso? Piensen en películas estadounidenses que cumplan con esas características y hagan una lista.

Corresponsal: Carlos López
País: México

En la Muestra Internacional de Cine que se lleva a cabo° en otoño se presentan películas de todo el mundo.

La Cineteca cuenta con° el Centro de Documentación e Investigación, donde puedes encontrar 9 mil libros, 5 mil guiones inéditos° y 20 años de notas de prensa.

Babel (2006)
dir. Alejandro Gonzáles Iñárritu

Las películas de este país se han vuelto realmente importantes gracias al trabajo de… actores y actrices como Salma Hayek, Gael García Bernal y Diego Luna, entre muchos otros.

se lleva a cabo *takes place* **cuenta con** *has*
guiones inéditos *unpublished scripts*

 Practice more at **vhlcentral.com.**

3.1

The subjunctive in noun clauses

Forms of the present subjunctive

TALLER DE CONSULTA

These grammar topics are covered in the **Manual de gramática, Lección 3.**

3.4 Possessive adjectives and pronouns, p. 386
3.5 Demonstrative adjectives and pronouns, p. 388

- The subjunctive (**el subjuntivo**) is used mainly in the subordinate clause of multiple-clause sentences to express will, influence, emotion, doubt, or denial. The present subjunctive is formed by dropping the **–o** from the **yo** form of the present indicative and adding these endings:

The present subjunctive

hablar	comer	escribir
hable	coma	escriba
hables	comas	escribas
hable	coma	escriba
hablemos	comamos	escribamos
habléis	comáis	escribáis
hablen	coman	escriban

¡ATENCIÓN!

The *indicative* is used to express actions, states, or facts the speaker considers to be certain. The *subjunctive* expresses the speaker's attitude toward events, as well as actions or states that the speaker views as uncertain.

- Verbs with irregular **yo** forms show that same irregularity in all forms of the present subjunctive.

conocer	conozca	seguir	siga
decir	diga	tener	tenga
hacer	haga	traer	traiga
oír	oiga	venir	venga
poner	ponga	ver	vea

INSTRUCTIONAL RESOURCES
Supersite: Audioscripts, SAM AK, Lab MP3s
SAM/WebSAM: WB, LM

- Verbs with stem changes in the present indicative show the same changes in the present subjunctive. Stem-changing **–ir** verbs also undergo a stem change in the **nosotros/as** and **vosotros/as** forms of the present subjunctive.

¡ATENCIÓN!

Verbs that end in **–car, –gar,** and **–zar** undergo spelling changes in the present subjunctive.

sacar: saque

jugar: juegue

almorzar: almuerce

pensar (e:ie)	piense, pienses, piense, pensemos, penséis, piensen
jugar (u:ue)	juegue, juegues, juegue, juguemos, juguéis, jueguen
mostrar (o:ue)	muestre, muestres, muestre, mostremos, mostréis, muestren
entender (e:ie)	entienda, entiendas, entienda, entendamos, entendáis, entiendan
resolver (o:ue)	resuelva, resuelvas, resuelva, resolvamos, resolváis, resuelvan
pedir (e:i/i)	pida, pidas, pida, pidamos, pidáis, pidan
sentir (e:ie/i)	sienta, sientas, sienta, sintamos, sintáis, sientan
dormir (e:ue/u)	duerma, duermas, duerma, durmamos, durmáis, duerman

To preview the material, write three sentences on the board that take the subjunctive. (Use regular **–ar, –er,** and **–ir** verbs.) Have volunteers identify the verb forms. Ask how the endings differ from indicative endings. (The **yo** form is the same as the **Ud./él/ ella** form; the vowels in the verb endings switch roles: **a** marks the subjunctive in **–er/–ir** verbs and **e** marks it in the **–ar** group).

- The following five verbs are irregular in the present subjunctive.

dar	dé, des, dé, demos, deis, den
estar	esté, estés, esté, estemos, estéis, estén
ir	vaya, vayas, vaya, vayamos, vayáis, vayan
saber	sepa, sepas, sepa, sepamos, sepáis, sepan
ser	sea, seas, sea, seamos, seáis, sean

Verbs of will and influence

- A clause is a sequence of words that contains both a conjugated verb and a subject (expressed or implied). In a subordinate (dependent) noun clause (**oración subordinada sustantiva**), the words in the sequence function together as a noun.

*El hombre le pide al Diablo **que lo ayude**.*

- When the subject of a sentence's main (independent) clause exerts influence or will on the subject of the subordinate clause, the verb in the subordinate clause takes the subjunctive.

MAIN CLAUSE	CONNECTOR	SUBORDINATE CLAUSE
Yo quiero	que	tú vayas al cine conmigo.

Verbs and expressions of will and influence

aconsejar *to advise*	**hacer** *to make*	**prohibir** *to prohibit*
desear *to desire,* *to wish*	**importar** *to be important*	**proponer** *to propose*
es importante *it's important*	**insistir (en)** *to insist (on)*	**querer (e:ie)** *to want;* *to wish*
es necesario *it's necessary*	**mandar** *to order*	**recomendar (e:ie)** *to recommend*
es urgente *it's urgent*	**necesitar** *to need*	**rogar (o:ue)** *to beg; to plead*
exigir *to demand*	**oponerse a** *to oppose;* *to object to*	**sugerir (e:ie/i)** *to suggest*
gustar *to like;* *to be pleasing*	**pedir (e:i/i)** *to ask for;* *to request*	
	preferir (e:ie/i) *to prefer*	

Martín quiere que **grabemos** este anuncio para el viernes.
Martín wants us to record this ad by Friday.

El abogado recomienda que **lea** el contrato antes de firmar.
The lawyer recommends that I read the contract before signing.

Es necesario que **lleguen** al estreno antes de la una.
It's necessary that they arrive at the premiere before one o'clock.

Tus padres se oponen a que **salgas** tan tarde por la noche.
Your parents object to your going out so late at night.

- The infinitive, not the subjunctive, is used with verbs and expressions of will and influence if there is no change of subject in the sentence. The **que** is unnecessary in this case.

Infinitive	Subjunctive
Quiero ir al Caribe en enero.	**Prefiero que vayas en marzo.**
I want to go to the Caribbean in January.	*I prefer that you go in March.*

Write a sentence on the board using **querer** and a noun object. Below it, write a second sentence in which a subordinate noun clause replaces the noun. Have students point out the parallel structures. Ex: **Quieren una nueva locutora.** **Quieren que ella empiece pronto.**

Pedir is used with the subjunctive to ask someone to do something.

Preguntar is used to ask questions, and is not followed by the subjunctive.

No te pido que lo hagas ahora.
I'm not asking you to do it now.

No te pregunto si lo haces ahora.
I'm not asking you if you're doing it now.

Remind students that impersonal expressions are followed by the infinitive unless a subject is introduced in the dependent clause. Ex: **Es importante sacar buenas notas./Es importante que tú saques buenas notas.**

Verbs of emotion

- When the main clause expresses an emotion like hope, fear, joy, pity, or surprise, the verb in the subordinate clause must be in the subjunctive if its subject is different from that of the main clause.

Espero que la película **tenga** subtítulos.
I hope the movie will have subtitles.

Es una lástima que no **puedas** ir a la fiesta.
It's a shame you can't go to the party.

Verbs and expressions of emotion

alegrarse (de) *to be happy (about)*	**es terrible** *it's terrible*	**molestar** *to bother*
es bueno *it's good*	**es una lástima** *it's a shame*	**sentir (e:ie/i)** *to be sorry; to regret*
es extraño *it's strange*	**es una pena** *it's a pity*	**sorprender** *to surprise*
es malo *it's bad*	**esperar** *to hope; to wish*	**temer** *to fear*
es mejor *it's better*	**gustar** *to like; to be pleasing*	**tener (e:ie) miedo (de)** *to be afraid (of)*
es ridículo *it's ridiculous*		

- The infinitive, not the subjunctive, is used with verbs and expressions of emotion if there is no change of subject in the sentence. The **que** is unnecessary in this case.

Infinitive

No me gusta llegar tarde.
I don't like to arrive late.

Subjunctive

Me molesta que la clase no termine a tiempo.
It bothers me that the class doesn't end on time.

Verbs of doubt or denial

- When the main clause implies doubt, uncertainty, or denial, the verb in the subordinate clause must be in the subjunctive if its subject is different from that of the main clause.

No creo que ella nos **quiera** engañar.
I don't think that she wants to deceive us.

Dudan que la novela **tenga** éxito.
They doubt that the novel will be successful.

Verbs and expressions of doubt and denial

dudar *to doubt*	**negar (e:ie)** *to deny*
es imposible *it's impossible*	**no creer** *not to believe*
es improbable *it's improbable*	**no es evidente** *it's not evident*
es poco cierto/seguro *it's uncertain*	**no es cierto/seguro** *it's not certain*
(no) es posible *it's (not) possible*	**no es verdad** *it's not true*
(no) es probable *it's (not) probable*	**no estar seguro (de)** *not to be sure (of)*

- The infinitive, not the subjunctive, is used with verbs and expressions of doubt or denial if there is no change in the subject of the sentence. The **que** is unnecessary in this case.

Es imposible **rodar** sin los permisos.
It's impossible to shoot the movie without the permits.

Es improbable que **rueden** sin los permisos.
It's unlikely that they'll shoot the movie without the permits.

Práctica

Seleccionar Escoge el infinitivo, el indicativo o el subjuntivo para completar las oraciones.

1. Me gusta (escuchar / escuche) merengue y salsa.
2. Quiero que me (compras / compres) un disco compacto de Milly Quesada.
3. Es una pena que no (hay / haya) más conciertos de merengue en nuestra ciudad.
4. No dudo que en el futuro (van / vayan) a tocar merengue en las discotecas locales.
5. Espero que mis amigos y yo (viajamos / viajemos) a Santo Domingo este verano.

Terco Usa el subjuntivo o el indicativo para completar este diálogo entre un actor terco (*stubborn*) y su director.

DIRECTOR Mira, yo sé que (1) _____estás_____ (estar) muy ocupado, pero es muy importante que mañana (2) _____vayas_____ (ir) al estreno de la película.

VICENTE Ya te he dicho que no quiero que (3) _____insistas_____ (insistir). Prefiero que me (4) _____desees_____ (desear) un buen viaje. Me voy de fin de semana a Santo Domingo.

DIRECTOR Pero Vicente, necesitamos que (5) _____hables_____ (hablar) con los periodistas y que (6) _____saludes_____ (saludar) al público.

VICENTE No creo que los periodistas (7) _____quieran_____ (querer) entrevistarme.

DIRECTOR Pues sí. Ellos desean que tú (8) _____seas_____ (ser) más cooperativo.

VICENTE Honestamente, me molesta que nosotros (9) _____sigamos_____ (seguir) hablando de esto. ¡Adiós!

Opuestas Escribe la oración que expresa lo opuesto en cada ocasión.

> **Modelo** **Es poco seguro que este actor sepa actuar bien.**
> Es seguro que este actor sabe actuar bien.

1. El director cree que los periodistas van a hablar con el presidente. El director no cree que los periodistas vayan a hablar con el presidente.
2. Niegas que el director les dé buenas instrucciones a sus actores. No niegas que el director les da buenas instrucciones a sus actores.
3. Estamos seguros de que la mayoría del público lee la noticia. No estamos seguros de que la mayoría del público lea la noticia.
4. Es verdad que la banda sonora es de los años ochenta. No es verdad que la banda sonora sea de los años ochenta.
5. No es evidente que esa actriz escuche música en español. Es evidente que esa actriz escucha música en español.

Nota CULTURAL

Aunque el **merengue** se baila en la **República Dominicana** desde mediados del siglo XIX, su origen es, aún hoy día, un enigma. Según una de las muchas explicaciones que existen, el merengue deriva de la **upa**, ritmo cubano con una parte llamada precisamente merengue. De lo que no hay duda es de sus raíces africanas y de su legendaria unión con la cultura dominicana. Actualmente el merengue es muy popular en muchos países y **Juan Luis Guerra** es su máximo representante.

2 In pairs, have students decide if the actor went to the premiere. Then have them write either his interview with the press or a brief tabloid article speculating about his absence.

TEACHING OPTION Play the song *Ojalá que llueva café*, by Juan Luis Guerra (available on his CD **Grandes Éxitos**). Pass out lyrics with blank lines for students to fill in the subjunctive verb forms, or have them listen and jot down examples as they hear them.

 Practice more at vhlcentral.com.

Comunicación

4 To preview the activity, have students write a personal ad as though they were Maricarmen or Jacinto. Encourage them to be creative.

4

Jacinto enamorado Jacinto está enamorado de Maricarmen y para impresionarla quiere convertirse en su hombre ideal. Usa las palabras y expresiones de la lista para darle consejos.

>Modelo Es importante que te peines bien.

aconsejar	es mejor	recomendar
es importante	es necesario	rogar
es malo	insistir en	sugerir

Jacinto

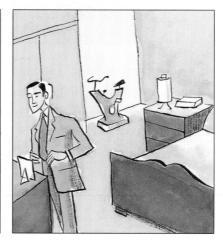
Jacinto transformado

5 Have volunteers read their conversations aloud to the class.

5

¡Despedido! En parejas, usen las frases para improvisar una conversación en la que un(a) actor/actriz de televisión es despedido/a (*fired*) por el/la director(a) del programa. Usen el indicativo y el subjuntivo.

>Modelo ¿No es extraño que los televidentes estén pidiendo otro actor para ese papel?

creo que	los anuncios
es extraño	el canal
es necesario	los chismes
es verdad	el comportamiento (*behavior*)
espero que	los críticos
necesito que	la escena
te ruego que	los televidentes

6 Ask students to provide real-life examples for each item, then encourage debate. Ex:
—Es obvio que Jennifer López es antipática.
—Yo no creo que sea antipática...

6

¿Cómo son? ¿Qué hacen? En parejas, usen el subjuntivo para inventar e intercambiar descripciones de estas personas.

>Modelo **La estrella de cine es tacaña.**
>Dudo que gaste mucho dinero. Prefiere que sus amigos le compren todo.

1. La actriz es antipática.
2. El periodista es muy generoso.
3. El cantante es extraño.
4. La crítica de cine es insegura.

7

Opiniones En parejas, combinen las expresiones de las columnas para formar opiniones. Luego, improvisen tres conversaciones breves basadas en las oraciones.

7 Ask students to share their partners' opinions with the class. Write several on the board and ask who disagrees with each opinion and why.

Modelo —No creo que los futbolistas lean sólo la sección deportiva. Seguramente también leen las noticias locales.

—No estoy de acuerdo. Es imposible que tengan tiempo para leer las noticias porque pasan mucho tiempo jugando al fútbol.

Creo		los medios de comunicación publican la verdad.
No creo		los futbolistas lean sólo la crónica deportiva.
Dudo		ese actor vive en una casa elegante.
No dudo	que	se graben muchas telenovelas en México.
No es cierto		se transmiten telenovelas españolas.
Es evidente		la televisión sea entretenida (*entertaining*).
Es imposible		hay censura en los medios de comunicación.
Me opongo a		los videos musicales se rueden en el extranjero.

8

Hermanas Leticia es una cantante famosa y su hermana Mercedes quiere seguir sus pasos como artista. En parejas, lean el correo electrónico de Mercedes. Luego escriban la respuesta de Leticia, usando el subjuntivo con los verbos y expresiones que acaban de aprender.

8 Have pairs read their replies aloud. Tell the class to jot down all the subjunctive forms they hear. After each pair is done, ask students to call out the forms they heard while you list them on the board. Name winning pairs based on who used the greatest number of verbs, the most irregular forms, etc.

De:	mercedes@email.com
Para:	leticia@email.com
Asunto:	Estreno

¡Leticia!

¡Hola! ¿Cómo estás?
Terminé mis estudios y quiero ser artista como tú. Tengo un amigo que está trabajando en una película y una amiga que es actriz de telenovelas. ¿Crees que debo trabajar con alguno de ellos? ¡Creo que quiero ser actriz de cine! Ayer leí el guión de la película de mi amigo y me pareció estupendo. ¡Imagínate! Yo... en la pantalla grande...☺
Sé que vas a ir al estreno de la nueva película de Penélope Cruz. ¿Me invitas? Así puedo conocer a las estrellas de cine. ¿Qué opinas?

Un beso,
Mercedes

PD: ¿Qué te vas a poner para ir al estreno? Si puedo ir contigo, ¿crees que me puedes prestar uno de tus vestidos?

INSTRUCTIONAL RESOURCES
Supersite: Audioscripts, SAM AK, Lab MP3s
SAM/WebSAM: WB, LM

3.2

Object pronouns

- Pronouns are words that take the place of nouns. Direct object pronouns directly receive the action of the verb. Indirect object pronouns identify *to whom* or *for whom* an action is done.

*El Diablo **le** dio el dinero.*

Indirect object pronouns		Direct object pronouns	
me	nos	me	nos
te	os	te	os
le	les	lo/la	los/las

Position of object pronouns

- Direct and indirect object pronouns (**los pronombres de complemento directo e indirecto**) precede the conjugated verb.

Indirect object	Direct object
Carla siempre **me** da boletos para el cine. *Carla always gives me movie tickets.*	Ella **los** consigue gratis. *She gets them for free.*
No **le** guardé la sección deportiva. *I didn't save the sports section for him.*	Nunca **la** quiere leer. *He never wants to read it.*

- When the verb is an infinitive construction, object pronouns may be either attached to the infinitive or placed before the conjugated verb.

Indirect object	Direct object
Debes pedir**le** el dinero de la apuesta. **Le** debes pedir el dinero de la apuesta.	Voy a hacer**lo** enseguida. **Lo** voy a hacer enseguida.
Tienes que presentar**me** a los actores. **Me** tienes que presentar a los actores.	Vamos a rodar**la** en Kenia. **La** vamos a rodar en Kenia.

- When the verb is in the progressive, object pronouns may be either attached to the present participle or placed before the conjugated verb.

Indirect object	Direct object
Está mandándo**les** el guión. **Les** está mandando el guión.	Estuvimos buscándo**las** por todos lados. **Las** estuvimos buscando por todos lados.

¡ATENCIÓN!

Lo is also used to refer to an abstract thing or idea that has no gender.

Lo pensé.
I thought about it.

TALLER DE CONSULTA

For a detailed review of the neuter **lo**, see **Manual de gramática, 5.5, p. 394.**

Double object pronouns

- The indirect object pronoun precedes the direct object pronoun when they are used together in a sentence.

Me **mandaron** los boletos **por correo.** ⟩ Me los **mandaron por correo.**

Te **exijo** una respuesta **ahora mismo.** ⟩ Te la **exijo ahora mismo.**

- **Le** and **les** change to **se** when they are used with **lo, la, los,** or **las.**

Le **damos** las revistas **a Ricardo.** ⟩ Se las **damos.**

Les **enseña** el periódico **a las reporteras.** ⟩ Se lo **enseña.**

Prepositional pronouns

Prepositional pronouns			
mí *me, myself*	**él** *him, it*	**nosotros/as** *us, ourselves*	**ellos** *them*
ti *you, yourself*	**ella** *her, it*		**ellas** *them*
Ud. *you, yourself*	**sí** *himself, herself, itself*	**vosotros/as** *you, yourselves*	**sí** *themselves*
		Uds. *you, yourselves*	

- Prepositional pronouns function as the objects of prepositions. Except for **mí, ti,** and **sí,** they are identical to their corresponding subject pronouns.

¿Qué opinas de **ella**? ¿Lo compraron para **mí** o para Javier?

Ay, mi amor, sólo pienso en **ti.** Lo compramos para **él.**

- **A** + [*prepositional pronoun*] is often used for clarity or emphasis.

¿Te gusta aquel actor? ¿Se lo dieron a Héctor o a Verónica?

¡**A mí** me fascina! Se lo dieron **a ella.**

- The pronoun **sí** (*himself, herself, itself, themselves*) is the prepositional pronoun used to refer back to the same third-person subject. In this case, the adjective **mismo/a(s)** is usually added for clarification.

José se lo regaló a **él.** José se lo regaló a **sí mismo.**
José gave it to him (someone else). *José gave it to himself.*

- When **mí, ti,** and **sí** are used with **con,** they become **conmigo, contigo,** and **consigo.**

¿Quieres ir **conmigo** al museo?
Do you want to go to the museum with me?

Laura y Salvador siempre traen sus computadoras portátiles **consigo.**
Laura and Salvador always bring their laptops with them.

- These prepositions are used with **tú** and **yo** instead of **mí** and **ti**: **entre, excepto, incluso, menos, salvo, según.**

Todos están de acuerdo **menos tú** y **yo.**

¡ATENCIÓN!

When object pronouns are attached to infinitives, participles, or commands, a written accent is often required to maintain proper word stress.

Infinitive
cantármela

Present participle
escribiéndole

Command
acompáñeme

For more information on using object pronouns with commands, see **3.3, p. 105**.

TALLER DE CONSULTA

See **Manual de gramática, 3.4, p. 386** and **3.5, p. 388** for information on possessive and demonstrative pronouns.

Stress that, unlike in English, the construction **a** + [*prepositional pronoun*] does not take the place of the indirect object pronoun. Rather, it is added for clarity or emphasis.

Point out that **mismo/a(s)** may be used with any prepositional pronoun, not just with those of the third person.
Ex: **Hablo de mí misma.**

Práctica

1

Dos amigas Berta y Susi están hablando del cantante Chayanne. Selecciona las personas de la lista que corresponden a los pronombres subrayados (*underlined*).

a Chayanne	a Claudia	a mí
a Chayanne y a la muchacha	a la muchacha	a nosotras
		a ti

BERTA Como (1) <u>te</u> digo. (2) <u>Lo</u> vi caminando por la calle junto a una muchacha.

SUSI ¿De verdad? ¿(3) <u>Los</u> viste tomados de la mano?

BERTA No. Creo que él sólo (4) <u>la</u> estaba ayudando a cargar algunas bolsas de la tienda.

SUSI ¿Será su esposa?

BERTA No creo. Iban juntos pero casi no hablaban. (5) <u>Me</u> parece que no son ni novios.

SUSI Y tú, ¿qué hiciste? ¿No (6) <u>le</u> dijiste que (7) <u>nos</u> parece el hombre más guapo del planeta y que (8) <u>lo</u> amamos?

BERTA No pude hacer nada, estaba paralizada por la emoción.

SUSI Voy a llamar a Claudia inmediatamente. ¡(9) <u>Le</u> tengo que contar todo!

1. _____a ti_____
2. _____a Chayanne_____
3. _a Chayanne y a la muchacha_
4. ___a la muchacha___
5. _____a mí_____
6. ___a Chayanne___
7. ___a nosotras___
8. ___a Chayanne___
9. ____a Claudia____

2

Un concierto Rogelio y Raquel han organizado un concierto y un policía les explica cómo evitar problemas. Reescribe las oraciones cambiando las palabras subrayadas por pronombres de complemento directo e indirecto.

1. Tienes que tratar amablemente <u>a los policías</u>. Tienes que tratarlos amablemente./Los tienes que tratar amablemente.

2. No pueden contratar <u>al grupo musical</u> sin permiso. No pueden contratarlo sin permiso./No lo pueden contratar sin permiso.

3. Hay que poner <u>la música</u> a volumen moderado. Hay que ponerla a volumen moderado.

4. Tienen que darme <u>la lista de periodistas y fotógrafos</u>. Tienen que dármela./Me la tienen que dar.

5. Deben respetar <u>a los vecinos</u>. Deben respetarlos./Los deben respetar.

6. Me dicen que van a transmitir <u>el concierto</u> por la radio. Me dicen que van a transmitirlo por la radio./Me dicen que lo van a transmitir por la radio.

3

Entrevista Completa la entrevista con el pronombre correcto.

REPORTERO (1) __Te__ digo que pareces muy contento con el éxito de tu sitio web.

JOAQUÍN Sí, (2) __lo__ estoy. Este sitio es muy importante para (3) __mí__.

REPORTERO ¿Con quién trabajas?

JOAQUÍN Con mi hermano. (4) __Le__ doy la mitad del trabajo. (5) __Me__ ayuda mucho en los momentos de estrés.

REPORTERO ¿Cuáles son tus proyectos ahora?

JOAQUÍN (6) __Me__ gustaría presentar cortometrajes y documentales en el sitio web. A mi hermano y a mí (7) __nos__ encantan las películas.

REPORTERO ¿(8) __Te__ preocupa mucho la censura? Por ejemplo, ¿editas los guiones?

JOAQUÍN A veces, sí. Porque si (9) __los__ editamos, luego no tenemos problemas.

Comunicación

4 **¿En qué piensas?** Piensa en algunos de los objetos típicos que ves en la clase o en tu casa (un cuadro, una maleta, un mapa, etc.). Tu compañero/a debe adivinar el objeto que tienes en mente, haciéndote preguntas con pronombres.

> Modelo   **Tú piensas en: un libro**
> —Estoy pensando en algo que uso para estudiar.
> —¿Lo usas mucho?
> —Sí, lo uso para aprender español.
> —¿Lo compraste?
> —Sí, lo compré en la librería.

5 **A conversar** En parejas, túrnense para contestar las preguntas usando pronombres de complemento directo o indirecto según sea necesario.

1. ¿Te gusta organizar fiestas? ¿Cuándo fue la última vez que organizaste una? ¿Por qué la organizaste?

2. ¿Invitaste a muchas personas? ¿A quiénes invitaste? ¿Cómo lo decidiste?

3. ¿Qué actividades les sugeriste a los invitados? ¿Las hicieron? Explica.

4. ¿Qué les ofreciste de comer a los invitados en tu fiesta? ¿Qué opinaron de la comida?

6 **Fama** La actriz Pamela de la Torre debe encontrarse con sus fans pero no recuerda a qué hora. En grupos de cuatro, miren la ilustración e inventen una historia inspirándose en ella. Utilicen por lo menos cinco pronombres de complemento directo o indirecto.

7 **Una persona famosa** En parejas, escriban una entrevista con una persona famosa. Utilicen estas preguntas y escriban cuatro más. Utilicen pronombres en las respuestas. Después, representen la entrevista delante de la clase.

> Modelo   —**¿Quién prepara la comida en su casa?**
> —Mi cocinero la prepara.

1. ¿Visita frecuentemente a sus amigos/as?

2. ¿Mira mucho la televisión?

3. ¿Quién conduce su auto?

4. ¿Prepara usted mismo/a sus maletas cuando viaja?

4 As a variant, divide the class into two teams and play the same game. You may wish to have them draw from a bag of names to ensure that a variety of masculine, feminine, singular and plural object pronouns are used.

5 Call on students to summarize their partners' responses.

6 Alternatively, have pairs write a list of sentences about Pamela using object pronouns but without disclosing the nouns to which they refer. Next, pairs should hand their sentences to another pair, who will flesh out the story by inserting sentences that reveal the missing nouns. Later, take a class vote to determine which pair has the funniest, most realistic, strangest, etc. story.

INSTRUCTIONAL RESOURCES
Supersite: Audioscripts, SAM AK, Lab MP3s
SAM/WebSAM: WB, LM

Point out that while **usted** and **ustedes** may be omitted after polite commands, using them is more courteous.

3.3

Commands

Formal (**Ud.** and **Uds.**) commands

- Formal commands (**mandatos**) are used to give orders or advice to people you address as **usted** or **ustedes**. Their forms are identical to the present subjunctive forms for **usted** and **ustedes**.

Formal commands

Infinitive	Affirmative command	Negative command
tomar	**tome** (usted) **tomen** (ustedes)	**no tome** (usted) **no tomen** (ustedes)
volver	**vuelva** (usted) **vuelvan** (ustedes)	**no vuelva** (usted) **no vuelvan** (ustedes)
salir	**salga** (usted) **salgan** (ustedes)	**no salga** (usted) **no salgan** (ustedes)

Familiar (**tú**) commands

- Familar commands are used with people you address as **tú**. Affirmative **tú** commands have the same form as the **él, ella,** and **usted** form of the present indicative. Negative **tú** commands have the same form as the **tú** form of the present subjunctive.

Familiar commands

Infinitive	Affirmative command	Negative command
viajar	**viaja**	**no viajes**
empezar	**empieza**	**no empieces**
pedir	**pide**	**no pidas**

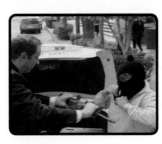

—Toma, ponte esto.

- Eight verbs have irregular affirmative **tú** commands. Their negative forms are still the same as the **tú** form of the present subjunctive.

decir	di	salir	sal
hacer	haz	ser	sé
ir	ve	tener	ten
poner	pon	venir	ven

Nosotros/as commands

- **Nosotros/as** commands are used to give orders or suggestions that include yourself as well as others. They correspond to the English *let's* + [*verb*]. Affirmative *and* negative **nosotros/as** commands are generally identical to the **nosotros/as** forms of the present subjunctive.

Nosotros/as commands		
Infinitive	**Affirmative command**	**Negative command**
bailar	bailemos	no bailemos
beber	bebamos	no bebamos
abrir	abramos	no abramos

- The verb **ir** has two possible affirmative **nosotros/as** commands: **vayamos**, the form identical to that of the present subjunctive, and the more common **vamos**. In the negative, however, use only **no vayamos**.

Using pronouns with commands

- When object and reflexive pronouns are used with affirmative commands, they are always attached to the verb. When used with negative commands, the pronouns appear between **no** and the verb.

Levántense temprano.	No **se** levanten temprano.
Wake up early.	*Don't wake up early.*
Dímelo todo.	No **me lo** digas.
Tell me everything.	*Don't tell it to me.*

- When the pronouns **nos** or **se** are attached to an affirmative **nosotros/as** command, the final **s** of the command form is dropped.

Sentémonos aquí.	No nos **sentemos** aquí.
Let's sit here.	*Let's not sit here.*
Démoselo mañana.	No se lo **demos** mañana.
Let's give it to him tomorrow.	*Let's not give it to him tomorrow.*

Indirect (**él, ella, ellos, ellas**) commands

- The construction **que** + [*subjunctive*] can be used with a third-person form to express indirect commands that correspond to the English *let someone do something*. If the subject of the indirect command is expressed, it usually follows the verb.

Que pase el siguiente.	**Que** lo **haga** ella.
Let the next person pass.	*Let her do it.*

- Unlike with direct commands, pronouns are never attached to the conjugated verb.

Que se lo den los otros.	**Que** no **se lo den.**
Que lo vuelvan a hacer.	**Que** no **lo vuelvan** a hacer.

Indicate that **nosotros/as** commands can also be expressed with **vamos**. Ex: **¡Vamos a comer!** *Let's eat!*

¡ATENCIÓN!

When one or more pronouns are attached to an affirmative command, an accent mark may be necessary to maintain the command form's original stress. This usually happens when the combined verb form has three or more syllables.

decir:

di, dile, dímelo

diga, dígale, dígaselo

digamos, digámosle, digámoselo

TALLER DE CONSULTA

See **3.2, p. 100** for object pronouns.

See **4.2, p. 138** for reflexive pronouns.

TEACHING OPTION
The short film from **Cortometraje, Lección 3** may be used to preview or reinforce regular and irregular command forms, as well as pronoun placement. Play the film and have students write down the commands they hear.

Práctica

1

Cambiar Cambia estas oraciones para que sean mandatos. Usa el imperativo.

1. Te conviene buscarlo en Internet. Búscalo en Internet.

2. ¿Por qué no leemos el horóscopo? Leamos el horóscopo.

3. Te pido que mires la película con subtítulos. Mira la película con subtítulos.

4. ¿Quiere hacer la entrevista? Haga la entrevista.

5. ¿Podrían ustedes grabar mi telenovela favorita hoy? Graben (ustedes) mi telenovela favorita hoy.

6. ¿Y si vamos al estreno? Vayamos/Vamos al estreno.

7. Traten de darme el guión antes de las tres. Denme (ustedes) el guión antes de las tres.

8. Debes escuchar esta banda sonora. Es muy buena. Escucha esta banda sonora. Es muy buena.

2

Recién famoso El actor Mateo Domínguez va al estreno de su primera película. Usa mandatos informales para darle consejos sobre lo que debe y no debe hacer.

besar a la gente	firmar (*to sign*) autógrafos
contar el final de la película	gritarle al público
darle una entrevista a la prensa sensacionalista	hablar durante la película
explicar los efectos especiales	llegar tarde/temprano
	vestirse bien/mal

3

Un director difícil

A. Agustín Álvarez es un director de teatro muy exigente (*demanding*). Usa mandatos formales afirmativos y negativos para escribir los consejos que les dio a sus actores antes del estreno.

1. No olvidar llegar temprano. No olviden (ustedes) llegar temprano.

2. Comer dos horas y media antes. Coman (ustedes) dos horas y media antes.

3. Venir con los diálogos memorizados. Vengan (ustedes) con los diálogos memorizados.

4. Evitar los medios de comunicación 24 horas antes del estreno. Eviten (ustedes) los medios de comunicación 24 horas antes del estreno.

5. Hacer ejercicios de respiración y de voz. Hagan (ustedes) ejercicios de respiración y de voz.

6. No fumar ni tomar bebidas frías. No fumen ni tomen (ustedes) bebidas frías.

B. El estreno de la obra de teatro fue un éxito. Sin embargo, el señor Álvarez no estuvo contento con el actor principal. En parejas, usen mandatos informales afirmativos y negativos para escribir siete nuevos consejos que le dio a este actor. Usen pronombres y sean creativos.

Modelo No empieces a ensayar tu papel en el último minuto.
Ensáyalo con tiempo.

Comunicación

4 **Internet** ¿Qué le dirían a un(a) amigo/a para que esté mejor informado/a sobre la actualidad? En parejas, escojan verbos de la lista y otros para hacerle ocho recomendaciones utilizando mandatos informales afirmativos y negativos. Sean creativos.

Modelo   Navega en la red. Hay sitios web que ofrecen noticias de todo tipo.

enterarse	hacer	leer
escuchar	investigar	navegar
hablar	ir	ver

5 **Escenas** En parejas, escojan por lo menos dos de estos personajes y escriban una escena para una película. Usen mandatos afirmativos y negativos de las formas **tú**, **usted(es)** y **nosotros/as.** Usen pronombres cuando sea posible.

Modelo   **OLGA**   ¡Sal de aquí! No quiero verte más.

RODOLFO   No quiero irme. ¡Quedémonos aquí! Hablemos del viaje
a San Juan.

Rodolfo   Olga   Tomasito   doña Filomena

6 **Anuncio** En grupos de tres, elijan cuatro de estos productos y escriban un anuncio de televisión para promocionar cada uno de ellos. Utilicen mandatos formales y pronombres para convencer al público de que lo compre.

Modelo   El nuevo perfume "Enamorar" de Carolina Ferrero le va a encantar.
Cómprelo en cualquier perfumería de su ciudad. Pruébelo y...

1. Perfume "Enamorar" de Carolina Ferrero
2. Chocolate sin calorías "Deliz"
3. Raqueta de tenis "Rayo"
4. Pasta de dientes "Sonrisa Sana"
5. Computadora portátil "Digitex"
6. Crema hidratante "Suavidad"
7. Todo terreno "4 × 4"
8. Cámara fotográfica "Flimp"

4 Call on students to write one of their commands on the board.

4 As a variant, have students convert their sentences into **Uds.** commands for the entire class. Then have them brainstorm recommendations for different people for accomplishing other goals. Ex: **para saber qué ocurre en nuestra escuela, para ser voluntario/a en una organización, para enterarse de los últimos éxitos literarios, para reparar su computadora,** etc.

5 After writing the scenes, have pairs peer-edit each other's work. Then have volunteers perform their scenes for the class.

6 Ask groups to read their advertisements aloud, then have the class vote on whether they were convinced to buy the product.

TEACHING OPTION To review **Estructuras, Lección 3**, have pairs write five suggestions they would make to future students of your class. They should include at least one example each of the subjunctive, object pronouns, and command forms. Ex: **Les recomiendo que no lleguen tarde. Díganle que es el/la mejor profesor(a) del mundo.** Ask volunteers to read their suggestions aloud.

Síntesis

Noticias: ¿Mucho, poco o nada?

Los noticieros de la televisión tienen la misión de informar al público. Sin embargo, hay distintas opiniones sobre estos programas de noticias. Algunas personas están satisfechas con mirar solamente un noticiero para informarse. Generalmente estas personas miran el mismo programa todos los días o todas las semanas. Otras personas creen que deben obtener información de diferentes fuentes°, por ejemplo de otros canales de televisión. Estas personas generalmente miran más de un programa de noticias, en diferentes cadenas de televisión. Y hay incluso otro tipo de televidente que simplemente no cree en los programas de noticias y, por lo tanto, no mira las noticias. Estas personas buscan información en medios de comunicación alternativos, como la radio o Internet, o simplemente no buscan ninguna información y sólo miran la televisión para entretenerse y evadirse de la realidad. ■

sources

1

Consejos ¿Qué consejos le darían a un(a) amigo/a que mira la televisión sólo como entretenimiento y nunca mira las noticias? En parejas, escríbanle un párrafo con recomendaciones. Deben utilizar el subjuntivo y el infinitivo. También deben utilizar por lo menos dos mandatos afirmativos y dos negativos.

> **Modelo** Compra el periódico y léelo. Te recomiendo también que consideres opciones en Internet.

2

Anuncio En grupos pequeños, imaginen que en la historia de la universidad nunca hubo tan pocos nuevos estudiantes inscritos como en este semestre. Escriban un anuncio para la radio para atraer un mayor número de estudiantes el año que viene. Usen tres mandatos informales afirmativos y tres negativos.

> **Modelo** ¿Todavía no sabes dónde vas a estudiar el semestre que viene? Considera la universidad de...

3

Debate En parejas, imaginen un diálogo entre una persona que nunca utiliza Internet y otra que está todo el día frente a la computadora. Representen el diálogo ante la clase, utilizando la mayor cantidad de pronombres posible.

Preparación Audio: Vocabulary

Vocabulario de la lectura

controvertido/a *controversial*
el crecimiento *growth*
el estilo *style*
el éxito *success*
la fama *fame*
el género *genre*

golpear *to beat (a drum)*
la letra *lyrics*
la pista de baile *dance floor*
el ritmo *rhythm*
salir a la venta *to go on sale*
el violonchelo *cello*

Vocabulario útil

el bajo *bass*
la flauta *flute*
el tambor *drum*
tocar *to play (an instrument)*

Point out that both **la letra** and **la lírica** act as false cognates in certain contexts. **la letra** → *letter (of the alphabet); song lyrics; **not** letter written to someone* **la lírica** → *lyric poem; lyric poetry; female lyric poet; **not** song lyrics*

1 **Vocabulario** Completa las oraciones con el vocabulario de la lista.

controvertido	fama	pista de baile
estilo	géneros	ritmo
éxito	golpear	salir a la venta

1. La nueva novela de Rosario Ferré va a _salir a la venta_ en mayo.
2. La diseñadora de moda (*fashion designer*) Carolina Herrera tiene un _estilo_ único.
3. Para tener _éxito_ en la vida, hay que trabajar y estudiar mucho.
4. El origen de la vida es un tema muy _controvertido_.
5. La salsa, la rumba y el tango son diferentes _géneros_ musicales.
6. Algunos actores que viven en Hollywood tienen dinero y mucha _fama_.
7. En una discoteca, se puede bailar en la _pista de baile_.

1 Point out that **salir a la venta** usually refers to the release of a new product for sale, whereas **estar en venta** means *to be for sale.*

2 **La música** En parejas, contesten las siguientes preguntas y expliquen sus respuestas.

1. ¿Les gusta la música latina? ¿Por qué?
2. ¿Qué cantantes latinos/as conocen?
3. ¿De qué países son esos/as cantantes?
4. ¿En qué situaciones escuchan música en español?
5. ¿Les gusta bailar música latina? ¿Por qué?
6. ¿Toman clases de baile? ¿De qué tipo?

2 Have volunteers bring in music in Spanish from their personal collections, or bring some of your own, if necessary. Listen to excerpts from several artists and discuss the genre of each song and the instruments used.

3 **Completar** En grupos de cuatro, completen las siguientes oraciones de acuerdo a sus opiniones.

1. Me identifico con la música de... porque...
2. La música (no) es importante en mi vida porque...
3. Me gusta que mi cantante favorito/a... porque...
4. Pienso que las bandas y los cantantes que tienen éxito son aquéllos que... porque...
5. Saber bailar es importante/necesario... porque...
6. Las personas que saben bailar... porque...

Ritmos del Caribe

experiencing

Durante los últimos años, en los Estados Unidos se está viviendo° una explosión en las ventas de discos en español. Las estaciones de radio especializadas en música latina son las de mayor crecimiento y los cantantes y grupos musicales hispanos programan conciertos por todo el territorio norteamericano. Este fenómeno resulta de los cambios socioculturales que se están viviendo en el país. En primer lugar, se debe al crecimiento de la población latina que mantiene sus tradiciones y con ello el consumo de su música. En segundo lugar, se debe al nuevo interés por la música en español por parte de un público que antes se limitaba a oírla sólo en inglés.

distribution

Cuban musical style

Los estilos musicales de origen caribeño, mezclas de ritmos africanos, españoles e indígenas, gozan de la mayor proyección° internacional. Algunos de los ritmos caribeños más populares son la salsa, el son° cubano y el reggaetón.

La salsa

home

daily, everyday

entryway

La salsa, que nació como una versión modernizada del son cubano, se extendió en el mercado latinoamericano en 1975. El ritmo salsero se hizo compañero indispensable en el día a día hispano. A partir de entonces, se empezó a oír en los comercios, en las oficinas, en los bares, en las fiestas, en el hogar° y en las calles. Sus letras hablan de los sufrimientos y las alegrías de la vida cotidiana°. El gran número de inmigrantes latinos que vivían en Nueva York hizo que esta ciudad se convirtiera en puerto de entrada° de los ritmos caribeños en los Estados Unidos. Entre sus representantes más famosos se cuentan El Gran Combo de Puerto Rico y Óscar de León.

El son cubano

moved to the top

box office

El son cubano se apoderó° de las listas de los discos más vendidos en 1997, cuando salió a la venta el álbum titulado *Buena Vista Social Club,* interpretado por un grupo de importantes músicos de Cuba. Una película que documenta la grabación del disco fue un éxito de taquilla°

Instrumentos del Caribe

El bongó y las maracas son algunos de los instrumentos más utilizados en la música caribeña. El bongó tiene forma de barril y posee dos parches de cuero (*leather skin*) muy tensos que vibran al golpearlos. Las maracas son de origen indígena y están hechas de un recipiente que tiene forma redondeada. En su interior se ponen pequeños objetos como semillas o piedrecillas que al agitarse producen su sonido típico.

en todo el mundo. La fama del documental ayudó a que el son cubano llegara a un público que nunca antes había tenido interés en este género musical. De hecho, durante décadas, la fama de los artistas de *Buena Vista* se limitaba sólo a la isla. Personas de todas las edades ahora bailan al ritmo de la música de este fascinante grupo que se convirtió en un fenómeno mediático° internacional.

created by the media

El reggaetón

dance

depicts

El reggaetón ha sido una de las últimas formas musicales en desarrollarse como estilo distintivo. Esta música bailable° nació en Puerto Rico en los años noventa. Se deriva del *reggae* jamaicano, del *hip-hop* norteamericano y de diferentes ritmos puertorriqueños. Recientemente se ha convertido en la música en español con más proyección internacional. El contenido de sus letras, en su mayoría controvertido, no es muy diferente al del *hip-hop* norteamericano y retrata° con frecuencia la violencia en las calles. Don Omar y Ivy Queen son dos de los creadores de reggaetón cuyas canciones dominan las pistas de baile.

Las melodías del Caribe están cada vez más presentes en el panorama musical del momento. Con la introducción en el mercado internacional de los ritmos caribeños, se está acostumbrando al público a escuchar con mayor atención lo que, en muchas ocasiones, es la bandera de esa cultura: su música. ■

Análisis

1 If time permits, watch *The Buena Vista Social Club* or assign it for viewing outside of class.

Comprensión Decide si cada afirmación es cierta o falsa. Corrige las falsas.

1. La música latina es popular en los EE.UU., pero todavía no en el resto del mundo. Falso. Es un fenómeno internacional.

2. El consumo de la música latina entre hispanos es en parte debido a que esta población mantiene sus tradiciones. Cierto.

3. Las letras de la salsa hablan de los sufrimientos y las alegrías de la vida cotidiana. Cierto.

4. Los músicos del *Buena Vista Social Club* ya eran conocidos internacionalmente antes de que saliera este álbum. Falso. Su fama se limitaba a Cuba.

5. El reggaetón tiene sus raíces en la música indígena del Caribe. Falso. Proviene del *reggae* jamaicano, del *hip-hop* norteamericano y de diferentes ritmos puertorriqueños.

6. El contenido de las letras del reggaetón es tan controvertido como el de las letras del *hip-hop*. Cierto.

2 Ask students to listen for at least 30 minutes to local or online Spanish language radio. Have them write down: the name and location of the station; the genre(s) of music; the title and artist of a song they heard; their likes, dislikes, and general impressions. Discuss as a class.

Ampliar En parejas, contesten las preguntas y expliquen sus respuestas.

1. ¿Por qué crees que la música es tan importante para los latinos de los Estados Unidos?

2. ¿Has visto el fenómeno de la música latina donde tú vives? ¿Cómo se manifiesta?

3. ¿Cuál es el tipo de música sin el cual no puedes vivir?

4. ¿Escuchas música local cuando viajas? ¿La compras? ¿Por qué?

3 After all groups have shared their ads with the class, ask students if they heard any important qualifications that their own group left out.

Aviso En grupos de cuatro, han decidido formar un grupo de música caribeña, pero todavía están buscando los músicos adecuados. Escriban un aviso para buscar candidatos con al menos tres características esenciales. Luego presenten el aviso a la clase.

> **Modelo** El grupo Los Salseros Boricuas busca persona entusiasta que sepa tocar el bongó. Si te encanta la música caribeña, hacer amigos y viajar, llama al 431-237-1003 y pregunta por Lucio.

TEACHING OPTION Choose from the artists mentioned in the reading and play excerpts from each of the three genres described. Students must try to guess the genre of each song based on the descriptions in the reading.

Su música En grupos de cuatro, piensen en un estilo de música típico de los Estados Unidos y luego comparen sus características con las de un estilo de música latina. Usen este cuadro como guía. Luego comparen sus respuestas con las de otros grupos.

TEACHING OPTION Expand upon the reading by including Latin dance. Teach students the basic steps for salsa or have them volunteer to teach their classmates. Alternatively, help students come up with a list of popular movies that include Latin dance scenes or a list of local venues that play Latin music.

	Música latina	Música norteamericana
Instrumentos típicos		
Ocasiones en que se escucha o se baila		
Origen e influencias		
Público típico		
Temas de las letras		
Intérpretes más conocidos en el mundo		

 Practice more at **vhlcentral.com**.

Preparación Reading
Audio: Vocabulary

INSTRUCTIONAL RESOURCES
Supersite: Literatura
recording; Scripts; SAM AK
SAM/WebSAM: LM

Sobre el autor

Ginés S. Cutillas nació en Valencia, España, en 1973. En su obra prevalece el microcuento, para el que tiene un ingenio especial. Su talento fue premiado (*rewarded*) al ganar en 2006 la V edición del concurso de microcuentos de la feria del libro de Granada. Cutillas también ha sido ganador de otros concursos internacionales de relatos. Ha publicado un libro de cuentos llamado *La biblioteca de la vida* (2007) y una novela, *La sociedad del duelo* (2008), así como su primera colección de microcuentos, titulada *Un koala en el armario* (2009). Ha contribuido a varias antologías de nuevos autores y es además crítico literario para el periódico *La Opinión* de Granada. Cutillas también colabora en revistas literarias como *El oteador de los nuevos tiempos* y *Prometheus*.

Vocabulario de la lectura		Vocabulario útil
el castigo *punishment*	**el suelo** *ground*	**la desaparición** *disappearance*
la desesperación *desperation*	**tras** *after*	**el hallazgo** *discovery*
la estantería *bookcase*	**vigilar** *to watch, to keep an eye on*	**la sospecha** *suspicion*
el rasgo *trait, feature*		

1

Vocabulario Completa el párrafo con palabras de la lista.

castigo	estantería	sospechas
desaparición	hallazgo	tras
desesperación	rasgos	vigilar

Los noticieros informaron hoy sobre un nuevo asesinato (*murder*) del "carnicero del campo de golf", provocando una reacción de (1) ___desesperación___ en la ciudad. La (2) ___desaparición___ de un hombre de negocios había sido denunciada (*reported*) días antes por sus compañeros de golf, (3) ___tras___ perderlo de vista de manera extraña durante una práctica. El (4) ___hallazgo___ de la víctima confirmó las (5) ___sospechas___ por la presencia de (6) ___rasgos___ comunes a todos los asesinatos del "carnicero". La policía ha prometido (7) ___vigilar___ los campos de golf de toda la ciudad para capturar al culpable y darle el (8) ___castigo___ que se merece.

2

Responder En grupos de tres, contesten estas preguntas.

1. Cuando no puedes salir de tu casa por algún motivo, ¿prefieres leer un libro o mirar televisión? ¿Por qué?

2. ¿Enciendes el televisor sólo para mirar programas que te interesan o miras cualquier cosa que estén transmitiendo? Explica.

3. ¿Cuántas horas de televisión dirías que miras por semana? ¿Crees que es tiempo bien utilizado o una pérdida de tiempo? ¿Por qué?

4. ¿Qué opinas de esta afirmación: "La televisión duerme a la gente y los libros la despiertan"?

1 Have small groups write a brief mystery with the new vocabulary. Tell them to include the essential characters of a police story: **la víctima, el crimen, el culpable, el detective.**

2 Ask students if they would root for television or for books in a "Books vs. TV" debate. Then count the votes and write them on the board. Have volunteers share why they voted the way they did.

La Desesperación de las Letras

Ginés S. Cutillas

crashing noise

surprised

to check

was in the throes of death

Estaba viendo la tele cuando oí un fuerte estruendo° detrás de mí. Justo en la biblioteca. Me levanté extrañado° y fui a comprobar° qué era. Una masa inconsistente de papel agonizaba° a los pies de la estantería. La cogí entre mis
5 manos y desmembrando sus partes pude adivinar que aquello había sido un libro, *Crimen y castigo* para ser exactos. No supe encontrar una explicación lógica a tan extraño incidente. A la noche siguiente, otra vez delante de la televisión, oí de nuevo ese ruido. Esta vez, irónicamente, había sido *Anna Karenina* quien

bunch / was lying 10 se había convertido en un manojo° de papel deforme que yacía° a los pies de sus compañeros. Tras varias noches repitiéndose

events los hechos°, me di cuenta de lo que estaba ocurriendo: los libros se estaban suicidando. Al principio fueron los clásicos, cuanto más clásico era, más probabilidad tenía de estamparse°contra

of crashing
15 el suelo. Más tarde comenzaron los de filosofía, un día moría Platón y al otro Sócrates. Luego les siguieron autores más contemporáneos como Hemingway, Dos Passos, Nabokov…

by leaps and bounds Mi biblioteca estaba desapareciendo a pasos agigantados°. Había noches de suicidios colectivos y yo, por más que me

por... no matter how hard I tried 20 esforzaba°, no conseguía encontrar un rasgo común entre las obras kamikazes que me permitiera saber cuál iba a ser la siguiente. Una noche decidí no encender la televisión para vigilar atentamente los libros. Aquella noche no se suicidó ninguno. ∎

Análisis

1 Have students scan the text for vocabulary typical of the detective novel, such as **incidente, agonizar, desmembrar, hechos,** etc.

1 **Comprensión** Contesta las preguntas con oraciones completas.

1. ¿A qué hora transcurren los acontecimientos del relato y dónde está el narrador? Transcurren por la noche cuando el narrador está delante del televisor.
2. ¿Cómo se da cuenta el narrador de que los libros se caen? Oye un estruendo cada vez que uno se cae.
3. ¿Cómo quedan los libros tras caerse? Quedan convertidos en una masa inconsistente de papel.
4. ¿Qué están haciendo los libros, según el narrador? Se están suicidando.
5. ¿Cuándo paran los suicidios colectivos? Paran cuando el narrador no enciende el televisor.

2 Have students explain the importance of the falling books' titles and authors. Ask if they have read any of the classics mentioned in Cutillas's story, or other classics. Have students research any unfamiliar titles or authors mentioned in the story and share what they learn with the class.

2 **Interpretar** Contesta estas preguntas.

1. ¿Cómo es la personalidad del narrador? ¿Qué opina de la televisión y por qué?
2. ¿Hay relación entre el título del primer libro que cae y lo que sucede? ¿Cuál?
3. ¿Qué significa que los libros más clásicos tengan más probabilidad de caer?
4. ¿Por qué crees que los libros se suicidan? ¿Logran algún objetivo? Explica.

3 **Juzgar** En grupos pequeños, organicen un juicio (*trial*) en el que los libros demandan a (*sue*) la televisión por provocar suicidios colectivos, y la televisión se defiende. Distribuyan los papeles de abogados, testigos (*witnesses*), jurado (*jury*) y juez. Debatan hasta llegar a un veredicto.

4 Organize a class debate on the pros and cons of television viewing by young children. Encourage students to use the subjunctive in their arguments.

4 **Opinar** En parejas, lean estas afirmaciones y digan si están de acuerdo y por qué. Después, compartan su opinión con la clase.

- La televisión ayuda a los padres a educar a sus hijos.
- Gracias a los programas infantiles, los padres tienen más tiempo libre.
- La televisión hace compañía a los enfermos y ancianos.
- La TV es buena para niños y ancianos; para los demás, es una pérdida de tiempo.

5 **Escribir** Escribe un correo electrónico a un periódico local como si fueras el narrador del cuento denunciando la muerte de los libros por culpa de la televisión.

TEACHING OPTION As an alternate writing assignment for pro-television students, ask them to write a brief newspaper article stating the need for children and adults to spend more time watching TV rather than reading books. Encourage them to invent a fatal disease that results from exposure to paper and ink, and to stress the benefits of television on intellectual development.

Plan de redacción

Escribir un correo electrónico

1 **Título** Inventa un título para tu mensaje de correo electrónico.

2 **Contenido** Organiza tus ideas para que no se te olvide nada.

1. Explica lo que sucede con los libros. Indica cómo te sientes utilizando expresiones como: **Es terrible que, Tengo miedo de que, Es una pena que**, etc.
2. Acusa a los programas de televisión. Cita algunos que te parecen de peor calidad y expresa tu opinión sobre ellos. Usa el subjuntivo.
3. Sugiere un castigo para la televisión por la muerte de los libros o indica cómo podría solucionarse el problema. Incluye mandatos.

3 **Conclusión** Elige una de estas frases o escribe otra para concluir: **El tiempo corre, Es hora de actuar, La cultura está en peligro, Basta de telebasura.**

Practice more at
vhlcentral.com.

Los medios de comunicación

S Audio: Vocabulary Flashcards
Video: *En pantalla*

Los medios

el acontecimiento *event*
la actualidad *current events*
el anuncio *advertisement, commercial*
la censura *censorship*
Internet *Internet*
los medios (de comunicación) *media*
la parcialidad *bias*
la publicidad *advertising*
la radio *radio*
la radioemisora *radio station*
el reportaje *news report*
el sitio web *website*
la temporada *season*

enterarse (de) *to become informed (about)*
navegar en la red *to surf the web*
opinar *to express an opinion, to think*
ser parcial *to be biased*
tener buena/mala fama *to have a good/bad reputation*

actualizado/a *up-to-date*
destacado/a *prominent*
en directo/vivo *live*
imparcial *impartial, unbiased*
influyente *influential*

Profesionales de los medios

el/la actor/actriz *actor/actress*
el/la cantante *singer*
el/la crítico/a de cine *film critic*
el/la director(a) *director*
la estrella (de cine) *(movie) star*
el/la fotógrafo/a *photographer*
el/la locutor(a) de radio *radio announcer*
el/la oyente *listener*
el/la periodista *journalist*
el público *audience, public*
el/la redactor(a) *editor*
el/la reportero/a *reporter*
el/la televidente *television viewer*

El cine y la televisión

la banda sonora *soundtrack*
la cadena *network*
el cine *cinema, movies*
el doblaje *dubbing*

el documental *documentary*
los efectos especiales *special effects*
el estreno *premiere, new movie*
la pantalla *screen*
la película *movie*
el programa de concursos *game show*
el programa de telerrealidad *reality show*
los subtítulos *subtitles*
la telenovela *soap opera*
la transmisión *broadcast*
el video musical *music video*

ensayar *to rehearse*
entretener *to entertain*
entrevistar *to interview*
rodar (o:ue) *to shoot (a movie)*
grabar *to record*
transmitir *to broadcast*

La prensa

el horóscopo *horoscope*
la libertad de prensa *freedom of the press*
las noticias locales/internacionales/nacionales *local/international/national news*
el periódico/el diario *newspaper*
la portada *front page, cover*
la prensa (sensacionalista) *(sensationalist) press*
la revista *magazine*
la sección de sociedad *lifestyle section*
la sección deportiva *sports section*
la tira cómica *comic strip*
el titular *headline*

investigar *to research; to investigate*
publicar *to publish*
suscribirse (a) *to subscribe (to)*

Cortometraje

el alma *soul*
el ángel *angel*
el arma *gun*
el Diablo *the Devil*
el disparo *shot*
la encrucijada *crossroads*
la fantasía *fantasy*
el fenómeno *phenomenon*
el pasamontañas *ski mask*

los rasgos *features*
el robo *robbery*
la sangre *blood*
el ser humano *human being*
el suceso *incident*

adivinar *to guess*
arrepentirse *to regret*
castigar *to punish*
cometer (un delito) *to commit (a crime)*
engañar *to deceive, to trick*
firmar *to sign*
invocar *to invoke, to call on*
robar *to rob*

apenas *hardly; just*

Cultura

el bajo *bass*
el crecimiento *growth*
el estilo *style*
el éxito *success*
la fama *fame*
la flauta *flute*
el género *genre*
la letra *lyrics*
la pista de baile *dance floor*
el ritmo *rhythm*
el tambor *drum*
el violonchelo *cello*

golpear *to beat (a drum)*
salir a la venta *to go on sale*
tocar *to play (an instrument)*

controvertido/a *controversial*

Literatura

el castigo *punishment*
la desaparición *disappearance*
la desesperación *desperation*
la estantería *bookcase*
el hallazgo *discovery*
el rasgo *trait, feature*
el suelo *ground*
la sospecha *suspicion*

vigilar *to watch, to keep an eye on*

tras *after*

Generaciones en movimiento

El paso del tiempo es una realidad inevitable que nos afecta a todos. La evolución de las culturas y la sucesión de nuevas generaciones dependen de ese constante proceso de renovación. Las ideas nuevas de los jóvenes dan fuerza a la tradición y a la cultura que nos transmiten nuestros padres.

125

131

Destino:
CENTROAMÉRICA

GUATEMALA
EL SALVADOR
HONDURAS
NICARAGUA
COSTA RICA
PANAMÁ

PREVIEW Have students analyze both literal and figurative meanings of the lesson title. In pairs, have them trace the geographical movement of their families over several generations. Then discuss how beliefs, priorities, culture, and traditions have evolved in their families over time. Ask: **¿Qué brechas generacionales y culturales han surgido dentro de tu familia? ¿Qué significa** *movimiento* **para tu generación?**

En familia Audio: Vocabulary

Los parientes

el antepasado *ancestor*
el/la bisabuelo/a *great-grandfather/grandmother*
el/la cuñado/a *brother/sister-in-law*
el/la esposo/a *husband/wife*
el/la (hermano/a) gemelo/a *twin (brother/sister)*
el/la hermanastro/a *stepbrother/stepsister*
el/la hijo/a único/a *only child*
la madrastra *stepmother*
el/la medio/a hermano/a *half brother/sister*
el/la nieto/a *grandson/granddaughter*
la nuera *daughter-in-law*
el padrastro *stepfather*
el/la pariente *relative*
el/la primo/a *cousin*
el/la sobrino/a *nephew/niece*
el/la suegro/a *father/mother-in-law*
el/la tío/a (abuelo/a) *(great) uncle/aunt*
el yerno *son-in-law*

La vida familiar

agradecer *to thank*
apoyar(se) *to support (each other)*
criar *to raise (children)*
independizarse *to become independent*
lamentar *to regret*
malcriar *to spoil*
mimar *to pamper*
mudarse *to move*
pelear(se) *to fight with (one another)*
quejarse (de) *to complain (about)*
regañar *to scold*
respetar *to respect*
superar *to overcome*

La personalidad

el carácter *character, personality*

————————

(bien) educado/a *well-mannered*
egoísta *selfish*
estricto/a *strict*
exigente *demanding*
honrado/a *honest*
insoportable *unbearable*
maleducado/a *ill-mannered*
mandón/mandona *bossy*

rebelde *rebellious*
sumiso/a *submissive*
unido/a *close-knit*

Las etapas de la vida

la adolescencia *adolescence*
el/la adolescente *adolescent*
el/la adulto/a *adult*
la edad adulta *adulthood*
la juventud *youth*
la muerte *death*
el nacimiento *birth*
la niñez *childhood*
el/la niño/a *child*
la vejez *old age*

Las generaciones

el apodo *nickname*
la ascendencia *heritage*
la autoestima *self-esteem*
la brecha generacional *generation gap*
la comprensión *understanding*
la patria *homeland*
el prejuicio social *social prejudice*
la raíz *root*
el sexo *gender*

heredar *to inherit*
parecerse *to resemble, to look like*
realizarse *to become true*
sobrevivir *to survive*

VARIACIÓN LÉXICA
esposo ↔ marido
esposa ↔ mujer
yerno ↔ hijo político
nuera ↔ hija política
apodo ↔ sobrenombre
edad adulta ↔ madurez
sexo ↔ género

Point out that the adjective **político/a** may be used to describe *in-laws*.
Ex: **Pasamos la Navidad con mi familia política.** *We spent Christmas with my in-laws.*
Explain that **gemelo/a** refers to *identical* twins, while **mellizo/a** refers to *fraternal* twins.

INSTRUCTIONAL RESOURCES
Supersite: Audioscripts, SAM AK, Lab MP3s **SAM/WebSAM:** WB, LM

Práctica

1 **Completar** Completa las oraciones con la opción correcta.

1. ¡Es increíble! Mi hermana y mi madre se _____ mucho. Son casi idénticas.
   a. pelean   b. quejan   c. parecen ✓

2. Yo, en cambio, soy físicamente igual a mi padre y también tenemos el mismo _____.
   a. niñez   b. carácter ✓   c. tío

3. Durante su _____, mis padres estaban muy enamorados.
   a. nacimiento   b. apodo   c. juventud ✓

4. Ellos se divorciaron el año pasado y yo lo _____ mucho.
   a. mimo   b. lamento ✓   c. mudo

5. Estoy disgustada, pero no me _____, porque nos quieren igual.
   a. quejo ✓   b. apoyo   c. realizo

6. Al fin y al cabo, seguimos siendo una familia _____. ¡Siempre lo fuimos!
   a. sumisa   b. unida ✓   c. exigente

2 **Crucigrama** Completa el crucigrama.

Horizontales
1. el hijo de mi hermano
4. dar las gracias
6. que no se puede soportar; intolerable
8. última etapa de la vida
9. tratar a alguien con buenos modales, cortesía y atención
10. opinión que se tiene de algo antes de conocerlo

Verticales
2. irse de la casa de los padres para ser independiente
3. valoración positiva de uno mismo
5. que no admite excepciones; riguroso
7. recibir los bienes (*possessions*) que deja alguien al morir

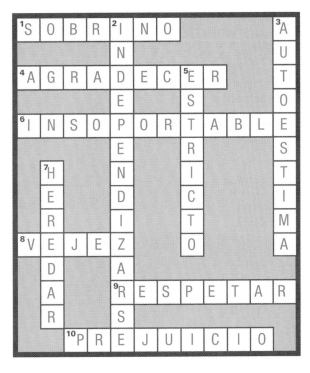

Crossword answers:
1. SOBRINO (across), 2. INDEPENDIZARSE (down), 4. AGRADECER (across), 5. ESTRICTO (down), 6. INSOPORTABLE (across), 7. HEREDAR (down), 8. VEJEZ (across), 9. RESPETAR (across), 10. PREJUICIO (across), 3. AUTOESTIMA (down)

3 **La familia Rodríguez** En parejas, túrnense para elegir a un miembro de esta familia y decir quién y cómo es. Inventen los detalles y utilicen palabras del vocabulario.

Modelo   El abuelo, don Ramón, se crio en un pueblo de Costa Rica y se mudó a San José cuando se casó. Ahora disfruta de su vejez con su esposa. Tiene un carácter muy agradable y se lleva muy bien con toda su familia.

 Practice more at **vhlcentral.com**.

1 To check comprehension, have students compose their own sentences with the unused vocabulary words from each item. Ex: **Álex debe romper con su novia porque se pelean constantemente./ Mis padres se quejan porque no les escribo todas las semanas.**

2 Have students work in pairs to complete the activity.

2 Write the Spanish words for various relatives on small pieces of paper and place them in a bag. Then have students take turns drawing from the bag and using circumlocution to get their teammates to guess the word. Ex: **Es la esposa de mi padre, pero no es mi madre. (madrastra)**

3 Have students prepare oral presentations about their own families, using photographs or other visual aids.

INSTRUCTIONAL
RESOURCES
Supersite/DVD: Film
Collection
Supersite: Script &
Translation

VARIACIÓN LÉXICA
alcanzar ⟷ bastar
botar ⟷ despedir
flojear ⟷ holgazanear
pancarta ⟷ letrero
repartir ⟷ distribuir

Nota
CULTURAL

La **arepa** es una comida
tradicional de Venezuela,
consistente en una especie
(*type*) de pan elaborado
con harina (*flour*) de maíz
que se rellena con diversos
alimentos, como carne,
queso o frijoles negros.

TEACHING OPTION
Discuss the political
and economic climate
in Venezuela. Explain
the ramifications of the
nationalization of the oil
industry, the national strike
of 2002–2003, and the
close political ties between
Venezuela and Cuba.

2 Answers may vary.
Correct answers are based
on actual information in
El Rincón de Venezuela.
It is fine if students suggest
other options as answers,
as long as they can support
their decision. Have pairs
justify their answers by
pointing out specific details
from the poster that
informed their choice.

Preparación Audio: Vocabulary

Vocabulario del corto

alcanzar *to be enough, to reach*
la arepera *restaurant serving arepas*
botar *to fire, to throw out*
chévere *great, fantastic*
la deuda *debt*
el disparate *silly remark/action, nonsense*
la embajada *embassy*
firmar *to sign*

la ganancia *profit*
el/la gusano/a *(pej., lit. worm) Cuban exile*
la pérdida *loss*
las prestaciones *social assistance*
repartir *to distribute, to hand out*

Vocabulario útil

el asilo *asylum*
el comunismo *communism*
el consulado *consulate*
el/la extranjero/a *foreigner, alien*
(i)legal *(il)legal*
la manifestación *protest*
la pancarta *banner, sign*
el/la residente *resident*

EXPRESIONES

¡Ni un paso atrás! *Not one step back!*
pasársele la mano *to go overboard*
sacar adelante *to move something forward, get it off the ground*
sacar una cuenta *to add up, calculate*
tener (suficiente) criterio *to have (enough) judgment*

1 **Vocabulario** Escribe la palabra apropiada para cada definición.

1. ayuda que un gobierno da para que sus ciudadanos satisfagan (*satisfy*) las necesidades básicas para vivir dignamente _____prestaciones_____

2. oficina que representa a un país en el extranjero ___embajada/consulado___

3. escribir el nombre y apellido en un documento para oficializarlo _____firmar_____

4. dinero que se le debe a un banco, a una tarjeta de crédito o a un individuo _____deuda_____

5. comentario tonto o acción tonta, sin lógica _____disparate_____

2 **El Rincón de Venezuela** En parejas, miren el afiche del cortometraje y completen las oraciones.

1. Las tres personas del afiche son...
   a. un grupo de amigos.   (b.) una familia.   c. desconocidos.

2. Las tres personas parecen tener...
   a. algo que celebrar.   b. una pelea.   (c.) un problema.

3. La escena del afiche parece transcurrir (*take place*) en...
   a. un carnaval   (b.) una cocina   c. una oficina

4. Las personas están hablando sobre... Answers will vary.

Comida tradicional En grupos de tres, contesten estas preguntas.

1. ¿Han tenido la oportunidad de probar comida venezolana o conocen a alguien que la haya probado? Expliquen.

2. ¿Se parece a la comida de su comunidad? ¿Por qué?

3. ¿Es importante respetar las recetas tradicionales? ¿Está bien modernizarlas o adaptarlas? ¿Por qué?

 ¿Qué sucederá? En parejas, miren el fotograma del cortometraje e imaginen lo que va a ocurrir en la historia. Compartan sus ideas con la clase.

4 Ask students: ¿Qué tono tendrá el cortometraje (humorístico, dramático)? ¿Tendrá un final feliz?

La inmigración Lee estas oraciones y escoge la opción que expresa tu opinión. Después, en grupos de tres, expliquen sus respuestas.

	de acuerdo	en desacuerdo	neutral
1. Es lo mismo ser inmigrante de niño que de adulto.	☐	☐	☐
2. Las diferencias generacionales son iguales en todas las culturas.	☐	☐	☐
3. Hay mucha solidaridad entre los distintos grupos de inmigrantes.	☐	☐	☐
4. La opresión es la causa principal para emigrar a otro país.	☐	☐	☐
5. Las únicas personas que emigran son los pobres.	☐	☐	☐
6. Los inmigrantes suelen olvidar su cultura y adoptar la cultura nueva como propia.	☐	☐	☐

5 Keep track of student responses on the board. Have groups whose answers deviate from the prevailing opinions justify their choices to the class. Encourage students to present as many counterpoints as possible to every opinion.

 Brecha generacional Piensa en una diferencia de punto de vista que tengas con alguien de una generación distinta. Considera estos puntos y escribe un breve párrafo sobre esa diferencia de opinión. Luego, intercambia tu párrafo con un(a) compañero/a y traten de encontrar puntos comunes en los dos párrafos. Empiecen con estas sugerencias:

- tema en discusión
- acuerdos
- desacuerdos
- posible solución

6 Suggest these and other topics about which students might disagree with someone of a different generation. Ex: **las amistades, el amor, el dinero, la música, la religión, la ropa**

 Preguntas En parejas, contesten estas preguntas.

1. ¿Hablan de política con sus amigos o con sus familias? ¿De qué asuntos hablan? ¿Por qué?

2. ¿Piensan que es posible ser amigo/a de alguien que tiene diferente ideología política? Expliquen. ¿Tienen amigos con ideologías diferentes? ¿Quiénes?

3. ¿Creen que es importante participar en movimientos políticos? ¿Por qué?

4. ¿Se irían de su país si la situación política fuera muy conflictiva? Expliquen sus respuestas.

7 Continue the discussion by asking additional questions. Ex: **¿Creen que otros países tienen una percepción objetiva de la política de este país? ¿Creen que la prensa nacional e internacional influye en esto? ¿Cómo?**

Short Film

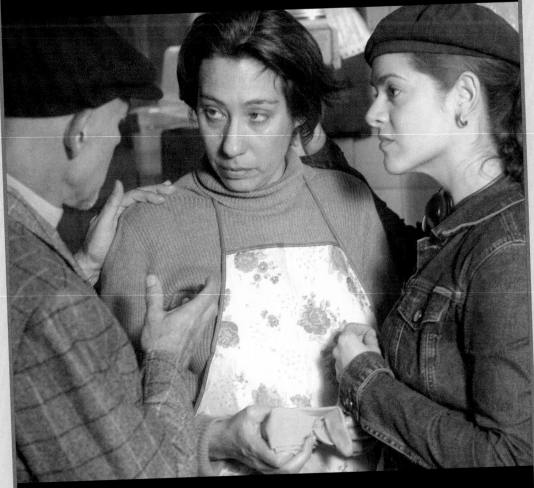

Escrito y dirigido por **REYTHER ORTEGA**
Producido por **KATE GILROY**   Director de fotografía **ANTOINE VIVAS DENISOV**
Editado por **ELIZABETH ANWAR, REYTHER ORTEGA**
Diseño de producción **FREDERICA NASCIMENTO**   Vestuario original **KRISANA PALMA**
Sonido y mezcla **STEFANO GRAMITTO**   Música original **MAURICIO ARCAS**
Con la actuación de **AMINTA DE LARA, JABBO DE MOZOS, KRIS PAREDES,**
ROLANDO J. VARGAS

CENTRO NACIONAL
AUTÓNOMO DE
CINEMATOGRAFÍA
DE VENEZUELA

ARGUMENTO *La difícil situación política venezolana lleva a una familia a empezar una nueva vida en Nueva York. Allí tienen que luchar para sacar adelante su restaurante y adaptarse a las nuevas circunstancias.*

GLORIA Mi amor, ¿y si nosotros vendemos esto y nos vamos para Venezuela?
ALBERTO ¿A qué vamos a regresar? ¿Para que nos vuelvan a asaltar[1]? Toda la gente está tratando de irse.
ROSARIO Hay otro grupo de gente que está tratando de hacer algo útil por el país.

GLORIA Aquí lo que hay que hacer es pensar cómo es que vamos a sacar este restaurante adelante, ¡y todos!
ALBERTO Pero que quede bien claro que yo no regreso al país hasta que esos imbéciles se vayan de allí, se vayan del gobierno.

GLORIA ¡Pero qué vas a estar tú saliendo con Mingo, mi amor; si ese señor es un empleado nuestro!

GLORIA Yo creo que ella tiene razón, ¿sabes? Nosotros somos como las arepas de tofu esas que yo estoy haciendo: queriendo ser lo que no somos. Ay, caramba, chico, francamente ¿habrá sido buena idea venirnos para acá? Aquí nadie nos conoce. Lo dejamos todo... ¡la familia!

GLORIA El dinero que teníamos en Caracas no existe más. Se lo presté a mi prima Chela cuando la botaron de PDVSA[2]. Como no tenía prestaciones ni seguro, no tenía cómo pagar el colegio de los muchachos ni el alquiler tampoco. Como es obvio, pues no tiene cómo pagarnos.

GLORIA Tú tienes razón. Usted ya tiene suficiente criterio como para escoger sus amistades. Mingo no es menos que nosotros, como usted dice. Yo lo siento mucho, mi amor.

[1] *to mug; to rob* [2] *Venezuela's national oil company*

Nota
CULTURAL

La política venezolana

Hugo Chávez, presidente de Venezuela desde 1999 hasta su muerte en 2013, ha sido una de las figuras políticas más relevantes de Suramérica en lo que va de siglo. El estilo de gobierno y personal del llamado Comandante Chávez generó profundas divisiones en la sociedad venezolana, que a día de hoy sigue enfrentada entre chavistas, o partidarios de Chávez, y opositores. Muchos de los inmigrantes venezolanos llegados a los Estados Unidos durante la pasada década salieron de su país por las medidas económicas del líder suramericano.

PREVIEW Ask students to imagine they own a restaurant in New York. Ask: **¿Qué harían para promocionar su restaurante? ¿Han ido a restaurantes de comida típica de otros países? Describan la experiencia (la comida, la decoración, el ambiente, la clientela).**

Análisis

1 To further test students' comprehension, ask additional questions. **¿Por qué los amigos de Alberto comparan Venezuela con Cuba? ¿Cómo reacciona Gloria cuando Rosario dice que sale con Mingo y sus amigos?**

1 **Comprensión** Contesta las preguntas con oraciones completas.

1. ¿Qué tipo de comida se sirve en el restaurante? Se sirve comida venezolana.

2. ¿Cuándo dice Alberto que regresará a Venezuela? Alberto dice que regresará a Venezuela cuando los que están ahora abandonen el gobierno.

3. ¿Qué contesta Rosario cuando su padre dice que toda la gente se quiere ir de Venezuela? Rosario dice que hay gente en Venezuela que quiere hacer algo útil y no huir.

4. ¿Con quién quiere salir Rosario por la noche? Rosario quiere salir con Mingo, el empleado del restaurante.

5. ¿Para qué va Gloria a la manifestación? Gloria va a la manifestación para hacer publicidad del restaurante.

6. ¿Qué pide la gente que está en la manifestación? La gente que está en la manifestación pide un nuevo referéndum para Venezuela.

7. Después de unos días, ¿qué le dice Gloria a su hija sobre su amistad con Mingo? Le dice que está bien que salga con él, que Mingo no es menos que ellos.

8. ¿Por qué se enojan algunos clientes del restaurante al final del corto? Algunos clientes se enojan porque entran unos seguidores de Chávez.

2 For item 1, call on volunteers to list the different themes from the film on the board. Refer to these themes as you guide class discussion.

2 Ask heritage speakers or other bicultural students if they identified with any elements of the film.

2 **Ampliación** Contesta las preguntas con oraciones completas.

1. ¿Qué temas se tratan en *El Rincón de Venezuela*?

2. ¿Por qué se fue la familia de Venezuela?

3. ¿Por qué habla Gloria del *American Way of Management*? ¿En qué consiste?

4. ¿Crees que tendrían éxito las arepas de tofu? ¿Por qué?

5. ¿Por qué se opone Gloria al principio a que su hija salga con Mingo? ¿Por qué cambia luego de opinión?

Escenas

3 If students need support, replay the corresponding scenes from the film.

3 **A.** En grupos, describan lo que ocurre en estas dos escenas del corto. ¿Sobre qué están hablando los personajes? Luego, improvisen la conversación entre los personajes.

B. Elijan una de las escenas e imaginen qué sucederá con los personajes después del final del corto. Compartan su historia con la clase.

4 Have groups read their reports to the class. On the board, keep track of the countries that groups are leaving behind and those to which they are immigrating. Have students analyze these choices and describe the trends they see.

4 **Mudanza** En grupos de tres, imaginen que pertenecen a una familia que está por emigrar de su país de origen a otro país totalmente distinto. Decídanse por el país al que van a mudarse y escriban un breve informe sobre estos aspectos.

- La situación política y social del país que van a dejar
- Los motivos de su viaje
- Los planes para estudiar o trabajar en el país nuevo

5 **De regreso** Ha pasado más de un año desde la experiencia de la actividad anterior. Las cosas no han ido como todos esperaban. En grupos de tres, uno de ustedes representa el papel de una persona que quiere regresar a su país de origen y da tres motivos. Los otros dos son sus familiares, que, satisfechos con su vida en el nuevo país, tratan de disuadirla.

5 Have groups pick the member who gave the strongest or most realistic arguments. Have the class compare and contrast the arguments, then ask for a few examples of different scenarios that would not require returning.

6 **Discriminación** En parejas, lean estos dos diálogos. Después, escriban un breve párrafo con un aspecto en común y una diferencia que encuentren en ambos diálogos. Luego, compartan sus ideas con la clase.

> **Diálogo 1**
> **GLORIA** El Rincón de Venezuela, el mejor restaurante latino de Jackson Heights. El Rincón de Venezuela, señora.
> **HOMBRE** *English. English. I don't know...*

> **Diálogo 2**
> **GLORIA** ¿Mingo, m'hija? ¡Pero qué vas a estar tú saliendo con Mingo, mi amor; si ese señor es un empleado nuestro!
> **ROSARIO** Bueno, ¿y qué? Él es bien chévere y yo aquí no tengo amigos.

7 **Familia e independencia** En grupos, hablen sobre los distintos niveles de independencia en las relaciones familiares. Consideren estas preguntas.

1. ¿Qué significa ser independiente? ¿Independencia económica? ¿Independencia afectiva (*emotional*)? ¿Independencia académica? ¿Todas? ¿Ninguna?

2. ¿A qué edad es razonable ser independiente de la familia?

3. ¿Es esa edad igual en todas las culturas?

4. ¿Qué relaciones familiares (padres-hijos; hermanos-hermanas; abuelos-nietos; etc.) implican más dependencia? ¿Por qué? ¿Se invierte alguna vez el nivel de dependencia?

7 Divide the class in two and arrange the groups so that they face each other. Give them fifteen minutes to debate the questions. Choose two volunteers to serve as impartial judges. After all four debates, the judges should deliberate and declare a winning team.

8 **Generación y política** En parejas, preparen un diálogo entre dos personajes hipotéticos: un padre o una madre y un(a) hijo/a adulto/a. Uno/a está a favor del gobierno y el/la otro/a está en contra.

- Decidan sobre qué tema político específico van a hablar.
- Cada uno/a debe presentar al menos un argumento para defender su posición y otro para demostrar su desacuerdo con el otro personaje.

9 **Fin** Escribe una posible continuación para *El Rincón de Venezuela*, en donde expliques qué pudo ocurrir después del enfrentamiento en el restaurante entre chavistas y disidentes. Comparte tu nuevo final con la clase.

9 Have students complete this activity for homework. In class, put students in pairs and have them exchange their papers with other pairs. Have pairs peer-edit the papers and read them out loud to the class. Have the class vote on the most original ending.

 Practice more at **vhlcentral.com**.

INSTRUCTIONAL RESOURCES Supersite: Flash Cultura; Script & Translation; Teaching suggestions; SAM/WebSAM: WB

IMAGINA

(S) En **vhlcentral.com** encontrarás más información y actividades relacionadas con esta sección.

La Panamericana

I magina un viaje en automóvil por toda **Centroamérica**. Comenzarías en **Panamá** y terminarías en **Guatemala**, al sur de **México**. Al final de tu viaje habrás recorrido unos 2.500 kilómetros (1.550 millas), visitado seis países y conocido sus capitales: **Ciudad de Panamá**, **San José**, **Managua**, **Tegucigalpa**, **San Salvador** y **Ciudad de Guatemala**. También habrás admirado volcanes humeantes[1], como el **Volcán Poás** en **Costa Rica**, y las ruinas mayas de **Tikal** y **Copán** en **Guatemala** y **Honduras**, respectivamente.

La ruta ideal para realizar esta odisea es la **carretera**[2] **Panamericana**, o simplemente **la Panamericana**. En principio, esta carretera conecta todo el continente americano, desde la **Patagonia** hasta **Alaska**. Sin embargo, los fenómenos naturales han destruido algunos tramos[3] y existe uno que aún no está construido. Entre **Panamá** y **Colombia**, en el **Tapón del Darién**, hay unos 90 kilómetros (56 millas) de densa selva montañosa que interrumpen la continuidad de la ruta[4] intercontinental.

¡Arranquemos! Nuestra primera parada es el **Canal de Panamá**, uno de los proyectos de transporte más ambiciosos del siglo XX. Fue propiedad de los Estados Unidos hasta 1999.

CENTRO

El Canal de Panamá

En la actualidad, más de 14.000 buques[5] pasan cada año de un océano a otro a través del canal.

De Panamá nos dirigimos a Costa Rica, a visitar el **Parque Nacional Chirripó**. Subimos al cerro Chirripó, palabra indígena que significa "tierra de aguas eternas", de unos 3.800 metros (aprox. 12.500 pies) de altura. En el camino[6] vemos una gran variedad de animales, como jaguares, tapires y quetzales.

Desde Managua, capital de **Nicaragua**, hacemos una excursión al **lago de Nicaragua**. Es el único lago donde subsisten tiburones[7] que se adaptaron al agua dulce[8] del lago hasta poder reproducirse en él.

Continuamos en el segundo arrecife[9] de coral más grande del mundo: las **Islas de la Bahía**, en la costa norte de **Honduras**. El 95% de las especies de coral del **Caribe** se encuentran en esta región. Las tres islas de **Roatán**, **Guanaja** y **Utila** son algunas de las atracciones turísticas más populares.

Seguimos por **El Salvador**, donde probamos las famosas **pupusas**. Por todas partes encontrarás *pupuserías* que preparan estas delicias, similares a una tortilla gruesa[10] y blanda, rellenas de queso, pollo o cerdo.

AMÉRICA

¡Celebremos las tradiciones!

Semana Santa La celebración de **Semana Santa** en **Antigua, Guatemala,** es una tradición viva. Cientos de personas participan en las procesiones y ayudan a llevar las carrozas[1], que pesan 3,5 toneladas[2]. La gente decora las ventanas y las iglesias para la procesión, pero lo más extraordinario de la celebración son las alfombras[3] que cada año se hacen a mano con aserrín[4] teñido[5] de colores brillantes y con pétalos de flores.

Día de la independencia **Costa Rica** tiene una de las más antiguas democracias del continente americano. Este país tiene la reputación de ser la "Suiza" de América. Su ex presidente, Óscar Arias Sánchez (1986-1990 y 2006-2010), recibió el **Premio Nobel de la Paz**[6]. Costa Rica celebra su **día de independencia** de **España**, junto con los demás países centroamericanos, excepto Panamá, el 15 de septiembre, con desfiles[7] patrióticos y música. Los niños llevan linternas hechas a mano a estas fiestas llenas de color.

Carnavales La popularidad de los carnavales en **Panamá** es comparable con la de los famosos carnavales brasileños. Celebradas en **Panamá** desde principios del siglo XX, estas grandiosas fiestas duran cuatro días y cinco noches. Los panameños disfrutan de desfiles magníficos, carrozas espectaculares, máscaras[8], disfraces[9] de todo tipo y comida variada. Las celebraciones más grandes tienen lugar en la **Ciudad de Panamá** y en **Las Tablas**.

San Jerónimo El pueblo de **Masaya** en **Nicaragua** es conocido por el festival que celebra al santo patrón, **San Jerónimo**. La fiesta, de unos 80 días, comienza el 20 de septiembre con **"el Día de la Bajada"**[10] de la imagen de San Jerónimo, y no termina hasta la primera semana de diciembre. Con bailes folklóricos, música, flores y rica comida, esta fiesta colorida integra tradiciones indígenas con el catolicismo.

Finalmente, en **Guatemala** visitamos las ruinas de **Tikal**, una de las ciudades más importantes de la civilización **maya**. Estas ruinas son una fuente de inspiración para grandes poetas y artistas de México y del mundo entero: en 1977 el director de cine estadounidense George Lucas filmó allí varias escenas de su película *Star Wars*.

[1] *smoldering* [2] *highway* [3] *stretches* [4] *road* [5] *ships* [6] **En el...** *On the way* [7] *sharks* [8] **agua...** *fresh water* [9] *reef* [10] *thick*

[1] *floats* [2] *tons* [3] *carpets* [4] *sawdust* [5] *dyed* [6] **Premio...** *Nobel Peace Prize* [7] *parades* [8] *masks* [9] *costumes* [10] **Día de...** *(Day when the saint is brought down)*

El español de Centroamérica

los abarrotes	provisiones; *groceries* (Guat., Pan.)
el agua	refresco; *soda, soft drink* (Guat.)
el cartucho	bolsa; *(plastic) bag* (Pan.)
chivísimo	fantástico; *great, cool* (E.S.)
el fresco	refresco; *soft drink* (C.R., Hond.)
fulear	poner gasolina; *to get gas* (Nic.)
la pulpería	bodega; *grocery store* (C.R., Hond., Nic.)

Expresiones

hacer gallo	acompañar; *to accompany* (E.S.)
¡Pura vida!	¡Muy bien!; *Great!* (C.R.)
ser de alante	ser valiente; *to be brave* (Pan.)

GALERÍA DE CREADORES

Bring in prints of the five works by Morales cited below. Give a different painting to each of five groups and have each one write a detailed description of it. Then post all five paintings on the board and have each group read its description aloud. Students must try to match each description with the correct painting.

LITERATURA **Gioconda Belli**

El compromiso sociopolítico y la lucha por la liberación de la mujer son las líneas temáticas que marcan la obra de la poeta y novelista nicaragüense Gioconda Belli. *Línea de fuego,* libro de poemas con el que obtuvo el prestigioso Premio Casa de las Américas en 1978 y *La mujer habitada* (1988), Premio a la Mejor Novela Política del Año, sobresalen (*stand out*) entre sus obras más leídas. En 2010, su última novela, *El país de las mujeres*, ganó el Premio Hispanoamericano de Novela "La otra orilla".

PINTURA **Armando Morales**

Armando Morales (1927–2011) fue un pintor nicaragüense conocido internacionalmente. Sus creaciones artísticas incluyen desnudos femeninos, escenas cotidianas, naturalezas muertas (*still lifes*) y representaciones de hechos históricos que nacen de las imágenes de sus recuerdos. *Desnudo sentado* (1971); *Bodegón, ciruela y peras* (1981); *Bañistas en la tarde y coche* (1984); *Adiós a Sandino* (1985) y *Selva* (1987) son cinco de sus obras más conocidas. Aquí vemos el cuadro titulado *Dos peras en un paisaje* (1973).

ARTESANÍA **La mola**

En las islas panameñas del Archipiélago San Blas viven los kunas. Esta tribu indígena es conocida por la mola, su creativa expresión artística que realizan casi exclusivamente las mujeres. La mola es un tipo de bordado (*embroidery*) intrincado que adorna las blusas de las mujeres kuna y que forma parte de su vestido tradicional. Además de blusas, las molas pueden adornar cualquier cosa que la imaginación desee. Aunque los motivos (*motifs*) más populares son los diseños geométricos y elementos del mundo natural, también son frecuentes los diseños modernos. Las molas no son sólo atractivas para los turistas; muchas son verdaderas piezas de arte muy preciadas (*valued*) entre los coleccionistas.

PINTURA **Camilo Minero**

Nació en 1917 en El Salvador y empezó a pintar desde su adolescencia. Estudió en México, donde conoció a Diego Rivera. Como él, fue comunista y entendió el arte como una forma de cambio social. *Niña dormida* es una de sus pinturas sobre la población indígena, en la cual Minero pinta a una joven exhausta. Los críticos identifican el uso de colores cálidos (*warm*) como el rojo o el amarillo entre los rasgos característicos de su obra. Minero vivió exiliado en Nicaragua durante la década de 1980 y murió en 2005, diez años después de recibir el Premio Nacional de Cultura de su país.

CONEXIÓN INTERNET

Investiga y aprende sobre otros creadores de la región en **vhlcentral.com**.

¿Qué aprendiste?

Cierto o falso Indica si estas afirmaciones son ciertas o falsas. Corrige las falsas.

1. La Panamericana pasa por tres países de Centroamérica.
   Falso. Pasa por seis países de Centroamérica.

2. En el lago de Nicaragua hay tiburones. Cierto.

3. Armando Morales y Camilo Minero son pintores nicaragüenses. Falso. Armando Morales era nicaragüense, pero Camilo Minero era salvadoreño.

4. El 28 de marzo se celebra la independencia de Costa Rica. Falso. El 15 de septiembre se celebra la independencia de Costa Rica.

5. El festival de San Jerónimo en Masaya, Nicaragua, dura aproximadamente ochenta días. Cierto.

6. La mola es una expresión artística que realizan los mayas. Falso. La mola es una expresión artística que realizan los kunas.

Preguntas Contesta las preguntas.

1. ¿Cuál es uno de los objetivos del arte de Camilo Minero?
   Camilo Minero entendió el arte como una forma de cambio social.

2. ¿De qué se rellenan las pupusas? Las pupusas se rellenan de queso, pollo o cerdo.

3. ¿De qué están hechas las alfombras en la celebración de Semana Santa en Antigua, Guatemala? Las alfombras están hechas de aserrín teñido de colores brillantes y de flores.

4. ¿Cuáles son los carnavales más grandes de Panamá?
   Los carnavales más grandes de Panamá son los de Ciudad de Panamá y Las Tablas.

5. ¿Qué líneas temáticas caracterizan la obra de Gioconda Belli? El compromiso sociopolítico y la lucha por la liberación de la mujer marcan su obra.

6. ¿Qué artista de la Galería te interesa más? ¿Por qué?
   Answers will vary.

PROYECTO

Odisea por Centroamérica

Organiza una travesía por las seis capitales centroamericanas siguiendo la Panamericana. Antes de empezar el viaje investiga toda la información que necesites en Internet.

- Explora una atracción importante por su valor histórico, cultural o natural en cada capital.
- Escribe una entrada en tu diario para la atracción que explores en cada capital.
- Explica tu aventura a tus compañeros de clase. Cuéntales lo que viste y aprendiste, léeles tus impresiones y muéstrales fotos de los lugares que visitaste.

MINIPRUEBA

Completa las oraciones con la información correcta y demuestra lo que aprendiste sobre Centroamérica.

1. En 2010, Gioconda Belli publicó su _____, *El país de las mujeres*.
   a. autobiografía   b. última novela
   c. colección de poemas

2. La carretera Panamericana recorre desde _____ hasta Alaska.
   a. el Volcán Poás   b. Copán
   c. la Patagonia

3. El _____ es un obstáculo para la continuidad de la Panamericana.
   a. Canal de Panamá   b. Chirripó
   c. Tapón del Darién

4. *Chirripó* es una palabra indígena que significa tierra de _____.
   a. aguas eternas   b. sal y oro   c. jaguares

5. En Panamá, un cartucho es _____.
   a. una bodega   b. un refresco   c. una bolsa

6. Además de diseños geométricos y elementos del mundo natural, también se ven _____ en las molas.
   a. diseños modernos   b. figuras políticas
   c. pequeñas esculturas

7. La gente decora las ventanas y las iglesias para la _____ de Semana Santa en Antigua.
   a. alfombra   b. flor   c. procesión

8. A Costa Rica se le conoce como la _____ de América.
   a. "Suiza"   b. "España"   c. "Francia"

9. Los carnavales se celebran en Panamá desde _____ del siglo XX.
   a. finales   b. mediados   c. principios

10. Las creaciones artísticas de Armando Morales incluyen escenas cotidianas y _____.
    a. literarias   b. naturalezas muertas
    c. retratos de celebridades

11. Camilo Minero usa colores cálidos (*warm*) como el _____.
    a. azul   b. amarillo   c. gris

Video

De compras en Barcelona

Corresponsal: Mari Carmen Ortiz
País: España

Hacer las compras tal vez te parezca una actividad aburrida y poco glamorosa, pero ¡te equivocas! En este episodio de **Flash Cultura** podrás pasear por el antiguo y popular mercado de La Boquería en Barcelona y descubrir una manera distinta de elegir los mejores productos en tiendas especializadas.

Vocabulario

amplio/a *broad, wide*	**la gamba** *(Esp.) shrimp*
el buñuelo *fritter*	**los mariscos** *seafood*
el carrito *shopping cart*	**las patas traseras** *hind legs*
la charcutería *delicatessen*	**el puesto** *market stand*

  Preparación ¿Qué productos españoles típicos conoces? ¿Cuál te gustaría más probar?

 Comprensión Indica si estas afirmaciones son ciertas o falsas. Después, en parejas, corrijan las falsas.

1. Las Ramblas de Barcelona son amplias avenidas. Cierto.
2. En La Boquería debes elegir un carrito a la entrada y pagar toda la compra al final. Falso. En La Boquería no hay carritos y en cada parada se debe pagar la compra.
3. Hay distintos tipos de jamón serrano según la curación y la región. Cierto.
4. Barcelona ofrece una gran variedad de marisco y pescado fresco porque es un puerto marítimo. Cierto.
5. En España, la mayoría de las tiendas cierra al mediodía durante media hora. Falso. Las tiendas cierran durante tres horas.
6. Las panaderías abren todos los días menos los domingos. Falso. Las panaderías están abiertas también los domingos.

Expansión En parejas, contesten estas preguntas.

- ¿Prefieres hacer las compras en tiendas pequeñas y mercados tradicionales o en un supermercado normal? ¿Por qué?
- ¿Te levantas temprano para comprar el pan o algún otro producto los domingos? ¿Qué producto es tan esencial para la gente de tu país como el pan para los españoles?
- ¿Te parece bien que las tiendas cierren a la hora de la siesta? ¿Para qué usarías tú todo ese tiempo?

La Boquería es un paraíso para los sentidos: olores de comida, el bullicio° de la gente, colores vivos se abren a tu paso mientras haces tus compras.

Hay tiendas que nunca cierran a la hora de comer: las tiendas de moda y los grandes almacenes°. Pero aún éstas tienen que cerrar tres domingos al mes.

El jamón serrano es una comida típica española y es servido con frecuencia en los bares de tapas°.

bullicio *hubbub* **almacenes** *department stores* **tapas** *Spanish appetizers*

 Practice more at **vhlcentral.com.**

4.1

The subjunctive in adjective clauses

TALLER DE CONSULTA

This additional grammar topic is covered in the **Manual de gramática, Lección 4.**

4.4 *To become:* **hacerse, ponerse,** and **volverse, p. 390**

¡ATENCIÓN!

An adjective clause (**oración subordinada adjetiva**) is a subordinate clause that describes a noun or pronoun, called the antecedent, in the main clause.

INSTRUCTIONAL RESOURCES
Supersite: Audioscripts, SAM AK, Lab MP3s
SAM/WebSAM: WB, LM

Point out that while **que** is the most common connector, conjunctions like **donde** and **en que** can also be used before adjective clauses. Ex: **¿Hay algún restaurante donde se sirva comida guatemalteca?**

Remind students that one of the main characteristics of the subjunctive is the idea of uncertainty.

- When an adjective clause describes an antecedent that is known to exist, use the indicative. When the antecedent is unknown or uncertain, use the subjunctive.

MAIN CLAUSE: ANTECEDENT UNCERTAIN	CONNECTOR	SUBORDINATE CLAUSE: SUBJUNCTIVE
Busco un trabajo	**que**	**pague bien.**

Antecedent certain → Indicative	Antecedent uncertain → Subjunctive
Necesito el libro que **tiene** información sobre los prejuicios sociales. *I need the book that has information about social prejudices.*	Necesito un libro que **tenga** información sobre los prejuicios sociales. *I need a book that has information about social prejudices.*
Buscamos los documentos que **describen** el patrimonio de nuestros antepasados. *We're looking for the documents that describe our ancestors' heritage.*	Buscamos documentos que **describan** el patrimonio de nuestros antepasados. *We're looking for (any) documents that (may) describe our ancestors' heritage.*
Tiene un esposo que la **trata** con respeto y comprensión. *She has a husband who treats her with respect and understanding.*	Quiere un esposo que la **trate** con respeto y comprensión. *She wants a husband who will treat her with respect and understanding.*

*Algunos clientes prefieren un plato que no **tenga** carne.*

- When the antecedent of an adjective clause is a negative pronoun (**nadie, ninguno/a**), the subjunctive is used.

Antecedent certain → Indicative	Antecedent uncertain → Subjunctive
Elena tiene tres parientes que **viven** en San José. *Elena has three relatives who live in San José.*	Elena no tiene **ningún** pariente que **viva** en Limón. *Elena doesn't have any relatives who live in Limón.*
De los cinco nietos, hay dos que **se parecen** a la abuela. *Of the five grandchildren, there are two who resemble their grandmother.*	De todos mis nietos, no hay **ninguno** que **se parezca** a mí. *Of all my grandchildren, there's not one who looks like me.*
En mi patria, hay muchos que **apoyan** al candidato conservador. *In my homeland, there are many who support the conservative candidate.*	En mi familia, no hay **nadie** que **apoye** al candidato conservador. *In my family, there is nobody who supports the conservative candidate.*

- Do not use the personal **a** with direct objects that represent hypothetical persons.

Antecedent uncertain → Subjunctive	Antecedent certain → Indicative
Busco un abogado que **sea** honrado. *I'm looking for a lawyer who is honest.*	Conozco **a** un abogado que **es** honrado, justo e inteligente. *I know a lawyer who is honest, fair, and smart.*

- Use the personal **a** before **nadie** and **alguien**, even when their existence is uncertain.

Antecedent uncertain → Subjunctive	Antecedent certain → Indicative
No conozco **a nadie** que **se queje** tanto como mi suegra. *I don't know anyone who complains as much as my mother-in-law.*	Yo conozco **a alguien** que **se queja** aún más... ¡la mía! *I know someone who complains even more... mine!*

Remind students that the personal **a** is not used after the verbs **haber** and **tener**, regardless of whether or not the person is hypothetical. Ex: **No hay nadie que.../ Hay una mujer que.../ Tengo un novio que.../No tengo ningún amigo que...**

- The subjunctive is commonly used in questions with adjective clauses when the speaker is trying to find out information about which he or she is uncertain. If the person who responds knows the information, the indicative is used.

Antecedent uncertain → Subjunctive	Antecedent certain → Indicative
¿Me recomienda usted un buen restaurante que **esté** cerca de aquí? *Can you recommend a good restaurant that is nearby?*	Sí, el restaurante de mi yerno **está** muy cerca y **es** excelente. *Yes, my son-in-law's restaurant is nearby, and it's excellent.*
Oigan, ¿no me pueden poner algún apodo que me **quede** mejor? *Hey guys, can't you give me a nickname that fits me better?*	Bueno, si tú insistes, pero Flaco es el apodo que te **queda** mejor. *OK, if you insist, but Skinny is the nickname that suits you best.*

Gente

Si leyó en **Gente** algo con lo que no está de acuerdo, discútalo con alguien que le preste atención. Con **Gente**.

Nos gusta saber lo que piensa. Envíe sus cartas al buzón de **Gente**.

Revista **Gente**
Avenida Bucarelli 4-12
México, DF

Práctica

1 **Combinar** Combina las frases de las dos columnas para formar oraciones lógicas. Recuerda que a veces vas a necesitar el subjuntivo y a veces no.

__c__ 1. Mario tiene un hermano que   a. sea alta y artística.

__d__ 2. Tengo dos cuñados que   b. sean respetuosos y estudiosos.

__e__ 3. No conozco a nadie que   c. canta cuando se ducha.

__a__ 4. Pedro busca una novia que   d. hablan alemán.

__b__ 5. Quiero tener nietos que   e. entienda más de cuatro idiomas.

2 **El agente de viajes** Graciela va a ir de vacaciones a Montelimar, en Nicaragua, y le escribe un correo electrónico a su agente de viajes explicándole sus planes. Completa el correo con el subjuntivo o el indicativo.

De: Graciela <graciela@micorreo.com>

Para: Santiago <santiago@micorreo.com>

Asunto: Viaje a Montelimar

Querido Santiago:

Estoy muy contenta porque el mes que viene voy a viajar a Montelimar para tomar unas vacaciones. He estado pensando en el viaje y quiero decirte qué me gustaría hacer. Quiero ir a un hotel que (1)___sea___ (ser) de cinco estrellas, que (2)___tenga___ (tener) vista al mar. Me gustaría hacer una excursión que (3)___dure___ (durar) varios días y que me (4)___permita___ (permitir) ver el famoso Lago de Nicaragua. ¿Qué te parece?

Mi hermano me dice que en la principal agencia de viajes de Montelimar hay un guía turístico llamado Ernesto que (5)___conoce___ (conocer) algunos lugares exóticos y que me (6)___puede___ (poder) llevar a verlos. También dice que Ernesto llama mucho la atención (*stands out*) porque es un muchacho muy atractivo que (7)___tiene___ (tener) el pelo muy rubio y (8)___es___ (ser) muy alto. ¡Tal como a mí me gusta!

Espero tu respuesta,
Graciela

3 **Reunión familiar** Sebastián y Olga se preparan para celebrar en su casa la reunión familiar anual. Completa cada oración con la opción más lógica de la lista. Haz los cambios necesarios.

gustarle a tío Alberto	ser festivo/a
hacer cortes de pelo modernos	venir a limpiar
	tocar merengue

1. Para la fiesta, Olga quiere contratar a la banda "Tonos dulces", que ___toca merengue___.

2. Sebastián busca un peluquero que ___haga cortes de pelo modernos___.

3. Olga prepara para la fiesta el platillo que ___le gusta a tío Alberto___.

4. Sebastián quiere comprar decoraciones que ___sean festivas___.

5. Después de la fiesta, Olga quiere contratar a una compañía que ___venga a limpiar___.

 Practice more at **vhlcentral.com**.

Comunicación

4 **Sueños y realidad** En parejas, hagan comparaciones sobre lo que tienen y lo que sueñan tener estos personajes. Usen las palabras de la lista. Recuerden utilizar el indicativo o el subjuntivo, según corresponda.

> **Modelo** Sonia tiene un novio que enseña historia en la universidad y que es muy responsable, pero ella sueña con tener un novio que toque la guitarra eléctrica y que sea muy rebelde.

4 Have each pair add two more words to the list and create their own statements. Call on students to share their partners' responses.

buscar	apartamento
conocer	computadora
necesitar	hermano/a
querer	mascota (*pet*)
tener	vecino/a

5 **Anuncios** En grupos de cuatro, escriban anuncios detallados usando el indicativo o el subjuntivo sobre lo que buscan los Pérez y los Solís. Después, inventen dos anuncios más para enseñárselos a la clase.

5 Ask students to bring in samples from the classifieds section of a Spanish newspaper. Read and discuss several examples as a class.

La familia Pérez busca a su perro Tomás, que se perdió en el parque. Aquí tienen una foto de él.

Miguel y Carlos Solís buscan un guía turístico para su viaje a los volcanes de Nicaragua.

6 **El ideal** En parejas, imaginen cómo es el/la compañero/a ideal en cada una de estas situaciones. Utilicen el subjuntivo o el indicativo de acuerdo a la situación.

> **Modelo** Lo ideal es vivir con alguien que no se queje demasiado.

6 For each situation listed, call on students and ask specific questions. Ex: **¿Cómo es tu compañero/a de cuarto? ¿Qué buscas en un(a) buen(a) compañero/a?**

Alguien con quien...

- vivir
- trabajar
- ver películas de amor o de aventuras

- comprar ropa
- estudiar
- viajar por el desierto del Sahara

INSTRUCTIONAL RESOURCES

Supersite: Audioscripts, SAM AK, Lab MP3s
SAM/WebSAM: WB, LM

Remind students that the English equivalents of most Spanish reflexive verbs do not require reflexive pronouns (*myself, yourself,* etc.). Ex: **Jaime se despertó.** *Jaime woke up.* Unlike English, Spanish does not make frequent use of possessive adjectives. Ex: **Me pongo los zapatos.** *I'm putting on my shoes.*

4.2

Reflexive verbs

- In a reflexive construction, the subject of the verb both performs and receives the action. Reflexive verbs (**verbos reflexivos**) always use reflexive pronouns (**me, te, se, nos, os, se**).

Reflexive verb

Elena **se lava** la cara.

Non-reflexive verb

Elena **lava** los platos.

Reflexive verbs	
lavarse *to wash (oneself)*	
yo	me **lavo**
tú	te **lavas**
Ud./él/ella	se **lava**
nosotros/as	nos **lavamos**
vosotros/as	os **laváis**
Uds./ellos/ellas	se **lavan**

- Many of the verbs used to describe daily routines and personal care are reflexive.

acostarse *to go to bed*	**dormirse** *to fall asleep*	**peinarse** *to comb (one's hair)*
afeitarse *to shave*	**ducharse** *to take a shower*	**ponerse** *to put on (clothing)*
arreglarse *to dress up, get ready*	**lavarse** *to wash (oneself)*	**secarse** *to dry off*
bañarse *to take a bath*	**levantarse** *to get up*	**quitarse** *to take off (clothing)*
cepillarse *to brush (one's hair, teeth)*	**maquillarse** *to put on makeup*	**vestirse** *to get dressed*
despertarse *to wake up*		

- In Spanish, most transitive verbs can also be used as reflexive verbs to indicate that the subject performs the action to or for himself or herself.

Félix **divirtió** a los invitados con sus chistes.
Félix amused the guests with his jokes.

Félix **se divirtió** en la fiesta.
Félix had fun at the party.

Ana **acostó** a los gemelos antes de las nueve.
Ana put the twins to bed before nine.

Ana **se acostó** muy tarde.
Ana went to bed very late.

¡ATENCIÓN!

A transitive verb takes an object. An intransitive verb does not take an object.

Transitive:

Mariela compró dos boletos.
Mariela bought two tickets.

Intransitive:

Johnny nació en México.
Johnny was born in Mexico.

- Many verbs change meaning when they are used reflexively.

aburrir *to bore*	**aburrirse** *to become bored*
acordar *to agree*	**acordarse (de)** *to remember*
comer *to eat*	**comerse** *to eat up*
dormir *to sleep*	**dormirse** *to fall asleep*
ir *to go*	**irse (de)** *to leave*
llevar *to carry*	**llevarse** *to carry away*
mudar *to change*	**mudarse** *to move (change residence)*
parecer *to seem*	**parecerse (a)** *to resemble, to look like*
poner *to put*	**ponerse** *to put on (clothing)*
quitar *to take away*	**quitarse** *to take off (clothing)*

- Some Spanish verbs and expressions are reflexive even though their English equivalents may not be. Many of these are followed by the prepositions **a, de,** and **en**.

acercarse (a) *to approach*	**fijarse (en)** *to take notice (of)*
arrepentirse (de) *to regret*	**morirse (de)** *to die (of)*
atreverse (a) *to dare (to)*	**olvidarse (de)** *to forget (about)*
convertirse (en) *to become*	**preocuparse (por)** *to worry (about)*
darse cuenta (de) *to realize*	**quejarse (de)** *to complain (about)*
enterarse (de) *to find out (about)*	**sorprenderse (de)** *to be surprised (about)*

- *To get* or *become* is frequently expressed in Spanish by the reflexive verb **ponerse** + [*adjective*].

  Mi hijo **se pone feliz** cuando nos visitan los abuelos.
  My son gets happy when our grandparents visit us.

  Si no duermo bien, **me pongo insoportable**.
  If I don't sleep well, I become unbearable.

- In the plural, reflexive verbs can express reciprocal actions done *to one another*.

  ¡Mi esposa y yo **nos peleamos** demasiado!
  My wife and I fight too much!

  ¿Será porque ustedes no **se respetan**?
  Could it be because you don't respect each other?

- The reflexive pronoun precedes the direct object pronoun when they are used together in a sentence.

  ¿Te comiste el pastel?
  Did you eat the whole cake?

  Sí, **me lo** comí todo.
  Yes, I ate it all up.

Write several sentence pairs on the board to illustrate the differences in meaning. Ex: **Pareces cansado.** *You seem tired.* **Te pareces a tu media hermana.** *You look like your half sister.*

Have the class play charades using the reflexive verbs listed on **pp. 138–139**. Then have students take turns giving each other commands to pantomime.

TALLER DE CONSULTA

Hacerse and **volverse** also mean *to become*. See **Manual de gramática, 4.4, p. 390.**

When used with infinitives and present participles, reflexive pronouns follow the same rules of placement as object pronouns. See **3.2, pp. 100-101.**

The use of **se** with indirect object pronouns to express unplanned events is covered in **7.3, p. 255.** Ex: **Se me perdieron las llaves.**

Práctica

As a warm-up, ask students about their own schedules. Ex: **¿A qué hora te levantas?**

Have students work in pairs to describe what they did last night and this morning.

Imagine that Eduardo's grandfather is 103 years old. Have students describe his Saturday schedule.

1 Reflexivos Algunos verbos cambian de significado cuando se usan de forma reflexiva. Completa las oraciones con la forma adecuada del verbo indicado y el pronombre si es necesario.

1. Yo siempre _____duermo_____ (dormir/dormirse) bien cuando estoy en mi casa de verano.

2. Carlos, ¿___te acuerdas___ (acordar/acordarse) de cuando fuimos de vacaciones a Cancún hace dos años?

3. Si estamos tan cansados de la ciudad, ¿por qué no ___nos mudamos___ (mudar/mudarse) a una casa junto al lago?

4. No me gusta esta fiesta. Quiero ___irme___ (ir/irse) cuanto antes.

5. Cristina y Miguel ___llevan___ (llevar/llevarse) a los niños a esa escuela.

6. Mi abuela va a ___poner___ (poner/ponerse) una foto de todos sus nietos en el salón.

2 Todos los sábados

A. En parejas, describan la rutina que siguen Eduardo y sus amigos todos los sábados.

Eduardo — Se despierta/levanta.

Manny — Se ducha.

Teo — Se afeita.

Sandra — Se cepilla los dientes.

Yoli — Se viste.

Mónica — Se maquilla.

B. ¿Qué hacen los sábados por la mañana otros cuatro amigos de Eduardo? Describan sus rutinas. Utilicen verbos reflexivos y sean creativos.

 Practice more at **vhlcentral.com.**

Comunicación

3

¿Y tú? En parejas, túrnense para hacerse las siguientes preguntas. Contesten con oraciones completas y expliquen sus respuestas.

3 Call on students to report their results.

1. ¿A qué hora te despiertas normalmente los lunes por la mañana? ¿Por qué?
2. ¿Te duermes en las clases?
3. ¿A qué hora te acuestas normalmente los fines de semana?
4. ¿A qué hora te duchas durante la semana?
5. ¿Te levantas siempre a la misma hora que te despiertas? ¿Por qué?

6. ¿Qué te pones para salir los fines de semana? ¿Y tus amigos?
7. ¿Cuándo te vistes elegantemente?
8. ¿Te diviertes cuando vas a una discoteca? ¿Y cuando vas a una reunión familiar?
9. ¿Te fijas en la ropa que lleva la gente?
10. ¿Te preocupas por tu imagen?

11. ¿De qué se quejan tus amigos normalmente? ¿Y tus padres u otros miembros de la familia?
12. ¿Conoces a alguien que se preocupe constantemente por todo?
13. ¿Te arrepientes a menudo de las cosas que haces?
14. ¿Te peleas con tus amigos? ¿Y con tus familiares?
15. ¿Te sorprendes de una costumbre o un hábito de alguna persona mayor que conoces?

4

En un café Imagina que estás en un café y ves a tu ex novio/a besándose con alguien. ¿Qué haces? En grupos de tres, representen la escena. Utilicen por lo menos cinco verbos de la lista.

4 As a follow-up writing assignment, have students write an e-mail to their ex.

acercarse	atreverse	enterarse	ponerse
acordarse	convertirse	fijarse	preocuparse
alegrarse	darse cuenta	irse	quejarse
arrepentirse	enojarse	olvidarse	sorprenderse

INSTRUCTIONAL RESOURCES
Supersite: Audioscripts, SAM AK, Lab MP3s
SAM/WebSAM: WB, LM

4.3

Por and para

- **Por** and **para** are both translated as *for*, but they are not interchangeable.

—*¿Y si vendemos esto y nos vamos **para** Venezuela?*

*Dice que quiere regresar **por** varias razones.*

Explain that **para** is often used with adverbs to indicate *"in the direction of."* Ex: **para arriba** *upwards* **para atrás** *backwards*

VARIACIÓN LÉXICA Point out that in spoken Spanish many native speakers often drop the second syllable of **para**. Ex: **p'arriba, p'abajo**

Uses of *para*

Destination *(toward, in the direction of)*	La familia sale **para** Estados Unidos pronto. *The family is leaving soon for the US.*
Deadline or a specific time in the future *(by, for)*	Las arepas deben estar hechas **para** las 12. *The arepas have to be made by 12.*
Goal (para + [infinitive]) *(in order to)*	**Para** atraer clientes vegetarianos, Gloria prepara arepas de tofu. *In order to attract vegetarian customers, Gloria makes tofu arepas.*
Purpose (para + [noun]) *(for, used for)*	Alberto compró la comida **para** la semana. *Alberto bought food for the week.*
Recipient *(for)*	Gloria ahorró dinero **para** Chela. *Gloria saved money for Chela.*
Comparison with others or opinion *(for, considering)*	**Para** ser tan joven, Mingo ha trabajado mucho. *For being so young, Mingo has worked a lot.* **Para** Alberto, volver a Caracas es una tontería. *For Alberto, returning to Caracas is foolish.*
Employment *(for)*	Mingo trabaja **para** Alberto y Gloria. *Mingo works for Alberto and Gloria.*

Additional expressions with **para**:
para que *so that*
¿para qué? *what for?*

Expressions with *para*

no estar para bromas *to be in no mood for jokes*	**para colmo** *to top it all off*
	para que sepas *just so you know*
no ser para tanto *to not be so important*	**para siempre** *forever*

¡ATENCIÓN!

Remember to use the infinitive, not the subjunctive, after **para** if there is no change of subject.

Me despierto a las cinco para llegar temprano.
I wake up at five in order to arrive early.

- Note that the expression **para que** is followed by the subjunctive.

  Gloria distribuye panfletos **para que** los venezolanos **vengan** al restaurante.
  Gloria distributes flyers so that Venezuelans will come to the restaurant.

—*Señora, ¿usted ya firmó **para** el nuevo referéndum?*

*Sin embargo, Gloria está ahí **por** otro motivo...*

Uses of *por*

Motion or a general location (along, through, around, by)	El cliente entró **por** la puerta y lo saludó. *The customer came in through the door and greeted him.*
Duration of an action (for, during, in)	Gloria quiere quedarse **por** un año. *Gloria wants to stay for a year.*
Reason or motive for an action (because of, on account of, on behalf of)	Vinieron a Estados Unidos **por** razones políticas. *They came to the US for political reasons.*
Object of a search (for, in search of)	Mingo fue a la cocina **por** la ensalada. *Mingo went to the kitchen for the salad.*
Means by which (by, by way of, by means of)	Su prima los llamó **por** teléfono. *Her cousin called them by phone.*
Exchange or substitution (for, in exchange for)	Cambió las arepas de carne **por** las de tofu. *She switched the meat arepas for the tofu ones.*
Unit of measure (per, by)	El metro puede ir a 50 km **por** hora. *The subway can go 50 km per hour.*
Agent (passive voice) (by)	El dinero fue gastado **por** Chela. *The money was spent by Chela.*

Expressions with *por*

por allí/aquí *around there/here*	**por lo tanto** *therefore*
por casualidad *by chance/accident*	**por lo visto** *apparently*
por ejemplo *for example*	**por más/mucho que** *no matter how much*
por eso *therefore, for that reason*	**por otro lado/otra parte** *on the other hand*
por fin *finally*	**por primera vez** *for the first time*
por lo general *in general*	**por si acaso** *just in case*
por lo menos *at least*	**por supuesto** *of course*

¡ATENCIÓN!

In many cases it is grammatically correct to use either **por** or **para** in a sentence. The meaning of each sentence, however, is different.

Trabajó por Alberto. *He worked for (in place of) Alberto.*

Trabajó para Alberto. *He worked for (in the employment of) Alberto.*

TALLER DE CONSULTA

The passive voice is discussed in detail in **10.1, p. 352.**

Point out that **por** is always used with **gracias**. Ex: **Gracias por la cena.** Additional expressions with **por**:
por ahora *for the time being*
por cierto *by the way*
¡por Dios! *for God's sake!*
por escrito *in writing*

Práctica

1 **Otra manera** Lee la primera oración y completa la segunda versión usando **por** o **para**.

1. Cuando voy a Costa Rica, siempre visito Puntarenas.
   Paso __por__ Puntarenas cuando voy a Costa Rica.

2. El hotel era muy barato. Pagué sólo 100 dólares.
   Conseguí la habitación __por__ sólo 100 dólares.

3. Fui porque quería visitar a mis suegros.
   Yo quería ir __para__ visitar a mis suegros.

4. Mi familia les envió muchos regalos a ellos.
   Mi familia envió muchos regalos __para__ ellos.

5. Mis suegros se alegraron mucho de nuestra visita.
   Mis suegros se pusieron muy felices __por__ nuestra visita.

Playa de Puntarenas, Costa Rica

2 **Completar** Completa la carta con **por** y **para**.

Querida abuela:

(1) __Por__ fin llegué a esta tierra. La Ciudad de Panamá es hermosa. Todavía no he pasado (2) __por__ el Canal de Panamá porque debo ir con un guía. Puedo contratar uno (3) __por__ pocos dólares. En los tres meses del viaje por Centroamérica pensé en ti y en el abuelo (4) __por__ lo mucho que esta tierra representa para ustedes.

Sé que (5) __para__ conocer mejor este país y su cultura tendré que quedarme (6) __por__ lo menos un mes. (7) __Por__ eso, no volveré hasta finales de mayo. (8) __Para__ que sepas, voy a quedarme en el hotel "Panameño". (9) __Para__ mí es un hotel muy cómodo (10) __por__ estar tan cerca del centro de la ciudad.

¡Muchos saludos al abuelo!

José

3 **Oraciones** En parejas, escriban oraciones lógicas utilizando una palabra de cada columna. Luego, inventen una historia incorporando las oraciones que escribieron.

Modelo Mi hermana preparó una cena especial para mi mamá.

caminar	jugar		él	mi mamá
comprar	preparar	para	la fiesta	su edad
hacer	trabajar	por	el parque	su hermana

Comunicación

4 **Soluciones** En parejas, comenten la mejor manera de lograr los objetivos de la lista. Sigan el modelo y utilicen **por** y **para**.

> **Modelo** Para ser saludable, lo mejor es comer cinco frutas o verduras por día porque tienen muchas vitaminas.

concentrarse al estudiar	relajarse
divertirse	ser famoso/a
hacer muchos amigos	ser organizado/a
mantener tradiciones familiares	ser saludable (*healthy*)

5 **Una familia** Los miembros de una familia no siempre se llevan bien. En parejas, miren la foto y escriban un párrafo sobre estas personas. ¿Por qué se pelean? Usen por lo menos cinco de estas expresiones en su relato.

> **Modelo** Para empezar, Sofía llegó a casa muy tarde y por eso...

no fue para tanto	por casualidad	por lo menos
para colmo	por eso	por lo tanto
para siempre	por fin	por supuesto

6 **Conversación** En parejas, elijan una de las situaciones e improvisen una conversación. Utilicen **por** y **para**, y algunas de las expresiones de la actividad 5.

A

Abelardo, tu vecino millonario, está escribiendo su testamento (*will*). Él no tiene herederos y quiere dejarle toda su fortuna a una sola persona. Está pensando en ti y en el alcalde del pueblo. Convence a Abelardo de que te deje toda su fortuna a ti.

B

Hace un año que trabajas en una librería y nunca has tenido vacaciones. Dile a tu jefe/a que quieres tomarte unas vacaciones de dos semanas en el Caribe. Tu jefe/a dice que no y te da sus razones. Explícale las tuyas y dile que si vas de vacaciones vas a ser un(a) mejor empleado/a.

---

4 Have students share their responses with the class. Refer students to **pp. 142–143** and have them identify the uses of **por** and **para** in each other's sentences.

5 Have pairs relate their story to the class without consulting their papers. Ask the rest of the class to jot down the uses they hear of **por** and **para**. Then have volunteers write on the board the sentences or phrases they heard.

6 Have pairs act out their conversations for situations A and B in front of the class. Then have volunteers offer alternative ways to convince the **vecino** or **jefe/a**.

Síntesis

Busco compañera de habitación que sea responsable, limpia y ordenada para compartir apartamento céntrico con dos habitaciones. El apartamento es grande e iluminado, pero es muy caro para una sola persona. Llamar por la tarde a Luisa, al teléfono (555) 333-4455.

Gatito perdido

Mi gato *Julio Enrique* se perdió el sábado pasado por la tarde en la Plaza de la Independencia. Es un gato blanco que tiene manchas (*spots*) negras en la cara. A la persona que lo encuentre le pagaré una recompensa de $50. Comunicarse con *Adriana* al (555) 123-4567.

Traductor de español

se ofrece para traducciones inglés-español. Hace poco tiempo me mudé al centro de la ciudad y trabajo desde mi casa. Soy honrado, profesional y estricto para trabajar. Escribir a Horacio a *traductor86@mail.org*

Intercambio español-francés

Busco hablante nativo/a de francés para hacer un intercambio. Puedo enseñar español a todos los niveles. Tengo cinco años de experiencia y mucha paciencia. Busco una persona con experiencia en enseñanza para que me ayude a perfeccionar mi francés. Si te interesa, podemos hacer una hora semanal de español y otra de francés. Por favor, escribir a raquel_intercambio@mail.com.

Have students compare the style of the ads and ask these questions:
¿Cuál de los avisos es más formal?
¿Cuál es más divertido?
¿Qué información cambiarían en los tres primeros para hacerlos más graciosos (funny)?

1 To preview the activity, have students read the sample ads and underline examples of **por** and **para,** and the subjunctive or indicative.

2 For listening comprehension, ask students to write down the reflexive verbs they hear as classmates perform each skit.

1 **Avisos** En parejas, inventen dos avisos como éstos para el periódico de la escuela. Usen el indicativo o el subjuntivo, según sea necesario. También deben usar **por** y **para**. Después intercambien sus avisos con otra pareja y escriban un mensaje de correo electrónico para contestarlos.

2 **Escenas** En parejas, representen una de estas escenas. Usen la mayor cantidad posible de verbos reflexivos. También deben usar **por** y **para**.

Situación A: dos estudiantes se acaban de conocer; uno/a es nuevo/a en la ciudad y el/la otro/a hace mucho que vive en esta ciudad.

Situación B: dos miembros de la misma familia hablan por teléfono. Uno es estudiante y le cuenta al otro su rutina diaria.

Situación C: dos amigos/as se encuentran y uno/a le cuenta al/a la otro/a cómo fue el concierto de la noche anterior.

Preparación Audio: Vocabulary

Vocabulario de la lectura	Vocabulario útil
el cultivo *farming, cultivation*	**la creencia** *belief*
la desaparición *disappearance*	**cultivar** *to cultivate, to farm*
la fe *faith*	**la esperanza** *hope*
homenajear a los dioses *to pay homage to the gods*	**la etnia** *ethnic group*
	el/la historiador(a) *historian*
la lengua *language*	**la receta** *recipe*
el rito sagrado *sacred ritual*	
el sacerdote *priest*	

VARIACIÓN LÉXICA
lengua ↔ idioma
sacerdote ↔ cura, padre

1 **Escoger** Escoge la palabra que coincide con cada definición.

1. Trabajar la tierra para que produzca trigo, maíz, alfalfa, etc.
   a. fe
   b. etnia
   c. cultivar

2. Los diversos códigos fonéticos que usan los seres humanos para comunicarse.
   a. historiadoras
   b. lenguas
   c. esperanzas

3. La creencia o esperanza que una persona tiene.
   a. fe
   b. receta
   c. etnia

4. Una ceremonia religiosa que se repite.
   a. rito
   b. sacerdote
   c. fe

5. Cuando algo existe pero luego deja de existir.
   a. creencia
   b. cultivo
   c. desaparición

1 Have students write their own definitions for the remaining vocabulary.

2   **A pensar** Contesta las preguntas. Después comparte tus respuestas con un(a) compañero/a.

1. ¿Quiénes son los mayas? ¿Qué sabes de ellos?
2. ¿Cuál crees que es el origen de la goma de mascar (*chewing gum*)?
3. ¿Hay recetas en tu familia que han pasado de una generación a otra? ¿Cuáles son?
4. ¿Cómo crees que era la vida de tus antepasados hace cien años?
5. ¿Qué tradiciones o costumbres se han practicado en tu familia por más de dos generaciones?
6. ¿Qué tradiciones o costumbres quieres que tus descendientes hereden de ti?

2 For oral practice, have groups give short presentations on Mayan influence in the following areas: **la astronomía, la comida, la lengua española, la religión, la arquitectura.**

3 **Opinar** En grupos de tres, lean la cita. ¿Qué piensan de lo que dice? ¿Están de acuerdo? Intercambien sus opiniones. Luego, compartan sus ideas con la clase.

> "Un pueblo sin tradición es un pueblo sin porvenir."
> *Alberto Lleras Camargo*

La herencia de los mayas

Audio: Reading

Para conocer la cultura maya no es suficiente estudiar su historia; también hay que prestar atención a costumbres y prácticas mayas que
endure 5 todavía perduran°. La civilización maya se originó en la península de Yucatán alrededor del 2600 a.C. Con el tiempo, se extendió por toda Centroamérica. Ahí surgieron diferentes grupos étnicos, entre
10 los que se cuentan los quichés, cakchiqueles, pokonchis, pokomanes y chortís. Cada uno de ellos habla una lengua diferente derivada de una lengua común.

La cultura maya llegó a su esplendor
15 alrededor del año 250 d.C. Su desarrollo se vio interrumpido en 1541 con la llegada de los conquistadores españoles.
burned Éstos quemaron° muchos de sus libros e impusieron políticas que buscaban la
20 desaparición de su cultura y su religión. A pesar de ello, muchas de sus tradiciones han sobrevivido el paso de los siglos, pues han sabido preservarlas de la cultura occidental.

Hoy día, muchas personas de origen
25 maya viven en ciudades y practican profesiones modernas. Muchos también viven en pequeñas poblaciones dedicadas especialmente al cultivo del maíz y del frijol. La mayoría de estos habitantes se dedica a
30 las labores del campo, usando métodos de sus antepasados para el cultivo de la tierra. También ha resistido el paso de los siglos la
textiles elaboración de tejidos° y de cerámicas, que todavía tiene importancia en la economía de
35 las poblaciones mayas.

La religión que practican muchos mayas en la actualidad se basa en una mezcla de tradiciones antiguas, de animismo y de catolicismo. Creen en la influencia
40 del cosmos en la vida y atribuyen los fenómenos naturales a los dioses. Según la religión maya, hay dioses benévolos, que traen elementos como la lluvia y el maíz, y dioses malévolos que causan el hambre
45 y los desastres naturales. Los rituales para homenajear a los dioses de la naturaleza

El chicle

¿Sabías que el chicle, o goma de mascar, es un invento maya? Los mayas recolectaban la resina del Chicozapote, un árbol muy abundante en Centroamérica, y la sometían a un proceso de secado (*drying*). El resultado era una goma masticable que los mayas utilizaban para limpiarse los dientes y saciar (*satisfy*) el hambre en los rituales de ayuno (*fasting*). Los mayas llamaron a esta goma "sicte", de ahí que a la goma de mascar se le llame "chicle" en español.

son la perfecta expresión, hoy día, del sincretismo religioso entre la fe cristiana y la maya. Este aspecto es evidente en algunas iglesias, donde se puede ver mayas católicos 50 realizando las mismas ceremonias que los sacerdotes mayas hacen frente a sus ídolos.
En el sistema de creencias° maya, el Sol *beliefs* representa a Jesucristo y la Virgen María se encuentra reflejada en la Luna. 55

La vida diaria y las celebraciones de estos mayas todavía se rigen° por el muy *are determined* preciso calendario de sus ancestros. Cada poblado° tiene un sacerdote encargado de *village* llevar la cuenta de su calendario tradicional, 60 importante para saber cuándo realizar los ritos sagrados. Este calendario, creado hace miles de años, relaciona los astros con los eventos de la vida cotidiana. Los conocimientos de astronomía y matemáticas de los antiguos 65 mayas les sirvieron para construir, sin usar ningún instrumento metálico, observatorios, pirámides y plazas, siempre siguiendo la orientación de los astros.

Los museos y sitios arqueológicos 70 muestran sólo una parte de la cultura maya, porque los habitantes actuales de ciudades y pueblos centroamericanos siguen contando la historia. ∎

Análisis

Comprensión Contesta las preguntas con oraciones completas.

1. ¿Qué tienen en común las lenguas de los quichés, cakchiqueles, pokonchis, pokomanes y chortís, entre otros? Provienen de una lengua común.

2. ¿Qué hicieron los conquistadores cuando se encontraron con la civilización maya? Quemaron muchos de sus libros e impusieron políticas para causar la desaparición de su cultura.

3. ¿Cómo y de qué viven los mayas hoy en día? Unos viven en ciudades y practican profesiones modernas; otros viven en pequeñas poblaciones y se dedican al cultivo.

4. ¿Qué actividades han resistido el paso del tiempo entre los mayas? La manera de cultivar y la elaboración del tejido y de la cerámica han resistido el paso del tiempo.

5. ¿Qué creencias religiosas tienen los mayas? Creen en la influencia del cosmos en la vida.

6. ¿De qué maneras se mezclan la religión católica y la religión maya? En las iglesias, se ven mayas católicos realizando ritos que los sacerdotes mayas hacen frente a sus ídolos.

7. ¿Cuál ha sido la importancia de los astros en la cultura maya? Los astros marcan el desarrollo de la vida cotidiana. Conocer su orientación les fue útil para construir observatorios, pirámides y plazas.

8. ¿De qué otra forma se llama en español a la goma de mascar? Se le llama chicle.

9. ¿Para qué usaban los mayas la goma de mascar? La usaban para limpiarse los dientes y saciar el hambre en los rituales de ayuno.

Culturas ¿Qué otras culturas, aparte de la suya, conocen? En grupos de tres, escojan una cultura con la que estén familiarizados y conversen sobre ella. Compartan sus conocimientos sobre éstos u otros aspectos.

- alimentos
- artesanías
- celebraciones
- cultivos
- historia
- lenguas
- religiones
- ropa típica
- tradiciones

2 Have volunteers share their cultural knowledge with the class. Write their contributions on the board and have them compare and contrast them with their own culture.

Tamales

Imaginar Es el año 2500 y un historiador escribe sobre la sociedad y la cultura occidental del siglo XXI. En grupos de cuatro, escriban lo que creen que el historiador dirá sobre las actividades cotidianas, religión, alimentos típicos, costumbres, fiestas, etc. Compartan su escrito con la clase.

> ## CAPÍTULO 3
>
> Hace cinco siglos la gente tenía vidas muy diferentes.
> El pueblo llamado...

TEACHING OPTION If your community has a restaurant or market specializing in Central American cuisine, organize a class outing. Before they go, have students list the types of items they expect to find there. Later, ask them to compare the items on the list with the ones they actually found.

 Practice more at **vhlcentral.com.**

Preparación

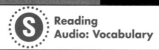

Reading
Audio: Vocabulary

Sobre el autor

Augusto Monterroso (1921–2003) nació en Honduras, pero pasó su niñez y juventud en Guatemala. En 1944 se radicó (*settled*) en México tras dejar Guatemala por motivos políticos. A pesar de su origen y de haber vivido su vida adulta en México, siempre se consideró guatemalteco. Monterroso tuvo acceso desde pequeño al mundo intelectual de los adultos. Fue prácticamente autodidacta (*self-taught*): abandonó la escuela a los 11 años y a los 15 fundó una asociación de artistas y escritores. Considerado padre y maestro del microcuento latinoamericano, Monterroso recurre (*resorts to*) en su prosa al humor inteligente, con el que presenta su visión de la realidad. Entre sus obras se destacan *La oveja negra y demás fábulas* (1969) y la novela *Lo demás es silencio* (1978). Recibió numerosos premios, entre ellos el Premio Príncipe de Asturias en 2000.

Vocabulario de la lectura		Vocabulario útil	
aislado/a *isolated*	**poderoso/a** *powerful*	**la civilización** *civilization*	**la opresión** *oppression*
el conocimiento *knowledge*	**rodear** *to surround*	**la conquista** *conquest*	
	sacrificar *to sacrifice*	**despreciar** *to look down on*	**la religión** *religion*
el desdén *disdain*	**salvar** *to save*	**el fraile (fray)** *friar, monk (Brother)*	**sí mismo/a** *himself/ herself*
digno/a *worthy*			

INSTRUCTIONAL RESOURCES
Supersite: *Literatura* recording; Scripts; SAM AK
SAM/WebSAM: LM

1

Vocabulario Marca la palabra que no corresponde al grupo.

1. (a.) esperanza   b. conquista   c. opresión

2. a. sobrevivir   b. salvar   (c.) despreciar

3. a. conocimiento   b. civilización   (c.) desdén

4. (a.) niñez   b. fraile   c. religión

5. (a.) antepasado   b. castigar   c. sacrificar

2

Astros Contesta las preguntas y comenta tus respuestas con un(a) compañero/a.

1. ¿Has visto alguna vez un eclipse? Descríbelo. Si nunca has visto uno, ¿cómo lo imaginas?

2. ¿Qué porcentaje de tu personalidad crees que está marcado por el día en que naciste? ¿Por qué?

3. ¿Crees que la posición de los astros afecta nuestra vida personal? Explica.

4. ¿Tienes alguna superstición? ¿Cuál?

3

América En parejas, hagan un pequeño resumen con todo lo que sepan sobre la conquista de América por los europeos.

- ¿En qué año llegaron?

- ¿De qué país eran? ¿Quién financió la expedición?

- ¿Qué religión practicaban?

- ¿Qué culturas o etnias se perdieron o fueron afectadas por la conquista?

2 Have students search online or in print media for Spanish horoscopes. Later, have them read and discuss the horoscopes in groups and whether they agree with the assertions.

TEACHING OPTION Have students describe the setting (**el ambiente**) of previous readings in **Imagina** and comment on its importance. Ask students to consider the following aspects of the setting as they read *El eclipse:* el lugar geográfico, la época histórica, la estación del año y la hora del día.

3 Encourage students to draw on examples from North American colonization.

EL ECLIPSE

Augusto Monterroso

Cuando fray Bartolomé Arrazola se sintió perdido, aceptó que ya nada podría salvarlo. La selva poderosa de Guatemala lo había apresado°, implacable y definitiva. Ante su ignorancia topográfica se sentó con tranquilidad a esperar la muerte. Quiso morir allí, sin ninguna esperanza, aislado, con el pensamiento fijo en la España distante, particularmente en

captured 5

10

Al despertar se encontró rodeado por un grupo de indígenas de rostro impasible que se disponían a sacrificarlo ante un altar...

el convento de Los Abrojos, donde Carlos Quinto condescendiera° una vez a bajar de su eminencia para decirle que confiaba en el celo° religioso de su labor redentora°.

had deigned

zeal

redemptive 15

Al despertar se encontró rodeado por un grupo de indígenas de rostro° impasible que se disponían° a sacrificarlo ante un altar, un altar que a Bartolomé le pareció como el lecho° en que descansaría,

face

se... were preparing

bed 20

al fin, de sus temores°, de su destino, de sí mismo.

fears

Tres años en el país le habían conferido un mediano dominio° de las lenguas nativas. Intentó algo. Dijo algunas palabras que fueron comprendidas.

command (of a language)

25

Entonces floreció° en él una idea que tuvo por digna de su talento y de su cultura universal y de su arduo conocimiento de Aristóteles. Recordó que para ese día se esperaba un eclipse total de sol. Y dispuso, en lo más íntimo°, valerse de° aquel conocimiento para engañar a sus opresores y salvar la vida.

blossomed

30

*deepest recesses/**valerse...** to take advantage of*

—Si me matáis —les dijo— puedo hacer que el sol se oscurezca en su altura.

35

Los indígenas lo miraron fijamente y Bartolomé sorprendió la incredulidad en sus ojos. Vio que se produjo un pequeño consejo°, y esperó confiado, no sin cierto desdén.

40 *counsel*

Dos horas después el corazón de fray Bartolomé Arrazola chorreaba° su sangre vehemente sobre la piedra de los sacrificios (brillante bajo la opaca luz de un sol eclipsado), mientras uno de los indígenas recitaba sin ninguna inflexión de voz, sin prisa, una por una, las infinitas fechas en que se producirían eclipses solares y lunares, que los astrónomos de la comunidad maya habían previsto y anotado en sus códices sin la valiosa ayuda de Aristóteles. ∎

was gushing

45

50

Análisis

Comprensión Contesta las siguientes preguntas con oraciones completas.

1. ¿Dónde estaba fray Bartolomé? Fray Bartolomé estaba en la selva de Guatemala.

2. ¿Qué pensaba fray Bartolomé que le iba a ocurrir a él? Pensaba que iba a morir.

3. ¿De dónde era fray Bartolomé? Fray Bartolomé era de España.

4. ¿Por qué conocía el protagonista la lengua de los indígenas? Porque hacía tres años que vivía en Guatemala.

5. ¿Qué querían hacer los indígenas con fray Bartolomé? Querían sacrificarlo ante un altar.

6. ¿De qué se acordó el fraile? Se acordó de que para ese día se esperaba un eclipse total de Sol.

7. ¿Qué les dijo fray Bartolomé a los indígenas? Les dijo que si lo mataban, haría oscurecer el Sol.

8. ¿Qué hicieron los indígenas con fray Bartolomé? Los indígenas lo sacrificaron.

9. ¿Qué recitaba un indígena al final del cuento? Recitaba todas las fechas en que se producirían eclipses solares y lunares.

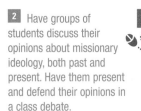

2 Have groups of students discuss their opinions about missionary ideology, both past and present. Have them present and defend their opinions in a class debate.

Interpretar Contesta las preguntas.

1. ¿Cuál había sido la misión de fray Bartolomé en Guatemala?

2. ¿Quién lo había enviado a esa misión?

3. A pesar de los conocimientos sobre la obra de Aristóteles, ¿por qué el protagonista no consiguió salvarse?

3 **Culturas** En parejas, expliquen qué ideología representa fray Bartolomé y comenten si conocen algún acontecimiento histórico en el que se haya infravalorado (*undervalued*) la cultura indígena. Compartan sus conclusiones con la clase.

4 As a pre-writing exercise, have students brainstorm ideas with a partner and give feedback about which titles are the most compelling. After they have written a draft of the article, have them check each other's work with the same partner.

4 **Escribir** Un periódico te ha pedido que escribas un artículo sobre alguna historia que le ocurrió a un(a) antepasado/a tuyo/a. Escribe el artículo y trata de incluir algunos verbos reflexivos y las preposiciones **por** y **para**.

Plan de redacción

Narrar una historia familiar

1 **Organización de los hechos** Piensa en un acontecimiento que haya ocurrido en tu familia que te interese especialmente. Sigue las preguntas para organizar tu artículo:

1. ¿Quién o quiénes fueron los protagonistas de la historia?

2. ¿Qué antecedentes puedes dar sobre lo que sucedió?

3. ¿Cómo y dónde ocurrieron los hechos?

4. ¿Cómo terminó?

5. ¿Cuál es la conclusión de la historia?

2 **Título** Después de saber con exactitud sobre qué vas a escribir, es muy importante darle al artículo un título atractivo y conciso que atraiga al lector. Ponle un título y comienza a escribir.

3 **Explicar y concluir** Una vez que hayas contado lo que ocurrió, explica por qué has escrito sobre esta historia y si ha tenido consecuencias en tu familia.

 Practice more at **vhlcentral.com.**

En familia

Audio: Vocabulary
Flashcards
Video: *En pantalla*

Los parientes

el antepasado *ancestor*
el/la bisabuelo/a *great-grandfather/ grandmother*
el/la cuñado/a *brother/sister-in-law*
el/la esposo/a *husband/wife*
el/la (hermano/a) gemelo/a *twin (brother/sister)*
el/la hermanastro/a *stepbrother/stepsister*
el/la hijo/a único/a *only child*
la madrastra *stepmother*
el/la medio/a hermano/a *half brother/sister*
el/la nieto/a *grandson/granddaughter*
la nuera *daughter-in-law*
el padrastro *stepfather*
el/la pariente *relative*
el/la primo/a *cousin*
el/la sobrino/a *nephew/niece*
el/la suegro/a *father/mother-in-law*
el/la tío/a (abuelo/a) *(great) uncle/aunt*
el yerno *son-in-law*

La vida familiar

agradecer *to thank*
apoyar(se) *to support (each other)*
criar *to raise (children)*
independizarse *to become independent*
lamentar *to regret*
malcriar *to spoil*
mimar *to pamper*
mudarse *to move*
pelear(se) *to fight with (one another)*
quejarse (de) *to complain (about)*
regañar *to scold*
respetar *to respect*
superar *to overcome*

La personalidad

el carácter *character, personality*

(bien) educado/a *well-mannered*
egoísta *selfish*
estricto/a *strict*
exigente *demanding*

honrado/a *honest*
insoportable *unbearable*
maleducado/a *ill-mannered*
mandón/mandona *bossy*
rebelde *rebellious*
sumiso/a *submissive*
unido/a *close-knit*

Las etapas de la vida

la adolescencia *adolescence*
el/la adolescente *adolescent*
el/la adulto/a *adult*
la edad adulta *adulthood*
la juventud *youth*
la muerte *death*
el nacimiento *birth*
la niñez *childhood*
el/la niño/a *child*
la vejez *old age*

Las generaciones

el apodo *nickname*
la ascendencia *heritage*
la autoestima *self-esteem*
la brecha generacional *generation gap*
la comprensión *understanding*
la patria *homeland*
el prejuicio social *social prejudice*
la raíz *root*
el sexo *gender*

heredar *to inherit*
parecerse *to resemble, to look like*
realizarse *to become true*
sobrevivir *to survive*

Cortometraje

la arepera *restaurant serving arepas*
el asilo *asylum*
el comunismo *communism*
el consulado *consulate*
la deuda *debt*
el disparate *silly remark/action, nonsense*
la embajada *embassy*
el/la extranjero/a *foreigner, alien*
la ganancia *profit*

el/la gusano/a *(pej., lit. worm) Cuban exile*
la manifestación *protest*
la pancarta *banner, sign*
la pérdida *loss*
las prestaciones *social assistance*
el/la residente *resident*

alcanzar *to be enough, to reach*
botar *to fire, to throw out*
firmar *to sign*
repartir *to distribute, to hand out*

chévere *great, fantastic*

Cultura

la creencia *belief*
el cultivo *farming, cultivation*
la desaparición *disappearance*
la esperanza *hope*
la etnia *ethnic group*
la fe *faith*
el/la historiador(a) *historian*
la lengua *language*
la receta *recipe*
el rito sagrado *sacred ritual*
el sacerdote *priest*

cultivar *to cultivate, to farm*
homenajear a los dioses *to pay homage to the gods*

Literatura

la civilización *civilization*
el conocimiento *knowledge*
la conquista *conquest*
el desdén *disdain*
el fraile (fray) *friar, monk (Brother)*
la opresión *oppression*
la religión *religion*

despreciar *to look down on*
rodear *to surround*
sacrificar *to sacrifice*
salvar *to save*

aislado/a *isolated*
digno/a *worthy*
poderoso/a *powerful*

sí mismo/a *himself/herself*

INSTRUCTIONAL RESOURCES
Supersite: Testing program

Las riquezas naturales

L a vida humana depende de que la naturaleza esté en equilibrio. La destrucción de los recursos naturales nos afecta a todos, independientemente de nuestra situación geográfica, económica, política o social. ¿Por qué hay quienes viven al margen de esta realidad e ignoran las consecuencias? ¿Cómo debe enfrentar la especie humana el peligro de su propia extinción?

162

168

Destino:
COLOMBIA, ECUADOR Y VENEZUELA

VENEZUELA
COLOMBIA
ECUADOR

PREVIEW Have students discuss the questions on **p. 156** in small groups and defend their opinions. Ask follow-up questions to preview the vocabulary on **p. 158**.
Ex: **¿Qué problema medioambiental te preocupa más? ¿La deforestación? ¿La contaminación? ¿Qué hacemos para prevenir la destrucción de los recursos naturales? ¿Qué más podemos hacer?**

Nuestro mundo

La naturaleza

el árbol *tree*
el bosque *forest*
la cordillera *mountain range*
la costa *coast*
el desierto *desert*
la luna *moon*
el mar *sea*
el paisaje *landscape, scenery*
el río *river*
la selva (tropical) *(tropical) rainforest*
el sol *sun*
la tierra *land, earth*

al aire libre *outdoors*
escaso/a *scant, scarce*
potable *drinkable*
protegido/a *protected*
puro/a *pure, clean*
seco/a *dry*

Los animales

el águila (f.) *eagle*
el ave, el pájaro *bird*
la ballena *whale*
la especie en peligro (de extinción) *endangered species*
la foca *seal*
el lagarto *lizard*
el león *lion*
el lobo *wolf*
el mono *monkey*
el oso *bear*
el pez *fish*
la serpiente *snake*
el tigre *tiger*

la tortuga (marina) *(sea) turtle*

Los fenómenos naturales

el calentamiento *warming*
la erosión *erosion*
el huracán *hurricane*
el incendio *fire*
la inundación *flood*
la lluvia *rain*
la sequía *drought*
el terremoto *earthquake*

La ecología

la basura *trash*
la capa de ozono *ozone layer*
el combustible *fuel*
el consumo de energía *energy consumption*
la contaminación *pollution*
la deforestación *deforestation*
el desarrollo *development*
la energía (eólica, nuclear, renovable, solar) *(wind, nuclear, renewable, solar) energy*
la fuente *source*
el medio ambiente *environment*
el peligro *danger*
el petróleo *oil*
el porvenir *future*
los recursos *resources*
el smog *smog*

agotar *to use up*
aguantar *to put up with, to tolerate*
amenazar *to threaten*
cazar *to hunt*
conservar *to preserve*
contagiar *to infect, to be contagious*
contaminar *to pollute*
desaparecer *to disappear*
destruir *to destroy*

echar *to throw away*
empeorar *to get worse*
extinguirse *to become extinct*
malgastar *to waste*
mejorar *to improve*
prevenir (e:ie) *to prevent*
proteger *to protect*

resolver (o:ue) *to solve, to resolve*
respirar *to breathe*
urbanizar *to urbanize*

dañino/a *harmful*
desechable *disposable*
híbrido/a *hybrid*
renovable *renewable*
tóxico/a *toxic*

Explain that the verb **aguantar** can also mean *to hold*.

Explain to students that the noun **águila**, like a few other nouns that begin with stressed **a**, takes the articles **el** and **un** in the singular, though its gender is feminine. Explain that such words take feminine adjectives. Ex: **el agua limpia.**

VARIACIÓN LÉXICA
echar ↔ tirar
resolver ↔ solucionar
serpiente ↔ culebra, víbora

Explain that whereas a **culebra** is not poisonous, a **víbora** is. **Serpiente** is a generic term for *snake*.

Práctica

1 **Cierto o falso** Indica si las afirmaciones son ciertas. Corrige las falsas.

1. La energía eólica da mejores resultados donde hace mucho sol. Falso. Da mejores resultados donde hay mucho viento.

2. Un recurso es escaso cuando es insuficiente y puede agotarse. Cierto.

3. El porvenir es el tiempo pasado. Falso. Es el futuro.

4. Una planta, animal o persona desaparece cuando deja de existir. Cierto.

5. La sequía es un largo período con lluvias. Falso. Es un largo período sin lluvias.

6. Una situación empeora cuando pasa a un estado mejor. Falso. Empeora cuando pasa a un estado peor.

7. El agua potable no debe beberse porque es dañina para la salud. Falso. El agua potable puede beberse.

8. Dicen que el oso es el rey de la selva. Falso. El león es el rey de la selva.

2 **Saludos desde Venezuela** Completa la postal que Álvaro le mandó a su amigo Carlos.

aire libre	desarrollo	medio ambiente	resolver
conservar	desechable	pájaros	río
contaminación	extinguirse	peligro	urbanizar

Hola Carlos:

¡Aquí estoy! Por fin realicé mi gran sueño de navegar por el (1) _río_ Orinoco. No hay nada como disfrutar del (2) _aire libre_. Aquí las vistas son espectaculares, pero también hay muchos problemas medioambientales. Nuestro guía es excelente y nos explicó muchas cosas. Por ejemplo, que más de trescientas especies de la fauna venezolana están en peligro de (3) _extinguirse_; el ser humano es la especie que mejor se adapta a la (4) _contaminación_ del (5) _medio ambiente_; el sector privado no puede (6) _urbanizar_ aquí para construir hoteles de lujo. Y es que el (7) _desarrollo_ no siempre implica progreso, ¿verdad? En fin, en todos los rincones (*corners*) del planeta hay problemas por (8) _resolver_. Yo espero que este país pueda (9) _conservar_ este bello lugar y que los (10) _pájaros_ no dejen de cantar.

Un fuerte abrazo,
Álvaro

Carlos Sierra

Plazuela Nutibara, 77

Medellín, Colombia

3 **Asociaciones** En parejas, contesten estas preguntas: ¿con cuáles de estos animales, elementos y fuerzas naturales te identificas? ¿Con cuáles crees que se identifica tu compañero/a? Expliquen y comparen sus respuestas.

árbol	energía eólica	mar	sol
bosque	huracán	pájaro	terremoto
cordillera	león	río	tierra
desierto	luna	serpiente	tortuga

 Practice more at **vhlcentral.com**.

Preparación Audio: Vocabulary

INSTRUCTIONAL RESOURCES
Supersite/DVD: Film Collection
Supersite: Script & Translation

VARIACIÓN LÉXICA
aparcamiento ↔
    estacionamiento, parqueo
aparcar ↔ estacionar,
    parquear
coche ↔ carro, auto,
    automóvil

Point out that it is a common error to use **sembrar** (*to sow*) as a synonym of **plantar** (*to plant*). Say: **Sembrar significa poner semillas en la tierra y plantar significa poner plantas o árboles en la tierra.** Explain that only in Venezuela do both terms mean *to plant.*

Vocabulario del corto

el aparcamiento *parking space* (Esp.)	**podar** *to prune*
aparcar *to park* (Esp.)	**quitar** *to remove*
el coche *car*	**serrar** *to saw*
el desinterés *lack of interest*	**soportar** *to put up with*
hacer falta *to be necessary*	**el tronco** *trunk*
plantar *to plant*	

Vocabulario útil

cortar *to cut*
la decepción *disappointment*
desatender (e:ie) *to neglect*
descontrolado/a *out of control*
la expansión (urbana) *(urban) sprawl*

EXPRESIONES

No me extraña. *It doesn't surprise me.*
No te pongas así. *Don't get like that.*
Siempre tan (liado) *Always so (busy)* (Esp.)
Vale, vale. *Okay, okay.* (Esp.)
¡Vaya faena! *What a drag/pain!* (Esp.)

1

Vocabulario Completa cada oración con palabras y expresiones que aprendiste en esta página.

1. Hoy voy a __aparcar__ mi __coche__ en el aparcamiento de la calle Buen Camino.

2. —No quiero ir solo a la fiesta. Nunca encuentro con quien hablar.
   —¡__Siempre tan__ tímido!

3. Este fin de semana trabajaré en mi jardín. Voy a __plantar__ unas flores que compré ayer.

4. ¿Cómo que no puedes venir? ¡Qué __decepción__! Tenía tantas ganas de verte.

5. No debes __desatender__ a tu tía. Visítala de vez en cuando.

6. Voy a __podar__ estos árboles. Sus ramas *(branches)* han crecido demasiado.

7. ¡Qué __tronco__ tan grande tiene este árbol! ¿Cuántos años tendrá?

8. Durante años han cazado al leopardo. __No me extraña__ que la especie se extinga.

2 Have pairs compare their answers to the second item and decide whose circumstances better justify cutting down a tree.

2

Fotograma Observa el fotograma y escribe las respuestas a las preguntas.

- ¿Por qué crees que este hombre está cortando el árbol?

- ¿Piensas que a veces tiene sentido cortar un árbol? ¿En qué circunstancias?

3 Preparación En parejas, miren esta lista de las posibles funciones de un árbol. Elijan cuatro de estas funciones y den un ejemplo específico de cómo los seres humanos usan los árboles. Luego añadan dos funciones más y den un ejemplo de cada una.

- alimento (*food*)
- materiales para la construcción
- refugio
- belleza
- medicina
- sombra (*shade*)

4 Cambios En parejas, hablen sobre los cambios que se han producido en los últimos cincuenta años. ¿Cómo era la vida antes y cómo es ahora? Completen la tabla y compartan sus opiniones con la clase.

	Hace 50 años	Hoy día
1. trabajos		
2. ciudades		
3. contaminación del aire		
4. contaminación del agua		
5. relaciones familiares		
6. extinción de especies		
7. consumo de energía		
8. medios de comunicación		
9. expansión descontrolada		

5 Familias En parejas, háganse las preguntas y amplíen sus respuestas con anécdotas.

1. ¿Cómo es la forma de ser de cada uno de tus padres? ¿Y la de otros parientes?
2. ¿Qué rasgos de personalidad tienes en común con algunos de ellos?
3. ¿Qué importancia tiene tu familia en tu vida? ¿Cómo se la demuestras?

6 Tus padres Contesta las preguntas. Después, en parejas, expliquen sus respuestas.

1. ¿Tienes los mismos problemas que tenían tus padres a tu edad? ¿Cuáles sí y cuáles no?
2. ¿Cómo ha mejorado o empeorado el mundo desde que tus padres tenían tu edad?
3. ¿Cómo se divertían tus padres? ¿Cómo te diviertes tú?
4. ¿Qué planes tenían tus padres para el futuro? ¿Qué planes tienes tú?
5. Si un día tienes hijos, ¿cómo crees que será el mundo en el que vivirán? ¿Cómo prefieres que sea?

7 Plantar un árbol En grupos de tres, contesten las preguntas. Después, compartan sus opiniones con la clase.

1. ¿Por qué creen que se dice que, antes de morir, hay que tener un hijo, escribir un libro y plantar un árbol?
2. ¿Creen que estas tres acciones siguen siendo válidas en el siglo XXI? ¿Por qué?
3. ¿Qué otras tres acciones "más contemporáneas" podrían sustituir a las clásicas? ¿En alguna de ellas se debe considerar a la naturaleza?

3 Ask students to make a similar list of functions regarding animals and explain how humans benefit from each one.

4 Remind students that the imperfect describes how things *used to be*.

4 As a follow-up activity, have students predict what changes will occur during the next fifty years. Ex: **En el futuro, todos escucharemos la radio satelital.**

5 Call on students to summarize their partners' answers.

7 Turn these items into debate topics by restating them as affirmations. Ex: **1. Se puede vivir una vida larga y feliz sin jamás haber ni plantado un árbol ni tenido un hijo ni escrito un libro.**

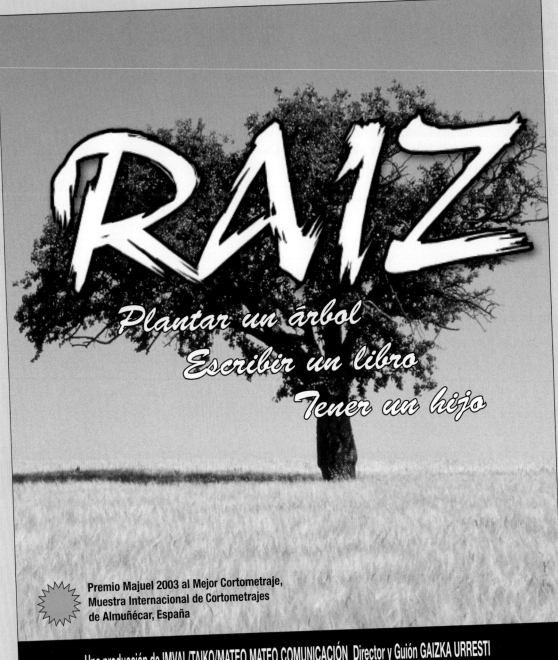

Premio Majuel 2003 al Mejor Cortometraje,
Muestra Internacional de Cortometrajes
de Almuñécar, España

Una producción de IMVAL/TAIKO/MATEO MATEO COMUNICACIÓN Director y Guión GAIZKA URRESTI
Productores GAIZKA URRESTI/LUIS ÁNGEL RAMÍREZ Productores Asociados PATRICIA MATEO/ÁNGEL ENFEDAQUE
Fotografía ESTEBAN RAMOS Música ÁNGEL ENFEDAQUE Montaje GAIZKA URRESTI Sonido SONORA ESTUDIOS
Directora Producción ALEJANDRA BALSA Dirección Artística YON GIJÓN Peluquería NEREA FRAILE Vestuario EVA URQUIZA
Maquillaje NURIA TEJEDOR Actores MANUEL DE BLAS/PETRA MARTÍNEZ/MIKEL ALBISU/JAVIER MAÑÓN/ROSA MARÍA
FERNÁNDEZ DE VALDERRAMA/VÍCTOR CLAVIJO

ARGUMENTO *Una pareja mayor espera con ilusión la visita de su hijo. Arcadio piensa en cortar un árbol para que su hijo pueda aparcar su coche.*

HIJO Este verano sí voy a poder ir a pasar unos días a casa.
CLARA Y, ¿cuándo te irás?
HIJO ¡Mamá, por favor, si todavía ni siquiera he ido! No sé, yo creo que me podré quedar toda la semana.

ARCADIO Tu hijo siempre se ha movido por el interés. No le importa su familia, ni su pueblo, ni nada de nada.
CLARA Ya estamos como siempre. Él tiene que vivir su vida.
ARCADIO Su vida, su vida.

ARCADIO Si tu hijo va a venir con el coche le va a resultar un poco difícil aparcarlo. Estaba pensado que si le hago un poco de sitio lo puede dejar aquí junto al mío.
CLARA ¿Quitar el árbol? ¿Tú eres tonto?

VECINO Pues como le iba diciendo, el tronco tiene que estar seco[1] para que salga con más fuerza.
ARCADIO ¡Que no lo estoy podando, que lo estoy quitando! ¿No ve que le he dado un tajo[2] por la mitad?

ARCADIO El viernes viene mi hijo a pasar unos cuantos días con su madre y conmigo y le estaba haciendo un hueco[3] para que pueda aparcar su coche sin problema.

ARCADIO ¿Qué coche tiene ahora Pedro?
CLARA No lo sé.
ARCADIO Supongo que tendrá un coche alemán. Ésos sí que son buenos, para toda la vida.

[1] **seco** *dry* [2] **tajo** *cut* [3] **hueco** *room*

PREVIEW In groups of five, have students read the scenes aloud, each student playing a different role. Ask: **Basándote en los fotogramas y en el texto, ¿cuál es el tono del cortometraje? ¿Trágico? ¿Chistoso? ¿Triste?** Write a list of film genres on the board and ask students to predict the genre of *Raíz*. Then ask one of the groups to read the scenes aloud for the class, keeping in mind their predictions about tone and genre.

Análisis

1 Have students work in pairs to answer the questions.

1 **Comprensión** Contesta las preguntas con oraciones completas.

1. ¿Quién llama por teléfono? Pedro/El hijo llama por teléfono.

2. ¿Qué le dice a Clara? Le dice que va a visitarlos.

3. ¿Qué piensa Clara de la idea de su esposo de cortar el árbol? Piensa que es una idea tonta.

4. ¿Cuánto tiempo se va a quedar Pedro con sus padres? Pedro se va a quedar una semana.

5. ¿Para qué quiere quitar el árbol Arcadio? Quiere quitar el árbol para que su hijo pueda aparcar su coche.

6. Según el vecino de Arcadio, ¿cómo debe estar el tronco del árbol para poder usar la madera? El tronco debe estar seco para poder usar la madera.

7. ¿Qué le dice el capataz de la obra (*foreman*) a Arcadio sobre los aparcamientos de los edificios que están construyendo? Le dice que tienen muchas plazas libres y que su hijo puede aparcar su coche ahí.

8. ¿Qué coches le gustaban a Arcadio cuando era joven? A Arcadio le gustaban los Mercedes.

9. ¿Qué dice Pedro sobre su visita la segunda vez que llama por teléfono? Dice que todavía está en Milán y no podrá ir a verlos.

2 Ask these additional interpretation questions: **6. ¿Qué opina el vecino del proyecto de Arcadio? ¿Y el capataz de la obra? 7. ¿Qué va a pasar la próxima vez que Pedro haga planes para visitarlos? 8. ¿Qué podemos deducir de la relación entre los miembros de esta familia?**

2 **Interpretar** Contesta las preguntas.

1. ¿Crees que Pedro visita regularmente a sus padres? ¿Cómo lo sabes?

2. ¿Qué opinión tiene Arcadio de su hijo?

3. ¿Cómo piensas que es la vida diaria de Clara y Arcadio?

4. ¿Qué opciones da Clara para que su hijo pueda aparcar su coche?

5. ¿Por qué Arcadio planta un nuevo árbol?

3 As a variant, have students invent their own sequel. Alternatively, ask them to invent one where Pedro finally pays his parents a visit. How long does he stay? How does everything go? How does it change his relationship with his parents?

3 **La visita** En parejas, imaginen que Pedro regresa a vivir al pueblo porque se cansó de la ciudad. Escriban un párrafo contestando las preguntas de la lista. Añadan todos los detalles que crean necesarios.

• ¿Qué aspectos de la vida urbana le disgustan?

• ¿Qué aspectos de la vida del campo le atraen?

• ¿Cómo reaccionan sus padres ante la noticia?

• ¿Cómo mejora la vida de Pedro tras mudarse al pueblo? ¿Cómo empeora?

4 **El pueblo** En grupos de tres, imaginen cómo era el pueblo de Arcadio y Clara cuando Pedro era niño. ¿Cómo ha cambiado desde entonces? Hagan dos listas y compartan sus ideas con la clase.

Modelo   En el pasado había   Hoy en día, queda una
                muchas plazas.   plaza solamente.

5 **Temas** En parejas, escriban un párrafo para explicar el tema principal del cortometraje. Después, sugieran al menos dos temas secundarios y analicen el título *Raíz*. Compartan sus temas y opiniones con la clase. ¿Escogieron temas parecidos? Expliquen si están de acuerdo con sus compañeros/as.

5 Ask students to explain both literal and figurative meanings of the word **raíz**. Have them justify their choices of secondary themes.

6 **Árbol, familia y sociedad** En parejas, comenten estas citas. ¿Están de acuerdo con ellas? Después compartan sus opiniones con la clase.

6 Ask students to submit a quote that captures their own ideas about family, and have them comment on each other's quotes.

> "Por muy alto que sea un árbol, sus hojas siempre caen hacia la raíz." *Anónimo*

> "El que es bueno en la familia es también un buen ciudadano." *Sófocles*

> "El progreso consiste en el cambio." *Miguel de Unamuno*

> "Lo mejor que se les puede dar a los hijos, además de buenos hábitos, son buenos recuerdos." *Sydney Harris*

> "Que nuestro ejército sean los árboles, las rocas y los pájaros del cielo." *Alejandro Magno*

7 **Situaciones** En parejas, elijan una de las situaciones y escriban una conversación basada en ella. Cuando la terminen, represéntenla delante de la clase.

7 Have volunteers imagine a discussion between a parent and a son/daughter on a particular topic. Have the class offer opinions on how to overcome the disagreement.

A

Uno/a de ustedes tiene la oportunidad de trabajar para *Greenpeace* en otro país por un año. Lo malo es que no podrá ver a su familia en todo ese tiempo. Debe explicarle la situación a su madre o padre.

B

A uno/a de ustedes le gusta cazar e invita a un(a) compañero/a de clase a cazar el fin de semana próximo. El/La compañero/a no está de acuerdo con esta actividad y le explica por qué no puede aceptar la invitación.

TEACHING OPTION Discuss the tone and genre of the film and compare them to the predictions students made before viewing it.

 Practice more at **vhlcentral.com.**

INSTRUCTIONAL RESOURCES Supersite: Flash Cultura; Script & Translation; Teaching suggestions; **SAM/WebSAM:** WB

IMAGINA

S En **vhlcentral.com** encontrarás más información y actividades relacionadas con esta sección.

La cordillera de los Incas

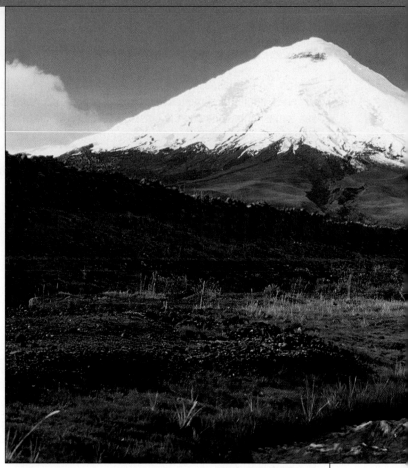

Volcán Cotopaxi, Ecuador

magina una cadena[1] de montañas que se extiende por más de 7.500 kilómetros (4.660 millas) con picos nevados[2] que se elevan a más de 6.900 metros (22.800 pies), numerosos volcanes activos, enormes glaciares y lagunas escondidas en la niebla[3]. Ésta es la **cordillera de los Andes**, que atraviesa el oeste de Suramérica desde su extremo sur hasta su extremo norte. Esta geografía contribuye al carácter distintivo de países como **Ecuador**, **Colombia** y **Venezuela**. Después del **Himalaya**, los Andes son la cadena montañosa más extensa y de mayor altura[4] del planeta. Hagamos un recorrido por la región para conocer algunas de sus maravillas naturales.

Comencemos en Ecuador. ¿Sabías que este país —con una extensión casi igual a la del estado de **Nevada**— tiene la densidad de volcanes más alta del mundo? Existen más de treinta volcanes en Ecuador. El **Sangay**, el más activo del país, y el **Guagua Pichincha**, situado en las afueras de la capital, **Quito**, han entrado en erupción en los últimos años.

Muy cerca de Quito, encontramos el **Parque Nacional Cotopaxi**, cuyo atractivo principal es el **volcán Cotopaxi**, el segundo más alto del país y tal vez el más popular entre los turistas. El Cotopaxi asciende a 5.897 metros (19.347 pies) y su pico nevado puede verse a cientos de kilómetros de distancia. Su última erupción confirmada fue en 1904, pero desde entonces ha producido emisiones de vapor y pequeños

temblores[5], lo que indica que puede haber más erupciones en el futuro.

Ahora pasemos a Colombia. Su **cordillera Oriental** es una de las subcordilleras[6] de los Andes. Aquí encontramos el **Parque Nacional El Cocuy**, una de las reservas naturales más extensas del país. El Cocuy se encuentra a unos 200 kilómetros (125 millas) al noreste de la capital, **Bogotá**, y contiene un ecosistema típicamente andino con más de veinte picos nevados, entre ellos el **Pan de Azúcar** y el **Púlpito del Diablo**. También hay lagunas de origen glaciar y páramos[7] con flora y fauna característicos de los bosques andinos.

Terminemos en Venezuela. Aquí, en las montañas al sureste de **Caracas**, está el **Parque Nacional Canaima**. Su principal atractivo es el **Salto Ángel**, la catarata[8] más alta del mundo. Compara sus 1.000 metros (3.280 pies) de altura con los 50 metros (170 pies) de las cataratas del **Niágara**.

Hay excursiones entre **Caracas** y el salto. Ya sea en avión o en lancha[9] por el **río Churún**, se puede disfrutar de la belleza de esta catarata.

Después de unos días en esta región, regresamos a casa con recuerdos de nuestras aventuras en los Andes del norte. ¡Y sólo visitamos una pequeña parte de estos tres países!

[1] chain [2] **picos**... snow-capped peaks [3] fog [4] height [5] tremors [6] subranges
[7] high plateaus; moors [8] waterfall [9] motorboat

Bogotá, Colombia

LOS ANDES

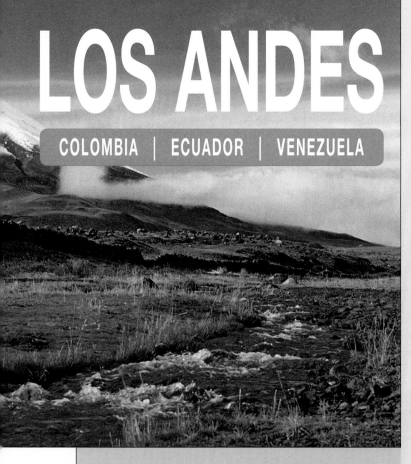

COLOMBIA | ECUADOR | VENEZUELA

El español de Colombia, Ecuador y Venezuela

bacano/a	que gusta, fabuloso; *great!* (Col.)
¡Qué bacanería!	¡Qué bien!; ¡Qué bonito!; *How nice!* (Col.)
bonche	fiesta; *party* (Ven.)
burda	mucho/a; *a lot of* (Ven.)
caleta	casa; *house* (Ecu.)
cambur	plátano; *banana* (Ven.)
chamo/a	chico/a; *boy/girl; dude* (Ven.)
chiva	bicicleta; *bicycle* (Ecu.)
choclos	dientes; *teeth* (Ecu.)
guagua	niño/a; hijo/a; *kid; son/ daughter* (Ecu.)
guambra	joven, muchacho/a; *youngster* (Ecu.)
pana	amigo/a, compañero/a; *partner* (Ven.)
parce, parcero/a	amigo/a, compañero/a; *partner* (Col.)
pelado/a	adolescente; *teenager* (Col.) kid (Col.)
¡Pilas!	¡Atención!; *Careful!; Watch out!* (Col.)
tinto	café; *coffee* (Col.)

Animales de los Andes

El cóndor Es el ave voladora más grande de **Suramérica**. Con las alas[1] extendidas mide hasta tres metros (unos diez pies) de ancho y pesa hasta 14 kg (30 libras). Los **cóndores** pueden vivir hasta 50 años y por lo general forman parejas que duran toda la vida. Tanto las hembras[2] como los machos[3] comparten las responsabilidades en la crianza[4] de los polluelos[5]. El cóndor puede recorrer unos 325 km (200 millas) por día y volar[6] a una altura de 5.500 metros (18.000 pies) en busca de comida. En vez de matar a otros animales, el cóndor prefiere comer los restos[7] de animales muertos.

La alpaca Pertenece a la misma familia que los camellos y está relacionada también con la **llama** y la **vicuña,** que también habitan en la cordillera andina. Las **alpacas** son muy valoradas por su lana[8], que puede tener más de 20 matices[9] de color. Hoy día, se utiliza la lana de alpaca para hacer muchísimos productos, como suéteres, gorros[10], chaquetas y alfombras[11]. Esta lana es considerada una de las más finas y suaves del mundo.

El puma Es natural de las **Américas** y es uno de los felinos más representativos de la región andina. Puede vivir en ecosistemas muy diversos, desde el nivel del mar hasta los 4.500 metros (15.000 pies) de altura. El **puma** es el segundo felino más grande de América. Los machos, que son más grandes que las hembras, miden de uno a 2,75 metros (9 pies) de longitud. El puma puede trepar[12], saltar[13] y nadar con gran agilidad, aunque no se ve en el agua con frecuencia. Se alimenta de mamíferos[14] de todos los tamaños, desde roedores[15] hasta venados[16] grandes. También ataca animales domésticos como caballos y ovejas, razón por la cual ha sido cazado hasta el punto de estar en peligro de extinción.

[1] *wings* [2] *females* [3] *males* [4] *rearing* [5] *chicks* [6] *to fly* [7] *carcass* [8] *wool* [9] *shades* [10] *caps, hats* [11] *rugs* [12] *climb* [13] *jump* [14] *mammals* [15] *rodents* [16] *deer*

GALERÍA DE CREADORES

Bring in several photos of fashions designed by Carolina Herrera, Óscar de la Renta and Narciso Rodríguez. Have students reread the descriptions of each designer (**p. 168**, **p. 91**, and **p. 14**, respectively). Then hold up the photos one at a time and ask: **¿Quién es el diseñador?** The student with the most correct guesses wins the title **El rey/La reina de la moda**.

If time permits, assign the story ***Un hombre muy viejo con unas alas enormes*** as an example of magical realism in the work of García Márquez. Have students share their impressions and ask: **¿Qué elementos son "fantásticos" y cuáles son "normales" dentro del mundo de los personajes?**

LITERATURA
Gabriel García Márquez

Cien años de soledad y *El amor en los tiempos del cólera* no son sólo títulos. Forman parte de la mitología colectiva de cualquier hispanohablante. Las obras del colombiano Gabriel García Márquez han marcado el mundo literario del siglo XX y le merecieron el premio Nobel de Literatura en 1982. En sus cuentos y novelas, García Márquez configura el mundo del realismo mágico, donde lo fantástico es verosímil (*true to life*) y lo común parece fantástico.

DISEÑO Y MODA Carolina Herrera

A los cuarenta años, después de tener su primer nieto, la venezolana Carolina Herrera decidió hacer algo nuevo en su vida y empezó a trabajar como diseñadora. Su influencia en el mundo de la moda fue inmediata y continúa hasta nuestros días. En las listas de nombres mencionados regularmente en las galas de Hollywood suele oírse el suyo. Carolina Herrera fue incluso diseñadora exclusiva de Jacqueline Onassis y amiga y modelo de Andy Warhol.

ESCULTURA **Marisol Escobar**

De adolescente en Venezuela, Marisol Escobar pasó por un período en el que imitaba a santos, vírgenes y mártires. Hacía penitencias como caminar de rodillas hasta sangrar y permanecer en silencio por largos espacios de tiempo. Estas experiencias, y la influencia del catolicismo en general, le han dado a su arte un fuerte componente espiritual, lleno de elementos naturales y sobrenaturales. Lo natural es evidente en su uso común de la madera y la terracota, y lo sobrenatural se expresa en sus creaciones abstractas, hechas con diferentes combinaciones de pinturas, grabados, dibujos y esculturas. Aquí vemos su obra *Presidente Charles de Gaulle* (1967).

PINTURA/MURALISMO
Oswaldo Guayasamín

Cuando un turista llega al aeropuerto de Barajas en Madrid o visita la UNESCO en París, puede admirar uno de los murales de Oswaldo Guayasamín. El pintor y muralista ecuatoriano de fama mundial colaboró con dos de los gigantes del muralismo mexicano: José Clemente Orozco y David Alfaro Siqueiros. Mantuvo también fuertes amistades con Gabriel García Márquez y Pablo Neruda. Al morir, Guayasamín dejó toda su colección artística al pueblo de Ecuador, ya que en vida éste fue una de sus principales fuentes de inspiración. Aquí observamos su obra *Violinista* (1967).

CONEXIÓN INTERNET

Investiga y aprende sobre otros creadores de la región en **vhlcentral.com**.

¿Qué aprendiste?

Cierto o falso Indica si estas afirmaciones son ciertas o falsas. Corrige las falsas.

1. La cordillera de los Andes tiene picos nevados y glaciares.
   Cierto.

2. Los Andes se extienden desde el sur de Ecuador hasta el norte de Venezuela.
   Falso. Se extienden desde el sur hasta el norte de Suramérica.

3. Ecuador es el país con mayor densidad de volcanes.
   Cierto.

4. Hace más de un siglo que los volcanes Sangay y Guagua Pichincha no han entrado en erupción.
   Falso. Han entrado en erupción en los últimos años.

5. El Salto Ángel es la catarata más alta del mundo.
   Cierto.

6. Los cóndores forman parejas temporarias para reproducirse.
   Falso. Forman parejas que duran toda la vida.

7. Al morir, Oswaldo Guayasamín le dejó su colección artística al presidente de Ecuador.
   Falso. Se la dejó al pueblo de Ecuador.

8. Carolina Herrera empezó a trabajar como diseñadora después de ser abuela.
   Cierto.

Preguntas Contesta las preguntas.

1. ¿Cómo se llama el género literario que caracteriza las obras de Gabriel García Márquez?
   Se llama realismo mágico.

2. ¿Cuál es el atractivo principal del Parque Nacional Cotopaxi?
   El volcán Cotopaxi es el atractivo principal.

3. ¿En qué país está el Parque Nacional Canaima?
   El Parque Nacional Canaima está en Venezuela.

4. ¿Qué otros animales son de la misma familia que la alpaca?
   Los camellos, las llamas y las vicuñas son de la misma familia.

5. ¿Qué hacía Marisol Escobar para imitar a los mártires?
   Hacía penitencias.

6. ¿Qué artista de la Galería te interesa más? ¿Por qué?
   Answers will vary.

PROYECTO

Fotografías descriptivas

Imagina que eres fotógrafo/a y trabajas para una revista de ecoturismo. Tu jefe te ha pedido que saques fotos para un reportaje sobre la cordillera de los **Andes** en **Colombia**, **Ecuador** y **Venezuela**.

Busca la información que necesites en Internet.

- Investiga sobre tres maravillas naturales o animales de los Andes.
- Escoge fotografías que reflejen su magnitud y belleza.
- Describe cada foto a la clase y explica por qué la escogiste.

MINIPRUEBA

Completa las oraciones con la información correcta y demuestra lo que aprendiste sobre Colombia, Ecuador y Venezuela.

1. _____ es la cordillera más extensa y más alta del planeta, después _____ .
   a. Los Pirineos; de los Andes   (b.) Los Andes; del Himalaya   c. Los Alpes; de los Andes

2. *Cien años de* _____ y *El amor en los tiempos del* _____ son títulos de novelas de Gabriel García Márquez.
   a. *amistad; cólera*   (b.) *soledad; cólera*
   c. *soledad; cáncer*

3. El Sangay, el Guagua Pichincha y el Cotopaxi son volcanes _____ de Ecuador.
   a. inactivos   b. desechables   (c.) activos

4. De todos los volcanes en Ecuador, el _____ es el más conocido por los turistas y el _____ más alto del país.
   a. Guagua Pichincha; primero   b. Sangay; segundo
   (c.) Cotopaxi; segundo

5. En Venezuela se le puede decir _____ a un amigo.
   (a.) pana   b. bacano   c. cambur

6. Carolina Herrera fue amiga y modelo de _____ .
   a. David Alfaro Siqueiros   (b.) Andy Warhol
   c. Pablo Neruda

7. Se puede ver un mural de Oswaldo Guayasamín en _____ de Madrid.
   (a.) el aeropuerto   b. la Plaza Mayor   c. el metro

8. Un(a) ecuatoriano/a podría decir que vive en una _____ .
   a. chama   (b.) caleta   c. chiva

9. El _____ se puede disfrutar desde el cielo en avión o desde el _____ en lancha.
   (a.) Salto Ángel; río   b. Churum; río
   c. Parque Nacional Canaima; mar

10. El cóndor es el ave voladora más _____ de Suramérica.
    a. tóxica   b. pequeña   (c.) grande

11. La lana de la alpaca es una de las más _____ del mundo.
    a. gruesas   b. baratas   (c.) finas

12. El puma está en peligro de extinción debido a la _____ .
    (a.) caza   b. comida   c. elevación

Un bosque tropical

Ahora que ya has leído sobre las maravillas que esconde la cordillera de los Andes, mira este episodio de **Flash Cultura** para conocer la riqueza del bosque tropical lluvioso de Puerto Rico, con su sorprendente variedad de árboles milenarios.

Vocabulario

la brújula *compass*	**estar en forma** *to be fit*
la caminata *hike*	**la lupa** *magnifying glass*
la cascada *waterfall*	**el/la nene/a** *kid*
el chapuzón *dip*	**subir** *to climb*
la cima *peak*	**la torre** *tower*

Preparación ¿Te gusta estar en contacto con la naturaleza? ¿De qué manera? ¿Has visitado alguno de los bosques nacionales de tu país? ¿Cuál(es)?

Comprensión Indica si estas afirmaciones son ciertas o falsas. Después, corrige las falsas.

1. El nombre *Yunque* proviene del español y significa "dios de la montaña". Falso. El nombre proviene de la palabra indígena Yuque, que significa "tierras blancas".

2. El Yunque es la reserva forestal más antigua del hemisferio occidental. Cierto.

3. El símbolo de Puerto Rico es el arroz con gandules. Falso. El símbolo de Puerto Rico es el coquí.

4. Para llegar a la cima es necesario estar en forma y llevar brújula, agua, mapa, etc. Cierto.

5. Una caminata hasta la cima puede llevar hasta dos días. Falso. Las caminatas hasta la cima pueden llevar hasta medio día.

6. Como la cima está rodeada de nubes, los árboles no pueden crecer mucho. Cierto.

Expansión En parejas, contesten estas preguntas.

- Imagina que sólo puedes llevar tres de los objetos del equipo para llegar a la cima del Yunque. ¿Cuáles llevarías? ¿Por qué?

- ¿Alguno de los atractivos del Yunque te anima (*encourages you*) a visitar este bosque en tus próximas vacaciones? ¿Cuál? ¿Por qué?

- ¿Qué tipo de comida llevas cuando vas de excursión? ¿Qué otras cosas llevas en la mochila?

Point out that a **cuerda**, the unit of measurement used in the episode, is very close to an *acre*. Currently it is used only in Puerto Rico. Other Spanish-speaking countries use square kilometers (**kilómetros cuadrados**) or hectares (**hectáreas**) to refer to the area of a national park.

Corresponsal: Diego Palacios
País: Puerto Rico

En el Yunque hay más especies de árboles que en ningún otro de los bosques nacionales, muchos de los cuales son cientos de veces más grandes, como el Parque Yellowstone o el Yosemite.

Nadar en los ríos del Yunque es uno de los pasatiempos favoritos de los puertorriqueños, como lo es meterse debajo de las cascadas.

El Yunque es el único Bosque Tropical Lluvioso del Sistema Nacional de Bosques de los Estados Unidos.

 Practice more at **vhlcentral.com**.

TALLER DE CONSULTA

These grammar topics are covered in the **Manual de gramática, Lección 5.**

5.4 *Qué* vs. *cuál*, p. 392

5.5 The neuter *lo*, p. 394

INSTRUCTIONAL RESOURCES
Supersite: Audioscripts, SAM AK, Lab MP3s
SAM/WebSAM: WB, LM

¡ATENCIÓN!

Note that all of the future tense endings carry a written accent except in the **nosotros** form.

5.1

The future

Forms of the future tense

*Y, ¿cuándo te **irás**?*

- The future tense (**el futuro**) takes the same endings for all **–ar, –er,** and **–ir** verbs. For regular verbs, the endings are added to the infinitive.

The future tense		
hablar	**deber**	**abrir**
hablaré	deberé	abriré
hablarás	deberás	abrirás
hablará	deberá	abrirá
hablaremos	deberemos	abriremos
hablaréis	deberéis	abriréis
hablarán	deberán	abrirán

Point out that some irregular verbs drop the **e** of the infinitive ending (**caber → cabr-**), while others replace the **e** or **i** of the infinitive ending with **d** (**poner → pondr-**). **Decir** and **hacer** have individual irregularities. Emphasize that in the future tense, while some verb stems are irregular, the verb endings never change.

- For verbs with irregular future stems, the same endings are added to the irregular stem.

infinitive	stem	future
caber	cabr–	**cabré, cabrás, cabrá, cabremos, cabréis, cabrán**
haber	habr–	**habré, habrás, habrá, habremos, habréis, habrán**
poder	podr–	**podré, podrás, podrá, podremos, podréis, podrán**
querer	querr–	**querré, querrás, querrá, querremos, querréis, querrán**
saber	sabr–	**sabré, sabrás, sabrá, sabremos, sabréis, sabrán**
poner	pondr–	**pondré, pondrás, pondrá, pondremos, pondréis, pondrán**
salir	saldr–	**saldré, saldrás, saldrá, saldremos, saldréis, saldrán**
tener	tendr–	**tendré, tendrás, tendrá, tendremos, tendréis, tendrán**
valer	valdr–	**valdré, valdrás, valdrá, valdremos, valdréis, valdrán**
venir	vendr–	**vendré, vendrás, vendrá, vendremos, vendréis, vendrán**
decir	dir–	**diré, dirás, dirá, diremos, diréis, dirán**
hacer	har–	**haré, harás, hará, haremos, haréis, harán**

Remind students that the impersonal form of **haber** is the same for singular and plural. Ex: **Habrá un examen al final del semestre. Habrá cinco exámenes en total.**

Uses of the future tense

- In Spanish, as in English, the future tense is one of many ways to express actions or conditions that will happen in the future.

¡ATENCIÓN!

The future tense is used less frequently in Spanish than in English.

Te llamo mañana.
I'll call you tomorrow.

Espero que vengan.
I hope they will come.

Present indicative	Present subjunctive

Llegan a Caracas mañana.
They arrive in Caracas tomorrow.
(conveys a sense of certainty that the action will occur)

Prefiero que lleguen a Caracas mañana.
I prefer that they arrive in Caracas tomorrow.
(refers to an action that has yet to occur)

ir a + [*infinitive*]	Future tense

Van a llegar a Caracas mañana.
They are going to arrive in Caracas tomorrow.
(expresses the near future; is commonly used in everyday speech)

Llegarán a Caracas mañana.
They will arrive in Caracas tomorrow.
(expresses an action that will occur; often implies more certainty than ir a + [*infinitive*])

- The English word *will* can refer either to future time or to someone's willingness to do something. To express willingness, Spanish uses the verb **querer** + [*infinitive*], not the future tense.

¿**Quieres contribuir** a la protección del medio ambiente?
Will you contribute to the protection of the environment?

Quiero ayudar, pero no sé por dónde empezar.
I'll help, but I don't know where to begin.

Remind students that the auxiliary verb *will* does not have a Spanish equivalent.
yo iré → *I will go*
ella hablará → *she will speak*

- In Spanish, the future tense may be used to express conjecture or probability, even about present events. English expresses this in various ways, using words and expressions such as *wonder, bet, must be, may, might,* and *probably.*

¿Qué hora **será**?
I wonder what time it is.

Ya s**erán** las dos de la mañana.
It must be 2 a.m. by now.

¿**Estará** lloviendo en Medellín?
Do you think it's raining in Medellín?

Hará un poco de sol y un poco de viento.
It's probably a bit sunny and windy.

- When the present subjunctive follows a conjunction of time like **cuando, después (de) que, en cuanto, hasta que,** and **tan pronto como,** the future tense is often used in the main clause of the sentence.

TALLER DE CONSULTA

For a detailed explanation of the subjunctive with conjunctions of time, see **6.1, pp. 210–211.**

Nos **quedaremos** lejos de la costa **hasta que pase** el huracán.
We'll stay far from the coast until the hurricane passes.

En cuanto termine de llover, **regresaremos** a casa.
As soon as it stops raining, we'll go back home.

Tan pronto como salga el sol, **iré** a la playa a tomar fotos.
As soon as the sun comes up, I'll go to the beach to take photos.

Práctica

1 **Horóscopo chino** En el horóscopo chino cada signo está representado por un animal. Completa las predicciones para la serpiente, conjugando los verbos entre paréntesis en el futuro.

TRABAJO Esta semana tú (1) ___tendrás___ (tener) que trabajar duro. (2) ___Saldrás___ (salir) poco y no (3) ___podrás___ (poder) divertirte. Pero (4) ___valdrá___ (valer) la pena. Muy pronto (5) ___conseguirás___ (conseguir) el puesto que esperas.

DINERO (6) ___Vendrán___ (venir) dificultades económicas. No malgastes tus ahorros.

SALUD El médico (7) ___resolverá___ (resolver) tus problemas respiratorios, pero tú (8) ___deberás___ (deber) cuidarte la garganta.

AMOR (9) ___Recibirás___ (recibir) una noticia muy buena. Una persona especial te (10) ___dirá___ (decir) que te ama. (11) ___Vendrán___ (venir) días felices.

2 **Predicciones** En parejas, escriban el horóscopo de su compañero/a. Utilicen verbos en futuro y las frases de la lista. Luego compartan sus predicciones con la clase.

decir secretos	haber una sorpresa	recibir una visita
empezar una relación	hacer daño	tener suerte
festejar	hacer un viaje	venir amigos
ganar/perder dinero	poder solucionar problemas	viajar al extranjero

Dragón: 1940-1952-1964-1976-1988
Serpiente: 1941-1953-1965-1977-1989
Caballo: 1942-1954-1966-1978-1990
Cabra: 1943-1955-1967-1979-1991

Mono: 1944-1956-1968-1980-1992
Gallo: 1945-1957-1969-1981-1993
Perro: 1946-1958-1970-1982-1994
Cerdo: 1947-1959-1971-1983-1995

Rata: 1948-1960-1972-1984-1996
Búfalo: 1949-1961-1973-1985-1997
Tigre: 1950-1962-1974-1986-1998
Gato: 1951-1963-1975-1987-1999

3 **Tus planes** En parejas, pregúntense qué planes tienen para el próximo verano. Pueden hacerse preguntas que no estén en la lista. Después compartan la información con la clase.

1. ¿Trabajarás? ¿En qué?
2. ¿Tomarás clases? ¿De qué?
3. ¿Te irás de viaje? ¿Adónde?
4. ¿Saldrás por las noches? ¿Con quién?
5. ¿Harás algo extraordinario? ¿Qué?
6. ¿Protegerás el medio ambiente? ¿Cómo?
7. ¿Harás ejercicio al aire libre? ¿Dónde?
8. ¿Mejorarás tu vida? ¿Cómo?

 Practice more at **vhlcentral.com**.

Comunicación

4

Viaje de aventura Tú y tu compañero/a están planeando un viaje de dos semanas. Decidan cuándo y a cuál de estos países irán y qué harán allí, usando el anuncio como guía. Conjuguen los verbos en el futuro.

ECOTURISMO

Colombia	Ecuador	Venezuela
• acampar en la costa	• montar a caballo en las montañas	• explorar un tramo de los Andes
• hacer *rafting* por el río Tobia	• bucear en el mar	• ascender un tepuy (*flat-topped mountain*)
• visitar la región amazónica colombiana	• ir en bicicleta de montaña	• hacer una expedición por un río
• disfrutar de la naturaleza y las playas en el Parque Nacional Tayrona	• viajar en kayak por las islas Galápagos con las tortugas marinas, focas y delfines	• explorar las islas del Parque Nacional Mochima en kayak

5

¿Qué será de...? Todo cambia con el tiempo. En parejas, conversen sobre el futuro de cada lugar, producto o animal.

- las ballenas
- Venecia
- el libro impreso (*printed*)
- la televisión
- Internet

- las hamburguesas
- el hielo (*ice*) en los polos norte y sur
- la selva amazónica
- Los Ángeles
- el petróleo

5 Ask pairs to come up with their own predictions about events that will happen 25, 50, and 100 years from now.

6

¿Dónde estarán en 20 años? La fama es, en muchas ocasiones, pasajera (*fleeting*). En grupos de tres, hagan una lista de cinco personas famosas y anticipen lo que será de ellas dentro de veinte años.

6 Model the activity by talking about one celebrity first as a class.

7

Situaciones En parejas, seleccionen uno de estos temas e inventen un diálogo usando el tiempo futuro.

1. Dos jóvenes han terminado sus estudios y hablan sobre lo que harán para convertirse en millonarios.

2. Dos ladrones/as acaban de robar todo el dinero de un banco internacional y lo han escondido en el congelador (*freezer*) de un(a) amigo/a. Ahora se preguntan cómo escaparán de la policía.

3. Dos hermanas han decidido convertir su granja (*farm*) en un centro de ecoturismo. Deben desarrollar atracciones para los turistas.

4. Dos inventores/as se reúnen para participar en un intercambio (*exchange*) de ideas. El objetivo es controlar, reducir y eliminar la contaminación del aire en las ciudades. Cada uno/a dice lo que inventará para conseguirlo.

7 Have volunteers perform their dialogues for the class. For listening comprehension, ask students to jot down all future tense verb forms they hear.

INSTRUCTIONAL RESOURCES
Supersite: Audioscripts, SAM AK, Lab MP3s
SAM/WebSAM: WB, LM

Point out that, like *will*, the auxiliary *would* does not have a Spanish equivalent.
yo iría → *I would go*
ella hablaría → *she would speak*

¡ATENCIÓN!

Note that all of the conditional endings carry a written accent mark.

To help students remember the written accent, compare the pronunciation of **María** and **farmacia**.

Remind students that the conditional endings are identical to those of the imperfect tense forms of **-er** and **-ir** verbs.

5.2

The conditional

*¿Te dijo en qué coche **vendría**?*

- The conditional tense (**el condicional**) takes the same endings for all **–ar, –er,** and **–ir** verbs. For regular verbs, the endings are added to the infinitive.

The conditional		
dar	**ser**	**vivir**
daría	sería	viviría
darías	serías	vivirías
daría	sería	viviría
daríamos	seríamos	viviríamos
daríais	seríais	viviríais
darían	serían	vivirían

- Verbs with irregular future stems have the same irregular stem in the conditional.

infinitive	stem	conditional
caber	cabr–	**cabría, cabrías, cabría, cabríamos, cabríais, cabrían**
haber	habr–	**habría, habrías, habría, habríamos, habríais, habrían**
poder	podr–	**podría, podrías, podría, podríamos, podríais, podrían**
querer	querr–	**querría, querrías, querría, querríamos, querríais, querrían**
saber	sabr–	**sabría, sabrías, sabría, sabríamos, sabríais, sabrían**
poner	pondr–	**pondría, pondrías, pondría, pondríamos, pondríais, pondrían**
salir	saldr–	**saldría, saldrías, saldría, saldríamos, saldríais, saldrían**
tener	tendr–	**tendría, tendrías, tendría, tendríamos, tendríais, tendrían**
valer	valdr–	**valdría, valdrías, valdría, valdríamos, valdríais, valdrían**
venir	vendr–	**vendría, vendrías, vendría, vendríamos, vendríais, vendrían**
decir	dir–	**diría, dirías, diría, diríamos, diríais, dirían**
hacer	har–	**haría, harías, haría, haríamos, haríais, harían**

Uses of the conditional

- The conditional is used to express what *would* occur under certain circumstances.

> ¿Qué ciudad de Ecuador **visitarías** primero?
> *Which city in Ecuador would you visit first?*

> **Iría** primero a Quito y después a Guayaquil.
> *First I would go to Quito and then to Guayaquil.*

- The conditional is also used to make polite requests.

> ¿**Podrías** pasarme ese mapa, por favor?
> *Could you pass me that map, please?*

> ¿Le **importaría** (a usted) cuidar mis plantas?
> *Would you mind taking care of my plants?*

- Just as the future tense is one of several ways of expressing a future action, the conditional is one of several ways of expressing a future action as perceived in the past. In this case, the conditional expresses what someone said or thought *would* happen.

> **Dicen** que mañana **hará** viento.
> *They say it will be windy tomorrow.*

> **Dicen** que mañana **va a hacer** viento.
> *They say it's going to be windy tomorrow.*

> **Creía** que hoy **haría** viento.
> *I thought it would be windy today.*

> **Creía** que hoy **iba a hacer** viento.
> *I thought it was going to be windy today.*

- In Spanish, the conditional may be used to express conjecture or probability about a past event. English expresses this in various ways using words and expressions such as *wondered, must have been,* and *was probably.*

> ¿A qué hora **regresaría**?
> *I wonder what time he returned.*

> **Serían** las ocho.
> *It must have been eight o'clock.*

¿No sería ahora el momento justo para ir de vacaciones a San Andrés?

Práctica

1 Ambición Completa el diálogo con el condicional de los verbos entre paréntesis.

DARÍO Si yo pudiera formar parte de esta organización, (1) __estaría__ (estar) dispuesto (*ready*) a ayudar en todo lo posible.

CONSUELO Sí, lo sé, pero tú no (2) __podrías__ (poder) hacer mucho. No tienes la preparación necesaria. Tú (3) __necesitarías__ (necesitar) estudios de biología.

DARÍO Bueno, yo (4) __ayudaría__ (ayudar) con las cosas menos difíciles. Por ejemplo, (5) __haría__ (hacer) el café para las reuniones.

CONSUELO Estoy segura de que todos (6) __agradecerían__ (agradecer) tu colaboración. Les preguntaré si necesitan ayuda.

DARÍO Eres muy amable, Consuelo. (7) __Daría__ (dar) cualquier cosa por trabajar con ustedes. Y (8) __consideraría__ (considerar) la posibilidad de volver a la universidad para estudiar biología. (9) __Tendría__ (tener) que trabajar duro, pero lo (10) __haría__ (hacer) porque no (11) __sabría__ (saber) qué hacer sin un buen trabajo. Por eso sé que el esfuerzo (12) __valdría__ (valer) la pena.

2 Cortesía Cambia estos mandatos por mandatos indirectos que usen el condicional. Answers will vary.

Mandatos directos	Mandatos indirectos
1. Dale de comer al perro.	¿Podrías darle de comer al perro, por favor?
2. No malgastes el agua.	¿Te importaría no malgastar el agua, por favor?
3. Compra un carro híbrido.	¿Podrías comprar un carro híbrido, por favor?
4. Planta un árbol.	¿Serías tan amable de plantar un árbol, por favor?
5. Deja de molestar al gato.	¿Serías tan amable de dejar de molestar al gato, por favor?
6. Usa sólo papel reciclado.	¿Te importaría usar sólo papel reciclado, por favor?
7. No tires basura en la calle.	¿Podrías no tirar basura en la calle, por favor?

3 Lo que hizo Irma Utilizamos el condicional para expresar el futuro en el contexto de una acción pasada. Explica lo que quiso hacer Irma e inventa lo que al final pudo hacer.

> **Modelo** **pensar / desayunar**
> Irma pensó que desayunaría con su amiga Gabi,
> pero Gabi no tenía hambre.

1. pensar / comer   Irma pensó que comería…
2. decir / poner   Irma dijo que pondría…
3. imaginar / tener   Irma imaginó que tendría…
4. escribir / venir   Irma escribió que vendría…
5. contarme / querer   Irma me contó que querría…
6. suponer / hacer   Irma supuso que haría…
7. explicar / salir   Irma explicó que saldría…
8. calcular / valer   Irma calculó que valdría…

 Practice more at **vhlcentral.com**.

Comunicación

4

De vacaciones Tu tío Ignacio y su familia van a Ciudad Bolívar en Venezuela. Ellos te han llamado para pedirte consejos sobre lo que deben hacer. En grupos de cuatro, háganles sugerencias de acuerdo a sus gustos y a la información de la Nota cultural. Usen el condicional.

Modelo Tía Rosa y Eduardito podrían visitar el Ecomuseo.

Tía Rosa: No le gusta estar al aire libre. Odia los mosquitos.

Tío Ignacio: Le encanta acampar.

María Fernanda: Le encantan los animales salvajes.

Eduardito: Le gusta jugar con la computadora y leer.

5

¿Qué harías? Piensa en lo que harías en estas situaciones. Luego, en parejas, compartan sus reacciones usando el condicional.

1.

2.

3.

4.

5.

Nota CULTURAL

El estado de **Bolívar**, en el sur de **Venezuela**, limita al norte con el **río Orinoco** y al sur con el estado de **Amazonas** en **Brasil**. La capital del estado se llama **Ciudad Bolívar** y se distingue por sus casas de estilo colonial. También cuenta con dos importantes museos que presentan el lado moderno de la ciudad: el **Museo de Arte Moderno Jesús Soto** y el **Ecomuseo**. En la región también encontramos dos parques nacionales que ofrecen una abundante flora y fauna.

4 Encourage students to use additional verbs (**deberían, tendrían que,** etc.) and to add their own ideas.

5 Initiate a discussion about the illustrations before assigning the activity. Ex: **¿Cómo se siente la mujer? ¿Qué quieren los pajaritos?**

5.3

Relative pronouns

The relative pronoun *que*

*Echa unas monedas en esas maquinitas **que** ha puesto el ayuntamiento y lo deja aquí al lado.*

TALLER DE CONSULTA

See **Manual de gramática 5.4, p. 392** to review the uses of **qué** and **cuál** in asking questions.

INSTRUCTIONAL RESOURCES
Supersite: Audioscripts, SAM AK, Lab MP3s
SAM/WebSAM: WB, LM

¡ATENCIÓN!

Relative pronouns are used to connect short sentences or clauses to create longer, more fluid sentences. Unlike the interrogative words **qué, quién(es),** and **cuál(es),** relative pronouns never carry accent marks.

If necessary, briefly review the difference between *who* and *whom* before presenting relative pronouns in Spanish.

- **Que** (*that, which, who*) is the most frequently used relative pronoun (**pronombre relativo**). It can refer to people or things, subjects or objects, and can be used in restrictive clauses (without commas) or nonrestrictive clauses (with commas). Note that while some relative pronouns may be omitted in English, they must always be used in Spanish.

  El incendio **que** vimos ayer destruyó la tercera parte del bosque.
  The fire (that) we saw yesterday destroyed a third of the forest.

  Los ciudadanos **que** van a la manifestación exigen respuestas del gobierno.
  The citizens who are going to the protest demand answers from the government.

  La inundación fue causada por la lluvia, **que** ha durado más de dos semanas.
  The flood was caused by the rain, which has lasted over two weeks.

- In a restrictive (without commas) clause where no preposition or personal **a** precedes the relative pronoun, always use **que**.

  Las ballenas **que** encontraron en la playa estaban vivas.
  The whales they found on the beach were alive.

El que/La que

- After prepositions, **que** follows the definite article: **el que, la que, los que** or **las que**. The article must agree in gender and number with the antecedent (the noun or pronoun to which it refers). When referring to *things* (but not *people*), the article may be omitted after short prepositions, such as **en, de,** and **con**.

  La mujer **para la que** trabajo llegará a las seis.
  The woman (whom) I work for will arrive at six.

  El edificio **en (el) que** viven es viejo.
  The building (that) they live in is old.

- **El que, la que, los que,** and **las que** are also used for clarification to refer to a previously mentioned person or thing.

  Hablé con los vecinos que tienen perros pero no con **los que** tienen gatos.
  I talked to the neighbors who have dogs but not to the ones who have cats.

  Si puedes optar entre dos compañías, elige **la que** paga más.
  If you can choose between two companies, pick the one that pays more.

El cual/La cual

- **El cual, la cual, los cuales,** and **las cuales** are generally interchangeable with **el que, la que, los que,** and **las que** after prepositions. They are often used in more formal speech or writing. Note that when **el cual** and its forms are used, the definite article is never omitted.

  El edificio **en el cual** viven es viejo.
  The building in which they live is old.

Quien/Quienes

- **Quien** (sing.) and **quienes** (pl.) only refer to people. **Quien(es)** can therefore generally be replaced by forms of **el que** and **el cual**, although the reverse is not always true.

  Los investigadores, **quienes (los que/los cuales)** estudian la erosión, son de Ecuador.
  The researchers, who are studying erosion, are from Ecuador.

  El investigador **de quien (del que/del cual)** hablaron era mi profesor.
  The researcher (whom) they spoke about was my professor.

- Although **que** and **quien(es)** may both refer to people, their use depends on the structure of the sentence. In restrictive clauses (without commas), only **que** is used if no preposition or personal **a** is necessary. If a preposition or personal **a** is necessary, **quien** (or a form of **el que/el cual**) is used instead.

  La gente **que** vive en la capital está harta del smog.
  The people who live in the capital are tired of the smog.

  Esperamos una respuesta de los biólogos **a quienes (a los que/a los cuales)** llamamos.
  We're waiting for a response from the biologists (whom) we called.

- In nonrestrictive clauses (with commas) that refer to people, **que** is more common in spoken Spanish, but **quien(es)** (or a form of **el que/el cual**) is preferred in written speech.

  Juan y María, **que** viven conmigo, me regañan si dejo las luces prendidas.
  Juan and María, who live with me, scold me if I leave the lights on.

  Las expertas, **quienes** por fin concedieron la entrevista, no mencionaron la sequía.
  The experts, who finally granted the interview, didn't mention the drought.

The relative adjective *cuyo*

- The relative adjective **cuyo (cuya, cuyos, cuyas)** means *whose* and agrees in number and gender with the noun it precedes. When asking to whom something belongs, use **¿de quién(es)?**, not a form of **cuyo**.

  El equipo, **cuyo** proyecto aprobaron, viajará a las islas Galápagos en febrero.
  The team, whose project they approved, will travel to the Galapagos Islands in February.

  La colega, **cuyas** ideas mejoraron el plan, no tiene tiempo para realizar el proyecto.
  The colleague, whose ideas improved the plan, doesn't have time to do the project.

  ¿De quién es este mapa de Venezuela?
  Whose map of Venezuela is this?

  Es mío, pero no es un mapa. Es un atlas **cuyos** autores son venezolanos.
  It's mine, but it's not a map. It's an atlas whose authors are Venezuelan.

TALLER DE CONSULTA

The neuter forms **lo que** and **lo cual** are used when referring to situations or abstract concepts that have no gender. See **Manual de gramática 5.5, p. 394.**

¿Qué es lo que te molesta?
What is it that's bothering you?

Ella habla sin parar, lo cual me enoja mucho.
She won't stop talking, which is making me really angry.

¡ATENCIÓN!

When used with **a** or **de**, the contractions **al que/al cual** and **del que/del cual** are formed.

You may wish to explain to students that in spoken Spanish, as in spoken English, the use of relative pronouns allows for greater flexibility than the prescriptive rules do. Ex: **La señora que conocí ayer...** for **La señora a quien conocí ayer...**

Práctica

1

Relativos Selecciona la palabra o frase adecuada para completar cada oración.

1. El señor Gómez, _____ empresa se dedica al ecoturismo, está en una reunión.
   a. cuya   b. cuyo   c. cuyos

2. Hay muchos tóxicos _____ se contamina el agua.
   a. con la que   b. con los que   c. con quienes

3. El científico, _____ busca una solución para el consumo de energía, hace estudios en Chicaque.
   a. del cual   b. quien   c. quienes

4. Los amigos _____ me viste quieren visitar el Parque Natural Chicaque.
   a. en quien   b. de quien   c. con quienes

2 Remind students to pay attention to gender and number as they complete the activity.

El ozono Completa el siguiente artículo de una revista científica con los pronombres relativos de la lista. Algunos pronombres pueden repetirse.

LA CAPA DE OZONO

con quien
cuyas
cuyo
de las cuales
de que
del que
el cual
en que
las cuales
que
quien

La capa de ozono está formada por un gas, (1) _el cual/que_ se encuentra en la estratosfera. Este gas (2) _que_ nos protege de la radiación ultravioleta ha empezado a desaparecer en algunas regiones del planeta, (3) _de las cuales_ la Antártida es la zona (4) _que_ está en mayor peligro.

Los seres humanos y la naturaleza causan este daño a la capa de ozono. La gente lo hace con los gases (5) _que_ se usan en aerosoles y refrigeradores. La naturaleza lo hace con las erupciones volcánicas, (6) _las cuales/que_ emiten un gas llamado cloro, (7) _cuyas_ propiedades dañan el ozono. Este problema del ozono, sobre (8) _el cual_ muchos científicos hablan, puede tener consecuencias negativas para la salud de las personas.

3 Note that some items have more than one correct answer.

3 To help students visualize how a relative pronoun fuses two sentences together, first underline the common element. Then strike through the second instance, replacing it with the relative pronoun. Ex:

Limpiaron la costa.
   Visitamos la costa. →
Limpiaron la costa.
   Visitamos ~~la costa~~. →
Limpiaron la costa
   que visitamos.

Seamos concisos Combina estas oraciones usando un pronombre o adjetivo relativo apropiado. Sample answers. Some answers will vary.

Modelo   **El consumo de energía es un problema. El gobierno habla del consumo de energía.**
   El consumo de energía es un problema del cual el gobierno habla.

1. Los jóvenes son estudiantes universitarios. Los jóvenes luchan contra la deforestación. Los jóvenes, quienes luchan contra la deforestación, son estudiantes universitarios.

2. La manifestación será mañana en la plaza. Te hablé de la manifestación. La manifestación de la que te hablé será mañana en la plaza.

3. El gobierno aprobó una ley. El contenido de la ley apoya el reciclaje. El gobierno aprobó una ley cuyo contenido apoya el reciclaje.

4. La gente no puede bañarse en el río. Las aguas del río están contaminadas. La gente no puede bañarse en el río cuyas aguas están contaminadas.

5. La empresa tiene proyectos de urbanización. La empresa está en crisis. La empresa que está en crisis tiene proyectos de urbanización.

 Practice more at **vhlcentral.com.**

Comunicación

4 **Tus prioridades**

A. Completa el recuadro de acuerdo con tus hábitos y opiniones.

	Sí	No	Depende
1. No uso mi carro. Siempre viajo en autobús o en bicicleta.	☐	☐	☐
2. Como frutas y verduras orgánicas.	☐	☐	☐
3. Reciclo latas, productos de plástico y de papel.	☐	☐	☐
4. Apago las luces de los cuartos donde no hay nadie.	☐	☐	☐
5. En invierno me pongo un abrigo en casa en vez de subir la calefacción.	☐	☐	☐
6. En verano no uso el aire acondicionado, sólo abro las ventanas.	☐	☐	☐
7. Quiero tener una casa con paneles solares o una turbina de viento.	☐	☐	☐
8. Participo en organizaciones que protegen el medio ambiente.	☐	☐	☐
9. Sólo el gobierno debe preocuparse por el medio ambiente.	☐	☐	☐
10. Conducir mi carro no perjudica al medio ambiente.	☐	☐	☐
11. Sólo las grandes empresas son responsables de la contaminación.	☐	☐	☐
12. Es imposible proteger todas las especies en peligro de extinción.	☐	☐	☐

B. En parejas, compartan la información del recuadro. Después, usando pronombres relativos, informen a la clase de lo que hayan aprendido sobre su compañero/a.

Modelo Rafael come verduras y frutas orgánicas que compra en el mercado al aire libre. Es una persona a quien no le gusta la contaminación causada por pesticidas y herbicidas.

5 **¿Quién es quién?** La clase se divide en dos equipos. Un(a) integrante del equipo A piensa en un(a) compañero/a y da tres pistas. El equipo B tiene que adivinar de quién se trata. Si adivina con la primera pista, obtiene 3 puntos; con la segunda, obtiene 2 puntos; con la tercera, obtiene 1 punto.

Modelo Estoy pensando en alguien con quien almorzamos.
Estoy pensando en alguien cuyos ojos son marrones.
Estoy pensando en alguien que lleva pantalones azules.

6 **Evolución de ideas** En parejas, hagan una lista de cinco creencias (*beliefs*) erróneas que los humanos hemos tenido en los últimos cien años acerca de estos temas. Escriban oraciones y usen por lo menos tres pronombres relativos distintos.

Modelo Los árboles que crecen en la selva amazónica aportan menos oxígeno a la atmósfera de lo que pensábamos.

- la salud
- el medio ambiente
- la familia
- la guerra
- el universo

4 Have students explain their answers to items where they responded with **Depende**.

4 Survey the class to find an item for which student answers were evenly divided. Have students work in groups of four, each consisting of one pair that answered **Sí** and one that answered **No**. Ask the two pairs in each group to debate the issue and then present the two sides to the class, who must vote for the most convincing argument.

5 Write a list of relative pronouns on the board and tell students they must use a different one for each of the three clues.

6 Have pairs exchange papers for peer-editing. Ask students to read aloud any sentences from the other pair that surprised them.

NATIONAL communication STANDARDS

TEACHING OPTION If time permits, have groups research different national parks in Venezuela, Colombia, and Ecuador, then create informational brochures for the class. Remind them to use relative pronouns in their descriptions.

TEACHING OPTION Students might find these verbs useful for completing the activities on this page: **destruir, inundar, mojar, quemar, soplar, temblar.**

1 Briefly review weather expressions before assigning the activity.

3 Encourage students to draw from personal experience. Ask follow-up questions to incorporate vocabulary from **Lección 5.** Ex: **¿Cuáles de los parques están en el desierto? ¿Y en la costa? ¿Qué animales se pueden ver dentro del parque?**

Síntesis

Pronóstico del tiempo

	Hoy	Mañana	Pasado mañana
Buenos Aires	Máx. / Mín. 15º C / 9 ºC	Máx. / Mín. 19 ºC / 9 ºC	Máx. / Mín. 12 ºC / 8 ºC
Caracas	Máx. / Mín. 34 ºC / 26 ºC	Máx. / Mín. 34 ºC / 26 ºC	Máx. / Mín. 36 ºC / 25 ºC
México D.F.	Máx. / Mín. 24 ºC / 14 ºC	Máx. / Mín. 22 ºC / 13 ºC	Máx. / Mín. 22 ºC / 12 ºC
Quito	Máx. / Mín. 18 ºC / 10 ºC	Máx. / Mín. 22 ºC / 9 ºC	Máx. / Mín. 23 ºC / 10 ºC
Santo Domingo	Máx. / Mín. 32 ºC / 24 ºC	Máx. / Mín. 32 ºC / 23 ºC	Máx. / Mín. 32 ºC / 23 ºC

1 **El pronóstico** En parejas, seleccionen dos de las ciudades incluidas en el informe del tiempo y describan el pronóstico de esos lugares para los tres días. Utilicen los usos del futuro presentados en la lección.

2 **La isla** Imagina que tú y tu compañero/a han naufragado (*shipwrecked*) en una isla desierta. Piensa en los problemas a los que se podrían enfrentar (*be faced with*). Coméntalos con tu compañero/a para ver qué haría él/ella en cada situación.

Modelo —No hay agua potable.
—Bebería agua de coco.

3 **El parque** En grupos pequeños, elijan un parque nacional de su país e imaginen que van a visitarlo. Escriban una breve descripción del parque y su medio ambiente usando el vocabulario de esta lección y algunos de los pronombres relativos que han aprendido.

Preparación Audio: Vocabulary

Vocabulario de la lectura

el chamán *shaman (religious figure believed to have magical or supernatural powers)*
el/la curandero/a *folk healer*
el/la encargado/a *person in charge*
el hecho *fact*
la madera *wood*

el medicamento *medication*
el pulmón *lung*
la semilla *seed*
la Tierra *Earth*
la utilidad *usefulness*

Vocabulario útil

la dolencia *ailment*
el efecto invernadero *greenhouse effect*
el reciclaje *recycling*
reciclar *to recycle*
el reto *challenge*

1 **Emparejar** Une cada palabra con su definición.

1. curandero __c__
2. medicamento __f__
3. pulmón __a__
4. madera __e__
5. semilla __d__
6. Tierra __b__

a. órgano donde ocurre la respiración
b. el planeta donde vivimos
c. persona que cura con remedios naturales
d. parte dura de una fruta o vegetal de la cual crecen nuevas frutas y vegetales
e. material sólido de un árbol que tiene múltiples usos
f. sustancia que se consume para curar una enfermedad

1 Read each of the remaining words from the **Vocabulario** box aloud. Have pairs write definitions for a few of them. Then have volunteers share their definitions with the class.

2 **La madre naturaleza** En parejas, túrnense para contestar las preguntas y expliquen sus respuestas.

1. ¿Cómo te gusta disfrutar de la naturaleza? ¿Qué experiencia al aire libre recuerdas?
2. ¿Has estado en una selva o en un bosque muy grande? ¿Cómo te sentiste?
3. ¿Tomas medicamentos naturales cuando te sientes enfermo/a? ¿Por qué?
4. ¿Te preocupa el destino de las culturas indígenas de América? ¿Por qué? ¿Cómo se deben proteger?
5. ¿Crees que la tecnología resolverá todos los problemas medioambientales? ¿Qué papel juega la tecnología? ¿Cuáles son sus límites?
6. ¿Alguna vez has tomado un curso de educación ambiental? Si contestaste que sí, ¿qué aprendiste? Si contestaste que no, ¿te gustaría tomar uno? ¿Qué aprenderías?

3 **Recursos y destino** Trabajen en grupos de tres.

A. Escriban una lista de todos los productos que ustedes han utilizado en las últimas 24 horas. Al lado de cada uno, enumeren los recursos naturales que se utilizaron para producirlo.

B. Expliquen el papel de la biodiversidad en la producción de las comodidades (*comforts*) de la vida moderna. ¿Cómo nos beneficiamos de las plantas y los animales?

C. ¿Por qué es paradójica la explotación humana de la biodiversidad? Expliquen y luego compartan sus impresiones con la clase.

TEACHING OPTION To preview, ask students to share what they already know about the Amazon.

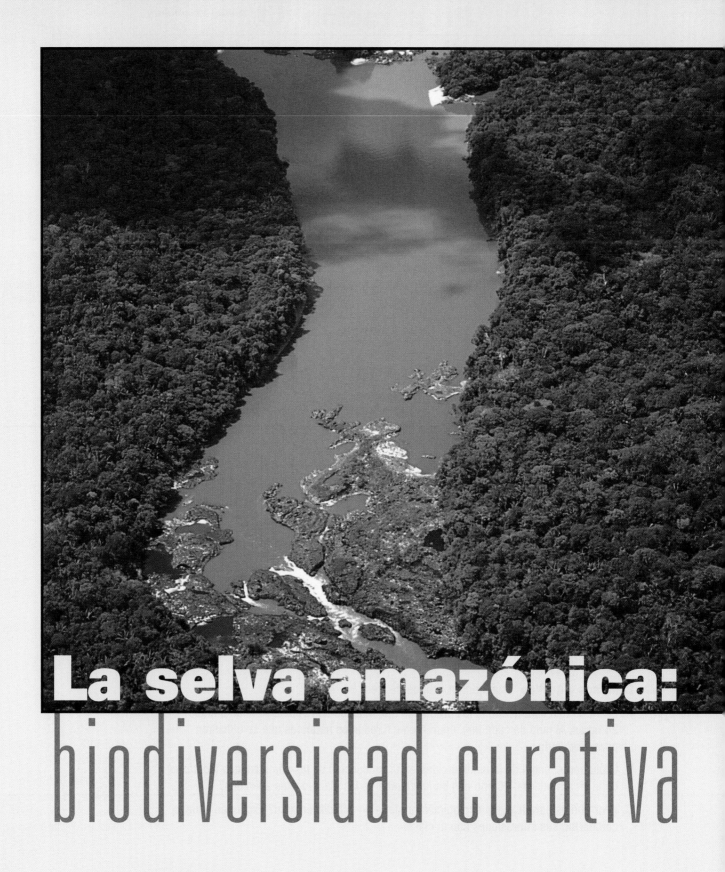

La selva amazónica:
biodiversidad curativa

Audio: Reading

Sólo se conoce una fracción de los millones de especies de plantas y animales que viven en las selvas tropicales de la Tierra. Con una superficie de 5.500.000 km², la selva amazónica es el hábitat de millones de estos organismos. Esta selva es el ecosistema más diverso del planeta, hecho que se refleja especialmente en los árboles, de los que se reconocen más de 60.000 especies diferentes.

La gran riqueza de su vegetación ha sido durante siglos de gran utilidad para los habitantes de la cuenca° amazónica. Frutas poco conocidas en nuestra cultura occidental, como el túpiro, el copoazú o el temare, les sirven de alimento. Los árboles, algunos de los cuales llegan a medir cien metros, les proveen de maderas de gran calidad. Y sus bosques, aparte de ser la morada° natural de los espíritus de sus religiones, también les proporcionan un enorme surtido° de plantas medicinales.

Este uso de las plantas como medicinas se remonta° a épocas precolombinas en que las culturas indígenas descubrieron las propiedades curativas de la vegetación que las rodeaba. Los chamanes y curanderos eran, y todavía son, los encargados de recoger las plantas y las muestras° de los árboles. La tradición indica que tenían que entrar a las zonas más apartadas° e impenetrables de la selva para buscarlas, pues se creía que cuanto más difícil era el acceso a los remedios, más poderosos eran sus efectos curativos.

Hoy, las plantas son el origen de más del 25% de los medicamentos que se encuentran en las farmacias del mundo. Muchas de ellas provienen de° la selva en la cuenca del río Amazonas. La mayor presencia en el mercado de este tipo de medicinas se debe al creciente interés de

basin (line 14)
dwelling (line 21)
assortment (line 23)
dates back (line 26)
samples (line 31)
isolated (line 33)
originate from (line 41)

Desaparecen las culturas amazónicas

Se estima que hace más de quinientos años vivían cerca de 10 millones de indígenas en la región amazónica. Hoy día hay menos de 200.000. Tan sólo en Brasil unas 90 tribus indígenas han desaparecido desde comienzos del siglo XX. Y en países como Perú, Colombia, Ecuador y Venezuela cada año se reduce aún más la población indígena de la región amazónica.

la industria farmacéutica por métodos de curación que han sido usados con éxito durante miles de años.

En el noroeste de la selva amazónica, por ejemplo, los indígenas usan más de 1.300 plantas medicinales. Una de ellas es el curare, una sustancia que los indígenas suramericanos ponían en la punta° de sus flechas° para paralizar a los animales que cazaban para comer. Actualmente, la tubocurarina, derivada del curare, se utiliza en todo el mundo como anestesia. Otro remedio que se está haciendo muy popular es la semilla de guaraná, que favorece al corazón y a la memoria, y es más poderosa que el ginseng.

Desafortunadamente, la deforestación de esta zona está reduciendo su área aceleradamente. Esto afecta a todos los seres que habitan allí, y pone en peligro de extinción a cientos de especies animales y vegetales. Es por esto que tanto gobiernos locales como organizaciones de todo el mundo están luchando° para proteger sus extraordinarios recursos naturales y preservar las culturas de sus habitantes. ∎

tip (line 52)
arrows (line 53)
fighting (line 68)

Análisis

1 Have students work in pairs to answer the questions, then go over the answers with the class. Ask students how their previous knowledge of the Amazon compares to the information in the article. Ex: **¿Han cambiado sus ideas sobre esta región después de leer el artículo? ¿Qué información ya sabían? ¿Qué datos los sorprendieron?**

1

Comprensión Contesta las preguntas con oraciones completas.

1. ¿Por qué crees que se dice que la selva amazónica es "el pulmón de la Tierra"? Su vegetación es muy abundante.

2. ¿Por qué está considerada como el ecosistema más variado del planeta? Tiene millones de especies de plantas y animales.

3. ¿Qué tareas realizan los chamanes y los curanderos? Son los encargados de recoger las plantas o las muestras de los árboles.

4. ¿Por qué entran a zonas muy apartadas para conseguir medicinas? Creen que cuanto más difícil es el acceso a las plantas, más poderosos serán sus efectos curativos.

5. ¿Qué porcentaje de los medicamentos que se venden en las farmacias del mundo proviene de las plantas? Un 25% proviene de las plantas.

6. ¿A qué se debe el uso de tantas medicinas de origen vegetal? Se debe al interés de la industria farmacéutica en métodos usados durante miles de años.

7. ¿Cuáles son las consecuencias de la deforestación de la selva amazónica? Pone en peligro de extinción a cientos de especies animales y vegetales.

8. ¿Cuántos indígenas vivían en la región amazónica hace más de quinientos años? ¿Y ahora? Antes, cerca de 10 millones vivían allí y ahora viven menos de 200.000.

2

Informe Tú y tu compañero/a participan en un concurso (*contest*) para desarrollar un nuevo medicamento hecho con ingredientes vegetales provenientes de la selva amazónica. Escriban un informe para su página web sobre la importancia de cuidar de la biodiversidad y las culturas indígenas de la selva amazónica. Expliquen los problemas que existen y las soluciones.

PROTEGER LA SELVA AMAZÓNICA

La selva amazónica es la más extensa del mundo. Su biodiversidad guarda un número infinito de secretos que pueden ayudar a curar muchas enfermedades. Por lo tanto, es esencial que...

3 Encourage students to think back to the questions in the Lesson Opener on **p. 156.** Ask if their opinions have changed after reading the article.

3

En peligro de extinción: ¿Sí o no? En grupos de cuatro, hablen de las causas, los efectos, las posibles soluciones y el futuro de estos problemas medioambientales. Después, dividan la clase en optimistas y pesimistas, y discutan sobre el porvenir del planeta. ¿Está en peligro de extinción?

- La destrucción de selvas tropicales
- El efecto invernadero
- La contaminación del aire
- La extinción de culturas indígenas
- La contaminación de océanos, ríos y mares
- El calentamiento global

Practice more at **vhlcentral.com.**

Preparación

Reading
Audio: Vocabulary

Sobre el autor

Jaime Sabines (1926–1999) es uno de los más grandes poetas mexicanos. Licenciado en Lengua y Literatura Española por la Universidad Nacional Autónoma de México (UNAM), estuvo muy involucrado en la política de su país. Su poesía se distingue por su lenguaje coloquial que nos habla de la realidad de todos los días. En 1972, obtuvo el Premio Villaurrutia y, en 1983, le concedieron el Premio Nacional de Literatura.

INSTRUCTIONAL RESOURCES
Supersite: Literatura recording; Scripts; SAM AK
SAM/WebSAM: LM

VARIACIÓN LÉXICA
intoxicar ↔ envenenar

Vocabulario de la lectura

a cucharadas *in spoonfuls*
ahogarse *to suffocate, to drown*
aliviar *to relieve, to soothe*
el frasquito *little bottle*
la hoja *leaf*

intoxicar *to poison*
la pata de conejo *rabbit's foot*
el pedazo *piece*
el/la preso/a *prisoner*

Vocabulario útil

el antídoto *antidote*
la felicidad *happiness*
la rutina diaria *daily routine*
el símbolo *symbol*

1 **Vocabulario** Escoge la mejor opción para completar las oraciones.

1. Armando fue al médico porque por las noches sentía que se _____.
   a. ahogaba   b. aliviaba
2. El médico le dio _____ con medicina.
   a. un pedazo   b. un frasquito
3. Él le preguntó al médico cómo debía tomarse la medicina, quien le respondió que dos _____ al día.
   a. cucharadas   b. hojas
4. También quería saber cuándo se iba a _____ de sus síntomas.
   a. aliviar   b. intoxicar
5. El médico le dijo que necesitaba descansar más y simplificar su _____.
   a. pata de conejo   b. rutina diaria

2 **La felicidad** En el poema que van a leer, Jaime Sabines habla de la esperanza e ilusión que hay que tener en la vida. En parejas, contesten las preguntas.

1. ¿Son felices a pesar de los problemas cotidianos? ¿Cómo lo logran?
2. Cuando tienen problemas que no pueden solucionar, ¿qué hacen para sentirse mejor?
3. ¿Es posible ser feliz siempre? Expliquen.
4. Hagan una lista de cinco cosas bellas que piensan que tiene la vida. Compártanla después con la clase.

3 **La luna** En parejas, hagan una lista de ideas, situaciones y/o personas relacionadas con la luna. Sean creativos. Después compartan su lista con la clase.

2 For item 4, have students write down their partners' responses and then organize them into categories. Ex: **la naturaleza, la familia, las emociones,** etc.

3 Write items from the students' lists on the board. After reading the poem, ask: **¿Cuáles de sus ideas se encuentran en el poema? ¿Qué ideas del poeta les sorprendieron?**

LA LUNA

Jaime Sabines

La luna se puede tomar a cucharadas
o como una cápsula cada dos horas.
Es buena como hipnótico y sedante
y también alivia
5 a los que se han intoxicado de filosofía.
Un pedazo de luna en el bolsillo°   pocket
es mejor amuleto° que la pata de conejo: *charm, amulet*
sirve para encontrar a quien se ama,
para ser rico sin que lo sepa nadie
keep away 10 y para alejar° a los médicos y a las clínicas.
Se puede dar de postre a los niños
cuando no se han dormido,
drops y unas gotas° de luna en los ojos de los ancianos°   elderly
ayudan a bien morir.

15 Pon una hoja tierna° de la luna   tender
debajo de tu almohada°   pillow
y mirarás lo que quieras ver.
Lleva siempre un frasquito del aire de la luna
para cuando te ahogues,
20 y dales la llave de la luna
a los presos y a los desencantados°.   disenchanted
Para los condenados° a muerte   condemned
y para los condenados a vida
no hay mejor estimulante que la luna
25 en dosis precisas y controladas.   Ⓢ Audio: Reading

Análisis

NATIONAL communication STANDARDS

TEACHING OPTION In pairs or small groups, ask students to consider the poet's "prescription" (**receta**) in relation to what they learned in **Cultura** (**pp. 186–187**) about traditional medicinal practices. Ask: **¿Qué versos o imágenes nos revelan el vínculo entre la naturaleza y sus efectos curativos?**

1

Comprensión Elige el párrafo que resume mejor lo que expresa el poema.

1. Las responsabilidades de la vida moderna traen estrés y dificultan las relaciones personales. La luna, con su influencia negativa, intoxica a las personas y es causa de conflictos.

2. El poema les recomienda la luna a niños y adultos contra una variedad de problemas y para tener mejor suerte. Un postre de luna ayuda a los niños a dormirse. Una dosis de luna alivia cuando uno se ahoga.

2

Interpretar Contesta las preguntas. Luego explícale tus respuestas a la clase.

1. ¿Cuál es el tema principal del poema? ¿Cuáles son los temas secundarios?

2. Lee estos versos. ¿Qué crees que quiere expresar el poeta?

> Un pedazo de luna en el bolsillo
> es mejor amuleto que la pata de conejo:
> sirve para encontrar a quien se ama,
> para ser rico sin que lo sepa nadie
> y para alejar a los médicos y a las clínicas.

3. ¿Qué relación hay entre llaves y presos? ¿Qué quiere decir el poeta con esa imagen?

4. En tu opinión, ¿qué simboliza la luna? Sustituye la luna con otro símbolo que represente las mismas ideas. ¿Funciona? ¿Por qué?

5. ¿Qué efecto causa el poeta cuando recomienda la luna en "dosis precisas y controladas"?

3 Write several words on the board from the **Vocabulario** on the next page. Ex: **sol, mar, desierto, cordillera**. Ask pairs to discuss these words as symbols. As an alternative to the writing assignment below, have students write a poem in the style of *La luna,* using another image from nature as a symbol. Have them recite their poems to the class.

3

Símbolos Los símbolos están en nuestro día a día. En parejas, mencionen cinco símbolos conocidos por todos y expliquen lo que simbolizan.

Modelo Un corazón simboliza el amor.

4

¿Y tú? El poeta hace recomendaciones para que seamos más felices. ¿Qué les dirías a estas personas si te preguntaran qué hacer para solucionar sus problemas?

• un(a) enamorado/a que no es correspondido/a

• alguien que acaba de perder su empleo/a

• un(a) preso/a que es inocente

• una pareja que está muy enamorada pero que se pelea constantemente

4 Model one or two items from the list and encourage students to play the role of poet. Ex: **Mezcla tus lágrimas con gotas de lluvia y dáselas a tu amada en un frasquito.**

5

Escribir Escribe diez consejos siguiendo el **Plan de redacción** para que todos seamos más felices.

Plan de redacción

Consejos para ser feliz

1 Esquema Prepara un esquema con las diez actitudes hacia la vida que crees necesarias para ser feliz. Organiza tus ideas para no repetir ni olvidar nada.

2 Título Elige un título simbólico para tu decálogo.

3 Contenido Escribe los diez consejos. Utiliza el subjuntivo, el condicional, mandatos y pronombres relativos.

5 For step 3, have students read *La luna* again, underlining examples of the subjunctive, commands, and relative pronouns.

Practice more at **vhlcentral.com.**

Nuestro mundo

Audio: Vocabulary Flashcards
Video: *En pantalla*

La naturaleza

el árbol *tree*
el bosque *forest*
la cordillera *mountain range*
la costa *coast*
el desierto *desert*
la luna *moon*
el mar *sea*
el paisaje *landscape, scenery*
el río *river*
la selva (tropical) *(tropical) rainforest*
el sol *sun*
la tierra *land, earth*

al aire libre *outdoors*
escaso/a *scant, scarce*
potable *drinkable*
protegido/a *protected*
puro/a *pure, clean*
seco/a *dry*

Los animales

el águila (f.) *eagle*
el ave, el pájaro *bird*
la ballena *whale*
la especie en peligro (de extinción) *endangered species*
la foca *seal*
el lagarto *lizard*
el león *lion*
el lobo *wolf*
el mono *monkey*
el oso *bear*
el pez *fish*
la serpiente *snake*
el tigre *tiger*
la tortuga (marina) *(sea) turtle*

Los fenómenos naturales

el calentamiento *warming*
la erosión *erosion*
el huracán *hurricane*
el incendio *fire*
la inundación *flood*
la lluvia *rain*
la sequía *drought*
el terremoto *earthquake*

La ecología

la basura *trash*
la capa de ozono *ozone layer*
el combustible *fuel*
el consumo de energía *energy consumption*
la contaminación *pollution*
la deforestación *deforestation*
el desarrollo *development*
la energía (eólica, nuclear, renovable, solar) *(wind, nuclear, renewable, solar) energy*
la fuente *source*
el medio ambiente *environment*
el peligro *danger*
el petróleo *oil*
el porvenir *future*
los recursos *resources*
el smog *smog*

agotar *to use up*
aguantar *to put up with, to tolerate*
amenazar *to threaten*
cazar *to hunt*
conservar *to preserve*
contagiar *to infect; to be contagious*
contaminar *to pollute*
desaparecer *to disappear*
destruir *to destroy*
echar *to throw away*
empeorar *to get worse*
extinguirse *to become extinct*
malgastar *to waste*
mejorar *to improve*
prevenir (e:ie) *to prevent*
proteger *to protect*
resolver (o:ue) *to solve, to resolve*
respirar *to breathe*
urbanizar *to urbanize*

dañino/a *harmful*
desechable *disposable*
híbrido/a *hybrid*
renovable *renewable*
tóxico/a *toxic*

Cortometraje

el aparcamiento *parking space*
el coche *car*
la decepción *disappointment*

el desinterés *lack of interest*
la expansión (urbana) *(urban) sprawl*
el tronco *trunk*

aparcar *to park*
cortar *to cut*
desatender (e:ie) *to neglect*
hacer falta *to be necessary*
plantar *to plant*
podar *to prune*
quitar *to remove*
serrar *to saw*
soportar *to put up with*

descontrolado/a *out of control*

Cultura

el chamán *shaman*
el/la curandero/a *folk healer*
la dolencia *ailment*
el efecto invernadero *greenhouse effect*
el/la encargado/a *person in charge*
el hecho *fact*
la madera *wood*
el medicamento *medication*
el pulmón *lung*
el reciclaje *recycling*
el reto *challenge*
la semilla *seed*
la Tierra *Earth*
la utilidad *usefulness*

reciclar *to recycle*

Literatura

el antídoto *antidote*
la felicidad *happiness*
el frasquito *little bottle*
la hoja *leaf*
la pata de conejo *rabbit's foot*
el pedazo *piece*
el/la preso/a *prisoner*
la rutina diaria *daily routine*
el símbolo *symbol*

ahogarse *to suffocate, to drown*
aliviar *to relieve, to soothe*
intoxicar *to poison*

a cucharadas *in spoonfuls*

El valor de las ideas

Una buena formación ética y académica es una herramienta esencial para garantizar el respeto a los derechos humanos. El éxito de una democracia, entonces, no sólo depende de sus líderes sino también del conocimiento sólido, informado y responsable de sus ciudadanos. Sin embargo, ¿crees que la educación es el único camino para alcanzar un estado de libertad y justicia?

201

206

Destino:
CHILE

PREVIEW Discuss the questions and assertions on **p. 194** as a class. Then divide the class into small groups to debate current international conflicts and political controversies. Ask: **¿Cuáles son las causas del conflicto? ¿Quién tiene la razón? ¿Cómo se puede resolver el problema?**

Creencias e ideologías

Las leyes y los derechos

los **derechos humanos** *human rights*
la **desobediencia civil** *civil disobedience*
la **(des)igualdad** *(in)equality*
el/la **juez(a)** *judge*
la **(in)justicia** *(in)justice*
la **libertad** *freedom*
la **lucha** *struggle, fight*
el **tribunal** *court*

———

abusar *to abuse*
aprobar (o:ue) una ley
   to pass a law
convocar *to summon*
defender (e:ie) *to defend*
derogar *to abolish*
encarcelar *to imprison*
juzgar *to judge*

———

analfabeto/a *illiterate*
(des)igual *(un)equal*
(in)justo/a *(un)fair*
oprimido/a *oppressed*

La política

el **abuso** *abuse*
la **armada** *navy*
la **bandera** *flag*

la **creencia** *belief*
la **crueldad** *cruelty*
la **democracia** *democracy*

la **dictadura** *dictatorship*
el **ejército** *army*

el **gobierno** *government*
la **guerra (civil)** *(civil) war*
el **partido político** *political party*
la **paz** *peace*
el **poder** *power*
la **política** *politics*
las **relaciones exteriores**
   foreign relations
la **victoria** *victory*

———

dedicarse a *to devote oneself to*
elegir (e:i) *to elect*
ganar/perder (e:ie) las elecciones *to win/*
   to lose elections
gobernar (e:ie) *to govern*
influir *to influence*
votar *to vote*

———

conservador(a)
   conservative
liberal *liberal*
pacífico/a *peaceful*
pacifista *pacifist*

La gente

el/la **abogado/a** *lawyer*
el/la **activista** *activist*
el/la **ladrón/ladrona** *thief*

el/la **manifestante** *demonstrator*
el/la **político/a** *politician*

el/la **presidente/a** *president*
el/la **terrorista** *terrorist*
la **víctima** *victim*

La seguridad y la amenaza

la **amenaza** *threat*
el **arma (f.)** *weapon*
el **escándalo** *scandal*
la **(in)seguridad** *(in)security; (lack of)*
   safety
el **temor** *fear*
el **terrorismo** *terrorism*
la **violencia** *violence*

———

chantajear *to blackmail*
destrozar *to destroy*
espiar *to spy*
huir *to flee*
pelear *to fight*
secuestrar *to kidnap, to hijack*

Tell students to use the expression **Corte Suprema** to say *Supreme Court*.

INSTRUCTIONAL RESOURCES
Supersite: Audioscripts, SAM AK, Lab MP3s
SAM/WebSAM: WB, LM

Give students this additional vocabulary:
la **fuerza aérea** *air force*
las **fuerzas armadas** *armed forces*

VARIACIÓN LÉXICA
influir ↔ influenciar
Point out: **el arma** → **las armas**

Práctica

 Antónimos Selecciona el antónimo de cada palabra.

bandera	escándalo	perder
derogar	liberal	temor
dictadura	paz	víctima

1. aprobar _____derogar_____
2. democracia _____dictadura_____
3. ganar _____perder_____
4. terrorista _____víctima_____
5. guerra _____paz_____
6. conservador _____liberal_____

¿Cuál es? Indica a qué palabra se refiere cada descripción.

abogada	ladrona	político
armada	manifestante	secuestrar
crueldad	oprimido	tribunal
desobediencia	poder	votar

___abogada___ 1. Mujer que defiende a un(a) acusado/a

___secuestrar___ 2. Retener a una persona contra su voluntad para después pedir dinero a cambio de su libertad

___oprimido___ 3. Que es víctima de una tiranía

___político___ 4. Hombre cuyo empleo es un cargo público en el gobierno de una ciudad, un estado o una nación

___armada___ 5. Fuerzas navales de un país

___desobediencia___ 6. Conducta que ignora intencionalmente las reglas o leyes establecidas por una autoridad

___manifestante___ 7. Persona que toma parte en una protesta a favor de un cambio social

___crueldad___ 8. Cualidad del que provoca el sufrimiento y el temor de otra persona o de un animal

___ladrona___ 9. Mujer que roba

___votar___ 10. Expresar preferencia por un(a) candidato/a en una elección

Titulares En parejas, piensen en tres acontecimientos recientes de las noticias. Expliquen cada acontecimiento usando dos palabras de la lista u otras del vocabulario nuevo.

> **Modelo** El partido liberal declaró ayer que pelearía por los derechos de los indígenas.

chantajear	espiar	ladrón	pelear
destrozar	huir	liberal	político
escándalo	igualdad	pacifista	seguridad

Practice more at vhlcentral.com.

INSTRUCTIONAL RESOURCES
Supersite/DVD: Film Collection
Supersite: Script & Translation

Nota
CULTURAL

El **hiyab** (*hijab*) es un pañuelo usado por muchas musulmanas para cubrirse la cabeza.

VARIACIÓN LÉXICA
Explain to students that the noun **culto** is the equivalent of the English noun *worship*, as in the phrase **libertad de culto** (*freedom of worship*). It is also the equivalent of the English *cult*. **Culto/a** is also used in Spanish as an adjective to describe a learned, or *cultivated*, person.

TEACHING OPTION Ask students to explain the difference between a secular custom or institution and a religious one. How do the secular and religious worlds compete in their lives? What specific kinds of behavior does each impose or rule out?

2 Have students discuss the importance society places on the way people look. Ask if they think outward appearance speaks louder than words. Have students explain their opinions.

Preparación

Vocabulario del corto

el/la alumno/a *pupil, student*
el/la chaval(a) *kid, youngster*
confiar *to trust*
el instituto *high school*
laico/a *secular, lay*

musulmán/musulmana *Muslim*
el pañuelo *headscarf*
pegar *to hit*
raro/a *weird*
el rato *a while*
la regla *rule*

Vocabulario útil

la autoridad *authority*
ceder *to give up*
la confianza *trust*
disentir *to dissent, to disagree*
la diversidad *diversity*
la doble moral *double standard*
la hipocresía *hypocrisy*

EXPRESIONES

¿A que no? *I bet not.*
cómo van las otras *how the others dress*
Nos da igual. *It's the same to us.*
¿Eso qué tiene que ver? *What does that have to do with it?*
Venga. *Come on.*

---

1 **Vocabulario** Empareja cada palabra de la columna B con la definición correspondiente de la columna A. Después, escribe tres oraciones usando cuatro de las palabras.

A	B
_f_ 1. Que no pertenece a una orden religiosa	a. ceder
_c_ 2. Tener fe en la discreción e intenciones de alguien	b. chaval
_g_ 3. Darle golpes a una persona para lastimarla	c. confiar
_h_ 4. Extraño	d. disentir
_d_ 5. Tener una opinión distinta	e. hiyab
_e_ 6. Muchas musulmanas lo llevan en la cabeza	f. laico
_a_ 7. Abandonar, renunciar	g. pegar
_b_ 8. Niño o joven	h. raro

2 **Preparación** En parejas, contesten estas preguntas.

1. ¿Qué es lo primero que notan al ver a una persona?

2. Consideren este dicho: "La primera impresión es la que cuenta". ¿Les parece que es verdad? ¿Por qué?

3. ¿Alguna vez se formaron una impresión equivocada de una persona a partir de su aspecto físico? Expliquen.

4. ¿Cómo deciden cada día qué ropa se van a poner? ¿Qué factores influyen en la selección?

5. ¿Qué aspectos de la apariencia física de ustedes le parecerían curiosos a una persona de otra cultura?

3 **Fotogramas** En parejas, observen los fotogramas y contesten las preguntas.

1. ¿De dónde es la joven? ¿En qué país vive?
2. ¿Cuál es su estado de ánimo (*state of mind*)? ¿Qué está pensando?
3. ¿Quién es la mujer? ¿Qué relación tiene con la joven?
4. ¿Dónde se encuentran? ¿De qué hablan?

4 **Comunidades**

A. En grupos de tres, miren las fotos y consideren cada uno de estos puntos. Intercambien sus reacciones y compartan sus opiniones con la clase.

- quién es la persona / quiénes son las personas
- sus marcas de identidad
- por qué se viste(n) así
- qué impresión quiere(n) dar
- la reacción de ustedes si la(s) vieran en la calle

1.

2.

3.

4.

B. ¿Pertenecen ustedes o alguien que conocen a alguna comunidad o grupo con el que se identifican? ¿A cuál?

5 **Encuesta** En parejas, lean cada oración y elijan una opción. Justifiquen su elección. Si consideran que las dos son posibles, expliquen por qué y bajo qué circunstancias. Comparen sus opiniones con otra pareja.

1. Si uso símbolos religiosos y culturales, ...
   a. me destaco (*stand out*) en la multitud.   b. soy "uno/a más".
2. Las marcas de identidad sirven para...
   a. aislar.   b. incluir.
3. "Comunidad" equivale a...
   a. separación.   b. unión.
4. "Libertad" quiere decir que...
   a. todos somos iguales.   b. las diferencias no importan.

3 As a follow-up, have students write an ad promoting the film based on their conversations. Have them come back to the ads after they have viewed and discussed the film. Ask how their predictions compare to the real story.

4 Have students discuss the importance of identity. Ask: ¿Es esencial para todo ser humano buscar su identidad? ¿Por qué? ¿Se trata de una búsqueda colectiva o individual? Expliquen.

Short Film

ARGUMENTO *La directora de un instituto intenta convencer a una nueva alumna de que se quite el hiyab. La joven se resiste.*

BELÉN Fátima, lo que intento explicarte es que ésta es una escuela laica y todos somos iguales. No queremos diferencias entre los alumnos, ¿entiendes?

BELÉN El pañuelo está bien para la calle, para tu casa, pero para aquí no.
FÁTIMA Pero en casa me lo quito...
BELÉN Y aquí también tienes que hacerlo.

BELÉN ¿Qué pasa, que tus padres te pegan si no lo llevas?
FÁTIMA Ellos también quieren que me lo quite.

BELÉN Estarías muy guapa si te lo quitas.
FÁTIMA Pero a mí me gusta llevarlo.
BELÉN Y me parece muy bien, cariño[1], pero para cuando salgas del instituto.

BELÉN ¿Tú has visto a alguien aquí que lo lleve? Pues por eso. Venga, Fátima, confía en mí.

PROFESOR Ésta es Fátima, es nueva y quiero que la tratéis como a una más de la clase. ¿Está claro?

[1] *sweetheart*

Nota CULTURAL

La costumbre de cubrir la cabeza de las mujeres no es exclusiva del Islam. También se practica en la religión cristiana y en la judía, y está relacionada con la modestia y la pureza. Algunos países europeos han limitado el uso de "símbolos ostensibles°" como el hiyab, la kipá° y los crucifijos en las escuelas públicas. Sin embargo, se permiten "símbolos discretos" como medallas, cruces pequeñas, estrellas de David y manos de Fátima. Aunque la razón de estas restricciones ("vivir en común en una sociedad diversa") tiene que ver con el orden público y no se trata de una limitación de la libertad de conciencia, las restricciones han sido objeto de controversia.

ostensibles *conspicuous* **kipá** *yarmulke (skullcap worn by many male Jews)*

PREVIEW Have students imagine what happens after Fátima meets her new classmates. What does she think during the rest of her first day? What does she think after several months at the school?

TEACHING OPTION Have students look up the words for the clothes that women of Islamic faith might wear (*hijab, niqab, chador, burka, shayla*) and note the differences and the areas where they are worn.

Análisis

1

Comprensión Contesta las preguntas con oraciones completas. Some answers will vary.

1. ¿Quiénes son Fátima y Belén? Fátima es una nueva alumna y Belén es directora/profesora del instituto.

2. ¿De qué hablan la joven y la directora? Hablan del hiyab que lleva Fátima.

3. ¿Qué quiere la directora que haga Fátima? Quiere que se quite el hiyab.

4. ¿Qué piensan los padres de Fátima del hiyab? Ellos también quieren que se lo quite.

5. ¿Por qué lleva Fátima hiyab? Es musulmana y le gusta llevarlo.

6. ¿Qué argumentos utiliza Belén para convencer a Fátima? Menciona dos. Las reglas no permiten el hiyab; estaría más guapa sin él; nadie en la escuela lo lleva; en cuanto se lo quite un rato lo olvidará; va a ser la rara de la clase.

7. ¿Qué les dice el profesor a sus alumnos cuando les presenta a Fátima? Quiere que la traten como a una más de la clase.

8. ¿Cómo se visten los compañeros de clase? Llevan diferentes estilos y ropa.

2

Interpretación En parejas, contesten las preguntas y expliquen sus respuestas.

1. Belén le pregunta a Fátima si quiere ser "la rara de la clase". ¿Qué significa esa expresión? ¿Qué consecuencias puede tener?

2. ¿Cómo creen que se siente Fátima mientras se quita el hiyab? ¿Y la directora?

3. ¿Cuál de los argumentos de Belén convence a Fátima? ¿Los convencería a ustedes?

4. ¿Qué creen que piensa Fátima al entrar en la clase y ver a sus compañeros?

5. ¿Por qué creen que a Fátima no se le permite llevar el hiyab en clase, pero se les permiten otros accesorios a sus compañeros?

6. Cuando Belén dice: "No queremos diferencias entre los alumnos", ¿a qué diferencias se refiere?

3 Ask students how different cultures use different symbols to represent similar concepts. Ex: the color black symbolizes mourning in the West, whereas white is used in China. Have them explain how the inverse is true as well; i.e., the same symbol can represent different ideas to different cultures. What ideas does the hijab represent to Fátima? What does it represent to Belén?

3

Contextos En parejas, hablen de estas citas extraídas del cortometraje. Expliquen la importancia que tiene cada una dentro de la historia.

> **" Pues que la libertad de culto, pensamiento y todo eso se nos iría a la basura. " DIRECTORA**

> **" Las reglas son las reglas, no las he inventado yo. " DIRECTORA**

> **" Ellos también quieren que me lo quite. " FÁTIMA**

> **" Pero a mí me gusta llevarlo. " FÁTIMA**

> **" ... ésta es Fátima, es nueva y quiero que la tratéis como a una más de la clase. " PROFESOR**

4 **Puntos de vista** En grupos de tres, lean estas oraciones y decidan quién las puede haber dicho. ¿Con cuál(es) están de acuerdo? ¿Por qué? Después, compartan sus opiniones con la clase.

1. "Todo individuo tiene el derecho de vestir lo que ya lleva el alma (*soul*)."

2. "Los símbolos religiosos, llevados por alumnos de nuestras escuelas públicas, se deben prohibir. Fomentan la desigualdad, la sospecha y la discriminación."

3. "A partir del próximo semestre, el director mandará a casa a cualquier alumno o alumna que lleve camiseta (*T-shirt*) con mensaje ofensivo o provocador."

4. "Si hoy nos limitan la ropa que podemos llevar, ¿qué nos limitarán mañana?"

5 **Vestimenta** En parejas, escriban dos listas. Un(a) compañero/a escribe cuatro ventajas de imponer reglas de vestimenta (*dress codes*) en las escuelas y en los lugares de trabajo. El/La otro/a escribe cuatro desventajas. Consideren las preguntas a continuación y después intercambien sus listas para comentarlas.

- ¿Deben o debieron ustedes llevar uniforme a la escuela? ¿Conocen a alguien que debe o debió hacerlo?

- ¿Trabajan o trabajaron ustedes en una empresa con reglas de vestimenta? ¿Conocen a alguien que trabaja o trabajó en una empresa así?

- ¿Existe una diferencia entre llevar uniforme y observar una serie de reglas de vestimenta?

- ¿Se pueden fiar (*trust*) las escuelas y las empresas del criterio personal de sus alumnos y empleados en cuanto a la vestimenta?

6 **La obediencia y la autoridad** En grupos de cuatro, lean estas preguntas y razonen las respuestas.

1. "Las reglas son las reglas." ¿Piensan que una figura de autoridad tiene poder de decisión frente a las reglas?

2. ¿Alguna vez tuvieron problemas en la escuela, una iglesia u otro lugar público por algo que llevaban o que habían hecho? ¿Cómo reaccionaron? ¿Les parece que hicieron lo correcto? ¿Por qué?

3. ¿Qué es más importante: obedecer o mantenerse fiel a sus propios principios? ¿Dónde está el límite? ¿Hasta qué punto es necesario confiar en la autoridad de los superiores?

4. ¿Qué tipo de desobediencia les parece aceptable?

7 **Obediencia** En parejas, elijan un personaje que haya desobedecido un mandato del orden establecido, como Gandhi, Nelson Mandela o Rosa Parks. Improvisen un diálogo entre ese personaje y otro que represente la autoridad. Expongan ambos puntos de vista, incluyendo las razones y el precio de la desobediencia. Representen su diálogo ante la clase.

8 **Final** Elige una de estas opciones y escribe una composición sobre el tema.

1. Decides escribir una carta al periódico de la ciudad donde está la escuela de Fátima. En ella expresas tu opinión, a favor o en contra, sobre lo ocurrido. Justifica tu reacción.

2. Eres presidente de un grupo que protege celosamente su exclusividad y busca diferenciarse del resto. Escribe las reglas y los requisitos para pertenecer a él.

✨ Practice more at **vhlcentral.com**.

5 Have groups discuss how women's clothing has reflected the customs of a particular time, region, or culture. Ask them to explain whether that has been the case for men's clothes, too.

6 Have students mention rules from groups, clubs, or communities to which they belong. What are the prerequisites for membership? Do they comply with their rules in order to belong? Would they be ready to pay the price for not complying?

6 Remind students that Fátima had to remove the hijab to enter the classroom. Ask them to explain the relationship between this and discrimination in society.

8 As an alternative, ask students to create a brochure for **La celebración del día de una comunidad** and make sure it talks about diversity and tolerance. Tell them to draw a symbol for the brochure and write the accompanying text.

INSTRUCTIONAL RESOURCES Supersite: Flash Cultura; Script & Translation; Teaching suggestions; SAM/WebSAM: WB

IMAGINA

S En **vhlcentral.com** encontrarás más información y actividades relacionadas con esta sección.

Rompecabezas de maravillas

CHILE

Cuenta la leyenda que cuando Dios terminó de crear el mundo le sobraron multitud de montañas, bosques, desiertos, valles, ríos y glaciares. Decidió entonces juntar todos esos trozos sueltos[1], como un gran rompecabezas[2], y llevarlos hasta un lugar remoto en los confines de la Tierra: ese lugar es Chile.

Su geografía está enmarcada por el **océano Pacífico** al oeste y la **cordillera de los Andes** al este. Su territorio se distribuye entre el continente americano y un gran número de islas que hacen que Chile ponga pie en un segundo continente: **Oceanía**. El país tiene dimensiones excepcionales: 4.300 kilómetros (2.672 millas) de longitud y una anchura[3] promedio de 200 kilómetros (124 millas).

Entre la gran cantidad de islas del territorio chileno existen algunas que inspiraron relatos fantásticos y novelas de aventuras. El **archipiélago de Juan Fernández**, de origen volcánico, incluye la **isla de Robinson Crusoe**. En ella, el marino escocés **Alexander Selkirk**, a quien se considera una de las posibles fuentes[4] de la famosa novela de **Daniel Defoe**, vivió cuatro años como náufrago[5] solitario.

La misteriosa **isla de Pascua**[6] está ubicada[7] en la **Polinesia**, en Oceanía. Además de contar con una belleza

Los moáis

natural extraordinaria, conserva las ruinas de los **Rapa Nui**, una cultura prehistórica. Por toda la isla, se encuentran más de 600 enormes esculturas de piedra. Estas esculturas, llamadas **moáis**, son únicas en el mundo. Se cree que con estas estatuas, que pueden medir[8] hasta 12 metros (40 pies) y pesar más de 100 toneladas[9], los nativos representaban a sus antepasados para que proyectaran sobre ellos su poder sobrenatural.

Formación rocosa *La Portada* en una playa cerca de Antofagasta, Chile

En el extremo sur del continente se halla la **isla de Tierra del Fuego**, que Chile comparte con Argentina. Un poco más al norte, podemos ver los glaciares y los impresionantes picos montañosos del **Parque Nacional Torres del Paine**; y en el norte del país reina el **desierto de Atacama**, que cubre los 360 mil km[2] (90 millones de acres) más áridos de todo el planeta. En la ciudad de Atacama, por ejemplo, caen sólo 3 milímetros de lluvia por año. Esta zona reúne maravillas tan variadas como aguas termales, géiseres, un oasis donde habitan flamencos rosados, valles esculpidos por el viento y vestigios arqueológicos de pueblos precolombinos que atraen incesantemente a los turistas.

Signos vitales

Los **mapuches**, también conocidos como **araucanos**, forman uno de los pueblos originarios del territorio de **Chile** y **Argentina**. Han conservado hasta hoy su lengua, el **mapudungun**, sus creencias y sus ritos. Lucharon primero contra la dominación del imperio inca y después contra la conquista española. En la actualidad buscan la reivindicación[10] de la propiedad de la tierra, el respeto por su forma de vida tradicional y vencer[11] la discriminación.

[1] **trozos sueltos** *loose bits* [2] *puzzle* [3] *width* [4] *sources* [5] *castaway* [6] *Easter Island* [7] *located* [8] *measure* [9] *tons* [10] *claim* [11] *overcome*

¡Visitemos Chile!

Centros de esquí Gracias a los picos de los **Andes**, en **Chile** se encuentran excelentes centros de esquí. Preparados para acoger[1] a los que practican cualquier deporte de invierno, están situados en todo el centro y sur de Chile. Varios de estos centros de esquí están a poca distancia de la ciudad de **Santiago**, como **El Colorado** a 37 kilómetros (23 millas) o **Valle Nevado** a 60 kilómetros (37 millas). Esto permite una escapada hacia allí durante el fin de semana.

Volcanes **Chile** es también un país de volcanes: en toda su extensión existen más de 2.000. De éstos, 500 están aún en actividad, como el **Villarrica**, llamado *Rucapillán* ("casa de los espíritus") por los mapuches. No lejos de ahí, se puede visitar

Temuco, ciudad industrial y capital regional, donde el poeta **Pablo Neruda** pasó su infancia y adolescencia.

Mariscos Chile, que posee una costa privilegiada, es uno de los países con mayor variedad de fauna marina en todo el mundo. Se puede encontrar allí mariscos[2] únicos, como **locos**, **picorocos** y **piures**[3], muy apreciados en la gastronomía. Para disfrutarlos, basta visitar los pueblos pesqueros[4] de la costa o los restaurantes del Mercado Central de Santiago.

Valparaíso Esta ciudad portuaria[5] cuenta con un centro histórico de fama mundial. Su diseño urbano entrelaza[6] exitosamente el estilo colonial español con otros estilos europeos como el **victoriano**, llevado hasta allí por inmigrantes ingleses y desarrollado en el

siglo XIX. Fue declarada **Patrimonio de la Humanidad** por la **UNESCO** en 2003.

[1] *to receive* [2] *seafood; shellfish* [3] **locos...** *abalone, barnacles, and red sea squirts* [4] **pueblos...** *fishing villages* [5] *port* [6] *intertwines*

El español de Chile

billullo	dinero; *money*
cacho	problema, situación difícil; *problem*
capear	no ir a clase; *to play hookie*
caperuzo/a	inteligente, astuto/a; *smart, clever*
carrete	fiesta
fome	aburrido/a; *boring, dull*
harto/a	muy, mucho/a; *very, a lot (of)*
funar	echar a perder; *to ruin*
polera	camiseta; *T-shirt*
pololo/a	novio/a; *boyfriend/girlfriend*

Expresiones

al tiro	ahora mismo, inmediatamente; *right now, immediately*
andar pato	no tener nada de dinero; *not to have two nickels to rub together*
¿Cachai?	¿Entendiste?; *Do you understand?*
caldo de cabeza	estar demasiado preocupado/a por algo; *to be too worried about something*
Estoy piola.	Estoy muy bien.; *I'm great.*

GALERÍA DE CREADORES

BESTSELLER INTERNACIONAL

"Una extravagante historia, escrita por una cuentista de talento que revive, como por arte de magia, el mundo del siglo XIX."
—LOS ANGELES TIMES BOOK REVIEW

hija de la fortuna
isabel allende

autora de RETRATO EN SEPIA y EVA LUNA

Play Parra's *Gracias a la vida* and ask students to describe the theme and tone. Ask: **¿Es optimista la canción? ¿Por qué?**

MÚSICA Y ARTE Violeta Parra

Considerada la iniciadora de la Nueva Canción Chilena, Violeta Parra fue una artista de extraordinaria riqueza creativa, quien logró revitalizar la cultura popular de Chile. Es conocida por sus grabaciones y recitales de canciones tradicionales y propias, como *Gracias a la vida*, que fue popularizada en los Estados Unidos por Joan Baez. También se dedicó a la pintura, la escultura, la cerámica y el arte de bordado de arpilleras (*burlap embroidery*). Hoy día la Fundación Violeta Parra preserva el patrimonio de esta artista universal que murió en 1967.

LITERATURA Isabel Allende

En 1973 el presidente chileno Salvador Allende fue asesinado. Dos años después, su sobrina Isabel Allende escapó del país para exiliarse en Venezuela, donde publicó en 1982 su primera novela, *La casa de los espíritus*, que fue muy bien recibida por el público. Esta novela también se popularizó en los Estados Unidos, donde vive hoy la escritora, al ser publicada en inglés y sobre todo al aparecer la versión cinematográfica. La familia, el amor y el poder son temas recurrentes en la obra de Isabel Allende. Sus libros incluyen títulos como *Eva Luna*, *El plan infinito*, *Paula*, *Retrato en sepia* y *La suma de los días*.

CINE **Miguel Littín**

El director de cine Miguel Littín nació en Chile en 1942. El gobierno del nuevo presidente Salvador Allende lo designó a la cabeza de la productora estatal Chile Films en 1971. Durante el período subsiguiente dirigió películas de gran calidad, como *El chacal de Nahueltoro*. Los hechos reales que narra esta película causaron gran conmoción; sin embargo, fue un éxito con los críticos y el público. Muchas de las películas de Littín tienen carácter político. Entre ellas, *Actas de Marusia* y *Alsino y el cóndor* fueron nominadas al Oscar a la mejor película extranjera en 1975 y 1982 respectivamente. Estos logros le merecieron a Littín el reconocimiento internacional.

Assign one of Miguel Littín's films for viewing outside of class and discuss it in relation to the political themes of **Lección 6**. Ask: **¿Qué poder tienen las artes para enfrentar un sistema político opresivo?**

PINTURA Y ESCULTURA **Roberto Matta**

El pintor y escultor Roberto Matta es considerado como el artista chileno más importante del siglo XX. En 1937 conoció en París a André Breton y se unió al movimiento surrealista. Marcel Duchamp, Salvador Dalí e Yves Tanguy son algunos de los artistas que influyeron en su obra. Sobre sus lienzos (*canvases*) creó mundos imaginarios en los que trató de representar las fuerzas del universo que influyen en el hombre contemporáneo. Aquí vemos el óleo *L'Etang de No* (1958) del artista chileno, fallecido (*deceased*) en 2002.

CONEXIÓN INTERNET

Investiga y aprende sobre otros creadores de la región en **vhlcentral.com**.

¿Qué aprendiste?

Cierto o falso Indica si estas afirmaciones son ciertas o falsas. Corrige las falsas.

1. La isla de Pascua se encuentra en la Polinesia. Cierto.

2. Los mapuches y los araucanos tienen lenguas y costumbres distintas. Falso. Los mapuches son conocidos también como araucanos.

3. Violeta Parra es la autora de la canción *Gracias a la vida*, que la cantante Joan Baez popularizó en los Estados Unidos. Cierto.

4. Considerando su larga costa, la variedad de mariscos que se encuentra en Chile es pequeña. Falso. Chile es uno de los países con mayor variedad de fauna marina.

5. La película *El chacal de Nahueltoro* provocó una gran conmoción social por los hechos reales que narra. Cierto.

6. Inmigrantes de otros países latinoamericanos llevaron el estilo victoriano a Valparaíso. Falso. Lo llevaron inmigrantes ingleses.

Preguntas Contesta las preguntas.

1. ¿En qué ciudad creció el poeta chileno Pablo Neruda? Creció en Temuco.

2. ¿A qué movimiento se unió el escultor Roberto Matta en París? Se unió al movimiento surrealista.

3. ¿Por qué representaban los Rapa Nui a sus antepasados? Los representaban para que les proyectaran su poder sobrenatural.

4. ¿Cuáles son los temas más recurrentes de las novelas de Isabel Allende? Los temas de sus novelas son la familia, el amor y el poder.

5. ¿Qué centros de esquí están a poca distancia de Santiago? El Colorado y Valle Nevado están cerca de Santiago.

6. ¿Qué artista de la Galería te interesa más? ¿Por qué? Answers will vary.

PROYECTO

De norte a sur

Crea un itinerario de quince días de vacaciones en Chile. Investiga la información que necesites en Internet.

- Empieza en el norte del país y termina en el sur.
- Selecciona los lugares que quieres visitar, combinando las montañas, el mar y las ciudades.
- Menciona la ropa más adecuada para cada tramo (*stage*).
- Presenta tu itinerario a la clase con fotografías y un mapa.

MINIPRUEBA

Completa las oraciones con la información correcta y demuestra lo que aprendiste sobre Chile.

1. La novela *Robinson Crusoe* posiblemente está inspirada en las experiencias de _____.
   a. Juan Fernández   (b.) Alexander Selkirk   c. Daniel Defoe

2. Los _____, esculturas de piedra, se encuentran en la isla de Pascua.
   (a.) moáis   b. antepasados   c. volcanes

3. El desierto de Atacama es el más _____ del mundo.
   a. grande   (b.) árido   c. montañoso

4. Chile es un paraíso para los amantes de la naturaleza, pero quienes disfrutan de las _____ pueden ir a Santiago y a Valparaíso.
   a. geografías   b. aguas termales   (c.) ciudades

5. Los mapuches se encuentran en Chile y _____.
   (a.) Argentina   b. Perú   c. Bolivia

6. El mapudungun es el _____ de los mapuches.
   a. dios   b. río   (c.) idioma

7. Un chileno usaría la palabra _____ para describir algo que le aburre.
   a. cacho   b. billullo   (c.) fome

8. El Villarrica es uno de los _____ de Chile.
   a. lagos profundos   (b.) volcanes activos   c. géiseres activos

9. Isabel Allende publicó _____, su primera novela, en el exilio.
   (a.) *La casa de los espíritus*   b. *Actas de Marusia*   c. *Hija de la fortuna*

10. Valparaíso es una ciudad _____.
    a. industrial   b. arqueológica   (c.) portuaria

11. Roberto Matta retrata en sus pinturas las fuerzas invisibles del universo que influyen sobre _____ del hombre contemporáneo.
    a. los ríos y glaciares   (b.) la vida y la cultura   c. el amor y el poder

12. Violeta Parra se dedicó a distintas artes, pero no a la _____.
    a. pintura   (b.) danza   c. cerámica

Video

Puerto Rico: ¿nación o estado?

En las páginas anteriores has empezado a explorar la identidad cultural y nacional, y los conflictos que hay entre ellas. En este episodio de **Flash Cultura**, conocerás la situación actual de Puerto Rico y las distintas opiniones que tienen sobre el tema sus habitantes.

Vocabulario

la aduana *customs*
el buzón *mailbox*
el comercio *trade*
los impuestos *taxes*

permanecer *to remain*
los recursos *resources*
las relaciones exteriores *foreign relations*
la tarjeta postal *postcard*

Preparación ¿Hablas de política con tus amigos? ¿Lees el periódico o escuchas las noticias? ¿Te interesa conocer la situación política de tu país? ¿Y la de otros países? ¿Qué sabes de la política de Puerto Rico?

Comprensión Indica si estas afirmaciones son ciertas o falsas. Después, corrige las falsas.

1. Los ciudadanos de Puerto Rico son estadounidenses. Cierto.

2. La moneda de Puerto Rico es el peso.
   Falso. La moneda es el dólar americano.

3. En Puerto Rico se pagan impuestos federales y locales.
   Falso. En Puerto Rico se pagan impuestos locales solamente.

4. El gobierno de Estados Unidos se ocupa de las relaciones exteriores, el comercio y la aduana de Puerto Rico. Cierto.

5. A los puertorriqueños también se les dice *boricuas*. Cierto.

6. Los puertorriqueños quieren que su país sea independiente.
   Falso. Hay puertorriqueños que quieren que permanezca como estado asociado; otros, que se convierta en un estado; y otros, que sea un país independiente.

Expansión En parejas, contesten estas preguntas.

- ¿Te gusta enviar tarjetas postales cuando viajas? ¿Por qué? ¿A quién le enviarías una desde Puerto Rico?

- ¿Piensas que el debate sobre política puede convertirse realmente en un deporte nacional? ¿Podría pasar algo parecido en tu país con algún tema? ¿Con cuál?

- De las tres opciones planteadas en el video (que Puerto Rico permanezca como estado asociado, que se convierta en un estado o que sea un país independiente), ¿cuál te parece a ti la más acertada? ¿Por qué?

Corresponsal: Diego Palacios
País: Puerto Rico

Cuando estás aquí, no sabes si estás en un país latinoamericano o si estás en los Estados Unidos.

En Puerto Rico, puedes tomar el sol en la playa, beber agua de coco y enviarle tarjetas postales a tus amigos.

El debate se ha convertido en el deporte nacional de Puerto Rico.

 Practice more at **vhlcentral.com**.

INSTRUCTIONAL RESOURCES `6.1`
Supersite: Audioscripts, SAM AK, Lab MP3s
SAM/WebSAM: WB, LM

TALLER DE CONSULTA

The following grammar topics are covered in the **Manual de gramática, Lección 6.**

6.4 Adverbs, p. 396

6.5 Diminutives and augmentatives, p. 398

¡ATENCIÓN!

An adverbial clause (**cláusula adverbial**) is one that modifies or describes verbs, adjectives, or other adverbs. It describes how, why, when, or where an action takes place.

The subjunctive in adverbial clauses

● In Spanish, adverbial clauses are commonly introduced by conjunctions. Certain conjunctions require the subjunctive, while others can be followed by the subjunctive or the indicative, depending on the context.

—*Y me parece muy bien, cariño, pero para cuando* ***salgas*** *del instituto.*

Conjunctions that require the subjunctive

● Certain conjunctions are always followed by the subjunctive because they introduce actions or states that are uncertain or have not yet happened. These conjunctions commonly express purpose, condition, or intent.

MAIN CLAUSE	CONNECTOR	SUBORDINATE CLAUSE
No habrá justicia para las víctimas	sin que	encarcelen a los criminales.

Conjunctions that require the subjunctive	
a menos que *unless*	**en caso (de) que** *in case*
antes (de) que *before*	**para que** *so that, in order*
con tal (de) que *provided that, as long as*	**sin que** *without, unless*

El Ejército siempre debe estar preparado **en caso de que haya** un ataque.
The army must always be prepared, in case there is an attack.

El candidato hablará con su familia **antes de que conceda** la derrota.
The candidate will talk to his family before he concedes defeat.

● If there is no change of subject in the sentence, always use the infinitive after the prepositions **para** and **sin**, and drop the **que**.

La abogada investigará todos los detalles del caso **para defender** a su cliente.
The lawyer will investigate every detail of the case in order to defend her client.

● The use of the infinitive without **que** when there is no change of subject is optional after the prepositions **antes de**, **con tal de**, and **en caso de**. After **a menos que**, however, always use the subjunctive.

Debo leer sobre el candidato **antes de votar** por él.
I must read about the candidate before voting for him.

La senadora va a perder **a menos que mejore** su imagen.
The senator is going to lose unless she improves her image.

Conjunctions followed by the subjunctive or the indicative

● If the action in the main clause has not yet occurred, then the subjunctive is used after conjunctions of time or concession.

—*En cuanto* te lo *quites* un rato, ni te acuerdas.

Conjunctions followed by the subjunctive or the indicative

a pesar de que *despite*	**hasta que** *until*
aunque *although; even if*	**luego (de) que** *after*
cuando *when*	**mientras que** *while*
después (de) que *after*	**siempre que** *as long as*
en cuanto *as soon as*	**tan pronto como** *as soon as*

Trabajaremos duro **hasta que** no **haya** más abusos de poder.
We will work hard until there are no more abuses of power.

Aunque mejore la seguridad, siempre tendrán miedo de viajar en avión.
Even if security improves, they will always be afraid to travel by plane.

Cuando hablen con la prensa, van a exigir la libertad para los prisioneros.
When they speak with the press, they are going to demand freedom for the prisoners.

● If the action in the main clause has already happened, or happens habitually, then the indicative is used in the adverbial clause.

Tan pronto como se supieron los resultados, el partido anunció su victoria.
As soon as the results were known, the party announced its victory.

Mi padre y yo siempre nos peleamos **cuando hablamos** de política.
My father and I always fight when we talk about politics.

● **A pesar de**, **después de**, and **hasta** can also be followed by an infinitive, instead of **que** + [*subjunctive*], when there is no change of subject.

Algunos ladrones se reforman **después de salir** de la cárcel.
Some thieves reform after leaving jail.

Algunos ladrones se reforman **después de que salgan** de la cárcel.
Some thieves reform after they leave jail.

Point out that adverbial clauses may come at the beginning of a sentence or after the main clause. When they come at the beginning of a sentence, they are separated from the main clause by a comma.

¡ATENCIÓN!

Note that although **después (de) que** and **luego (de) que** both mean *after*, the latter expression is used less frequently in spoken Spanish.

Clarify that Spanish often prefers [*preposition*] + [*infinitive*] instead of [*conjunction*] + [*subjunctive*] when there is no change of subject.
Ex: **Voy a acostarme después de ver las noticias.**
For many conjunctions of time or concession, however, a corresponding preposition does not exist. In these cases, [*conjunction*] + [*subjunctive*] is used even when there is no change of subject.
Ex: **Lo haré en cuanto tenga una oportunidad.**

Práctica

1 **Declaraciones** Elige la conjunción adecuada para completar la conversación entre un periodista y la gobernadora Ibáñez.

PERIODISTA Gobernadora Ibáñez, ¿qué le parecieron las declaraciones del presidente?

GOBERNADORA (1) (Aunque / Cuando) yo generalmente no pienso igual que él, en este caso creo que todos debemos trabajar juntos (2) (a pesar de que / para que) la situación económica mejore. (3) (Hasta que / Tan pronto como) el presidente vuelva de su viaje por Asia, insistiré en hablar con él sobre mis ideas.

PERIODISTA ¿Cuándo me dijo que va hablar con él?

GOBERNADORA (4) (En cuanto / Aunque) regrese la semana que viene. Quiero hablar con él (5) (sin que / para que) sepa que todos los miembros del partido estamos dispuestos (*willing*) a trabajar muy duro (6) (con tal de que / luego que) la situación de este país mejore.

2 **Completar** Completa las oraciones usando el indicativo, el subjuntivo o el infinitivo.

1. El candidato no va a viajar a menos que su esposa lo __acompañe__ (acompañar).
2. El abogado va a hablar con el presidente antes de que __lleguen__ (llegar) los manifestantes.
3. Los liberales y los conservadores hacen todo lo necesario con tal de __ganar__ (ganar) las elecciones.
4. Los miembros del partido se fueron tan pronto como __supieron__ (saber) que habían perdido las elecciones.
5. Los políticos viajan por el país para __hablar__ (hablar) con la gente.
6. El pueblo votará por la candidata con tal de no __ver__ (ver) al otro candidato ganar.
7. La gente recuerda las promesas de los políticos cuando __vota__ (votar).
8. El alcalde olvidó sus promesas después de __ganar__ (ganar) las elecciones.
9. El tribunal no podrá continuar sin __juzgar__ (juzgar) al acusado.
10. Los periodistas van a estar con los candidatos hasta que __terminen__ (terminar) las elecciones.

3 **Tendencias políticas** Forma oraciones completas usando los elementos. Usa el presente del indicativo para el primer verbo y haz otros cambios que sean necesarios.

Modelo (nosotros) / escuchar / debates / con tal de que / candidato / inspirarnos
Escuchamos los debates con tal de que el candidato nos inspire.

1. (yo) / llamarte / mañana / en cuanto / (ellas) / llegar / manifestación
   (Yo) te llamo mañana en cuanto (ellas) lleguen a la manifestación.
2. cada año / partido / anunciar / victoria / después de que / contarse / último voto
   Cada año el partido anuncia su victoria después de que se cuente el último voto.
3. gobiernos / chantajear / víctimas / para que / nadie / descubrir / injusticias
   Los gobiernos chantajean a las víctimas para que nadie descubra las injusticias.
4. (tú) / siempre / pelear / por / nuestros derechos / sin que / (nosotros) / pedírtelo
   (Tú) siempre peleas por nuestros derechos sin que (nosotros) te lo pidamos.
5. guerra civil / ir / empezar / antes de que / políticos / poder / explicar / escándalos
   La guerra civil va a empezar antes de que los políticos puedan explicar los escándalos.
6. presidentes / aprobar / leyes / inútil / mientras que / (nosotros) / destrozar / medio ambiente
   Los presidentes aprueban leyes inútiles mientras que (nosotros) destrozamos el medio ambiente.

Practice more at **vhlcentral.com**.

Comunicación

4

Instrucciones La primera dama le dejó una lista de tareas a su secretario. Luego se dio cuenta de que había olvidado ciertos detalles y dejó otra lista. En parejas, túrnense para unir los detalles de las dos listas. Después, inventen dos oraciones adicionales. Usen estas conjunciones.

Modelo **Pídele los archivos de todas sus decisiones. / ¡Puede pasar el juez!**
Le pido los archivos de todas sus decisiones en caso de que pase el juez.

a menos que	cuando	para que
a pesar de que	en caso de que	siempre que
con tal de que	en cuanto	tan pronto como

1. Contesta llamadas y correos electrónicos.
2. Escríbeles cartas a los senadores.
3. No hagas declaraciones.
4. Dile al ministro de educación que lo llamaré.

1. ¡Deben ser urgentes!
2. ¡Tienen que saber que no estaré en mi oficina!
3. ¡Pueden llamar los periodistas!
4. ¡Debe acabarse primero el almuerzo de gala!

5

Posibilidades En parejas, túrnense para completar estas oraciones y expresar sus puntos de vista.

1. Terminaré mis estudios a tiempo a menos que…
2. Me iré a vivir a otro país en caso de que…
3. Ahorraré mucho dinero para que…
4. Yo cambiaré de carrera en cuanto…
5. Me jubilaré cuando…

6

Programa En grupos de cuatro, imaginen que son los asesores (*advisors*) de un político. Expliquen qué hará el candidato en distintas situaciones usando conjunciones con el subjuntivo.

Modelo Para que los ecologistas estén contentos, el alcalde dará más dinero para limpiar el río. Volverá a ser una parte importante en la vida de los ciudadanos con tal de que toda la comunidad ayude a mantenerlo.

4 Sample answers:
1. Contesto llamadas y correos electrónicos siempre que sean urgentes.
2. Les escribo cartas a los senadores para que sepan que no estará en su oficina.
3. No hago declaraciones en caso de que llamen los periodistas.
4. Le digo al ministro de educación que lo llamará tan pronto como se acabe el almuerzo de gala.

4 As a variant, have students use the information listed to create a phone conversation between the First Lady and her secretary.

5 Call on students to share their partners' responses.

6 Model one or two of the advisors' sentences on the board. Ex: **No descansará hasta que hayamos encarcelado a todos los terroristas./Bajaremos los impuestos para que la economía se desarrolle.**

6.2

TALLER DE CONSULTA

See **2.1**, **pp. 56–57** for the preterite forms of regular, irregular, and stem-changing verbs.

¡ATENCIÓN!

The past subjunctive is also referred to as the imperfect subjunctive (**el imperfecto del subjuntivo**).

The **nosotros/as** form of the past subjunctive always takes a written accent.

INSTRUCTIONAL RESOURCES
Supersite: Audioscripts, SAM AK, Lab MP3s
SAM/WebSAM: WB, LM

From the verbs listed on the right, have students identify which ones have stem changes, spelling changes, and irregular conjugations. Have volunteers add more verbs of each type to a list on the board.

Point out that both past subjunctive **nosotros/as** forms take a written accent. Ex: **fuéramos/fuésemos**

These alternate endings are presented for recognition only; their forms do not appear in the Testing Program.

The past subjunctive

Forms of the past subjunctive

- The past subjunctive (**el pretérito imperfecto del subjuntivo**) of all verbs is formed by dropping the **–ron** ending from the **ustedes/ellos/ellas** form of the preterite and adding the past subjunctive endings.

The past subjunctive

caminar (caminaron)	perder (perdieron)	vivir (vivieron)
caminara	perdiera	viviera
caminaras	perdieras	vivieras
caminara	perdiera	viviera
camináramos	perdiéramos	viviéramos
caminarais	perdierais	vivierais
caminaran	perdieran	vivieran

Queríamos que el gobierno **respetara** los derechos humanos.
We wanted the government to respect human rights.

Me pareció increíble que los liberales **perdieran** las elecciones.
It seemed unbelievable to me that the liberals lost the election.

Nos sorprendió que el abogado no **supiera** cómo reaccionar ante la amenaza.
It surprised us that the lawyer did not know how to react to the threat.

- Verbs that have stem changes or irregularities in the **ustedes/ellos/ellas** form of the preterite have those same irregularities in all forms of the past subjunctive.

infinitive	preterite form	past subjunctive forms
pedir	pidieron	pidiera, pidieras, pidiera, pidiéramos, pidierais, pidieran
sentir	sintieron	sintiera, sintieras, sintiera, sintiéramos, sintierais, sintieran
dormir	durmieron	durmiera, durmieras, durmiera, durmiéramos, durmierais, durmieran
influir	influyeron	influyera, influyeras, influyera, influyéramos, influyerais, influyeran
saber	supieron	supiera, supieras, supiera, supiéramos, supierais, supieran
ir/ser	fueron	fuera, fueras, fuera, fuéramos, fuerais, fueran

- In Spain and other parts of the Spanish-speaking world, the past subjunctive is also used with an alternate set of endings: **–se, –ses, –se, –semos, –seis, –sen**. You will also see these forms in literary texts.

Mariano me pidió que **fuera/fuese** con él al tribunal.
Mariano asked me to go with him to court.

Nadie creyó que **estuviéramos/estuviésemos** entre los manifestantes.
No one believed that we were among the demonstrators.

Uses of the past subjunctive

- The past subjunctive is required in the same contexts as the present subjunctive, except that the point of reference is in the past. When the verb in the main clause is in the past, the verb in the subordinate clause is in the past subjunctive.

*Mis padres también me pidieron que me lo **quitara**.*

Present time	Past time
Ellos sugieren que **vayamos** a la reunión. *They suggest that we go to the meeting.*	Ellos sugirieron que **fuéramos** a la reunión. *They suggested that we go to the meeting.*
Espero que no **tengan** problemas con los políticos. *I hope they won't have any problems with the politicians.*	Esperaba que no **tuvieran** problemas con los políticos. *I was hoping they wouldn't have any problems with the politicians.*
Necesitamos un presidente que **apoye** nuestra causa. *We need a president who will support our cause.*	Necesitábamos un presidente que **apoyara** nuestra causa. *We needed a president who would support our cause.*
Tú la defiendes aunque **sea** culpable. *You defend her even though she's guilty.*	Tú la defendiste aunque **fuera** culpable. *You defended her even though she was guilty.*

- The expression **como si** (*as if*) is always followed by the past subjunctive.

  Habla de la guerra **como si** no le **importara**.
  He talks about the war as if he didn't care.

  ¿Por qué siempre me andas espiando **como si fuera** un ladrón?
  Why do you always go around spying on me as if I were a thief?

  Reaccionarán **como si trajéramos** malas noticias.
  They will react as if we brought bad news.

  Me saludó **como si** no me **conociera**.
  She greeted me as if she didn't know me.

- The past subjunctive is commonly used with **querer** to make polite requests, to express wishes, or to soften statements.

  Quisiera verlos hoy, por favor.   **Quisiéramos** paz y justicia para nuestro pueblo.
  I'd like to see you today, please.   *We wish for peace and justice for our people.*

Práctica

1 Viñas de Chile Completa este párrafo en que le cuentas a tu familia los consejos de un viticultor (*vine-grower*) chileno sobre cómo guardar el vino en casa. Usa el pretérito imperfecto del subjuntivo.

Miren, me dijo que era importante que nosotros (1) ___pusiéramos___ (poner) el vino en un lugar oscuro y sin corrientes de aire. Me sugirió que lo (2) ___guardáramos/guardara___ (guardar) en el sótano (*basement*) de la casa, donde hay una temperatura baja y constante. También me recomendó que (3) ___mantuviéramos/mantuviera___ (mantener) el sótano con un nivel de humedad de un 70% como si (4) ___fuera___ (ser) absolutamente esencial. Y claro, me dijo que sólo (5) ___compráramos/comprara___ (comprar) vinos de calidad, como los chilenos o argentinos. A mí me pareció curioso que me (6) ___aconsejara___ (aconsejar) comprar vinos argentinos, porque otros chilenos con los que hablé me pidieron que nunca los (7) ___comprara___ (comprar). ¿Qué les parecen estos consejos? Papá, me dijo que no (8) ___dudaras___ (dudar) en llamarlo si tienes alguna pregunta.

Bodega de la viña Errazuriz

2 ¿Qué le pidieron? Eugenia Lucía Bermúdez es rectora (*chancellor*) de una universidad. En parejas, usen la tabla para preparar un diálogo en el que ella cuenta lo que le pidieron el primer día de clases.

> **Modelo** —¿Qué le pidió su secretaria?
> —Mi secretaria me pidió que le diera menos trabajo.

Personajes	Verbo	Actividad
los profesores los estudiantes el club ecologista los vecinos de la universidad el entrenador del equipo de fútbol	me pidió que me pidieron que	construir un estadio nuevo hacer menos ruido plantar más árboles dar más días de vacaciones comprar más computadoras

3 Dueño estricto En parejas, imaginen que ustedes compartían un apartamento. Túrnense para comentar las reglas del edificio y usen el pretérito imperfecto del subjuntivo.

> **Modelo** **No cocinar comidas aromáticas**
> El dueño del apartamento me dijo/pidió/ordenó que no cocinara comidas aromáticas.

1. No usar la calefacción en abril. ... no usara ...
2. Limpiar los pisos dos veces al día. ... limpiara ...
3. No recibir visitas en el apartamento después de las 10 de la noche. ... no recibiera ...
4. Hacer la cama todos los días. ... hiciera ...
5. Sacar la basura todos los días. ... sacara ...
6. No encender las luces antes de las 8 de la noche. ... no encendiera ...

 Practice more at **vhlcentral.com**.

Comunicación

4

De niño En parejas, háganse estas preguntas sobre su niñez. Después, añadan información adicional usando un verbo distinto en el pretérito imperfecto del subjuntivo.

Modelo —**¿Esperabas que tus padres te compraran videojuegos?**
—Sí, y también esperaba que me dieran más independencia./
No, pero esperaba que me llevaran al cine todos los sábados.

La imaginación

¿Esperabas que tus padres te compraran videojuegos?

¿Dudabas que los súper héroes existieran?

¿Esperabas que Santa Claus te trajera los regalos que le pedías?

Las relaciones

¿Querías que tu primer amor durara toda la vida?

¿Querías que tus padres te compraran todo lo que pedías?

¿Querías que tus familiares pasaran menos o más tiempo contigo?

El colegio

¿Soñabas con que el/la maestro/a cancelara la clase todos los días?

¿Esperabas que tus amigos de la infancia siguieran siendo tus amigos toda la vida?

¿Deseabas que las vacaciones de verano se alargaran (*were longer*)?

5

¿Qué sucedió? En parejas, preparen una conversación inspirada en esta situación utilizando el pretérito imperfecto del subjuntivo. Después, represéntenla ante la clase.

Rosaura y Orlando fueron de viaje a Chile el año pasado. Rosaura se enojó con Orlando porque él se quedó en el hotel y no quiso acompañarla a esquiar. A ella le encanta el esquí, pero a él no. Ahora están planeando otras vacaciones y peleando sobre lo que pasó durante las últimas.

Modelo **ROSAURA** Quería que tú me acompañaras.
ORLANDO Era importante que tú entendieras mis gustos.

6.3

Comparatives and superlatives

Comparisons of inequality

TALLER DE CONSULTA

The use of diminutives and augmentatives is common in comparative and superlative statements. See **Manual de gramática, 6.5, p. 398**.

INSTRUCTIONAL RESOURCES
Supersite: Audioscripts, SAM AK, Lab MP3s
SAM/WebSAM: WB, LM

To review adverbs, refer students to the **Manual de gramática, 6.4, p. 396**.

- With adjectives, adverbs, nouns, and verbs, use these constructions to make comparisons of inequality (*more than/less than*).

Adjective

Sus creencias son **menos liberales que** las mías.
His beliefs are less liberal than mine.

Noun

El presidente tenía **menos poder que** el ejército.
The president had less power than the army.

Adverb

¡Llegaste **más tarde que** yo!
You arrived later than I did!

Verb

¡**Nos peleamos más que** los niños!
We fight more than the kids do!

- Before a number (or equivalent expression), *more/less than* is expressed with **más/menos de**.

Necesito un vuelo a Santiago, pero no puedo pagar **más de** quinientos dólares.
I need a flight to Santiago, but I can't pay more than five hundred dollars.

Será difícil, señor. Déjeme buscar y le aviso en **menos de** una hora.
That will be difficult, sir. Let me look, and I'll let you know in less than an hour.

Comparisons of equality

- The following constructions are used to make comparisons of equality (*as...as*).

¡ATENCIÓN!

Tan and **tanto** can also be used for emphasis, rather than to compare.

tan *so*

tanto *so much*

tantos/as *so many*

¡**Tus ideas son tan anticuadas!**
Your ideas are so outdated!

¿**Por qué te enojas tanto?**
Why do you get so angry?

Lo hemos hablado tantas veces y nunca logro convencerte.
We've talked about it so many times, and I never manage to convince you.

Remind students that **tanto/a(s)** must agree in gender and number with the nouns they modify.

Adjective

El debate de anoche fue **tan aburrido como** el de la semana pasada.
Last night's debate was as boring as last week's.

Noun

La señora Pacheco habló con **tanta convicción como** el señor Quesada.
Ms. Pacheco spoke with as much conviction as Mr. Quesada.

Adverb

Nosotros discutimos **tan intensamente como** los candidatos.
We argued as intensely as the candidates.

Verb

Ambos candidatos son insoportables. Ella **miente tanto como** él.
Both candidates are unbearable. She lies as much as he does.

Superlatives

- Use this construction to form superlatives (**superlativos**). The noun is preceded by a definite article, and **de** is the equivalent of *in*, *on*, or *of*.

el/la/los/las + ⌐noun⌐ + más/menos + ⌐adjective⌐ + de

Ésta es **la playa más bonita de** la costa chilena.
This is the prettiest beach on the coast of Chile.

Es **el hotel menos caro del** pueblo.
It is the least expensive hotel in town.

- The noun may also be omitted from a superlative construction.

Me gustaría comer en **el** restaurante **más elegante del** barrio.
I would like to eat at the most elegant restaurant in the neighborhood.

Las Dos Palmas es **el más elegante de** la ciudad.
Las Dos Palmas is the most elegant one in the city.

Irregular comparatives and superlatives

Adjective	Comparative form	Superlative form
bueno/a *good*	**mejor** *better*	**el/la mejor** *best*
malo/a *bad*	**peor** *worse*	**el/la peor** *worst*
grande *big*	**mayor** *bigger*	**el/la mayor** *biggest*
pequeño/a *small*	**menor** *smaller*	**el/la menor** *smallest*
viejo/a *old*	**mayor** *older*	**el/la mayor** *oldest*
joven *young*	**menor** *younger*	**el/la menor** *youngest*

- When **grande** and **pequeño** refer to size and not age or quality, the regular comparative and superlative forms are used.

Ernesto es **más pequeño** que yo.   Ese edificio es **el más grande** de todos.
Ernesto is smaller than I am.   *That building is the biggest one of all.*

- When **mayor** and **menor** refer to age, they follow the noun they modify. When they refer to quality, they precede the noun.

Lucía es mi hermana **menor**.   La corrupción es el **menor** problema del candidato.
Lucía is my younger sister.   *Corruption is the least of the candidate's problems.*

- The adverbs **bien** and **mal** also have irregular comparatives.

bien *well*	**mejor** *better*
mal *badly*	**peor** *worse*

Ayúdame, que **tú** lo haces **mejor que yo**.
Give me a hand; you do it better than I do.

Práctica

1 **El mejor** Marta y Roberto son de diferentes partidos políticos. Completa su diálogo utilizando las palabras de la lista.

como	más	mejor	peor
malísimo	mayor	muchísimos	que

ROBERTO Mi candidato está tan preparado para ser presidente de este país (1) ___como___ el tuyo. Estudió en la (2) ___mejor___ universidad del país y ha sido uno de los abogados (3) _____ reconocidos de los últimos cinco años. Además, habla (4) ___muchísimos___ idiomas.

MARTA ¡Sólo habla español! Mi hermana (5) ___mayor___ trabaja en la oficina de tu candidato y dice que es el (6) ___peor___ abogado de la ciudad.

ROBERTO No te creo. Es verdad que no ha tenido mucha suerte últimamente, pero ha perdido menos casos (7) ___que___ tu candidato, que es un abogado (8) ___malísimo___.

Oraciones

2 **A.** Escribe oraciones con superlativos usando la información del cuadro.

Modelo *Harry Potter* es el libro más popular del siglo.

Harry Potter	libro	popular
Miley Cyrus	banda	famosa
La Antártida	jugador	joven
Hilary Duff	continente	frío
El Nilo	cantante	rico
Disneylandia	actriz	largo
Chris Paul	montaña	importante
Los hermanos Jonas	río	alta
El monte Everest	país	feliz
China	lugar	poblado

B. Ahora, vuelve a escribir oraciones, pero esta vez usa comparativos.

Modelo *Harry Potter* es más popular que *El señor de los anillos.*

Comunicación

3

Cita Anoche tuviste una cita a ciegas (*blind date*). En parejas, hablen sobre la cita usando comparativos y superlativos. Utilicen las palabras de la lista.

> **Modelo** La cita de anoche fue la peor de mi vida porque fue aburrida.

carne	conversación	pelo
carro	ensalada	restaurante
chistes	película	ropa

3 Let the class create a fictional account of the best or worst date ever. Have one student begin, then go around until everyone has added to the story. Remind students to use comparatives and superlatives. To make the activity more challenging, each student should repeat all previous statements before adding his or her own.

4

¿Punta Arenas o Miami? Néstor y Ofelia están planeando unas vacaciones. Néstor quiere ir a Miami, pero Ofelia prefiere visitar Punta Arenas.

A. En parejas, decidan qué frases de la lista corresponden a cada lugar y completen la tabla.

1. Hacer un crucero por la Antártida
2. Hacer un crucero por el Caribe
3. Hace mucho calor
4. Hace mucho frío
5. Ir a la playa con pantalones cortos y camiseta
6. Ir a la playa con abrigo y guantes
7. Visitar la Plaza de Armas
8. Visitar la Pequeña Habana

Nota
CULTURAL

Punta Arenas es una ciudad en la **Patagonia** chilena, la zona más austral (*southern*) de **Suramérica**. La arquitectura del centro de la ciudad es similar a la de algunas ciudades europeas, y sus calles son amplias y arboladas. Alrededor de la **Plaza de Armas** hay edificios de gobierno, mansiones y jardines poblados de inmensas araucarias (*Chilean pines*).

Punta Arenas	**Miami**
Frases:	Frases:

B. Ahora, dramaticen un diálogo entre Néstor y Ofelia. Cada uno tiene que explicar las razones por las cuales prefiere ir a cada lugar. Utilicen comparativos y superlativos.

4 For an optional writing assignment, have students research the Chilean Patagonia and write e-mails to friends about an imaginary vacation there. In their messages, they should compare and contrast Patagonia with the area where they live.

5

Debate presidencial En grupos de tres, imaginen un debate en el que dos de ustedes son candidatos/as presidenciales. La tercera persona es un(a) periodista que hace preguntas. Usen oraciones con comparativos y superlativos.

5 Have a few groups volunteer to perform the debates for the class. Allow time for classmates to ask the candidates questions, and then have them vote for a winning candidate from each group.

TEACHING OPTION To provide cultural context, have students research Temuco or bring in news articles highlighting recent events and issues.

Síntesis

¡Luchemos unidos contra la corrupción!

Porque Temuco lo merece...
Vote por Marcelo Rojas para gobernador
Partido Conservador

Para que haya más trabajo en Temuco
Vote por Patricia Salazar para gobernar con decisión
Partido Liberal

Para una sociedad más justa
Antonio Morales es la solución.
Por un Temuco mejor...
Vote Partido Ecologista

Por un Temuco que progresa
Celeste Ortega es tu mejor opción.
Para encaminarnos a un futuro mejor
vota por el **Partido Avance Democrático**

---

1 Make use of any current or recent election campaigns by having students play the roles of real candidates from opposing parties.

2 As a variant, have one member of the group play the role of Student Council President, while the other students represent campus clubs or organizations.

1 Entrevista En la ciudad chilena de Temuco hay elecciones para elegir alcalde. Aquí tienen algunos carteles publicitarios de cuatro partidos políticos imaginarios. En parejas, seleccionen uno de ellos y escriban una entrevista al/a la candidato/a realizada por un(a) periodista local. Deben usar oraciones adverbiales con subjuntivo y las conjunciones que aprendieron en esta lección.

2 Pedidos Los políticos reciben muchos pedidos durante sus campañas electorales. En grupos pequeños, imaginen que tuvieron una audiencia con uno de los candidatos para alcalde. Describan cinco cosas que le pidieron. Deben usar el pretérito imperfecto del subjuntivo.

    Modelo   Le pedimos que bajara los impuestos.

3 Sistema electoral Usando oraciones con comparativos y superlativos, escriban su opinión sobre el sistema electoral. ¿Les gusta? ¿Creen que es justo? ¿Cambiarían algo? ¿Por qué? Después compartan con la clase sus opiniones en un debate abierto.

Preparación Audio: Vocabulary

Vocabulario de la lectura

derrocar *to overthrow*
derrotar *to defeat*
la ejecución *execution*
ejercer (el poder) *to exercise/ exert (power)*
fortalecer *to strengthen*
el fracaso *failure*
la fuerza *force*

el golpe de estado *coup d'état*
la huelga *strike*
el informe *report*
el orgullo *pride*
el secuestro *kidnapping*
la trampa *trap*

Vocabulario útil

encabezar *to lead*
el juicio *judgment*
la ley *law*
promulgar *to enact (a law)*
rescatado/a *rescued*
tener derecho a *to have the right to*

1

Palabras Elige la palabra de la lista que corresponde a cada descripción.

derrotar	informe
fortalecer	ley
fracaso	orgullo
fuerza	secuestro
huelga	trampa

1. _____ley_____ regla o norma
2. _____fuerza_____ poder, fortaleza, vigor
3. _____secuestro_____ acción de retener a una persona y no dejarla libre
4. _____fracaso_____ opuesto de éxito
5. _____derrotar_____ vencer, ganar
6. _____informe_____ exposición oral o escrita que describe una situación
7. _____huelga_____ forma de protesta en la que se decide no trabajar
8. _____fortalecer_____ hacer que algo o alguien sea más fuerte

2

Contextos Escribe dos oraciones usando en cada una dos palabras de la Actividad 1. Después, escribe dos oraciones más usando en cada una otras dos palabras del resto del vocabulario de esta página.

3

Los gobiernos En parejas, contesten las preguntas y expliquen sus respuestas.

1. ¿Cuántas formas de gobierno conocen?
2. ¿Cuáles son las diferencias entre estos gobiernos?
3. ¿Qué tipo de gobierno tiene su país?
4. ¿De qué beneficios disfrutan gracias al tipo de gobierno de su país? ¿Qué desventajas tiene?
5. ¿Cómo participan en la vida política de su país?

Chile: dictadura y democracia

El día 11 de septiembre de 1973, Chile, considerado por décadas como uno de los países de mayor tradición democrática de Hispanoamérica, sufrió un golpe militar liderado por Augusto Pinochet. El golpe derrocó al presidente socialista Salvador Allende. El gobierno, que caía por la fuerza, había durado tan sólo tres años. Este breve período se había visto marcado por las grandes dificultades económicas, las huelgas y la violencia en las calles. La oposición, con la ayuda de los servicios secretos estadounidenses, había impuesto grandes obstáculos para desequilibrar la economía chilena.

Esta crisis social e institucional culminó con el golpe de estado. Desde ese día, el general Augusto Pinochet ejerció el poder de forma dictatorial. La prioridad de su gobierno fue la de eliminar a la oposición política tomando como primera medida° la prohibición de todos los partidos políticos. Este objetivo no sólo se persiguió° con las leyes, sino que se violaron de forma sistemática los derechos humanos. Se detenía a los miembros de partidos políticos y sindicatos° y se les llevaba a centros preparados para la tortura. De muchos de ellos no se supo nunca nada; de otros, se tiene la certeza° de que fueron ejecutados°.

El gobierno militar estableció una política económica neoliberal que mejoró la economía chilena, reduciendo con éxito la inflación y aumentando la producción. Este éxito económico ha sido en muchas ocasiones la tarjeta de presentación de la dictadura de Pinochet. Sus críticos, sin embargo, afirman que estas medidas económicas aumentaron las desigualdades sociales porque privilegiaban a los más ricos.

Confiado° en su victoria, el general se presentó como candidato presidencial en un plebiscito que él mismo propuso. Éste se celebró en 1988 y, para sorpresa de muchos, fue derrotado. Pinochet había caído en su propia trampa y su fracaso abrió las puertas a elecciones libres al año siguiente, las primeras en casi veinte años. Augusto Pinochet salió del poder en 1990. A partir de esa fecha, Chile empezó el proceso de transición democrática.

Hoy, la sociedad chilena todavía sigue dividida a la hora de juzgar los muchos años de dictadura. Una parte de la población chilena ve a Pinochet, quien murió el 10 de diciembre de 2006, como un cruel dictador que impuso un estado dictatorial manchado por la sangre° de sus enemigos políticos. Otros ven en Pinochet a un héroe que intervino en la historia del país para salvarlo del comunismo. Hasta hace poco, todavía había quienes negaban la existencia de secuestros y ejecuciones, tantas veces denunciados° por los familiares de los desaparecidos. La aparición de pruebas° y la publicación de informes han confirmado la existencia de estos crímenes.

Uno de ellos, el informe Valech (conocido oficialmente como Informe de la Comisión Nacional sobre Prisión Política y Tortura), fue publicado el 29 de noviembre de 2004. Su misión era ofrecer un reconocimiento público y oficial de los abusos a los derechos humanos cometidos por el gobierno militar de Augusto Pinochet en Chile entre los años 1973 y 1990. El presidente chileno Ricardo Lagos, electo en las elecciones del año 2000, formó una comisión para ello. Con el testimonio de más de treinta y cinco mil personas, se constataron° los crímenes y se ofreció ayuda económica compensatoria y cobertura sanitaria° a las víctimas de la represión militar.

En un día histórico de enero de 2005, el ejército chileno aceptó su responsabilidad institucional en los abusos del pasado. En palabras de Ricardo Lagos, la mirada a la historia reciente ha servido para fortalecer la convivencia° y la unidad de todos los chilenos, que ya pueden mirar con orgullo hacia un futuro mejor. ■

measure

was pursued

labor unions

certainty/executed

Confident

stained by the blood

reported

proof

verified

health coverage

coexistence

Análisis

1 **Comprensión** Contesta las preguntas con oraciones completas.

1. ¿Qué sucedió con el gobierno de Salvador Allende? Fue derrocado por el golpe militar encabezado por Augusto Pinochet.

2. ¿Qué ocurrió con la economía chilena durante el gobierno de Allende? Las huelgas, la violencia en las calles y la oposición, con la ayuda de los servicios secretos estadounidenses, empeoraron la situación económica.

3. ¿Qué tipo de gobierno estableció Pinochet? Estableció una dictadura.

4. ¿Qué prioridades tuvo el gobierno de Pinochet? ¿Cómo consiguió estos objetivos? Quiso eliminar la oposición política prohibiendo los partidos políticos. Lo consiguió con medidas contrarias a los derechos humanos.

5. ¿Qué ocurrió en el plebiscito de 1988? ¿Cuáles fueron las consecuencias? Pinochet perdió como candidato presidencial, lo cual dio lugar a que se organizaran elecciones libres y se desplazara a Pinochet del poder.

6. ¿Qué piensan los chilenos hoy en día sobre el gobierno de Pinochet? Algunos chilenos creen que Pinochet fue un héroe y otros creen que fue un cruel dictador.

7. ¿Cuál fue el propósito del informe Valech? Su propósito fue reconocer pública y oficialmente los abusos a los derechos humanos del gobierno de Pinochet.

8. ¿Qué ocurrió en enero de 2005? El ejército chileno aceptó su responsabilidad institucional en los abusos del pasado.

2 **Responsables** Vuelve a leer este pasaje del artículo. Después, en parejas, contesten las preguntas a continuación.

Hoy, la sociedad chilena todavía sigue dividida... Una parte de la población chilena ve a Pinochet... como un cruel dictador... Otros ven en Pinochet a un héroe... Hasta hace poco, todavía había quienes negaban la existencia de secuestros y ejecuciones...

- ¿Qué situación paralela tiene/tuvo su país?
- ¿Quiénes son/fueron los protagonistas?
- ¿Cuáles son/fueron las circunstancias?
- ¿En qué se parece/parecía la situación a lo descrito en el pasaje?
- ¿En qué se diferencia/diferenciaba?

3 **Completar** En parejas, completen las oraciones con sus propias opiniones.

1. Un buen líder es una persona que...
2. El gobierno de cada país debe garantizar...
3. El abuso de poder en el gobierno ocurre cuando...
4. El abuso de poder también ocurre en la vida cuando...
5. Las leyes y los derechos nos ayudan a...

4 **El juicio** En grupos de tres, elijan uno de los casos y preparen un pequeño juicio. Uno/a de ustedes hará el papel de juez(a) y los/las demás representarán las posturas opuestas en cada tema. El/La juez(a) hará preguntas y al final dará su veredicto.

- Licencias de conducir a los 16 años de edad
- No fumar en lugares públicos
- Conscripción (*draft*) en tiempos de guerra

 Practice more at **vhlcentral.com**.

Preparación

Reading
Audio: Vocabulary

Sobre el autor

Armando Valladares nació en Cuba en 1937. Pintor, poeta y exembajador de EE.UU. ante la comisión de Derechos Humanos de la ONU, es sin embargo conocido mundialmente como prisionero político y de conciencia. Fue encarcelado en 1960, a los 23 años, y liberado en 1982 gracias a la presión de una campaña internacional. Escribió varios libros de poemas, entre ellos *Prisionero de Castro* (1979) y *Contra toda esperanza* (1985). Actualmente preside el Proyecto Valladares, una organización internacional que defiende los derechos de los niños, y el Consejo Internacional de la Fundación de Derechos Humanos.

INSTRUCTIONAL RESOURCES
Supersite: Literatura recording; Scripts; SAM AK
SAM/WebSAM: LM

Vocabulario de la lectura		**Vocabulario útil**
ahogar *to stifle; to drown*	**la rebeldía** *rebelliousness*	**callar** *to silence*
el alma (f.) *soul*		**la censura** *censorship*
la astilla *splinter*	**la sangre** *blood*	**el orgullo** *pride*
la cárcel *prison, jail*	**la tinta** *ink*	**el/la preso/a** *prisoner*
el castigo *punishment*		**la reja** *iron bar*
la celda *(prison, jail) cell*		**resistir** *to resist*
hundir *to sink*		**vigilar** *to keep watch on*

1 **Vocabulario** Identifica la palabra que no está relacionada con cada grupo. Luego, escribe una oración usando cada palabra que seleccionaste.

1. a. censura b. callar c. ahogar (d.) tinta
2. (a.) analfabeto b. resistir c. creencia d. orgullo
3. a. cárcel (b.) alma c. preso d. castigo
4. a. reja b. celda (c.) sangre d. cárcel
5. a. callar b. ahogar c. silencio (d.) astilla

2 **Responder** En parejas, contesten estas preguntas.

1. ¿Alguna vez les prohibieron algo injustamente? ¿Cómo reaccionaron en el momento? ¿Y después?
2. ¿Están o han estado alguna vez en una posición de poder (presidente de una organización, líder de un grupo académico, etc.)? ¿Cuál? ¿Qué tienen o tuvieron que hacer? ¿Qué efecto les produce o produjo el poder?
3. ¿Para qué sirve el poder? ¿Qué consecuencias tiene? ¿Puede usarse para el bien? ¿Y para el mal? Expliquen.
4. ¿Cómo definirían ustedes la palabra "resistencia"?

3 **Preparación** En parejas, lean el título del poema de Armando Valladares e imaginen de qué puede tratarse. Propongan más de una opción. Luego, compartan sus ideas con la clase.

1 Have students suggest antonyms from the vocabulary on this page for these words: **conformismo (rebeldía), vergüenza (orgullo), ignorar (vigilar), premio (castigo), abandonar (resistir).**

2 Ask students their opinion of the saying: *There are three sides to every story: yours, mine, and the truth.* Ask: **¿Es posible saber la verdad absoluta de un acontecimiento? ¿Cómo?** You might suggest identification methods such as DNA technology, camera surveillance, telephone tapping, etc. Then ask: **¿Es justo usar estos métodos para prevenir el crimen? ¿Qué opinan de los derechos del individuo?**

La mejor

S Audio: Reading

TINTA

ARMANDO VALLADARES

Me lo han quitado todo
las plumas
los lápices
la tinta
5 porque ellos no quieren
que yo escriba.
Y me han hundido
en esta celda de castigo
pero ni así ahogarán mi rebeldía.
10 Me lo han quitado todo
—bueno, casi todo—
porque me queda la sonrisa°   *smile*
el orgullo de sentirme un hombre libre
y en el alma un jardín
15 de eternas florecitas°.   *little flowers*
Me lo han quitado todo
la pluma
los lápices
pero me queda la tinta de la vida
20 —mi propia sangre—
y con ella escribo versos todavía.

Original escrito con mi sangre y una astillita° de *splinter*
madera° en abril de 1981 en las celdas de castigo *wood*
de la cárcel del Combinado del Este, en La Habana.

Análisis

1 Comprensión Decide si cada declaración es cierta o falsa. Corrige las falsas.

1. El poema es sobre un hombre que no puede salir de su casa. Falso. El hombre está en la cárcel.

2. El hombre es dueño (*owner*) de una colección de libros. Falso. No tiene nada porque se lo han quitado todo.

3. El encierro (*confinement*) ha logrado quitarle su orgullo y dignidad. Falso. Le queda el orgullo de sentirse un hombre libre.

4. Escribe con su sangre y una astilla de madera. Cierto.

5. Por la ventana el hombre puede ver un jardín. Falso. Tiene un jardín en el alma.

2 Interpretar En parejas, contesten estas preguntas.

1. ¿Qué relación existe entre el poema y la biografía del autor?

2. ¿Qué crees que significa el título del poema? ¿Qué quiere decir que la sangre es "la tinta de la vida"?

3. El poeta usa las palabras "hundido" y "ahogar" para referirse a su situación en la cárcel. ¿Con qué se relacionan estos verbos y qué intentan expresar aquí?

4. El autor dice: "Me lo han quitado todo / las plumas / los lápices / la tinta". ¿Qué significa "todo" para el poeta?

5. Relee la enumeración de lo que todavía le queda al autor. ¿Qué consecuencias y significado crees que tiene para él?

La escritura

A. En parejas, lean estas respuestas de distintos escritores a la pregunta: **¿Para qué escribes?** Luego imaginen qué respuesta daría Armando Valladares y compártanla con la clase.

- "Escribir es prácticamente un proceso fisiológico: me regala la vida, me mantiene viva, me da energía."

- "Escribo porque sé que mis palabras hacen reír y llorar a mi público. Me da satisfacción saber que he despertado algo en mis lectores."

- "Fui profesor de historia durante muchos años. Escribir es para mí compartir los conocimientos acumulados de generaciones previas y transmitírselos a las futuras."

B. ¿Qué actividad les hace falta a ustedes para vivir? ¿Hay algo que nadie les puede quitar? ¿Qué?

4 Escribir Eres cronista (*reporter*) para una página web de análisis de las noticias y escribes un artículo sobre la historia de un(a) prisionero/a. Puedes elegir el punto de vista a favor (y pedir por su libertad) o en contra (y afirmar que lo que cuenta es mentira).

> **Plan de redacción**

Escribir un artículo para una página web

1 Presentación Elige un título. Empieza el artículo con una cita que resuma tu posición.

2 Opinión Explica brevemente qué importancia tiene la historia de esta persona y qué efecto producen en ti sus acciones.

3 Conclusión Expresa tu idea sobre cómo solucionar la situación. Indica tu opinión usando el subjuntivo en cláusulas adverbiales: **No habrá solución hasta que se sepa la verdad; A menos que triunfe la libertad, la justicia nunca se cumplirá, etc.**

 Practice more at **vhlcentral.com.**

Creencias e ideologías

Audio: Vocabulary Flashcards
Video: *En pantalla*

Las leyes y los derechos

los derechos humanos *human rights*
la desobediencia civil *civil disobedience*
la (des)igualdad *(in)equality*
el/la juez(a) *judge*
la (in)justicia *(in)justice*
la libertad *freedom*
la lucha *struggle, fight*
el tribunal *court*

abusar *to abuse*
aprobar (o:ue) una ley *to pass a law*
convocar *to summon*
defender (e:ie) *to defend*
derogar *to abolish*
encarcelar *to imprison*
juzgar *to judge*

analfabeto/a *illiterate*
(des)igual *(un)equal*
(in)justo/a *(un)fair*
oprimido/a *oppressed*

La política

el abuso *abuse*
la armada *navy*
la bandera *flag*
la creencia *belief*
la crueldad *cruelty*
la democracia *democracy*
la dictadura *dictatorship*
el ejército *army*
el gobierno *government*
la guerra (civil) *(civil) war*
el partido político *political party*
la paz *peace*
el poder *power*
la política *politics*
las relaciones exteriores *foreign relations*
la victoria *victory*

dedicarse a *to devote oneself to*
elegir (e:i) *to elect*
ganar/perder (e:ie) las elecciones *to win/lose elections*
gobernar (e:ie) *to govern*
influir *to influence*
votar *to vote*

conservador(a) *conservative*
liberal *liberal*
pacífico/a *peaceful*
pacifista *pacifist*

Gente

el/la abogado/a *lawyer*
el/la activista *activist*
el/la ladrón/ladrona *thief*
el/la manifestante *demonstrator*
el/la político/a *politician*
el/la presidente/a *president*
el/la terrorista *terrorist*
la víctima *victim*

La seguridad y la amenaza

la amenaza *threat*
el arma (f.) *weapon*
el escándalo *scandal*
la (in)seguridad *(in)security; (lack of) safety*
el temor *fear*
el terrorismo *terrorism*
la violencia *violence*

chantajear *to blackmail*
destrozar *to destroy*
espiar *to spy*
huir *to flee*
pelear *to fight*
secuestrar *to kidnap, to hijack*

Cortometraje

el/la alumno/a *pupil, student*
la autoridad *authority*
el/la chaval(a) *kid, youngster*
la confianza *trust*
la diversidad *diversity*
la doble moral *double standard*
la hipocresía *hypocrisy*
el instituto *high school*
el pañuelo *headscarf*
el rato *a while*
la regla *rule*

ceder *to give up*
confiar *to trust*
disentir *to dissent, to disagree*

pegar *to hit*

laico/a *secular, lay*
musulmán/musulmana *Muslim*
raro/a *weird*

Cultura

la ejecución *execution*
el fracaso *failure*
la fuerza *force*
el golpe de estado *coup d'état*
la huelga *strike*
el informe *report*
el juicio *judgment*
la ley *law*
el orgullo *pride*
el secuestro *kidnapping*
la trampa *trap*

derrocar *to overthrow*
derrotar *to defeat*
ejercer (el poder) *to exercise/ exert (power)*
encabezar *to lead*
fortalecer *to strengthen*
promulgar *to enact (a law)*
tener derecho a *to have the right to*

rescatado/a *rescued*

Literatura

el alma (f.) *soul*
la astilla *splinter*
la cárcel *prison, jail*
el castigo *punishment*
la celda *(prison, jail) cell*
la censura *censorship*
el orgullo *pride*
el/la preso/a *prisoner*
la rebeldía *rebelliousness*
la reja *iron bar*
la sangre *blood*
la tinta *ink*

ahogar *to stifle; to drown*
callar *to silence*
hundir *to sink*
resistir *to resist*
vigilar *to keep watch on*

Perspectivas laborales

Pasamos un tercio de la vida educándonos para luego trabajar durante los dos tercios restantes. Durante la juventud hacemos planes y alimentamos ilusiones para el futuro. ¿Te sientes preparado/a para comenzar una carrera? ¿Te será más fácil encontrar trabajo que a tus padres o más difícil? ¿Qué situaciones favorables y qué retos anticipas?

Destino:

BOLIVIA Y PARAGUAY

BOLIVIA

PARAGUAY

PREVIEW Discuss the text and photo on **p. 232**. Follow up with additional questions about students' personal career goals. Ex: **¿Qué carreras están considerando? ¿Qué tendrán que hacer antes y después de graduarse para lograr sus metas? ¿Creen que tienen más o menos oportunidades que sus padres?**

El trabajo y las finanzas Audio: Vocabulary

El mundo laboral

el almacén *department store; warehouse*

el aumento de sueldo *pay raise*
la compañía *company*
el desempleo *unemployment*
la empresa (multinacional)
  (multinational) company
el horario de trabajo *work schedule*
el impuesto *tax*
el mercado *market*
el presupuesto *budget*
el puesto *position, job*
la reunión *meeting*
el sindicato *labor union*
el sueldo (mínimo) *(minimum) wage*

---

acosar *to harass*
administrar *to manage, to run*
ascender *to rise, to be promoted*
contratar *to hire*
despedir (e:i) *to fire*
estar a la/en venta *to be on sale*

¡En venta!

estar bajo presión *to be under pressure*
exigir *to demand*
ganarse la vida *to earn a living*
jubilarse *to retire*
renunciar *to quit*
solicitar *to apply for*
tener conexiones *to have connections;*
  to have influence

---

administrativo/a *administrative*
(in)capaz *(in)capable, (in)competent*
desempleado/a *unemployed*
perezoso/a *lazy*
trabajador(a) *hard-working*

La economía

los ahorros *savings*
la bancarrota *bankruptcy*
la bolsa de valores *stock market*
el cajero automático *ATM*

la crisis económica *economic crisis*
la cuenta corriente *checking account*
la cuenta de ahorros *savings account*
la deuda *debt*
la pobreza *poverty*
la riqueza *wealth*
la tarjeta de crédito *credit card*
la tarjeta de débito *debit card*

---

ahorrar *to save*
aprovechar *to take advantage of*
cobrar *to charge, to be paid*
depositar *to deposit*
gastar *to spend*
invertir (e:ie) *to invest*
pedir (e:i) prestado *to borrow*
prestar *to lend*

---

a corto/largo plazo *short/long-term*
agotado/a *exhausted*

dispuesto/a (a) *ready, willing (to)*
estresado/a *stressed (out)*
exitoso/a *successful*
financiero/a *financial*

La gente en el trabajo

el/la asesor(a) *consultant, advisor*
el/la contador(a) *accountant*
el/la dueño/a *owner*
el/la ejecutivo/a *executive*
el/la empleado/a *employee*
el/la gerente *manager*
el hombre/la mujer de negocios
  businessman/woman

el/la obrero/a *blue-collar worker*
el/la socio/a *partner; member*
el/la vendedor(a) *salesman/woman*

VARIACIÓN LÉXICA
contador(a) ↔ **contable (Esp.)**
la gerente ↔ **la gerenta**
perezoso/a ↔ **holgazán/holgazana;**
  vago/a

Point out that in the US, many Spanish speakers use **retirarse** instead of **jubilarse**. Tell students that **aplicar** is a false cognate when used to talk about applying for a job. In that context, they should use **solicitar**. Ex: **Solicité un trabajo en un banco.** It is a cognate in other contexts. Ex: **La ley no se aplica a los menores./El gobierno aplicó medidas económicas drásticas.**

Práctica

1

Definir Indica a qué palabra se refiere cada definición.

agotado	deuda	obrero
aprovechar	dispuesto	presupuesto
ascender	gerente	renunciar
desempleo	invertir	solicitar

1. Pasar a una categoría o puesto superior ascender
2. Obligación que tiene una persona de devolverle dinero a otra deuda
3. Cálculo de los gastos (*expenses*) necesarios para realizar un proyecto presupuesto
4. Falta de empleo desempleo
5. Abandonar un proyecto o puesto de trabajo renunciar
6. Pedir un trabajo siguiendo los pasos adecuados solicitar
7. Preparado para hacer algo y con la voluntad de hacerlo dispuesto
8. Poner dinero o tiempo en algo para después sacar un beneficio invertir
9. Obtener la máxima ventaja de una situación aprovechar
10. Sin fuerzas o energía a causa del cansancio agotado

2

Completar Elige el final para cada oración.

1. Yo soy el dueño de esta compañía, pero por fin me jubilé y ahora la compañía ___c___
2. Mi nieta es empleada de una empresa multinacional extranjera y ___d___
3. Estoy harto. Si no me suben el sueldo inmediatamente, ___a___
4. Los centros comerciales, los restaurantes, los cines y los taxis están vacíos. Nadie sale a comprar nada. Debe ser porque ___e___
5. Estoy desempleado y no encuentro trabajo. Mi cuenta de ahorros está en rojo y sólo tengo dinero para pagar el alquiler. Son motivos suficientes para ___b___

a. renuncio y punto.
b. estar bajo presión.
c. está a la venta.
d. se gana muy bien la vida.
e. hay crisis económica.

3

Soluciones En parejas, busquen soluciones a estas situaciones. Cada uno/a debe dar al menos dos consejos para cada caso. Utilicen la imaginación y tantas palabras del vocabulario como puedan.

a. No tengo trabajo pero sí tengo muchas deudas. Soy demasiado joven para tener tantos problemas. Estoy dispuesta a aceptar cualquier trabajo.

b. Mi trabajo consiste en vender un producto defectuoso. Odio tener que mentir a los clientes. Quiero renunciar, pero temo no conseguir otro trabajo.

c. Estoy cansado de trabajar más horas que un reloj y cobrar el sueldo mínimo. Tengo tres hijos pequeños. Mi esposa es ejecutiva y gana mucho dinero, pero siempre está fuera de casa. Estoy agotado.

 Practice more at **vhlcentral.com**.

2 Explain the idiomatic use of **punto** in item *a*. **Renuncio y punto.** *I'll quit and be done with it./I'm quitting, period.*

3 As a variant, have pairs act out dialogues for each situation, taking turns playing the role of career counselor.

TEACHING OPTION Write these statements on the board and have students debate them in small groups. Then have them write sentences of their own to sum up their opinions about work.
• **Trabajar es de tontos.**
• **El trabajo nos dignifica y nos hace libres.**
• **Cuanto más difícil es un trabajo, más gratificante es.**
• **La gente le da más importancia al trabajo de la que realmente tiene.**

Preparación Audio: Vocabulary

Nota CULTURAL

La prensa española

Los tres periódicos más leídos de la prensa española tienen posturas políticas definidas. La línea editorial de *El País*, que es el periódico de mayor difusión, muestra una clara tendencia europeísta e izquierdista°. *El Mundo*, que ocupa el segundo puesto, representa una política de centro derecha. Por último, el *ABC* se considera un periódico de derecha°, defensor de la monarquía y el catolicismo.

izquierdista *left-wing*
de derecha *right-wing*

INSTRUCTIONAL RESOURCES
Supersite/DVD: Film Collection
Supersite: Script & Translation

VARIACIÓN LÉXICA
estar en paro ↔ estar
desempleado
la plantilla ↔ el personal

1 Have students write four more sentences using the new vocabulary and expressions. Ex:
El entrevistador me preguntó si sabía idiomas extranjeros./ ¿Le podrías echar un vistazo a mi currículum, por favor?/ María está enojada con su hijo porque dijo una mentira./ A esa actriz ya no la contratan porque tiene muy mala fama.

2 Encourage students to share their job interview experiences with the class, including any questions that surprised them.

Vocabulario del corto

la afición *hobby*
apto/a *suitable*
capacitado/a *qualified*
cumplimentar *to fill in*
estar en paro (Esp.) *to be unemployed*
la plantilla (Esp.) *staff*

la prensa *press*
promocionarse *to be promoted*
quebrar *to go bankrupt*
renovar *to renew*
la valoración *assessment*
la vida laboral *working life*

Vocabulario útil

la angustia *distress*
el/la aspirante *applicant*
la conversación informal *small talk*
la entrevista (laboral) *(job) interview*
el/la entrevistado/a *interviewee*
el/la entrevistador(a) *interviewer*
la mentira *lie*

EXPRESIONES

a no ser que *unless*
echar un vistazo *have a look*
en absoluto *at all*
se lo juro *I swear (to you)*
tener buena/mala fama *to have a good/bad reputation*

---

1 Vocabulario Completa las oraciones con las palabras del vocabulario.

1. ¿Sabes cuál es la nueva _____aición_____ de mi hijo? Coleccionar insectos. ¡Le fascina!

2. Señora, debe _____renovar_____ su licencia de conducir. Ésta ya no sirve.

3. ¡No comas eso! No es _____apto_____ para consumo humano.

4. La compañía está en crisis, por eso han despedido a toda la _____plantilla_____.

5. Disculpa, pero no creo que estés _____capacitado/a_____ para dirigir una empresa multinacional. ¡Aún no has terminado la escuela secundaria!

6. Debo buscar otro empleo. Hoy me he enterado de que la empresa donde trabajo está a punto de _____quebrar_____.

2 Preguntas En parejas, contesten las preguntas.

1. El título del cortometraje es "Recursos humanos". ¿De qué creen que se tratará?

2. ¿Alguna vez han tenido una entrevista de trabajo? ¿Cuál fue la pregunta más extraña que les hicieron? ¿Qué respondieron?

3. ¿Creen que es correcto decir una mentira para intentar obtener un empleo? ¿Por qué? ¿Alguna vez lo han hecho?

4. Si necesitaran un empleo con urgencia, ¿cómo realizarían la búsqueda? ¿A qué puestos aspirarían? ¿Por qué?

3 Recursos humanos En grupos de tres, imaginen que trabajan en el departamento de recursos humanos de una gran empresa y deben contratar a un empleado administrativo. ¿Qué requisitos (*requirements*) deberían cumplir los aspirantes? ¿Qué preguntas les harían? Escriban un posible diálogo entre el entrevistador y uno de los aspirantes al puesto.

4

¿Qué harías tú? En parejas, comenten si las siguientes sugerencias para una entrevista de trabajo son acertadas o no.

	Sí	No
1. Empezaría hablando de mis puntos débiles (*weaknesses*).	☐	☐
2. Intentaría no interrumpir al/a la entrevistador(a).	☐	☐
3. Iría vestido/a con ropa de diario (*casual*) para demostrar cómo soy de verdad.	☐	☐
4. Diría que tengo mucha experiencia, aunque no fuera cierto.	☐	☐
5. Le llevaría un regalo al/a la entrevistador(a).	☐	☐
6. Me mostraría tal y como soy para no parecer un(a) falso/a (*phony*).	☐	☐
7. Diría que este trabajo es una buena oportunidad para aprender.	☐	☐
8. Trataría al/a la entrevistador(a) de usted, aunque fuera más joven que yo.	☐	☐
9. Haría muchas preguntas para demostrar interés por el trabajo.	☐	☐
10. Contaría un chiste, si se presentara la oportunidad.	☐	☐

5

Fotogramas Vas a ver un cortometraje sobre una entrevista de trabajo. En parejas, observen esta secuencia de imágenes. Luego hagan una predicción sobre su final.

6

Preguntas En parejas, contesten estas preguntas sobre las entrevistas de trabajo y expliquen sus respuestas.

1. ¿Creen que es importante decir siempre la verdad en una entrevista de trabajo?

2. ¿Debes mostrarte como eres realmente en una entrevista de trabajo?

3. ¿Qué harías si un(a) entrevistador(a) fumara un cigarrillo mientras te estuviera entrevistando?

4. Si crees que no eres el/la candidato/a ideal para un puesto de trabajo, ¿se lo dirías al/a la entrevistador(a)?

5. ¿Aceptarías un trabajo para el que no estuvieras cualificado/a?

5 Encourage students to make conjectures about the sequence. Ask: **¿Qué expresión tiene la mujer en la primera imagen? ¿Y en la última? ¿Qué ha podido pasar?**

6 Encourage students to support their answers with anecdotes from their personal lives. Ask volunteers to share their stories with the class. Ex: **¿Quién ha hecho una entrevista de trabajo? ¿Qué tal fue la entrevista? ¿Qué hubieran hecho de otra manera?**

TEACHING OPTION
To preview the subject of the film, have students describe a similar experience, such as an oral examination. Ask: **¿Cómo fue la experiencia? ¿Se pusieron nerviosos? ¿Prefieren los exámenes orales o escritos? ¿Por qué?**

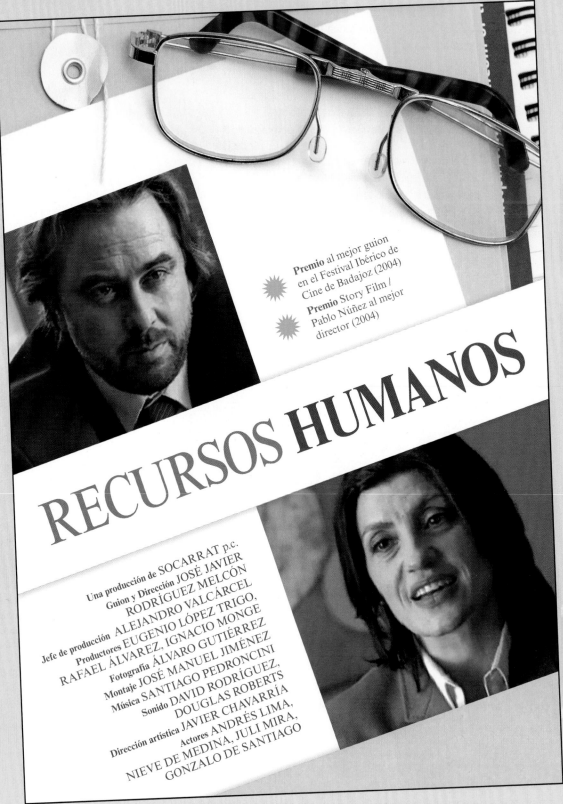

Premio al mejor guion en el Festival Ibérico de Cine de Badajoz (2004)

Premio Story Film / Pablo Núñez al mejor director (2004)

RECURSOS HUMANOS

Una producción de SOCARRAT p.c.
Guion y Dirección JOSÉ JAVIER RODRÍGUEZ MELCÓN
Jefe de producción ALEJANDRO VALCÁRCEL
Productores EUGENIO LÓPEZ TRIGO, RAFAEL ÁLVAREZ, IGNACIO MONGE
Fotografía ÁLVARO GUTIÉRREZ
Montaje JOSÉ MANUEL JIMÉNEZ
Música SANTIAGO PEDRONCINI
Sonido DAVID RODRÍGUEZ, DOUGLAS ROBERTS
Dirección artística JAVIER CHAVARRÍA
Actores ANDRÉS LIMA, NIEVE DE MEDINA, JULI MIRA, GONZALO DE SANTIAGO

ARGUMENTO *Una mujer desempleada acude a una entrevista de trabajo en una gran empresa.*

HOMBRE No, de verdad, fume si quiere.
MUJER No fumo, de verdad.

HOMBRE Ya. O sea que no le parece del todo bien que alguien pase directamente de un aula a un puesto laboral de responsabilidad.

HOMBRE ¿Tiene usted el servicio militar cumplido?
MUJER No, me libré.

HOMBRE Si me vieran mis jefes… leyendo el periódico en el trabajo.

HOMBRE Gracias, ya le llamaremos.

EJECUTIVO Bueno, es un poco tarde. Tendrá ganas de ir a comer a casa.
HOMBRE No, no, no se crea[1].

PREVIEW Have students look at the video stills and read the captions. Then ask them to imagine what the interviewee's reaction will be to each situation depicted.

[1] *not at all*

Análisis

1

Comprensión Contesta las preguntas.

1. ¿Cuál es el puesto al que aspira la mujer?   La mujer aspira a un puesto administrativo.

2. ¿Por qué el entrevistador dice que está cualificada para optar a un puesto de mayor rango?   Porque tiene estudios de posgrado e idiomas.

3. Según la mujer, ¿qué es lo que más aprecia la gente de ella?   Aprecia su capacidad de aprendizaje.

4. ¿El marido de la entrevistada trabaja? ¿Por qué?   No trabaja porque no le renovaron el contrato.

5. ¿Por qué los dos ejecutivos estaban escuchando la entrevista laboral?

   Porque estaban evaluando al entrevistador.

6. ¿Cuál fue la valoración que el hombre hizo de la mujer?   La consideró no apta.

2

Ampliación Contesta las preguntas con oraciones completas.

1. ¿Por qué la mujer está nerviosa?

2. ¿Por qué el hombre se muestra tenso?

3. ¿Por qué la mujer no quiere darle su periódico al entrevistador?

4. ¿Estás de acuerdo con la valoración que el hombre hizo de la mujer? ¿Por qué?

5. ¿Por qué el entrevistador cambia de expresión cuando el ejecutivo dice "Esa es una cualidad que apreciamos particularmente en esta empresa"?

3 The interviewer sees that the candidate is a serious competitor. Start a discussion by asking: **¿Harían cualquier cosa por un puesto de trabajo?**

3

Analizar El entrevistador de *Recursos humanos* se muestra muy agresivo. ¿A qué creen que se debe esa actitud? ¿Por qué hace comentarios tan crueles a la candidata?

4

Evaluación Tú y tu compañero/a son los encargados de evaluar al entrevistador. Escriban un informe detallado. No olviden mencionar su edad, su formación, sus virtudes y defectos, sus aficiones y todos aquellos datos necesarios para determinar si es apto o no para el puesto al que aspira.

5 Encourage students to use humor as they reconstruct and perform the dialogue with the woman's true thoughts.

5

Actuar ¿Qué pasaba por la cabeza de la mujer de *Recursos humanos* durante la entrevista? En parejas, escriban un diálogo entre la candidata y el entrevistador en el que la candidata dice lo que piensa en vez de lo que debe decir. Luego, representen el diálogo ante la clase.

6 Escribir Imaginen que ninguno de los protagonistas obtuvo el empleo. Unos meses más tarde, comienzan a trabajar en la misma empresa. ¿Cómo es el reencuentro? En parejas, preparen un diálogo sobre un reencuentro posible.

7 Entrevista El Sr. Vidal acaba de entrevistar a tres personas. Lee las oraciones y luego, en parejas, decidan qué candidato consiguió el trabajo.

1. Sergio ha llevado ropa informal.
2. Mónica ha esperado a que terminen de hacerle cada pregunta antes de contestar.
3. Ignacio ha preguntado, al final de la entrevista, cuánto le van a pagar.
4. Sergio ha sonreído durante la entrevista y ha mirado a los ojos al entrevistador.
5. Mónica ha dicho que es una persona muy ambiciosa y competitiva.
6. Ignacio ha reconocido que todavía no sabe usar Excel, pero que le encantaría aprender.
7. El entrevistador ha repetido una pregunta y Sergio le ha dicho: "eso ya me lo ha preguntado".
8. Durante la entrevista Mónica ha contestado una llamada de celular.
9. Antes de la entrevista, Ignacio se ha informado sobre la empresa y ha hecho preguntas inteligentes.

8 Ética profesional En grupos pequeños comenten estas citas sobre el trabajo.

> "Oficio que no da de comer a su dueño, no vale dos habas."
> *Miguel de Cervantes*

> "Busca siempre algo que hacer; cuando lo encuentres, no pienses en otra cosa que hacerlo bien." *Tales de Mileto*

> "Trabajar cuesta, pero cuesta más no trabajar." *San Antonio de Xátiva*

> "Hay que trabajar ocho horas y dormir ocho horas, pero no las mismas." *Woody Allen*

> "A fin de cuentas (*After all*) el trabajo es el mejor medio de pasar nuestra vida." *Gustave Flaubert*

6 Encourage students to use vocabulary to describe emotions from the **Para empezar** section in Lesson 1.

7 Tell students that there is not a single correct answer for this activity. Encourage them to support their conclusions by citing details from the film, as well as their own opinions and experiences.

8 Ask students to share quotes that reflect their own ideas about work values. Have the class comment on each quote.

 Practice more at **vhlcentral.com.**

INSTRUCTIONAL RESOURCES Supersite: Flash Cultura; Script & Translation; Teaching suggestions; SAM/WebSAM: WB

IMAGINA BOLIVIA Y

S En **vhlcentral.com** encontrarás más información y actividades relacionadas con esta sección.

Historia y naturaleza

Bolivia y **Paraguay** se distinguen por ser los únicos países suramericanos sin acceso directo al mar. Los dos también tienen más de una lengua oficial. Además del **español**, el **quechua** y el **aymará** son lenguas oficiales en Bolivia, mientras que el **guaraní** es el otro idioma oficial en Paraguay.

En ambos países es típico que cada idioma tome prestadas palabras de los otros, siendo el uso del español más común en zonas urbanas. Sin embargo, la situación lingüística es particularmente interesante en Paraguay, donde aproximadamente el 90% de la población habla guaraní o **jopara**, una variante híbrida que mezcla palabras del español.

A pesar de estas similitudes[1], viajar por Bolivia y Paraguay es también ver dos mundos distintos. Tienen historias y paisajes diferentes, pero igualmente fascinantes.

Los contrastes entre el presente y el pasado son inevitables en Bolivia. A sólo 72 kilómetros de la capital boliviana de **La Paz**, la capital más alta del mundo (3.640 metros / 12.000 pies sobre el nivel del mar), están las ruinas de **Tiahuanaco**, construidas hace 1.500 años por la civilización preincaica **tiwanakota**. Algunos de los templos y monumentos fueron construidos con rocas enormes, cortadas con una precisión inexplicable. Todavía no se sabe claramente cómo estas estructuras fueron construidas, pero hoy en día son un excelente ejemplo de la riqueza arqueológica de Bolivia.

En **Sucre**, la capital administrativa de Bolivia, se pueden apreciar importantes ejemplos de arquitectura colonial de los siglos XVIII y XIX. Sucre también está ubicada en el árido altiplano[2], a 2.750 metros (7.000 pies) sobre el nivel del mar.

Al comparar los paisajes de Bolivia y Paraguay, se puede apreciar de inmediato que son tan diferentes como la noche y el día.

Las ruinas de Tiahuanaco

Vista aérea del Pantanal, Paraguay

Paraguay tiene una altura máxima de apenas 842 metros (2.762 pies), y el agua desempeña un papel singular tanto en la vida moderna como en la herencia ecológica del país. La represa[3] paraguaya de **Itaipú** tiene la mayor capacidad de producción eléctrica del mundo. Por otra parte, el **Pantanal** es una región donde predomina la naturaleza y no hay rastros de la civilización. Este humedal[4], el más extenso del mundo, es parte de **Paraguay**, **Bolivia** y **Brasil**, y su superficie varía, según la época del año, entre los 140.000 y los 200.000 km2 (54.000 y 77.000 mi2). En esta región existe una inmensa variedad de peces, aves y mamíferos[5]. Es como regresar a tiempos prehistóricos y observar un paraíso terrenal[6] interminable.

Haz un recorrido desde el **lago Titicaca**, en el árido altiplano boliviano, hasta el húmedo **Pantanal** paraguayo, y aprecia las diferencias que hacen que cada uno de estos países sea totalmente único.

Signos vitales

La composición étnica es otro aspecto contrastante entre **Bolivia** y **Paraguay**. En Bolivia, la distribución general es: quechua 30%, mestizo 30%, aymará 25% y blanco/europeo 15%. En Paraguay, el 95% de la población es mestiza y el 5% está formado por otras razas.

[1] similarities [2] high plateau [3] dam [4] wetland [5] mammals [6] earthly

PARAGUAY

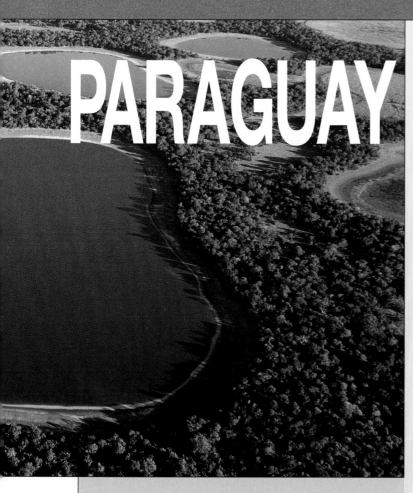

Viaje por Bolivia y Paraguay

La Guerra del Pacífico Los bolivianos recuerdan con nostalgia el mar que perdieron. La Guerra del Pacífico entre **Bolivia** y **Chile** surgió en 1879 por el control de los depósitos de minerales en el **desierto de Atacama**. Al final, Bolivia tuvo que cederle a Chile el desierto y la costa, su único acceso al océano. Los bolivianos todavía no aceptan esta pérdida y reclaman una salida al mar.

Potosí Esta ciudad boliviana fue escenario[1] de la frenética búsqueda de metales preciosos durante el período de la colonización española. En el siglo XVII fue una de las ciudades más grandes y ricas del mundo gracias a la gran producción de plata. En esa época también fue un importante centro comercial y cultural. Todavía hoy es un pintoresco ejemplo de la arquitectura colonial. Es, además, la ciudad más alta del mundo, ubicada a 4.800 metros (15.800 pies) sobre el nivel del mar.

La chipá Especialidad culinaria típica de Paraguay, la chipá es un pan que tradicionalmente se prepara con harina de mandioca[2], queso y otros ingredientes, como huevos y leche. El queso, que se derrite[3] en el horno, domina el sabor de estos tradicionales pancitos. La chipá ha cruzado fronteras internacionales y sus variantes se disfrutan también en Argentina y Bolivia.

Las misiones jesuitas Por un período de 150 años, en los siglos XVII y XVIII, los misioneros jesuitas fundaron y administraron varias comunidades, llamadas **reducciones**, donde los indígenas convivían con los religiosos europeos. En ellas se gozaba de una casi total autonomía respecto a las autoridades civiles y religiosas locales. En 1768 el rey **Carlos III** expulsó a los jesuitas y hoy existen varias ruinas de las reducciones, como las de la **Santísima Trinidad de Paraná**, en **Itapúa**, **Paraguay**.

[1] scene [2] cassava [3] melts

El español de Bolivia y Paraguay

argel	(para personas y cosas) antipático/a; desagradable; *unpleasant; horrible* (Par.)
camba	persona oriunda de la zona de Santa Cruz, Beni y Pando (Bol.)
colla	descendiente incaico oriundo de la zona de La Paz, Oruro, Potosí, Cochabamba y Chuquisaca (Bol.)
¿Cómo es?	(forma común de saludar entre jóvenes) ¿Qué tal?; *What's up?* (Bol.)
chango/a	persona; *person* (Bol.)
chapar	besar; *to kiss* (Bol.)
chasqui	persona muy rápida (originalmente mensajero incaico); *a very fast person* (Bol.)
–ingo/a	diminutivo usado en vez del más común **–ito/a** (común en el sur del país); por ejemplo, **chiquitingo/a** en vez de **chiquitito/a**; *very small* (Bol.)
ingueroviable	increíble; *incredible* (Par.)
julepe	susto muy grande; *big scare* (Par.)
perro/a	amigo/a; *friend* (Par.)

GALERÍA DE CREADORES

LITERATURA **Augusto Roa Bastos**

Distinguido hombre de letras de Paraguay, Augusto Roa Bastos nació y murió en su querida ciudad de Asunción, aunque estuvo exiliado en otros países por muchos años. Uno de los temas principales de sus novelas fue el abuso del poder. Su defensa de la democracia le mereció innumerables premios —como el Cervantes, el mayor premio literario de la lengua española— y la gran admiración y respeto de su país y de todo el mundo hispanohablante. Algunos de sus libros más leídos son *Hijo de hombre*, *Yo el Supremo* y *El trueno entre las hojas*.

PINTURA **Arturo Reque Meruvia**

El pintor boliviano Arturo Reque Meruvia siempre tuvo un espíritu creativo y aventurero. Cuando estudiaba arte por su cuenta, quiso aprender más sobre su país y organizó un viaje en bicicleta con otros cinco jóvenes. Juntos viajaron unos 3.600 kilómetros (2.200 millas) desde Cochabamba hasta Buenos Aires. Reque Meruvia realizó sus estudios y trabajos en Argentina, España, Francia y su amada Bolivia. Su energía y creatividad son evidentes en todas sus obras, creadas con colores vibrantes y técnicas audaces. Aquí vemos el óleo titulado *Familia*.

PINTURA **Graciela Rodo Boulanger**

La boliviana Graciela Rodo Boulanger, nacida en 1935, empezó a estudiar arte a los 11 años y, cuando tenía 18 años, ya había hecho exposiciones y recitales de piano en Argentina, Austria y Suiza. Muchas de sus obras muestran temas e imágenes infantiles combinados con colores y elementos culturales netamente bolivianos. En 1979, la UNICEF la designó para realizar el afiche del Año Internacional del Niño. Desde 1961 reside en París. Aquí se ve su obra *Altamar*.

POESÍA **Josefina Plá**

Doctora Honoris Causa de la Universidad Nacional de Paraguay, Dama de la Orden de Isabel la Católica (España) y Medalla del Ministerio de Cultura de San Pablo (Brasil) son sólo tres de los incontables honores internacionales que ha recibido la escritora Josefina Plá. Aunque nació en las Islas Canarias, España, llegó a Paraguay de joven y ahí realizó su intensa carrera literaria. Se distinguió por su poesía y dramaturgia, aunque trabajó en todos los géneros literarios y publicó más de 50 libros. Sus obras incluyen *Aquí no ha pasado nada*, *El polvo enamorado* y *La muralla robada*.

CONEXIÓN INTERNET
Investiga y aprende sobre otros creadores de la región en **vhlcentral.com**.

¿Qué aprendiste?

Cierto o falso Indica si estas afirmaciones son ciertas o falsas. Corrige las falsas.

1. Las lenguas oficiales de Bolivia son el español, el quechua y el aymará. Cierto.

2. En Paraguay la población mestiza es minoría. Falso. La población mestiza de Paraguay constituye el 95% del total.

3. La región del Pantanal posee gran riqueza arqueológica. Falso. Allí no hay rastros de civilización.

4. Como consecuencia de la Guerra del Pacífico, Bolivia perdió su salida al mar. Cierto.

5. Todavía hoy Potosí es una de las ciudades más grandes y ricas del mundo. Falso. Potosí fue una de las ciudades más grandes y ricas del mundo en el siglo XVII.

6. El escritor paraguayo Augusto Roa Bastos murió en el exilio. Falso. Aunque vivió varios años en el exilio, murió en Asunción.

Preguntas Contesta las preguntas.

1. ¿Qué civilización construyó lo que hoy son las ruinas de Tiahuanaco? La civilización de los tiwanakota construyó lo que hoy son las ruinas de Tiahuanaco.

2. ¿Qué importancia tiene la represa paraguaya de Itaipú? Tiene la mayor capacidad de producción eléctrica del mundo.

3. ¿Cómo se llama la especialidad culinaria de Paraguay? Se llama chipá.

4. ¿Qué aventura vivió el pintor boliviano Arturo Reque Meruvia cuando era joven? Viajó en bicicleta con otros cinco jóvenes desde Cochabamba hasta Buenos Aires.

5. ¿En qué disciplina se destaca Graciela Rodo Boulanger? Se destaca en la pintura.

6. ¿Qué artista de la Galería te interesa más? ¿Por qué? Answers will vary.

PROYECTO

Un final entre ruinas

Imagina que quieres filmar las últimas escenas de una película de aventuras en Bolivia o Paraguay. Elige un lugar donde haya ruinas interesantes. Investiga en Internet toda la información que necesites.

Ruinas incaicas en Bolivia

Después organiza tu investigación de la siguiente manera:

- Busca fotos y datos históricos de las ruinas.
- Prepara una lista de: (a) posibles actores y (b) escenas en las ruinas.
- Presenta esta información a tus compañeros/as de clase y decidan quiénes serán los/las protagonistas y qué pasará en las ruinas.

MINIPRUEBA

Completa las oraciones con la información correcta y demuestra lo que aprendiste sobre Bolivia y Paraguay.

1. El _____ es una variante lingüística que mezcla palabras del español con guaraní.
   a. quechua
   b. mapuche
   c. jopara

2. En Bolivia es inevitable ver _____ entre pasado y presente.
   a. aumentos
   b. contrastes
   c. distancias

3. La ciudad de La Paz, capital de Bolivia, es la capital más _____ del mundo.
   a. antigua
   b. industrial
   c. alta

4. La tiwanakota es una civilización _____.
   a. preincaica
   b. paraguaya
   c. quechua

5. Tras la Guerra del Pacífico, Bolivia tuvo que cederle a _____ su único acceso al océano.
   a. Chile
   b. Paraguay
   c. Perú

6. La ciudad de Potosí fue rica gracias a la producción de _____.
   a. arquitectura
   b. maíz
   c. plata

7. La chipá se prepara con harina de _____ y se rellena de _____.
   a. queso; carne
   b. mandioca; queso
   c. pan; queso

8. En 1768 el rey Carlos III decidió _____ a los jesuitas de América.
   a. expulsar
   b. fundar
   c. administrar

9. Las comunidades jesuíticas recibían el nombre de _____.
   a. fundaciones
   b. autonomías
   c. reducciones

10. La defensa de la _____ es uno de los principales temas de las novelas de Roa Bastos.
    a. patria
    b. literatura
    c. democracia

11. Josefina Plá nació en _____.
    a. Paraguay
    b. España
    c. Bolivia

12. Muchas de las obras de la artista Graciela Rodo Boulanger presentan temas _____.
    a. infantiles
    b. incontables
    c. aventureros

El mundo del trabajo

 Video

Tener un trabajo que te guste es vital para la felicidad. En este episodio de **Flash Cultura** te llevamos a Quito, donde conocerás a diversos profesionales de la capital ecuatoriana y sabrás si les gusta o no su trabajo.

Vocabulario

la elevación *altitude*
fastidiosa *obnoxious*
el mirador *lookout*
las peculiaridades *idiosyncrasies*
el retrato *portrait*

Preparación ¿Qué trabajo te gustaría hacer en el futuro? ¿Qué trabajo no harías bajo ninguna circunstancia? ¿Qué estarías dispuesto/a a sacrificar para conseguir el trabajo que más deseas?

Comprensión Indica si estas afirmaciones son ciertas o falsas. Después, en parejas, corrijan las falsas.

1. Las mujeres policía en Quito trabajan cinco horas diarias. Falso. Las mujeres policía en Quito trabajan doce horas diarias.
2. La peluquería de don Alfredo está debajo del palacio presidencial. Cierto.
3. Algunas de las personas entrevistadas no parecen felices con sus trabajos. Cierto.
4. Los guías de Klein Tours organizan excursiones por toda la cordillera de los Andes. Falso. Klein Tours está especializada en viajes por Ecuador.
5. Los volcanes más visitados de Ecuador son el Cotopaxi, el Chimborazo y el Antisana. Cierto.
6. Klein Tours contribuye al desarrollo económico de Ecuador. Cierto.

Expansión En parejas, contesten estas preguntas.

- ¿Creen que el jefe de una compañía es más feliz que el resto de los empleados? ¿Por qué?
- ¿Creen que las condiciones de trabajo de la gente de Quito son justas? Den ejemplos.
- ¿Qué creen que mantiene motivados a los empleados de Klein Tours? ¿Por qué?

Corresponsal: Mónica Díez
País: Ecuador

¿Qué hermosa vista verdad? Ahora estamos en la colina del Panecillo, un mirador desde el cual puedes observar toda la ciudad de Quito. Pero hoy vamos a hablar de algo que nos afecta a todos. Adivina qué es: ¡el trabajo, por supuesto!

Nuestra principal estrategia de ventas° es promover nuestra naturaleza, nuestra historia, nuestra cultura y nuestra gente. [...] La mayoría de nuestros visitantes vienen de Estados Unidos, Alemania, Francia y todo el resto del mundo.

Te ofrecemos experiencia, conocimiento y diversión. [...] Conoces a mucha gente interesante y sobre todo tienes la oportunidad de promocionar al país.

estrategia de ventas *sales strategy*

Practice more at **vhlcentral.com.**

NATIONAL comparisons STANDARDS

7.1

The present perfect

—*Es algo que siempre*
he deseado.

TALLER DE CONSULTA

See the **Manual de gramática, Lección 7** for these grammar topics.

7.4 Past participles used as adjectives, p. 400.

7.5 Time expressions with *hacer*, p. 402.

INSTRUCTIONAL RESOURCES
Supersite: Audioscripts, SAM AK, Lab MP3s
SAM/WebSAM: WB, LM

- In Spanish, as in English, the present perfect tense (**el pretérito perfecto**) expresses what *has happened*. It generally refers to recently completed actions or to a past that still bears relevance in the present.

  La gerente **ha cambiado** mi horario de trabajo dos veces este mes.
  The manager has changed my work schedule twice this month.

  Josefina se jubiló el año pasado, pero aún no **ha decidido** qué va a hacer.
  Josefina retired last year, but she still hasn't decided what she is going to do.

- Form the present perfect with the present tense of the verb **haber** and a past participle. Regular past participles are formed by adding **–ado** to the stem of **–ar** verbs, and **–ido** to the stem of **–er** and **–ir** verbs.

The present perfect		
comprar	beber	recibir
he comprado	he bebido	he recibido
has comprado	has bebido	has recibido
ha comprado	ha bebido	ha recibido
hemos comprado	hemos bebido	hemos recibido
habéis comprado	habéis bebido	habéis recibido
han comprado	han bebido	han recibido

TALLER DE CONSULTA

When used as adjectives (**la puerta *abierta*, los documentos *escritos***), past participles must agree in number and gender with the noun or pronoun they modify. See **Manual de gramática, 7.4, p. 400.**

While English speakers often use the present perfect to express actions that *continue* into the present time, Spanish uses the phrase **hace** + [*period of time*] + **que** + [*present tense*]. See **Manual de gramática, 7.5, p. 402.**

- Note that past participles do not change form in the present perfect tense.

  No **he recibido** la tarjeta de débito. Mis hijos no **han recibido** las suyas tampoco.
  I haven't received the debit card. My children haven't received theirs, either.

  No se la **hemos mandado** porque el contador no **ha mandado** el correo todavía.
  We haven't sent it to you because the accountant hasn't sent the mail yet.

- To express that something *has just happened*, use **acabar de** + [*infinitive*], not the present perfect.

  Le **acabamos de ofrecer** el puesto.
  We have just offered him/her the position.

- When the stem of an **–er** or **–ir** verb ends in **a, e,** or **o**, the past participle requires a written accent (**–ído**) to maintain the correct stress. No accent mark is needed for stems ending in **u**.

  ca-er → caído   le-er → leído

  o-ír → oído   constru-ir → construido

—**Ha traído** el periódico.

- Several verbs have irregular past participles.

abrir	abierto	morir	muerto
cubrir	cubierto	poner	puesto
decir	dicho	resolver	resuelto
descubrir	descubierto	romper	roto
escribir	escrito	ver	visto
hacer	hecho	volver	vuelto

He escrito varias veces al gerente. ¿Por qué no me **ha abierto** la cuenta?
I have written the manager several times. Why hasn't he opened the account for me?

Hablé con el gerente y ya **hemos resuelto** el problema.
I spoke with the manager, and we have already resolved the problem.

- In the present perfect, pronouns and the word **no** precede the verb **haber**.

¿Por qué **no has depositado** más dinero en tu cuenta de ahorros?
Why haven't you deposited more money in your savings account?

Porque ya **lo he invertido** en la bolsa de valores.
Because I have already invested it in the stock market.

—No, **no he querido** decir eso.

Point out that whereas in English adverbs are frequently placed between the auxiliary verb and the past participle, in Spanish they are placed either before **haber** or after the participle. Ex:
Ya ha llegado./
Ha llegado ya.
She has already arrived.

Práctica

1 **Mentiras** La directora de una empresa habla con su secretario. Completa el diálogo con las formas del pretérito perfecto de los verbos entre paréntesis.

DIRECTORA ¿Dónde (1) _has estado_ (estar) tú toda la mañana y qué (2) _has hecho_ (hacer) con mi computadora portátil?

SECRETARIO Ay, (yo) (3) _he tenido_ (tener) la peor mañana de mi vida... Resulta que ayer fui a cinco bancos con su computadora portátil y creo que la olvidé en alguna parte.

DIRECTORA Me estás mintiendo, en realidad la (4) _has roto_ (romper), ¿no?

SECRETARIO No, no la (5) _he roto_ (romper); la (6) _he perdido_ (perder). Por eso esta mañana (7) _he vuelto_ (volver) a todos los bancos y le (8) _he preguntado_ (preguntar) a todo el mundo si la (9) _ha visto_ (ver).

DIRECTORA ¿Y?

SECRETARIO Todos los gerentes me (10) _han dicho_ (decir) que vuelva mañana.

2 **¿Qué has hecho?** Escribe una oración indicando si has hecho o no cada actividad. Si no la has hecho, añade más información.

Modelo **Ir a Bolivia**
No he ido a Bolivia, pero he viajado a Paraguay.

1. Viajar a un país hispanohablante
2. Ganar la lotería
3. Estar bajo presión
4. Estar en bancarrota
5. Comer caracoles (*snails*)
6. Ahorrar diez mil dólares
7. Conocer al presidente del país
8. Estar despierto/a por más de dos días
9. Tener una entrevista de trabajo
10. Enfermarse durante unas vacaciones

3 **Empleo** Juan Carlos responde las preguntas de su amigo Marcos sobre todo lo que ha hecho hasta ahora para buscar un empleo como programador. En parejas, pongan en orden cronológico lo que ha hecho y luego representen la conversación ante la clase utilizando el pretérito perfecto.

Modelo **MARCOS:** ¿Qué has hecho primero?
JUAN CARLOS: Primero he...

_3, 2_	a. Leer los anuncios del diario
_6_	b. Entrevistarme con el gerente
_2, 3_	c. Escribir un currículum vitae (*résumé*)
_4_	d. Enviar el currículum vitae
_5_	e. Planear una entrevista con el gerente
_1_	f. Estudiar programas de computación en la universidad

Comunicación

4

Preguntas En parejas, háganse preguntas sobre sus experiencias en cada una de estas categorías. Usen el pretérito perfecto. Después, háganse una pregunta más sobre una categoría que no aparezca en la lista.

> Modelo **los parques nacionales**
> —¿Has visitado el Parque Nacional Madidi?
> —No, no he visitado el Parque Nacional Madidi.

1. otros países	5. la comida
2. los deportes	6. los empleos
3. los idiomas extranjeros	7. el cine
4. las compras	8. las personas famosas

Nota CULTURAL

El **Parque Nacional Madidi** de Bolivia, ubicado en la cordillera de **los Andes**, cuenta con uno de los ecosistemas mejor preservados de **Suramérica**. En sus 1,8 millones de hectáreas (4,4 millones de acres) viven más especies protegidas que en cualquier otro parque en el mundo.

5

20 preguntas En grupos de tres, cada uno piensa en una persona famosa sin decir quién es. Túrnense para hacer preguntas usando el pretérito perfecto para adivinar el nombre de cada celebridad.

6

Carta En grupos de tres, imaginen que han estado en Bolivia durante algunos días por razones de trabajo. Escriban una carta contándole a un(a) amigo/a qué actividades han realizado de acuerdo a los dibujos. Usen el pretérito perfecto y sean creativos/as.

5 Choose a Hispanic celebrity and model the activity by having volunteers ask you questions until someone in the class guesses correctly. Remind students to use the present perfect in their questions and answers.

6 Refer students to **Para empezar, p. 234,** for vocabulary related to banking and finance.

TEACHING OPTION Have students research Madidi National Park and write e-mails to friends describing what they have seen and done at the park.

TALLER DE CONSULTA

The past perfect subjunctive is covered in **8.2, p. 286**. To review the present and past subjunctive, see **3.1, pp. 94–96; 4.1, pp. 134–135; 6.1, pp. 210–211;** and **6.2, pp. 214–215.**

INSTRUCTIONAL RESOURCES
Supersite: Audioscripts, SAM AK, Lab MP3s
SAM/WebSAM: WB, LM

Point out that all perfect tenses are formed with the verb **haber** (*to have*) and a past participle.

Review uses of the subjunctive and verbs that convey will, emotion, doubt, or uncertainty. Ex: **querer, alegrarse, dudar**, and so on.

7.2

The present perfect subjunctive

—*Lo tendrá encima, a no ser que* **no lo haya comprado** *todavía.*

- The present perfect subjunctive (**el pretérito perfecto del subjuntivo**) is formed with the present subjunctive of **haber** and a past participle.

The present perfect subjunctive		
cerrar	**perder**	**asistir**
haya cerrado	haya perdido	haya asistido
hayas cerrado	hayas perdido	hayas asistido
haya cerrado	haya perdido	haya asistido
hayamos cerrado	hayamos perdido	hayamos asistido
hayáis cerrado	hayáis perdido	hayáis asistido
hayan cerrado	hayan perdido	hayan asistido

- The present perfect subjunctive is used to refer to recently completed actions or past actions that still bear relevance in the present. It is used mainly in the subordinate clause of a sentence whose main clause expresses will, emotion, doubt, or uncertainty.

Present perfect indicative	**Present perfect subjunctive**
Luis **ha dejado** de usar su tarjeta de crédito. *Luis has stopped using his credit card.*	No creo que Luis **haya dejado** de usar su tarjeta de crédito. *I don't think Luis has stopped using his credit card.*

- Note the different contexts in which you must use the subjunctive tenses you have learned so far.

Present subjunctive	**Present perfect subjunctive**	**Past subjunctive**
Las empresas multinacionales **buscan** empleados que **hablen** varios idiomas. *Multinational companies are looking for employees who speak several languages.*	**Prefieren** contratar a los que **hayan viajado** al extranjero. *They prefer to hire those who have traveled abroad.*	Antes, casi todas **insistían** en que los solicitantes **tuvieran** cinco años de experiencia. *In the past, almost all of them insisted that applicants have five years of experience.*

¡ATENCIÓN!

In a multiple-clause sentence, the choice of tense for the verb in the subjunctive depends on *when* the action takes place in each clause. The present perfect subjunctive is used primarily when the action of the main clause is in the present tense, but the action in the subordinate clause is in the past.

Práctica y comunicación

1

Seleccionar Elige la opción correcta.

1. Es imposible que el nivel de desempleo (ha/**haya**) subido.

2. Prefieren contratar a un empleado que (ha/**haya**) trabajado en una empresa multinacional.

3. Estoy casi seguro de que el nuevo gerente se (**ha**/haya) aprendido todos nuestros nombres.

4. Busco al joven que (**ha**/haya) solicitado empleo en el Museo del Barro.

5. No creo que la bancarrota (ha/**haya**) sido la mejor opción.

2

Mentirosa Tu amiga Isabel te ha llamado para contarte todos sus éxitos en España. Contesta diciéndole que no crees nada de lo que te dice. Usa el pretérito perfecto del subjuntivo, y los verbos y expresiones de la lista.

No creo	Es improbable
Dudo	No es cierto
Es imposible	No es probable

Isabel	Tú
1. He ido de compras con Leticia Ortiz, la futura reina de España.	1. _____
2. Mi jefe me ha aumentado el sueldo un 100%.	2. _____
3. Mi compañía me ha declarado la mejor empleada del año.	3. _____
4. El rey Juan Carlos ha visitado la oficina donde trabajo.	4. _____
5. El gerente me ha pedido que me quede en España para siempre.	5. _____

3

Competencia profesional En parejas, imaginen que los/las dos eran candidatos/as para mejor empleado/a del año. Uno/a de ustedes ha ganado el premio y, cuando salen de la empresa, se encuentran y discuten. Representen la situación usando el pretérito perfecto del subjuntivo.

Modelo   —¿Quieres saber la verdad? Me sorprende que te hayan elegido a ti.
—¿Por qué? ¿Dudas que yo haya hecho un buen trabajo este año?

2 As a follow-up activity, have students use the present perfect to write a similar list about themselves. At least two of the items on the list should be untrue. Have them exchange lists with a partner and repeat the activity, trying to guess which statements are true and which are false. Remind students to use the present perfect indicative if they believe the statement and the present perfect subjunctive if they do not. Ex: **Estoy seguro de que has ido a Nueva York, pero no creo que hayas viajado al Polo Norte.**

3 Have a few groups volunteer to perform their dialogues for the class.

Practice more at **vhlcentral.com**.

INSTRUCTIONAL RESOURCES 7.3

Supersite: Audioscripts, SAM AK, Lab MP3s
SAM/WebSAM: WB, LM

TALLER DE CONSULTA

In passive constructions, the object of a verb becomes the subject of the sentence.

Active: **La compañía necesita más fondos**. *The company needs more funds.*
Passive: **Se necesitan más fondos**. *More funds are needed.*

For more on the passive voice, see **10.1, p. 352.**

Use the quote from the video still to point out the difference between passive constructions (**se compulsan, se sellan**) and reflexive verbs (**se van**).

Demonstrate the prolific use of the impersonal se in everyday life. Ex: **Se prohíbe fumar./ Se dan clases de español./ No se puede entrar.**

Uses of *se*

The passive *se*

- In Spanish, the pronoun **se** is often used to express the passive voice when the agent performing the action is not stated. The third person singular verb form is used with singular nouns, and the third person plural form is used with plural nouns.

  Se subirán los impuestos a final de año.
  Taxes will be raised at the end of the year.

  Se necesita un cajero automático en este edificio.
  An ATM is needed in this building.

  —*Para trabajar en recursos humanos* **se requieren** *ciertas cualidades.*

- When the passive **se** refers to a specific person or persons, the personal **a** is used and the verb is always singular.

  Se despidió al vendedor por llegar tarde.
  The salesperson was fired for being late.

  Se informó a los dueños de los cambios en el presupuesto.
  The owners were informed of the budget changes.

The impersonal *se*

- **Se** is also used with third person singular verbs in impersonal constructions where the subject of the sentence is indefinite. In English, the words *one, people, we, you,* or *they* are often used for this purpose.

  Se habla mucho de la crisis.
  People are talking about the crisis a lot.

  Se dice que es mejor prestar que pedir prestado.
  They say it is better to lend than to borrow.

  ¿**Se puede** vivir sin dinero?
  Can one live without money?

  No **se debe** invertir todo en la bolsa de valores.
  You shouldn't invest everything in the stock market.

- Constructions with the impersonal **se** are often used on signs and warnings.

  Se habla español.
  We speak Spanish.

  Se busca camarero.
  Waiter wanted.

  Se alquilan apartamentos.
  Apartments for rent.

  No **se aceptan** tarjetas de crédito.
  We don't accept credit cards.

Se to express unexpected events

*Al entrevistador **se le ha olvidado** la valoración personal.*

- **Se** is also used in statements that describe accidental or unplanned incidents. In this construction, the agent who performs the action is de-emphasized, implying that the incident is not his or her direct responsibility.

INDIRECT OBJECT PRONOUN	VERB	SUBJECT
Se	me	perdió	el reloj.

- In this construction, the person(s) to whom the event happened is/are expressed as an indirect object. What would normally be the direct object of the English sentence becomes the subject of the Spanish sentence.

	INDIRECT OBJECT PRONOUN	VERB	SUBJECT
	me	acabó	el dinero.
	te	cayeron	las gafas.
Se	le	ocurrió	una buena idea.
	nos	dañó	la radio.
	os	olvidaron	las llaves.
	les	perdió	el documento.

- These verbs are frequently used with **se** to describe unplanned events.

acabar *to finish, to run out*	**olvidar** *to forget*
caer *to fall, to drop*	**perder (e:ie)** *to lose*
dañar *to damage, to break*	**quedar** *to leave behind*
ocurrir *to occur*	**romper** *to break*

Se me quedó la tarjeta de crédito en el almacén.
I left my credit card at the store.

Se nos dañó la computadora en la reunión con los ejecutivos.
Our computer broke at the meeting with the executives.

- To clarify or emphasize the person(s) to whom the unexpected occurrence happened, the construction sometimes begins with **a** + [*noun*] or **a** + [*prepositional pronoun*].

A María siempre se le olvida pagar los impuestos.
María always forgets to pay her taxes.

A mí se me cayeron todos los documentos en medio de la calle.
I dropped all the documents in the middle of the street.

Point out to students that this list includes only the most common verbs that lend themselves to this construction. Many other Spanish verbs can be used this way. Ex: **Se nos dificultó el día./ Se le complicaron los planes.**

Point out that while **caer** means *to fall*, Spanish has no exact translation for *to drop*. Ex: *I dropped it.* **Se me cayó./Lo dejé caer.**

Práctica

1 Point out that one of the items in Column B will not be used.

1

Unir Une las frases de la columna A con las frases correspondientes de la columna B.

A	B
_d_ 1. A la empresa	a. se les pagó el sueldo mínimo.
_a_ 2. A los empleados	b. se le dio un aumento.
_f_ 3. A mí	c. se nos depositó el sueldo en la cuenta.
_c_ 4. A nosotros	d. se le exigió pagar más impuestos.
_e_ 5. A ti	e. se te olvidó pagar la tarjeta de crédito.
	f. se me dañó la computadora.

2

Completar La empresa para la que trabajas ha cambiado algunas reglas. Complétalas con frases impersonales con **se**.

Las nuevas reglas de la oficina son:

1. _Se trabaja_ (trabajar) de ocho a seis.
2. No _se debe_ (deber) comer en las oficinas.
3. _Se prohíben_ (prohibir) los teléfonos celulares.
4. _Se tienen_ (tener) sólo veinte minutos para almorzar.
5. No _se permiten_ (permitir) las llamadas telefónicas personales.
6. _Se prohíbe_ (prohibir) escuchar la radio en la oficina.

3 For Part B, have students write a brief paragraph entitled **Un día terrible**. Remind them to use sentences like the ones in Part A and encourage them to be creative.

3

Accidentes

A. Describe qué sucedió en cada situación. Usa **se** y el verbo entre paréntesis.

> **Modelo** No encuentro las llaves por ningún lado. (perder)
> Se me perdieron las llaves.

1. Dejamos el presupuesto en la oficina. (olvidar) Se nos olvidó el presupuesto.
2. Un virus atacó la computadora que compré hace poco. (dañar) Se me dañó la computadora.
3. Después de pagar todas las deudas, Julián y Pati no tenían más dinero en la cuenta. (acabar) Se les acabó el dinero.
4. Tienes varias ideas buenas para luchar contra la pobreza. (ocurrir) Se te ocurrieron varias ideas buenas.
5. Tony no recuerda dónde puso las solicitudes (*applications*) que llevaba para las entrevistas. (perder) Se le perdieron las solicitudes.
6. Iba con demasiada prisa y tropecé (*tripped*). Ahora los papeles están por todo el suelo. (caer) Se me cayeron los papeles.
7. No pensamos que los vasos estuvieran en peligro en el nuevo lavaplatos. (romper) Se nos rompieron los vasos.
8. Carlos y Emilia dijeron que traerían las fotos de sus últimas vacaciones, pero no las tienen. (olvidar) Se les olvidaron las fotos.

B. Usando las oraciones anteriores como modelo, describe tres situaciones que te hayan pasado a ti o a alguien que conoces.

 Practice more at **vhlcentral.com.**

Comunicación

4 **La escuela** Marcos y Marta son estudiantes, y les cuentan a sus padres qué se hace en la escuela. En parejas, describan lo que se hace usando el **se** impersonal y las notas de Marcos y Marta.

Aprender a...

Comer en...

Estudiar...

Hacer...

Compartir...

Hablar con...

Jugar...

Usar...

Practicar...

Escribir...

4 Bring in a map of your campus and ask: **¿Qué se hace en...?**, pointing to different buildings or areas. Ex: **¿Qué se hace en Weston Hall? Se estudian lenguas romances.**

5 **Oraciones** En parejas, imaginen que son dueños de una empresa y van a hablar con sus empleados sobre algunas decisiones que se han tomado. Formen oraciones con los elementos de la lista e inventen otros.

5 Model the activity by asking volunteers to form some sentences as examples.

contratar	el dinero
exigir	dos ingenieros/as
no se puede	mientras usan la computadora
se decidió	nuevos/as empleados/as
se despidió	para el puesto
se entrevistaron	para los sueldos
se me acabó	perezosos/as
	tres estudiantes

6 **Carteles** En parejas, imaginen qué otras cosas se hacen en el lugar donde se encuentra cada cartel. Escriban oraciones usando **se**. Luego, la clase tiene que adivinar qué lugar están describiendo.

Modelo —Se prestan libros. Se estudia y se consultan diccionarios. Se pide y se da información para hacer investigaciones.
—Es la biblioteca.

Se prohíbe hablar.

Se venden insectos.

Se leen las manos.

Se necesitan estudiantes de español.

Sólo se habla guaraní.

6 Ask students to identify people, places, and circumstances connected with each poster before they begin.

6 Pass out note cards and have each student write down an impersonal expression using **se** that might appear on a sign. Ex: **Se prohíbe fumar.** Place the cards face down in a pile and divide the class into two teams for a game of Pictionary. During each team's turn, a student takes a card from the pile and draws signs or clues for his or her teammates. They have one minute to guess the correct impersonal expression.

Síntesis

Gerardo   Rosa   Flavia

Tomás   Ernesto   Ángela

1 Before assigning the activity, ask students to describe a job interview they have had.

1

En parejas, representen una entrevista de trabajo entre un(a) gerente y un(a) candidato/a a un puesto. Decidan cuál de las personas en las fotos es quién y cuál es el puesto que se ofrece. Usen el pretérito perfecto y la tabla como guía.

Entrevista de trabajo	
Experiencia	Nombre de la compañía, tipo de trabajo, tiempo en la compañía
Educación	Lugar de estudio (universidad, escuela secundaria, etc.), título(s)
Otras habilidades	Pasatiempos, conocimientos de computación, idiomas
Expectativas económicas	Sueldo, beneficios
Expectativas de trabajo	Responsabilidades

2 Have groups exchange letters and correct each other's work.

2

En grupos pequeños, imaginen que un(a) compañero/a de trabajo ha sido despedido/a injustamente. Escríbanle una carta al/a la dueño/a de la compañía en la que expresen su asombro (*astonishment*) por lo sucedido. Recuerden que ustedes todavía trabajan allí. Usen el presente del subjuntivo y el pretérito perfecto del subjuntivo.

3 For an expansion activity, have each pair write a brief newspaper article about one of the events, using both the present perfect and constructions with **se**.

3

En parejas, escojan tres acontecimientos (*events*) y escriban dos consecuencias lógicas para cada uno usando construcciones con **se** y frases impersonales.

> **Modelo** **Una crisis económica**
> Se pierden los empleos. Se ahorra el dinero.

- El traslado de su lugar de trabajo
- Un(a) nuevo/a jefe/a
- Una huelga (*strike*) de trabajadores
- La pérdida de todos sus ahorros
- Un aumento de sueldo
- Un aumento en las horas de trabajo

Preparación (S) Audio: Vocabulary

Vocabulario de la lectura		Vocabulario útil
abastecer *to supply*	**quejarse** *to complain*	**la cantera** *quarry*
los bienes *goods*	**la represa** *dam*	**la compra** *purchase*
desaprovechar *to waste,*	**las riquezas** *riches*	**el descubrimiento** *discovery*
to misuse	**el yacimiento** *deposit*	**la escasez** *shortage*
el/la inversionista		**el gasoducto** *gas pipeline*
investor		**la venta** *sale*

1

Emparejar Relaciona cada frase de la columna A con la mejor opción de la columna B.

A

___d___ 1. Expresar insatisfacción, protestar

___c___ 2. Una persona que compra una parte de una empresa

___a___ 3. Construcción que sirve para desviar (*deviate*) el curso de un río y contener el agua

___e___ 4. Ausencia de un recurso necesario

___b___ 5. Acción de pagar dinero a cambio de un producto

B

a. represa

b. compra

c. inversionista

d. quejarse

e. escasez

2

Recursos naturales En parejas, contesten estas preguntas.

1. ¿Qué recursos naturales tiene la región donde viven?

2. ¿Cómo los/las benefician a ustedes personalmente esos recursos naturales?

3. ¿Qué empleos existen gracias a esos recursos?

4. ¿Cómo se aprovechan económicamente los recursos del país donde viven? ¿Cómo se malgastan?

5. ¿Qué compañías dedicadas a la explotación de recursos naturales existen en su país?

6. Miren el mapa de Suramérica en la página XXXII. ¿Qué recursos naturales creen que hay en cada región?

3

Apoyo y oposición En grupos de tres, diseñen un cartel en el que expresen su apoyo u oposición frente a la explotación de los recursos naturales. Tengan en cuenta:

- Los efectos que la explotación de los recursos tiene en la naturaleza
- La política para aprovechar económicamente los recursos
- Los empleos que crea la explotación de los recursos
- La importancia de conservar los recursos para el futuro
- Los costos de importar recursos desde otros países

1 Have pairs write an original sentence for each of the new vocabulary words. Encourage them to incorporate **Para empezar** vocabulary. Then have the class vote for the pair who integrated the greatest number of lesson vocabulary words or who wrote the funniest, strangest, etc. sentence.

3 Divide the class into two groups for a debate. The first group should support the exploitation of resources for generating wealth and employment, and the other one should oppose it.

TEACHING OPTION Bring a map to class and ask students to locate Bolivia and Paraguay. Point out that both countries are land-locked. Ask students to share anything they know about either country.

Recursos naturales: una salida al mundo

Los recursos naturales son todos aquellos bienes que hay en la naturaleza y que los humanos pueden aprovechar y cuidar. En Bolivia y Paraguay se reconoce bien su importancia. Por eso, en vez de quejarse por no tener salida al mar, los gobiernos e inversionistas de estos países se han dedicado, en las últimas décadas, a aprovechar estos inestimables° regalos de la madre tierra. Esto ha convertido a Paraguay en una potencia° de generación de electricidad y a Bolivia de extracción de gas natural.

En los años setenta, una de las principales fuentes de energía de Paraguay era la madera. Sin embargo, no se podía decir lo mismo del agua. Al no existir la infraestructura adecuada para producir energía hidráulica, los ríos, como el poderoso Paraná, y sus afluentes° eran desaprovechados. Ante las necesidades energéticas del país, se analizaron las posibilidades de generar energía. Fue entonces cuando se pensó en construir una represa en la frontera con Brasil y permitir a Estados Unidos levantar una central termonuclear en territorio paraguayo. Sin embargo, las propuestas de asociación por parte del gobierno e inversionistas brasileños y argentinos cambiaron el rumbo° de estos proyectos. Se decidió entonces la construcción de tres grandes represas: la del Acaray, la del Itaipú, en compañía con Brasil, y la de Yacyretá, en alianza con Argentina.

La central hidroeléctrica Acaray fue la primera construida en Paraguay. La represa del Itaipú es una de las más grandes del mundo. El 50% corresponde a Paraguay y el otro 50% a Brasil. Por su parte, la central de Yacyretá abastece el 15% de la demanda anual argentina. Estas represas han generado grandes riquezas y han logrado que el país pueda abastecerse a sí mismo y convertirse en el mayor exportador de energía eléctrica del mundo.

Hace unas décadas Bolivia exportaba principalmente metales y soja°. Esto cambió

invaluable

power

tributaries

direction

soy

Bolivia y los carros del futuro

Debajo de los desiertos de sal bolivianos se encuentra casi la mitad de las reservas mundiales de litio, un mineral necesario para la fabricación de las baterías de carros híbridos y eléctricos. De acuerdo con las reformas constitucionales adoptadas en Bolivia en 2009, los pueblos indígenas podrían tener derecho a explotar los minerales que se encuentran debajo de su territorio. ¿Se convertirá Bolivia en la "Arabia Saudita del litio"? ¿Cómo se controlará la explotación de este mineral? ¿Cómo será el diálogo entre las empresas de explotación y el gobierno y el pueblo bolivianos? Son muchos los interrogantes, pero el potencial es enorme.

en la década de 1990, con el descubrimiento de grandes yacimientos de gas natural que convirtieron a Bolivia en el segundo país latinoamericano en cuanto a reservas de gas. Bolivia continúa siendo un fuerte exportador agrícola y minero. Entre los metales explotados y exportados se encuentran oro, plata, zinc y estaño°. Sin embargo, el gas natural es el recurso que le ha generado más desarrollo y riquezas y se ha convertido en el producto de exportación principal, siendo Brasil y Argentina los clientes más importantes. Gracias a sus grandes reservas, las regiones del Tarija, Potosí y Santa Cruz han sido las más beneficiadas. Las condiciones de trabajo han mejorado, y quienes empezaron como pequeños productores están expandiendo actualmente sus compañías mineras.

Paraguay y Bolivia han recibido propuestas para ampliar sus mercados a nivel internacional. Esto les abre estupendos horizontes y mercados y, lo más importante, les da a ambos países la oportunidad de sobresalir° como grandes proveedores° de energía. Los convierte en candidatos, ¿por qué no?, a alcanzar poderío económico y social a nivel mundial. ◼

tin

excel

suppliers

Análisis

1 **Comprensión** Contesta las preguntas.

1. ¿A qué se han dedicado los gobiernos e inversionistas de Bolivia y Paraguay en las últimas décadas? Se han dedicado a aprovechar los recursos naturales que existen en sus países.

2. ¿En qué son potencias Paraguay y Bolivia en la actualidad? Paraguay es una potencia de generación de electricidad y Bolivia de extracción de gas natural.

3. Antes de la electricidad, ¿cuál era una de las principales fuentes de energía en Paraguay? La madera era una de las principales fuentes de energía.

4. ¿Cuáles son las represas que existen en Paraguay? Existen la represa del Acaray, la del Itaipú y la de Yacyretá.

5. ¿Qué países se asociaron con Paraguay para construir las represas? Argentina y Brasil se asociaron con Paraguay para construirlas.

6. Anteriormente, ¿cuáles eran los principales productos de exportación de Bolivia? Los principales productos de exportación eran metales y soja.

7. ¿Qué recursos naturales abundan en la tierra boliviana? Abundan el litio, el oro, la plata, el zinc, el estaño y el gas natural.

8. ¿Cuáles han sido las provincias más beneficiadas con la explotación minera en Bolivia? Las provincias más beneficiadas han sido Tarija, Potosí y Santa Cruz.

2 **Análisis** En parejas, contesten las preguntas y expliquen sus respuestas.

1. ¿Cuáles creen que son los aspectos positivos y negativos de la explotación de los recursos naturales en Bolivia y Paraguay? Razonen su respuesta.

2. ¿Creen que estos países pueden llegar a ser potencias mundiales si siguen haciendo buen uso de sus recursos? ¿Qué más tendrían que hacer para lograrlo?

3. ¿Conocen otros países donde la explotación y exportación de recursos naturales hayan sido fundamentales para su desarrollo económico y social? ¿Cuáles? ¿Qué recursos tienen?

4. ¿Qué impacto puede tener en Bolivia la explotación del litio? ¿Creen que Bolivia podría convertirse realmente en la "Arabia Saudita del litio"?

3 **Un gran descubrimiento**

A. En grupos de cuatro, imaginen que en su escuela han encontrado un nuevo mineral, hasta ahora desconocido, cuyo uso aún no se ha establecido. Ustedes deben informar al público a través de un periódico. Deben decidir qué uso darle, su nombre y sus características. Sean creativos.

DIARIO CIENTÍFICO

En la escuela _____, se ha descubierto un nuevo mineral, el cual ha sido llamado _____. Sus características son _____...

B. Planeen un anuncio de televisión para invitar a otros países a comprar el mineral que encontraron. Representen el anuncio para la clase.

Preparación Reading
Audio: Vocabulary

Sobre el autor

Juan Madrid (1947–) nació en Málaga, España. Estudió en Madrid y
Salamanca antes de iniciarse en su carrera como periodista en 1973. Se
dedica además a la literatura y es reconocido desde hace mucho tiempo
como uno de los máximos exponentes de la llamada "nueva novela negra".
También ha escrito cuentos, novelas juveniles y guiones de cine y de televisión.
Entre sus obras destacan las novelas: *Cuentas pendientes* (1995), *Tánger* (1997)
y *Gente bastante extraña* (2001).

INSTRUCTIONAL RESOURCES
Supersite: Literatura
recording; Scripts; SAM AK
SAM/WebSAM: LM

Vocabulario de la lectura	Vocabulario útil
Comercio *Business Administration*	**el control de armas** *gun control*
dar para vivir *to yield enough to live on*	**desesperado/a** *desperate*
darse cuenta de *to realize*	**dirigirse a** *to address*
el juguete *toy*	**disparar** *to shoot*
el lío *mess*	**el hambre** *hunger*
matar(se) *to kill (oneself)*	**la indiferencia** *indifference*
sospechar *to suspect*	**la inflación** *inflation*
	el/la tendero/a *storekeeper*
	voltear *to turn back*

1

Vocabulario Relaciona cada palabra con la definición adecuada. Después escribe un párrafo
usando el mayor número posible de palabras de la actividad.

____ b ____ 1. hambre   a. no confiar en las intenciones de alguien

____ f ____ 2. juguete   b. ganas y necesidad de comer

____ i ____ 3. dar para vivir   c. confusión que resulta al presentarse muchos problemas a la vez

____ a ____ 4. sospechar   d. tipo de arma de fuego

____ g ____ 5. matar   e. situación económica en que los precios suben mucho

____ h ____ 6. indiferencia   f. objeto con que se divierten los niños

____ c ____ 7. lío   g. quitarle la vida a otro ser

____ e ____ 8. inflación   h. actitud que no inspira ni interés ni repulsión

                               i. ser suficiente para vivir dignamente

2

Cambiar el pasado En parejas, contesten las preguntas. Expliquen sus respuestas.

1. Si pudieran viajar al pasado, ¿qué decisiones cambiarían?

2. ¿Han hecho alguna vez algo de lo que se arrepientan? ¿Qué?

3. ¿Tiene algún valor arrepentirse, o es mejor no mirar atrás? ¿Por qué?

4. ¿Por qué creen que sospechamos tan fácilmente de los demás?

5. ¿Cuál es el acto más violento que cometerían si actuaran en defensa propia
(*self-defense*)?

1 Ask students to read
their paragraphs aloud, and
have the class keep track of
the words they hear from
the activity. Then have the
class vote on the most
realistic story.

2 For item 3, have
students debate the topic
in small groups.

LA MIRADA

Juan Madrid

Mire usted, yo no soy mala persona. Yo me dedico a mis cosas, la tienda, y ya ve usted, no es muy grande y mis hijos, que antes estaban aquí conmigo, pero la juventud, ya lo sabe usted. La juventud tira para° otras cosas, pasan de° la tienda, como ellos dicen. ¿Usted tiene hijos? Dios se los conserve. Mientras sean pequeños, no le darán más que alegrías, pero en cuanto se hacen mayores la cosa cambia, se lo digo porque lo sé, sí señor. Mire, mi Arturo, con veinte años, aún no ha hecho nada. Empezó Comercio y luego dijo de hacer° Filosofía, no sé si la empezó, y ahora va diciendo que lo suyo° es el teatro. ¡El teatro, fíjese usted! Pero para qué cansarle.

Usted va a lo suyo, a su trabajo y yo al mío. No, no señor, no voy a cerrar la tienda. ¿Para qué? No es que no pueda, es que no quiero. Aquí no ha pasado nada.

¿Cómo dice usted, señor inspector? Bueno, Arturo y Carmina, sí señor. Carmina está con su madre, sí señor, y viene menos por aquí. Antes, como ya le he dicho, venían más. Claro, también estaba su madre. Trabajábamos Carmina y yo y los niños ayudaban. Esas cosas, liar° paquetes, llevar recados°, nada. Para mí que la juventud tiene que saber lo que es la vida. ¿Cómo dice? No señor, yo solo. Llevo ya muchos años yo solo en la tienda. Da para vivir pero nada más. Si le pregunta a mi mujer le dirá

tira... prefiere/pasan... no les interesa

dijo... habló de estudiar

lo... his "thing"

to tie/mensajes

mentiras. Le dirá que soy rico. Pero es mentira, no señor. Y ella lo sabe porque ha estado aquí conmigo toda la vida. O sea desde que nos casamos, hace... hace más de veinte años. ¡Si no lo sabrá ella, señor inspector!

35

Yo no soy violento. Yo soy normal, ya se lo he dicho. Soy un español decente, normal, que se mata a trabajar y paga sus impuestos. Y si no puedo defenderme pues usted me dirá.

40

¿Cómo dice? Oiga, yo no quiero hablar de política. Yo la única política que entiendo es la del trabajo. ¿Sabe usted a qué hora salgo yo de la tienda? No lo sabe, claro que no lo sabe. Pues salgo a las diez de la noche. Bueno,

45

echo... *I lock up*

mejor° dicho, echo el cierre° a las diez y me quedo con la luz encendida haciendo el balance, porque yo hago el balance diario. En cualquier momento, sé lo que falta, lo que tengo que comprar... Si la política de este país

50

55

se llevara como mi tienda... Pero, bueno, no quiero hablar de política.

Sí señor, se lo cuento, los maté porque les miré a los ojos. Esa cara descarada°, chulesca°,

shameless/cocky

del que no trabaja, el pelo largo y sucio... y

60

la chica, para qué hablar de la chica. Una... una cualquiera°. Se cruzó de brazos° y me

a floozy/
Se... *She crossed her arms/*
viejo... *lousy old man*

llamó viejo de mierda°. Eso es, apunte, viejo de mierda.

No, no me estoy haciendo un lío, lo que

65

pasa es que no hablo mucho con la gente y menos con la policía... disculpe, le cuento, sí señor. Entraron como a las nueve y media. Yo, nada más verlos, sospeché. Algunas veces vienen jóvenes a comprar saladitos°,

snacks
cookies 70
fiestas

galletitas°, cosas, refrescos, patatas... para los guateques°, ¿sabe usted? Bueno, nada más verlos supe que no venían a ningún guateque. El chico fue el que sacó la pistola y me la puso en la garganta. Me quedé sin habla°. Yo creo

sin... *speechless*

que estaba más nervioso que yo, temblaba y sudaba°.

75

temblaba... *he was shaking and sweating*

"El dinero, venga, el dinero", me dijo. Y la chica dijo eso de viejo de mierda. Pero fue al mirarle a los ojos. Yo he estado en la guerra°,

(Guerra civil española)

¿sabe? Sé los ojos que tienen los que quieren

80

matar y ese chico me quería matar. Yo tengo licencia de armas, sí señor, aquí la tiene y aquí está la Magnum 357. ¿Qué? Pues nada, que me gusta ¿a usted no? Es un arma preciosa, segura, ella me ha salvado la vida. Con licencia yo

85

puedo tener lo que quiera. No se enfade, sigo.

Bueno, pues eso. ¿Por dónde iba?... ¡Ah, sí! Pues que veo que me pone en la garganta la pistola y le digo que sí, que le doy el dinero. Hay que decir eso, para disimular, para que confíen. Igual hacíamos en la guerra.

90

Y ahí está... ¿Cómo? No señor, no me di cuenta de que la pistola era de juguete. ¿Cómo habría de° saberlo? Lo único que

95

habría... *podría*

supe es que me iba a matar y entonces abrí el cajón...° Mire, de esta forma... y el revólver lo tenía ahí, tapado° bajo los papeles. Le seguí mirando a los ojos y saqué el revólver. Disparé de cerca y me salpicó° el delantal° y la camisa. Es muy potente el Magnum, es un buen revólver. Ya lo ha visto. Le abrí un boquete° en el pecho° que...

100 *drawer*

covered

spattered/apron

105 *hole*

chest

En fin, era su vida o la mía... ¿La chica? ¡Qué sabía yo! Podría tener un arma escondida° entre las ropas, esas golfas° lo hacen... nada, a ella fue en la cabeza. Es más seguro, usted sabe, que es un defensor del orden.

hidden

street walkers

110

Pues no, no señor. No supe que el revólver era de juguete, ni que tenían doce años. A mí me parecieron de la edad de mi Arturo, ya se lo he dicho. Me parecieron como de veinte años. Y no jugaban. No era juego. Les miré a los ojos y supe que querían matarme. Por eso los maté yo. A los dos, sí señor. ∎

115

> Yo he estado en la guerra, ¿sabe? Sé los ojos que tienen los que quieren matar y ese chico me quería matar.

Análisis

1 To practice listening comprehension, play the tracks related to *La mirada* from the Lab MP3. Pause after each track to ask related comprehension questions.

1 **Comprensión** Contesta las preguntas con oraciones completas.

1. ¿Quién está hablando de lo que pasó en la tienda? El tendero está hablando.

2. ¿A quién se dirige? Se dirige a un inspector de policía.

3. ¿Cuántos hijos tiene el tendero? El tendero tiene dos hijos.

4. ¿Quién estaba con el tendero cuando llegaron los dos chicos? Nadie estaba con el tendero cuando llegaron los chicos.

5. ¿Cómo se describe a sí mismo (*himself*)? Dice que no es violento, que es un español normal, decente y que trabaja mucho.

6. ¿Cómo es el arma del tendero? ¿Y la de los chicos? El arma del tendero es un revólver Magnum y la pistola de los chicos es de juguete.

7. ¿Cuántos años tenían los chicos? Los chicos tenían doce años.

2 For item 3, write these additional quotes from the reading on the board for discussion:
"Soy un español normal, decente, que se mata a trabajar y paga sus impuestos."
"Yo la única política que entiendo es la del trabajo."
Ask: **¿Cuál es la perspectiva del tendero sobre el trabajo?**

2 **Interpretar** Contesta las preguntas y explica tus respuestas.

1. ¿Cómo piensas que es la relación del tendero con su familia?

2. ¿Crees que el tendero se arrepiente de lo que hizo?

3. ¿Cuál es tu opinión sobre estas frases?

 a. "Mientras [los hijos] sean pequeños, no le darán más que alegrías, pero en cuanto se hacen mayores la cosa cambia."

 b. "La juventud tiene que saber lo que es la vida."

3 The concept behind *La mirada* is that insecure people feel threatened and do things out of proportion to the need of the situation. As a follow-up activity, have a class discussion on alternative approaches to the groups' reactions, so that through their own experience students come to the same conclusion about insecure people's reactions.

3 **Reacción** En parejas, elijan una de estas situaciones y decidan quién es la persona que llega y cómo reaccionarían ustedes. Después, improvisen un diálogo ante la clase según lo que hayan discutido.

- Trabajas en una tienda y estás solo/a haciendo el turno (*shift*) de noche. Un hombre nervioso con un abrigo largo y sucio entra y empieza a observarlo todo.

- Estás hablando con dos amigos/as cuando un(a) chico/a extraño/a con ropa muy rara (*strange*) se acerca. Parece estar furioso/a.

- Estás poniendo gasolina a tu carro cuando una mujer extraña se te acerca.

4 Before students start writing, have them underline examples of the present perfect in the reading.

4 **Escribir** Imagina que eres periodista y has escuchado las declaraciones del tendero. Escribe una noticia sobre lo que sucedió. Agrega todos los detalles que creas necesarios. Usa el pretérito perfecto del indicativo y el pretérito perfecto del subjuntivo.

4 Remind students that a newspaper article sums up the most important information in the first paragraph. If desired, bring in a news article in Spanish about a recent crime and have students use it as a model.

Plan de redacción

Escribir una noticia

1 **Organización** Organiza la información que tienes, empezando por lo más importante.

2 **Narración** Narra los hechos de forma clara, detallando qué sucedió, cuándo y cómo.

3 **Conclusión** Termina hablando de la parte más general de la noticia a modo de conclusión.

4 **Título** Escoge un título para tu noticia que sea corto y llamativo.

 Practice more at **vhlcentral.com.**

El trabajo y las finanzas

Audio: Vocabulary
Flashcards
Video: *En pantalla*

El mundo laboral

el almacén *department store; warehouse*
el aumento de sueldo *pay raise*
la compañía *company*
el desempleo *unemployment*
la empresa (multinacional)
  (multinational) company
el horario de trabajo *work schedule*
el impuesto *tax*
el mercado *market*
el presupuesto *budget*
el puesto *position, job*
la reunión *meeting*
el sindicato *labor union*
el sueldo (mínimo) *(minimum) wage*

acosar *to harass*
administrar *to manage, to run*
ascender *to rise, to be promoted*
contratar *to hire*
despedir (e:i) *to fire*
estar a la/en venta *to be on sale*
estar bajo presión *to be under pressure*
exigir *to demand*
ganarse la vida *to earn a living*
jubilarse *to retire*
renunciar *to quit*
solicitar *to apply for*
tener conexiones *to have connections;*
  to have influence

administrativo/a *administrative*
(in)capaz *(in)capable, (in)competent*
desempleado/a *unemployed*
perezoso/a *lazy*
trabajador(a) *hard-working*

La economía

los ahorros *savings*
la bancarrota *bankruptcy*
la bolsa de valores *stock market*
el cajero automático *ATM*
la crisis económica *economic crisis*
la cuenta corriente *checking account*
la cuenta de ahorros *savings account*
la deuda *debt*
la pobreza *poverty*
la riqueza *wealth*

la tarjeta de crédito *credit card*
la tarjeta de débito *debit card*

ahorrar *to save*
aprovechar *to take advantage of*
cobrar *to charge, to be paid*
depositar *to deposit*
gastar *to spend*
invertir (e:ie) *to invest*
pedir (e:i) prestado *to borrow*
prestar *to lend*

a corto/largo plazo *short/long-term*
agotado/a *exhausted*
dispuesto/a (a) *ready, willing (to)*
estresado/a *stressed (out)*
exitoso/a *successful*
financiero/a *financial*

La gente en el trabajo

el/la asesor(a) *consultant, advisor*
el/la contador(a) *accountant*
el/la dueño/a *owner*
el/la ejecutivo/a *executive*
el/la empleado/a *employee*
el/la gerente *manager*
el hombre/la mujer de negocios
  businessman/woman
el/la obrero/a *blue-collar worker*
el/la socio/a *partner; member*
el/la vendedor(a) *salesman/woman*

Cortometraje

la afición *hobby*
la angustia *distress*
el/la aspirante *applicant*
la conversación informal *small talk*
la entrevista (laboral) *(job) interview*
el/la entrevistado/a *interviewee*
el/la entrevistador(a) *interviewer*
la mentira *lie*
la plantilla (Esp.) *staff*
la prensa *press*
la valoración *assessment*
la vida laboral *working life*

cumplimentar *to fill in*
estar en paro (Esp.) *to be unemployed*

promocionarse *to be promoted*
quebrar *to go bankrupt*
renovar *to renew*

apto/a *suitable*
capacitado/a *qualified*

Cultura

los bienes *goods*
la cantera *quarry*
la compra *purchase*
el descubrimiento *discovery*
la escasez *shortage*
el gasoducto *gas pipeline*
el/la inversionista *investor*
la represa *dam*
las riquezas *riches*
la venta *sale*
el yacimiento *deposit*

abastecer *to supply*
desaprovechar *to waste, to misuse*
quejarse *to complain*

Literatura

Comercio *Business Administration*
el control de armas *gun control*
el hambre *hunger*
la indiferencia *indifference*
la inflación *inflation*
el juguete *toy*
el lío *mess*
el/la tendero/a *storekeeper*

dar para vivir *to yield enough to live on*
darse cuenta de *to realize*
dirigirse a *to address*
disparar *to shoot*
matar(se) *to kill (oneself)*
sospechar *to suspect*
voltear *to turn back*

desesperado/a *desperate*

INSTRUCTIONAL RESOURCES
Supersite: Testing program

Ciencia y tecnología

Hoy en día, la ciencia y la tecnología avanzan a pasos agigantados con relación a otras épocas. Mucho camino ha recorrido la humanidad desde que se inventó la rueda, hace más de cinco mil años. Hoy, sumas astronómicas de dinero se invierten en experimentos tecnológicos y científicos que parecen de ciencia ficción. ¿Crees que todos los avances científicos y tecnológicos son beneficiosos?

275

279

Destino: PERÚ

PREVIEW Have students work in small groups to make a timeline of the past 100 years, charting the most important advances in science and technology. Have them exchange timelines with another group to compare and discuss. Ask the class: **¿Qué avance científico o tecnológico ha sido el mejor para la humanidad? ¿Y el peor? ¿Por qué?** Introduce new vocabulary from **Para empezar, p. 270**, as needed.

La tecnología y la ciencia

La tecnología

la arroba *@ symbol*
el blog *blog*
el buscador *search engine*
la cámara digital *digital camera*
el CD-ROM *CD-ROM*
el ciberespacio *cyber space*
la computadora portátil *laptop*

la contraseña *password*
el corrector ortográfico *spell checker*
la dirección electrónica *e-mail address*
el enlace *link*
la herramienta *tool*
la informática *computer science*
el mensaje (de texto) *(text) message*
el nombre de usuario *user name*
el programa (de computación) *software*
la red *the Web*
el reproductor de MP3/DVD
    MP3/DVD player
el (teléfono) celular
    cell phone

adjuntar (un archivo)
    to attach (a file)
borrar *to delete, to erase*
descargar *to download*
grabar (un CD) *to burn (a CD)*
guardar *to save*
subir *to upload*

avanzado/a *advanced*
en línea *online*
inalámbrico/a *wireless*
innovador(a) *innovative*
revolucionario/a *revolutionary*

Los inventos y la ciencia

el ADN *DNA*
el avance *advance, breakthrough*
la célula *cell*

el desafío *challenge*
el descubrimiento *discovery*
el experimento *experiment*
el gen *gene*
la genética *genetics*
el invento *invention*
la novedad *new development*
la patente *patent*
la teoría *theory*

alcanzar *to reach, to attain*
clonar *to clone*
comprobar (o:ue) *to prove, to confirm*
contribuir *to contribute*
crear *to create*
curar *to cure*
fabricar *to manufacture*
inventar *to invent*

(bio)químico/a *(bio)chemical*
especializado/a *specialized*
(poco) ético/a *(un)ethical*

Remind students that some masculine nouns
in Spanish end in **-a**. These include not only
familiar words like **problema** and **programa**,
but also ones like **astronauta** and **planeta**.

VARIACIÓN LÉXICA
computadora (portátil) ↔ ordenador
    (portátil)
descargar ↔ bajar
(teléfono) celular ↔ móvil
Teach students the names of the planets in
Spanish: **Mercurio, Venus, Tierra, Marte,
Júpiter, Saturno, Urano, Neptuno.**

INSTRUCTIONAL RESOURCES
Supersite: Audioscripts, SAM AK, Lab MP3s
SAM/WebSAM: WB, LM

El universo y la astronomía

el agujero negro *black hole*
el espacio *space*

la estrella (fugaz) *(shooting) star*
la galaxia *galaxy*
la gravedad *gravity*
el planeta *planet*
la supervivencia *survival*
el telescopio *telescope*
el transbordador espacial *space shuttle*

aterrizar *to land*
explorar *to explore*

extraterrestre *extraterrestrial, alien*

Los científicos

el/la astronauta *astronaut*
el/la astrónomo/a *astronomer*
el/la biólogo/a *biologist*
el/la científico/a *scientist*

el/la físico/a *physicist*
el/la ingeniero/a *engineer*
el/la investigador(a) *researcher*
el/la matemático/a *mathematician*
el/la (bio)químico/a *(bio)chemist*

S **Audio: Vocabulary**

Práctica

1 **No pertenece** Identifica la palabra que no pertenece al grupo.

1. ADN • célula • contraseña • gen
2. astronauta • red • transbordador espacial • aterrizar
3. descargar • curar • grabar • guardar
4. patente • extraterrestre • espacio • agujero negro
5. científico • biólogo • herramienta • químico
6. novedad • descubrimiento • gravedad • avance

1 Check comprehension by asking volunteers to explain their answers.

2 **Se necesita…** ¿Qué se necesita para hacer posible lo siguiente? Añade el artículo correcto *un* o *una*.

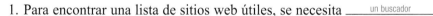

buscador	contraseña	dirección electrónica	reproductor de DVD
cámara digital	corrector ortográfico	experimento	teléfono celular
computadora portátil	desafío	patente	telescopio

1. Para encontrar una lista de sitios web útiles, se necesita ___un buscador___.
2. Para recibir correo electrónico, se necesita ___una dirección electrónica___.
3. Para navegar por la red en la playa, se necesita ___una computadora portátil___.
4. Para hacer una llamada en un autobús, se necesita ___un teléfono celular___.
5. Para escribir sin errores en la computadora, se necesita ___un corrector ortográfico___.
6. Para entrar en una cuenta en línea, se necesita ___una contraseña___.
7. Para proteger un invento, se necesita ___una patente___.
8. Para observar las estrellas y galaxias desde la Tierra, se necesita ___un telescopio___.

2 In pairs, have students write sentences like those in the activity for the four unused terms in the list.

3 **Actualidad científica** Parece que la biotecnología no tiene límites. ¿Qué opinas tú sobre el tema?

A. Marca las afirmaciones con las que estás de acuerdo.

☐ 1. La clonación de seres humanos es una herramienta importante para luchar contra las enfermedades genéticas.

☐ 2. La genética ha ido demasiado lejos. El hombre no puede jugar a alterar la naturaleza humana. No es ético y sólo produciría sufrimiento.

☐ 3. Es injusto gastar dinero en experimentos genéticos cuando hay gente que muere de hambre.

☐ 4. Debemos seguir desarrollando la biotecnología para que un día los seres humanos seamos inmortales.

☐ 5. La clonación de seres humanos nos hará perder el respeto por la vida humana.

☐ 6. Clonar seres humanos en un mundo superpoblado (*overpopulated*) no tiene sentido.

B. Ahora compara tus opiniones con las de un(a) compañero/a. ¿Cuáles son los aspectos positivos y negativos de la manipulación genética?

3 Divide the class into groups and assign a different statement from the activity to each group. Half the members must argue in favor of the statement, half against it. Give each group ten minutes to prepare, then have them present their arguments to the class. Follow up with a class discussion.

TEACHING OPTION Survey the class about science courses they have taken. Ask students about their interests and future plans, encouraging them to use as many vocabulary words as possible. Ex: ¿Quieres dedicarte a las ciencias? ¿A cuál?

 Practice more at **vhlcentral.com.**

INSTRUCTIONAL RESOURCES
Supersite/DVD: Film Collection
Supersite: Script & Translation

Preparación

 Audio: Vocabulary

Vocabulario del corto	
autosubvencionarse *to cover one's own expenses*	**los ingresos** *income*
	las lentillas *contact lenses*
condenado/a *condemned*	**el relato** *short story*
la editorial *publisher*	**someterse a** *to undergo*
la imprenta *printer*	**el tocho** *tome*

Vocabulario útil
la clave *key*
el complejo de inferioridad/superioridad *inferiority/superiority complex*
el desenlace *outcome*
la mente *mind*
el/la propietario/a *owner*

EXPRESIONES

de todas formas *at any rate*

echar una mano *to help*

hacerse pasar por *to pass oneself off as*

ir a medias *to split fifty-fifty*

mala racha *rough patch*

ponerse en serio *to get serious*

saltarse una ley *to break a law*

Tell students that **autosubvencionarse** is a financial term that means "to generate enough profit to cover its cost" (**auto-** means *self-*, and **subvencionar** means *to subsidize*).

Point out that the term **tocho** has a negative connotation; it usually describes a book that is tediously long.

1

Completar Elige la mejor opción.

1. Laura va a _____ a una operación de apendicitis.
   (a.) someterse   b. autosubvencionarse   c. condenarse

2. Su familia tiene _____ suficientes para pagar sus estudios.
   a. mentes   b. propietarios   (c.) ingresos

3. Prefiero llevar gafas porque las _____ me irritan los ojos.
   a. editoriales   b. claves   (c.) lentillas

4. Raquel prefiere _____ sus estudios trabajando antes que pedirle dinero a sus padres.
   (a.) autosubvencionarse   b. hacerse pasar por   c. aprovecharse

5. Sara y yo queremos _____ con nuestras clases de francés.
   a. saltarnos una ley   (b.) ponernos serias   c. hacernos pasar

2 Encourage students to use more vocabulary from **Para empezar**.

2

Escribir En parejas, escriban oraciones combinando un elemento de cada columna. Si quieren pueden usar la misma palabra en dos o más oraciones.

propietario	investigar	imprenta
novelista	estar	mente
relato	guardar	clave
científico	escribir	revolucionario
psicólogo	tener	satisfecho/a

3 ¿Y si...? En parejas, imaginen cómo sería la convivencia con un(a) hermano/a gemelo/a. Escriban una lista con las ventajas y las desventajas de una relación con una persona idéntica.

4 **Conócete a ti mismo** En parejas, comenten sus respuestas a cada uno de los siguientes enunciados.

	Sí	No	A veces
1. Me molesta más el desorden de los demás (*others*) que el mío propio.	☐	☐	☐
2. Para mí, el fin justifica los medios (*means*).	☐	☐	☐
3. Para mí, es más importante el tiempo que el dinero.	☐	☐	☐
4. Prefiero dar regalos que recibirlos.	☐	☐	☐
5. Necesito que los demás reconozcan mis éxitos.	☐	☐	☐
6. Nunca me pongo en serio con mis objetivos personales.	☐	☐	☐
7. Si un mesero me cobra de menos se lo digo inmediatamente.	☐	☐	☐
8. Me gusta criticar a los demás, pero no acepto que me critiquen a mí.	☐	☐	☐

5 **Clonación** En grupos, respondan a estas preguntas.

1. ¿Qué saben sobre la clonación?
2. ¿Puede haber diferencias de personalidad entre dos personas genéticamente idénticas?
3. ¿Les gustaría ser clonados? ¿Por qué?

Short Film

EL CLON

¿QUIÉN TE CREES QUE ERES?

Una producción de	**ESCAC**
Dirección	**MATEO RAMÍREZ-LOUIT**
Guión	**RAÚL DEAMO**
Adaptación de	**MATEO RAMÍREZ**
Fotografía	**IGNACIO CAMARÓN**
Actores	**DIEGO DEL MAR**
	OSCAR RUIZ
	NIA SAINZ
	PEDRO HERREROS

ARGUMENTO *Un escritor en crisis decide clonarse y descubre las trágicas consecuencias de jugar con la identidad.*

VENDEDOR ¿El señor Abel Ramos?
ABEL Soy yo.
VENDEDOR *Cloning Solution.*

ABEL ¿Y el clon será exactamente igual a mí?
VENDEDOR Al cien por cien. De todas formas, el clon se someterá a un proceso al que llamamos "pulido genético". Él no heredará su alergia al polen ni tampoco su miopía.

CLON ¿Qué? ¿Sorprendido? Déjame pasar, anda, que me han puesto una ropa horrible.

CLON ¡Qué! ¿Te ha gustado lo que he escrito?
ABEL Está bien. ¿Cómo te ha ido con el editor?
CLON Bien, me he comprometido a escribirle una historia larga, en un mes y medio.

ABEL ¿Te pasa algo?
CLON Lo único que te pido es que si vamos a medias en las obligaciones, también vayamos a medias en los beneficios.

EDITOR ¿Y el final?

Nota CULTURAL

Ciencia ficción en español

En España y en otros países hispanohablantes, el cine de ciencia ficción suele estar dentro del género de la comedia. Álex de la Iglesia y Nacho Vigalondo son dos de los directores que han cultivado la ciencia ficción con más éxito. De la Iglesia dirigió la serie de televisión *Plutón BRB Nero* (2008). Vigalondo, por su parte, tuvo buenas críticas con sus películas *Los cronocrímenes* (2007) y *Extraterrestres* (2011).

PREVIEW Before showing the film have students read the dialogue aloud in small groups. Ask students to create a likely story outline based on the images. Encourage them to come up with a possible ending.

TEACHING OPTION Read the **Nota cultural** with the class. Ask students if they know any stories that involve cloning. Have them explain the role of cloning in the films or stories they mention.

Análisis

1 Ask students to analyze the information they gather for each quotation and ask: **¿Cuáles de estas citas nos dan claves sobre la personalidad del clon?**

TEACHING OPTION Ask: **¿Coincide el final del cortometraje con el final de la novela que se escribe en la película? ¿Qué diferencias hay?** Students should indicate that in the novel the writer kills himself, and in the short film the salesperson kills Abel.

1 **Contextos** En grupos, identifiquen quién dice cada cita (*quote*) y a quién se la dice. Después, comenten la importancia de cada una de estas citas en el cortometraje.

Modelo
"En su caso, será un precio simbólico."

"Déjame pasar que me han puesto una ropa horrible."

"Por cierto, mañana tengo que ir a ver a Emilio a la editorial, y me va fatal."

"He conseguido dos entradas para el concierto. Ya no tienes la excusa del dinero."

"No se preocupe, ya no va a volver a despertarse."

2 **Comprensión** Contesta las preguntas con oraciones completas.

1. ¿Quién es Abel Ramos y dónde trabaja? Abel Ramos es un escritor y trabaja en su casa.

2. ¿Qué problema quiere solucionar Abel clonándose a sí mismo? Abel quiere que su clon escriba para él.

3. ¿Qué quiere saber Abel antes de firmar el contrato? Abel quiere saber si la clonación es legal y cuánto cuesta.

4. Según el representante de *Cloning Solution*, ¿de qué ventajas disfrutaría Abel si firmara el contrato? Según el representante, el clon le haría compañía y lo sustituiría en compromisos sociales y laborales.

5. ¿Qué defectos de Abel no tiene el clon? El clon no tiene la alergia al polen de Abel ni su miopía.

6. ¿Cómo se siente Abel cuando ve a su clon por primera vez? Se siente sorprendido cuando ve a su clon por primera vez.

7. ¿Qué le sugiere el editor al clon para que los libros de Abel se vendan más? El editor le sugiere al clon que escriba una historia larga, de ciencia ficción.

8. ¿A qué se compromete el clon con el editor? El clon se compromete a escribir una novela en seis semanas.

9. ¿Qué le exige el clon a Abel? El clon le exige una habitación, la mitad de sus ingresos y la mitad de su ropa.

3 **Analizar** En parejas, contesten las preguntas y expliquen sus repuestas con ejemplos del corto.

1. ¿Por qué sugiere el editor escribir una novela? Porque, según él, la gente no compra historias de relatos.

2. ¿Creen que el vendedor de *Cloning Solution* llega a la casa de Abel por sorpresa o que tenía una cita? Tenía una cita porque al llegar no dio ninguna explicación.

3. ¿Creen que Abel tenía un complejo de inferioridad con respecto al clon? Sí, porque escribía mejor que él y eso le molestaba.

4. ¿Sabe Ana que Abel está pasando por una mala racha de trabajo? Sí, porque es comprensiva con su extraño comportamiento.

5. ¿En qué podría haber notado Ana la diferencia entre Abel y el clon? Ana podría haber notado la diferencia en que Abel estaba más nervioso e inseguro que el clon.

6. ¿Por qué a Abel le irrita tanto el clon? A Abel le irrita que el clon lo esté reemplazando en todo.

7. ¿Qué momento de la historia es clave para el desenlace final? Cuando el clon oye a Abel hablar por teléfono con el vendedor de *Cloning Solution*.

El bueno y el malo En parejas, respondan a estas preguntas.

1. ¿Quién es el villano de este cortometraje, el clon o Abel? ¿Por qué?

2. ¿Creen que el autor del corto llama Abel a su personaje por alguna razón?

3. ¿Por qué no tiene nombre el clon?

4. ¿Qué nombre le pondrían ustedes al clon?

5. ¿Creen que Abel estaba pensando en matar a su clon?

6. ¿Creen que el clon mata a Abel para preservar su vida?

7. ¿Qué conclusión pueden sacar sobre la relación entre los dos personajes?

 ¿Quién es quién? Resume en un párrafo las diferencias y las semejanzas de personalidad entre Abel y el clon. Haz referencia a los ejemplos del corto. Ten en cuenta:

- ¿Cuál de los dos es mejor escritor?
- ¿Cuál de los dos se muestra más seguro?
- ¿Cuál de ellos es más astuto?
- ¿Cuál tiene más derecho a vivir?

Ciencia y sociedad En parejas, miren estas imágenes y contesten las preguntas. Luego, compartan sus ideas con la clase.

- ¿Qué tecnologías se representan en estas imágenes?
- ¿Cuál de estas tecnologías tiene mayor impacto en sus vidas?
- ¿Cuál de estas tecnologías presenta más problemas éticos?
- ¿Qué avances importantes se han producido en cada una de estas áreas?
- ¿Qué gran avance científico les gustaría ver durante las próximas décadas?

 Practice more at **vhlcentral.com.**

INSTRUCTIONAL RESOURCES Supersite: Flash Cultura; Script & Translation; Teaching suggestions; **SAM/WebSAM:** WB

IMAGINA

 En **vhlcentral.com** encontrarás más información y actividades relacionadas con esta sección.

Lima: el encanto de la historia

Entre los siglos XVI y XVIII, **Lima** era una metrópoli con tanta riqueza y poder que no había muchas ciudades del mundo que pudieran competir con ella. Fue fundada en 1535 por el conquistador español **Francisco Pizarro**. La necesidad de tener un puerto[1] al mar lo llevó a establecer la ciudad en la costa del **Pacífico**. La llamó **Ciudad de los Reyes,** pero Lima, el nombre quechua, prevaleció[2].

Los conquistadores pisaron[3] estas tierras en busca de plata y oro, y las llenaron de historias de ambición, de fe y de venganza[4]. El corazón de la ciudad sigue en el mismo sitio desde los años coloniales. **La Plaza de Armas**, rodeada de edificios históricos, refleja las complejas[5] relaciones sociales y políticas de aquella época. Hoy día, todavía se encuentra allí el **Palacio de Gobierno**, construido bajo las órdenes de Francisco Pizarro.

Los conventos, palacios y mansiones de Lima nos cuentan la fascinante historia de esta ciudad. Las familias adineradas[6] que querían construir una mansión tenían que seguir ciertas normas. Cuanto más poderosa e importante era una familia, más cerca de la plaza se encontraba su vivienda. El **Tribunal de la Santa Inquisición**, establecido en **Perú** en 1570, llevaba a cabo sus juicios en esta plaza, y en su mismo centro se ejecutaba a los condenados.

Los balcones de las casas coloniales, famosos por su omnipresencia y por su variedad, reflejan el estilo arquitectónico mudéjar[7], resultado de la mezcla de las culturas musulmana, judía y cristiana de la **España** de la época. Los balcones de Lima hacen uso de enrejados[8] que no dejan pasar la luz. Ideales para las temperaturas del norte de **Marruecos**[9] y ciertas zonas de España, se adecuaron perfectamente a las temperaturas cálidas[10] de Lima. Su conveniencia no era exclusivamente climática, pues a través de los pequeños orificios se ocultaban los rostros[11] de las mujeres nobles que querían ver lo que ocurría en las calles, sin necesidad de salir.

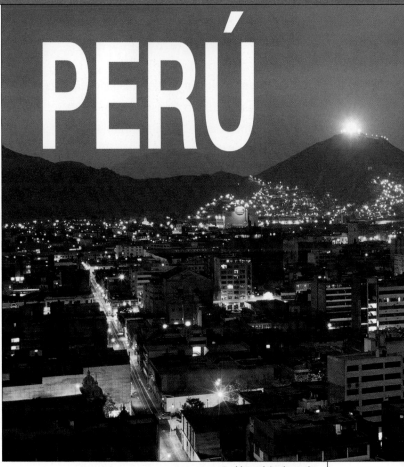

PERÚ

Lima vista de noche

Lima no sólo ofrece la grandiosidad arquitectónica de su pasado colonial. En el distrito **Pachacamac** se encuentra un santuario que data del siglo V, anterior a la llegada de los incas, en el cual se veneraba[12] al dios del mismo nombre. Por otra parte, una visita al distrito de **Miraflores** nos muestra la Lima contemporánea. Sus edificios se alternan con parques, centros comerciales, teatros y galerías de arte. Miraflores es la zona de paseo por excelencia.

Aunque Lima fue destruida casi en su totalidad por un terremoto en 1746, los limeños, a través de la reconstrucción, garantizaron la continuidad de la larga historia de la capital peruana.

1 *port* 2 *prevailed* 3 *walked on* 4 *revenge* 5 *complex* 6 *wealthy* 7 *Mudejar (architectural style)* 8 *railings* 9 *Morocco* 10 *hot* 11 *faces* 12 *worshipped*

Signos vitales

Lima tiene más de ocho millones de habitantes. Son en su mayoría mestizos, es decir, tienen una mezcla de orígenes europeos e indígenas. El gran crecimiento en su población se inició en los años sesenta, cuando muchos peruanos abandonaron las zonas rurales para vivir en la capital.

¡Conozcamos Perú!

Las líneas de Nazca
Sobrevolando[1] la pampa de Jumana, se ven las famosas **líneas de Nazca**. Estos trazos[2], discernibles únicamente desde el aire, representan figuras geométricas, humanas y animales, entre otras. Entre 200 y 700 d.C., la civilización nazca las grabó en el desierto. Los antropólogos, intentando descifrar el misterio que encierran estos dibujos[3], han considerado varias teorías, pero la verdad absoluta sobre estas líneas continúa siendo un enigma.

Cuzco La ciudad de **Cuzco** era la más importante de los **Andes** durante el imperio incaico. Fue la capital y sede[4] del gobierno de esta civilización, lo que la convirtió en centro cultural y religioso. En la actualidad, es una de las ciudades precolombinas más importantes del continente y por ello es visita inevitable para quien quiera conocer un poco más sobre la historia y costumbres de los incas.

El español de Perú

arruga	deuda; estafa; *debt; fraud*
asado/a	enojado/a, molesto/a; *upset*
bobo	corazón; *heart*
café	regaño; *scolding*
causa	amigo
chaufa	adiós
encamotado/a	enamorado/a; *in love*
pata	amigo/a; individuo; *friend; guy, dude*
quincearse	equivocarse; *to be wrong/mistaken*
tono	fiesta

Expresiones

al polo	muy frío (bebidas); *very cold (drinks)*
¡Como cancha!	¡Mucho!; *A lot!*
estar muñequeado/a	estar nervioso/a; *to be nervous*
mi collera	mi amigo/a íntimo/a
tirar caña	manejar un carro; *to drive*
tirar lenteja	mirar; curiosear; *to look at; to browse*

Parque Nacional del Manu
Para aquéllos que disfrutan del turismo ecológico, el **Parque Nacional del Manu** ofrece todo lo que puedan desear. Por siglos, conservó su biodiversidad gracias a su difícil acceso. Este parque cuenta con 15.000 tipos de plantas diferentes. En tan sólo una hectárea de su terreno, se han encontrado hasta 250 variedades de árboles. Además, es el hábitat de algunas especies animales poco comunes, como armadillos y nutrias[5] gigantes.

Iquitos La ciudad más grande de la selva de **Perú**, **Iquitos**, es también una de las ciudades más importantes en la orilla[6] del **Amazonas** y una puerta de ingreso para navegar por el río. Fue fundada por jesuitas en el siglo XVIII, y durante la primera parte del siglo XX vivió un auge[7] económico con el cultivo de goma[8]. Actualmente, es considerada una ciudad muy viva, segura e ideal para conocer la cultura indígena de la región. Aun hoy día, sólo se puede acceder a Iquitos por barco o avión.

[1] *Flying over* [2] *lines* [3] *drawings* [4] *seat* [5] *otters* [6] *bank* [7] *boom* [8] *rubber*

GALERÍA DE CREADORES

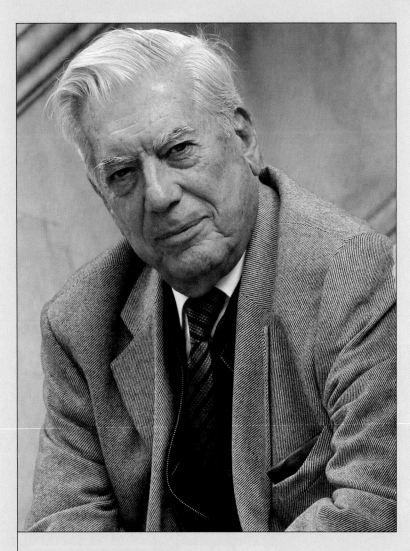

MÚSICA **Tania Libertad**

La UNESCO ha nombrado a Tania Libertad "Artista por la Paz" en varias ocasiones. Esta cantante peruana, radicada en México, es considerada una embajadora artística de Latinoamérica. Su discografía incluye más de treinta álbumes que reflejan su versatilidad. Esta artista sin fronteras interpreta todo tipo de géneros —música africana, música folclórica, rancheras, boleros, salsa, rumba, *rock*— con la misma pasión y autenticidad que cautivan a todo aquél que la escucha. Los que la han visto cantar en vivo describen la experiencia como conmovedora (*moving*), mágica y casi espiritual.

LITERATURA **Mario Vargas Llosa**

Perú y su realidad son el escenario de la mayoría de las novelas de Mario Vargas Llosa, prestigiosa figura del panorama literario hispanoamericano de la segunda mitad del siglo XX. Saltó a la fama internacionalmente en 1962 con la publicación de *La ciudad y los perros*. En 1993 publicó sus memorias, *El pez en el agua*, donde habla de su fracaso en las elecciones presidenciales de su país en 1990. Después de muchas más novelas y numerosos premios literarios internacionales, fue galardonado (*awarded*) en 2010 con el Premio Nobel de Literatura. Es, además de novelista, crítico literario y columnista de prensa, uno de los intelectuales contemporáneos más activos.

MÚSICA
Los Hermanos Santa Cruz

En 1988 se formó el grupo musical Hermanos Santa Cruz. Son sobrinos del fundador de Cumanana, una de las primeras formaciones de músicos profesionales dedicadas a mantener viva la música afroperuana y sus temas. Aunque la base de su música es afroperuana, los Hermanos Santa Cruz la combinan con otros elementos contemporáneos y el resultado es un sonido (*sound*) musical muy interesante cuyo éxito ha sido abrumador (*overwhelming*) en Perú y en el extranjero. Su estilo alegre y enérgico está lleno de calor y color.

Play a sample of the music performed by **Hermanos Santa Cruz**. Ask students to describe it. Ask them which sounds are new to them and which ones they recognize from genres with which they are already familiar.

PINTURA Fernando de Szyszlo

Pintor peruano apreciado dentro y fuera de su país, Fernando de Szyszlo ha explorado en su trayectoria artística diferentes estilos pictóricos. Practicó el cubismo, el surrealismo y el abstractismo, convirtiéndose desde los años 50 en pintor clave del arte abstracto latinoamericano. Su estilo, rico en recursos, se caracteriza por el uso del color y las texturas y por un excepcional dominio de la luz creando un ambiente (*environment*) lírico en cada uno de sus cuadros. Su arte va más allá de la representación literal; cada obra es una aventura en busca de conocimiento. El óleo que vemos aquí, *Cajamarca 1959,* forma parte de la serie *Cajamarca*, que está inspirada en un poema indígena sobre la captura y ejecución del jefe inca Atahualpa por el conquistador Francisco Pizarro en la ciudad de Cajamarca.

CONEXIÓN INTERNET
Investiga y aprende sobre otros creadores de la región en **vhlcentral.com**.

¿Qué aprendiste?

Cierto o falso Indica si estas afirmaciones son ciertas o falsas. Corrige las falsas.

1. Cuzco era la ciudad más importante de los Andes durante el imperio inca.
   Cierto.

2. El fundador de Lima fue un conquistador portugués. Falso.
   Lima fue fundada por el conquistador español Francisco Pizarro.

3. El Tribunal de la Santa Inquisición se estableció en Perú.
   Cierto.

4. La ciudad de Lima se conserva igual desde su fundación.
   Falso. Fue destruida por un terremoto en 1746 y se reconstruyó.

5. Las líneas de Nazca están en la pampa de Jumana. Cierto.

6. Tania Libertad es una de las actrices más famosas de Perú.
   Falso. Tania Libertad es cantante.

Preguntas Contesta las preguntas.

1. ¿Por qué se estableció la ciudad de Lima en la costa del Pacífico? Se estableció en la costa por la necesidad de tener un puerto al mar.

2. ¿Quién ordenó la construcción del Palacio de Gobierno?
   Francisco Pizarro la ordenó.

3. ¿Por qué se pudo conservar la biodiversidad del Parque Nacional del Manu? Se pudo conservar gracias a su difícil acceso.

4. ¿Qué tipo de música quiere mantener viva el grupo *Hermanos Santa Cruz*? El grupo se dedica a mantener viva la música afroperuana.

5. ¿Cuál es el escenario de la mayoría de las novelas de Mario Vargas Llosa? El escenario de la mayoría de sus novelas es Perú y su realidad.

6. ¿Qué artista de la Galería te interesa más? ¿Por qué? Answers will vary.

PROYECTO

El misterio de las líneas de Nazca

Imagina que eres antropólogo/a y vas a hacer una presentación sobre las líneas de Nazca. Investiga en Internet la información que necesites.

- Recopila fotos de las líneas de Nazca.

- Escribe un resumen de la historia de las líneas de Nazca.

- Describe las teorías que encuentres e inventa tu propia teoría.

- Haz tu presentación ante la clase. Explícales tu teoría del origen de las líneas.

MINIPRUEBA

Completa las oraciones con la información correcta y demuestra lo que aprendiste sobre Perú.

1. Hasta el siglo XVIII, pocas ciudades podían _____ con Lima.
   a. conquistar   (b.)competir   c. negociar

2. Al fundar Lima, Pizarro la llamó Ciudad _____.
   a. del Pacífico   (b.)de los Reyes   c. de la costa

3. Las familias con _____ poder social vivían cerca de la Plaza de Armas.
   a. poco   b. menor   (c.)mayor

4. Los balcones de las casas coloniales de Lima hacen uso de _____ que se adecuaron a las temperaturas cálidas del lugar.
   (a.)enrejados   b. zonas   c. ventanas

5. La mayoría de la población de Lima es _____.
   (a.)mestiza   b. indígena   c. europea

6. En el siglo XVI, en el centro de Lima se ejecutaba a los _____.
   a. educados   b. ejércitos   (c.)condenados

7. El rápido crecimiento de la _____ de Lima se inició cuando muchos peruanos abandonaron las zonas rurales.
   a. nobleza   (b.)población   c. agricultura

8. Las líneas de Nazca forman figuras geométricas, _____ y humanas en el desierto.
   a. alfabéticas   (b.)animales   c. indescifrables

9. En Manu hay más de 15.000 tipos de _____.
   (a.)plantas   b. terrenos   c. nutrias

10. Iquitos es la ciudad más grande de la _____ de Perú.
    a. cordillera   b. costa   (c.)selva

11. La ciudad de Iquitos creció gracias al cultivo _____.
    a. del café   (b.)de la goma   c. del cacao

12. El artista plástico Fernando de Szyszlo exploró el _____, entre otros estilos pictóricos.
    a. expresionismo   b. impresionismo   (c.)cubismo

13. Mario Vargas Llosa publicó sus memorias, *El _____ en el agua*, después de su fracaso en las elecciones presidenciales.
    a. siglo   b. perro   (c.)pez

Inventos argentinos

Después de ver un trágico drama de ciencia ficción, pasemos al lado más amable *(kinder)* de la tecnología. En este episodio de **Flash Cultura**, descubrirás la gran variedad de inventos argentinos que han marcado un antes y un después en la historia de la humanidad.

Vocabulario

la birome (Arg.) *ballpoint pen*
el frasco *bottle*
la jeringa descartable *disposable syringe*
la masa (cruda) *(raw) dough*
la pluma *fountain pen*
la sangre *blood*
el subterráneo *subway*
la tinta *ink*

Preparación ¿Qué creaciones argentinas conoces hasta ahora? ¿Cuál te parece más interesante? ¿Por qué?

Comprensión Indica si estas afirmaciones son ciertas o falsas. Después, en parejas, corrijan las falsas.

1. La primera línea de metro en Latinoamérica se construyó en Montevideo. Falso. La primera línea de metro en Latinoamérica se construyó en Buenos Aires.
2. El sistema de huellas dactilares fue creación de un policía de Buenos Aires. Cierto.
3. El helicóptero de Raúl Pescara, además de eficaz, es un helicóptero seguro y capaz de moverse en dos direcciones. Falso. El helicóptero de Raúl Pescara es capaz de moverse en todas las direcciones posibles.
4. El *by-pass* y la jeringa descartable son inventos argentinos. Cierto.
5. Una birome es un bolígrafo. Cierto.
6. La compañía Estmar inventó los zapatos ideales para bailar tango. Falso. La compañía Estmar inventó una máquina que hace empanadas.

Expansión En parejas, contesten estas preguntas.

- ¿Qué invento les parece más importante? ¿Por qué?
- Si estuvieran en Argentina, ¿qué harían primero: ir a una función de tango, visitar un museo de ciencia y tecnología o comerse una empanada?
- Si tuvieran que prescindir de (*do without*) un invento argentino, ¿de cuál sería? ¿Por qué creen que es el menos importante?

Corresponsal: Silvina Márquez
País: Argentina

El colectivo es un autobús de corta distancia inventado por dos porteños° en 1928.

La mejor manera de identificar personas mediante sus huellas dactilares° se la debemos a un policía de Buenos Aires.

El semáforo° especial permite, mediante sonidos, avisarles a los ciegos°, o a los no videntes, cuándo pueden cruzar la calle.

porteños *residents of Buenos Aires* **huellas dactilares** *fingerprints*
semáforo *crosswalk signal* **ciegos** *blind people*

 Practice more at **vhlcentral.com.**

8.1

The past perfect

- The past perfect tense (**el pluscuamperfecto**) is formed with the imperfect of **haber** and a past participle. As with other perfect tenses, the past participle does not change form.

The past perfect		
viajar	perder	incluir
había viajado	había perdido	había incluido
habías viajado	habías perdido	habías incluido
había viajado	había perdido	había incluido
habíamos viajado	habíamos perdido	habíamos incluido
habíais viajado	habíais perdido	habíais incluido
habían viajado	habían perdido	habían incluido

- In Spanish, as in English, the past perfect expresses what someone *had done* or what *had occurred* before another action or condition in the past.

Decidí comprar una cámara digital nueva porque la vieja se me **había roto** varias veces.
I decided to buy a new digital camera because the old one had broken several times.

Cuando por fin les dieron la patente, otros ingenieros ya **habían inventado** una tecnología mejor.
When they were finally given the patent, other engineers had already invented a better technology.

- **Antes, aún, nunca, todavía,** and **ya** are often used with the past perfect to indicate that one past action occurred before another. Note that these adverbs, as well as pronouns and the word **no,** may not come between **haber** and the past participle.

*Antes de decírselo a Abel, el clon **ya** se **había comprometido** con Emilio.*

Cuando apagué la computadora, **aún no había guardado** el documento. ¡Lo perdí!
When I shut down the computer, I hadn't yet saved the document. I lost it!

Él **ya** me **había explicado** la teoría, pero no la entendí hasta que vi el experimento.
He had already explained the theory to me, but I didn't understand it until I saw the experiment.

Nunca había visto una estrella fugaz tan luminosa **antes.**
I had never seen such a bright shooting star.

Los ovnis **todavía no habían aterrizado,** pero los terrícolas ya estaban corriendo.
The UFOs hadn't yet landed, but the Earthlings were already running.

Práctica y comunicación

1 **Completar** Jorge Báez, un médico dedicado a la genética, ha recibido un premio por su trabajo. Completa su discurso de agradecimiento con el pluscuamperfecto.

Muchas gracias por este premio. Recuerdo que antes de cumplir 12 años ya
(1) _había decidido_ (decidir) ser médico. A esa edad, mi madre ya me (2) _había llevado_ (llevar)
al hospital donde ella trabajaba y recuerdo que la primera vez me (3) _habían fascinado_
(fascinar) los médicos vestidos de blanco. Luego, cuando cumplí 26 años, ya me
(4) _había pasado_ (pasar) tres años estudiando las propiedades de los genes humanos,
en especial desde que (5) _había visto_ (ver) un programa en la televisión sobre la
clonación. Cuando terminé mis estudios de postgrado, ya se (6) _habían hecho_ (hacer)
grandes adelantos científicos…

2 **Explicación** Reescribe las oraciones usando el pluscuamperfecto.

> **Modelo** **Me duché a las 7:00. Antes de ducharme hablé con mi hermano.**
> Ya había hablado con mi hermano antes de ducharme.

1. Salí de casa a las 8:00. Antes de salir de casa miré mi correo electrónico.
   Ya había mirado mi correo electrónico antes de salir de casa.
2. Llegué a la oficina a las 8:30. Antes de llegar a la oficina tomé un café.
   Ya había tomado un café antes de llegar a la oficina.
3. Se apagó la computadora a las 10:00. Guardé los documentos a las 9:55.
   Ya había guardado los documentos cuando se apagó la computadora.
4. Fui a tomar un café. Antes, comprobé que todo estaba bien.
   Ya había comprobado que todo estaba bien cuando fui a tomar un café.

3 **Informe** En parejas, imaginen que son policías y deben preparar un informe sobre este accidente. Inventen una historia sobre lo que había ocurrido en las vidas de los personajes dos horas antes, dos minutos antes y dos segundos antes del accidente. Usen el pluscuamperfecto.

3 To reinforce the difference between present perfect and past perfect, ask students to use at least two examples of each in their reports. Ex: **Hemos concluido las investigaciones del accidente…/Linda ya había doblado cuando…**

3 After students complete the activity, call on volunteers to act out the scene. Involve the entire class by having everyone play a role: drivers, police officers, and witnesses. Remind students to use the past perfect in their questions and answers.

 Practice more at **vhlcentral.com**.

INSTRUCTIONAL RESOURCES
Supersite: Audioscripts, SAM AK, Lab MP3s
SAM/WebSAM: WB, LM

8.2

The past perfect subjunctive

- The past perfect subjunctive (**el pluscuamperfecto del subjuntivo**) is formed with the past subjunctive of **haber** and a past participle.

*A Abel le disgustó que el clon **hubiera escrito** mejor que él.*

The past perfect subjunctive

cambiar	poder	sentir
hubiera cambiado	hubiera podido	hubiera sentido
hubieras cambiado	hubieras podido	hubieras sentido
hubiera cambiado	hubiera podido	hubiera sentido
hubiéramos cambiado	hubiéramos podido	hubiéramos sentido
hubierais cambiado	hubierais podido	hubierais sentido
hubieran cambiado	hubieran podido	hubieran sentido

TALLER DE CONSULTA

The alternative past subjunctive forms of **haber** may also be used with the past participle to form the past perfect subjunctive. See **6.2, p. 214.**

Ojalá hubieras/hubieses contribuido al proyecto de astronomía.
I wish you had contributed to the astronomy project.

The past perfect subjunctive is also frequently used in **si** clauses. See **9.3, p. 323.**

Si no se te hubiera/hubiese perdido el celular, te habríamos llamado. *If you hadn't lost your cell phone, we would have called you.*

To review the subjunctive, write several trigger expressions on the board and ask volunteers to complete each sentence. Ex: **Fue imposible que...**

- The past perfect subjunctive is used in subordinate clauses under the same conditions for other subjunctive forms, and in the same way the past perfect is used in English (*I had talked, you had spoken, etc.*). It refers to actions or conditions that *had taken place* before another past occurence.

Le molestó que los otros investigadores no **hubieran asistido** a su conferencia.
It annoyed her that the other researchers hadn't attended her lecture.

A pesar de que nos mostró fotos, dudábamos que el científico **hubiera visto** un ovni.
Despite the pictures that he showed us, we doubted that the scientist had seen a UFO.

- When the action in the main clause is in the past, both the past subjunctive and the past perfect subjunctive can be used in the subordinate clause. Note, however, how the sequence of events differs.

Past subjunctive	Past perfect subjunctive
Tú no pensabas que el telescopio **costara** tanto, ¿verdad?	Tú no pensabas que el telescopio **hubiera costado** tanto, ¿verdad?
You didn't think the telescope would (was going to) cost so much, right?	*You didn't think the telescope (had already) cost so much, right?*
La empresa buscó una bioquímica que **viviera** en la zona.	La empresa buscó una bioquímica que **hubiera vivido** en la zona.
The company looked for a biochemist who lived (was living) in the area.	*The company looked for a biochemist who had (might have) lived in the area.*

Práctica y comunicación

1 **Seleccionar** Combina las expresiones de la segunda columna con las de la primera para formar oraciones completas con el pluscuamperfecto del subjuntivo.

__e__ 1. Esperaba que tú

__b__ 2. Dudaba que los estudiantes de la clase de química

__d__ 3. Le molestó que el director del laboratorio no lo

__a__ 4. Ojalá ellos te

__c__ 5. Fue una lástima que ella no

a. hubieran dado la patente.

b. hubieran apagado sus teléfonos celulares.

c. hubiera podido venir a la conferencia.

d. hubiera contratado para trabajar en el proyecto.

e. hubieras encontrado algo en la red, pero no tuviste suerte.

2 **Conferencia** Completa cada oración para explicar lo que ocurrió durante una conferencia científica. Usa el pluscuamperfecto del subjuntivo del verbo entre paréntesis.

1. La ingeniera Penélope Torres temió que su asistente _hubiera borrado_ (borrar) su presentación.

2. No se habló de los desafíos profesionales antes de que todos los participantes _hubieran hecho_ (hacer) sus presentaciones.

3. Fue necesario que nosotros _hubiéramos asistido_ (asistir) a la ceremonia de apertura (*opening*).

4. Algunos científicos dudaron que tú _hubieras resuelto_ (resolver) las dificultades técnicas.

5. Mis jefes no pensaron que yo los _hubiera visto_ (ver) en la entrada del auditorio.

6. El organizador no encontró investigadores que _hubieran escrito_ (escribir) sobre las influencias de la economía.

3 **Tarjeta** Ayer preparaste un plato peruano llamado *Papas rellenas* y tu mejor amigo/a tuvo una reacción alérgica. Escribe una tarjeta pidiéndole disculpas. Usa el pluscuamperfecto del subjuntivo con las expresiones de la lista y tres más.

Dudaba que
Esperaba
Me sorprendió que
Ojalá

Querido/a...
Me siento muy mal por lo que pasó anoche.
Esperaba que tú...

Nota CULTURAL

Los ingredientes más utilizados en la comida peruana son **la papa**, **el maíz** y **el ají** (*pepper*). La papa se ha adaptado a los diversos climas del país y cuenta con 4.000 variedades distintas. Por otra parte, la gastronomía peruana tiene por lo menos 35 formas diferentes de preparar el maíz: tostado, molido (*ground*), hervido (*boiled*), etc. En algunos platos típicos se pueden saborear variedades de ají, como los llamados **ají amarillo** y **rocoto**.

4 **Historia** En parejas, imaginen que son periodistas que investigan la vida de un famoso y excéntrico científico peruano llamado Astor Gómez. Hace un mes que su familia y sus colegas no lo ven, y sólo se ha encontrado una nota debajo de su microscopio que dice: "Ojalá hubiera sido un extraterrestre". Inventen una historia que explique la frase encontrada. Usen el pluscuamperfecto del subjuntivo.

 Practice more at **vhlcentral.com.**

INSTRUCTIONAL RESOURCES

Supersite: Audioscripts, SAM AK, Lab MP3s
SAM/WebSAM: WB, LM

8.3

Uses of the infinitive

—¿*Usted cree que alguien como yo puede* **convivir** *con un clon?*
—*Dentro de unos días se preguntará cómo ha podido* **vivir** *todos estos años sin él. El clon no sólo le hará compañía, le podrá* **echar** *una mano en las tareas del hogar.*

- The infinitive (**el infinitivo**) is commonly used after other conjugated verbs, especially when there is no change of subject. **Deber, decidir, desear, necesitar, pensar, poder, preferir, querer,** and **saber** are all frequently followed by infinitives.

Mis primos **han decidido comprarle** una computadora a mi abuela.
My cousins have decided to buy a computer for my grandmother.

¡Qué buena idea! No sabía que ella **quería tener** una.
What a good idea! I didn't know that she wanted to have one.

- Verbs of perception, such as **escuchar, mirar, oír, sentir,** and **ver,** are followed by the infinitive even if there is a change of subject. The use of an object pronoun with the conjugated verb distinguishes the two subjects and eliminates the need for a subordinate clause.

Te **oigo hablar**, ¡pero no entiendo nada!
I hear you speaking, but I don't understand anything!

Si la **ven salir**, avísenme enseguida.
If you see her leave, let me know immediately.

- Many verbs of influence, such as **dejar, hacer, mandar, permitir,** and **prohibir,** may also be followed by the infinitive. Here again, the object pronoun makes a subordinate clause unnecessary.

La profesora **nos hizo leer** artículos sobre el ADN.
The teacher made us read articles about DNA.

El comité **me ha dejado continuar** con los experimentos.
The committee has allowed me to continue with the experiments.

Remind students that impersonal expressions may be expressed in any tense. Ex: **Fue necesario repetir el experimento. Sería mejor comprar un reproductor de DVD nuevo que arreglar el viejo.**

- The infinitive may be used with impersonal expressions, such as **es bueno, es fácil**, and **es importante**. It is required after **hay que** and **tener que**.

Es importante utilizar el corrector ortográfico.
It is important to use the spell-checker.

¿**Es ético clonar** a un ser humano?
Is it ethical to clone a human being?

—*Me gustaría que te quedases, pero* **tengo que seguir** *escribiendo.*

TALLER DE CONSULTA

See **Manual de gramática, 8.4, p. 404** and **8.5, p. 406** to learn more about prepositions.

- In Spanish, unlike in English, the gerund form of a verb (*talking, working,* etc.) may not be used as a noun or in giving instructions. The infinitive form, with or without the definite article **el,** is used instead.

Ver es **creer.**	**Descargar** es fácil.	El arte de **mirar**
Seeing is believing.	*Downloading is easy.*	*The art of looking*

- You will often see infinitives where English uses commands on signs and written instructions.

Empujar	**No fumar**	**Seguir** con cuidado
Push	*No smoking*	*Proceed with caution*

- After prepositions, the infinitive is used.

—*Venía a eliminar a su clon.*

El Dr. Pérez necesitó veinte años **para demostrar** sus teorías.

Dr. Pérez needed twenty years in order to prove his theories.

Él no podrá abrir el documento **sin instalar** el programa.

He won't be able to open the document without installing the program.

- Many Spanish verbs follow the pattern of [*conjugated* verb] + [*preposition*] + [*infinitive*]. The prepositions for this pattern are **de, a,** or **en.**

acabar de *to have just (done something)*	**quedar en** *to agree (to)*
aprender a *to learn (to)*	**tardar en** *to take time (to)*
enseñar a *to teach (to)*	**tratar de** *to try (to)*

Me **enseñó a grabar** un CD.
She taught me how to burn a CD.

Trato de estudiar todos los días.
I try to study every day.

Su computadora **tarda en encenderse.**
His computer takes a while to start.

Quedamos en hacerlo.
We agreed to do it.

- **Deber** + **de** + [*infinitive*] suggests probability.

La bióloga **debe de** anunciar sus resultados hoy.

The biologist probably announces her results today.

but

La bióloga **debe** anunciar sus resultados hoy.

The biologist has to announce her results today.

Remind students that when there is a change of subject, the conjunction **que** is added after the preposition to create a subordinate clause with a conjugated verb.

TEACHING OPTION Use the **cortometraje** to present and discuss uses of the infinitive. While viewing the film, have students jot down verbs they hear in the infinitive. Play the film a second time, pausing to discuss each use of the infinitive.

Práctica

1

La Luna Rellena cada espacio con dos palabras: una de la primera columna y una de la segunda. Conjuga los verbos según sea necesario. Suggested answers.

desear	conseguir
importante	convencer
necesitar	hablar
para	hacer
pensar	investigar
querer	seguir

Los científicos de la NASA (1) _desean investigar_ la superficie de la Luna. (2) _Para conseguir_ el dinero necesario para el proyecto, primero ellos (3) _necesitan convencer_ a la opinión pública de que es (4) _importante seguir_ invirtiendo dinero público en estas aventuras espaciales. (5) _Quieren hablar_ en todos los medios de comunicación posibles para explicar sus objetivos. (6) _Piensan hacer_ mucha publicidad en los próximos meses.

2 Remind students to add prepositions as necessary.

2

Oraciones Forma oraciones usando los elementos dados. Añade preposiciones cuando sea necesario.

Modelo **el científico / querer / encontrar / una vacuna**
El científico quiere encontrar una vacuna.

1. nosotros / desear / encontrar / una cura Nosotros deseamos encontrar una cura.
2. Luis / pensar / ser / bioquímico Luis piensa ser bioquímico.
3. mi madre / querer / comprar / un reproductor de DVD Mi madre quiere comprar un reproductor de DVD.
4. Marisa / me / enseñar / usar / el telescopio Marisa me enseña a usar el telescopio.
5. el profesor / tratar / explicar / el problema El profesor trata de explicar el problema.
6. yo / acabar / romper / mi cámara digital Yo acabo de romper mi cámara digital.
7. ustedes / deber / observar / el experimento Ustedes deben observar el experimento.
8. tú / poder / contratar / al ingeniero Tú puedes contratar al ingeniero.

3 Have students repeat the activity, making up new sentences about the following careers: **biólogo/a, astronauta, matemático/a, químico/a.**

3

Recomendaciones Nuria quiere ser ingeniera. En parejas, háganle recomendaciones usando las frases y los verbos de la lista.

hacer falta	aprender
hay que	estudiar
ser bueno	explorar
ser fácil	investigar
ser importante	leer
ser necesario	tratar
tener que	viajar

 Practice more at **vhlcentral.com.**

Comunicación

4 **Entrevista** En parejas, improvisen una entrevista entre un(a) bioquímico/a que desarrolló una pastilla adelgazante *(weight-loss)* y un(a) profesor(a) de educación física. Usen estos verbos. Representen la entrevista ante la clase.

acabar de	quedar en
aprender a	tardar en
enseñar a	tratar de

5 **Extraterrestre** Un extraterrestre aterrizó cerca de su escuela y ahora no puede volver a su planeta de origen. ¿Qué tiene que hacer para aprender a adaptarse a la vida en la Tierra? En parejas, escriban una lista usando por lo menos cinco infinitivos. Después, compártanla con la clase.

6 **Anuncio** Tú y tus compañeros/as son científicos/as y han inventado un producto revolucionario. Ahora deben prepararse para anunciar este invento a la prensa. En grupos de cuatro, preparen un anuncio que incluya las palabras y frases del cuadro.

acabar de	ser fácil
aprender a	ser importante
quedar en	tardar en
querer	tratar de

7 **Viaje espacial** Trabajen en grupos pequeños. Imaginen que hacen un viaje al espacio. Usen el infinitivo para escribir oraciones sobre las cosas que hicieron y vieron en su viaje.

En el planeta _____	**Los habitantes de este planeta...**
aprendimos a _____	acaban de _____
es fácil _____	tienen que _____
es importante _____	tratan de _____

4 Have students follow up the interview with an editorial in which they either support or decry the biochemist's research. Instruct them to use the infinitive at least five times in their article.

5 Encourage students to use the infinitive in as many grammatical contexts as possible: after a conjugated verb, after a preposition, after an impersonal expression, etc.

5 Have students use infinitives to suggest what a newcomer to their town would have to learn in order to adapt to life there. How do the requirements differ depending on his or her place of origin?

7 To synthesize the grammatical structures presented in this lesson, assign the following expansion activity: **Tú has comprado un pasaje al espacio. Escribe un correo electrónico desde el espacio, en el cual les describes a tus amigos/as lo que has hecho y les dices si el viaje es como lo habías imaginado.**

Síntesis

¡Invasión marciana!

Te levantas de la cama y, como todas las mañanas, enciendes la radio. Allí se oye la voz agitada del locutor anunciando que unos extraterrestres están atacando la ciudad. Se oyen ruidos extraños, gente gritando y, de repente, una gran explosión. Algo asustado°, sales a la calle y ves a tus vecinos empacando sus cosas en el carro a toda velocidad. En todo tu barrio la gente está asustada y parece no saber qué hacer. Tú también sientes pánico y no sabes si lo que está ocurriendo es verdad, o si es una pesadilla°.

Algo así ocurrió el 30 de octubre de 1938, cuando el cineasta estadounidense Orson Welles transmitió° una adaptación de *La guerra de los mundos*, del escritor H.G. Wells, en su programa de radio. Pero la adaptación que hizo Welles no era una simple lectura del texto. La historia estaba disfrazada° de efectos especiales y era interrumpida por partes° informativos de unos astrónomos que acababan de ver unas extrañas° explosiones en Marte°. Se oían gritos, el reportero lloraba. La atmósfera de la transmisión era de un realismo total. Los que no oyeron el principio del programa pensaron que un ejército marciano estaba invadiendo la Tierra.

El programa de Orson Welles produjo reacciones de histeria colectiva°. Algunos se encerraron en los sótanos° de sus casas con pistolas. Otros se pusieron toallas mojadas° en la cara para protegerse del gas venenoso de los marcianos. El programa fue motivo de escándalo e indignación cuando se reveló la verdad. También demostró el poder de una narración bien hecha. Fue uno de los momentos más gloriosos (y terribles) de la historia de la radio. ■

disguised
reports

strange/Mars

frightened

mass hysteria

basements
wet

nightmare

broadcasted

---

1 Model one or two sentences on the board before students complete the activity. Ex: **Cuando por fin descubrimos que la invasión era pura ficción, ya habíamos puesto todos los muebles contra la puerta.**

2 Call on volunteers to share their statements with the class. List their ideas on the board and discuss.

3 If groups offer differing suggestions, encourage them to defend and debate their opinions.

1 **Relato** En parejas, imaginen que están en 1938 y forman parte del público que creyó en la invasión de extraterrestres. Preparen un párrafo explicando los detalles sobre lo que pasó el 30 de octubre en su barrio y lo que hicieron ustedes. Usen el pluscuamperfecto del indicativo (y del subjuntivo cuando sea necesario) y el pretérito.

2 **Productores** En parejas, imaginen que son los productores del programa de radio de Orson Welles. Utilizando el pluscuamperfecto del subjuntivo, escriban tres cosas que hubieran hecho para evitar el pánico entre el público.

3 **Situaciones** En grupos pequeños, escojan una situación y discutan qué se debe hacer en caso de que ésta ocurriera. Deben utilizar el infinitivo. Compartan sus ideas con la clase.

- Una invasión extraterrestre
- El impacto de un meteorito contra la Tierra
- La clonación de seres humanos
- El descubrimiento de una vacuna para curar todas las enfermedades

Preparación Audio: Vocabulary

Vocabulario de la lectura		Vocabulario útil
el barro *mud; clay*	la piedra (esculpida) *(sculpted) stone*	descubrir *to discover*
guiar *to guide*	planificar *to plan*	el enigma *enigma*
el ladrillo *brick*	realizar *to carry out*	el modo *means, manner*
la maqueta *model*	el tamaño *size*	el plano *blueprint, plan*
el martillo *hammer*	el terreno *terrain*	remodelar *to remodel*
la pared *wall*	ubicado/a *located*	el universo *universe*

Point out the difference between **realizar** and **darse cuenta**, and **el plano** and **el plan.** Tell students that **la maqueta** and **el modelo** are synonyms.

1

Adivinanzas Resuelve las siguientes adivinanzas (*riddles*). Las respuestas están en la lista de vocabulario.

<u>ladrillo</u> 1. Soy un objeto rectangular. Me puedes usar en la construcción de un edificio.

<u>barro</u> 2. Me formo si mezclas tierra y agua.

<u>pared</u> 3. Divido los cuartos de tu casa. Puedes pintarme de blanco, de azul o del color que más te guste.

<u>universo</u> 4. Contengo todos los planetas, estrellas y galaxias. Nada es más grande que yo.

<u>modo</u> 5. Soy otra forma de decir "manera".

<u>martillo</u> 6. Si necesitas golpear algo con mucha fuerza, te puedo ayudar.

1 In pairs, have students take turns writing riddles for the remaining new vocabulary.

2

Preferencias Completa la siguiente encuesta según tus preferencias. Luego explícale a tu compañero/a por qué has elegido cada opción.

1. Cuando viajo, prefiero…	
hacer viajes tranquilos	tener aventuras como Indiana Jones
estar en mi propia cultura	descubrir culturas nuevas
2. Cuando tengo tiempo libre, me gusta…	
hacer trabajos que no sean manuales	hacer trabajos manuales
3. Si necesito algo, prefiero…	
comprarlo	crearlo yo mismo/a

2 Use this activity to review the uses of the infinitive (**8.3, pp. 288–291**).

3

Descubrimiento Se sabe mucho sobre las culturas antiguas (persa, griega, romana, azteca, etc.) a través de sus ruinas. En parejas, escriban una noticia anunciando el descubrimiento de las ruinas de una civilización hasta ahora desconocida. Luego compartan la noticia con la clase.

- ¿Dónde se descubrieron?
- ¿Quién las descubrió?
- ¿Qué indican sobre esa cultura?
- ¿Cómo y por qué se extinguió?

TEACHING OPTION To preview the reading, ask students: **¿Alguna vez han visitado unas ruinas? ¿Dónde? ¿De qué siglo y de qué cultura eran? ¿Qué aprendieron sobre la gente, la geografía y la civilización de aquella época?**

Machu Picchu, Perú

La ciudad redescubierta

En 1911, como si se tratara de una película de Indiana Jones, el estadounidense Hiram Bingham, profesor de la universidad de Yale,

5 guió una expedición por los Andes que llevó al redescubrimiento de la maravillosa "Ciudad Perdida", Machu Picchu. Puesto que los conquistadores españoles nunca la encontraron, la majestuosa ciudad, construida

10 a mediados del siglo XV, estaba casi intacta. Nunca había sido olvidada totalmente, pero los habitantes de la zona, quienes conocían su existencia, tenían poco contacto con otros pueblos. Después de la visita de Bingham,

15 Machu Picchu se convirtió en uno de los atractivos turísticos más importantes de todo el mundo.

Esta ciudad es el ejemplo más famoso de la arquitectura inca, caracterizada por

escarpments 20 adecuarse a los escarpes° naturales del terreno. Está ubicada en una zona montañosa y cubre unos trece kilómetros cuadrados. En los escarpes, se construyeron terrazas que, conectadas por escaleras, llevaban a una plaza

25 central, donde se encontraban los templos y los edificios del gobierno de la ciudad.

Además de Machu Picchu, los incas, por lo general, planificaban muy cuidadosamente la construcción de otros

30 tipos de edificios, como templos y palacios, y también de ciudades enteras. Realizaban planos cuidadosos sobre la ubicación de cada uno de los componentes de la ciudad y construían maquetas. Normalmente, las

35 paredes de los edificios importantes eran de piedra. Los incas usaban martillos para dar a las piedras la forma adecuada, y con ellos hacían un trabajo muy fino. Incluso se piensa que cuando tenían que construir un edificio

40 importante, especialmente si era religioso, construían primero un modelo a tamaño real. Este procedimiento permitía anticipar la distribución correcta de las piedras. Así explican los expertos el nivel de perfección

45 que se consiguió con la arquitectura en piedra, a pesar de que los modelos se hacían supuestamente con adobe, ladrillos hechos de

dried barro secado° al sol.

¿Bingham e Indiana Jones?

Según un artículo del *Los Angeles Times,* el famoso protagonista de la serie de películas de Indiana Jones estaba inspirado en Hiram Bingham, el redescubridor de Machu Picchu. Aunque no es la única hipótesis que se maneja, las coincidencias son muchas. Las obvias son que los dos eran norteamericanos, profesores universitarios e iban siempre a la búsqueda de tesoros y ciudades perdidas.

Varios factores contribuyeron a la decadencia° de Machu Picchu, que 50 *decline* comenzó sólo unos cien años después de su construcción. Durante el apogeo° *height* del imperio inca, su primer emperador Pachacútec había mandado construir la ciudad, reservada a la élite social. 55 Sin embargo, después de la muerte de Pachacútec, sus sucesores construyeron sus propias ciudades, por lo que Machu Picchu empezó a perder algo de su prestigio.

Durante la misma época, los españoles 60 conquistaron la capital inca de Cuzco. Mientras tanto, los incas sucumbían a enfermedades como la viruela°, que habían *smallpox* traído los españoles y contra las cuales no tenían defensas naturales. Además, luego de 65 la conquista española, los agricultores que habían sido forzados a cultivar las tierras de Machu Picchu dejaron estas tierras para volver a sus pueblos de origen. Cuando llegó Bingham casi cuatro siglos más tarde, con 70 la excepción de unos pocos descendientes que todavía ocupaban el lugar, los incas ya habían abandonado Machu Picchu.

Con su historia tan llena de intriga y una arquitectura que asombra° hasta a los 75 *astounds* ingenieros contemporáneos, se justifica que en 1983 la UNESCO haya nombrado a Machu Picchu patrimonio cultural y natural de la humanidad. ■

Análisis

Comprensión Contesta las preguntas con oraciones completas.

1. ¿Quién fue Hiram Bingham y por qué es conocido? Fue el profesor que guió la expedición que llevó al redescubrimiento de Machu Picchu.

2. ¿Por qué estaba Machu Picchu casi intacta? Estaba casi intacta porque los españoles nunca la encontraron.

3. ¿Por qué es Machu Picchu famosa? Answers will vary.

4. ¿Qué construían los incas primero cuando tenían un proyecto muy importante? Construían primero un modelo a tamaño real.

5. ¿Qué hizo el emperador Pachacútec? Mandó construir la ciudad de Machu Picchu.

6. ¿Por qué sucumbían muchos incas a la viruela? No tenían defensas naturales contra esa enfermedad.

7. ¿Cuál es la conexión entre Hiram Bingham e Indiana Jones? Se cree que el personaje de Indiana Jones estuvo inspirado en Hiram Bingham.

8. ¿Qué declaró la UNESCO en 1983? La UNESCO nombró Machu Picchu patrimonio de la humanidad.

Interpretar En parejas, contesten estas preguntas.

1. ¿Qué habrían hecho los conquistadores españoles si hubieran encontrado la ciudad de Machu Picchu en el siglo XVI?

2. Los españoles consideraban su propia civilización más avanzada que las de los indígenas que encontraron en América. ¿Crees que el redescubrimiento de Machu Picchu prueba que esta suposición era falsa? ¿Por qué?

3. ¿Conocen alguna cultura actual que tenga la misma actitud hacia otra cultura que tenían los españoles del siglo XVI? Expliquen.

Abandono En grupos de tres, consideren qué tendría que ocurrir para que todos los habitantes del pueblo o de la ciudad donde ustedes viven tuvieran que abandonarlo. Tengan en cuenta estos puntos y después, compartan sus opiniones con la clase.

• La serie de eventos que tendrían que suceder

• Las razones principales: económicas, políticas, sociales, etc.

• La rapidez con que los habitantes abandonarían el lugar

• La probabilidad de que esto pueda suceder

Cambios En grupos de cuatro, imaginen que son parte de un programa dedicado a remodelar casas y que se les ha pedido remodelar el edificio donde estudian para que los estudiantes estén más cómodos. Hagan un plano con los cambios que harán en el edificio y luego preséntenlo a la clase.

 Practice more at **vhlcentral.com**.

Preparación Reading Audio: Vocabulary

INSTRUCTIONAL RESOURCES
Supersite: Literatura recording; Scripts; SAM AK
SAM/WebSAM: LM

VARIACIÓN LÉXICA
envidioso/a ↔ celoso/a

Sobre el autor

Ya desde su juventud, el escritor argentino **Pedro Orgambide** (1929–2003) mostró interés por la literatura social. Publicó sus primeros poemas en 1942, y con tan sólo 19 años publicó su primer libro, *Mitología de la adolescencia* (1948). En 1974, se exilió en México, donde su trayectoria literaria continuó sumando títulos. De vuelta en Argentina en 1983, trabajó como creativo de publicidad y guionista de televisión. Durante la década de los noventa fue especialmente prolífico: novelas, ensayos, biografías, cuentos y prólogos se añaden a la lista, casi interminable (*endless*), de sus publicaciones.

Vocabulario de la lectura	Vocabulario útil
arruinar *to ruin*	**capacitar** *to prepare*
el/la intruso/a *intruder*	**envidioso/a** *envious, jealous*
la máquina *machine*	**la multa** *fine*
el pedazo de lata *piece of junk*	**reemplazar** *to replace*
pegar *to hit*	**sustituir** *to substitute*
sospechoso/a *suspicious*	**la vanguardia** *vanguard*

1

Vocabulario

A. Completa cada oración con la palabra correspondiente.

arruinado	multa
envidiosa	sospechoso
máquina	sustituir

1. A nadie se le ocurrió que el acusado más <u>sospechoso</u> pudiera ser inocente.
2. A Teresa no le gusta que su amiga reciba tantos regalos. Es muy <u>envidiosa</u>.
3. Fue muy duro para ella saber que la iban a <u>sustituir</u> por otra persona.
4. No pudo hacer otra cosa más que llorar cuando supo que se había <u>arruinado</u>.
5. Estacioné mi carro en la esquina y me pusieron una <u>multa</u>.

B. En parejas, elijan una de las oraciones de la parte A y escriban una breve historia inspirándose en ella. Cuando terminen, compartan su historia con la clase.

2

Preguntas En parejas, túrnense para contestar las preguntas. Expliquen sus respuestas.

1. ¿Alguna vez has tenido miedo de que otra persona te sustituya en el puesto de trabajo u ocupe tu lugar?
2. Al llegar a un lugar nuevo, ¿has sentido que tu presencia amenaza la posición de alguien más? ¿Cómo resolviste la situación?
3. ¿Te consideras envidioso/a o te alegras del bien ajeno (*are you happy for other people*)?

2 Encourage students to draw examples from various situations such as school, work, family, and relationships.

TEACHING OPTION To preview the reading, ask students to consider the title before reading the text. **¿Qué tipo de historia esperan al leer el título?**

LA INTRUSA

Pedro Orgambide

—

Sí, confieso que la
insulté, Señor Juez,
y que le pegué con
todas mis fuerzas. Fui
yo quien le dio con
el fierro. Le gritaba y
estaba como loco.

—

Ella tuvo la culpa, Señor Juez. Hasta entonces, hasta el día que llegó, nadie se quejó de mi conducta. Puedo decirlo con la frente bien alta°. Yo era el primero en llegar a la oficina y el último en irme. Mi escritorio era el más limpio de todos. Jamás me olvidé de cubrir la máquina de calcular, por ejemplo, o de planchar° con mis propias manos el papel carbónico°.

El año pasado, sin ir muy lejos, recibí una medalla del mismo gerente. En cuanto a ésa, me pareció sospechosa desde el primer momento. Vino con tantas ínfulas° a la oficina. Además ¡qué exageración! recibirla con un discurso, como si fuera una princesa. Yo seguí trabajando como si nada pasara. Los otros se deshacían en elogios°. Alguno deslumbrado°, se atrevía a rozarla° con la mano. ¿Cree usted que yo me inmuté° por eso, Señor Juez? No. Tengo mis principios° y no los voy a cambiar de un día para el otro. Pero hay cosas que colman la medida°. La intrusa, poco a poco, me fue invadiendo. Comencé a perder el apetito. Mi mujer me compró un tónico, pero sin resultado. ¡Si hasta se me caía el pelo, señor, y soñaba con ella! Todo lo soporté°, todo. Menos lo de ayer. "González —me dijo el gerente— lamento° decirle que la empresa ha decidido prescindir° de sus servicios."

Veinte años, Señor Juez, veinte años tirados a la basura. Supe que ella fue con la alcahuetería°. Y yo, que nunca dije una mala palabra, la insulté. Sí, confieso que la insulté, Señor Juez, y que le pegué con todas mis fuerzas. Fui yo quien le dio° con el fierro°. Le gritaba y estaba como loco. Ella tuvo la culpa°. Arruinó mi carrera, la vida de un hombre honrado°, señor. Me perdí por una extranjera, por una miserable computadora, por un pedazo de lata, como quien dice°.

con... with my head held high

5 *smooth out/***papel...** *carbon paper*

arrogance

10

Los otros... *praised her to the skies* *dazzled/***tocarla**

me preocupé

15 *principles*

colman... *are too much*

20

tolerated

I am sorry

25 *do without*

gossip

30 *hit*

metal bar

Ella... *It was her fault.*

honesto

35

como... *so to speak*

Análisis

Comprensión Contesta las preguntas con oraciones completas.

1. ¿Quién está contando la historia? Un oficinista está contando la historia.
2. ¿Qué cosas hacía el hombre para ser considerado un buen empleado? Llegaba temprano, se iba tarde, era muy limpio y ordenado.
3. ¿Cómo fue recibida la intrusa en la oficina? Hubo un discurso y todos estaban muy contentos de tenerla allí.
4. ¿Cómo afectó al hombre su llegada? El hombre perdió el apetito, se le cayó el pelo y soñaba con ella.
5. ¿Qué hizo su esposa para ayudarlo? Su esposa le compró un tónico.
6. ¿Cuántos años trabajó el hombre en la empresa? El hombre trabajó veinte años en la empresa.
7. ¿Por qué le está dando explicaciones a un juez? Está hablando con un juez porque dañó la computadora.
8. ¿Quién es la intrusa? La intrusa es una computadora.

Interpretar Contesta las siguientes preguntas y explica tus respuestas.

1. ¿Crees que el enojo del hombre es justificado?
2. ¿Qué hubieras hecho tú en su lugar?
3. ¿Piensas que la actitud del gerente fue correcta?
4. ¿Cuál crees que va a ser la sentencia del juez?
5. ¿Qué técnicas usa Orgambide para engañar (*fool*) al lector?
6. ¿Por qué escoge sorprendernos al final, en lugar de revelar desde el principio la identidad de la intrusa?

Tecnologías Hagan una lista con los efectos positivos y negativos del uso de la tecnología en el trabajo. Escriban un diálogo en el que cada uno/a de ustedes defienda una posición opuesta. Luego represéntenlo frente a la clase.

> **Modelo** — El correo electrónico facilita mucho el trabajo.
> — Sí, pero los empleados pierden mucho tiempo revisando su correo personal.

Escribir Imagina que eres publicista y tienes que escribir un folleto para una campaña publicitaria. Elige el invento que consideres el más importante de los últimos tiempos y escribe todos los detalles que creas necesarios para promoverlo. Usa el infinitivo y el pluscuamperfecto.

Plan de redacción

Campaña publicitaria

1. **Presentación** Da el nombre técnico del objeto junto con el nombre de la marca. Preséntalo describiendo sus características y usos. Da o inventa también el eslogan del producto.

2. **Exposición** Explica por qué piensas que es tan importante y cómo ha afectado la calidad de vida.

3. **Conclusión** Expresa tus ideas sobre cómo va a evolucionar este invento en el futuro.

---

1 Ask students at what point in the story they discovered the "intruder" was not a person, but a machine. Point out how the author takes advantage of the ambiguity of subject and object pronouns in Spanish (**ella**, **la**).

2 In pairs, have students describe a personal experience in which they or someone they know had a negative reaction to new technology.

2 Ask students to compare the "confessions" and the crimes in *La intrusa* and *La mirada* (**Lección 7, pp. 263–266**).

3 As a variant, have students discuss the impact of new forms of technology on a college campus.

4 Model a few sentences on the board using the past perfect and infinitives.

TEACHING OPTION As an alternate writing assignment, ask students to write a one-page story with a surprise ending. Consider passing out one or two additional short stories for students to use as models, such as *Primer encuentro* by Álvaro Menen Desleal, and *Continuidad de los parques* by Julio Cortázar. Read the students' best stories aloud and discuss which techniques made the surprises effective.

 Practice more at **vhlcentral.com.**

La tecnología y la ciencia

Audio: Vocabulary Flashcards
Video: *En pantalla*

La tecnología

la arroba *@ symbol*
el blog *blog*
el buscador *search engine*
la cámara digital *digital camera*
el CD-ROM *CD-ROM*
el ciberespacio *cyber space*
la computadora portátil *laptop*
la contraseña *password*
el corrector ortográfico *spell checker*
la dirección electrónica *e-mail address*
el enlace *link*
la herramienta *tool*
la informática *computer science*
el mensaje (de texto) *(text) message*
el nombre de usuario *user name*
el programa (de computación) *software*
la red *the Web*
el reproductor de MP3/DVD *MP3/DVD player*
el (teléfono) celular *cell phone*

adjuntar (un archivo) *to attach (a file)*
borrar *to delete, to erase*
descargar *to download*
grabar (un *CD*) *to burn (a CD)*
guardar *to save*
subir *to upload*

avanzado/a *advanced*
en línea *online*
inalámbrico/a *wireless*
innovador(a) *innovative*
revolucionario/a *revolutionary*

Los inventos y la ciencia

el ADN *DNA*
el avance *advance, breakthrough*
la célula *cell*
el desafío *challenge*
el descubrimiento *discovery*
el experimento *experiment*
el gen *gene*
la genética *genetics*
el invento *invention*
la novedad *new development*
la patente *patent*
la teoría *theory*

alcanzar *to reach, to attain*

clonar *to clone*
comprobar (o:ue) *to prove, to confirm*
contribuir *to contribute*
crear *to create*
curar *to cure*
fabricar *to manufacture*
inventar *to invent*

(bio)químico/a *(bio)chemical*
especializado/a *specialized*
(poco) ético/a *(un)ethical*

El universo y la astronomía

el agujero negro *black hole*
el espacio *space*
la estrella (fugaz) *(shooting) star*
la galaxia *galaxy*
la gravedad *gravity*
el planeta *planet*
la supervivencia *survival*
el telescopio *telescope*
el transbordador espacial *space shuttle*

aterrizar *to land*
explorar *to explore*

extraterrestre *extraterrestrial, alien*

Los científicos

el/la astronauta *astronaut*
el/la astrónomo/a *astronomer*
el/la biólogo/a *biologist*
el/la científico/a *scientist*
el/la físico/a *physicist*
el/la ingeniero/a *engineer*
el/la investigador(a) *researcher*
el/la matemático/a *mathematician*
el/la (bio)químico/a *(bio)chemist*

Cortometraje

la clave *key*
el complejo de inferioridad/superioridad *inferiority/superiority complex*
el desenlace *outcome*
la editorial *publisher*
la imprenta *printer*
los ingresos *income*
las lentillas *contact lenses*
la mente *mind*

el/la propietario/a *owner*
el relato *short story*
el tocho *tome*

autosubvencionarse *to cover one's own expenses*
someterse a *to undergo*

condenado/a *condemned*

Cultura

el barro *mud; clay*
el enigma *enigma*
el ladrillo *brick*
la maqueta *model*
el martillo *hammer*
el modo *means, manner*
la pared *wall*
la piedra (esculpida) *(sculpted) stone*
el plano *blueprint, plan*
el tamaño *size*
el terreno *terrain*
el universo *universe*

descubrir *to discover*
guiar *to guide*
planificar *to plan*
realizar *to carry out*
remodelar *to remodel*

ubicado/a *located*

Literatura

el/la intruso/a *intruder*
la máquina *machine*
la multa *fine*
el pedazo de lata *piece of junk*
la vanguardia *vanguard*

arruinar *to ruin*
capacitar *to prepare*
pegar *to hit*
reemplazar *to replace*
sustituir *to substitute*

envidioso/a *envious, jealous*
sospechoso/a *suspicious*

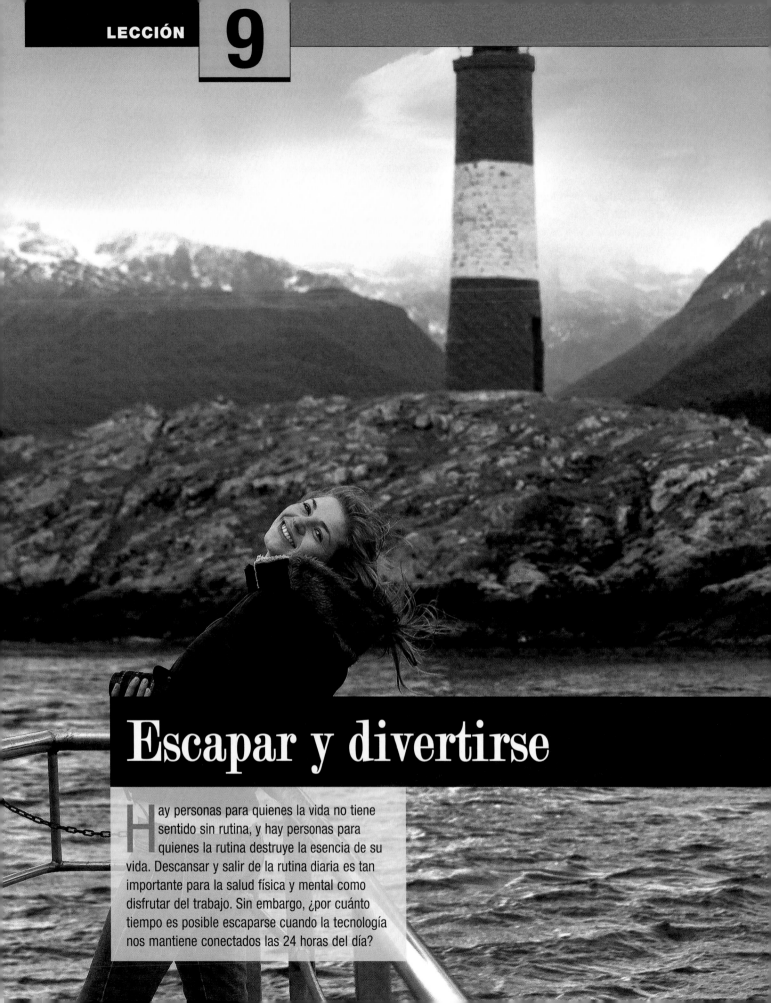

Escapar y divertirse

Hay personas para quienes la vida no tiene
sentido sin rutina, y hay personas para
quienes la rutina destruye la esencia de su
vida. Descansar y salir de la rutina diaria es tan
importante para la salud física y mental como
disfrutar del trabajo. Sin embargo, ¿por cuánto
tiempo es posible escaparse cuando la tecnología
nos mantiene conectados las 24 horas del día?

309

314

Destino:

ARGENTINA Y URUGUAY

URUGUAY

ARGENTINA

PREVIEW Discuss the photo and text on **p. 302** as a class. Then have students discuss these questions in pairs: **¿Qué hacen para divertirse si tienen dos horas libres? ¿Si tienen dos días? ¿Si tienen dos semanas?** Have students share their partners' answers with the class, then ask specific questions to preview the new vocabulary on **p. 304.** Ex: **¿A quiénes les gusta ir a conciertos? ¿Cuántos son miembros de algún club deportivo?**

Las diversiones

Los deportes

el/la aficionado/a *fan*

el alpinismo/andinismo *mountain climbing*

el/la atleta/deportista *athlete*

el boliche *bowling*

la carrera *race*

el club deportivo *sports club*

los deportes extremos *extreme sports*

el equipo *team*

el esquí alpino/de fondo *downhill/cross country skiing*

apostar (o:ue) *to bet*

empatar *to tie (a game)*

ganar/perder (e:ie) un partido *to win/ to lose a game*

gritar *to shout*

lastimar(se) *to injure (oneself)*

marcar (un gol/un punto) *to score (a goal/a point)*

silbar (a) *to whistle (at)*

vencer *to defeat*

El tiempo libre

el/la aguafiestas *party pooper*

el/la anfitrión/anfitriona *host/hostess*

el billar *billiards*

el boleto/la entrada *ticket*

las cartas/los naipes *(playing) cards*

la comedia *comedy*

el concierto *concert*

el conjunto/grupo musical *musical group, band*

los dardos *darts*

el espectáculo *show, performance*

el/la espectador(a) *spectator*

la feria *fair*

el juego de mesa *board game*

la lotería *lottery*

el/la músico/a *musician*

la obra de teatro *theater play*

el ocio *leisure*

el parque de atracciones *amusement park*

los ratos libres/el tiempo libre *free time*

el recreo *recreation*

el teatro *theater*

el videojuego *video game*

actuar *to act*

aplaudir *to applaud; to clap*

brindar *to toast (drink)*

celebrar *to celebrate*

charlar *to chat*

coleccionar *to collect*

conseguir (e:i) (entradas) *to get (tickets)*

correr la voz *to spread the word*

divertirse (e:ie) *to have a good time*

entretenerse (e:ie) *to amuse oneself*

estrenar (una película) *to release (a movie)*

festejar *to celebrate*

hacer cola *to wait in line*

poner un disco compacto *to play a CD*

reunirse (con) *to get together (with)*

salir (a comer/a tomar algo) *to go out (to eat/to have a drink)*

valer la pena *to be worth it*

aburrido/a *boring*

agotado/a *sold out*

animado/a *lively*

entretenido/a *entertaining*

INSTRUCTIONAL RESOURCES
Supersite: Audioscripts, SAM AK, Lab MP3s
SAM/WebSAM: WB, LM

VARIACIÓN LÉXICA

el boliche ↔ **los bolos**
charlar ↔ **platicar**
hacer cola ↔ **hacer fila**
silbar ↔ **chiflar; pitar**
vencer ↔ **derrotar**

Práctica

1 **¿Dónde están?** Indica en qué lugar están estas personas.

1. Llegamos muy temprano, pero había una cola larguísima. ¿Y si no conseguíamos entradas? ¿Y si estaban agotadas las localidades (*seats*)?

   a. zoológico   (b.) teatro   c. supermercado   d. gimnasio

2. Había máquinas que subían, bajaban, daban vueltas hacia la derecha y hacia la izquierda. La más espectacular dibujaba un laberinto de líneas en el aire.

   a. oficina   b. rascacielos   (c.) parque de atracciones   d. partido de fútbol

3. Yo no sabía que cuatro personas pudieran hacer tanto ruido en un campo de fútbol lleno de gente. Mi novio se divertía, pero yo no entendía nada de lo que decían.

   a. playa   b. restaurante   c. ópera   (d.) concierto

4. Aquí la gente suda (*sweat*), pero a mí no me gusta sudar cuando hago ejercicio; por eso, me gusta nadar. Mi hermano es el dueño y no tengo que pagar.

   (a.) club deportivo   b. video club   c. cine   d. bar

2 **Celebraciones** Completa la conversación entre Mario y Pedro.

aburridos	apostado	equipo	perder
aficionado	brindando	espectáculo	silbando
aguafiestas	empató	festejar	tomar algo
animadas	entretenida	gritando	valió la pena

PEDRO Mario, ¿vamos o qué? ¿Estás listo? Apúrate, que llegamos tarde.

MARIO Lo siento, pero no puedo ir a la fiesta de tu novia. Hay partido de fútbol.

PEDRO ¿Qué partido de fútbol? Dale, vamos. No seas (1) __aguafiestas__ .

MARIO No, es que soy (2) __aficionado__ al fútbol, eso es todo.

PEDRO Las fiestas de mi novia son más (3) __animadas__ y más entretenidas que los (4) __aburridos__ partidos de fútbol. Todos son iguales...Veintidós tontos corriendo detrás de una pelota, la gente (5) __gritando/silbando__ histéricamente y (6) __silbando/gritando__ .

MARIO Es la final de la Copa Mundial. ¡Argentina contra Brasil! Es el (7) __espectáculo__ del año. He invitado a todos mis amigos. Y cuando termine el partido, vamos a (8) __tomar algo__ para (9) __festejar__ la victoria.

PEDRO Estás muy seguro de la victoria de tu (10) __equipo__ .

MARIO Estoy más que seguro, estoy segurísimo. Argentina no puede (11) __perder__ . Tiene que ganar; he (12) __apostado__ todos mis ahorros. ¡Tiene que ganar!

PEDRO Disfruta de la pantalla gigante. ¡Espero que no tengas que venderla!

3 **Un fin de semana extraordinario** Juan y Marcela, dos amigos con personalidades muy diferentes, tienen que pasar un fin de semana juntos en una ciudad que nunca han visitado. Hacen muchas sugerencias interesantes, pero todo lo que uno propone, el otro lo rechaza con alguna explicación. En parejas, improvisen una conversación utilizando las palabras del vocabulario.

2 In pairs, have students use the vocabulary from **p. 304** to write down five activities they think their partners enjoy. Then have them exchange lists to see how well they know each other.

3 Ask volunteers to list some weekend events on campus. In pairs, have students write a dialogue in which they try to decide on one or two activities from the list to do together that weekend.

TEACHING OPTION
Bring in photos of recreational activities from the vocabulary on **p. 304**. Pass the pictures out to small groups and give them two minutes to discuss each photo, encouraging them to use as many new vocabulary words as possible. Then have a member from each group describe one of the photos to the class. Ask personalized questions about each activity to increase student output.

Practice more at **vhlcentral.com**.

INSTRUCTIONAL RESOURCES
Supersite/DVD: Film Collection
Supersite: Script & Translation

VARIACIÓN LÉXICA
anotar un gol ⟷ marcar/
  meter/hacer un gol
balón ⟷ bola; pelota
¡Aguas! ⟷ ¡(Ten)
  cuidado!; ¡Ojo!
hablador(a) ⟷
  mentiroso/a

Vocabulario del corto

anotar un gol *to score a goal*
el ataúd *casket*
el balón *ball*
el campeonato *championship*
la cancha *field*
deber (dinero) *to owe (money)*
el empate *tie (sports)*
enterrado/a *buried*
la misa *mass*
el mujeriego *womanizer*
el Mundial *World Cup*
patear *to kick*
la prueba *proof*
la señal *sign*

Vocabulario útil

el/la delantero/a *forward (sport position)*
desafiar *to challenge*
dominar *to dominate*
enterrar (e:ie) *to bury*
fallecido/a *deceased*
el fantasma *ghost*
invisible *invisible*
pasar *to pass*
saltar *to jump*
el/la viudo/a *widower/widow*

EXPRESIONES

¡Aguas! *Watch out! (Mex.)*
¿Cómo ves/ven? *How about that?*
estar deshecho/a *to be devastated*
ni siquiera *not even*
ser un(a) hablador(a) *to be a liar (Mex.)*
Ya qué más da. *It doesn't matter anymore.*

1

Partido decisivo Completa los comentarios de un partido de fútbol usando las palabras del vocabulario.

"Continuamos trasmitiendo en vivo el (1) <u>campeonato</u> suramericano de fútbol. Con una (2) <u>señal</u> del árbitro, comienza el segundo tiempo. El equipo debe ganar para clasificarse para el (3) <u>Mundial</u>. Ahora Castillo toma el (4) <u>balón</u> en la mitad de la (5) <u>cancha</u>, avanza velozmente, lo (6) <u>patea</u> con fuerza y ¡gol, gooool! Esto es una (7) <u>prueba</u> de la capacidad de recuperación y entrega del equipo. No olvidemos que tan sólo la semana pasada, tras su repentina muerte, fue (8) <u>enterrado</u> su entrenador José García, a quien todos le dedican este triunfo. Su (9) <u>viuda</u>, presente en el estadio, aplaude emocionada".

2 For a related game, divide the class into two teams. Call on one student from each team and have both students act out a new word or expression together. The first team to guess the word scores a point. Repeat until every student has taken a turn.

2

Escribir En parejas, escriban seis oraciones lógicas usando todas las palabras y expresiones de la lista.

campeonato	empate	invisible
deber	estar deshecho/a	ni siquiera
desafiar	fantasma	saltar

3 **Fotogramas** En parejas, observen los fotogramas e imaginen lo que va a ocurrir en el cortometraje.

3 Have students write a brief paragraph for each photo. Call on volunteers to read their paragraphs to the class.

4 **¿Y tú?** Completa la encuesta. Luego, en parejas, intercambien sus opiniones explicando sus puntos de vista. Cuando terminen, compartan con la clase lo que han aprendido sobre su compañero/a.

	Sí	No
1. Sigo los deportes en televisión.	☐	☐
2. Prefiero la música a los deportes.	☐	☐
3. Conozco la historia de algunos deportistas famosos del pasado.	☐	☐
4. Me gusta oír historias de las personas mayores; me interesa saber cómo fueron sus vidas.	☐	☐
5. Cuando tenga ochenta años, me acordaré de todo lo que ha pasado en mi vida.	☐	☐
6. Creo que nunca voy a cambiar; siempre voy a ser la misma persona año tras año.	☐	☐
7. Cuando yo sea una persona mayor, nunca criticaré las modas (*fads*) y las costumbres de los jóvenes.	☐	☐

5 **Preguntas** En parejas, túrnense para hacerse las preguntas. Expliquen sus respuestas.

1. ¿Qué papel tiene el deporte en tu vida?
2. ¿Qué deportes practicabas cuando eras niño/a? ¿Y ahora?
3. ¿Qué deportes te gusta mirar por televisión?
4. ¿A qué deportistas admiras?
5. ¿Qué cualidades positivas y qué cualidades negativas asocias con los deportistas profesionales actuales?
6. ¿Qué opinas de que los medios se ocupen de la vida privada de los deportistas profesionales?
7. ¿Crees que los deportistas profesionales ganan demasiado dinero?
8. ¿Qué ventajas y desventajas relacionas con la vida de los grandes deportistas?
9. ¿Qué semejanzas y diferencias hay entre los deportes individuales y los de equipo?
10. ¿Qué es más importante para ti: ganar o disfrutar de la camaradería con tus compañeros/as de equipo?

5 To preview the film, have students research the history of the World Cup. To incorporate the regional focus of **Lección 9**, have students research a famous soccer player from either Argentina or Uruguay, and the history of each country's participation and performance in the World Cup.

6 **El deporte y sus funciones** En grupos de tres, hablen sobre algunas de estas funciones que el deporte desempeña (*plays*) en la sociedad actual. Después, compartan sus opiniones con la clase y decidan por qué algunos deportistas son considerados héroes.

- el deporte como diversión
- el deporte como actividad social
- el deporte como acto político
- el deporte como fuente económica

ARGUMENTO *El futbolista Efrén "El Corsario" Moreno ha muerto de un ataque al corazón. Su familia y amigos lo están velando[1].*

REPORTERA Sin duda, extrañaremos al autor de aquel gran gol de chilena[2] con el que eliminamos a Brasil del Mundial de Honduras de 1957.

REPORTERA Don Tacho, ¿es cierto que usted dio el pase para aquel famoso gol?
TACHO Claro que sí, yo le mandé como veinte pases al área penal, pero él nada más anotó esa sola vez.

JUANITA Quiso ser enterrado [...] con el balón de fútbol con las firmas de todos los que jugaron con él en aquel partido con Uru... con... con Brasil. [...] Se irá a la tumba[3] con sus trofeos[4] y con su uniforme, como un gran héroe.

MARACA Tacho, eres un hablador. Estás mal. Tú ni siquiera fuiste a ese Mundial. Es más, cien pesos a que te lo compruebo.
TACHO Y cien pesos más que estuve en el juego.

MARACA A ver, ¿dónde está tu firma?
TACHO Aquí debe estar... ¡Ya la borraron!
(Molesto porque no encuentra su firma, patea el balón.)

(El balón cae sobre la guitarra de un grupo de jóvenes y la rompe.)
HUGO Si no le pagan la guitarra aquí a mi carnal[5], no les regresamos[6] su balón. ¿Cómo ven?

---

[1] *holding a wake* [2] *scissor kick* [3] *grave* [4] *trophies* [5] *buddy* [6] *give back*

PREVIEW Divide the class into groups of five and assign a role to each student. Have students read the dialogue aloud, then ask them to characterize "El Tacho." Ask: **¿Creen que es un hablador, como dice Maraca, o que realmente jugó en el famoso partido contra Brasil?** Keep a tally of students' opinions on the board, both before and after viewing the film.

Análisis

1

Comprensión Contesta las preguntas con oraciones completas.

1. ¿Quién es Efrén "El Corsario" Moreno? *Es un jugador famoso del fútbol mexicano de los años 50.*

2. ¿Cuándo y de qué murió "El Corsario" Moreno? *Murió en la madrugada de un ataque al corazón.*

3. ¿Cómo ganó México su partido contra Brasil en el Mundial de 1957? *Ganó con un gol que metió "El Corsario" Moreno.*

4. Según "El Tacho" Taboada, ¿cómo anotó "El Corsario" el gol de la victoria? *"El Tacho" dice que le mandó varios pases a "El Corsario", pero él sólo anotó una vez.*

5. ¿Qué hay en el balón de "El Corsario"? *El balón tiene las firmas de todos los que jugaron en el partido contra Brasil.*

6. ¿Cuánto apuestan los amigos sobre la firma de "El Tacho"? *Apuestan doscientos pesos.*

7. ¿Cuánto le cuesta la misa a Juanita? ¿Por qué? *No le cuesta nada porque viene con el paquete.*

8. ¿Qué pasa cuando "El Tacho" patea el balón? *El balón cae en la guitarra de unos jóvenes y la rompe.*

9. ¿Qué posición jugaba "El Tacho" en la selección nacional? *"El Tacho" jugaba como delantero en la selección.*

10. ¿Quiénes ganan el partido en el parque? *"El Tacho" y sus amigos ganan el partido.*

11. ¿Quién los ayuda a ganar? *"El Corsario" Moreno los ayuda a ganar el partido.*

2

Interpretar Contesta las preguntas y explica tus respuestas.

1. ¿Crees que "El Tacho" jugó en el partido contra Brasil?

2. ¿Piensas que el sacerdote admira a "El Corsario" Moreno? ¿Por qué?

3. ¿Piensas que "El Corsario" era mujeriego?

4. ¿Quién se queda con el balón al final?

5. ¿Por qué crees que "El Corsario" regresa voluntariamente al ataúd?

6. ¿Consideras que el cortometraje tiene un final feliz?

3

¿Qué quieres ver? En grupos de cuatro, lean la lista de programas que hay en la televisión esta noche: ¿cuál elegirían ver? ¿Por qué? Anoten los votos y preparen la lista de los programas preferidos. Compartan la lista con la clase.

22.00 hrs.	PROGRAMACIÓN
Canal 4	*Héroes.* Película sobre la Copa Mundial de Fútbol de México 1986.
Canal 5	*Portada, pasarela, pasión. Reality show* sobre cinco jóvenes que intentan triunfar en el mundo de la moda.
Canal 8	*Hablemos de ti.* Programa de entrevistas con Elisa Gardés. Hoy: ¿la belleza ayuda a la salud?
Canal 16	*Historia de los Mundiales: 1930–2010.* Entrevistas a los protagonistas, material inédito sobre las selecciones ganadoras y análisis de los mejores jugadores.
Canal 23	*Avances militares del siglo XX.* Documental sobre la industria bélica y los inventos que acompañaron un siglo de grandes guerras.
Canal 32	*Alfombra roja.* Programa de chismes y entrevistas a personalidades del cine y la TV.
Canal 54	*Homenaje a los grandes de la música.* Hoy: los pioneros del *Rock and Roll.*

4 **Analizar** En grupos de tres, analicen las citas. Después, compartan sus opiniones con el resto de la clase.

> "La muerte es una vida vivida. La vida es una muerte que viene." *Jorge Luis Borges*

> "El deporte no forja el carácter, lo pone de manifiesto." *Heywood Hale Broun*

> "La muerte es algo que no debemos temer porque, mientras somos, la muerte no es y cuando la muerte es, nosotros no somos." *Antonio Machado*

> "Algunos dirán que en fútbol sólo interesa ganar y otros, más cándidos, seguiremos pensando que si esto es un espectáculo también importa gustar." *Jorge Valdano*

> "Así como una jornada bien empleada produce un dulce sueño, así una vida bien usada causa una dulce muerte." *Leonardo Da Vinci*

5 **Eres médium** En parejas, imaginen que uno/a de ustedes es médium. El/La otro/a es una de las personas de la lista. Escriban una entrevista. Luego, compártanla con la clase.

- Lucille Ball
- Mohandas "Mahatma" Gandhi
- Frida Kahlo
- Martin Luther King, Jr.
- Abraham Lincoln
- Paul Newman
- Eva Perón
- Babe Ruth
- William Shakespeare

6 **El fantasma** En grupos de cuatro, escriban un diálogo; luego, dos miembros del grupo deben representarlo frente a la clase.

- Imaginen que el fantasma de un(a) deportista famoso/a regresa de la tumba para darle consejos a un(a) joven aspirante.
- Le cuenta de qué se arrepiente, qué cosas volvería a hacer o qué cambiaría, le explica su filosofía de vida y cuál fue su mayor triunfo.
- Finalmente, le entrega un amuleto relacionado con su carrera deportiva.

 Practice more at **vhlcentral.com**.

4 As an optional writing assignment, have students choose the quote they identify with most strongly or select a quote of their own about sports or the meaning of death. Then ask them to write a few paragraphs explaining their attitudes and beliefs. Write several of their quotes on the board and have students debate and defend their opinions.

5 Model the activity by selecting a well-known Hispanic figure from the past and moving back and forth as you act out both roles. Ex1: **Sr. Diego Rivera, ¿cuáles son otras profesiones, además de ser pintor, que le interesan? DR: Me interesa la política. ¡Tal vez debería presentarme como candidato para la presidencia de México! (Se ríe.) Ex2: Sr. Miguel de Cervantes, ¿cómo se le ocurrió la idea de Don Quijote? MC: Era un personaje que aparecía constantemente en mis sueños y un día decidí escribir sobre él. Así fue como conseguí no soñar nunca más con él. Ex3: Sr. Miguel de Cervantes, ¿quién es más sabio, Don Quijote o Sancho Panza? MC: Los dos son sabios a su manera. Sancho Panza es analfabeto y no tiene muy buenos modales, pero dice verdades universales y ve la realidad tal como es; Don Quijote ha leído muchos libros y posee muchos conocimientos de los sabios, pero en la vida diaria vive en las nubes.**

INSTRUCTIONAL RESOURCES Supersite: Flash Cultura; Script & Translation; Teaching suggestions; SAM/WebSAM: WB

IMAGINA ARGENTINA

Cataratas de Iguazú

S En **vhlcentral.com** encontrarás más información y actividades relacionadas con esta sección.

Diversiones para todos

Cuando viajas, ¿buscas aventura, sofisticación, tranquilidad, naturaleza, cultura…? ¿Por qué no un poco de todo? Si viajas por **Argentina** y **Uruguay**, tendrás la oportunidad de admirar espectáculos naturales únicos, practicar deportes, disfrutar de la calma de paisajes de enorme belleza y visitar ciudades cosmopolitas.

Por donde mires, tienes para elegir. Al oeste, Argentina está separada de Chile por los **Andes**, que le proporcionan espléndidos lugares para esquiar. Al noroeste, la historia late[1] profundamente en los restos[2] arqueológicos de los pueblos originarios[3] de la región y en las huellas[4] de la guerra de la Independencia. En el noreste, puedes quedarte boquiabierto[5] frente al impresionante espectáculo de las **Cataratas del Iguazú**. Ya en el centro del país, las extensas llanuras[6] de la **Pampa** invitan a montar a caballo y recorrerlas hasta el horizonte.

Al sur se encuentra la **Patagonia argentina**, tierra de vientos y mares turbulentos, donde puedes visitar el glaciar **Perito Moreno**, avistar ballenas[7] en **Península Valdés** o esquiar en **Bariloche**, rodeado de un paisaje de lagos y montañas. Además, toda esa zona está considerada una especie de meca de los dinosaurios por la gran cantidad de fósiles que se han encontrado allí.

Basta una hora para cruzar en barco por el **Río de la Plata**, desde la cosmopolita **Buenos Aires**, en Argentina, hasta **Colonia**, encantadora ciudad uruguaya de fascinante arquitectura colonial que fue reconocida como Patrimonio de la Humanidad por la UNESCO.

Uruguay posee paisajes inigualables, complejos termales, playas y ciudades de activa vida cultural y turística, como su capital **Montevideo**, cuyos edificios son una interesante combinación de estilos coloniales, italianos y modernos con toques[8] de *art decó*. No hay que perderse el **carnaval**, que se celebra en toda la ciudad desde su comienzo oficial a mediados de enero, con el desfile[9] inaugural, hasta principios de marzo.

Si quieres relajarte todavía más y disfrutar de una experiencia única, debes visitar uno de los balnearios[10] más exclusivos de América del Sur y punto de encuentro del *jet set* internacional: **Punta del Este**. Esta ciudad de gran elegancia se encuentra donde termina el Río de la Plata y se abre al océano Atlántico. Es el lugar ideal para practicar deportes náuticos como *windsurf, jet-ski* o navegación a vela.

La actividad no para por la noche: cuando el sol se oculta, puedes disfrutar de las diversiones nocturnas que ofrece la ciudad en bares, discotecas o casinos. Tal vez tengas la suerte de encontrarte con algunos "ricos y famosos" que se refugian allí para descansar y divertirse durante el verano: ¡los meses de diciembre, enero y febrero!

Signos vitales

La **Murga** es uno de los fenómenos típicos del **carnaval de Montevideo**. Es un conjunto de personas que se reúnen para tocar tambores, cantar y hacer teatro. Las Murgas se burlan con frecuencia de los políticos y de las personalidades famosas.

[1] *pulsates* [2] *remains* [3] *native people* [4] *traces* [5] *speechless* [6] *plains*
[7] **avistar...** *go whale-watching* [8] *touches* [9] *parade* [10] *resorts*

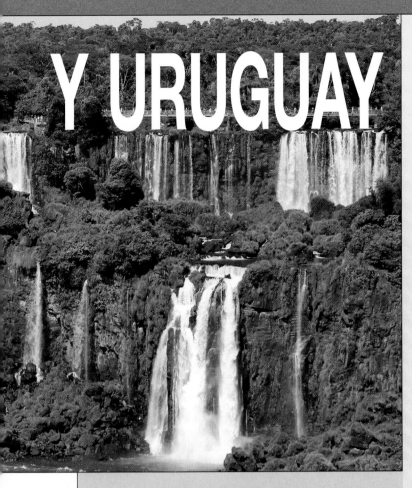

Y URUGUAY

¡Exploremos Montevideo y Buenos Aires!

El Río de la Plata Cuando Juan Díaz de Solís lo avistó por primera vez en 1516, creyó que era un mar y, por eso, lo llamó Mar Dulce. De hecho, el Río de la Plata es el río más ancho[1] del mundo: mide 48 kilómetros (30 millas) en la parte más angosta. En este gran estuario desembocan[2] las aguas del río Uruguay y el río Paraná. Sus márgenes[3] dividen a Argentina y Uruguay.

Puerto Madero En una época los grandes almacenes[4] de ladrillo a la orilla del **Río de la Plata** estaban abandonados y llenos de ratones. Ahora, se han convertido en oficinas, restaurantes, apartamentos, y hasta en una universidad. Esta elegante zona de Buenos Aires está otra vez viva y llena de gente. Recientemente se han hallado allí restos de embarcaciones hundidas[5] en el Río de la Plata desde el siglo XVI en adelante; los arqueólogos afirman que esa zona es un gran cementerio de barcos.

El español de Argentina y Uruguay

afanar	robar, cobrar de más; *to steal*
agarrada	disputa; *quarrel*
amarrete	tacaño; *mean*
berreta	ordinario; *vulgar*
birome	bolígrafo, pluma; *pen*
bodrio	aburrimiento; *boredom*
bondi	ómnibus, autobús; *bus*
busarda	barriga; *belly*
chanta	informal, tramposo; *informal, cheater*
escrachar	poner en evidencia; *to show somebody up*
gamba	servicial; *helpful, obliging*
gil	tonto; *fool*
guita	dinero; *money*
laburo	trabajo; *job*
macana	locura, mentira, estupidez; *trouble, lie, stupidity*
macanudo	excelente; *great*
naso	nariz; *nose*
pibe	niño; *boy*
remera	camiseta; *T-shirt*

La Feria de San Telmo y el Mercado del Puerto Estos son dos mercados famosos de Buenos Aires y Montevideo. La **Feria de San Telmo** en la Plaza Dorrego de Buenos Aires brilla cada domingo desde 1970. En sus puestos[6] de antigüedades, pueden encontrarse desde tocadiscos[7] hasta medallas de la Segunda Guerra Mundial. En la calle, pueden verse espectáculos artísticos. El **Mercado del Puerto** es, desde 1868, un centro de actividad constante en Montevideo. Actualmente es un área de restaurantes de mariscos y carnes.

El carnaval de Montevideo Con una duración de 40 días, se dice que es el carnaval más largo del mundo. Aunque se celebra en todo el país, los eventos más conocidos ocurren en la capital. El desfile de **Llamadas** es especialmente famoso y celebra las tradiciones y la herencia africanas de Uruguay.

[1] **más...** *widest* [2] *flow (into)* [3] *banks* [4] *warehouses* [5] **embarcaciones...** *sunken ships* [6] *stalls* [7] *record players*

GALERÍA DE CREADORES

If time permits, show a portion of Julio Bocca's *Bocca Tango Maipo* and discuss his fusion of classical ballet and tango.

Have students research other **creadores** from Argentina and Uruguay and bring in examples of their works to share with the class. They may focus on literary and musical figures, but you can also encourage them to look at figures from other genres, such as cinema, fashion, and visual arts.

LITERATURA Jorge Luis Borges

"Siempre imaginé el Paraíso como una especie de biblioteca." Jorge Luis Borges, el genio literario argentino, es un elemento central de la cultura argentina moderna. La literatura fue su pasión, y su creatividad e imaginación se anticipan por décadas a temas como la "realidad virtual". Leer a Borges es entrar al mundo de un hombre con conocimientos enciclopédicos, un autor que puede escribir sobre un crimen en París, un sueño en Persia o un paseo por la ciudad de Buenos Aires. Algunas de sus obras más conocidas son *El Aleph, Ficciones, Historia de la eternidad* y *El libro de arena*, entre otras.

DANZA Julio Bocca

Cuando Mikhail Baryshnikov necesitaba un primer bailarín para el *American Ballet Theatre*, buscó al argentino Julio Bocca. Bocca, quien desde 1990 tiene su propia compañía de ballet, es la figura principal del baile en su país y uno de los bailarines y coreógrafos más famosos del mundo. Empezó a bailar a los cuatro años y ganó la Medalla de Oro en el Concurso Internacional de la Danza de Moscú a los dieciocho. Su carrera lo llevó por todo el mundo como invitado especial de las compañías de ballet más prestigiosas. En diciembre de 2007, se retiró como bailarín, aunque continúa en el mundo de la danza como director. Su despedida del público fue en un gran *show* gratuito frente al Obelisco, símbolo de Buenos Aires, al que asistieron más de 300.000 personas.

LITERATURA Cristina Peri Rossi

Nacida en Montevideo, pero radicada en España desde 1972, adonde llegó como exiliada política, Cristina Peri Rossi es una de las escritoras contemporáneas más conocidas. En su literatura expresa dudas, emociones y deseos comunes en todos los seres humanos. A veces sus textos pueden ser irónicos o satíricos, pero siempre, aún detrás de algo cómico, existe un tema muy serio y básico de la existencia humana. Algunas de las obras de esta escritora uruguaya son *Cosmoagonías, Inmovilidad de los barcos, El amor es una droga dura* y *Cuando fumar era un placer.*

MÚSICA Julio Sosa

Julio Sosa fue uno de los cantantes de tango más famosos de la segunda mitad del siglo XX y brilló durante las décadas de 1950 y 1960: lo apodaron "el varón del tango", nombre que también tuvo su primer disco de larga duración. Nació en Uruguay, de una familia muy pobre, por lo que tuvo que trabajar en todo tipo de oficios; mientras tanto, participaba en todos los concursos de canto que podía. Poco a poco le llegó el reconocimiento que lo llevaría al éxito popular. Pero su pasión por los autos y por la velocidad desmedida lo llevó a sufrir varios accidentes de tránsito; finalmente murió en Buenos Aires, a causa de una colisión, a los 38 años de edad. A su velatorio concurrió una multitud.

CONEXIÓN INTERNET

Investiga y aprende sobre otros creadores de la región en **vhlcentral.com**.

¿Qué aprendiste?

Cierto o falso Indica si estas afirmaciones son ciertas o falsas. Corrige las falsas.

1. La Pampa está en el noreste de Argentina.
Falso. La Pampa se ubica en el centro de Argentina.

2. Julio Bocca se retiró de la danza en 2007.
Cierto.

3. La Murga está formada por un grupo de personas que tocan tambores, cantan y hacen teatro.
Cierto.

4. El balneario más exclusivo de América del Sur es Colonia.
Falso. El balneario más exclusivo de América del Sur es Punta del Este.

5. Julio Sosa fue un popular cantante argentino de tangos.
Falso. Julio Sosa era uruguayo.

6. *Ficciones* es una de las obras más famosas de Cristina Peri Rossi.
Falso. *Ficciones* es una de las obras más famosas de Jorge Luis Borges.

Preguntas Contesta las preguntas.

1. ¿Dónde se pueden avistar las ballenas en la Patagonia argentina?
Las ballenas se pueden avistar en Península Valdés.

2. ¿Cuándo comienza el carnaval en Montevideo?
El carnaval en Montevideo comienza a mediados de enero.

3. ¿Cómo imaginaba el Paraíso el escritor Jorge Luis Borges?
Borges imaginaba el Paraíso como una biblioteca.

4. ¿A qué edad comenzó a bailar Julio Bocca?
Comenzó a bailar a los cuatro años.

5. ¿Cuál fue el apodo de Julio Sosa?
Su apodo fue "el varón del tango".

6. ¿De quiénes se burlan las Murgas?
Se burlan de los políticos y de las personalidades famosas.

7. ¿Cuál de los artistas de la galería te interesa más? ¿Por qué?
Answers will vary.

PROYECTO

Misión: Inmersión y diversión

Imagina que este verano vas de intercambio a Argentina o a Uruguay. Tu objetivo principal es mejorar tu español y sumergirte en la cultura argentina o uruguaya, ¡pero también quieres divertirte y comer bien! Decide dónde prefieres ir para disfrutar de tus actividades favoritas. Investiga la información que necesites en Internet.

- Escoge entre una ciudad, una playa, el campo, el desierto o las montañas.
- Busca fotos e información sobre las actividades que ofrece ese lugar.
- Busca información sobre la comida típica del lugar.
- Explica a la clase dónde harás tu intercambio y por qué.

MINIPRUEBA

Completa las oraciones con la información correcta y demuestra lo que aprendiste sobre Argentina y Uruguay.

1. La ciudad de _____ ha sido nombrada Patrimonio de la Humanidad por la UNESCO.
   a. Montevideo   (b.) Colonia   c. Bariloche

2. Es posible viajar por barco desde Buenos Aires a _____ en sólo una hora.
   (a.) Colonia   b. Montevideo   c. Punta del Este

3. Juan Díaz de Solís llamó Mar _____ al Río de la Plata.
   a. Ancho   (b.) Dulce   c. de Plata

4. El Mercado del Puerto de Montevideo es un área de _____.
   a. carnaval   b. tango   (c.) restaurantes

5. Julio Bocca fue primer bailarín del _____.
   a. Ballet de Moscú   (b.) *American Ballet Theatre*
   c. Ballet de Argentina

6. Al oeste, los _____ separan a Argentina de Chile.
   a. sitios arqueológicos   b. lugares de esquí
   (c.) Andes

7. En la Pampa hay extensas _____.
   (a.) llanuras   b. montañas   c. huellas

8. Borges escribió _____.
   a. *El Hobbit*   (b.) *El Aleph*   c. *El Cid*

9. El río _____ y el río Uruguay desembocan en (*flow into*) el Río de la Plata.
   a. Argentino   b. Paraguay   (c.) Paraná

10. Cristina Peri Rossi expresa en su literatura dudas, emociones y deseos _____ en todos los seres humanos.
    (a.) comunes   b. ajenos   c. satíricos

11. El desfile de *Llamadas* del carnaval de Montevideo celebra la herencia _____ de Uruguay.
    a. española   b. indígena   (c.) africana

12. En Argentina y Uruguay, al bolígrafo le dicen _____.
    (a.) birome   b. naso   c. bondi

13. De joven, Julio Sosa participaba en _____ de canto.
    a. clases   b. consensos   (c.) concursos

14. _____ es uno de los mejores lugares para practicar esquí en Argentina.
    a. La Pampa   (b.) Bariloche   c. Iguazú

Lo mejor de Argentina

Ya conoces los grandes tesoros naturales de Argentina, ¿pero qué sabes sobre la forma de vida de sus habitantes? En este episodio de **Flash Cultura** exploraremos la vida urbana y rural en este fascinante país.

Vocabulario

a las apuradas *in a hurry*
ajetreado/a *busy*
chupar *to suck*
la caña *straw*
intercambiar *to exchange*
la parrilla *grill*
reconocido/a *renowned*
la tertulia *gathering*

 Preparación ¿Te gusta bailar? ¿Alguna vez tomaste clases para aprender algún ritmo latinoamericano? ¿Te gustaría bailar tango?

Comprensión Indica si estas afirmaciones son ciertas o falsas. Después, corrige las falsas.

1. El Café Tortoni se encuentra en el centro de Buenos Aires. Cierto.

2. Las tertulias del Tortoni eran reuniones de artistas que se hacían por las mañanas para conversar e intercambiar ideas.
   Falso. Las tertulias se hacían por la noche.

3. Carlos Gardel fue un reconocido escritor argentino. Falso.
   Carlos Gardel fue un famoso cantante de tango.

4. El instrumento más importante del tango es el bandoneón. Cierto.

5. Actualmente, sólo los ancianos bailan en las milongas. Falso.
   Mucha gente de diferentes edades baila en las milongas.

6. El mate es una bebida para compartir. Cierto.

 Expansión En parejas, contesten estas preguntas.

- Si fueran al Tortoni, ¿pedirían un café, un submarino o un agua tónica, como hacía Borges?

- ¿Se animarían a aprender a bailar tango en la Plaza Dorrego delante de todos? ¿Les gustaría probar el mate?

- Si viajaran a la Argentina y tuvieran poco tiempo, ¿cuál de estas actividades preferirían hacer: visitar los cafés porteños, comprar antigüedades en San Telmo, ir a una milonga o comer un asado en una estancia? ¿Por qué?

Corresponsal: Silvina Márquez
País: Argentina

La capital argentina tiene una de las culturas de café más famosas del mundo.

En la Plaza Dorrego… todos los domingos hay un mercado al aire libre° donde venden antigüedades… también se puede disfrutar… del tango.

En una estancia°… podemos… disfrutar un asado°… y… andar a caballo°.

mercado al aire libre *open-air market* **estancia** *ranch*
asado *barbecue* **andar a caballo** *ride horses*

 Practice more at **vhlcentral.com.**

ESTRUCTURAS

9.1

The future perfect

- The future perfect tense (**el futuro perfecto**) is formed with the future of **haber** and a past participle.

The future perfect		
ganar	perder	salir
habré ganado	habré perdido	habré salido
habrás ganado	habrás perdido	habrás salido
habrá ganado	habrá perdido	habrá salido
habremos ganado	habremos perdido	habremos salido
habréis ganado	habréis perdido	habréis salido
habrán ganado	habrán perdido	habrán salido

- The future perfect is used to express what *will have happened* at a certain point. The phrase **para** + [*time expression*] is often used with the future perfect.

  Para el mes que viene, ya **se habrá estrenado** la película.
  By next month, the movie will have already been released.

  El partido de fútbol **habrá terminado para** las diez de la noche.
  The soccer game will be over by ten p.m.

- **Antes de (que), cuando, dentro de,** and **hasta (que)** are also used with time expressions or other verb forms to indicate *when* the action in the future perfect *will have happened.*

  Cuando lleguemos al estadio, ya **habrá empezado** el partido.
  When we get to the stadium, the game will have already started.

  Lo **habré terminado dentro de** dos horas.
  I will have finished it within two hours.

- The future perfect may also express supposition or probability regarding a past action.

*¿**Habrá jugado** "El Tacho" Taboada en el partido de México contra Brasil?*

¿**Habrán ganado** el partido?
I wonder if they've won the game.

Carlos **habrá marcado** dos goles, por lo menos.
I'm sure Carlos will have scored at least two goals.

Práctica y comunicación

1 **Completar** Completa el diálogo entre el jugador de fútbol Diego Sarazona y un aficionado. Usa el futuro perfecto de los verbos entre paréntesis.

AFICIONADO Diego, seguramente tú (1) __habrás comprado__ (comprar) entradas para ir a ver el partido del domingo entre Boca Juniors y River Plate.

SARAZONA No, pero antes de que comience el partido ya las (2) __habré conseguido__ (conseguir).

AFICIONADO ¿Crees que va a ser un partido complicado?

SARAZONA No, para el medio tiempo ya se (3) __habrá definido__ (definir) quién será el ganador. Es más, para ese entonces todos nosotros, los aficionados del Boca Juniors, (4) __habremos festejado__ (festejar) la victoria.

AFICIONADO ¿Y los aficionados del River Plate?

SARAZONA Ellos ya (5) __habrán comprendido__ (comprender) que no vale la pena ir a este tipo de partido porque siempre pierden.

2 **Planes** Tú y tus amigos habían planeado encontrarse a las seis de la tarde para ir a ver una película, pero nadie ha venido y tú no sabes por qué. Escribe suposiciones con la información proporcionada. Sigue el modelo.

> **Modelo** **Mis amigos pensaron que soy aburrido/a.**
> Mis amigos habrán pensado que soy aburrido/a.

1. Entendí mal los planes.
   Habré entendido mal los planes.
2. Me dejaron un mensaje telefónico.
   Me habrán dejado un mensaje telefónico.
3. No consiguieron entradas.
   No habrán conseguido entradas.
4. No escuché el timbre (*doorbell*).
   No habré escuchado el timbre.
5. Uno de mis amigos tuvo un accidente.
   Uno de mis amigos habrá tenido un accidente.
6. Llegaron antes de las seis.
   Habrán llegado antes de las seis.
7. Me equivoqué de día. Me habré equivocado de día.
8. Me engañaron. Me habrán engañado.
9. Fue una broma. Habrá sido una broma.
10. Lo soñé. Lo habré soñado.
11. ¿?
12. ¿?

3 **El futuro**

A. Haz estas preguntas a un(a) compañero/a. Anota sus respuestas.

- Cuando terminen las próximas vacaciones de verano, ¿qué habrás hecho?

- Antes de terminar tus estudios universitarios, ¿qué aventuras habrás tenido?

- Dentro de diez años, ¿dónde habrás estado y a quién habrás conocido?

- Cuando tengas cuarenta años, ¿qué decisiones importantes habrás tomado?

- Para el año 2035, ¿qué altibajos (*ups and downs*) habrás experimentado?

- Cuando seas abuelo/a, ¿qué lecciones habrás aprendido de la vida?

B. Ahora, comparte las respuestas de tu compañero/a con la clase.

 Practice more at **vhlcentral.com.**

9.2

INSTRUCTIONAL
RESOURCES
Supersite: Audioscripts,
SAM AK, Lab MP3s
SAM/WebSAM: WB, LM

The conditional perfect

*—Piensen en qué nos **habría dicho**
"El Corsario".*

- The conditional perfect tense (**el condicional perfecto**) is formed with the conditional of **haber** and a past participle.

TALLER DE CONSULTA

To review irregular past participles, see **7.1, p. 249**.

The conditional perfect is frequently used after **si** clauses that contain the past perfect subjunctive. See **9.3, p. 323**.

Remind students that the past participle does not change form in any perfect tense.

The conditional perfect		
tomar	**correr**	**subir**
habría tomado	habría corrido	habría subido
habrías tomado	habrías corrido	habrías subido
habría tomado	habría corrido	habría subido
habríamos tomado	habríamos corrido	habríamos subido
habríais tomado	habríais corrido	habríais subido
habrían tomado	habrían corrido	habrían subido

- The conditional perfect tense is used to express what *would have occurred* but did not.

    Juan y Lidia **habrían ido** al partido, pero ya tenían otros planes.
    Juan and Lidia would have gone to the game, but they already had other plans.

    Habrías ganado la lotería.
    You would have won the lottery.

    Alda **habría jugado** mejor que Lourdes.
    Alda would have played better than Lourdes.

    Creo que Andrés **habría sido** un gran atleta.
    I think Andrés would have been a great athlete.

TEACHING OPTION Write several sentences on the board and ask volunteers to conjugate the verbs, choosing the correct perfect tense. Ex:

1. Julián _____ (hacer) los quehaceres, pero llegó Luisa y lo invitó al cine. (habría hecho)
2. Cuando lleguen mis amigos, yo ya _____ (terminar) el trabajo para mi clase de español. (habré terminado)
3. Me molesta que mis primas no me _____ (invitar) a su fiesta. (hayan invitado)

*—En nuestros tiempos, les **habríamos ganado,** pero ahorita, estamos velando a "El Corsario" Moreno, ¡comprendan muchachos!*

- The conditional perfect may also express probability or conjecture about the past.

    Era imposible que ganaran el partido. ¿No **habrían comprado** al árbitro?
    It was impossible that they could have won the game. Don't you think they had paid off the referee?

Práctica y comunicación

1 **Completar** Completa las oraciones con el condicional perfecto.

1. No me gustó la película. Otro director _habría imaginado_ (imaginar) un final más interesante.

2. Nosotros _habríamos salido_ (salir) a comer, pero no encontré mi tarjeta de crédito.

3. Ellos _habrían estrenado_ (estrenar) la película la semana pasada, pero la estrella no pudo asistir y tuvieron que aplazar el estreno.

4. Al espectador le _habría gustado_ (gustar) el espectáculo si no hubiera sido tan largo.

5. Ustedes _habrían jugado_ (jugar) al tenis, pero estaba lloviendo.

2 **Un final distinto** En parejas, conecten a los héroes con sus historias. Luego utilicen el condicional perfecto para inventar un final distinto. Sigan el modelo.

> **Modelo** **El gladiador Máximo / muere en el coliseo.**
> En nuestra historia, el gladiador no habría muerto en el coliseo.
> Él habría triunfado y...

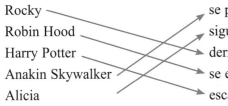

Rocky — se pasa al Lado Oscuro.

Robin Hood — sigue al conejo por el túnel.

Harry Potter — derrota a Iván Drago.

Anakin Skywalker — se enamora de Marian.

Alicia — escapa de los ataques de Voldemort.

3 **¿Qué habrían hecho?** En parejas, miren los dibujos y túrnense para decir lo que habrían hecho en cada situación usando al menos seis palabras de la lista. Utilicen el condicional perfecto.

cerrajero (*locksmith*)	golpearse	llave
comprar	gritar	médico
culpar	helado	mentir
enojarse	llamar	traje (*suit*)
ensuciar (*to get dirty*)		

 Practice more at **vhlcentral.com**.

9.3

TALLER DE CONSULTA

For other transitional expressions that express cause and effect, see **Manual de gramática, 9.4, p. 408**.

INSTRUCTIONAL RESOURCES
Supersite: Audioscripts, SAM AK, Lab MP3s
SAM/WebSAM: WB, LM

¡ATENCIÓN!

Si (*if*) does not carry a written accent. However, **sí** (*yes*) does carry a written accent.

Si puedes, ven.
Come if you can.

Sí, puedo.
Yes, I can.

Si clauses

- **Si** (*if*) clauses express a condition or event upon which another condition or event depends. Sentences with **si** clauses are often hypothetical statements. They contain a subordinate clause (**si** clause) and a main clause (result clause).

—*Si no le pagan la guitarra, no les regresamos su balón.*

- The **si** clause may be the first or second clause in a sentence. Note that a comma is used only when the **si** clause comes first.

   Si tienes tiempo, ven con nosotros al parque de atracciones.
   If you have time, come with us to the amusement park.

   Iré con ustedes **si** no tengo que trabajar.
   I'll go with you if I don't have to work.

Hypothetical statements about possible events

- In hypothetical statements about conditions or events that are possible or likely to occur, the **si** clause uses the present indicative. The main clause may use the present indicative, the future indicative, **ir a** + [*infinitive*], or a command.

Si clause: Present indicative		Main clause
Si usted no **juega** a la lotería, *If you don't play the lottery,*	PRESENT TENSE	no **puede** ganar. *you can't win.*
Si Gisela **está** dispuesta a hacer cola, *If Gisela is willing to wait in line,*	FUTURE TENSE	**conseguirá** entradas, seguro. *she'll definitely get tickets.*
Si marcan un solo gol más, *If they score just one more goal,*	IR A + [INFINITIVE]	**van a ganar** el partido. *they are going to win the game.*
Si sales temprano del trabajo, *If you finish work early,*	COMMAND	**vámonos** a un concierto. *let's go to a concert.*

Hypothetical statements about improbable situations

- In hypothetical statements about current conditions or events that are improbable or contrary-to-fact, the **si** clause uses the past subjunctive. The main clause uses the conditional.

Si clause: Past subjunctive	Main clause: Conditional
Si tuviéramos boletos, *If we had tickets,*	**iríamos** al concierto. *we would go to the concert.*
Si no **estuviera** tan cansada, *If I weren't so tired,*	**saldría** a cenar contigo. *I'd go out to dinner with you.*

Hypothetical statements about the past

- In hypothetical statements about contrary-to-fact situations in the past, the **si** clause describes what *would have happened* if another event or condition *had occurred*. The **si** clause uses the past perfect subjunctive. The main clause uses the conditional perfect.

Si clause: Past perfect subjunctive	Main clause: Conditional perfect
Si no me **hubiera lastimado** el pie, *If I hadn't injured my foot,*	**habría ganado** la carrera. *I would have won the race.*
Si me **hubieras llamado** antes, *If you had called me sooner,*	**habríamos podido** reunirnos. *we would have been able to get together.*

Habitual conditions and actions in the past

- In statements that express habitual past actions that are not contrary-to-fact, both the **si** clause and the main clause use the imperfect.

Si clause: Imperfect	Main clause: Imperfect
Si Milena **tenía** tiempo libre, *If Milena had free time,*	siempre **iba** a la playa. *she would always go to the beach.*
De niño, **si iba** a la feria, *As a child, if I'd go to the fair,*	siempre **me montaba** en la montaña rusa. *I would always ride the roller coaster.*

Begin several sentences with **si** clauses and call on volunteers to finish each sentence.
Ex: **Si tengo tiempo hoy...**
Si tuviera un par de horas libres...
Si hubiera tenido más tiempo ayer...
De niño/a, si tenía ratos libres...

—*Mi viejo nunca querìa ir a la cancha si no llevaba bajo el uniforme el calzón de seda que yo le bordé con nuestras iniciales.*

Práctica

1 Have volunteers reread the correct answers inverting the two clauses. Ex: **1. Tendremos que hacer cola si mi amiga Teresa no viene pronto.**

1 **Situaciones** Completa las oraciones.

A. Situaciones probables o posibles

1. Si mi amiga Teresa no ___viene___ (venir) pronto, tendremos que hacer cola.

2. Si tú no ___trabajas___ (trabajar) hoy, vamos a la feria.

B. Situaciones hipotéticas sobre eventos improbables

3. Si mis padres estuvieran aquí, yo no ___podría___ (poder) salir con mis amigos todas las noches.

4. Si mi novia tuviera más tiempo libre, ella ___pasaría___ (pasar) todo el día jugando al tenis.

C. Situaciones hipotéticas sobre el pasado

5. Si mi tía la aguafiestas no hubiera venido a pasar las vacaciones conmigo, yo ___me habría divertido___ (divertirse) mucho más.

6. Si el anfitrión ___hubiera sido___ (ser) más simpático, la fiesta habría sido más divertida.

2 In pairs, have students write a similar dialogue about what they would do if they had only one class per semester.

2 **Si trabajara menos** Carolina y Leticia trabajan cuarenta horas por semana y se imaginan qué harían si trabajaran menos horas. Completa el diálogo con el condicional o el imperfecto del subjuntivo.

CAROLINA Estoy todo el día en la oficina, pero si (1) ___trabajara___ (trabajar) menos, tendría más tiempo para divertirme. Si sólo viniera a la oficina algunas horas por semana, (2) ___practicaría___ (practicar) el andinismo más a menudo.

LETICIA ¿Andinismo? ¡Qué aburrido! Si yo tuviera más tiempo libre, (3) ___haría___ (hacer) todas las noches lo mismo: (4) ___iría___ (ir) al teatro, luego (5) ___saldría___ (salir) a cenar y, para terminar la noche, (6) ___haría___ (hacer) una fiesta para celebrar que ya no tengo que ir a trabajar por la mañana. Si nosotras (7) ___tuviéramos___ (tener) la suerte de no tener que trabajar nunca más, (8) ___nos pasaríamos___ (pasarse) todo el día sin hacer absolutamente nada.

CAROLINA ¿Te imaginas? Si la vida (9) ___fuera___ (ser) así, seríamos mucho más felices, ¿no crees?

3 Write the phrase **Si yo hubiera sido...** on the board. After completing the activity, ask students to name additional famous people from the past and call on volunteers to provide sentences about the people listed.

3 **Si yo hubiera sido** En parejas, imaginen cómo habrían sido sus vidas si hubieran sido uno de estos personajes.

Modelo **uno de los Beatles**

Si yo hubiera sido uno de los Beatles, habría tenido millones de aficionados a mi música y habría viajado por todo el mundo.

- **Madre Teresa de Calcuta**
- **Benjamin Franklin**
- **Elvis Presley**
- **Ray Charles**
- **la Princesa Diana de Inglaterra**
- **Jorge Luis Borges**
- **¿?**

 Practice more at **vhlcentral.com.**

Comunicación

4

¿Qué harías? En parejas, miren los dibujos y túrnense para preguntarse qué harían si les ocurriera lo que muestra cada dibujo. Sigan el modelo y sean creativos/as.

> **Modelo** —¿Qué harías si encontraras diez mil dólares en la calle?
> —Si yo encontrara diez mil dólares en la calle, seguramente llamaría a la policía y preguntaría si alguien lo había reclamado.

1. Tu suegro viene de visita sin avisar.

2. Te invitan a bailar tango.

3. Se descompone tu carro en el desierto.

4. Te quedas atrapado/a en un ascensor.

Nota
CULTURAL

El **tango** nació en **Buenos Aires** a mediados del siglo XIX. Este género musical, de aire triste y nostálgico, es el resultado de la mezcla de culturas nativas de **Argentina** con otras venidas de países como **España** e **Italia**, entre otros. En un principio, escuchar o bailar tango estaba mal visto en la sociedad argentina, pero poco a poco fue ganando prestigio hasta hacerse popular en todo el mundo.

TEACHING OPTION If time permits, play a CD of tango music, such as one of Carlos Gardel's, or a film that shows people dancing the tango. Teach students the basic steps or ask volunteers to demonstrate.

5 Call on volunteers to guess what their partners would do in these situations: **ser presidente/a ver a alguien intentando robar un carro tener ocho hijos**

5

¿Qué pasaría? En parejas, pregúntense qué hacían, hacen, harían o habrían hecho en las siguientes situaciones.

> **Modelo** **Si fueras un(a) atleta famoso/a...**
> Si fuera un(a) atleta famoso/a, donaría parte de mi sueldo para construir más escuelas.

1. Si hoy hubieras tenido el día libre...
2. Si, de niño/a, tus padres te regañaban...
3. Si suspendieran las clases durante una semana...
4. Si ves a tu novio/a con otro/a en el cine...
5. Si descubrieras que tienes el poder de ser invisible...

6

¡Qué desilusión! Imagina que vas a un concurso de la televisión en donde se elige al/a la artista que va a ser el nuevo ídolo de la música. Tú crees que actuaste bien, pero perdiste la competencia. En parejas, hablen de todo lo que habrían hecho de forma diferente si hubieran tenido una segunda oportunidad y de lo que habrían hecho si hubieran ganado.

> **Modelo** Si hubiera tenido una segunda oportunidad, habría contratado a Paula Abdul para que me enseñara a bailar y habría... Y si hubiera ganado, habría invitado a todos mis amigos a celebrarlo en el club de moda y habría...

6 Have students complete the activity by writing a dialogue in which the host of the TV show interviews the losing contestant. Encourage students to be dramatic and have several pairs perform their interviews for the class.

Síntesis

¿Qué pasará?

La clase se divide en cuatro grupos. Primero, cada grupo tiene que leer y tomar notas de las opiniones que tienen sus miembros sobre estos cuatro temas. Después, hagan las actividades.

1 La industria de los videojuegos es cada vez más grande y popular. Muchas personas se preocupan por el impacto psicológico y social que este tipo de juegos, cada vez más violentos, puede tener en niños, e incluso en adultos. Las compañías que los fabrican se defienden diciendo que estos juegos no incrementan la violencia del consumidor.

2 A pesar de que apostar dinero en el béisbol es ilegal, es un negocio millonario difícil de detener. En muchos casos, incluso los mismos directivos de los equipos están involucrados en el asunto. Hubo casos de jugadores que apostaron a favor de sus propios equipos, ¡y también contra sus equipos!

3 En los Estados Unidos se puede consumir alcohol legalmente cuando se tiene veintiún años de edad. Sin embargo, en muchos otros países la edad legal es dieciocho años. Algunos opinan que la edad legal en los Estados Unidos debería ser reducida, mientras otros creen que el límite de veintiún años es correcto.

4 La industria de discos compactos y DVD se ha visto afectada en los últimos años por las copias ilegales que millones de personas hacen a diario en sus computadoras. Mientras unos sostienen que el aumento de las copias ilegales se debe a que los productos originales son muy caros, otros dicen que la piratería es inevitable simplemente porque "cualquiera puede copiar música o películas en la comodidad de su casa y sin arriesgarse a ser castigado".

Predicciones ¿Qué creen que habrá pasado dentro de cinco años respecto a cada tema? Escriban dos predicciones de lo que creen que va a ocurrir en cada caso. Recuerden que deben usar el futuro perfecto.

Intercambiar Intercambien sus predicciones con otro grupo de la clase. Discutan qué podría ocurrir si se cumplieran los pronósticos del otro grupo.

Compartir Después, compartan todas las predicciones con la clase y analicen sus posibles consecuencias.

Preparación Audio: Vocabulary

Vocabulario de la lectura	
el amanecer *dawn*	**la milonga** *type of dance; tango club/event*
la capilla *chapel*	**el recorrido** *route, trip*
el diseño *design*	**la rivalidad** *rivalry*
la madrugada *early morning*	**rodeado/a** *surrounded*

Vocabulario útil
el destino *destination*
pasear *to go for a walk*
trasnochar *to stay up late*

Nota
CULTURAL
La palabra **milonga** se refiere a un estilo musical, predecesor del tango. También se usa para referirse a los lugares o los eventos en los que se baila tango, milonga y valses criollos.

1

Elegir Indica cuál es la palabra que no pertenece a cada lista.

1. tango — milonga — mambo — (rodeado)
2. iglesia — edificio — (diseño) — capilla
3. madrugada — amanecer — tarde — (rivalidad)
4. (boleto) — gráfico — diseño — dibujo
5. camino — ruta — (concierto) — recorrido

2

Encuesta de turismo Te ha llegado en el correo una encuesta de turismo. Complétala y luego habla con un(a) compañero/a sobre tus respuestas.

1 In pairs, have students write a dialogue using at least five of the words from this activity.

2 For a follow-up activity, refer students back to this survey after reading the article on **pp. 328–329.** Have them rank Buenos Aires for each of the categories listed in the survey and determine whether or not it would be an ideal city for each of them to visit.

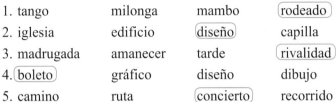

Encuesta de turismo

Indique con números del 1 (menos importante) al 5 (más importante) la importancia que tienen estos aspectos para usted como turista a la hora de visitar una ciudad.

Clima	1 2 3 4 5
Historia	1 2 3 4 5
Distancia de su casa	1 2 3 4 5
Hoteles	1 2 3 4 5
Lugares de compras	1 2 3 4 5
Museos	1 2 3 4 5
Precios	1 2 3 4 5
Restaurantes	1 2 3 4 5
Transporte público	1 2 3 4 5
Vida nocturna (teatros, discotecas, etc.)	1 2 3 4 5
Seguridad ciudadana	1 2 3 4 5

¿Cuál es su ciudad preferida en el mundo? ¿Por qué?

TEACHING OPTION To preview the reading, ask if anyone has visited Buenos Aires. If so, have volunteers describe their impressions. Then refer students to **Imagina, pp. 312–313,** and ask them to share information, ideas, or questions they have about the city. Show photographs of the buildings and places described on **pp. 328–329** and ask students to make guesses about the history and importance of each place.

Fin de semana en
Buenos Aires

charming, seductive

Esta enérgica y seductora° ciudad se extiende junto al Río de la Plata. Los porteños, como se les dice a los habitantes de Buenos Aires, poseen una elaborada y rica identidad cultural. En la ciudad abundan los museos, las casas de tango y milongas, y los teatros. Así que, una visita de tres días es apenas tiempo suficiente para recorrer los sitios más conocidos.

La Avenida 9 de Julio es un indiscutible punto de referencia. Llamada así en conmemoración de la independencia argentina, esta calle tiene 140 metros de ancho, lo que la convierte en una de las más anchas del mundo, y se extiende desde el barrio de Retiro, al norte, hasta la estación de trenes de Constitución, en el sur. En el centro, encontramos el Obelisco, símbolo de la ciudad, que mide más de 67 metros de altura. Se erigió en 1936 como homenaje al cuarto centenario de la fundación de la ciudad por Pedro de Mendoza.

antiques

Comenzando nuestro recorrido por San Telmo, podemos pasear por la Plaza Dorrego, popular por su mercado de antigüedades° y sus variadas presentaciones artísticas. También en el

sur está el barrio La Boca, cuya calle-museo Caminito es famosa por el colorido de sus casas, sus exposiciones permanentes de arte y la presencia de músicos y bailarines de tango. Allí se encuentra también La Bombonera, el estadio de fútbol del club Boca Juniors.

En Buenos Aires existe una tradicional rivalidad entre este club y el club River Plate. Asistir a un partido entre sus equipos es una experiencia llena de pasión y drama que comienza mucho antes del silbatazo inicial°.

silbatazo... starting whistle

Según la lista elaborada por el periódico inglés *The Observer*, figura entre los cincuenta espectáculos deportivos que hay que ver antes de morir.

En el centro de la ciudad, en la Avenida de Mayo, se encuentra la Plaza de Mayo, el corazón político del país, rodeada por la Catedral. En esta plaza se hallan los restos del libertador José de San Martín, el Cabildo y la Casa de Gobierno o Casa Rosada.

Cerca de ahí está la llamada Manzana de las Luces, cuya historia comenzó con la instalación de los jesuitas en 1661, y donde se encuentra un centro cultural para muestras de artes plásticas, teatro y conferencias. Este conjunto de edificios cuenta con una serie de galerías subterráneas que conectan éstos y otros edificios de los alrededores; hoy en día es posible visitar algunos tramos recuperados°.

tramos... restored sections

Otro sitio histórico interesante es el Teatro Colón, uno de los más famosos del mundo, inaugurado en 1908 después de un proceso de construcción que duró veinte años. Su autoridad artística es indiscutible, y hace que los argentinos aclamen a excepcionales artistas con el famoso grito de "¡Al Colón!"

Si marchamos hacia el norte, encontramos uno de los barrios más elegantes de Buenos Aires: Recoleta. En esta moderna y distinguida zona de la ciudad abundan los cafés, las *boutiques* y las galerías de arte. También podemos dar una vuelta por el Cementerio de la Recoleta, un elaborado laberinto donde algunos mausoleos son réplicas de capillas, pirámides y templos griegos. Los más célebres personajes de la historia argentina, incluyendo a Eva Perón, se encuentran sepultados° aquí.

buried

En nuestro recorrido no debemos olvidar las paradas para comer. En la Avenida de Mayo está el Café Tortoni, el más antiguo de la ciudad. Su historia y tradición lo convierten en un punto imprescindible° en cualquier viaje a Buenos Aires. También se pueden visitar restaurantes modernos, como los de Puerto Madero, junto al río, o los ubicados en zonas del barrio de Palermo, como Las Cañitas, el Soho o Palermo Hollywood.

must-see

Parte esencial de un viaje a Buenos Aires es la vida nocturna. En esta ciudad, las discotecas abren a partir de las dos de la madrugada y sus puertas no se cierran hasta el amanecer. Para quien quiera disfrutar de una experiencia única en el mundo, son imperdibles las milongas, fiestas de tango que se celebran en salones esparcidos por toda la ciudad.

Buenos Aires, con sus atractivos, su historia, su cultura y su gente, seguirá seduciendo a los visitantes que encuentran aquí buenos recuerdos y aires nuevos. ■

*Fotos p. 328: arriba, izq. **Bosques de Palermo**; arriba, der. **Caminito**; abajo, izq. **La Boca**; abajo, der. **Casa Rosada***

Análisis

1 Have students check their answers with a partner.

1 Comprensión Contesta las preguntas con oraciones completas.

1. ¿Cómo se les llama a los habitantes de Buenos Aires? Se les llama porteños.

2. ¿Por qué se dice que los porteños tienen una rica identidad cultural?
Porque en Buenos Aires abundan los museos, las casas de tango y milongas, y los teatros.

3. ¿Por qué es la Avenida 9 de Julio un importante punto de referencia?
Porque en la zona central de la avenida se encuentra el Obelisco.

4. ¿Por qué es famosa la calle-museo Caminito? Es famosa por el colorido de sus casas, sus exposiciones de arte y la presencia de músicos y bailarines de tango.

5. ¿Cuáles son los equipos de fútbol que tienen una tradicional rivalidad?
Son el Boca Juniors y el River Plate.

6. ¿Por qué es importante la Plaza de Mayo? Porque es el corazón político del país.

7. ¿Cómo se llama la Casa de Gobierno de Argentina? Se llama Casa Rosada.

8. ¿Qué importancia tiene la Manzana de las Luces? Es importante porque ahí se encuentra un centro cultural para muestras de artes plásticas, teatro y conferencias.

9. ¿Cuándo fue inaugurado el Teatro Colón y cuál es su importancia?
Fue inaugurado en 1908. Es uno de los teatros más famosos del mundo.

10. ¿Cómo es el Cementerio de la Recoleta? ¿Quiénes están sepultados allí?
Tiene mausoleos que son réplicas de pirámides y templos griegos. Los personajes más célebres de la historia argentina están sepultados allí.

11. ¿Por qué deben visitar los turistas el Café Tortoni?
Porque su historia y tradición lo convierten en un punto imprescindible.

12. ¿Qué horario tienen las discotecas de Buenos Aires? Las discotecas abren a partir de las dos de la madrugada y no cierran hasta las seis de la mañana.

2 To prepare students for the activity, have them read each paragraph of the text on **p. 329**, labeling the activities or places that would appeal to each group of tourists. Follow up by having volunteers act out the three situations.

2 Consejos Tú eres un(a) porteño/a; has vivido toda tu vida en Buenos Aires y te encuentras con algunos turistas que no saben adónde ir. Dales consejos de acuerdo a sus personalidades e intereses.

Mis amigas y yo somos estudiantes y tenemos 20 años. ¡Queremos divertirnos!

Mi esposo y yo somos profesores de historia. Nos encanta aprender cosas nuevas.

Mariano y yo somos maestros de baile. Nos encanta salir a bailar.

3 Dos tipos de viajeros En grupos pequeños, háganse estas preguntas y descubran qué tipo de viajeros son. Después, hablen con la clase sobre las distintas formas de viajar que conocen y decidan cuál proporciona la experiencia más auténtica y satisfactoria.

A. Cuanto más sepa de la ciudad, mejor.

- Antes de viajar a una ciudad, ¿te gusta conocer su historia? ¿Y sus costumbres culinarias?
- ¿Compras un manual del idioma que se habla allí e intentas memorizarlo?
- ¿Compras mapas y memorizas calles, barrios y atracciones básicas?

B. Prefiero que la vida me sorprenda.

- ¿Te gusta llegar a una ciudad sin saber nada de ella y ver qué pasa?
- ¿Evitas las zonas turísticas y prefieres perderte entre la gente de allí?
- ¿Te gusta andar por las calles sin tener un itinerario fijo?

TEACHING OPTION For a related project, assign groups to research other cities in Argentina and Uruguay, then write a travel article entitled **Fin de semana en...** If time permits, have students create a visual and oral presentation.

 Practice more at **vhlcentral.com**.

Preparación Reading
Audio: Vocabulary

Sobre el autor

Wilfredo Machado nació en Barquisimeto, Venezuela, en 1956. Ha publicado ensayos, cuentos y novelas y, además, ha trabajado en la administración de empresas editoriales. Varios de sus cuentos han sido premiados, entre ellos "Contracuerpo", que en 1986 ganó el Concurso de Cuentos del diario *El Nacional*. En 1995 obtuvo el Premio Municipal de Narrativa con la obra *Libro de animales* (1994). Ha publicado también *Fábula y muerte del ángel* (1990) y *Manuscrito* (1995).

Vocabulario de la lectura		Vocabulario útil
acariciar *to caress*	**diminuto/a** *tiny*	**fantástico/a** *imaginary*
el ala/las alas *wing(s)*	**la escama** *scale*	**la inocencia** *innocence*
	el fuego *fire*	**la mente** *mind*
alejarse *to move away*	**la garra** *claw*	**el ruido** *noise*
	el olor *smell*	**la telepatía** *telepathy*
detenerse (e:ie) *to stop*		

INSTRUCTIONAL RESOURCES
Supersite: Literatura recording; Scripts; SAM AK
SAM/WebSAM: LM

1

Vocabulario Marca la palabra que no corresponde al grupo.

1. lastimar   (acariciar)   ataque   garras
2. dragón   alas   (detenerse)   escamas
3. enorme   gigante   bestia   (diminuto)
4. aproximarse   unión   (alejarse)   beso
5. (fuego)   comunicación   telepatía   mente

2

Preguntas En parejas, túrnense para contestar las preguntas. Expliquen sus respuestas.

1. ¿Es bueno que los niños lean cuentos? ¿Por qué?
2. Cuando eras niño/a, ¿tenías un cuento favorito? ¿Cuál era?
3. ¿Crees que los niños tienen la imaginación más desarrollada que los adultos?
4. Cuando eras niño/a, ¿te gustaba imaginar mundos o seres fantásticos?
5. ¿Te consideras una persona con mucha imaginación?
6. Menciona tres personas a las que admiras por su creatividad.

3

¿Realidad?

A. Trabajen en grupos pequeños. Elijan una película o novela en la que sea difícil distinguir entre la realidad y la ficción.

- ¿Les gustó? ¿Por qué?
- ¿Han tenido alguna vez dificultades para distinguir entre la realidad y la ficción en su propia vida? ¿Cuándo?

B. Escriban el argumento de la historia sin decir el título. La clase va a tener que adivinar de qué novela o película se trata.

2 For item 4, have students write a brief paragraph describing one of the people or places they listed.

3 List the titles on the board as students guess them. Then follow up the activity by asking the class to compare and contrast the portrayal of fiction and reality in the books and movies described. **¿Es la fantasía la que se revela más bonita que la realidad de los personajes? ¿Más espantosa?** Remind students of the title and themes of **Lección 9** and ask: **¿Qué relación hay entre la ficción y el deseo de escaparse de la realidad y de sus rutinas?**

EL BESO DE LOS DRAGONES

Wilfredo Machado

El dragón baja desde un cielo oscuro cubierto de niebla° hacia una ciudad desconocida. Recorre lentamente las calles, que están solas a esta hora, el arco del puente por donde se desliza° un río en silencio, una gasolinera abandonada, un parque 5 solitario donde se detiene. Ahora siente el olor mezclado al aire frío de la noche como un rastro° dejado entre los árboles por otro animal desconocido. El olor lo conduce a un viejo edificio gris y 10 sucio. De los balcones cuelgan macetas° abandonadas y polvorientas°. El dragón sube y se detiene en una ventana. Dentro de la habitación, un niño lo sueña tal cual es° en ese instante. El dragón entra 15 y se posa° en la cama suavemente. El olor es cada vez más fuerte. Acaricia con sus garras la cabellera° del niño. Luego levanta con cuidado las sábanas° y mira con curiosidad y cierto orgullo 20 las pequeñas alas de suaves escamas que comienzan a despuntar° en la espalda. Entonces el dragón lo besa con ternura°. El niño dentro del sueño arroja° un fuego diminuto como el del amor. El 25 dragón quisiera despertarlo, pero sabe que él es sólo la proyección de un sueño y un deseo como todas las cosas del mundo. Se aleja en silencio y regresa a la noche de donde vino. El niño nunca 30 pudo explicar cómo comenzó el incendio dentro de su habitación. ■

fog

se... flows

trail

flowerpots

dusty

tal... just as he is

se... lands

hair

sheets

sprout

tenderness

spews

Análisis

1 Discuss students' responses as a class, encouraging them to debate and defend their opinions about the story. Ask students to analyze the importance of the setting. **¿Qué adjetivos utiliza Machado para describir el ambiente? ¿Qué tipo de ciudad es? ¿Por qué es importante que el niño viva en un edificio gris y sucio?**

1 Comprensión Contesta las preguntas con oraciones completas.

1. ¿En qué momento del día se desarrolla la historia?   La historia se desarrolla por la noche.

2. ¿Qué cosas observa el dragón durante su recorrido?   El dragón observa un puente, un río, una gasolinera, un parque y un niño.

3. ¿Cómo es el edificio donde entra el dragón?   El edificio es gris y sucio, con macetas polvorientas en los balcones.

4. ¿Dónde entra el dragón?   El dragón entra en la habitación de un niño.

5. ¿Qué hace el dragón después de posarse sobre la cama?   El dragón acaricia la cabellera del niño.

2 Interpretar En parejas, contesten las preguntas.

1. ¿Por qué crees que el dragón observa con ternura y orgullo al niño?

2. ¿Por qué el dragón no despierta al niño?

3. ¿Cómo crees que se inicia el incendio?

3 Ask students: **¿Qué simboliza el dragón dentro del mundo del niño? ¿Qué simboliza el niño dentro del mundo del dragón? ¿Cuál será el animal imaginario?**

3 ¿Cómo sigue? En grupos de tres, desarrollen un final nuevo para el microcuento. Compartan su historia con la clase.

4 Un animal imaginario En parejas, inventen un animal imaginario. Contesten las preguntas. Deben estar preparados/as para dibujarlo en la pizarra para la clase.

1. ¿Dónde vive este animal?

2. ¿Qué come?

3. ¿Cómo se mueve?

4. ¿Cómo se comunica con los de su misma especie?

5. ¿Qué habilidades especiales tiene?

6. ¿Cambia su rutina en distintas épocas del año?

7. ¿Qué hace durante el día? ¿Y durante la noche?

5 Refer students to the novels and movies discussed in **Actividad 3**, **p. 331**, for ideas. Refer students to **9.2, p. 320**, for information on the conditional perfect.

5 Escribir Elige una película o novela fantástica que te guste. Piensa qué cosas habrían sido diferentes si tú la hubieras dirigido o escrito. Usa el condicional perfecto. Haz por lo menos ocho cambios.

TEACHING OPTION
A **microcuento** is a brief text that aims to trap the reader. It usually has an open ending, giving the impression that it's not over, and may challenge the distinction between reality and fiction. Have students write a **microcuento** of their own and ask volunteers to share their stories with the class.

Plan de redacción

Reescribir una historia

1 Personajes Describe a los protagonistas de tu historia.

2 Lugar Explica si cambiarías el lugar donde se desarrolla.

3 Tiempo Menciona en qué época la habrías situado.

4 Final Relata cómo habría sido el final de tu historia.

 Practice more at **vhlcentral.com**.

Las diversiones

Audio: Vocabulary Flashcards
Video: *En pantalla*

Los deportes

el/la aficionado *fan*
el alpinismo/andinismo *mountain climbing*
el/la atleta/deportista *athlete*
el boliche *bowling*
la carrera *race*
el club deportivo *sports club*
los deportes extremos *extreme sports*
el equipo *team*
el esquí alpino/de fondo *downhill/cross country skiing*

apostar (o:ue) *to bet*
empatar *to tie (a game)*
ganar/perder (e:ie) un partido *to win/to lose a game*
gritar *to shout*
lastimar(se) *to injure (oneself)*
marcar (un gol/un punto) *to score (a goal/a point)*
silbar (a) *to whistle (at)*
vencer *to defeat*

El tiempo libre

el/la aguafiestas *party pooper*
el/la anfitrión/anfitriona *host/hostess*
el billar *billiards*
el boleto/la entrada *ticket*
las cartas/los naipes *(playing) cards*
la comedia *comedy*
el concierto *concert*
el conjunto/grupo musical *musical group, band*
los dardos *darts*
el espectáculo *show, performance*
el/la espectador(a) *spectator*
la feria *fair*
el juego de mesa *board game*
la lotería *lottery*
el/la músico/a *musician*
la obra de teatro *theater play*
el ocio *leisure*
el parque de atracciones *amusement park*
los ratos libres/el tiempo libre *free time*

el recreo *recreation*
el teatro *theater*
el videojuego *video game*

actuar *to act*
aplaudir *to applaud; to clap*
brindar *to toast (drink)*
celebrar *to celebrate*
charlar *to chat*
coleccionar *to collect*
conseguir (e:i) (entradas) *to get (tickets)*
correr la voz *to spread the word*
divertirse (e:ie) *to have a good time*
entretenerse (e:ie) *to amuse oneself*
estrenar (una película) *to release (a movie)*
festejar *to celebrate*
hacer cola *to wait in line*
poner un disco compacto *to play a CD*
reunirse (con) *to get together (with)*
salir (a comer/a tomar algo) *to go out (to eat/to have a drink)*
valer la pena *to be worth it*

aburrido/a *boring*
agotado/a *sold out*
animado/a *lively*
entretenido/a *entertaining*

Cortometraje

el ataúd *casket*
el balón *ball*
el campeonato *championship*
la cancha *field*
el/la delantero/a *forward (sport position)*
el empate *tie (sports)*
el fantasma *ghost*
la misa *mass*
el mujeriego *womanizer*
el Mundial *World Cup*
la prueba *proof*
la señal *sign*
el/la viudo/a *widower/widow*

anotar un gol *to score a goal*
deber (dinero) *to owe (money)*
desafiar *to challenge*
dominar *to dominate*
enterrar (e:ie) *to bury*
pasar *to pass*
patear *to kick*
saltar *to jump*

enterrado/a *buried*
fallecido/a *deceased*
invisible *invisible*

Cultura

el amanecer *dawn*
la capilla *chapel*
el destino *destination*
el diseño *design*
la madrugada *early morning*
la milonga *type of dance; tango club/event*
el recorrido *route, trip*
la rivalidad *rivalry*

pasear *to go for a walk*
trasnochar *to stay up late*

rodeado/a *surrounded*

Literatura

el ala/las alas *wing(s)*
la escama *scale*
el fuego *fire*
la garra *claw*
la inocencia *innocence*
la mente *mind*
el olor *smell*
el ruido *noise*
la telepatía *telepathy*

acariciar *to caress*
alejarse *to move away*
detenerse (e:ie) *to stop*

diminuto/a *tiny*
fantástico/a *imaginary*

INSTRUCTIONAL RESOURCES
Supersite: Testing program

Herencia y destino

En un mundo marcado por la diversidad y el multiculturalismo, ¿podemos evitar los conflictos derivados de las diferentes formas de pensar y de interpretar el mundo? ¿Qué valores de nuestros antepasados debemos conservar en esta sociedad? ¿Es la diversidad una amenaza para la identidad de las culturas o una fuente de nuevas perspectivas? ¿En qué tipo de mundo queremos vivir?

343

348

Destino:
ESPAÑA

PREVIEW Have students discuss the questions on **p. 336** in small groups. Then ask them to describe the benefits and challenges of multiculturalism and diversity on campus. List their responses on the board in two columns: **beneficios** and **retos**. Have each group discuss the lists and come up with a solution to at least one of the challenges.

Nuestro futuro Audio: Vocabulary

Las tendencias

la asimilación *assimilation*
la causa *cause*
la diversidad *diversity*
el/la emigrante *emigrant*
la frontera *border*

la herencia cultural *cultural heritage*
la humanidad *humankind*
los ideales *principles; ideals*
el idioma oficial *official language*
la inmigración *immigration*
la integración *integration*
la lengua materna *mother tongue*
el lujo *luxury*
la meta *goal*
la natalidad *birthrate*
la población *population*
el/la refugiado/a (de guerra/político/a)
   (war/political) refugee

———

adivinar *to guess*
anticipar *to anticipate; to expect*
asimilarse *to assimilate*
atraer *to attract*
aumentar *to grow*

disminuir *to decrease, to reduce,*
   to diminish
predecir (e:i) *to predict*
superarse *to better*
   oneself

———

bilingüe *bilingual*
(in)conformista *(non)conformist*
excluido/a *excluded*
monolingüe *monolingual*
previsto/a *foreseen*
solo/a *alone*

Problemas y soluciones

la amnistía *amnesty*
la añoranza *homesickness*
el caos *chaos*
el coraje *courage*
el daño *harm*
el diálogo *dialogue*

el entendimiento *understanding*
la incertidumbre *uncertainty*
la inestabilidad *instability*
el maltrato *abuse, mistreatment*
el nivel de vida *standard of living*
la polémica *controversy*
la superpoblación *overpopulation*

———

hacer un esfuerzo *to make an effort*
luchar *to fight*
prescindir (de) *to do without*
protestar *to protest*

Los cambios

adaptarse *to adapt*
alcanzar (un sueño/una meta) *to fulfill*
   (a dream); to reach (a goal)
dejar *to leave behind*
despedirse (e:i) *to say goodbye*

enriquecerse *to become enriched*
establecerse *to establish oneself*
extrañar *to miss*
integrarse (a) *to become part (of); to fit in*
lograr *to attain, to achieve*
pertenecer *to belong*
rechazar *to reject*

VARIACIÓN LÉXICA
alcanzar ↔ lograr, realizar
coraje ↔ valentía, valor
entendimiento ↔ comprensión
maltrato ↔ abuso
polémica ↔ controversia

Práctica

1 For a related game, divide the class into groups and play **Opuestos**. Give students three minutes to list words from **Para empezar**, along with their opposites.
Ex: **la causa/el efecto; solo/acompañado; aumentar/disminuir.**
Collect the lists and go over them on the board. The group to find the most opposites wins the game.

1 **No pertenece**

A. Indica cuál de las cuatro opciones no está relacionada con la palabra principal.

1. **predecir**
   a. anticipar b. equivocarse c. adivinar d. prever

2. **meta**
   a. lujo b. fin c. propósito d. objetivo

3. **polémica**
   a. entendimiento b. controversia c. debate d. discusión

4. **humanidad**
   a. mundo b. gente c. seres humanos d. maltrato

5. **despedirse**
   a. decir adiós b. atraer c. marcharse d. separarse

6. **coraje**
   a. héroe b. valentía c. valor d. cobardía

B. Ahora, escribe seis oraciones usando las palabras que escogiste en la parte A.

2 **Contexto** Escoge la palabra que mejor se ajuste al contexto de cada oración.

| adaptarse | coraje | lograr | prescindir |
| añoranza | emigrante | monolingüe | rechazar |

1. Sabe vivir bajo cualquier tipo de circunstancias. adaptarse
2. No me dieron el puesto de trabajo porque sólo hablaba una lengua. monolingüe
3. Dijo "no" a catorce propuestas buenísimas; no le convenció ninguna. rechazar
4. Me fui de mi país para encontrar trabajo, no por razones políticas. emigrante
5. Durante la recesión tuvimos que cortar gastos; dejamos de salir a comer. prescindir
6. En esta época del año siempre se pone melancólica. ¡Vive tan lejos de casa! añoranza

2 In pairs, have students add three sentences of their own to the activity, using vocabulary from **Para empezar**. Ask volunteers to read their sentences aloud and have classmates find the correct word.

3 **¿Dónde y cómo te ves en diez años?**

A. Haz un esfuerzo e imagínate con diez años más. Escribe una descripción utilizando las preguntas como guía. Añade todos los detalles que quieras. ¡Es tu futuro!

- ¿Has alcanzado tus metas? ¿Qué has logrado? ¿Lo anticipaste?
- ¿Tuviste que prescindir de algo para alcanzar tus sueños?
- ¿Vives en el país donde naciste o en un país extranjero?
- ¿Vives adaptado/a a las circunstancias o te sientes excluido/a? ¿Por qué?
- ¿Rechazaste algo importante? ¿Dejaste algo atrás?
- ¿Te has enriquecido? ¿Cuál es tu nivel de vida?
- ¿Extrañas algo? ¿Eres feliz o quieres volver atrás?

B. Ahora, compártelo con un(a) compañero/a y responde a sus preguntas.

3 As a variant, have students select a famous person and make predictions about how his/her life will change in ten years.

TEACHING OPTION Have students take turns picking vocabulary words from a bag. Each student must improvise a one-minute speech about the word he/she has drawn. Model the activity by taking the first turn. Encourage students to be creative.

 Practice more at **vhlcentral.com.**

Preparación — Audio: Vocabulary

INSTRUCTIONAL RESOURCES
Supersite/DVD: Film Collection
Supersite: Script & Translation

VARIACIÓN LÉXICA
cura ↔ padre, sacerdote
jurar ↔ prometer

Point out the difference
between **crecer** (*to grow up,
to develop*) and **aumentar**
(*to increase, to rise*) (**p. 338**).
Point out that **embarazada**
is a false cognate. *To be
embarrassed* → **tener
vergüenza.** However, the
adjective form of that word
is a true cognate:
embarazoso → *embarrassing.*

Vocabulario del corto

la aduana *customs*
arreglar *to fix*
crecer *to grow (up)*
el cura *priest*
desconfiar *to be suspicious,
    to not trust*
la facha *look*
el jardín *garden*
jurar *to promise*

el mantenimiento *maintenance*
la paciencia *patience*
el progreso *progress*
el rancho *ranch*
reconocer (c:zc) *to recognize*
el territorio *territory*
tomar el pelo *to pull
    someone's leg*

Vocabulario útil

la actitud *attitude*
arriesgarse *to take a risk*
estar embarazada
    to be pregnant
gozar (de) *to enjoy*
mezclar *to mix*
la nostalgia *nostalgia*
sembrar (e:ie) *to plant*
sentirse realizado/a
    to feel fulfilled

EXPRESIONES

aquí mismo *right here*
a ver, a ver *let's see*
Qué curioso. *How funny.*
Ya era hora. *It was about time.*

---

1 **Completar** Completa las oraciones usando las palabras del vocabulario.

1. —Acabo de ver a la vecina y te cuento que ella <u>está embarazada</u>.
   —¿Cómo? ¡Ella me había dicho que no quería tener hijos!
2. Dicen que la gente europea <u>goza de</u> una alta calidad de vida.
3. Te aconsejo que no compres tanto queso. Te lo pueden quitar en la <u>aduana</u>.
4. Mis tíos viven en un pueblo cuyo alcalde es muy corrupto; ellos <u>desconfían</u> de las autoridades.
5. —¿Piensas salir con esa <u>facha</u>?
   —Pero, mamá, ésta es la moda que se usa ahora.

2 As a variant, perform
the activity as a class
using the entire list of
Vocabulario and
Expresiones. Students
should not take more than
one turn providing clues.

2 **Adivinar** Trabajen en grupos de tres. Por turnos, elijan una palabra de la lista y con pistas o definiciones deben conseguir que sus compañeros/as la adivinen. Quien la adivine, elige otra palabra y hace lo mismo. Sigan así hasta que las adivinen todas.

> **Modelo** La persona que trabaja en la iglesia y da misa es. . . **el cura.**

arreglar	progreso
crecer	rancho
desconfiar	reconocer
jardín	territorio
nostalgia	tomar el pelo

3 **¿Y tú?** Contesta las preguntas y explica tus respuestas.

1. ¿Dónde creciste? ¿Te hubiera gustado crecer en otro sitio?

2. ¿Qué es para ti el progreso? ¿Crees que es algo positivo?

3. ¿Qué aspectos positivos crees que tiene la vejez?

4. ¿Qué opinas de que los abuelos vivan con los hijos y los nietos?

3 Call on volunteers to share their responses with the class.

4 **Personajes** Observen los fotogramas y respondan las preguntas.

1.   2.

3.   4.

4 As an expansion, ask pairs of students to discuss these questions: **¿Cómo son los personajes? ¿Qué adjetivos usarían para describirlos?** Then calling on volunteers, make a list on the board of the adjectives students used to describe each character. After viewing the film, have students revise their descriptions.

- ¿Quiénes son los personajes?
- ¿De dónde son?
- ¿Qué relación hay entre ellos?
- ¿Qué está sucediendo en la última escena?

5 **Antepasados** ¿Conoces la historia de tus antepasados? Escribe un párrafo sobre ellos. Responde a las preguntas y añade todos los datos que creas necesarios.

- ¿De dónde eran?
- ¿Por qué crees que vinieron a este país?
- ¿Sabes en qué trabajaban? ¿Cómo vivían?
- ¿Crees que tienes algo en común con ellos?
- ¿Habrías tomado las mismas decisiones? ¿Por qué?
- ¿Se ha esforzado tu familia por mantener las tradiciones de tus antepasados? ¿De qué manera?

6 **Otros países** En parejas, imaginen que tienen que ir a vivir a otro país. Hagan una lista de tres países en los que creen que les gustaría vivir. Expliquen por qué han elegido esos países y digan qué aspectos positivos y negativos tiene vivir allí. Compartan su lista con la clase.

6 Have students repeat the activity, selecting any three Spanish-speaking countries. Encourage them to review the **Imagina** sections of all ten lessons. Have each group provide a brief presentation about the Spanish-speaking countries that appeal to them most.

Short Film

UN PEDAZO DE TIERRA

PRIMER PREMIO: *Academy of Television Arts & Sciences College Television Awards*
MEJOR CORTO: *Festival Internacional de Cortometrajes de Bilbao*
PREMIO AL MEJOR CORTOMETRAJE: *San Francisco Latino Film Fest*

Una producción de KOO KOO PRODUCTIONS Guión y Dirección JORGE GAGGERO Fotografía HILDA MERCADO
Montaje JOSÉ PULIDO Música XAVIER ASALI/MARCELO BERESTOVOY
Actores RUBÉN MORENO/ROBERTO ENTIQUE/ERICK CARRILLO/ART BONILLA

ARGUMENTO *Don Aurelio, muy enfermo, le pide a su familia que lo entierren en el mismo lugar donde está enterrada su esposa.*

DON AURELIO Palos Verdes...
IRENE Sí.
DON AURELIO ...quiero que me entierren en Palos Verdes.
IRENE Se lo juramos. Tranquilo, tranquilo, abuelo. Ya viene el cura.

RAMIRO Oye, ¿tú crees que llegue? Son como 400 kilómetros.
AGUSTÍN Sí, le cambié las bujías[1], los cables, la tapa del distribuidor. Sí, quedó como nuevo.
RAMIRO ¿Y el abuelo?
AGUSTÍN Sólo Dios sabe.

DON AURELIO Esto no es Palos Verdes, no. Ustedes me quieren engañar.
RAMIRO Sí, es Palos Verdes, abuelo.
DON AURELIO No hay ranchos. Aquí no hay ranchos.

DON AURELIO Aquí mismo me casé con tu tatarabuela[2]. Fue una linda ceremonia. Merceditas bajó del carro con su largo vestido blanco. Dos meses tardaron con las puntillas[3] y esas bobadas[4].

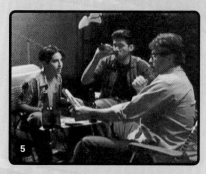

PEDRO Palos Verdes. No reconozco ningún lugar.
AGUSTÍN ¿No?
PEDRO No, nada. A ver, a ver, a ver, espérenme tantito... ¡este lugar yo lo conozco! Digo, conozco el árbol. Sí, es de los más viejos de acá.
RAMIRO Ahí nació el abuelo y está sepultada la abuela Mercedes.

(Ramiro se acerca por el pasillo[5] al cuarto que está con la puerta abierta. Puede ver a su hermano de espaldas[6]. Al entrar, encuentra al abuelo recostado[7] con los ojos entreabiertos[8] y una sonrisa.)
AGUSTÍN Está muerto.

---

1 *spark plugs* 2 *great-great grandmother* 3 *lace trim* 4 *silly things* 5 *hallway* 6 **de...** *from behind* 7 *lying down* 8 *half-open*

Nota CULTURAL

La guerra mexicano-estadounidense

El 29 de diciembre de 1845, la República de Texas pasó a ser territorio estadounidense. A partir de° ese día, las relaciones entre los Estados Unidos y México se vieron fuertemente deterioradas. La tensión entre los dos países creció tanto que culminó en una guerra, conocida como la guerra mexicano-estadounidense, que duró desde 1846 hasta 1848. Esta guerra tuvo fatales consecuencias para la integridad territorial de México, que terminó cediendo al país del norte tierras que hoy forman parte de California, Colorado, Nuevo México, Nevada, Arizona, Utah y Wyoming.

A partir de *From*

PREVIEW Read the captions and discuss the visuals as a class. Then ask students to write a one-paragraph summary of what they think happens in the film. Ask: **¿Cómo termina el corto?**

TEACHING OPTION After viewing the film, have students revise their summaries.

TEACHING OPTION Read and discuss the **Nota cultural**. Tally the number of students who have lived in regions that once belonged to Mexico, then ask volunteers for examples of Mexican culture and heritage in places they have lived.

Análisis

1 Have students read the comprehension questions before viewing the film. Then have them answer the questions in pairs.

1 Comprensión Contesta las preguntas con oraciones completas.

1. ¿Por qué está en la cama don Aurelio? Don Aurelio está en la cama porque se está muriendo.

2. ¿Adónde van en el carro? Van a Palos Verdes, California.

3. ¿Por qué llevan un ataúd? Porque don Aurelio quiere que lo entierren allí.

4. ¿Quién es Merceditas? Merceditas era la esposa de don Aurelio.

5. ¿Dónde está enterrada Merceditas? Está enterrada en Palos Verdes.

6. ¿En qué trabaja Pedro? Trabaja en el mantenimiento de jardines.

7. ¿Qué le ocurre al abuelo mientras duerme? El abuelo muere mientras duerme.

8. ¿Dónde lo entierran? Lo entierran debajo de un árbol, junto a su esposa.

9. ¿Qué decide Ramiro después del entierro? Decide quedarse a vivir en Palos Verdes.

2 Ask this additional question for class discussion: **¿Sería más preciso decir que Ramiro se ha ido o que ha regresado? ¿Por qué?**

2 Interpretar Contesta las preguntas y explica tus respuestas. Answers will vary.

1. Al comienzo del corto, ¿crees que la actitud de los jóvenes está influenciada por Irene?

2. ¿Cambia la actitud de los jóvenes hacia su abuelo?

3. ¿Crees que es clara la relación entre don Aurelio y los dos jóvenes? ¿Por qué?

4. ¿Por qué crees que Ramiro se quiere quedar en Palos Verdes?

5. En tu opinión, ¿por qué se titula el corto *Un pedazo de tierra*?

6. ¿Qué sensación te transmitió el corto? ¿Alegría, tristeza, soledad o esperanza? ¿Por qué?

3 Before completing the activity, replay the portions of the film that contain the quotes shown. After discussing their importance, ask students: **¿Cuál es la actitud de cada uno de los personajes hacia el pasado? ¿Y hacia el futuro?**

3 Contextos En parejas, hablen de las citas. Expliquen la importancia que tienen dentro de la historia.

> ❝ Ándele, don Aurelio, déjese ir... déjese ir... ❞
>
> **IRENE**

> ❝ Si se nos va antes, pues lo dejamos acá y con la platita que nos dieron pues disfrutamos de las playas de California. ❞
>
> **RAMIRO**

> ❝ Mire, don Aurelio, Palos Verdes cambió. Ya no es territorio mexicano y su rancho ya no existe. Mírese usted en las fotos, no es igual. Ya nada es igual. ❞
>
> **AGUSTÍN**

> ❝ ¡Quién hubiera dicho que le arreglaría la tumba en cada cambio de estación! ❞
>
> **RAMIRO**

4 **Futuro** Expliquen qué ocurre al final del cortometraje y relaciónenlo con este fotograma. Después, imaginen cómo va a ser la vida de Ramiro y Julieta en el futuro.

5 **Su país**

A. En parejas, hablen sobre su país y anoten sus opiniones. Contesten las preguntas y agreguen todos los detalles que crean necesarios. Hablen también sobre otros aspectos que sean de su interés.

- ¿Qué características hacen que su país sea único en el mundo?

- ¿Cuáles son los aspectos positivos?

- ¿Cuáles son los aspectos negativos?

- ¿Hay diferencias culturales dentro del país?

- ¿En qué aspectos del país se puede apreciar la variedad de culturas y tradiciones?

- En su opinión, ¿qué cambios se podrían implementar para mejorar su país?

- ¿ ?

B. Ahora, compartan sus ideas con la clase. Inicien un debate.

6 **Multiculturalismo** En parejas, lean estas ideas opuestas sobre la diversidad cultural. Elijan una de las afirmaciones y defiéndanla. Escriban sus argumentos y después compartan su opinión con la clase.

- Es bueno separar los países y las culturas. Si se mezclan las culturas, terminan desapareciendo.

- Lo mejor es la mezcla de culturas. Siempre enriquece a todo el mundo.

 Practice more at **vhlcentral.com.**

4 Ask students these personal questions: **¿Quieren quedarse en el lugar donde crecieron o prefieren conocer otros lugares y culturas? ¿Les interesa volver a la tierra de sus antepasados? ¿Por qué?**

6 Organize a class debate about the pros and cons of both positions. Encourage students to support their opinions with examples from history and current world affairs.

TEACHING OPTION Have students research the history of their own home towns. How have they changed over the past 100 years?

INSTRUCTIONAL RESOURCES Supersite: Flash Cultura; Script & Translation; Teaching suggestions; **SAM/WebSAM:** WB

IMAGINA

S En **vhlcentral.com** encontrarás más información y actividades relacionadas con esta sección.

Confluencia de civilizaciones

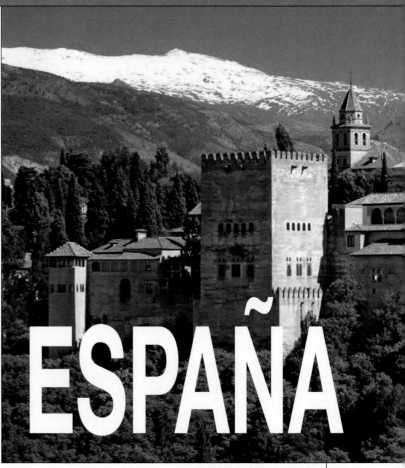

La Alhambra de Granada, España

A través de los siglos, la ubicación estratégica de **España** la convirtió en territorio atractivo para todas las civilizaciones que buscaban ampliar sus dominios. Sus muchos kilómetros de costa están bañados por el **océano Atlántico** y el **mar Mediterráneo.** Su superficie ocupa la mayor parte de la **península Ibérica,** las **islas Baleares,** las **islas Canarias,** y de las ciudades de la costa africana, **Ceuta** y **Melilla.** A estas tierras llegaron los celtas, los íberos, los romanos, los visigodos, los judíos y los moros del norte de **África,** entre otros, y todos ellos han dejado su huella[1] en la cultura española. Su legado[2] se encuentra en la arquitectura, las costumbres, las comidas y las celebraciones.

Un recorrido por sus ciudades y pueblos nos ofrece toda la magia de su patrimonio[3] histórico. De los romanos, quedan acueductos, puentes[4] y teatros. De los visigodos, quedan los arcos con forma de herradura[5] que desde la península pasaron a **Oriente.** De los ocho siglos que los moros estuvieron en la península, quedan monumentos arquitectónicos, como la **Alhambra** de **Granada** y la **Mezquita de Córdoba.** Los moros crearon además una nueva cultura a caballo[6] entre **Oriente** y **Occidente,** dejando una riquísima herencia, no sólo en las artes –imposible negar la influencia árabe en el flamenco–, sino también en las ciencias. El álgebra y sus conocimientos cartográficos, geográficos y astronómicos pasaron, a través de España, a formar parte de la cultura occidental.

Hoy día, el turismo es una de las bases de la economía del país. La gran oferta cultural y turística atrae anualmente a unos 52 millones de turistas a este país de sólo 47 millones

de habitantes. Hay quienes siguen los pasos de **Hemingway,** que vio una España de toreros y de historias de amor y muerte. Otros buscan la diversión, fácil de encontrar en las fiestas que se ofrecen en toda la geografía y, claro está, en los bares que cierran a altas horas de la madrugada. Hay quienes quieren relajarse en la playa bajo el perenne sol de la costa mediterránea. Y no hay que olvidar a los que disfrutan de los extraordinarios museos que se encuentran en muchas ciudades, especialmente en **Barcelona, Madrid** y **Bilbao.**

España es el segundo país del mundo en número de monumentos declarados **Patrimonio de la Humanidad,** y en los últimos años se han aumentado las medidas para preservarlos. Los organismos oficiales están intentando promover una oferta más cultural que enseñe a los visitantes la realidad histórica del país. Pero independientemente de lo que busque el visitante, es imposible que no disfrute de la gran diversidad cultural de un país que ha sido por milenios uno de los centros culturales de **Europa.**

Signos vitales

En **España** no sólo se habla español. Además de muchos dialectos, hay varias lenguas cooficiales: el **euskera,** de origen íbero y que se habla en el **País Vasco;** el **gallego,** que se habla en **Galicia,** al norte de **Portugal;** y el **catalán,** que se habla en **Cataluña** y en otras comunidades autónomas.

[1] *mark* [2] *legacy* [3] *heritage* [4] *bridges* [5] *horseshoe* [6] *a... that bridged*

¡Visitemos España!

Antoni Gaudí Mezclados, a veces escondidos[1], a veces dominando la ciudad, en **Barcelona** se hallan[2] los edificios más emblemáticos del modernismo europeo. Enamoran por igual a los expertos en arquitectura y al paseante[3] menos entendido en la materia. Su creador fue el arquitecto catalán **Antoni Gaudí** (1852–1926), quien fue enterrado con grandes honores entre los muros[4] de su obra maestra: **la Sagrada Familia**.

Las cuevas de Sacromonte
Hay en **Granada**, ciudad del sur español, una montaña llena de cuevas[5] en las que los gitanos[6], siglo tras siglo, establecieron sus viviendas. Allí pervivió[7] la tradición de las **zambras**, del árabe *zámra*, que significa *celebración espontánea de música y baile*. Hoy en día, **las cuevas de Sacromonte** ofrecen espectáculos gitanos de flamenco que los amantes de este estilo musical y los curiosos no pueden perderse.

Ibiza Situada en el **Mediterráneo**, **Ibiza** es una de las cinco **islas Baleares**. Antiguo paraíso *hippy*, es uno de los sitios donde todavía persiste la costumbre de la vida relajada. La capital, también llamada **Ibiza**, está construida en una montaña y sus barrios de la **Penya** y de la **Bomba** no decepcionan a nadie que busque un poco de color en su vida nocturna.

El español de España

chaval(a)	niño/a; *kid*
colega	amigo/a; *buddy, pal*
currar	trabajar; *to work (slang)*
jersey	suéter; *sweater*
lavabo	baño; *bathroom*
majo/a	guapo/a; simpático/a; *good-looking; friendly*
móvil	teléfono celular; *cell phone*
ordenador	computadora; *computer*
patatas	papas; *potatoes*
piso	apartamento; *apartment*
tío/a	chico/a; *guy, girl*

Expresiones

¡Vale!	¡De acuerdo!; *OK!*
¡Venga!	¡Vamos!; ¡De acuerdo!; *Come on!; OK!*

Palabras españolas de origen árabe

aceite *cooking oil;* **aceituna** *olive;* **ajedrez** *chess;* **albañil** *mason;* **albaricoque** *apricot;* **alcachofa** *artichoke;* **alcalde** *mayor;* **alcoba** *bedroom;* **alfombra** *carpet;* **almacén** *store;* **almohada** *pillow;* **alquiler** *rent;* **limón** *lemon;* **naranja** *orange*

Museo del Prado Conocido como uno de los mejores museos de arte del mundo, el **Museo del Prado** en **Madrid** es también uno de los más grandes. Tiene fama mundial por su amplia colección de pinturas, que contiene alrededor de 8.600 obras. El museo aloja[8] obras de artistas como **El Greco**, **Goya** y **Rembrandt**, pero, sin duda, la obra más famosa del museo es *Las Meninas* de **Velázquez**.

[1] *hidden* [2] *are found* [3] *visitor* [4] *walls* [5] *caves* [6] *gypsies* [7] *survived* [8] *houses*

IMAGINA

GALERÍA DE CREADORES

ARQUITECTURA Santiago Calatrava

Santiago Calatrava es el arquitecto español más reconocido actualmente a nivel internacional. Nació en Valencia, donde terminó la carrera de arquitectura, y en 1981 se doctoró en ingeniería civil en Zurich. Allí estableció su estudio y empezó a trabajar por toda Europa en proyectos que combinan la arquitectura y la ingeniería. El color blanco está presente en todas sus creaciones, las cuales imitan no sólo el ojo humano, un par de manos, un árbol, una columna vertebral, sino también sus movimientos. Algunas de sus grandes obras incluyen el Puente James Joyce en Dublín, Irlanda; el Auditorio de Tenerife, España; y el pabellón Quadracci en el Museo de Arte de Milwaukee, en Wisconsin. En esta imagen podemos apreciar el Hemisférico (izquierda) y el Palacio de las Artes Reina Sofía (derecha), en Valencia, España.

Encourage students to refer to the article on Santiago Calatrava for the Proyecto activity on page 350.

CINE Isabel Coixet

Isabel Coixet es una directora de cine española que afirma ganarse la vida no con el cine, sino con la publicidad. Nació en Barcelona en 1962, pero, a pesar de su nacionalidad, prefiere escribir sus guiones en inglés y rodar fuera de España. Algunas de sus películas son *Demasiado viejo para morir joven* (1989), *Cosas que nunca te dije* (1996), *Mi vida sin mí* (2003) y *La vida secreta de las palabras* (2005). En 2008 dirigió *Elegía*, basada en la novela *The Dying Animal* de Philip Roth, con un elenco estelar que incluye a Penélope Cruz y Ben Kingsley.

GASTRONOMÍA Ferran Adrià

Ferran Adrià es un cocinero español considerado durante muchos años como el mejor creador gastronómico del mundo. Fue dueño y chef del reconocido restaurante El Bulli, en Girona, que cerró en 2011 para convertirse en una fundación de investigación gastronómica. Una cena en El Bulli se consideraba una experiencia memorable. Los treinta platos de los que constaba el menú eran una combinación deliberada y exquisita de texturas, temperaturas y sabores. Se podía disfrutar de delicias como oreos de olivas negras, tapioca de jamón ibérico o pan con chocolate y aceite. Sin duda, la creatividad de este innovador supera la imaginación de las mentes más desbocadas (*unbridled*). Los expertos coinciden en llamarlo el Dalí de la cocina española.

LITERATURA Ana María Matute

Ana María Matute tenía diez años cuando estalló (*broke out*) la Guerra Civil Española en 1936, y para escapar de la realidad escribió una revista, *Shibyl*. Desde entonces, ha escrito muchas novelas, cuentos y obras juveniles, en los que están presentes los problemas de la infancia y la adolescencia. A pesar de escribir durante el franquismo, no dudó en criticar, sutilmente, la violencia y la hipocresía de la España de la época. Con la colección de cuentos *Los hijos muertos* (1958) ganó el Premio Nacional de Literatura. Sus novelas más recientes son *Aranmanoth* (2001) y *Paraíso inhabitado* (2008). Desde 1998 es miembro de la Real Academia Española. En 2007 recibió el Premio Nacional de las Letras Españolas y en 2010 el Premio Cervantes de Literatura.

Assign one or more stories from Ana María Matute's *Los niños tontos* for outside reading. Discuss important themes, such as war and alienation, as well as her use of synesthesia and other poetic devices. For a related writing project, have students write their own short stories in the style of Matute.

CONEXIÓN INTERNET

Investiga y aprende sobre otros creadores de la región en **vhlcentral.com**.

¿Qué aprendiste?

Cierto o falso Indica si estas afirmaciones son ciertas o falsas. Corrige las falsas.

1. Ceuta y Melilla están en la península Ibérica. Falso. Ceuta y Melilla están en la costa africana.

2. Los visigodos estuvieron en la península Ibérica por ocho siglos. Falso. Los moros estuvieron en la península por ocho siglos.

3. El euskera se habla en el País Vasco. Cierto.

4. El arquitecto Antoni Gaudí está enterrado en la Sagrada Familia. Cierto.

5. Ana María Matute es una directora de cine española Falso. Ana María Matute es una escritora española.

6. Ferran Adrià fue el dueño de El Bulli. Cierto.

Preguntas Contesta las preguntas.

1. ¿Qué construyeron los romanos en España? Los romanos construyeron acueductos, puentes y teatros.

2. ¿Cuántos turistas visitan España cada año? Unos 52 millones de turistas visitan España cada año.

3. ¿Qué conocimientos científicos llevaron los moros a España? Los moros llevaron el álgebra y conocimientos cartográficos, geográficos y astronómicos.

4. ¿Quiénes establecieron sus viviendas en las cuevas de Sacromonte? Los gitanos establecieron sus viviendas en las cuevas de Sacromonte.

5. ¿Quién diseñó el pabellón Quadracci en el Museo de Arte de Milwaukee? Fernando Calatrava diseñó el pabellón Quadracci.

6. ¿Qué artista de la galería te interesa más? ¿Por qué? Answers will vary.

PROYECTO

La arquitectura de España

Imagina que eres un(a) arquitecto/a famoso/a y tienes un contrato para construir un edificio nuevo e importante en España. Investiga toda la información que necesites en Internet. Después organiza tu tarea de la siguiente manera:

- Decide qué tipo de edificio te gustaría crear y en qué ciudad española lo construirías.

- Recopila fotos de diferentes edificios y estructuras importantes en varios lugares de España.

- Busca un mapa de España, o dibuja uno, e indica dónde están estas estructuras.

- Presenta esta información a tus compañeros de clase y prepara un bosquejo de tu propio edificio, incorporando varias características de las estructuras que has encontrado.

MINIPRUEBA

Completa las oraciones con la información correcta y demuestra lo que aprendiste sobre España.

1. Las estructuras de arcos en forma de herradura fueron introducidas en España por los _____.
   a. romanos   b. visigodos   c. moros

2. La Alhambra de Granada y la Mezquita de Córdoba son dos perfectos ejemplos de la _____ árabe.
   a. astronomía   b. pintura   c. arquitectura

3. Los españoles dicen _____ como sinónimo de *trabajar*.
   a. majo   b. ordenar   c. currar

4. El _____ es un estilo de música con influencias árabes.
   a. flamenco   b. euskera   c. gitano

5. España es el país número _____ en el mundo en número de monumentos que forman parte del Patrimonio de la Humanidad.
   a. uno   b. dos   c. tres

6. El _____ se habla en la región que se encuentra al norte de Portugal.
   a. gallego   b. catalán   c. portugués

7. _____ tiene los edificios más emblemáticos del modernismo europeo.
   a. Madrid   b. Granada   c. Barcelona

8. _____ es una palabra árabe que significa *celebración*.
   a. Ajedrez   b. Zambra   c. Alacena

9. Los españoles comen _____ y navegan por Internet en _____.
   a. majos; ordenadores   b. patatas; colegas
   c. patatas; ordenadores

10. La obra maestra del arquitecto Antoni Gaudí es _____.
    a. la Alhambra   b. la Sagrada Familia
    c. la Mezquita de Córdoba

11. La capital de Ibiza se llama _____.
    a. Baleares   b. Ibiza   c. Penya

12. Las islas _____ se encuentran en el Mediterráneo y son parte del territorio español.
    a. Baleares   b. Sacromonte   c. Canarias

13. En el Museo del Prado, se encuentra *Las Meninas* de _____.
    a. Goya   b. Velázquez   c. Picasso

Machu Picchu: encanto y misterio

Este episodio de **Flash Cultura** te lleva a conocer las ruinas de Machu Picchu en Perú para descubrir sus misterios y saber qué piensan de ellas los visitantes de todo el mundo.

Corresponsal: Omar Fuentes
País: Perú

Vocabulario

el borde *brink*
la bruma *mist*
la ciudadela *citadel*
la cordillera *mountain range*
el depósito *warehouse*
evitar *to prevent*
la intrepidez *fearlessness*
tallado/a *carved*

Un lugar remoto, sagrado y misterioso que fue descubierto apenas hace cien años.

Preparación ¿Te interesan las antiguas civilizaciones? ¿Te parece que es mejor visitar un lugar histórico que leer sobre él? ¿Estarías dispuesto/a a hacer un viaje de aventura a un país lejano? ¿Qué cosas pueden ser difíciles o peligrosas en un viaje así?

Para cuando los españoles obtuvieron el control del Perú en 1532, todos los habitantes de Machu Picchu habían desaparecido.

Comprensión Indica si estas afirmaciones son ciertas o falsas. Después, corrige las falsas.

1. Machu Picchu se encuentra en un lugar muy accesible a los turistas. Falso. Machu Picchu se encuentra en un lugar remoto.

2. Se sabe que Miguel Ángel vivió en la ciudadela.
Falso. No se sabe quién habitó en Machu Picchu.

3. Las ruinas fueron descubiertas por un explorador estadounidense. Cierto.

4. Cada una de las piedras de Machu Picchu fue cuidadosamente tallada. Cierto.

5. Las terrazas servían como almacén de alimentos. Falso.
Las terrazas servían para cultivo y para evitar la erosión.

6. La ubicación geográfica de Machu Picchu evitó que la ciudadela fuera invadida por la conquista española. Cierto.

Esta cultura quechua hizo muchas grandes obras y, actualmente, podemos ver esta maravilla del mundo que es Machu Picchu.

Expansión En parejas, contesten estas preguntas.

- Si visitaran las ruinas, ¿contratarían un(a) guía local? ¿Les parece que sería importante conversar con un(a) heredero/a de la cultura andina? ¿Por qué?

- A Machu Picchu se puede llegar a pie o, en mucho menos tiempo, en tren. ¿Qué opción elegirían? ¿Por qué?

- ¿Qué les atrae más de Machu Picchu: el misterio, el entorno de la naturaleza, la maravilla de su construcción o su importancia histórica? Expliquen su elección.

 Practice more at **vhlcentral.com.**

10.1

The passive voice

*El abuelo había nacido en Palos Verdes, donde, según él, **fue llevado por el mismísimo Pancho Villa** a pelear por la revolución.*

TALLER DE CONSULTA

The following grammar topic is covered in the **Manual de gramática, Lección 10.**

10.4 *Pero* vs. *sino,* p. 410

Passive statements may also be expressed with the passive **se**. See **7.3, p. 254.**

To review irregular past participles, see **7.1, p. 249.**

INSTRUCTIONAL RESOURCES
Supersite: Audioscripts, SAM AK, Lab MP3s
SAM/WebSAM: WB, LM

Remind students that, in Spanish, the subject may be placed after the verb. Ex: **Carlos lo hizo./Lo hizo Carlos.** Both variations use the active voice and should not be confused with passive constructions. Ex: **Fue hecho por Carlos.**

Clarify that while **ser** may be used in any tense, the passive voice is most commonly used to refer to past actions. Also point out that passive constructions are not as commonly used in Spanish as they are in English.

- In the active voice (**la voz activa**), a person or thing (agent) performs an action on an object (recipient). The agent is emphasized as the subject of the sentence. Statements in the active voice usually follow the pattern [*agent*] + [*verb*] + [*recipient*].

AGENT = SUBJECT	VERB	RECIPIENT
El policía	**vigila**	**la frontera.**
The police officer	*guards*	*the border.*
El departamento de inmigración	**ha detenido**	**a diez personas.**
The department of immigration	*has detained*	*ten people.*

- In the passive voice (**la voz pasiva**), the recipient of the action becomes the subject of the sentence. Passive statements emphasize the thing that was done or the person that was acted upon. They follow the pattern [*recipient*] + **ser** + [*past participle*] + **por** + [*agent*].

RECIPIENT = SUBJECT	SER + PAST PARTICIPLE	POR + AGENT
La frontera	**es vigilada**	**por el policía.**
The border	*is guarded*	*by the police officer.*
Diez personas	**han sido detenidas**	**por el departamento de inmigración.**
Ten people	*have been detained*	*by the department of immigration.*

- Note that singular forms of **ser** (**es, ha sido, fue,** etc.) are used with singular recipients, and plural forms (**son, han sido, fueron,** etc.) are used with plural recipients.

  La manifestación **es organizada** por un grupo de activistas.
  The demonstration is organized by a group of activists.

  Los dos candidatos **fueron rechazados** por el comité.
  The two candidates were rejected by the committee.

- In addition, the past participle must agree in number and gender with the recipient(s).

  La **disminución** de empleos fue **prevista** por el Secretario de Economía.
  The decline in jobs was predicted by the Treasury Secretary.

  Los **problemas** han sido **resueltos** por el jefe.
  The problems have been resolved by the boss.

- Note that **por** + [*agent*] may be omitted if the agent is unknown or not specified.

  Las metas fueron alcanzadas.
  The goals were reached.

  El maltrato no ha sido eliminado.
  Abuse has not been eradicated.

Práctica y comunicación

Cambio de país Completa las oraciones en voz pasiva con la forma adecuada del participio pasado.

1. Una fiesta fue ___organizada___ (organizar) por sus familiares para despedir a la familia Villar.

2. En el aeropuerto, sus pasaportes y visas fueron ___revisados___ (revisar) por los agentes de aduana.

3. Su equipaje fue ___examinado___ (examinar) antes de subir al avión.

4. Ya en los Estados Unidos, los jóvenes de la familia fueron ___admitidos___ (admitir) en las escuelas de la comunidad.

5. Los hijos de los Villar ya no son ___considerados___ (considerar) extranjeros.

6. Cuando volvieron a visitar Argentina, los Villar fueron ___recibidos___ (recibir) en el aeropuerto por todos sus familiares.

2

El artículo Lee las notas que tomó una periodista sobre un caso de robo y escribe el artículo utilizando la voz pasiva.

> ### Notas sobre el caso
>
> - Hace 25 años:
>   asaltaron el Museo de Bellas Artes
>   robaron seis cuadros muy famosos, destruyeron varios
>   marcos antiguos en un pasillo, dañaron una estatua,
>   golpearon a los dos guardias de seguridad, lastimaron
>   con una navaja al cuidador
> - El mes pasado:
>   un detective descubrió los seis cuadros en París
>   dos meses antes, un empresario de Taiwán los vendió
>   a una galería francesa
> - Ayer:
>   la policía allanó *(raided)* las propiedades del empresario
>   en Taipéi, encontró las otras obras de arte robadas,
>   no atrapó al sospechoso
> - Ahora:
>   la aseguradora del museo investiga pistas de los
>   posibles ladrones
>   Ella afirma: "considerarán el robo resuelto cuando
>   atrapen a los culpables"

3

Titulares En parejas, elijan uno de los siguientes titulares y escriban un breve artículo para el periódico de su universidad. Utilizando la voz pasiva y las palabras de la lista, expliquen dónde y cómo fue el evento, quiénes participaron y qué consecuencias tuvo.

Hallan planeta habitado en el espacio		
descubrir	amenaza	investigar
establecer	extraterrestre	nave espacial

Entrega de premios a las mejores películas del año		
dedicar	ganador(a)	presentar
inspirar	principiante	triunfo

Encuentran la cura de la obesidad		
aliviar	avance	enfermedad
lograr	científico/a	recompensar

 Practice more at **vhlcentral.com.**

Herencia y destino

10.2

TALLER DE CONSULTA

Pero and **sino** are also used to express contradictions. See **Manual de gramática, 10.4, p. 410.**

INSTRUCTIONAL RESOURCES
Supersite: Audioscripts, SAM AK, Lab MP3s
SAM/WebSAM: WB, LM

Say several sentences aloud that use negative or affirmative words and have volunteers change each sentence into its opposite. Ex: **1. Siempre estudio para los exámenes./Nunca estudio para los exámenes. 2. No veo a nadie./Veo a alguien.**

Share with students a word game with double negative:
—Señor, ¿usted no nada nada?
—No, yo no traje traje.

Negative and affirmative expressions

—*No puedo reconocer **ninguno** de los lugares que veo en estas fotos.*

- Negative words (**palabras negativas**) deny something's existence or contradict statements.

Affirmative words	Negative words
algo *something; anything*	**nada** *nothing; not anything*
alguien *someone; somebody; anyone*	**nadie** *no one; nobody; not anyone*
alguno/a(s), algún *some; any*	**ninguno/a, ningún** *no; none; not any*
o... o *either... or*	**ni... ni** *neither... nor*
siempre *always*	**nunca, jamás** *never; not ever*
también *also; too*	**tampoco** *neither; not either*

¿Dejaste **algo** en la mesa?
Did you leave something on the table?

No, no dejé **nada**.
No, I didn't leave anything.

Siempre he tratado de mantener el diálogo con ustedes.
I have always tried to maintain a dialogue with you.

¡Mentira! Usted **no** ha hecho **ningún** esfuerzo.
That's a lie! You have not made any effort.

- In Spanish, double negatives are perfectly acceptable. Most negative statements use the pattern **no** + [*verb*] + [*negative word*]. When the negative word precedes the verb, **no** is omitted.

No lo extraño **nunca**.
I never miss him.

Nunca lo extraño.
I never miss him.

Su opinión **no** le importa a **nadie**.
His opinion doesn't matter to anyone.

A **nadie** le importa su opinión.
Nobody cares about his opinion.

- Once one negative word appears in an English sentence, no other negative word may be used. In Spanish, however, once a negative word is used, all other elements must be expressed in the negative, if possible.

No le digas **nada** a **nadie**.
Don't say anything to anyone.

No quiero **ni** pasta **ni** pizza.
I don't want pasta or pizza.

- The personal **a** is used before negative and affirmative words that refer to people when they are the direct object of the verb.

Nadie me comprende. ¿Por qué será?
No one understands me. Why is that?

Porque tú no comprendes **a nadie**.
Because you don't understand anybody.

Algunos profesores de economía defienden la globalización.
Some economics professors defend globalization.

Pues, yo no conozco **a ninguno** que la defienda.
Well, I don't know any who defends it.

- Before a masculine, singular noun, **alguno** and **ninguno** are shortened to **algún** and **ningún.**

¿Han sufrido **algún** daño?
Have they suffered any harm?

No hemos comprado **ningún** artículo de lujo últimamente.
We haven't bought any luxury items lately.

- **Tampoco** means *neither* or *not either.* It is the opposite of **también.**

¿No quieren hacer un esfuerzo para solucionar la crisis? Pues yo **tampoco.**
They don't want to make an effort to resolve the crisis? Well, I don't either.

Mi hermano es muy idealista, y yo **también.**
My brother is very idealistic, and so am I.

- The conjunction **o. . . o** (*either. . . or*) is used when there is a choice to be made between two options. **Ni. . . ni** (*neither. . . nor*) is used to negate both options.

Debo hablar **o** con el gerente **o** con la dueña.
I have to speak with either the manager or the owner.

No me interesa **ni** la política **ni** la economía.
I am interested neither in politics nor in economics.

- The conjunction **ni siquiera** (*not even*) is used to add emphasis.

Ni siquiera se despidieron antes de salir.
They didn't even say goodbye before they left.

Nada pudo lograr que se solucionara el conflicto, **ni siquiera** la visita del ministro.
Nothing could lead them to settle the conflict, not even the visit from the minister.

—Palos Verdes **ni siquiera** es territorio mexicano y su rancho ya no existe, desapareció.

Práctica

1 Completar Ana acaba de regresar de un viaje a Madrid. Completa su conversación con Pablo usando expresiones negativas y afirmativas. Ten en cuenta que vas a usar una de ellas dos veces.

alguna	ni... ni	nunca	también
nadie	ningún	o... o	tampoco

ANA Pablo, ¿(1) __alguna__ vez has probado las tapas españolas?

PABLO No, (2) __nunca__ he probado la comida española.

ANA ¿De veras? ¿No has probado (3) __ni__ la tortilla de patata (4) __ni__ la paella?

PABLO No, no he comido (5) __ningún__ plato español. (6) __Tampoco__ conozco los ingredientes típicos de la cocina española.

ANA Entonces tenemos que salir a comer. ¿Conoces el Café Toro?

PABLO No, no conozco (7) __ningún__ restaurante con ese nombre.

ANA (8) __Nadie__ lo conoce. Es nuevo, pero es muy bueno. A mí me viene bien que vayamos (9) __o__ el lunes (10) __o__ el jueves que viene.

PABLO El jueves (11) __también__ me viene bien.

2 Viajar Imagina que eres un(a) viajero/a un poco especial y estás hablando de lo que no te gusta hacer en los viajes. Transforma las oraciones afirmativas en negativas usando las expresiones negativas correspondientes. Sigue el modelo.

Modelo Siempre como la comida del país.
Nunca como la comida del país.

1. Cuando voy de viaje, siempre compro algunos regalos típicos. Cuando voy de de viaje, nunca compro ningún regalo típico.
2. A mí también me gusta visitar todos los lugares turísticos. A mí tampoco me gusta visitar ningún lugar turístico.
3. Yo siempre hablo el idioma del país con todo el mundo. Yo nunca hablo el idioma del país con nadie.
4. Normalmente, o alquilo un carro o alquilo una motocicleta. Normalmente, ni alquilo un carro ni alquilo una motocicleta.
5. Siempre intento visitar a algún conocido de mi familia. Nunca intento visitar a ningún conocido de mi familia.
6. Cada vez que visito un lugar nuevo, siempre hago algunos amigos. Cada vez que visito un lugar nuevo, nunca hago ningún amigo.

3 La fiesta En parejas, imaginen que están en una fiesta, pero sólo escuchan parte de lo que la gente conversa. Escriban respuestas a estas oraciones, usando las expresiones indicadas.

Answers will vary. Sample answers:

1. —Podrías visitar a la abuela mañana, ¿no? (ni... ni) Ni puedo ni quiero verla.
2. —Sé que le mentiste al profesor sobre el examen. (jamás) ¡Yo jamás haría eso!
3. —¿Qué ocurrió con el dinero que faltaba? (nadie... nada) Nadie sabe nada.
4. —Ella decidió visitar el lugar del accidente. (nunca) Yo nunca iría.
5. —No creo que despidan a otro empleado esta semana. (tampoco) Yo tampoco.
6. —¿Me das una tapa de jamón? (ninguno/a) Lo siento. No queda ninguna.

 Practice more at **vhlcentral.com**.

Comunicación

4 For each of the themes, call on one group to sum up the group's opinions. Then ask classmates to comment.

4 Opiniones En grupos de cuatro, hablen sobre estas opiniones. Cada miembro del equipo da su opinión y el resto responde diciendo si está de acuerdo o no. Usen expresiones negativas y afirmativas.

- Cada persona debe quedarse a vivir en su propio país.
- Los inmigrantes benefician la economía del país.
- La sociedad es responsable de integrar a los nuevos inmigrantes.
- Los inmigrantes deben aprender el idioma del país y no deben hablar su propio idioma nunca.
- Es responsabilidad de los gobiernos proporcionar los recursos justos y necesarios para que sus ciudadanos no se vean obligados a emigrar.
- Todo el mundo debería ser libre de vivir y trabajar donde quisiera.
- Nada es más difícil que vivir en un país extranjero por obligación.
- El inmigrante siempre piensa en regresar algún día a su patria.
- Nunca se puede decir: "jamás viviría en otro país", porque nunca se sabe.

5 Escena

5 As a follow-up activity, have students describe an argument they had with their own parents.

A. En parejas, escriban una conversación entre un(a) hijo/a adolescente y sus padres usando expresiones negativas y afirmativas.

Modelo **HIJA** ¿Por qué siempre desconfían de mí?
No me gusta que nunca crean lo que les digo.
No soy ninguna mentirosa y mis amigos tampoco lo son.
No tienen ninguna razón para preocuparse.
MAMÁ Sí, hija, muy bien, pero recuerda que...
HIJA Por última vez, ¿puedo ir...?
PAPÁ ...

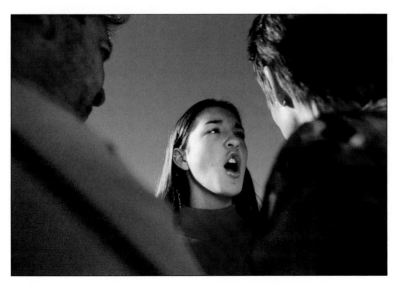

B. Ahora, representen la conversación que escribieron ante la clase.

TALLER DE CONSULTA

To review indicative verb
forms, see:

Present   **Present perfect**
1.1, pp. 18–19   **7.1, pp. 248–249**

Preterite   **Past perfect**
2.1, pp. 56–57   **8.1, p. 284**

Imperfect   **Future perfect**
2.2, pp. 60–61   **9.1, p. 318**

Future   **Conditional**
5.1, pp.   **perfect**
172–173   **9.2, p. 320**

Conditional
5.2, pp.
176–177

**INSTRUCTIONAL
RESOURCES
Supersite:** Audioscripts,
SAM AK, Lab MP3s
SAM/WebSAM: WB, LM

10.3 Summary of the indicative and the subjunctive

The indicative

—*Don Aurelio, Palos Verdes* **cambió.**
Ya no **es** *territorio mexicano y su rancho
ya no* **existe.** *Ya nada* **es** *igual.*

• This chart shows when each of the indicative verb tenses is typically used.

PRESENT	*timeless events:*	La gente **quiere** vivir en paz.
	habitual events that still occur:	Mi madre **sale** del trabajo a las cinco.
	events happening right now:	Ellos **están** enojados.
	future events expected to happen:	Te **llamo** este fin de semana.
PRETERITE	*actions or states beginning/ending at a definite point in the past:*	Ayer **firmamos** el contrato.
IMPERFECT	*past events without focus on beginning, end, or completeness:*	Yo **leía** mientras ella **estudiaba.**
	habitual past actions:	Ana siempre **iba** al mismo restaurante.
	mental, physical, and emotional states:	Mi abuelo **era** alto y fuerte.
FUTURE	*future events:*	**Iré** a Madrid en dos semanas.
	probability about the present:	¿**Estará** en su oficina ahora?
CONDITIONAL	*what would happen:*	Él **lucharía** por sus ideales.
	future events in past-tense narration:	Me dijo que lo **haría** él mismo.
	conjecture about the past:	¿Qué hora **sería** cuando regresaron?
PRESENT PERFECT	*what has occurred:*	**Han cruzado** la frontera.
PAST PERFECT	*what had occurred:*	Lo **habían hablado** hacía tiempo.
FUTURE PERFECT	*what will have occurred:*	Para la próxima semana, ya **se habrá estrenado** la película.
CONDITIONAL PERFECT	*what would have occurred:*	Juan **habría sido** un gran atleta.

The subjunctive

*—Quiero que **me entierren** en Palos Verdes.*

TALLER DE CONSULTA

To review subjunctive verb forms, see:

Present subjunctive 3.1, pp. 94–96

Past subjunctive 6.2, pp. 214–215

Present perfect subjunctive 7.2, p. 252

Past perfect subjunctive 8.2, p. 286

To review commands, see **3.3, pp. 104–105**.

- The subjunctive is used mainly in multiple clause sentences. This chart explains when each of the subjunctive verb tenses is appropriate.

PRESENT	*main clause is in the present:*	Quiero que **hagas** un esfuerzo.
	main clause is in the future:	Ganará las elecciones a menos que **cometa** algún error.
PAST	*main clause is in the past:*	Esperaba que **vinieras.**
	hypothetical statements about the present:	Si **tuviéramos** boletos, iríamos al concierto.
PRESENT PERFECT	*main clause is in the present while subordinate clause is in the past:*	¡Es imposible que te **hayan despedido** de tu trabajo!
PAST PERFECT	*main clause is in the past and subordinate clause refers to earlier event:*	Me molestó que mi madre me **hubiera despertado** tan temprano.
	hypothetical statements about the past:	Si me **hubieras llamado,** habría salido contigo anoche.

Present subjunctive

Es necesario que **hagamos** un esfuerzo para superarnos.
It's necessary that we make an effort to better ourselves.

Past subjunctive

Yo no creí que **rechazaran** el plan.
I didn't believe that they would reject the plan.

Past perfect subjunctive

Tú nunca **hubieras alcanzado** tus sueños sin su apoyo.
You never would have fulfilled your dreams without his support.

Present perfect subjunctive

Me parece increíble que **hayas aprendido** tan rápido tu nuevo idioma.
I am impressed that you have learned your new language so fast.

TEACHING OPTION Use the film from **Cortometraje, pp. 342–343**, to review verb tenses and their forms. Play the film and have students write down as many different verb forms as they can. Go over the results as a class and ask volunteers to explain the uses of each verb tense.

TALLER DE CONSULTA

To review the uses of the subjunctive, see:

**Subjunctive in noun clauses
3.1, pp. 94–96**

**Subjunctive in adjective clauses
4.1, pp. 134–135**

**Subjunctive in adverbial clauses
6.1, pp. 210–211**

Si **clauses
9.3, pp. 322–323**

¡ATENCIÓN!

Ojalá (que) is always followed by the subjunctive.

Ojalá (que) se mejore pronto.

Impersonal expressions of will, emotion, or uncertainty are followed by the subjunctive unless there is no change of subject.

Es terrible que tú fumes.

Es terrible fumar.

TEACHING OPTION Use the reading from **Literatura, pp. 370–371**, to review subjunctive and indicative verb forms and their uses. Assign each paragraph of the reading to a different group and have students label and explain the tense and mood of each verb in the paragraph.

The subjunctive vs. the indicative

● This chart contrasts the uses of the subjunctive with those of the indicative (or infinitive).

Subjunctive	Indicative (or infinitive)
after expressions of will and influence when there are two different subjects: Quieren que **vuelvas** temprano.	*after expressions of will and influence when there is only one subject (infinitive):* Quieren **volver** temprano.
after expressions of emotion when there are two different subjects: La profesora tenía miedo de que sus estudiantes no **aprobaran** el examen.	*after expressions of emotion when there is only one subject (infinitive):* Los estudiantes tenían miedo de no **aprobar** el examen.
after expressions of doubt, disbelief, or denial when there are two different subjects: Es imposible que Beto **haya salido** por esa puerta.	*after expressions of doubt, disbelief, or denial when there is only one subject (infinitive):* Es imposible **salir** por esa puerta; siempre está cerrada.
when the person or thing in the main clause is uncertain or indefinite: Buscan un empleado que **haya estudiado** administración de empresas.	*when the person or thing in the main clause is certain or definite (indicative):* Contrataron a un empleado que **estudió** administración de empresas.
after ***a menos que, antes (de) que, con tal (de) que, en caso (de) que, para que,*** *and* ***sin que*** *when there are two different subjects:* El abogado hizo todo lo posible para que su cliente no **fuera** a la cárcel.	*after* ***a menos de, antes de, con tal de, en caso de, para,*** *and* ***sin*** *when there is no change in subject (infinitive):* El abogado hizo todo lo posible para **defender** a su cliente.
after the conjunctions ***cuando, después (de) que, en cuanto, hasta que,*** *and* ***tan pronto como*** *when they refer to future actions:* Compraré otro teléfono celular cuando me **ofrezcan** un plan adecuado a mis necesidades.	*after the conjunctions* ***cuando, después (de) que, en cuanto, hasta que,*** *and* ***tan pronto como*** *when they do not refer to future actions (indicative):* Compré otro teléfono celular cuando me **ofrecieron** un plan adecuado a mis necesidades.
after ***si*** *in hypothetical or contrary-to-fact statements about the present:* Si **tuviera** tiempo, iría al cine.	*after* ***si*** *in hypothetical statements about possible or probable future events (indicative):* Si **tengo** tiempo, iré al cine.
after ***si*** *in hypothetical or contrary-to-fact statements about the past:* Si **hubiera tenido** tiempo, habría ido al cine.	*after* ***si*** *in statements that express habitual past actions (indicative):* Si **tenía** tiempo, siempre iba al cine.

Práctica

1 **La futura Reina** Elige la forma correcta de cada verbo para completar el párrafo sobre la vida de Letizia Ortiz.

Letizia Ortiz (1) ___nació___ (nacía/nació) en 1972, en Oviedo. (2) ___Estudió___ (Estudió/ Estudiaba) periodismo en la Universidad Complutense de Madrid. Desde que (3) ___terminó___ (terminaba/terminó), (4) ___ha tenido___ (ha tenido/tiene) varios puestos importantes. Cuando Letizia y Felipe (5) ___se conocieron___ (se conocían/se conocieron), ella (6) ___trabajaba___ (trabajó/trabajaba) como periodista de TVE y por aquella época (7) ___era___ (era/fue) una de las figuras del canal. Desde hace unos días, Letizia y Felipe (8) ___están___ (estarán/están) en México y (9) ___han anunciado___ (anunciaban/han anunciado) que (10) ___viajarán___ (viajan/viajarán) a otros países de Latinoamérica en el futuro como representantes de la Corona española.

2 **Completar** Completa las oraciones usando el verbo en subjuntivo o en indicativo.

1. Quiero que se ___terminen___ (terminar) los problemas con los inmigrantes.
2. Me gustaría que mis hijos ___tuvieran___ (tener) más tiempo para leer los diarios que escribió mi abuelo al emigrar.
3. El profesor me recomendó que yo ___preservara___ (preservar) mi herencia cultural.
4. Me molestaba que ella ___hablara___ (hablar) de esa manera sobre los inmigrantes.
5. Mi abuela hizo todo lo posible para que todos nosotros ___visitáramos___ (visitar) su país de origen.
6. Cada día ___llegan___ (llegar) al país muchos nuevos inmigrantes llenos de sueños.
7. La situación ___ha cambiado/cambió___ (cambiar) en los últimos años porque los españoles ya no emigran tanto como en el pasado.
8. Te aconsejo que ___estudies___ (estudiar) la historia de la inmigración de tu país; es un tema muy interesante.

3 **Pensamientos** En parejas, escriban oraciones sobre lo que pensaban hace diez años y lo que piensan en la actualidad. Usen las diferentes formas del subjuntivo, del indicativo y del infinitivo, y las palabras y expresiones de la lista. Sean creativos/as.

Modelo Era una lástima que a mis padres no les gustara mi música.

buscar	es/era imposible	matrimonio	salir
comprar	es/era una lástima	ojalá	televisión
desear	humanidad	playa	tener miedo
dudar	matemáticas	querer	viajar

Nota CULTURAL

Letizia Ortiz Rocasolano, conocida hoy día como la futura **Reina de España**, nació en **Oviedo** el 15 de septiembre de 1972. Periodista de profesión, empezó a formar parte de la monarquía al contraer matrimonio con el **príncipe Felipe de Borbón**. Debido a la incompatibilidad de los puestos, tras la boda tuvo que abandonar su carrera profesional para ocuparse de las tareas que le exige su nuevo rango en la realeza española.

1 If time permits, have students research and write a paragraph about Spain's royal family.

2 Have students check their answers with a partner.

3 Have students record their responses in two columns: **antes** and **ahora**. Then have them switch lists with another pair to compare each other's past and present thoughts.

4 Part A: Follow up the activity by asking students about their own study-abroad plans. Use questions that prompt a variety of verb forms. Ex: **¿Quiénes han estudiado en el extranjero? ¿Adónde fueron y qué cosas hicieron allá? ¿Quiénes tienen planes de pasar un semestre en otro país? ¿Adónde irán? Si pudieran ir a cualquier país para estudiar, ¿adónde irían?**

4 Part B: In pairs, have students write a dialogue of their own in which they discuss with their parents their plans or hopes to study abroad. Remind them to use both the subjunctive and the indicative.

5 For an outside writing project, have students invent a diary entry from one of their own ancestors. Ask them to exchange drafts with a partner to check their use of verb forms. Then ask volunteers to read their work aloud.

4

Estudios Juliana ha llegado a España con la intención de estudiar allí.

A. Escribe oraciones siguiendo el modelo para hablar de sus planes. Usa el subjuntivo cuando sea necesario.

> **Modelo**   **tan pronto como / tener dinero**
> Va a estudiar en la universidad tan pronto como tenga dinero.

1. con tal (de) que / estudiar psicología
2. en cuanto / tomar los exámenes de ingreso
3. cuando / encontrar un apartamento cerca de la universidad
4. hasta / terminar sus estudios
5. para / encontrar un buen trabajo en el futuro

B. Ahora, en parejas, utilicen las oraciones que han formado para escribir un diálogo entre Juliana y su madre. Juliana le explica cuáles son sus planes.

Sí, mamá, voy a estudiar en la universidad tan pronto como tenga dinero.

5

El bisabuelo En parejas, imaginen que su bisabuelo, de origen mexicano, emigró a España en 1890. Escriban una hoja de su diario contando cómo fue su llegada a ese país. Usen el indicativo o el subjuntivo y algunas de las palabras de la lista.

amigo/a	carpintero	esperanza	puerto (*harbor*)
anuncio	cartas	esposa	tormenta
barco	casa	familiares	trabajo
caballo	dinero	hijo/a	viento

23 de diciembre de 1890

Hoy fue un día muy particular. Después de un pesado viaje de muchos días...

Comunicación

6 **¿Quién es?** En parejas, escojan una persona famosa. Escriban una lista de los acontecimientos de su vida (pasados, presentes y los que puedan ocurrir en el futuro). Cuando hayan terminado, lean en voz alta la lista de los acontecimientos. El resto de la clase tendrá que adivinar de quién se trata.

7 **Los cincuenta** Mañana Manuel va a cumplir 50 años. Por ello, Manuel ha estado pensando en todo lo que le hubiera gustado hacer pero que nunca hizo. En parejas, miren el dibujo y hablen sobre lo que habría hecho Manuel si hubiera podido. Luego inventen tres cosas que hizo, pero de las que se arrepiente (*regrets*).

8 **Tu vida** Primero, completa el cuadro con algunos acontecimientos de tu vida y con los planes que tienes para el futuro. Luego, cuéntale a un(a) compañero/a los eventos de tu vida y tus planes.

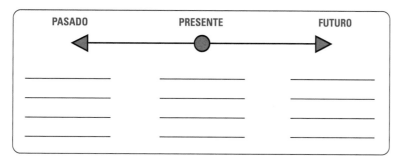

9 **Cuando se acabe IMAGINA** Se acerca el final de este libro de español. En grupos de cuatro, hablen sobre sus deseos, esperanzas y planes relacionados con el español que han aprendido. Usen el **presente**, el **futuro**, el **condicional** y el **subjuntivo**, según sea necesario.

> Modelo Me gustaría encontrar un trabajo en el que pudiera hablar español. / Quiero pasar seis meses en un país donde se hable español.

Síntesis

¡El español avanza a pasos de gigante!

A pesar de que se esperaba que las generaciones de hispanos nacidas en los Estados Unidos abandonaran la lengua materna, un estudio revela que el español sigue en crecimiento. El estudio *El uso futuro de la lengua española en los Estados Unidos – Proyecciones 2015 y 2025* confirma la evidencia: el idioma español se expande rápidamente en los Estados Unidos. El estudio, financiado por la Hispanic USA Inc. y elaborado por el Roslow Research Group, afirma que en unos 10 años, el 45% de los habitantes de los Estados Unidos hablará también el idioma español.

Hasta hace poco, los estudios indicaban que las lenguas maternas de los inmigrantes tendían a reducirse o a desaparecer a lo largo de las generaciones. De hecho, el español desapareció en varios países durante el siglo XX. Así ocurrió en Micronesia, en Guam y en otras islas del Pacífico, y también en las Filipinas, donde prácticamente ha desaparecido. Pero, a pesar de la previsión de que el uso del español disminuiría en estos años, el estudio revela que dentro de una década habrá en los Estados Unidos 12,4 millones de personas más que hablen este idioma.

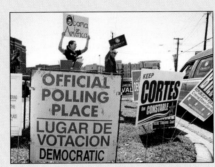

"Sabemos que que el número de hispanos que se adaptan a la cultura estadounidense seguirá creciendo, pero lo que este estudio muestra claramente es que el español llegó para quedarse", concluye el estudio. En la actualidad, 39 millones de habitantes de los Estados Unidos son hispanohablantes. En este país, el español es, después del inglés, la lengua más hablada, y es el idioma que más se enseña en las escuelas y universidades. ■

2 Guide the debate by asking for students' opinions about controversial topics such as bilingual education, illegal immigration, and the enforcement of an "official language." Encourage students to provide examples of their own encounters with Spanish language in the U.S. Follow up the discussion by asking students to share the experience of their own families' incorporation into American culture. Ask: **¿Qué aspectos de su lengua y cultura maternas se han mantenido? ¿Qué aspectos se han perdido?**

TEACHING OPTION For a final review of verb conjugations, write a list on the board of all the indicative and subjunctive verb forms presented in **IMAGINA**. In pairs, have students write down one sentence for each verb form listed. For each verb tense, they may either find a sentence from the text above or write one of their own that relates to the topic. Then call on pairs to read one of their sentences and write the conjugated verbs on the board.

1 **Opiniones** En grupos pequeños, lean estas reacciones al artículo. Túrnense para dar sus opiniones sobre cada afirmación. Luego, presenten sus ideas a la clase.

"Algún día, el español reemplazará al inglés en el mundo. Pero, en la actualidad, los inmigrantes no hablan bien ni el español ni el inglés. El bilingüismo debe ser apoyado desde la educación."

"Nadie puede saber lo que ocurrirá en el futuro con la población. Lo más probable es que, con el tiempo, los inmigrantes se adapten y hablen cada vez más inglés."

"Si el español se impone, el país podría perder su identidad lingüística. Hay que proteger el inglés antes de que sea demasiado tarde: ninguna medida preventiva está de más."

2 **Consecuencias** En parejas, hablen sobre las consecuencias de la inmigración hispanohablante en los Estados Unidos. Escriban una lista en la que describan los beneficios y los riesgos de este fenómeno. Usen el subjuntivo y expresiones negativas y afirmativas. Luego debatan sus ideas con la clase.

Preparación

 Audio: Vocabulary

NATIONAL connections cultures STANDARDS

VARIACIÓN LÉXICA
acomodarse ↔ adaptarse
semejante ↔ parecido/a, similar

Vocabulario de la lectura

el acento *accent*

convertirse (e:ie) en (algo)
to turn into (something)

la convivencia
coexistence

de hecho *in fact*

el/la exiliado/a político/a
political exile

la falta (de) *lack (of)*

el hogar *home*

la homogeneidad
homogeneity

la mejora *improvement*

por delante *ahead (of)*

proveniente de
(coming) from

la razón *reason*

surgir *to emerge, to arise*

Vocabulario útil

acomodarse *to adapt*

cómodo/a *comfortable*

echar de menos *to miss*

heterogéneo/a
heterogeneous

la limpieza étnica
ethnic cleansing

la persecución *persecution*

semejante *similar*

los valores *values*

---

1 **Vocabulario** Completa cada frase con la palabra o expresión adecuada. Luego, usa tres de estas palabras para formar oraciones.

1. Me fui de mi país por la censura. Ahora soy _____.
   a. exiliado político   b. astronauta   c. abogado

2. Mi casa es más que una casa porque me siento cómodo y feliz allí. Mi casa es mi _____.
   a. hogar   b. mejora   c. democracia

3. Vivo con mis hermanos y mis hermanas. Me gusta la _____ en familia.
   a. bancarrota   b. convivencia   c. crisis

4. Somos todos iguales en esta ciudad. Las casas tienen el mismo estilo, la gente lleva la misma ropa. Hay mucha _____.
   a. pobreza   b. homogeneidad   c. madurez

5. Llegué a este país y tuve que aprender el idioma. Ahora lo hablo pero con _____.
   a. vejez   b. Internet   c. acento

1 Give students these additional items:

6. Mis hijos no me escuchan. Hacen lo que les da la gana, ¡y hasta se burlan de mí! No aguanto más esta _____ de respeto. (c)
a. limpieza étnica
b. razón
c. falta

7. Siempre discuto con Tomás porque, de verdad, no compartimos los mismos _____. (a)
a. valores
b. persecuciones
c. mejoras

2 **A pensar** En grupos de cuatro, expresen sus opiniones sobre los siguientes temas.

1. Algunas personas deciden irse de sus países de origen voluntariamente. Otras personas, como los exiliados políticos, se ven forzadas a irse de su país. ¿A cuál de estos dos grupos crees que le resulta más difícil adaptarse a la nueva cultura?

2. En caso de tener que dejar tu país, ¿qué crees que echarías de menos?

3. Con la llegada de inmigrantes, la diversidad cultural crece. Describe una de tus experiencias con la diversidad.

2 To preview the reading, use the questions to stimulate a discussion about political exile. Have students list the reasons people flee their country and the freedoms they are seeking. Ask about recent political situations that have led to massive emigration. Then ask students to look back at their own family history for examples of political exile. Point out that even some of the earliest European settlers in America fled religious persecution.

3 **Éxodos** En grupos de cuatro, hablen de los grandes movimientos migratorios.

• Escriban una lista de movimientos migratorios que se han producido a lo largo de la historia. ¿Qué circunstancias llevaron a estos grupos a emigrar?

• Hagan otra lista con los movimientos migratorios actuales. ¿Por qué emigran estos grupos?

• Teniendo en cuenta las tendencias migratorias, ¿cómo será el panorama sociocultural a finales del siglo XXI?

• Compartan sus listas y visión para el futuro con la clase.

España
Nueva ola de inmigrantes

Desde finales del siglo XIX hasta bien entrado el siglo XX, muchos españoles tuvieron que abandonar su país. Unos lo hicieron por razones económicas; otros, por razones políticas. Primero, surgió la [5]
corriente de españoles que se iban a "hacer la América", siendo las islas caribeñas uno de sus destinos de preferencia. Éstos volvían a veces a sus pueblos con pequeñas fortunas acumuladas. Pocos años después, [10]
el aura mítica que rodeaba a los que se iban en busca de aventura se desvaneció° *faded*
para dar paso a otra clase de emigrante: el exiliado político.

15   El inicio de la Guerra Civil en 1936 obligó a muchos a abandonar a sus familias y hogares para salvar la vida. Políticos, artistas e intelectuales huyeron, encontrando un nuevo hogar en otros países. México,
20 Argentina y Venezuela fueron algunos de los países que dieron refugio y esperanza a miles de españoles. Hoy en día, sin embargo, ese proceso se ha invertido y el flujo° migratorio cruza el océano Atlántico en sentido inverso,
25 de Hispanoamérica a España.

flow (margin gloss for line 23)

    Hace tan sólo unos treinta años, un paseo por cualquier ciudad española nos mostraba una ciudadanía inmersa en la homogeneidad. Bajo el régimen dictatorial
30 de Francisco Franco, todos los que vivían en España parecían comer los mismos platos, vestir las mismas ropas y practicar la misma religión. La falta de libertad de expresión también llevaba a pensar que tenían la
35 misma ideología.

    Tras la muerte de Franco en 1975, se inició en el país un proceso de modernización y de apertura° política y económica que ha tenido como resultado

opening; commencement (margin gloss for line 38)

40 un cambio drástico, no sólo en la realidad de la sociedad española, sino también en su semblante°. En la actualidad, un paseo por las ciudades nos ofrece un panorama considerablemente diferente. Restaurantes

appearance (margin gloss for line 42)

45 argentinos, peruanos, cubanos y mexicanos forman parte del paisaje urbano. La gente por las calles habla con acentos extranjeros y, sin embargo, camina con la seguridad del que sabe que está en casa. Y el palmito, la
50 yuca, las frutas tropicales y el cilantro son sólo algunos de los productos que hasta hace poco eran desconocidos y que ahora se encuentran tanto en pequeñas tiendas como en supermercados.

55   En las últimas tres décadas, España ha pasado de ser un país de emigrantes, en el que los ciudadanos tenían que ir a buscar trabajo al extranjero, a ser el nuevo hogar de muchos. La mejora económica ha tenido
60 los efectos que, en décadas o incluso siglos anteriores, ya se habían vivido en otros países como Estados Unidos. Según los

De Franco a la democracia

Los casi cuarenta años de dictadura de Francisco Franco terminaron el día de su muerte en 1975. La pacífica transición española a la democracia causó gran admiración internacional. De hecho, España ha servido de modelo para muchos países que posteriormente se han visto en las mismas circunstancias. El mérito se debe al gran consenso social y político al que llegaron tanto la sociedad civil como los poderes políticos y militares.

datos del Instituto Nacional de Estadística del año 2005, el número de inmigrantes se ha triplicado en tan sólo cinco años. La 65 mayoría llega de Marruecos, por la cercanía con África, pero hay un gran número de inmigrantes provenientes de Ecuador, Colombia, la República Dominicana y Perú. A pesar de las dificultades vividas tanto por 70 los españoles como por los recién llegados, existen ciertos beneficios mutuos. Gracias a la inmigración, España ha dejado de ser el país de menor crecimiento en población del mundo occidental. Los beneficios 75 también se ven en los países de origen, ya que el dinero que envían los inmigrantes a sus familias se ha convertido en una de las principales fuentes de ingreso en los países de origen. 80

    En el siglo XXI, el país se halla° frente

finds itself (margin gloss for line 81)

al reto de tener sus puertas abiertas a los inmigrantes. El cambio ya se percibe y la diversidad cultural se respira por muchas zonas de la geografía española, pero todavía 85 hay mucho trabajo por delante. También hay que, a partir de la tolerancia y el respeto, crear una sociedad mejor para todos. Hagamos que este siglo en el que vivimos sea el siglo de la pluralidad, el intercambio 90 cultural y la convivencia. ■

Análisis

1

Comprensión Contesta las preguntas con oraciones completas.

1. ¿Cuáles son las dos razones por las que muchos españoles dejaron su país entre finales del siglo XIX y bien entrado el siglo XX? Dejaron su país por razones económicas y políticas.

2. ¿Qué ocurrió en el año 1936 en España? Comenzó la Guerra Civil.

3. ¿Quiénes eran los exiliados políticos que salieron de España durante el gobierno de Franco? Los exiliados políticos eran políticos, artistas e intelectuales.

4. ¿Por qué se dice que había homogeneidad entre los españoles durante el gobierno de Franco? Porque tenían las mismas ropas y la misma religión, y parecía que todos tenían la misma ideología a causa de la falta de libertad de expresión.

5. ¿Cómo es España hoy en día? Hay restaurantes argentinos, cubanos, etc. Hay frutas importadas y hay gente de otros países.

6. ¿Cómo ha cambiado la situación migratoria de España en las últimas tres décadas? Se ha convertido en un país que recibe inmigrantes en vez de tener ciudadanos que emigran a otros países.

2

Análisis En parejas, contesten estas preguntas y expliquen sus respuestas.

1. ¿Creen que los países tienen el deber de aceptar inmigrantes? ¿Por qué?

2. Muchos de los nuevos inmigrantes vienen de Hispanoamérica y hablan un español distinto al de España. ¿Creen que los inmigrantes adaptarán su forma de hablar? ¿Deberían hacerlo?

3. ¿Es posible que España vuelva a tener una sociedad homogénea? ¿Por qué?

3

Diversidad En grupos de cuatro, hablen sobre cómo la diversidad cultural se ve reflejada en los siguientes ámbitos de sus vidas.

- Compañeros de clase/trabajo
- Idiomas que se hablan
- Los productos que consumes
- Los restaurantes de tu ciudad
- Tus amigos y tu familia
- Tus vecinos

4

Citas

A. En grupos de cuatro, expliquen lo que significan para ustedes estas citas.

> "Mi patria son mis amigos."
> *Alfredo Bryce Echenique*

> "Nadie es patria, todos lo somos."
> *Jorge Luis Borges*

B. Organicen un debate con toda la clase. Formen tres grupos, cada uno de los cuales deberá defender una de estas opiniones.

- La patria es la tierra en la que uno nació.
- La patria es la tierra de nuestros antepasados.
- La patria es la tierra que uno elige.

 Practice more at **vhlcentral.com**.

Preparación Reading
Audio: Vocabulary

Sobre el autor

Nacido en 1928 en Aracataca, Colombia, **Gabriel García Márquez** fue criado por sus abuelos entre mitos, leyendas y libros fantásticos. Comenzó a estudiar derecho, pero lo abandonó para dedicarse al periodismo. Como corresponsal en Italia, viajó por toda Europa. Vivió en diferentes lugares y escribió guiones cinematográficos, cuentos y novelas. En 1967 publicó su novela más famosa, *Cien años de soledad*, cuya acción transcurre en el mítico pueblo de Macondo. En 1982 se le concedió el Premio Nobel de Literatura. En el prefacio de su autobiografía, *Vivir para contarla* (2002), García Márquez señala: "La vida no es la que uno vivió, sino la que uno recuerda y cómo la recuerda para contarla".

INSTRUCTIONAL RESOURCES
Supersite: Literatura recording; Scripts; SAM AK
SAM/WebSAM: LM

Vocabulario de la lectura

amanecer *to wake up*
burlarse (de) *to mock*
el/la carnicero/a *butcher*
la certeza *certainty*
la desgracia *misfortune, tragedy*
esparcir *to spread*
el/la pariente *relative*
la preocupación *concern*
el presagio *omen*
el presentimiento *premonition*
el/la tonto/a *fool*

Vocabulario útil

afligirse *to be distressed*
la duda *doubt*
el miedo *fear*
rumorear *to be rumored*
el sentido común *common sense*
supersticioso/a *superstitious*

1 Vocabulario Busca en la lista del vocabulario un sinónimo para cada palabra.

1. despertarse _amanecer_
2. presentimiento _presagio_
3. difundir _esparcir_
4. inquietud _preocupación_
5. reírse (de) _burlarse (de)_
6. estúpido _tonto_

2 ¿Eres supersticioso/a? Haz el test para saber si eres supersticioso/a o no. Luego, en parejas, comparen sus respuestas y díganle a su compañero/a si es sensato/a, prudente o supersticioso/a.

1. **Frente a ti hay una escalera (*ladder*) apoyada contra la pared.**
   a. Pasas por debajo sin pensarlo dos veces.
   b. Cruzas la calle.
   c. Corres a la iglesia más cercana para alejar de ti los malos espíritus.

2. **Un pariente te cuenta que soñó que algo malo te sucedía.**
   a. Le preguntas por qué mejor no sueña con los números ganadores de la lotería.
   b. Consultas a tu astróloga para preguntarle qué hacer.
   c. Te da un ataque de nervios y no sales de tu casa durante una semana.

3. **Accidentalmente rompes un espejo.**
   a. Echas todo a la basura y sales a comprar otro.
   b. Sales a buscar un trébol (*clover*) de cuatro hojas (*leaves*).
   c. Llamas a una bruja para que "limpie" tu casa.

4. **Para que te vaya bien en la vida, piensas que lo mejor es:**
   a. Pensar en lo positivo y ser optimista.
   b. Tener contigo tu amuleto de la buena suerte y leer tu horóscopo.
   c. Visitar a menudo a una adivina para que haga conjuros (*spells*) a tu favor.

Resultados

Mayoría de A: Sensato/a Eres inteligente y sensato/a; para ti no existen las malas señales y te burlas de las supersticiones.

Mayoría de B: Prudente Eres prudente y buscas soluciones, pero también consideras que los hechos casuales pueden ser señal de que existen fuerzas negativas.

Mayoría de C: Supersticioso/a Le das tanto valor a los malos presagios que el miedo determina tus acciones.

1 Remind students that as a noun **el amanecer** means *dawn*.

2 Ask students if they have **cábalas** (*rituals, lucky charms*) for good luck and what kind of superstitions they are familiar with. They might look up the origin of these practices and whether today they mean different things in different places of the word.

ALGO MUY GRAVE VA A SUCEDER EN ESTE PUEBLO

Gabriel García Márquez

Imagínese un pueblo muy pequeño donde hay una señora vieja que tiene dos hijos, uno de 17 y una hija de 14. Está sirviéndoles el desayuno a sus hijos y se le advierte una expresión muy preocupada. Los hijos le preguntan qué le pasa y ella responde: "No sé. Pero he amanecido con el presentimiento de que algo muy grave va a sucederle
5 a este pueblo". El hijo se va a jugar al billar y, en el momento en que va a tirar una carambola° sencillísima, el adversario le dice: "Te apuesto° un peso a que no la haces". Todos se ríen; él se ríe. Tira la carambola y no la hace. Paga su peso y le preguntan: "Pero qué pasó, si era una carambola sencilla". Contesta: "Es cierto, pero me ha quedado la preocupación de una cosa que me dijo mi mamá esta mañana sobre algo grave que va
10 a suceder a este pueblo". Todos se ríen de él y el que se ha ganado el peso regresa a su casa, donde está su mamá o una nieta o, en fin, cualquier pariente. Feliz con su peso, dice: "Le gané este peso a Dámaso en la forma más sencilla porque es un tonto".
—¿Y por qué es un tonto?

tirar... make a rebound shot
(in billiards)/bet

Audio: Reading

worried 15

Dice: "Hombre, porque no pudo hacer una carambola sencillísima estorbado° por la idea de que su mamá amaneció hoy con la certeza de que algo muy grave iba a suceder en este pueblo". Entonces le dice su madre: "No te burles de los presentimientos de los viejos

they are fulfilled 20

porque a veces salen°".

La pariente lo oye y va a comprar carne. Ella dice al carnicero: "Véndame

pound

una libra° de carne"; y, en

25

el momento en que se la están cortando, agrega: "Mejor véndame dos, porque andan diciendo que algo grave va a pasar y lo

30

mejor es estar preparado".

serves

El carnicero despacha° su carne y, cuando llega otra señora a comprar una libra de carne, le dice: "Lleve

35

dos porque hasta aquí llega la gente diciendo que algo muy grave va a pasar, y se están preparando y andan comprando cosas". Entonces, la vieja responde: "Tengo varios hijos, mire, mejor

40

déme cuatro libras". Se lleva las cuatro libras; y para no hacer largo el cuento, diré que el

runs out of

carnicero en media hora agota° la carne, mata otra vaca, se vende toda y se va esparciendo el rumor. Llega el momento en que todo el

45

mundo, en el pueblo, está esperando que pase algo. Se paralizan las actividades y, de pronto a las dos de la tarde, hace calor como siempre. Alguien dice: "¿Se ha dado cuenta el calor que está haciendo?".

50

"Pero si en este pueblo siempre ha hecho calor." (Tanto calor que es el pueblo donde los

mended

músicos tenían instrumentos remendados° con

tar/shade

brea° y tocaban siempre a la sombra° porque, si tocaban al sol, se les caían los pedazos.)

> ## Pero he amanecido con el presentimiento de que algo muy grave va a sucederle a este pueblo.

"Sin embargo —dice uno— nunca a esta hora 55 ha hecho tanto calor."

"Pero a las dos de la tarde es cuando hay más calor."

"Sí, pero no tanto calor como ahora."

Al pueblo desierto, a la plaza desierta, baja de 60 pronto un pajarito y se corre la voz: "Hay un pajarito en la plaza". Y viene todo el mundo, espantado°, a ver *frightened* el pajarito. 65

"Pero, señores, siempre ha habido pajaritos que bajan."

"Sí, pero nunca a esta hora."

Llega un momento de tal 70 tensión para los habitantes del pueblo, que todos están desesperados por irse y no tienen el valor de hacerlo.

"Yo   sí   soy   muy 75 macho —grita uno—. Yo me voy."

Agarra° sus muebles, sus hijos, sus *He grabs* animales, los mete en una carreta° y *cart* atraviesa° la calle central donde está el 80 *he crosses* pobre pueblo viéndolo. Hasta el momento en que dicen: "Si éste se atreve° a irse, pues *dares to* nosotros también nos vamos", y empiezan a desmantelar literalmente el pueblo. Se llevan las cosas, los animales, todo. 85

Y uno de los últimos que abandona el pueblo dice: "Que no venga la desgracia a caer sobre lo que queda de nuestra casa", y entonces la incendia y otros incendian también sus casas. 90

Huyen° en un tremendo y verdadero pánico, *They flee* como en un éxodo de guerra, y en medio de ellos va la señora que tuvo el presagio, clamando: "Yo dije que algo muy grave iba a pasar, y me dijeron que estaba loca". ■ 95

(Este cuento fue narrado verbalmente —y grabado— en un congreso de escritores por Gabriel García Márquez "para que vean cómo cambia cuando lo escriba" y fue publicado por la revista mexicana El Cuento).

Análisis

1 In pairs, have students describe what the woman might have dreamed to wake up with this premonition.

1

Comprensión Contesta las preguntas con oraciones completas.

1. ¿Cuántos hijos tiene la señora vieja del cuento? ¿Dónde viven?
   Tiene dos hijos. Viven en un pueblo pequeño.

2. ¿Cuál es el presentimiento de la señora? ¿A quién se lo cuenta?
   Ella siente que algo grave va a sucederle al pueblo. Se lo cuenta a sus hijos.

3. ¿Quién es Dámaso?
   Dámaso es el hijo mayor de la señora vieja.

4. ¿Por qué pierde la apuesta?
   La pierde porque no hace la carambola; está preocupado por el presentimiento de su madre.

5. ¿Qué pasa en la carnicería?
   La gente empieza a pedir mucha carne porque oye sobre el presentimiento.

6. Al ver el calor que hace y los pájaros que bajan, ¿qué hacen los habitantes del pueblo?
   Los habitantes se van del pueblo con sus cosas; finalmente incendian las casas.

2 Have students discuss the power of words and hearsay to trigger a chain reaction. Ask: **¿Las palabras pueden cambiar o crear la realidad?** Ask them to think of times in this country when people have gotten swept up in a panic. Remind them of the media's influence on public opinion. Give Orson Welles' radio show as an example (**p. 292**).

2

Interpretar En parejas, contesten estas preguntas y expliquen sus respuestas.

1. Un personaje señala: "No te burles de los presentimientos de los viejos porque a veces salen". ¿Se cumple finalmente el presagio de la señora? ¿Cómo? ¿Por qué?

2. Este cuento carece de (*lacks*) descripciones de los personajes, incluso de sus nombres, con una excepción. ¿Por qué creen que sólo Dámaso tiene nombre? ¿De qué manera es un personaje clave?

3. ¿Podría desarrollarse este cuento en cualquier lugar del mundo? ¿Es importante que tome lugar en un pueblo pequeño? ¿En un pueblo de Latinoamérica?

4. ¿Quién es responsable del pánico? ¿Dámaso, la madre o el carnicero? ¿Por qué?

3 Have students discuss these questions in small groups: **¿Estos refranes sirven hoy en día, o son anticuados? ¿Se cumplen siempre o es posible que a veces ocurra lo contrario de lo que afirman?**

3

Refranes En parejas, lean los refranes y escriban una explicación para cada uno usando sus propias palabras. Luego, digan cómo se relacionan con el cuento.

> **Todo es según el color del cristal con que se mira.**

> **No hay peor ciego que el que no quiere ver.**

> **Hombre prevenido vale por dos.**

> **Cuando el río suena, agua lleva.**

TEACHING OPTION Ask students to write another version of *Algo muy grave va a suceder en este pueblo*, in which the story begins with a positive premonition. Have students read their stories in small groups and select one version to share with the class.

4

Escribir Imagina que eres vidente (*psychic*). Has tenido visiones de una catástrofe inminente y llamas a una conferencia de prensa. Sigue el plan de redacción para escribir tu declaración. Usa expresiones negativas y afirmativas, y el subjuntivo cuando sea necesario.

Plan de redacción

Conferencia de prensa

1 **Presagio** Cuenta brevemente cómo obtuviste la información (una visión, sueño, contacto con el más allá, etc.) y describe lo que viste.

2 **Interpretación** Interpreta lo que va a ocurrir y advierte del peligro.

3 **Conclusión** Indica de qué manera puede prevenirse la catástrofe.

Practice more at **vhlcentral.com.**

Nuestro futuro

 Audio: Vocabulary Flashcards
Video: *En pantalla*

Las tendencias

la **asimilación** *assimilation*
la **causa** *cause*
la **diversidad** *diversity*
el/la **emigrante** *emigrant*
la **frontera** *border*
la **herencia cultural** *cultural heritage*
la **humanidad** *humankind*
los **ideales** *principles; ideals*
el **idioma oficial** *official language*
la **inmigración** *immigration*
la **integración** *integration*
la **lengua materna** *mother tongue*
el **lujo** *luxury*
la **meta** *goal*
la **natalidad** *birthrate*
la **población** *population*
el/la **refugiado/a (de guerra/político/a)**
   (war/political) refugee

adivinar *to guess*
anticipar *to anticipate; to expect*
asimilarse *to assimilate*
atraer *to attract*
aumentar *to grow*
disminuir *to decrease, to reduce, to diminish*
predecir (e:i) *to predict*
superarse *to better oneself*

bilingüe *bilingual*
(in)conformista *(non)conformist*
excluido/a *excluded*
monolingüe *monolingual*
previsto/a *foreseen*
solo/a *alone*

Problemas y soluciones

la **amnistía** *amnesty*
la **añoranza** *homesickness*
el **caos** *chaos*
el **coraje** *courage*
el **daño** *harm*
el **diálogo** *dialogue*
el **entendimiento** *understanding*
la **incertidumbre** *uncertainty*
la **inestabilidad** *instability*
el **maltrato** *abuse, mistreatment*
el **nivel de vida** *standard of living*

la **polémica** *controversy*
la **superpoblación** *overpopulation*

hacer un esfuerzo *to make an effort*
luchar *to fight*
prescindir (de) *to do without*
protestar *to protest*

Los cambios

adaptarse *to adapt*
alcanzar (un sueño/una meta)
   to fulfill (a dream); to reach (a goal)
dejar *to leave behind*
despedirse (e:i) *to say goodbye*
enriquecerse *to become enriched*
establecerse *to establish oneself*
extrañar *to miss*
integrarse (a) *to become part (of); to fit in*
lograr *to attain, to achieve*
pertenecer *to belong*
rechazar *to reject*

Cortometraje

la **actitud** *attitude*
la **aduana** *customs*
el **cura** *priest*
la **facha** *look*
el **jardín** *garden*
el **mantenimiento** *maintenance*
la **nostalgia** *nostalgia*
la **paciencia** *patience*
el **progreso** *progress*
el **rancho** *ranch*
el **territorio** *territory*

arreglar *to fix*
arriesgarse *to take a risk*
crecer *to grow (up)*
desconfiar *to be suspicious, to not trust*
estar embarazada *to be pregnant*
gozar (de) *to enjoy*
jurar *to promise*
mezclar *to mix*
reconocer (c:zc) *to recognize*
sembrar (e:ie) *to plant*
sentirse realizado/a *to feel fulfilled*
tomar el pelo *to pull someone's leg*

Cultura

el **acento** *accent*
la **convivencia** *coexistence*
el/la **exiliado/a político/a** *political exile*
la **falta (de)** *lack (of)*
el **hogar** *home*
la **homogeneidad** *homogeneity*
la **limpieza étnica** *ethnic cleansing*
la **mejora** *improvement*
la **persecución** *persecution*
la **razón** *reason*
los **valores** *values*

acomodarse *to adapt*
convertirse (e:ie) en (algo) *to turn into (something)*
echar de menos *to miss*
surgir *to emerge, to arise*

cómodo/a *comfortable*
heterogéneo/a *heterogeneous*
proveniente de *(coming) from*
semejante *similar*

de hecho *in fact*
por delante *ahead (of)*

Literatura

el/la **carnicero/a** *butcher*
la **certeza** *certainty*
la **desgracia** *misfortune, tragedy*
la **duda** *doubt*
el **miedo** *fear*
el/la **pariente** *relative*
la **preocupación** *concern*
el **presagio** *omen*
el **presentimiento** *premonition*
el **sentido común** *common sense*
el/la **tonto/a** *fool*

afligirse *to be distressed*
amanecer *to wake up*
burlarse (de) *to mock*
esparcir *to spread*
rumorear *to be rumored*

supersticioso/a *superstitious*

INSTRUCTIONAL RESOURCES
Supersite: Testing program

Manual de gramática

Verb conjugation tables

Vocabulary

Index

Credits

MANUAL de GRAMÁTICA

Supplementary Grammar Coverage
for IMAGINA

The Manual de gramática is an invaluable tool for both instructors and students of intermediate Spanish. It contains additional grammar concepts not covered within the core lessons of **IMAGINA**, as well as practice activities. For each lesson in **IMAGINA**, up to two additional grammar topics are offered with corresponding practice.

These concepts are correlated to the grammar points in **Estructuras** by means of the **Taller de consulta** sidebars, which provide the exact page numbers where additional concepts are taught or reviewed in the **Manual**.

This special supplement allows for great flexibility in planning and tailoring your course to suit the needs of whole classes and/or individual students. It also serves as a useful and convenient reference tool for students who wish to review previously-learned material.

Contenido

1.4

Nouns and articles

Nouns

- In Spanish, nouns (**sustantivos**) ending in **–o, –or, –l, –s,** and **–ma** are usually masculine, and nouns ending in **–a, –ora, –ión, –d,** and **–z** are usually feminine.

Masculine nouns	Feminine nouns
el amigo, el cuaderno	la amiga, la palabra
el escritor, el color	la escritora, la computadora
el control, el papel	la relación, la ilusión
el autobús, el paraguas	la amistad, la fidelidad
el problema, el tema	la luz, la paz

- Most nouns form the plural by adding **–s** to nouns ending in a vowel, and **–es** to nouns ending in a consonant. Nouns that end in **–z** change to **–c** before adding **–es**.

  el hombre → los hombres   la mujer → las mujeres

  la novia → las novias   el lápiz → los lápices

- If a singular noun ends in a stressed vowel, the plural form ends in **–es**. If the last syllable of a singular noun ending in **–s** is unstressed, the plural form does not change.

  el tabú → los tabúes   el lunes → los lunes

  el israelí → los israelíes   la crisis → las crisis

Articles

- Spanish definite and indefinite articles (**artículos definidos e indefinidos**) agree in gender and number with the nouns they modify.

	Definite articles		Indefinite articles	
	singular	plural	singular	plural
MASCULINE	el compañero	los compañeros	un compañero	unos compañeros
FEMININE	la compañera	las compañeras	una compañera	unas compañeras

- In Spanish, when an abstract noun is the subject of a sentence, a definite article is always used.

  El amor es eterno.   Para ser modelo, necesitas belleza y altura.
  Love is eternal.   but   *In order to be a model, you need beauty and height.*

- An indefinite article is not used before nouns that indicate profession or place of origin unless the noun is followed by an adjective.

  Juan García es profesor.   Juan García es **un** profesor excelente.
  Juan García is a professor.   *Juan García is an excellent professor.*

  Ana María es neoyorquina.   Ana María es **una** neoyorquina orgullosa.
  Ana María is a New Yorker.   *Ana María is a proud New Yorker.*

Práctica

1 **Cambiar** Escribe en plural las palabras que están en singular y viceversa.

1. la compañera ___las compañeras___

2. unos amigos ___un amigo___

3. el novio ___los novios___

4. una crisis ___unas crisis___

5. unas parejas ___una pareja___

6. un corazón ___unos corazones___

7. las amistades ___la amistad___

8. el tabú ___los tabúes___

2 **Un chiste** Completa el chiste con los artículos apropiados. Recuerda que en algunos casos no debes usar ningún artículo.

(1) _Una_ pareja se va a casar. Él tiene 90 años. Ella tiene 85. Entran en (2) _una_ farmacia y (3) _el_ novio le pregunta al farmacéutico (*pharmacist*):

—¿Tiene (4) _∅_ remedios para (5) _el_ corazón?

—Sí —contesta (6) _el_ farmacéutico.

—¿Tiene (7) _∅_ remedios para (8) _la_ presión y (9) _el_ colesterol?

—Sí, también —contesta nuevamente (10) _el_ farmacéutico.

—¿Y (11) _∅_ remedios para (12) _la_ artritis y (13) _el_ reumatismo?

—Sí. Ésta es (14) _una_ farmacia muy completa. Tenemos de todo.

Entonces (15) _el_ novio mira a (16) _la_ novia y le dice:

—Querida, ¿qué te parece si hacemos (17) _la_ lista de regalos de bodas aquí?

3 **La cita** Completa el párrafo con la forma correcta de los artículos definidos e indefinidos.

Ayer tuve (1) _una_ cita con Leonardo. Fuimos a (2) _un_ restaurante muy romántico que está junto a (3) _un_ bonito lago. Desde nuestra mesa, podíamos ver (4) _el_ lago y (5) _los/unos_ barcos que navegaban por allí. Comimos (6) _unos_ platos muy originales. (7) _El_ pescado que yo pedí estaba delicioso. Nos divertimos mucho, pero al salir tuvimos (8) _un_ problema. Una de (9) _las_ ruedas (*tires*) del coche estaba pinchada (*punctured*). (10) _La_ próxima semana tendremos nuestra segunda cita.

4 **Escribir** Escribe oraciones completas con las siguientes palabras; utiliza los artículos definidos e indefinidos que correspondan y haz los cambios necesarios. Answers may vary slightly.

> **Modelo** **Elisa – ser – buena periodista**
> Elisa es una buena periodista.

1. mi madre – decir – amor – ser – eterno
Mi madre dice que el amor es eterno.

2. ayer – astrólogo – predecir – desgracia
Ayer el astrólogo predijo una desgracia.

3. lunes pasado – comprar – flores – tía Juanita
El lunes pasado compré unas flores para la tía Juanita.

4. capital – Venezuela – ser – Caracas
La capital de Venezuela es Caracas.

5. personas optimistas – soñar – mundo mejor
Las personas optimistas sueñan con un mundo mejor.

6. Rodrigo – ser – alma – fiesta
Rodrigo es el alma de la fiesta.

1.5

Adjectives

- Spanish adjectives (**adjetivos**) agree in gender and number with the nouns they modify. Most adjectives ending in **–e** or a consonant have the same masculine and feminine forms.

Adjectives

	singular	plural	singular	plural	singular	plural
MASCULINE	rojo	rojos	inteligente	inteligentes	difícil	difíciles
FEMININE	roja	rojas	inteligente	inteligentes	difícil	difíciles

- Descriptive adjectives generally follow the noun they modify. If a single adjective modifies more than one noun, the plural form is used. If at least one of the nouns is masculine, then the adjective is masculine.

un libro **apasionante**	las parejas **contentas**
an enthralling book	*the happy couples*

un suegro y una suegra **maravillosos**	la literatura y la cultura **ecuatorianas**
a wonderful father-in-law and mother-in-law	*Ecuadorean literature and culture*

- A few adjectives have shortened forms when they precede a masculine singular noun.

bueno → buen	alguno → algún	primero → primer
malo → mal	ninguno → ningún	tercero → tercer

- Some adjectives change their meaning depending on their position. When the adjective follows the noun, the meaning is more literal. When it precedes the noun, the meaning is more figurative.

	after the noun	before the noun
antiguo/a	el edificio **antiguo** *the ancient building*	mi **antiguo** novio *my old/former boyfriend*
cierto/a	una respuesta **cierta** *a correct answer*	una **cierta** actitud *a certain attitude*
grande	una ciudad **grande** *a big city*	un **gran** país *a great country*
mismo/a	el artículo **mismo** *the article itself*	el **mismo** problema *the same problem*
nuevo/a	un coche **nuevo** *a (brand) new car*	un **nuevo** profesor *a new/different professor*
pobre	los estudiantes **pobres** *the students who are poor*	los **pobres** estudiantes *the unfortunate students*
viejo/a	un libro **viejo** *an old book*	una **vieja** amiga *a long-time friend*

Práctica

1

Descripciones Completa cada oración con la forma correcta de los adjetivos.

1. Mi mejor amiga es ___guapa___ (guapo) y muy ___graciosa___ (gracioso).

2. Los novios de mis hermanas son ___altos___ (alto) y ___morenos___ (moreno).

3. Javier es ___buen___ (bueno) compañero, pero es bastante ___malhumorado___ (malhumorado).

4. Mi prima Susana es ___tranquila___ (tranquilo), pero mi primo Luis es ___celoso___ (celoso).

5. No sé por qué Marcos y Rosario son tan ___inseguros___ (inseguro) y ___tímidos___ (tímido).

6. Sandra, mi vecina, es una ___gran___ (grande) amiga, pero ayer tuvimos una ___terrible___ (terrible) discusión.

2

La vida de Marina Completa cada oración con los cuatro adjetivos.

1. Marina busca una compañera de cuarto ___tranquila, ordenada, honesta y puntual.___
   (tranquilo, ordenado, honesto, puntual)

2. Se lleva bien con las personas ___sinceras, serias, alegres y trabajadoras.___
   (sincero, serio, alegre, trabajador)

3. Marina tiene unos padres ___maduros, simpáticos, inteligentes y conservadores.___
   (maduro, simpático, inteligente, conservador)

4. Quiere ver programas de televisión más ___emocionantes, divertidos, dramáticos y didácticos.___
   (emocionante, divertido, dramático, didáctico)

5. Marina tiene un novio ___irlandés, talentoso, nervioso y creativo.___
   (irlandés, talentoso, nervioso, creativo)

Marina

3

Correo sentimental La revista *Ellas y ellos* tiene una sección de anuncios personales. Este anuncio recibió unas cien respuestas. Inserta la forma correcta de los adjetivos de la lista. Puedes utilizar el mismo adjetivo más de una vez.

| buen | gran | mal | ningún | tercer |
| bueno/a | grande | malo/a | ninguno/a | tercero/a |

Mi perrito y yo buscamos amor

Tengo cuarenta y tres años y estoy viudo desde hace tres años. Soy un (1) ___buen___ hombre: tranquilo y trabajador. Me gustan las plantas y no tengo (2) ___ningún___ problema con mis vecinos. Cocino y plancho. Me gusta ir al cine y no me gusta el fútbol. Siempre estoy de (3) ___buen___ humor. Vivo en un apartamento (4) ___grande___, en el (5) ___tercer___ piso de un edificio en Montevideo. Sólo tengo un pequeño problema: mi perro. Algunos dicen que tiene (6) ___mal___ carácter. Otros dicen que es un (7) ___buen___ animal. Yo creo que él es (8) ___bueno___, pero se siente solo, como su dueño. Busco una señora viuda o soltera que también se sienta sola. ¡Si tiene una perrita, mejor!

2.4

Progressive forms

- The present progressive (**el presente progresivo**) narrates an action in progress. It is formed with the present tense of **estar** and the present participle (**el gerundio**) of the main verb.

Estoy sacando una foto.	¿Qué **estás comiendo**?	**Están recorriendo** la ciudad.
I am taking a photo.	*What are you eating?*	*They are traveling around the city.*

- The present participle of regular **–ar, –er,** and **–ir** verbs is formed as follows:

INFINITIVE	STEM	ENDING	PRESENT PARTICIPLE
bailar	bail–	–ando	bailando
comer	com–	–iendo	comiendo
aplaudir	aplaud–	–iendo	aplaudiendo

- **–Ir** verbs that change **o** to **u**, or **e** to **i** in the **Ud./él/ella** and **Uds./ellos/ellas** forms of the preterite have the same change in the present participle.

  pedir → pidiendo   **mentir → mintiendo**   **dormir → durmiendo**

- When the stem of an **–er** or **–ir** verb ends in a vowel, the **–i–** of the present participle ending changes to **–y–**. The present participle of **ir** is **yendo**.

  leer → leyendo   **construir → construyendo**   **oír → oyendo**

- Other tenses have progressive forms as well, though they are used less frequently than the present progressive. These tenses emphasize that an action was/will be in progress at a particular moment in time.

  Estaba contestando la última pregunta cuando el profesor nos pidió los exámenes.
  I was in the middle of answering the last question when the professor asked for our exams.

  No vengas a las cuatro, todavía **estaremos trabajando**.
  Don't come at four; we will still be working.

  Luis cerró la puerta, pero su mamá le **siguió gritando**.
  Luis shut the door, but his mother kept right on shouting at him.

- Progressive tenses often use other verbs, especially ones that convey motion or continuity like **andar, continuar, ir, llevar, seguir,** and **venir,** in place of **estar**.

  > **anda diciendo** *he goes around saying*
  >
  > **continuarás trabajando** *you'll continue working*
  >
  > **van acostumbrándose** *they're getting more and more used to*
  >
  > **llevo un mes trabajando** *I have been working for a month*
  >
  > **siguieron hablando** *they kept talking*
  >
  > **venimos insistiendo** *we've been insisting*

Práctica

1

Una conversación telefónica Daniel es nuevo en la ciudad y no sabe cómo llegar al estadio de fútbol. Decide llamar a su ex novia Alicia para que le explique cómo encontrarlo. Completa el diálogo con la forma correcta del gerundio.

ALICIA Hola, ¿quién habla?

DANIEL Hola, Alicia, soy Daniel; estoy buscando el estadio de fútbol y necesito que me ayudes... Llevo (1) _____caminando_____ (caminar) más de media hora por el centro y sigo perdido.

ALICIA ¿Dónde estás?

DANIEL No estoy muy seguro, no encuentro el nombre de la calle. Pero estoy (2) _____viendo_____ (ver) un centro comercial a mi izquierda y más allá parece que están (3) _____construyendo_____ (construir) un estadio de fútbol. (4) _____Hablando_____ (hablar) de fútbol, ¿dónde tengo mis boletos? ¡He perdido mis entradas!

ALICIA Madre mía, ¡sigues (5) _____siendo_____ (ser) un desastre...! Algún día te va a pasar algo serio.

DANIEL Siempre andas (6) _____pensando_____ (pensar) lo peor.

ALICIA Y tú siempre estás (7) _____olvidándote_____ (olvidarse) de todo.

DANIEL Ya estamos (8) _____discutiendo_____ (discutir) otra vez.

2 **Continuamos escribiendo** Vuelve a escribir las oraciones usando los verbos **andar, ir, llevar, continuar, seguir** o **venir**.   Answers may vary slightly.

1. Mariela se burla de su hermano y siempre piensa que no le hace daño.
   Mariela anda burlándose de su hermano y sigue pensando que no le hace daño.
2. José estudia medicina desde hace diez años, y en los últimos meses sus padres le insisten en que se dedique a otra cosa. José lleva diez años estudiando medicina, y en los últimos meses sus padres le vienen insistiendo en que se dedique a otra cosa.
3. Se acerca la hora de poner manos a la obra al proyecto, aunque aparezcan problemas todo el tiempo. Va siendo hora de poner manos a la obra al proyecto, aunque sigan apareciendo problemas.
4. Mi prima siempre habla mal de todo el mundo y hace años que le digo que deje de hacerlo. De todas formas, ella cree que no tiene importancia. Mi prima anda hablando mal de todo el mundo y hace años que le vengo diciendo que deje de hacerlo. De todas formas, ella sigue creyendo que no tiene importancia.
5. Hace seis años que ese hombre visita el museo todas las tardes, siempre para mirar el mismo cuadro. Ese hombre lleva seis años visitando el museo todas las tardes y sigue mirando el mismo cuadro.
6. Conversamos todo el tiempo mientras ellos se marchaban. Continuamos conversando mientras ellos se iban marchando.

3 **En diferentes tiempos** Completa cada oración con el tiempo correcto del verbo entre paréntesis.

1. Anoche, Carlos y Raúl _estaban_ (estar) mirando una película.
2. Mientras tú estudiabas, nosotros _andábamos_ (andar) paseando por el parque.
3. Mañana a las diez, ¿tú _estarás_ (estar) durmiendo?
4. Con un poco de tiempo, yo _iré_ (ir) acostumbrándome a la idea.
5. Ayer, Catalina _estuvo_ (estar) dando indicaciones a los turistas.
6. Eduardo _venía_ (venir) corriendo desde el parque cuando vio a Ana.

2.5

Telling time

- The verb **ser** is used to tell time in Spanish. The construction **es + la** is used with **una,** and **son + las** is used with all other hours.

> **¿Qué hora es?**
> *What time is it?*
>
> **Es la una.**
> *It is one o'clock.*
>
> **Son las tres.**
> *It is three o'clock.*

- The phrase **y +** [*minutes*] is used to tell time from the hour to the half-hour. The phrase **menos +** [*minutes*] is used to tell time from the half-hour to the hour, and is expressed by subtracting minutes from the *next* hour.

¡ATENCIÓN!

The phrases **y media** (*half past*) and **y/menos cuarto** (*quarter past/of*) are usually used instead of **treinta** and **quince.**

Son las doce y media.
It's 12:30/half past twelve.

Son las nueve menos cuarto.
It's 8:45/quarter to nine.

Son las once **y veinte**.   Es la una **menos cuarto**.   Son las doce **menos diez**.

- To ask at what time an event takes place, the phrase **¿A qué hora (...)?** is used. To state at what time something takes place, use the construction **a la(s) +** [*time*].

¡ATENCIÓN!

Note that **es** is used to state the time at which a single event takes place.

Son las dos.
It is two o'clock.

Mi clase es a las dos.
My class is at two o'clock.

¿A qué hora es la fiesta?
(At) what time is the party?

La fiesta es **a las ocho**.
The party is at eight.

- The following expressions are used frequently for telling time.

Son las siete **en punto**.
It's seven o'clock on the dot/sharp.

Son las doce del mediodía./Es **(el) mediodía**.
It's 12 P.M./It's noon.

Son las doce de la noche./Es **(la) medianoche**.
It's 12 A.M./It's midnight.

Son las nueve **de la mañana**.
It's 9 A.M./in the morning.

Son las cuatro y cuarto **de la tarde**.
It's 4:15 P.M./in the afternoon.

Son las once y media **de la noche**.
It's 11:30 P.M./at night.

- The imperfect is generally used to tell time in the past. However, the preterite may be used to describe an action that occurred at a particular time.

¿Qué hora **era** cuando llegaste?
What time was it when you arrived?

¿A qué hora **fueron** al cine?
At what time did you go to the movies?

Eran las cuatro de la mañana.
It was four o'clock in the morning.

Fuimos a las nueve.
We went at nine o'clock.

Práctica

1

La hora   Usando oraciones completas, escribe la hora que aparece en cada reloj.

1. _____Son las siete y cuarto._____   2. _____Es la una y media._____   3. _____Son las dos menos dos._____

4. _____Son las cuatro y veinte._____   5. _____Son las once menos cuarto._____   6. _____Son las ocho menos veinte._____

2

En el cineclub   Gabriela quiere ver una película en el cineclub de la universidad, pero necesita saber los horarios. Contesta las preguntas con oraciones completas usando las pistas (*clues*). Answers may vary slightly.

1. ¿A qué hora empieza *Vicky Cristina Barcelona*? (12:05 P.M.)
   Vicky Cristina Barcelona empieza a las doce y cinco del mediodía.

2. ¿A qué hora empieza *Los abrazos rotos*? (1:15 P.M.)
   Los abrazos rotos empieza a la una y cuarto de la tarde.

3. ¿A qué hora empieza *Crepúsculo*? (3:30 P.M.)
   Crepúsculo empieza a las tres y media de la tarde.

4. ¿A qué hora empieza *Che, el argentino*? (4:45 P.M.)
   Che, el argentino empieza a las cinco menos cuarto de la tarde.

5. ¿A qué hora empieza *El rey de la montaña*? (8:20 P.M.)
   El rey de la montaña empieza a las ocho y veinte de la noche.

3

Coartada   Quedaste involucrado en la investigación de un crimen y la policía te pide que expliques lo que hiciste durante todo el día de ayer. Explica qué tenías planeado hacer y a qué hora lo hiciste realmente. Sigue el modelo. Answers may vary.

> **Modelo**   **Cita con el médico – 11:30 A.M. (15 minutos de atraso)**
> Tenía cita con el médico a las once y media de la mañana, pero no
> pude llegar hasta las doce menos cuarto por culpa del tráfico.

1. Dejar el auto en el mecánico – 7 A.M. (30 minutos de atraso)

2. Desayunar con mi madre – 8:30 A.M. (1 hora de atraso)

3. Entregar los planos en la oficina – 11 A.M. (15 minutos de atraso)

4. Visita al museo de ciencias – 2 P.M. (1 hora y media de atraso)

5. Ir al cine con unos amigos – 5:30 P.M. (2 horas de atraso)

6. Recoger la ropa de la lavandería – 8:30 P.M. (¡Ya había cerrado!)

3.4

Possessive adjectives and pronouns

- Possessive adjectives (**adjetivos posesivos**) are used to express ownership or possession. Unlike English, Spanish has two types of possessive adjectives: the short, or unstressed, forms and the long, or stressed, forms. Both forms agree in gender, when applicable, and number with the object owned, and not with the owner.

Possessive adjectives			
short forms (unstressed)		**long forms (stressed)**	
mi(s)	*my*	**mío/a(s)**	*my/(of) mine*
tu(s)	*your*	**tuyo/a(s)**	*your/(of) yours*
su(s)	*your; his; her; its*	**suyo/a(s)**	*your/(of yours); his/(of) his; her/(of) hers; its/(of) its*
nuestro(s)/a(s)	*our*	**nuestro/a(s)**	*our/(of) ours*
vuestro(s)/a(s)	*your*	**vuestro/a(s)**	*your/(of) yours*
su(s)	*your; their*	**suyo/a(s)**	*your/(of) yours; their/(of) theirs*

- Short possessive adjectives precede the nouns they modify.

  En **mi** opinión, esa telenovela es pésima.
  In my opinion, that soap opera is awful.

  Nuestras revistas favoritas son *Vanidades* y *Latina*.
  Our favorite magazines are Vanidades *and* Latina.

- Stressed possessive adjectives follow the nouns they modify. They are used for emphasis or to express the phrases *of mine, of yours,* etc. The nouns are usually preceded by a definite or indefinite article.

  mi amigo → **un** amigo **mío**
  my friend → a friend of mine

  tus amigas → **las** amigas **tuyas**
  your friends → friends of yours

- Because **su(s)** and **suyo(s)/a(s)** have multiple meanings (*your, his, her, its, their*), the construction [*article*] + [*noun*] + **de** + [*subject pronoun*] can be used to clarify meaning.

  su casa
  la casa suya

  > la casa de él/ella — *his/her house*
  > la casa de usted/ustedes — *your house*
  > la casa de ellos/ellas — *their house*

- Possessive pronouns (**pronombres posesivos**) have the same forms as stressed possessive adjectives and are preceded by a definite article. Possessive pronouns agree in gender and number with the nouns they replace.

  No encuentro mi **libro**.
  ¿Me prestas **el tuyo**?
  I can't find my book.
  Can I borrow yours?

  Si la **fotógrafa** suya no llega, **la nuestra** está disponible.
  If your photographer doesn't arrive, ours is available.

Práctica

1

¿De quién hablan? En un programa de entrevistas en la televisión, varias personas famosas hacen comentarios. Completa los espacios en blanco con los posesivos que faltan.

1. La actriz Fernanda Luro habla sobre su esposo: "___Mi___ esposo siempre me acompaña a los estrenos, aunque ___su___ agenda esté llena de compromisos."

2. Los integrantes del dúo Maite y Antonio comentan sobre su hijo: "___Nuestro___ hijo empezó a cantar a los dos años."

3. El actor Saúl Mar habla de su ex esposa, la modelo Serafina: "___Mi___ ex ya no es tan guapa como antes, aunque ___sus___ seguidores piensen lo contrario."

4. La famosa cantante Celia Rodríguez habla de la relación con sus padres: "___Mis___ padres me apoyan muchísimo cuando estoy de gira."

2

¿Es tuyo...? Escribe preguntas con **ser** y contéstalas usando el pronombre posesivo que corresponda a la(s) persona(s) indicada(s). Sigue el modelo.

> **Modelo** **tú / libro / yo**
> —¿Es tuyo este libro?
> —Sí, es mío.

1. ustedes / revistas / nosotros
   _____¿Son suyas estas revistas?_____
   _____Sí, son nuestras._____

2. nosotros / periódicos / yo
   _____¿Son nuestros estos periódicos?_____
   _____No, son míos._____

3. ella / computadora / ella
   _____¿Es suya esta computadora?_____
   _____Sí, es suya._____

4. tú / control remoto / ellos
   _____¿Es tuyo este control remoto?_____
   _____No, es suyo._____

3

Almuerzo Durante la hora del almuerzo, tres compañeros de trabajo tratan de conocerse mejor. Completa el diálogo con los posesivos adecuados. Cuando sea necesario, añade también el artículo definido correspondiente.

AGUSTÍN (1) ___Mi___ esposa es locutora de radio y tiene un programa para niños.

MANUEL (2) ___La mía___ es redactora en el periódico *El Financiero*.

JUAN Yo soy soltero y vivo con (3) ___mis___ padres y (4) ___mi___ hermano.

MANUEL (5) ___Mis___ películas favoritas son las de acción. ¿Y (6) ___las suyas___?

JUAN A mí no me gusta el cine.

AGUSTÍN A mí tampoco, pero a (7) ___mi___ esposa le gustan las películas clásicas. Afortunadamente, las ve con (8) ___su___ hermana.

JUAN (9) ___Mi___ pasatiempo favorito es la música.

MANUEL ¡Ahh! ¿Es (10) ___tuya___ la guitarra que vi en la oficina?

JUAN Sí, es (11) ___mía___. Después del trabajo, nos reunimos en la casa de un amigo (12) ___mío___ y tocamos un poco. A (13) ___mis___ amigos y a mí nos gusta el rock. (14) ___Nuestros___ músicos preferidos son...

AGUSTÍN ¡No te molestes en nombrarlos! No sé nada de música.

MANUEL Parece que (15) ___nuestros___ gustos son muy distintos.

3.5

Demonstrative adjectives and pronouns

- Demonstrative adjectives (**adjetivos demostrativos**) specify to which noun a speaker is referring. They precede the nouns they modify and agree in gender and number.

este anuncio	**esa** tira cómica	**aquellos** periódicos
this advertisement	*that comic strip*	*those newspapers (over there)*

Demonstrative adjectives				
singular		**plural**		
masculine	feminine	masculine	feminine	
este	**esta**	**estos**	**estas**	*this; these*
ese	**esa**	**esos**	**esas**	*that; those*
aquel	**aquella**	**aquellos**	**aquellas**	*that; those (over there)*

- Spanish has three sets of demonstrative adjectives. Forms of **este** are used to point out nouns that are close to the speaker and the listener. Forms of **ese** modify nouns that are not close to the speaker, though they may be close to the listener. Forms of **aquel** refer to nouns that are far away from both the speaker and the listener.

No me gustan **estos** zapatos.	Prefiero **esos** zapatos.	**Aquel** coche es de Ana.

- Demonstrative pronouns (**pronombres demostrativos**) are identical to demonstrative adjectives, except that they carry an accent mark on the stressed vowel. They agree in gender and number with the nouns they replace.

¿Quieres comprar esta **radio**?	No, no quiero **ésta**. Quiero **ésa**.
Do you want to buy this radio?	*No, I don't want this one. I want that one.*

¿Leíste estos **libros**?	No leí **éstos**, pero sí leí **aquéllos**.
Did you read these books?	*I didn't read these, but I did read those (over there).*

- There are three neuter demonstrative pronouns: **esto, eso,** and **aquello**. These forms refer to unidentified or unspecified things, situations, or ideas. They do not vary in gender or number and they never carry an accent mark.

¿Qué es **esto**?	**Eso** es interesante.	**Aquello** es bonito.
What is this?	*That's interesting.*	*That's pretty.*

Práctica

1 **La diva** La famosa actriz de cine Lucía Mirabal tiene gustos muy particulares. Responde negativamente a las preguntas sobre la actriz. Usa las pistas entre paréntesis y las formas correctas de los adjetivos demostrativos.

> Modelo ¿Llevó esta camisa? (vestido)
> No, llevó este vestido.

1. ¿Se va a sentar en esa silla? (sofá)
   No, se va a sentar en ese sofá.

2. ¿Quiere probar estos sándwiches? (langosta)
   No, quiere probar esta langosta.

3. ¿Decidió hablar con ese reportero? (locutora)
   No, decidió hablar con esa locutora.

4. ¿Llevará aquel suéter? (chaqueta negra)
   No, llevará aquella chaqueta negra.

2 **En el centro comercial** Completa las oraciones con los adjetivos y pronombres demostrativos que correspondan en cada caso.

1. Quiero comprar _____ese_____ reproductor de MP3 que está a tu derecha.

2. No queremos _____esta_____ computadora que nos muestras, sino _____aquélla_____ de más atrás.

3. Hay rebajas en _____estos_____ libros y revistas que yo estoy mirando, pero no en _____ésos_____ que tienes ahí.

4. Compra alguna de _____esas_____ películas en DVD que tienes a tu izquierda.

5. Yo voy a escoger _____esta_____ película de aquí, que está a mitad de precio.

6. Antes de irnos, vamos a comer algo en _____aquel_____ restaurante de la otra esquina.

7. ¡Me he quedado sin dinero! _____Esto_____ no puede seguir así: debo ser más cuidadoso.

8. No vayas a _____esa_____ tienda de enfrente, que es muy cara; mejor pregunta en _____ésta_____ de aquí al lado.

3 **No y no** Escribe un breve diálogo con las siguientes palabras, utilizando los adjetivos y pronombres que se indican. Answers may vary slightly.

> Modelo Ustedes / querer comprar / libros (este/aquel)
> —¿Ustedes quieren comprar estos libros o aquellos libros?
> —No queremos comprar ni éstos ni aquéllos.

1. tú / querer probarse / zapatos (este/ese)
   –¿Tú quieres probarte estos zapatos o esos zapatos?/–No quiero probarme ni éstos ni ésos.

2. ella / preferir / asiento (este/aquel)
   –¿Ella prefiere este asiento o aquel asiento?/–Ella no prefiere ni éste ni aquél.

3. Daniel y Agustina / buscar / película (ese/este)
   –¿Daniel y Agustina buscan esa película o esta película?/–Ellos no buscan ni ésa ni ésta.

4. niños / leer / novela (este/aquel)
   –¿Los niños leen esta novela o aquella novela?/–Los niños no leen ni ésta ni aquélla.

5. Carlos / vivir / departamento (este/ese)
   –¿Carlos vive en este departamento o en ese departamento?/–No vive ni en éste ni en ése.

6. nosotros / poder / ir / fiesta (este/ese)
   –¿Podemos ir a esta fiesta o a esa fiesta?/–No, no podemos/pueden ir ni a ésta ni a ésa.

4.4

To become: *hacerse, ponerse, volverse,* and *llegar a ser*

- Spanish has several verbs and phrases that mean *to become*. Many of these constructions make use of reflexive verbs.

- The construction **ponerse** + [*adjective*] expresses a change in mental, emotional or physical state that is generally not long-lasting.

  ¡No **te pongas histérico**!
  Don't get so worked up!

  La señora Urbina **se pone muy feliz** cuando su familia la visita.
  Mrs. Urbina gets so happy when her family comes to visit.

- **Volverse** + [*adjective*] expresses a radical mental or psychological change. It often conveys a gradual or irreversible change in character. In English this is often expressed as *to have become* + [*adjective*].

  ¿**Te has vuelto loca**?
  Have you gone mad?

  Durante los últimos años, mi primo **se ha vuelto insoportable**.
  In recent years, my cousin has become unbearable.

- **Hacerse** can be followed by a noun or an adjective. It often implies a change that results from the subject's own efforts, such as changes in profession or social and political status.

  El yerno de doña Lidia **se ha hecho bailarín** de tango.
  Doña Lidia's son-in-law has become a tango dancer.

  Mi bisabuelo **se hizo rico** a pesar de haber salido de
  su patria sin un solo centavo.
  *My great-grandfather became wealthy despite having
  left his homeland without a penny in his pocket.*

- **Llegar a ser** may also be followed by a noun or an adjective. It indicates a change over time and does not imply the subject's voluntary effort.

  Aquella novela **llegó a ser** un *best seller*.
  That novel became a best-seller.

- There are often reflexive verb equivalents for **ponerse** + [*adjective*]. Note that when used with object pronouns instead of reflexive pronouns, such verbs convey that another person or thing is imposing a mental, emotional, or physical state on someone else.

ponerse alegre → **alegrarse**	**ponerse deprimido/a** → **deprimirse**
ponerse furioso/a → **enfurecerse**	**ponerse triste** → **entristecerse**

  La llegada de la primavera **me pone alegre / me alegra**.
  The arrival of spring makes me happy.

  Cuando pienso en la muerte, **me pongo triste / me entristezco**.
  When I think about death, I get sad.

Práctica

1

Seleccionar Selecciona la opción correcta para cada frase.

1. Siempre (se pone – se vuelve) nervioso cuando está frente a sus suegros.

2. Antes mi hijo era sumiso, pero con el tiempo (se puso – se volvió) muy rebelde.

3. Nunca (se pone – se vuelve) triste cuando está con su familia.

4. Después de quedarse viudo, (se puso – se volvió) un hombre solitario.

2

Completar Completa las oraciones utilizando la forma correcta de **volverse**, **llegar a ser**, **hacerse** y **ponerse**. Answers will vary.

1. Con los años, mi sobrino _____.

2. Tras la muerte de mi abuelo, sus pinturas _____.

3. Ángela antes era contadora, pero ahora _____.

4. Como no llegamos a tiempo con la entrega del proyecto, mi profesor _____.

5. A causa de problemas de salud, Eduardo _____.

6. Después de perder nuestro trabajo, nosotros _____.

7. Ana y Eva no se conocían antes del viaje. Desde entonces _____.

8. Cuando se casó su hija, Alberto _____.

3

Historias de familia Completa las oraciones con la forma correcta de las expresiones de la lista.

| deprimirse | hacerse | llegar a ser | ponerse | volverse |

1. Mi prima y su vecina _se han hecho_ muy amigas.

2. Mi cuñado _ha llegado a ser_ el hombre más famoso de la ciudad.

3. Mi primo _se volvió_ loco después de ese viaje en el ascensor.

4. Mis sobrinas _se pusieron_ muy tristes al despedirse.

5.4

Qué vs. *cuál*

- The interrogative words **¿qué?** and **¿cuál(es)?** can both mean *what/which*, but they are not interchangeable.

- **Qué** is used to ask for general information, explanations, or definitions.

  ¿Qué es la lluvia ácida?
  What is acid rain?

  ¿Qué dijo?
  What did she say?

- **Cuál(es)** is used to ask for specific information or to choose from a limited set of possibilities. When referring to more than one item, the plural form **cuáles** is used.

  ¿Cuál es el problema?
  What is the problem?

  ¿Cuáles son tus animales favoritos?
  What are your favorite animals?

  ¿Cuál de los dos prefieres, el desierto o el bosque?
  Which of these (two) do you prefer, the desert or the forest?

  ¿Cuáles escogieron, los rojos o los azules?
  Which ones did they choose, the red or the blue?

- Often, either **qué** or **cuál(es)** may be used in the same sentence, but the meaning is different.

  ¿Qué quieres comer de postre?
  What do you want to eat for dessert?

  Tengo una manzana y una naranja.
  ¿Cuál quieres comer de postre?
  I have an apple and an orange. Which one do you want to eat for dessert?

- **Cuál(es)** is not used before nouns. **Qué** is used instead, regardless of the type of information requested.

  ¿Qué ideas tienen ustedes?
  What ideas do you have?

  ¿Peligro? **¿Qué** peligro?
  Danger? What danger?

  ¿Qué regalo te gusta más?
  Which gift do you like better?

  ¿Qué libros leyeron este verano?
  Which books did you read this summer?

- **Qué** and **cuál(es)** are sometimes used in declarative sentences that imply a question or unknown information.

  No sé **qué** hacer.
  I don't know what to do.

  No sé **cuál** de los dos escoger.
  I don't know which of the two to choose.

  Elena quiere saber **qué** pasó ayer por la mañana.
  Elena wants to know what happened yesterday morning.

  Él me preguntó **cuál** de las dos películas prefería.
  He asked me which of the two movies I preferred.

- **Qué** is also used frequently in exclamations. In this case it means *What...!* or *How...!*

  Señor Acosta, ¡**qué** gusto verlo de nuevo!
  Mr. Acosta, a pleasure to see you again!

  Mira esa luna llena, ¡**qué** bella!
  Look at that full moon. How beautiful!

  ¡**Qué** niño más irresponsable!
  What an irresponsible child!

  ¡**Qué** triste te ves!
  How sad you look!

Práctica

1

Elige Lee las preguntas y elige la opción correcta para cada una.

	¿Qué	¿Cuál	¿Cuáles	
1.	☐	☒	☐	... de los dos es tu conejo?
2.	☒	☐	☐	... tipo de ave te gusta más?
3.	☒	☐	☐	... es la deforestación?
4.	☐	☐	☒	... son los problemas que te preocupan más?
5.	☐	☒	☐	... es tu lugar favorito?
6.	☒	☐	☐	... parques están contaminados?
7.	☐	☐	☒	... usaron, las limpias o las contaminadas?

2

Completar Completa las preguntas con **¿qué?** o **¿cuál(es)?**, según el contexto.

1. ¿__Cuál__ de los dos paisajes es tu favorito?

2. ¿__Qué__ piensas del calentamiento global?

3. ¿__Cuáles__ son tus animales favoritos?

4. ¿__Qué__ haces para proteger el medio ambiente?

5. ¿__Qué__ problema ecológico es el más importante?

6. ¿__Cuáles__ son tus ovejas, las blancas o las negras?

7. ¿__Cuál__ es tu opinión sobre la deforestación de nuestros bosques?

8. ¿__Qué__ fuentes alternativas de energía usas?

9. ¿__Cuáles__ son las especies que están en peligro de extinción?

3

Preguntas Usa **¿qué?** o **¿cuál(es)?** para escribir la pregunta correspondiente a cada respuesta.

1. ¿Cuál es el animal que más te gusta?

El animal que más me gusta es el león.

2. ¿Qué quieres hacer este fin de semana?

Este fin de semana quiero disfrutar del mar y el sol.

3. ¿Cuáles son tus pasatiempos favoritos?

Mis pasatiempos favoritos son nadar y salir con mis amigos.

4. ¿Qué opinas de la contaminación de los mares?

Opino que la contaminación de los mares debe detenerse.

5. ¿Cuáles son las botellas que vamos/van a reciclar?

Éstas son las botellas que vamos a reciclar.

6. ¿Cuál es el plato favorito de Rosa?

El plato favorito de Rosa es el pollo con papas.

5.5

The neuter *lo*

- The definite articles **el, la, los,** and **las** modify masculine or feminine nouns. The neuter article **lo** is used to refer to concepts that have no gender.

Me están volviendo loco.
*¡Eso es **lo** que pasa!*

- In Spanish, the construction **lo** + [*masculine singular adjective*] is used to express general characteristics and abstract ideas. The English equivalent of this construction is *the* + [*adjective*] + *thing*.

  Lo difícil es promover el desarrollo económico sin contaminar.
  The difficult thing is to promote economic development without polluting.

  Este río está muy contaminado; **lo bueno** es que los vecinos
  se han organizado para limpiarlo bien y salvar los peces.
  This river is very polluted; the good thing is that the neighbors
  have organized themselves to clean it well and save the fish.

- To express the idea of *the most* or *the least,* **más** and **menos** can be added after **lo.**
  Lo mejor and **lo peor** mean *the best/worst* (*thing*).

  Para proteger el medio ambiente, **lo más importante** es conservar los recursos.
  To protect the environment, the most important thing is to conserve resources.

  ¡Aún no te he contado **lo peor** del viaje!
  I still haven't told you about the worst part of the trip!

- The construction **lo** + [*adjective* or *adverb*] + **que** is used to express the English *how* + [*adjective*]. In these cases, the adjective agrees in number and gender with the noun it modifies.

lo + [*adjective*] + **que**	**lo** + [*adverb*] + **que**

  ¿No te das cuenta de **lo bella que** eres?   Recuerda **lo bien que** te fue en su clase.
  Don't you realize how beautiful you are?   *Remember how well you did in his class.*

- **Lo que** is equivalent to the English *what, that, which*. It is used to refer to an abstract idea, or to a previously mentioned situation or concept.

  ¿Qué fue **lo que** más te gustó de tu viaje a Ecuador?
  What was the thing that you enjoyed most about your trip to Ecuador?

  Lo que más me gustó fue el paisaje.
  The thing I liked best was the scenery.

Práctica

1

Completar Completa las oraciones con **lo** o **lo que**.

1. Las grandes empresas no quieren aceptar ___lo que___ les piden los ecologistas.

2. ___Lo___ más peligroso es la destrucción de la capa de ozono.

3. ¿Me cuentas ___lo que___ se decidió en la reunión del grupo de conservación de parques?

4. ___Lo___ malo es que no se puede ver el paisaje desde aquí.

5. ___Lo que___ piden sus hijos es que deje de cazar animales.

6. ___Lo___ positivo del proyecto es que vamos a tener muchos más árboles en la ciudad.

7. ___Lo que___ me gusta de este lugar es que se respira aire puro.

2

Opiniones Combina las frases para formar oraciones que contengan la estructura **lo** + [*adjetivo/adverbio*] + **que**.

> **Modelo** parecer mentira / qué poco te preocupas por el medio ambiente
> Parece mentira lo poco que te preocupas por el medio ambiente.

1. asombrarme / qué lejos está el centro de reciclaje

Me asombra lo lejos que está el centro de reciclaje.

2. sorprenderme / qué obediente es tu gato

Me sorprende lo obediente que es tu gato.

3. no poder creer / qué contaminado está el lago

No puedo creer lo contaminado que está el lago.

4. ser increíble / qué bien se vive en este pueblo

Es increíble lo bien que se vive en este pueblo.

5. ser una sorpresa / qué limpio conservan este bosque

Es una sorpresa lo limpio que conservan este bosque.

3

La mascota Julián se va de vacaciones y le ha pedido a su amigo Sergio que cuide de su mascota (*pet*). Usa frases de la lista para completar las recomendaciones que le da Julián a Sergio.

lo contaminado que	lo mejor	lo potable
lo interesante que	lo peor	lo que más
lo más		lo rápido que

1. ___Lo que más___ le gusta es tomar el sol.

2. ___Lo más___ difícil es darle su ducha diaria.

3. Es increíble ___lo interesante que___ es vivir con él.

4. ___Lo mejor___ es cuando te trae el periódico por la mañana.

5. Ya verás ___lo rápido que___ se hacen amigos.

6. ___Lo peor___ es que lo voy a extrañar mucho.

6.4 Adverbs

- Adverbs (**adverbios**) describe *how, when,* and *where* actions take place. They usually follow the verbs they modify and precede adjectives or other adverbs.

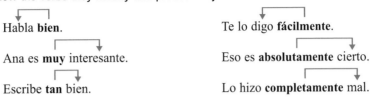

Habla **bien.**

Ana es **muy** interesante.

Escribe **tan** bien.

Te lo digo **fácilmente.**

Eso es **absolutamente** cierto.

Lo hizo **completamente** mal.

- Many Spanish adverbs are formed by adding the suffix **–mente** to the feminine singular form of an adjective. The **–mente** ending is equivalent to the English *-ly.*

Adjective	Feminine form	Suffix	Adverb
básico	básica	-mente	**básicamente** *basically*
cuidadoso	cuidadosa	-mente	**cuidadosamente** *carefully*
enorme	enorme	-mente	**enormemente** *enormously*
hábil	hábil	-mente	**hábilmente** *cleverly; skillfully*

- If two or more adverbs modify the same verb, only the final adverb uses the suffix **–mente**.

Se marchó **lenta** y **silenciosamente.**
He left slowly and silently.

Lo explicó **clara** y **cuidadosamente.**
She explained it clearly and carefully.

- The construction **con** + [*noun*] is often used instead of long adverbs that end in **–mente**.

cuidadosamente = **con cuidado**   frecuentemente = **con frecuencia**

- Here are some common adverbs and adverbial phrases:

a menudo *frequently; often*	**así** *like this; so*	**mañana** *tomorrow*
a tiempo *on time*	**ayer** *yesterday*	**más** *more*
a veces *sometimes*	**casi** *almost*	**menos** *less*
adentro *inside*	**de costumbre** *usually*	**muy** *very*
afuera *outside*	**de repente** *suddenly*	**por fin** *finally*
apenas *hardly; scarcely*	**de vez en cuando** *now and then*	**pronto** *soon*
aquí *here*		**tan** *so*

A veces salimos a tomar un café.
Sometimes we go out for coffee.

Casi terminé el libro.
I almost finished the book.

- The adverbs **poco** and **bien** frequently modify adjectives. In these cases, **poco** is often the equivalent of the English prefix *un-*, while **bien** means *well, very, rather* or *quite.*

La situación está **poco** clara.
The situation is unclear.

El plan estuvo **bien** pensado.
The plan was well thought out.

Práctica

1

Adverbios Escribe el adverbio que se deriva de cada adjetivo.

1. básico ___básicamente___

2. feliz ___felizmente___

3. fácil ___fácilmente___

4. inteligente ___inteligentemente___

5. alegre ___alegremente___

6. común ___comúnmente___

7. injusto ___injustamente___

8. asombroso ___asombrosamente___

9. insistente ___insistentemente___

10. silencioso ___silenciosamente___

2

Instrucciones para ser feliz Completa cada oración de forma lógica con un adverbio derivado de un adjetivo de la lista.

cuidadoso	frecuente	malo	triste
enorme	inmediato	tranquilo	último

1. Tienes que amar a tu pareja ___enormemente___.

2. Haz ejercicio ___frecuentemente___.

3. Debes gastar el dinero ___cuidadosamente___.

4. Si eres injusto/a con alguien, debes pedir perdón ___inmediatamente___.

5. Desayuna todas las mañanas ___tranquilamente___.

3

Recomendaciones Los padres de Mario y Paola salieron de viaje por dos semanas. Lee las recomendaciones que les dejaron a los chicos pegadas en el refrigerador. Completa los espacios con un adverbio o expresión adverbial de la lista.

a menudo	adentro	así	mañana
a tiempo	afuera	de vez en cuando	tan

Lunes, 19 de octubre

1. Pasar la aspiradora ___a menudo___. (¡Todos los días!)

2. Si llueve, poner los muebles del jardín ___adentro___.

3. Llegar a la escuela ___a tiempo___.

4. ___Mañana___, llevar a Botitas al veterinario para su cita.

5. Dejar que el gato juegue ___afuera___ si no llueve.

6. Sólo ir ___de vez en cuando___ al centro comercial.

6.5

Diminutives and augmentatives

- Diminutives and augmentatives (**diminutivos y aumentativos**) are frequently used in conversational Spanish. They emphasize size or express shades of meaning like affection or ridicule. Diminutives and augmentatives are formed by adding a suffix to the root of nouns or adjectives (which agree in gender and number), and occasionally adverbs.

- The most common diminutive suffixes are forms of **–ito/a** and **–illo/a**.

> **Huguillo**, ¿me traes un **cafecito** con unos **panecillos**?
> *Little Hugo, would you bring me a little cup of coffee with a few rolls?*

> **Ahorita**, **abuelita**, se los preparo **rapidito**.
> *Right away, Granny, I'll have them ready in a jiffy.*

- Most words form the diminutive by adding **–ito/a** or **–illo/a**. For words ending in vowels (except **–e**), the last vowel is dropped before the suffix.

bajo → **baj**ito *very short; very quietly*	**ventana** → **ventan**illa *little window*
Miguel → **Miguel**ito *Mikey*	**campana** → **campan**illa *handbell*

- Most words that end in **–e, –n,** or **–r** use the forms **–cito/a** or **–cillo/a**. However, one-syllable words often use **–ecito/a** or **–ecillo/a**.

Carmen → **Carmen**cita *little Carmen*	**pan** → **pan**ecillo *roll*
amor → **amor**cito *sweetheart*	**pez** → **pec**ecito *little fish*

- The most common augmentative suffixes are forms of **–ón/–ona, –ote/–ota,** and **–azo/–aza**.

> Hijo, ¿por qué tienes ese **chichonazo** en la cabeza?
> *Son, how'd you get that huge bump on your head?*

> Le dije **panzón** al **gordote** de la otra cuadra, ¡y me dio un **golpetazo**!
> *I said Fatty to the big fat guy from the next block, and he really socked me one!*

- Most words form the augmentative by simply adding the suffix to the word. For words ending in vowels, the final vowel is usually dropped.

hombre → **hombr**ón *big man; tough guy*	**casa** → **cas**ona *big house; mansion*
perro → **perr**azo *big, scary dog*	**palabra** → **palabr**ota *swear word*

- Note that many feminine nouns become masculine in the augmentative when the suffix **–ón** is used, unless they refer specifically to someone's gender.

la silla → **el sill**ón *armchair*	**la mujer** → **la mujer**ona *big woman*
la mancha → **el manch**ón *large stain*	**la soltera** → **la solter**ona *old maid*

- In regions where diminutives and augmentatives are used heavily in conversational Spanish, double endings are frequently used for additional emphasis.

chico/a → **chiquito/a** → **chiquitito/a**	**grande** → **grandote/a** → **grandotote/a**

- Some words change meaning completely when a suffix is added.

manzana → **manzanilla**	**pera** → **perilla**
apple *camomile*	*pear* *goatee*

       Lección 6

¡ATENCIÓN!

Diminutive and augmentative suffixes may vary from one region to another, and sometimes convey different meanings or connotations. For example, while **–ito/a** and **–illo/a** may both mean *small*, **–ito/a** may imply *cute, nice,* or *dear,* while **–illo** may be used lightly, depreciatively, or for things of little importance.

¡Ay, qué perrito más lindo!
Oh, what a cute little puppy!

¡Ay, qué perrillo más feo!
Oh, what an ugly little mutt!

¡ATENCIÓN!

Note the following spelling changes:

chico → chiquillo
amigo → amiguito
agua → agüita
luz → lucecita

¡ATENCIÓN!

The masculine suffix **–azo** can also mean *blow* or *shot.*

flecha → **flech**azo *arrow wound; love at first sight*
rodilla → **rodill**azo *a blow to the knee*

The letters **–t–** or **–et–** are occasionally added to the beginning of augmentative endings.

reggae → reggaetón
guapa → guapetona
golpe → golpetazo

¡ATENCIÓN!

For words ending in **-s** (singular or plural), diminutive and augmentative endings precede the final **-s.**

besos → besitos

Práctica

1

La carta Completa el párrafo con la forma indicada de cada palabra. Haz los cambios que creas necesarios.

> Querido (1) _nietecito /nietito_ (nieto, –ito):
>
> Cuando yo era (2) _pequeñito_ (pequeño, –ito) como tú, jugaba siempre en la calle. Mi (3) _abuelita_ (abuela, –ita) me decía que no fuera con los (4) _amigotes_ (amigos, –ote) de mi hermano porque ellos eran mayores que yo y eran (5) _hombrones_ (hombres, –ón). Yo, entonces, era muy (6) _cabezón_ (cabeza, –ón) y nunca hacía lo que ella decía. Una tarde, estaba jugando al fútbol, y uno de ellos me dio un (7) _rodillazo_ (rodilla, –azo) que me rompió la (8) _narizota_ (nariz, –ota). Nunca más jugué con ellos y, desde entonces, sólo salí con mis (9) _amiguitos_ (amigos, –ito). Espero que me vengas a visitar (10) _prontito_ (pronto, –ito).
>
> Tu abuelo César

2

Completar Completa las oraciones con el aumentativo o el diminutivo que corresponda a la definición entre paréntesis.

1. ¿Por qué no les gusta a los profesores que los estudiantes digan _palabrotas_ (palabras feas y desagradables)?

2. El _perrito_ (perro pequeño) de mi novia es muy lindo y amistoso.

3. Ese abogado tiene una buena _narizota_ (nariz grande) para adivinar los problemas de sus clientes.

4. Mis abuelos viven en una _casona_ (casa grande) muy vieja.

5. La cantante Samantha siempre lleva una _florecita_ (flor pequeña) en el cabello.

6. El presidente del partido tiene una excelente _cabezota_ (cabeza grande) para memorizar sus discursos.

7. A mi _hermanita_ (hermana menor) le fascina ir a la playa y hacer excursiones en el campo.

3

¿Qué palabra es? Combina las palabras para formar diminutivos y aumentativos.

1. muy grande _grandote/a_
2. lago pequeño _laguito_
3. cuarto grande y amplio _cuartote_
4. sillas para niños _sillitas_
5. libro grande y grueso _librote_
6. gato bebé _gatito_
7. hombre alto y fuerte _hombrón_
8. muy cerca _cerquita_
9. abuelo querido _abuelito_
10. soldados de juguete _soldaditos_

7.4

Past participles used as adjectives

- Past participles are used with **haber** to form compound tenses, such as the present perfect and the past perfect, and with **ser** to express the passive voice. They are also frequently used as adjectives.

- When a past participle is used as an adjective, it agrees in number and gender with the noun it modifies.

un proyecto complicado
a complicated project

una oficina bien organizada
a well-organized office

los trabajadores destacados
the outstanding workers

las reuniones aburridas
the boring meetings

- Past participles are often used with the verb **estar** to express a state or condition that results from the action of another verb. They frequently express physical or emotional states.

Felicia, ¿**estás despierta?**
Felicia, are you awake?

No, **estoy dormida**.
No, I'm asleep.

Marco, **estoy enfadado**.
¿Por qué no depositaste los cheques?

Perdón, don Humberto.
Es que el banco ya **estaba cerrado**.

Marco, I'm furious.
Why didn't you deposit the checks?

I'm sorry, Don Humberto.
It's that the bank was already closed.

- Past participles may be used as adjectives with other verbs, as well.

Empezó a llover y **llegué empapada** a la reunión.
It started to rain and I arrived at the meeting soaking wet.

Ese libro **es** tan **aburrido**.
That book is so boring.

Después de las vacaciones, **nos sentimos descansados**.
After vacation, we felt rested.

¿Los documentos? Ya los **tengo corregidos**.
The documents? I already have them corrected.

—¿**Tiene** el servicio militar **cumplido?**

- Note that past participles are often used as adjectives to describe physical or emotional states.

aburrido/a	confundido/a	enojado/a	muerto/a
(des)cansado/a	enamorado/a	estresado/a	sorprendido/a

Práctica

1 **Entrevista de trabajo** Julieta trabaja en Recursos Humanos y está preparando sus preguntas para los candidatos que va a entrevistar para un puesto en la empresa. Completa cada pregunta de Julieta con el participio del verbo entre paréntesis.

1. ¿Por qué crees que estás __preparado__ (preparar) para este puesto?
2. ¿Estás __informado__ (informar) sobre nuestros productos?
3. ¿Te sientes __sorprendido__ (sorprender) de todos los beneficios que ofrecemos?
4. ¿Por qué estás __interesado__ (interesar) en este puesto en particular?
5. ¿Trajiste tu currículum __escrito__ (escribir) en computadora?
6. ¿Cómo manejarás el estrés cuando ya estés __contratado__ (contratar)?

2 **¿Cómo están ellos?** Mira las imágenes y relaciónalas con los verbos de la lista. Después completa cada frase usando **estar** + [*participio*].

| aburrir | enamorar | esconder | preparar |
| cansar | enojar | lastimar | sorprender |

1. Ellos __están enojados.__ 2. Juanito __está escondido.__ 3. Eva __está cansada.__

4. Ellos __están enamorados.__ 5. Marta __está sorprendida.__

3 **Dicho de otra forma** Transforma las oraciones usando **estar** y el participio pasado del verbo correspondiente. Sigue el modelo.

> Modelo **Envió las cartas.**
> Las cartas están enviadas.

1. El enfermo se despertó. El enfermo está despierto.
2. Cubrieron todas las salidas. Todas las salidas están cubiertas.
3. No preparó el plan todavía. El plan no está preparado todavía.
4. Ya filmaron la película. La película ya está filmada.
5. Por desgracia, rompieron su compromiso. Por desgracia, su compromiso está roto.
6. El bar abre sólo por la tarde. El bar está abierto sólo por la tarde.
7. Los dos se enamoraron profundamente. Los dos están profundamente enamorados.
8. Hizo su cama y guardó las cosas en su valija. La cama está hecha y las cosas están guardadas en su valija.

7.5

Time expressions with *hacer*

- In Spanish, the verb **hacer** is used to describe how long something has been happening or how long ago an event occurred.

Time expressions with **hacer**		
PRESENT	**Hace** + [*period of time*] + **que** + [*verb in present tense*]	
	Hace tres semanas que busco trabajo.	
	I've been looking for work for three weeks.	
PRETERITE	**Hace** + [*period of time*] + **que** + [*verb in the preterite*]	
	Hace seis meses que fueron a Bolivia.	
	They went to Bolivia six months ago.	
IMPERFECT	**Hacía** + [*period of time*] + **que** + [*verb in the imperfect*]	
	Hacía treinta años que trabajaba con nosotros cuando por fin se jubiló.	
	He had been working with us for thirty years when he finally retired.	

- To express the duration of an event that continues into the present, Spanish uses the construction **hace** + [*period of time*] + **que** + [*present tense verb*]. Note that **hace** does not change form.

¡ATENCIÓN!

The construction [*present tense verb*] + **desde hace** + [*period of time*] may also be used. **Desde** can be omitted.

Estudia español (desde) hace un año. *He's been studying Spanish for a year.*

No come chocolate (desde) hace un mes. *It's been a month since he ate chocolate.*

¿Cuánto tiempo **hace que vives** en Paraguay?
How long have you lived in Paraguay?

Hace siete años **que vivo** en Paraguay.
I've lived in Paraguay for seven years.

- To make a sentence negative, add **no** before the conjugated verb. Negative time expressions with **hacer** often translate as *since* in English.

¿Hace mucho tiempo que **no** le dan un aumento de sueldo?
Has it been a long time since they gave you a raise?

¡Uy, hace años que **no** me dan un aumento de sueldo!
It's been years since they gave me a raise!/ They haven't given me a raise in years!

- To tell how long ago an event occurred, use **hace** + [*period of time*] + **que** + [*preterite tense verb*].

¡ATENCIÓN!

Expressions of time with **hacer** can also be used without **que**.

¿Hace cuánto (tiempo) te despidieron?

Me despidieron hace cuatro días.

¿Cuánto tiempo **hace que** te **despidieron**?
How long ago were you fired?

Hace cuatro días que me **despidieron**.
I was fired four days ago.

- **Hacer** is occasionally used in the imperfect to describe how long an event had been happening before another event occurred. Note that both **hacer** and the conjugated verb use the imperfect.

Hacía dos años que no estudiaba español cuando decidió tomar otra clase.
She hadn't studied Spanish for two years when she decided to take another class.

Práctica

1

Oraciones Escribe oraciones utilizando expresiones de tiempo con **hacer**. Usa el tiempo presente en las oraciones 1 a 3 y el pretérito en las oraciones 4 a 6.

> **Modelo**   **Ana / hablar por teléfono / veinte minutos**
> Hace veinte minutos que Ana habla por teléfono.

1. Roberto y Miguel / estudiar / tres horas

   Hace tres horas que Roberto y Miguel estudian. / Roberto y Miguel estudian (desde) hace tres horas.

2. nosotros / estar enfermos / una semana

   Hace una semana que nosotros estamos enfermos. / Nosotros estamos enfermos (desde) hace una semana.

3. tú / trabajar en esta empresa / seis meses

   Hace seis meses que trabajas en esta empresa. / Trabajas en esta empresa (desde) hace seis meses.

4. Sergio / visitar Bolivia / un mes

   Hace un mes que Sergio visitó Bolivia. / Sergio visitó Bolivia hace un mes.

5. yo / ir a Paraguay / un año

   Hace un año que fui a Paraguay. / Fui a Paraguay hace un año.

6. Esteban y Lisa / casarse / dos años

   Hace dos años que Esteban y Lisa se casaron. / Esteban y Lisa se casaron hace dos años.

2

Minidiálogos Completa los minidiálogos con las palabras adecuadas.

1. **GRACIELA** ¿__Cuánto__ tiempo hace que vives en esta ciudad?
   SUSANA Mmm... __Hace__ dos años que __vivo__ aquí.

2. **GUSTAVO** Hacía veinte años que Miguel __trabajaba__ con nosotros cuando decidió jubilarse, ¿verdad?

   ARMANDO No, __hacía__ quince años que trabajaba con nosotros cuando se jubiló.

3. **MARÍA** __Fuiste__ a visitar a tu novia hace dos meses, ¿no?
   PEDRO Sí, __hace__ dos meses que fui a visitar a mi novia. ¡La extraño mucho!

4. **PACO** ¿Cuánto tiempo __hace__ que __estudias__ español?
   ANA Estudio español __desde__ hace tres años.

3

Preguntas Responde a las preguntas con oraciones completas. Utiliza las palabras entre paréntesis.

1. ¿Cuánto tiempo hace que fuiste de vacaciones a la playa? (cinco años)

   Hace cinco años que fui de vacaciones a la playa. / Fui de vacaciones a la playa hace cinco años.

2. ¿Hace cuánto tiempo que estudias economía? (dos semanas)

   Hace dos semanas que estudio economía. / Estudio economía (desde) hace dos semanas.

3. ¿Cuánto tiempo hace que despidieron a Nicolás? (un mes)

   Hace un mes que despidieron a Nicolás. / Despidieron a Nicolás hace un mes.

4. ¿Cuánto tiempo hace que llegaron Irene y Natalia? (una hora)

   Hace una hora que llegaron. / Llegaron hace una hora.

5. ¿Hace cuánto tiempo que ustedes trabajan aquí? (cuatro días)

   Hace cuatro días que trabajamos aquí. / Trabajamos aquí (desde) hace cuatro días.

8.4

Prepositions: *a, hacia,* and *con*

- The preposition **a** can mean *to, at, for, upon, within, of, on, from,* or *by,* depending on the context. Sometimes it has no direct translation in English.

Fueron **al** cine.
They went to the movies.

Lucy estaba **a** mi derecha.
Lucy was on my right.

Terminó **a** las doce.
It ended at midnight.

Al llegar **a** casa, me sentí feliz.
Upon returning home, I felt happy.

- The preposition **a** introduces indirect objects.

Le mandó un mensaje de texto **a** su novio.
She sent a text message to her boyfriend.

Le prometió **a** María que saldrían el viernes.
He promised María they'd go out on Friday.

- When a direct object noun is a person (or a pet), it is preceded by the personal **a,** which has no equivalent in English. If the person in question is not specific, the personal **a** is omitted, except before the words **alguien, nadie, alguno/a,** and **ninguno/a.**

¿Viste **a** tus amigos?
Did you see your friends?

Necesitamos un buen ingeniero.
We need a good engineer.

No, no he visto **a** nadie.
No, I haven't seen anyone.

Conozco **a** una ingeniera excelente.
I know an excellent engineer.

- With movement, either literal or figurative, **hacia** means *toward* or *to.*

Él se dirige **hacia** Chile para ver el eclipse.
He is going to Chile to see the eclipse.

La actitud de René **hacia** él fue negativa.
René's attitude toward him was negative.

- With time, **hacia** means *approximately, around, about,* or *toward.*

Hacia la una de la mañana, vi una luz extraña en el cielo.
Around one o'clock in the morning, I saw a strange light in the sky.

Sus teorías se hicieron populares **hacia** la segunda mitad del siglo XX.
His theories became popular toward the second half of the twentieth century.

- The preposition **con** means *with.*

Trabajó **con** los mejores investigadores.
She worked with the best researchers.

Quiero una computadora **con** reproductor de DVD.
I want a computer with a DVD player.

- **Con** can also mean *but, even though,* or *in spite of* when used to convey surprise at an apparent conflict between two known facts.

No han podido descubrir la cura.
They've been unable to discover a cure.

¡**Con** todo el dinero que reciben!
In spite of all the money they get!

Práctica

1

Unir Elige el elemento de la segunda columna que complete correctamente cada frase de la primera columna.

1. La clase de ciencias comenzará ___g___
2. El químico se negó ___f___
3. Trata de estar al día ___b___
4. Cuando terminó el experimento, caminó ___a___
5. Manchó la ropa ___c___
6. El reportero hizo reír ___d___
7. La actitud de Alberto ___e___

a. hacia la salida.
b. con las noticias.
c. con el café.
d. a la astrónoma.
e. fue muy positiva.
f. a realizar ese experimento.
g. hacia las nueve y media.

2

Completar Coloca la preposición **a** sólo cuando sea necesario.

1. Vio ___Ø___ la cámara digital que quiere comprar.
2. La astronauta salió ___a___ la calle.
3. Le presentó ___a___ la ingeniera el proyecto de construcción.
4. El periódico publicó ___Ø___ un artículo sobre el descubrimiento.
5. Vimos ___Ø___ un ovni anoche.
6. El matemático dio un informe ___a___ los periodistas.
7. ___A___ la investigadora no le gusta levantarse temprano.
8. ¿Conoces ___Ø___ un buen restaurante cerca de aquí?

3

Oraciones Escribe oraciones completas con los elementos dados. En cada una debes usar **a, con** o **hacia** por lo menos una vez. Haz los cambios que creas necesarios.

1. estrella fugaz / estarse moviendo / ese planeta

   La estrella fugaz se está moviendo hacia ese planeta.

2. biólogo / hablar / jefe / laboratorio

   El biólogo habla con el jefe del laboratorio.

3. hace dos días / químico / salir / comer / bióloga

   Hace dos días el químico salió a comer con la bióloga.

4. nosotros / enseñarle / teoría / grupo

   Nosotros le enseñamos la teoría al grupo.

5. yo / compartir / información / mis compañeros

   Yo comparto la información con mis compañeros.

6. ayer / María / darle / contraseña / Manuel

   Ayer María le dio la contraseña a Manuel.

7. anoche / ovni / volar / bosque

   Anoche el ovni voló hacia el bosque.

8. tú / grabar / CD / fotos de la fiesta

   Tú grabas un CD con las fotos de la fiesta.

8.5

Prepositions: *de, desde, en, entre, hasta,* and *sin*

- **De** often corresponds to *of* or the possessive endings *'s/s'* in English.

Uses of de					
Possession	**Description**	**Material**	**Position**	**Origin**	**Contents**
la superficie del sol	la fórmula de larga duración	el recipiente de vidrio	la pantalla de enfrente	El científico es de Perú.	el vaso de agua destilada
the sun's surface	*the long-lasting formula*	*the glass container*	*the facing screen*	*The scientist is from Peru.*	*the glass of distilled water*

- **Desde** expresses direction *(from)* and time *(since).*

El cohete viajó **desde** la Tierra a la Luna.
The rocket traveled from the Earth to the Moon.

No hemos oído de ellos **desde** el martes.
We haven't heard from them since Tuesday.

- **En** corresponds to several English prepositions, such as *in, on, into, onto, by,* and *at.*

El microscopio está **en** la mesa.
The microscope is on the table.

El profesor entró **en** la clase.
The professor went into the classroom.

Los resultados se encuentran **en** el cuaderno.
The results can be found in the notebook.

Luisa y Marta se encontraron **en** el museo.
Luisa and Marta met at the museum.

- **Entre** generally corresponds to the English prepositions *between* and *among.*

entre 1976 y 1982
between 1976 and 1982

entre ellos
among themselves

- **Entre** is not followed by **ti** and **mí,** the usual pronouns that serve as objects of prepositions. Instead, the subject pronouns **tú** and **yo** are used.

Entre tú y yo... *Between you and me . . .*

- **Hasta** corresponds to *as far as* in spatial relationships, *until* in time relationships, and *up to* for quantities. It can also be used as an adverb to mean *even* or *including.*

Avanzaron **hasta** las murallas del palacio.
They advanced as far as the palace walls.

Hasta 1898, Cuba fue colonia de España.
Until 1898, Cuba was a colony of Spain.

Haremos **hasta** veinte experimentos.
We'll do up to twenty experiments.

Hasta el presidente quedó sorprendido.
Even the president was surprised.

- **Sin** corresponds to *without* in English. It is often followed by a noun, but it can also be followed by the infinitive form of a verb.

No veo nada **sin** los lentes.
I can't see a thing without glasses.

Lo hice **sin** pensar.
I did it without thinking.

Práctica

1 **Ordena los hechos** Reconstruye el orden de los hechos asignando un número para cada uno. Ten en cuenta las expresiones de transición.

___1___ a. Primero envié mi currículum por correo.

___7___ b. Después de la entrevista, el gerente se despidió muy contento.

___3___ c. Antes de la entrevista, tuve que escribir una carta de presentación.

___5___ d. Al principio de la entrevista, el gerente de la empresa me pidió la carta y la leyó.

___8___ e. Mañana empiezo a trabajar.

___4___ f. Luego, el gerente me recibió en su oficina.

___6___ g. Finalmente, el gerente alabó mi experiencia y mi disposición.

___2___ h. Dos semanas después, me citaron para una entrevista con el gerente.

2 **Escoge** Completa las oraciones con una de las opciones entre paréntesis.

1. Me gustan las actividades al aire libre, ___por eso___ (sin embargo / por eso) voy a esquiar todos los inviernos.

2. Eres aficionado al boliche y, ___por otra parte___ (por esta razón / por otra parte), te encanta leer.

3. Jugamos con todo el corazón y ___sin embargo___ (sin embargo / debido a eso) perdimos el partido.

4. Me lastimé el pie ___como resultado___ (como resultado / con excepción) de la carrera.

5. Después de dos meses de búsqueda, ___por fin___ (como / por fin) conseguí entradas para el concierto.

6. Es un aguafiestas y ___por lo tanto___ (mientras que / por lo tanto) no fue a la feria con nosotros.

7. Julia fue al teatro anoche, pero ___ni___ (ni / además) se divirtió ___ni___ (también / ni) aplaudió.

3 **Completar** Marcos acaba de regresar de un viaje por Argentina. Completa su relato con las expresiones de la lista. Puedes usar algunas expresiones más de una vez.

además	del mismo modo	por eso
al contrario	mientras que	por un lado
debido a eso	por el otro	sin embargo

Hoy estoy muy contento, (1) ___por eso/debido a eso___ ven en mi cara una sonrisa. ¡Hice un viaje maravilloso por Argentina! (2) ___Además___, no fue estresante, (3) ___al contrario___, descansé mucho. Mi paseo fue muy variado, (4) ___por un lado___, pasé varios días en Buenos Aires y (5) ___por el otro___, recorrí la pampa argentina, donde hice muchos amigos. Buenos Aires es una ciudad llena de historia, (6) ___mientras que___ su carácter contemporáneo la mantiene entre las capitales más activas de Suramérica. (7) ___Sin embargo___, todo lo que empieza tiene que acabar y mi viaje terminó antes de lo que esperaba, (8) ___por eso/debido a eso___, pienso volver el próximo año.

10.4

Pero vs. *sino*

—*Fue una linda ceremonia,*
***pero** no tengo ninguna foto.*

El abuelo no quería ser enterrado
*en Candela, **sino** en Palos Verdes.*

- In Spanish, both **pero** and **sino** are used to introduce contradictions or qualifications, but the two words are not interchangeable.

- **Pero** means *but* (in the sense of *however*). It may be used after either affirmative or negative clauses.

  Votaré por este partido, **pero** no me gusta su candidato.
  I will vote for this party, but I don't like its candidate.

  Él no decía que era religioso, **pero** siempre iba a misa.
  He didn't say he was religious, but he always went to mass.

- **Sino** also means *but* (in the sense of *but rather* or *on the contrary*). It is used only after negative clauses. **Sino** introduces a contradicting idea that clarifies or qualifies the previous information.

  No me interesan las excusas, **sino** las soluciones.
  I'm not interested in excuses, but rather in solutions.

  La casa **no** está en el centro de la ciudad, **sino** en las afueras.
  The house is not in the center of the city, but rather in the outskirts.

- When **sino** is used before a conjugated verb, the conjunction **que** is added.

  No quiero que vayas a la fiesta, **sino que** hagas tu tarea.
  I don't want you to go to the party, but to do your homework instead.

  No iba a su casa, **sino que** se quedaba en la capital.
  She was not going home, but was staying in the capital instead.

- *Not only… but also* is expressed with the phrase **no sólo… sino (que) también/además**.

  No sólo quiero pastel, **sino que también** quiero helado.
  I not only want cake, but I also want ice cream.

- The phrase **pero tampoco** means *but neither* or *but not either*.

  No apoyan la globalización, **pero tampoco** son aislacionistas.
  They don't support globalization, but they're not isolationists either.

¡ATENCIÓN!

Pero también (*but also*) is used after affirmative clauses.

Pedro es inteligente, pero también es cabezón.
Pedro is smart, but he is also stubborn.

Práctica

1 **Columnas** Completa cada oración con la opción correcta de la segunda columna.

1. Sofía no quiere viajar mañana y Marta ___d___.

2. Mi compañero de cuarto no es de Madrid, ___c___ de Barcelona.

3. Mis padres querían que yo trabajara, ___a___ yo me fui de viaje a Europa.

4. No fui al partido de fútbol, ___b___ fui al concierto de rock.

a. pero

b. pero tampoco

c. sino

d. tampoco

2 **Completar** Completa cada oración con **no sólo, pero, sino (que)** o **tampoco**.

1. Las cartas no llegaron el miércoles, ___sino___ el jueves.

2. Mis amigos no quieren ir al cine esta noche y yo ___tampoco___.

3. No me gusta conducir por la noche, ___pero___ te llevaré a la fiesta en mi carro.

4. Carlos no me llamaba por teléfono, ___pero / sino que___ me enviaba correos electrónicos con frecuencia.

5. Yo ___no sólo___ esperaba aprobar el examen, ___sino___ también sacar una A.

6. Mis amigos no pensaban votar en las próximas elecciones, ___pero___ yo los convencí para que lo hicieran.

7. Quiero aclarar que Juan no llegó temprano, ___sino___ muy tarde.

3 **El mundo de hoy** Dos amigos están hablando sobre su visión del mundo contemporáneo. Uno es muy optimista y el otro es pesimista. Completa la conversación.

no sólo	sino
pero	sino que
pero tampoco	

TOMÁS El mundo de hoy es muy complejo, (1) ___pero___ hay que reconocer que hemos avanzado mucho.

FELIPE Yo no estoy de acuerdo. Me da la sensación de que últimamente (2) ___no sólo___ hemos avanzado poco, (3) ___sino que___ vamos para atrás.

TOMÁS ¡Cómo puedes decir eso, Felipe!

FELIPE El mundo no es (4) ___sino___ consumismo en los países ricos y miseria en los países pobres.

TOMÁS Ése es un problema grave, (5) ___pero___ creo que esa miseria ya existía antes. Acepto que tienes parte de razón, (6) ___pero tampoco___ vas a negar que hay inventos que han mejorado nuestra calidad de vida.

FELIPE Bueno, reconozco que yo no podría vivir sin el teléfono, el automóvil o la electricidad.

TOMÁS Pues a eso me refería yo.

Verb conjugation tables

Below you will find the infinitive of the verbs introduced as active vocabulary in **IMAGINA**, as well as other common verbs. Each verb is followed by a model verb conjugated on the same pattern. The number in parentheses indicates where in the verb tables, pages **414–421**, you can find the conjugated forms of the model verb. Many of these verbs can be used reflexively. To check the verb conjugation, use the tables on pages **414–421**. For placement of the reflexive pronouns, see page **422**.

abandonar like hablar (1)
abastecer (c:zc) like conocer (35)
abrazar (z:c) like cruzar (37)
abrir like vivir (3) *except* past participle is abierto
aburrir like vivir (3)
abusar like hablar (1)
acabar like hablar (1)
acariciar like hablar (1)
acercar (c:qu) like tocar (43)
acordar (o:ue) like contar (24)
acosar like hablar (1)
acostar (o:ue) like contar (24)
acostumbrar like hablar (1)
actuar like graduar (40)
acudir like vivir (3)
adaptar like hablar (1)
adivinar like hablar (1)
adjuntar like hablar (1)
administrar like hablar (1)
afeitar like hablar (1)
afligir (g:j) like proteger (42) for consonant change only
agotar like hablar (1)
agradecer (c:zc) like conocer (35)
aguantar like hablar (1)
ahogar (g:gu) like llegar (41)
ahorrar like hablar (1)
alcanzar (z:c) like cruzar (37)
alejar like hablar (1)
alimentar like hablar (1)
aliviar like hablar (1)
amanecer (c:zc) like conocer (35)
amar like hablar (1)
amenazar (z:c) like cruzar (37)
andar like hablar (1) *except* preterite stem is anduv-
animar like hablar (1)
anotar like hablar (1)
anticipar like hablar (1)
añadir like vivir (3)
aparcar (c:qu) like tocar (43)
aplaudir like vivir (3)
apostar (o:ue) like contar (24)
apoyar like hablar (1)
aprender like comer (2)
aprobar (o:ue) like contar (24)

aprovechar like hablar (1)
apuntar like hablar (1)
arreglar like hablar (1)
arrepentir (e:ie) like sentir (33)
arriesgar (g:gu) like llegar (41)
arruinar like hablar (1)
ascender (e:ie) like entender (27)
asimilar like hablar (1)
asistir like vivir (3)
aterrizar (z:c) like cruzar (37)
atraer like traer (21)
atrever like comer (2)
aumentar like hablar (1)
averiguar like hablar (1)
ayudar like hablar (1)
bailar like hablar (1)
bajar like hablar (1)
bañar like hablar (1)
batir like vivir (3)
beber like comer (2)
besar like hablar (1)
borrar like hablar (1)
brindar like hablar (1)
burlar like hablar (1)
buscar (c:qu) like tocar (43)
caber (4)
caer (5)
callar like hablar (1)
cambiar like hablar (1)
caminar like hablar (1)
capacitar like hablar (1)
casar like hablar (1)
castigar (g:gu) like llegar (41)
cazar (z:c) like cruzar (37)
ceder like comer (2)
celebrar like hablar (1)
cepillar like hablar (1)
cerrar (e:ie) like pensar (30)
chantajear like hablar (1)
charlar like hablar (1)
clonar like hablar (1)
cobrar like hablar (1)
coleccionar like hablar (1)
colocar (c:qu) like tocar (43)
comer (2)
cometer like comer (2)

compartir like vivir (3)
comportar like hablar (1)
comprar like hablar (1)
comprobar (o:ue) like contar (24)
compulsar like hablar (1)
conducir (c:zc) (6)
confiar like enviar (39)
congelar like hablar (1)
conocer (c:zc) (35)
conquistar like hablar (1)
conseguir (e:i) (gu:g) like seguir (32)
conservar like hablar (1)
considerar like hablar (1)
construir (y) like destruir (38)
consultar like hablar (1)
consumir like vivir (3)
contagiar like hablar (1)
contaminar like hablar (1)
contar (o:ue) (24)
contentar like hablar (1)
contratar like hablar (1)
contribuir (y) like destruir (38)
construir (y) like destruir (38)
convencer (c:z) like vencer (44)
conversar like hablar (1)
convertir (e:ie) like sentir (33)
convivir like vivir (3)
convocar (c:qu) like tocar (43)
cooperar like hablar (1)
coquetear like hablar (1)
correr like comer (2)
cortar like hablar (1)
crear like hablar (1)
crecer (c:zc) like conocer (35)
creer (y) (36)
criar like enviar (39)
cruzar (z:c) (37)
cubrir like vivir (3) *except* past participle is cubierto
cuidar like hablar (1)
cultivar like hablar (1)
curar like hablar (1)
dañar like hablar (1)
dar (7)
deber like comer (2)
decir (e:i) (8)

dedicar (c:qu) like tocar (43)
defender (e:ie) like entender (27)
dejar like hablar (1)
depositar like hablar (1)
derogar (g:gu) like llegar (41)
derretir (e:i) like pedir (29)
derrocar (c:qu) like tocar (43)
derrotar like hablar (1)
desafiar like enviar (39)
desaparecer (c:zc) like conocer (35)
desaprovechar like hablar (1)
desarrollar like hablar (1)
descargar (g:gu) like llegar (41)
desconfiar like enviar (39)
descongelar like hablar (1)
descubrir like vivir (3) *except* past participle is descubierto
desmayar like hablar (1)
despedir (e:i) like pedir (29)
despertar (e:ie) like pensar (30)
despreciar like hablar (1)
destacar (c:qu) like tocar (43)
destrozar (z:c) like cruzar (37)
destruir (y) (38)
detener (e:ie) like tener (20)
difundir like vivir (3)
dirigir (g:j) like proteger (42) for consonant change only
disculpar like hablar (1)
discutir like vivir (3)
disentir (e:ie) like sentir (33)
diseñar like hablar (1)
disfrutar like hablar (1)
disimular like hablar (1)
disminuir (y) like destruir (38)
disparar like hablar (1)
disponer like poner (15)
distinguir (gu:g) like extinguir (46)
divertir (e:ie) like sentir (33)
divorciar like hablar (1)
doblar like hablar (1)
dominar like hablar (1)
dormir (o:ue) (25)
duchar like hablar (1)
echar like hablar (1)
ejercer (c:z) like vencer (44)

elegir (e:i) like pedir (29) *except* (g:j) before a and o

emigrar like hablar (1)

empatar like hablar (1)

empeorar like hablar (1)

empezar (e:ie) (z:c) (26)

enamorar like hablar (1)

encabezar (z:c) like cruzar (37)

encarcelar like hablar (1)

engañar like hablar (1)

enojar like hablar (1)

enriquecer (c:zc) like conocer (35)

enrojecer (c:zc) like conocer (35)

ensayar like hablar (1)

enseñar like hablar (1)

entender (e:ie) (27)

enterar like hablar (1)

enterrar (e:ie) like pensar (30)

entretener (e:ie) like tener (20)

entrevistar like hablar (1)

enviar (39)

esconder like comer (2)

escribir like vivir (3) *except* past participle is escrito

esparcir (c:z) (45)

espiar like enviar (39)

establecer (c:zc) like conocer (35)

estar (9)

estrenar like hablar (1)

exigir (g:j) like proteger (42) for consonant change only

experimentar like hablar (1)

explorar like hablar (1)

exportar like hablar (1)

expulsar like hablar (1)

extinguir (gu:g) (46)

extrañar like hablar (1)

fabricar (c:qu) like tocar (43)

festejar like hablar (1)

fijar like hablar (1)

filmar like hablar (1)

financiar like hablar (1)

firmar like hablar (1)

flotar like hablar (1)

fortalecer (c:zc) like conocer (35)

ganar like hablar (1)

garantizar (z:c) like cruzar (37)

gastar like hablar (1)

gobernar (e:ie) like pensar (30)

golpear like hablar (1)

gozar (z:c) like cruzar (37)

grabar like hablar (1)

graduar (40)

gritar like hablar (1)

guardar like hablar (1)

guiar like enviar (39)

haber (10)

hablar (1)

hacer (11)

heredar like hablar (1)

homenajear like hablar (1)

huir (y) like destruir (38)

hundir like vivir (3)

incorporar like hablar (1)

incluir (y) like destruir (38)

independizar (z:c) like cruzar (37)

indicar (c:qu) like tocar (43)

influir (y) like destruir (38)

integrar like hablar (1)

intentar like hablar (1)

intercambiar like hablar (1)

intoxicar (c:qu) like tocar (43)

inventar like hablar (1)

invertir (e:ie) like sentir (33)

investigar (g:gu) like llegar (41)

ir (12)

jubilar like hablar (1)

jugar (u:ue) (g:gu) (28)

jurar like hablar (1)

juzgar (g:gu) like llegar (41)

lamentar like hablar (1)

lastimar like hablar (1)

lavar like hablar (1)

leer (y) like creer (36)

levantar like hablar (1)

ligar (g:gu) like llegar (41)

llegar (g:gu) (41)

llevar like hablar (1)

lograr like hablar (1)

luchar like hablar (1)

madrugar (g:gu) like llegar (41)

malcriar like enviar (39)

malgastar like hablar (1)

maquillar like hablar (1)

marcar (c:qu) like tocar (43)

marchar like hablar (1)

marear like hablar (1)

matar like hablar (1)

mejorar like hablar (1)

merecer (c:zc) like conocer (35)

meter like comer (2)

mezclar like hablar (1)

mimar like hablar (1)

morir (o:ue) like dormir (25) *except* past participle is muerto

mudar like hablar (1)

navegar (g:gu) like llegar (41)

obedecer (c:zc) like conocer (35)

odiar like hablar (1)

oír (y) (13)

olvidar like hablar (1)

opinar like hablar (1)

oprimir like vivir (3)

otorgar (g:gu) like llegar (41)

parar like hablar (1)

parecer (c:zc) like conocer (35)

partir like vivir (3)

pasar like hablar (1)

pasear like hablar (1)

patear like hablar (1)

pedir (e:i) (29)

pegar (g:gu) like llegar (41)

peinar like hablar (1)

pelear like hablar (1)

pensar (e:ie) (30)

perder (e:ie) like entender (27)

perdonar like hablar (1)

pertenecer (c:zc) like conocer (35)

planificar (c:qu) like tocar (43)

plantar like hablar (1)

poblar (o:ue) like contar (24)

podar like hablar (1)

poder (o:ue) (14)

poner (15)

portar like hablar (1)

predecir (e:i) like decir (8)

preguntar like hablar (1)

preocupar like hablar (1)

prescindir like vivir (3)

presenciar like hablar (1)

prestar like hablar (1)

prevenir (e:ie) like venir (22)

producir (c:zc) like conducir (6)

promover (o:ue) like volver (34) *except* past participle is regular

promulgar (g:gu) like llegar (41)

proteger (g:j) (42)

protestar like hablar (1)

publicar (c:qu) like tocar (43)

quedar like hablar (1)

quejar like hablar (1)

quemar like hablar (1)

querer (e:ie) (16)

quitar like hablar (1)

realizar (z:c) like cruzar (37)

rechazar (z:c) like cruzar (37)

recibir like vivir (3)

reciclar like hablar (1)

reconocer (c:zc) like conocer (35)

recorrer like comer (2)

reemplazar (z:c) like cruzar (37)

regañar like hablar (1)

regresar like hablar (1)

reír (e:i) (31)

relajar like hablar (1)

remodelar like hablar (1)

renunciar like hablar (1)

residir like vivir (3)

resistir like vivir (3)

resolver (o:ue) like volver (34)

respetar like hablar (1)

respirar like hablar (1)

reunir like vivir (3)

robar like hablar (1)

rodar (o:ue) like contar (24)

rodear like hablar (1)

romper like comer (2) *except* past participle is roto

rumorear like hablar (1)

saber (17)

sacrificar (c:qu) like tocar (43)

salir (18)

saltar like hablar (1)

salvar like hablar (1)

secar (c:qu) like tocar (43)

secuestrar like hablar (1)

seguir (e:i) (gu:g) (32)

sellar like hablar (1)

sembrar (e:ie) like pensar (30)

sentir (e:ie) (33)

señalar like hablar (1)

ser (19)

serrar (e:ie) like pensar (30)

significar (c:qu) like tocar (43)

silbar like hablar (1)

simbolizar (z:c) like cruzar (37)

sobresalir like salir (18)

sobrevivir like vivir (3)

solicitar like hablar (1)

soñar (o:ue) like contar (24)

soportar like hablar (1)

sorprender like comer (2)

sospechar like hablar (1)

subir like vivir (3)

subscribir like vivir (3) *except* past participle is subscrito

suceder like comer (2)

superar like hablar (1)

surgir (g:j) like proteger (42) for consonant change only

sustituir (y) like destruir (38)

tardar like hablar (1)

tener (e:ie) (20)

titular like hablar (1)

tocar (c:qu) (43)

tomar like hablar (1)

traducir (c:zc) like conducir (6)

traer (21)

transmitir like vivir (3)

trasladar like hablar (1)

trasnochar like hablar (1)

tratar like hablar (1)

urbanizar (z:c) like cruzar (37)

valer like tener (20) *except* no stem change, regular preterite and regular imperative

valorar like hablar (1)

vencer (c:z) (44)

vender like comer (2)

vengar (g:gu) like llegar (41)

venir (e:ie) (22)

ver (23)

vestir (e:i) like pedir (29)

viajar like hablar (1)

vigilar like hablar (1)

vivir (3)

volar (o:ue) like contar (24)

voltear like hablar (1)

volver (o:ue) (34)

votar like hablar (1)

Verb conjugation tables

Regular verbs: simple tenses

1 hablar
Participles: hablando, hablado

	INDICATIVE					SUBJUNCTIVE		IMPERATIVE
Infinitive	Present	Imperfect	Preterite	Future	Conditional	Present	Past	
hablar	hablo	hablaba	hablé	hablaré	hablaría	hable	hablara	
	hablas	hablabas	hablaste	hablarás	hablarías	hables	hablaras	habla tú (no hables)
	habla	hablaba	habló	hablará	hablaría	hable	hablara	hable Ud.
	hablamos	hablábamos	hablamos	hablaremos	hablaríamos	hablemos	habláramos	hablemos
	habláis	hablabais	hablasteis	hablaréis	hablaríais	habléis	hablarais	hablad (no habléis)
	hablan	hablaban	hablaron	hablarán	hablarían	hablen	hablaran	hablen Uds.

2 comer
Participles: comiendo, comido

	INDICATIVE					SUBJUNCTIVE		IMPERATIVE
Infinitive	Present	Imperfect	Preterite	Future	Conditional	Present	Past	
comer	como	comía	comí	comeré	comería	coma	comiera	
	comes	comías	comiste	comerás	comerías	comas	comieras	come tú (no comas)
	come	comía	comió	comerá	comería	coma	comiera	coma Ud.
	comemos	comíamos	comimos	comeremos	comeríamos	comamos	comiéramos	comamos
	coméis	comíais	comisteis	comeréis	comeríais	comáis	comierais	comed (no comáis)
	comen	comían	comieron	comerán	comerían	coman	comieran	coman Uds.

3 vivir
Participles: viviendo, vivido

	INDICATIVE					SUBJUNCTIVE		IMPERATIVE
Infinitive	Present	Imperfect	Preterite	Future	Conditional	Present	Past	
vivir	vivo	vivía	viví	viviré	viviría	viva	viviera	
	vives	vivías	viviste	vivirás	vivirías	vivas	vivieras	vive tú (no vivas)
	vive	vivía	vivió	vivirá	viviría	viva	viviera	viva Ud.
	vivimos	vivíamos	vivimos	viviremos	viviríamos	vivamos	viviéramos	vivamos
	vivís	vivíais	vivisteis	viviréis	viviríais	viváis	vivierais	vivid (no viváis)
	viven	vivían	vivieron	vivirán	vivirían	vivan	vivieran	vivan Uds.

All verbs: compound tenses

PERFECT TENSES

INDICATIVE							SUBJUNCTIVE		
Present Perfect		Past Perfect		Future Perfect		Conditional Perfect		Present Perfect	Past Perfect
he	hablado	había	hablado	habré	hablado	habría	hablado	haya ... hablado	hubiera ... hablado
has	comido	habías	comido	habrás	comido	habrías	comido	hayas ... comido	hubieras ... comido
ha	vivido	había	vivido	habrá	vivido	habría	vivido	haya ... vivido	hubiera ... vivido
hemos		habíamos		habremos		habríamos		hayamos	hubiéramos
habéis		habíais		habréis		habríais		hayáis	hubierais
han		habían		habrán		habrían		hayan	hubieran

PROGRESSIVE TENSES

INDICATIVE

Present Progressive	Past Progressive	Future Progressive	Conditional Progressive
estoy	estaba	estaré	estaría
estás	estabas	estarás	estarías
está } hablando comiendo viviendo	estaba } hablando comiendo viviendo	estará } hablando comiendo viviendo	estaría } hablando comiendo viviendo
estamos	estábamos	estaremos	estaríamos
estáis	estabais	estaréis	estaríais
están	estaban	estarán	estarían

SUBJUNCTIVE

Present Progressive	Past Progressive
esté	estuviera
estés	estuvieras
esté } hablando comiendo viviendo	estuviera } hablando comiendo viviendo
estemos	estuviéramos
estéis	estuvierais
estén	estuvieran

Irregular verbs

	Infinitive	INDICATIVE					SUBJUNCTIVE		IMPERATIVE
		Present	Imperfect	Preterite	Future	Conditional	Present	Past	
4	caber	**quepo**	cabía	**cupe**	**cabré**	**cabría**	**quepa**	**cupiera**	
		cabes	cabías	**cupiste**	**cabrás**	**cabrías**	**quepas**	**cupieras**	cabe tú (no **quepas**)
		cabe	cabía	**cupo**	**cabrá**	**cabría**	**quepa**	**cupiera**	**quepa** Ud.
	Participles:	cabemos	cabíamos	**cupimos**	**cabremos**	**cabríamos**	**quepamos**	**cupiéramos**	**quepamos**
	cabiendo	cabéis	cabíais	**cupisteis**	**cabréis**	**cabríais**	**quepáis**	**cupierais**	cabed (no **quepáis**)
	cabido	caben	cabían	**cupieron**	**cabrán**	**cabrían**	**quepan**	**cupieran**	**quepan** Uds.
5	caer	**caigo**	caía	caí	caeré	caería	**caiga**	**cayera**	
		caes	caías	**caíste**	caerás	caerías	**caigas**	**cayeras**	cae tú (no **caigas**)
		cae	caía	**cayó**	caerá	caería	**caiga**	**cayera**	**caiga** Ud. (no **caiga**)
	Participles:	caemos	caíamos	**caímos**	caeremos	caeríamos	**caigamos**	**cayéramos**	**caigamos**
	cayendo	caéis	caíais	**caísteis**	caeréis	caeríais	**caigáis**	**cayerais**	caed (no **caigáis**)
	caído	caen	caían	**cayeron**	caerán	caerían	**caigan**	**cayeran**	**caigan** Uds.
6	conducir	**conduzco**	conducía	**conduje**	conduciré	conduciría	**conduzca**	**condujera**	
	(c:zc)	conduces	conducías	**condujiste**	conducirás	conducirías	**conduzcas**	**condujeras**	conduce tú (no **conduzcas**)
		conduce	conducía	**condujo**	conducirá	conduciría	**conduzca**	**condujera**	**conduzca** Ud. (no **conduzca**)
	Participles:	conducimos	conducíamos	**condujimos**	conduciremos	conduciríamos	**conduzcamos**	**condujéramos**	**conduzcamos**
	conduciendo	conducís	conducíais	**condujisteis**	conduciréis	conduciríais	**conduzcáis**	**condujerais**	conducid (no **conduzcáis**)
	conducido	conducen	conducían	**condujeron**	conducirán	conducirían	**conduzcan**	**condujeran**	**conduzcan** Uds.

VERB TABLES

7 — dar
Participles: dando, dado

	Present	Imperfect	Preterite	Future	Conditional	Subj. Present	Subj. Past	Imperative
	doy	daba	di	daré	daría	dé	diera	
	das	dabas	diste	darás	darías	des	dieras	da tú (no des)
	da	daba	dio	dará	daría	dé	diera	dé Ud.
	damos	dábamos	dimos	daremos	daríamos	demos	diéramos	demos
	dais	dabais	disteis	daréis	daríais	deis	dierais	dad (no deis)
	dan	daban	dieron	darán	darían	den	dieran	den Uds.

8 — decir (e:i)
Participles: diciendo, dicho

	Present	Imperfect	Preterite	Future	Conditional	Subj. Present	Subj. Past	Imperative
	digo	decía	dije	diré	diría	diga	dijera	
	dices	decías	dijiste	dirás	dirías	digas	dijeras	di tú (no digas)
	dice	decía	dijo	dirá	diría	diga	dijera	diga Ud.
	decimos	decíamos	dijimos	diremos	diríamos	digamos	dijéramos	digamos
	decís	decíais	dijisteis	diréis	diríais	digáis	dijerais	decid (no digáis)
	dicen	decían	dijeron	dirán	dirían	digan	dijeran	digan Uds.

9 — estar
Participles: estando, estado

	Present	Imperfect	Preterite	Future	Conditional	Subj. Present	Subj. Past	Imperative
	estoy	estaba	estuve	estaré	estaría	esté	estuviera	
	estás	estabas	estuviste	estarás	estarías	estés	estuvieras	está tú (no estés)
	está	estaba	estuvo	estará	estaría	esté	estuviera	esté Ud.
	estamos	estábamos	estuvimos	estaremos	estaríamos	estemos	estuviéramos	estemos
	estáis	estabais	estuvisteis	estaréis	estaríais	estéis	estuvierais	estad (no estéis)
	están	estaban	estuvieron	estarán	estarían	estén	estuvieran	estén Uds.

10 — haber
Participles: habiendo, habido

	Present	Imperfect	Preterite	Future	Conditional	Subj. Present	Subj. Past	Imperative
	he	había	hube	habré	habría	haya	hubiera	
	has	habías	hubiste	habrás	habrías	hayas	hubieras	
	ha	había	hubo	habrá	habría	haya	hubiera	
	hemos	habíamos	hubimos	habremos	habríamos	hayamos	hubiéramos	
	habéis	habíais	hubisteis	habréis	habríais	hayáis	hubierais	
	han	habían	hubieron	habrán	habrían	hayan	hubieran	

11 — hacer
Participles: haciendo, hecho

	Present	Imperfect	Preterite	Future	Conditional	Subj. Present	Subj. Past	Imperative
	hago	hacía	hice	haré	haría	haga	hiciera	
	haces	hacías	hiciste	harás	harías	hagas	hicieras	haz tú (no hagas)
	hace	hacía	hizo	hará	haría	haga	hiciera	haga Ud.
	hacemos	hacíamos	hicimos	haremos	haríamos	hagamos	hiciéramos	hagamos
	hacéis	hacíais	hicisteis	haréis	haríais	hagáis	hicierais	haced (no hagáis)
	hacen	hacían	hicieron	harán	harían	hagan	hicieran	hagan Uds.

12 — ir
Participles: yendo, ido

	Present	Imperfect	Preterite	Future	Conditional	Subj. Present	Subj. Past	Imperative
	voy	iba	fui	iré	iría	vaya	fuera	
	vas	ibas	fuiste	irás	irías	vayas	fueras	ve tú (no vayas)
	va	iba	fue	irá	iría	vaya	fuera	vaya Ud.
	vamos	íbamos	fuimos	iremos	iríamos	vayamos	fuéramos	vamos (no vayamos)
	vais	ibais	fuisteis	iréis	iríais	vayáis	fuerais	id (no vayáis)
	van	iban	fueron	irán	irían	vayan	fueran	vayan Uds.

13 — oír (y)
Participles: oyendo, oído

	Present	Imperfect	Preterite	Future	Conditional	Subj. Present	Subj. Past	Imperative
	oigo	oía	oí	oiré	oiría	oiga	oyera	
	oyes	oías	oíste	oirás	oirías	oigas	oyeras	oye tú (no oigas)
	oye	oía	oyó	oirá	oiría	oiga	oyera	oiga Ud.
	oímos	oíamos	oímos	oiremos	oiríamos	oigamos	oyéramos	oigamos
	oís	oíais	oísteis	oiréis	oiríais	oigáis	oyerais	oíd (no oigáis)
	oyen	oían	oyeron	oirán	oirían	oigan	oyeran	oigan Uds.

416   Verb conjugation tables

| Infinitive | INDICATIVE | | | | | SUBJUNCTIVE | | IMPERATIVE |
	Present	Imperfect	Preterite	Future	Conditional	Present	Past	
14 poder (o:ue) **Participles:** **pudiendo** podido	**puedo** **puedes** **puede** podemos podéis **pueden**	podía podías podía podíamos podíais podían	**pude** **pudiste** **pudo** **pudimos** **pudisteis** **pudieron**	**podré** **podrás** **podrá** **podremos** **podréis** **podrán**	**podría** **podrías** **podría** **podríamos** **podríais** **podrían**	**pueda** **puedas** **pueda** podamos podáis **puedan**	**pudiera** **pudieras** **pudiera** **pudiéramos** **pudierais** **pudieran**	 **puede** tú (no **puedas**) **pueda** Ud. podamos poded (no **podáis**) **puedan** Uds.
15 poner **Participles:** poniendo **puesto**	**pongo** pones pone ponemos ponéis ponen	ponía ponías ponía poníamos poníais ponían	**puse** **pusiste** **puso** **pusimos** **pusisteis** **pusieron**	**pondré** **pondrás** **pondrá** **pondremos** **pondréis** **pondrán**	**pondría** **pondrías** **pondría** **pondríamos** **pondríais** **pondrían**	**ponga** **pongas** **ponga** **pongamos** **pongáis** **pongan**	**pusiera** **pusieras** **pusiera** **pusiéramos** **pusierais** **pusieran**	 **pon** tú (no **pongas**) **ponga** Ud. **pongamos** poned (no **pongáis**) **pongan** Uds.
16 querer (e:ie) **Participles:** queriendo querido	**quiero** **quieres** **quiere** queremos queréis **quieren**	quería querías quería queríamos queríais querían	**quise** **quisiste** **quiso** **quisimos** **quisisteis** **quisieron**	**querré** **querrás** **querrá** **querremos** **querréis** **querrán**	**querría** **querrías** **querría** **querríamos** **querríais** **querrían**	**quiera** **quieras** **quiera** queramos queráis **quieran**	**quisiera** **quisieras** **quisiera** **quisiéramos** **quisierais** **quisieran**	 **quiere** tú (no **quieras**) **quiera** Ud. queramos quered (no queráis) **quieran** Uds.
17 saber **Participles:** sabiendo sabido	**sé** sabes sabe sabemos sabéis saben	sabía sabías sabía sabíamos sabíais sabían	**supe** **supiste** **supo** **supimos** **supisteis** **supieron**	**sabré** **sabrás** **sabrá** **sabremos** **sabréis** **sabrán**	**sabría** **sabrías** **sabría** **sabríamos** **sabríais** **sabrían**	**sepa** **sepas** **sepa** **sepamos** **sepáis** **sepan**	**supiera** **supieras** **supiera** **supiéramos** **supierais** **supieran**	 sabe tú (no **sepas**) **sepa** Ud. **sepamos** sabed (no **sepáis**) **sepan** Uds.
18 salir **Participles:** saliendo salido	**salgo** sales sale salimos salís salen	salía salías salía salíamos salíais salían	salí saliste salió salimos salisteis salieron	**saldré** **saldrás** **saldrá** **saldremos** **saldréis** **saldrán**	**saldría** **saldrías** **saldría** **saldríamos** **saldríais** **saldrían**	**salga** **salgas** **salga** **salgamos** **salgáis** **salgan**	saliera salieras saliera saliéramos salierais salieran	 **sal** tú (no **salgas**) **salga** Ud. **salgamos** salid (no **salgáis**) **salgan** Uds.
19 ser **Participles:** siendo sido	**soy** **eres** **es** **somos** **sois** **son**	**era** **eras** **era** **éramos** **erais** **eran**	**fui** **fuiste** **fue** **fuimos** **fuisteis** **fueron**	seré serás será seremos seréis serán	sería serías sería seríamos seríais serían	**sea** **seas** **sea** **seamos** **seáis** **sean**	**fuera** **fueras** **fuera** **fuéramos** **fuerais** **fueran**	 **sé** tú (no **seas**) **sea** Ud. **seamos** sed (no **seáis**) **sean** Uds.
20 tener (e:ie) **Participles:** teniendo tenido	**tengo** **tienes** **tiene** tenemos tenéis **tienen**	tenía tenías tenía teníamos teníais tenían	**tuve** **tuviste** **tuvo** **tuvimos** **tuvisteis** **tuvieron**	**tendré** **tendrás** **tendrá** **tendremos** **tendréis** **tendrán**	**tendría** **tendrías** **tendría** **tendríamos** **tendríais** **tendrían**	**tenga** **tengas** **tenga** **tengamos** **tengáis** **tengan**	**tuviera** **tuvieras** **tuviera** **tuviéramos** **tuvierais** **tuvieran**	 **ten** tú (no **tengas**) **tenga** Ud. **tengamos** tened (no **tengáis**) **tengan** Uds.

Verb conjugation tables

21 — traer

Infinitive	Present	Imperfect	Preterite	Future	Conditional	Subjunctive Present	Subjunctive Past	Imperative
traer	traigo	traía	traje	traeré	traería	traiga	trajera	
	traes	traías	trajiste	traerás	traerías	traigas	trajeras	trae tú (no traigas)
	trae	traía	trajo	traerá	traería	traiga	trajera	traiga Ud.
	traemos	traíamos	trajimos	traeremos	traeríamos	traigamos	trajéramos	traigamos
Participles:	traéis	traíais	trajisteis	traeréis	traeríais	traigáis	trajerais	traed (no traigáis)
trayendo, traído	traen	traían	trajeron	traerán	traerían	traigan	trajeran	traigan Uds.

22 — venir (e:ie)

Infinitive	Present	Imperfect	Preterite	Future	Conditional	Subjunctive Present	Subjunctive Past	Imperative
venir (e:ie)	vengo	venía	vine	vendré	vendría	venga	viniera	
	vienes	venías	viniste	vendrás	vendrías	vengas	vinieras	ven tú (no vengas)
	viene	venía	vino	vendrá	vendría	venga	viniera	venga Ud.
	venimos	veníamos	vinimos	vendremos	vendríamos	vengamos	viniéramos	vengamos
Participles:	venís	veníais	vinisteis	vendréis	vendríais	vengáis	vinierais	venid (no vengáis)
viniendo, venido	vienen	venían	vinieron	vendrán	vendrían	vengan	vinieran	vengan Uds.

23 — ver

Infinitive	Present	Imperfect	Preterite	Future	Conditional	Subjunctive Present	Subjunctive Past	Imperative
ver	veo	veía	vi	veré	vería	vea	viera	
	ves	veías	viste	verás	verías	veas	vieras	ve tú (no veas)
	ve	veía	vio	verá	vería	vea	viera	vea Ud.
	vemos	veíamos	vimos	veremos	veríamos	veamos	viéramos	veamos
Participles:	veis	veíais	visteis	veréis	veríais	veáis	vierais	ved (no veáis)
viendo, visto	ven	veían	vieron	verán	verían	vean	vieran	vean Uds.

Stem-changing verbs

24 — contar (o:ue)

Infinitive	Present	Imperfect	Preterite	Future	Conditional	Subjunctive Present	Subjunctive Past	Imperative
contar (o:ue)	cuento	contaba	conté	contaré	contaría	cuente	contara	
	cuentas	contabas	contaste	contarás	contarías	cuentes	contaras	cuenta tú (no cuentes)
	cuenta	contaba	contó	contará	contaría	cuente	contara	cuente Ud.
Participles:	contamos	contábamos	contamos	contaremos	contaríamos	contemos	contáramos	contemos
contando	contáis	contabais	contasteis	contaréis	contaríais	contéis	contarais	contad (no contéis)
contado	cuentan	contaban	contaron	contarán	contarían	cuenten	contaran	cuenten Uds.

25 — dormir (o:ue)

Infinitive	Present	Imperfect	Preterite	Future	Conditional	Subjunctive Present	Subjunctive Past	Imperative
dormir (o:ue)	duermo	dormía	dormí	dormiré	dormiría	duerma	durmiera	
	duermes	dormías	dormiste	dormirás	dormirías	duermas	durmieras	duerme tú (no duermas)
	duerme	dormía	durmió	dormirá	dormiría	duerma	durmiera	duerma Ud.
Participles:	dormimos	dormíamos	dormimos	dormiremos	dormiríamos	durmamos	durmiéramos	durmamos
durmiendo	dormís	dormíais	dormisteis	dormiréis	dormiríais	durmáis	durmierais	dormid (no durmáis)
dormido	duermen	dormían	durmieron	dormirán	dormirían	duerman	durmieran	duerman Uds.

26 — empezar (e:ie) (z:c)

Infinitive	Present	Imperfect	Preterite	Future	Conditional	Subjunctive Present	Subjunctive Past	Imperative
empezar (e:ie) (z:c)	empiezo	empezaba	empecé	empezaré	empezaría	empiece	empezara	
	empiezas	empezabas	empezaste	empezarás	empezarías	empieces	empezaras	empieza tú (no empieces)
	empieza	empezaba	empezó	empezará	empezaría	empiece	empezara	empiece Ud.
Participles:	empezamos	empezábamos	empezamos	empezaremos	empezaríamos	empecemos	empezáramos	empecemos
empezando	empezáis	empezabais	empezasteis	empezaréis	empezaríais	empecéis	empezarais	empezad (no empecéis)
empezado	empiezan	empezaban	empezaron	empezarán	empezarían	empiecen	empezaran	empiecen Uds.

27 — entender (e:ie)
Participles: entendiendo, entendido

	INDICATIVE					SUBJUNCTIVE		IMPERATIVE
	Present	Imperfect	Preterite	Future	Conditional	Present	Past	
	entiendo	entendía	entendí	entenderé	entendería	entienda	entendiera	
	entiendes	entendías	entendiste	entenderás	entenderías	entiendas	entendieras	entiende tú (no entiendas)
	entiende	entendía	entendió	entenderá	entendería	entienda	entendiera	entienda Ud.
	entendemos	entendíamos	entendimos	entenderemos	entenderíamos	entendamos	entendiéramos	entendamos
	entendéis	entendíais	entendisteis	entenderéis	entenderíais	entendáis	entendierais	entended (no entendáis)
	entienden	entendían	entendieron	entenderán	entenderían	entiendan	entendieran	entiendan Uds.

28 — jugar (u:ue)(g:gu)
Participles: jugando, jugado

Present	Imperfect	Preterite	Future	Conditional	Present	Past	IMPERATIVE
juego	jugaba	jugué	jugaré	jugaría	juegue	jugara	
juegas	jugabas	jugaste	jugarás	jugarías	juegues	jugaras	juega tú (no juegues)
juega	jugaba	jugó	jugará	jugaría	juegue	jugara	juegue Ud.
jugamos	jugábamos	jugamos	jugaremos	jugaríamos	juguemos	jugáramos	juguemos
jugáis	jugabais	jugasteis	jugaréis	jugaríais	juguéis	jugarais	jugad (no juguéis)
juegan	jugaban	jugaron	jugarán	jugarían	jueguen	jugaran	jueguen Uds.

29 — pedir (e:i)
Participles: pidiendo, pedido

Present	Imperfect	Preterite	Future	Conditional	Present	Past	IMPERATIVE
pido	pedía	pedí	pediré	pediría	pida	pidiera	
pides	pedías	pediste	pedirás	pedirías	pidas	pidieras	pide tú (no pidas)
pide	pedía	pidió	pedirá	pediría	pida	pidiera	pida Ud.
pedimos	pedíamos	pedimos	pediremos	pediríamos	pidamos	pidiéramos	pidamos
pedís	pedíais	pedisteis	pediréis	pediríais	pidáis	pidierais	pedid (no pidáis)
piden	pedían	pidieron	pedirán	pedirían	pidan	pidieran	pidan Uds.

30 — pensar (e:ie)
Participles: pensando, pensado

Present	Imperfect	Preterite	Future	Conditional	Present	Past	IMPERATIVE
pienso	pensaba	pensé	pensaré	pensaría	piense	pensara	
piensas	pensabas	pensaste	pensarás	pensarías	pienses	pensaras	piensa tú (no pienses)
piensa	pensaba	pensó	pensará	pensaría	piense	pensara	piense Ud.
pensamos	pensábamos	pensamos	pensaremos	pensaríamos	pensemos	pensáramos	pensemos
pensáis	pensabais	pensasteis	pensaréis	pensaríais	penséis	pensarais	pensad (no penséis)
piensan	pensaban	pensaron	pensarán	pensarían	piensen	pensaran	piensen Uds.

31 — reír (e:i)
Participles: riendo, reído

Present	Imperfect	Preterite	Future	Conditional	Present	Past	IMPERATIVE
río	reía	reí	reiré	reiría	ría	riera	
ríes	reías	reíste	reirás	reirías	rías	rieras	ríe tú (no rías)
ríe	reía	rio	reirá	reiría	ría	riera	ría Ud.
reímos	reíamos	reímos	reiremos	reiríamos	riamos	riéramos	riamos
reís	reíais	reísteis	reiréis	reiríais	riáis	rierais	reíd (no riáis)
ríen	reían	rieron	reirán	reirían	rían	rieran	rían Uds.

32 — seguir (e:i)(gu:g)
Participles: siguiendo, seguido

Present	Imperfect	Preterite	Future	Conditional	Present	Past	IMPERATIVE
sigo	seguía	seguí	seguiré	seguiría	siga	siguiera	
sigues	seguías	seguiste	seguirás	seguirías	sigas	siguieras	sigue tú (no sigas)
sigue	seguía	siguió	seguirá	seguiría	siga	siguiera	siga Ud.
seguimos	seguíamos	seguimos	seguiremos	seguiríamos	sigamos	siguiéramos	sigamos
seguís	seguíais	seguisteis	seguiréis	seguiríais	sigáis	siguierais	seguid (no sigáis)
siguen	seguían	siguieron	seguirán	seguirían	sigan	siguieran	sigan Uds.

33 — sentir (e:ie)
Participles: sintiendo, sentido

Present	Imperfect	Preterite	Future	Conditional	Present	Past	IMPERATIVE
siento	sentía	sentí	sentiré	sentiría	sienta	sintiera	
sientes	sentías	sentiste	sentirás	sentirías	sientas	sintieras	siente tú (no sientas)
siente	sentía	sintió	sentirá	sentiría	sienta	sintiera	sienta Ud.
sentimos	sentíamos	sentimos	sentiremos	sentiríamos	sintamos	sintiéramos	sintamos
sentís	sentíais	sentisteis	sentiréis	sentiríais	sintáis	sintierais	sentid (no sintáis)
sienten	sentían	sintieron	sentirán	sentirían	sientan	sintieran	sientan Uds.

34. volver (o:ue) — Participles: volviendo, **vuelto**

	INDICATIVE					SUBJUNCTIVE		IMPERATIVE
	Present	Imperfect	Preterite	Future	Conditional	Present	Past	
	vuelvo	volvía	volví	volveré	volvería	**vuelva**	volviera	
	vuelves	volvías	volviste	volverás	volverías	**vuelvas**	volvieras	**vuelve** tú (no **vuelvas**)
	vuelve	volvía	volvió	volverá	volvería	**vuelva**	volviera	**vuelva** Ud.
	volvemos	volvíamos	volvimos	volveremos	volveríamos	volvamos	volviéramos	volvamos
	volvéis	volvíais	volvisteis	volveréis	volveríais	volváis	volvierais	volved (no volváis)
	vuelven	volvían	volvieron	volverán	volverían	**vuelvan**	volvieran	**vuelvan** Uds.

Verbs with spelling changes only

35. conocer (c:zc) — Participles: conociendo, conocido

	INDICATIVE					SUBJUNCTIVE		IMPERATIVE
	Present	Imperfect	Preterite	Future	Conditional	Present	Past	
	conozco	conocía	conocí	conoceré	conocería	**conozca**	conociera	
	conoces	conocías	conociste	conocerás	conocerías	**conozcas**	conocieras	conoce tú (no **conozcas**)
	conoce	conocía	conoció	conocerá	conocería	**conozca**	conociera	**conozca** Ud.
	conocemos	conocíamos	conocimos	conoceremos	conoceríamos	**conozcamos**	conociéramos	**conozcamos**
	conocéis	conocíais	conocisteis	conoceréis	conoceríais	**conozcáis**	conocierais	conoced (no **conozcáis**)
	conocen	conocían	conocieron	conocerán	conocerían	**conozcan**	conocieran	**conozcan** Uds.

36. creer (y) — Participles: **creyendo**, **creído**

	INDICATIVE					SUBJUNCTIVE		IMPERATIVE
	Present	Imperfect	Preterite	Future	Conditional	Present	Past	
	creo	creía	creí	creeré	creería	crea	**creyera**	
	crees	creías	**creíste**	creerás	creerías	creas	**creyeras**	cree tú (no creas)
	cree	creía	**creyó**	creerá	creería	crea	**creyera**	crea Ud.
	creemos	creíamos	**creímos**	creeremos	creeríamos	creamos	**creyéramos**	creamos
	creéis	creíais	**creísteis**	creeréis	creeríais	creáis	**creyerais**	creed (no creáis)
	creen	creían	**creyeron**	creerán	creerían	crean	**creyeran**	crean Uds.

37. cruzar (z:c) — Participles: cruzando, cruzado

	INDICATIVE					SUBJUNCTIVE		IMPERATIVE
	Present	Imperfect	Preterite	Future	Conditional	Present	Past	
	cruzo	cruzaba	**crucé**	cruzaré	cruzaría	**cruce**	cruzara	
	cruzas	cruzabas	cruzaste	cruzarás	cruzarías	**cruces**	cruzaras	cruza tú (no **cruces**)
	cruza	cruzaba	cruzó	cruzará	cruzaría	**cruce**	cruzara	**cruce** Ud.
	cruzamos	cruzábamos	cruzamos	cruzaremos	cruzaríamos	**crucemos**	cruzáramos	**crucemos**
	cruzáis	cruzabais	cruzasteis	cruzaréis	cruzaríais	**crucéis**	cruzarais	cruzad (no **crucéis**)
	cruzan	cruzaban	cruzaron	cruzarán	cruzarían	**crucen**	cruzaran	**crucen** Uds.

38. destruir (y) — Participles: **destruyendo**, destruido

	INDICATIVE					SUBJUNCTIVE		IMPERATIVE
	Present	Imperfect	Preterite	Future	Conditional	Present	Past	
	destruyo	destruía	destruí	destruiré	destruiría	**destruya**	**destruyera**	
	destruyes	destruías	destruiste	destruirás	destruirías	**destruyas**	**destruyeras**	**destruye** tú (no **destruyas**)
	destruye	destruía	**destruyó**	destruirá	destruiría	**destruya**	**destruyera**	**destruya** Ud.
	destruimos	destruíamos	destruimos	destruiremos	destruiríamos	**destruyamos**	**destruyéramos**	**destruyamos**
	destruís	destruíais	destruisteis	destruiréis	destruiríais	**destruyáis**	**destruyerais**	destruid (no **destruyáis**)
	destruyen	destruían	**destruyeron**	destruirán	destruirían	**destruyan**	**destruyeran**	**destruyan** Uds.

39. enviar — Participles: enviando, enviado

	INDICATIVE					SUBJUNCTIVE		IMPERATIVE
	Present	Imperfect	Preterite	Future	Conditional	Present	Past	
	envío	enviaba	envié	enviaré	enviaría	**envíe**	enviara	
	envías	enviabas	enviaste	enviarás	enviarías	**envíes**	enviaras	**envía** tú (no **envíes**)
	envía	enviaba	envió	enviará	enviaría	**envíe**	enviara	**envíe** Ud.
	enviamos	enviábamos	enviamos	enviaremos	enviaríamos	enviemos	enviáramos	enviemos
	enviáis	enviabais	enviasteis	enviaréis	enviaríais	enviéis	enviarais	enviad (no enviéis)
	envían	enviaban	enviaron	enviarán	enviarían	**envíen**	enviaran	**envíen** Uds.

40 graduar (g:j) — Participles: graduando, graduado

	INDICATIVE					SUBJUNCTIVE		IMPERATIVE
	Present	Imperfect	Preterite	Future	Conditional	Present	Past	
	gradúo	graduaba	gradué	graduaré	graduaría	gradúe	graduara	
	gradúas	graduabas	graduaste	graduarás	graduarías	gradúes	graduaras	gradúa tú (no gradúes)
	gradúa	graduaba	graduó	graduará	graduaría	gradúe	graduara	gradúe Ud.
	graduamos	graduábamos	graduamos	graduaremos	graduaríamos	graduemos	graduáramos	graduemos
	graduáis	graduabais	graduasteis	graduaréis	graduaríais	graduéis	graduarais	graduad (no graduéis)
	gradúan	graduaban	graduaron	graduarán	graduarían	gradúen	graduaran	gradúen Uds.

41 llegar (g:gu) — Participles: llegando, llegado

	INDICATIVE					SUBJUNCTIVE		IMPERATIVE
	Present	Imperfect	Preterite	Future	Conditional	Present	Past	
	llego	llegaba	llegué	llegaré	llegaría	llegue	llegara	
	llegas	llegabas	llegaste	llegarás	llegarías	llegues	llegaras	llega tú (no llegues)
	llega	llegaba	llegó	llegará	llegaría	llegue	llegara	llegue Ud.
	llegamos	llegábamos	llegamos	llegaremos	llegaríamos	lleguemos	llegáramos	lleguemos
	llegáis	llegabais	llegasteis	llegaréis	llegaríais	lleguéis	llegarais	llegad (no lleguéis)
	llegan	llegaban	llegaron	llegarán	llegarían	lleguen	llegaran	lleguen Uds.

42 proteger (g:j) — Participles: protegiendo, protegido

	INDICATIVE					SUBJUNCTIVE		IMPERATIVE
	Present	Imperfect	Preterite	Future	Conditional	Present	Past	
	protejo	protegía	protegí	protegeré	protegería	proteja	protegiera	
	proteges	protegías	protegiste	protegerás	protegerías	protejas	protegieras	protege tú (no protejas)
	protege	protegía	protegió	protegerá	protegería	proteja	protegiera	proteja Ud.
	protegemos	protegíamos	protegimos	protegeremos	protegeríamos	protejamos	protegiéramos	protejamos
	protegéis	protegíais	protegisteis	protegeréis	protegeríais	protejáis	protegierais	proteged (no protejáis)
	protegen	protegían	protegieron	protegerán	protegerían	protejan	protegieran	protejan Uds.

43 tocar (c:qu) — Participles: tocando, tocado

	INDICATIVE					SUBJUNCTIVE		IMPERATIVE
	Present	Imperfect	Preterite	Future	Conditional	Present	Past	
	toco	tocaba	toqué	tocaré	tocaría	toque	tocara	
	tocas	tocabas	tocaste	tocarás	tocarías	toques	tocaras	toca tú (no toques)
	toca	tocaba	tocó	tocará	tocaría	toque	tocara	toque Ud.
	tocamos	tocábamos	tocamos	tocaremos	tocaríamos	toquemos	tocáramos	toquemos
	tocáis	tocabais	tocasteis	tocaréis	tocaríais	toquéis	tocarais	tocad (no toquéis)
	tocan	tocaban	tocaron	tocarán	tocarían	toquen	tocaran	toquen Uds.

44 vencer (c:z) — Participles: venciendo, vencido

	INDICATIVE					SUBJUNCTIVE		IMPERATIVE
	Present	Imperfect	Preterite	Future	Conditional	Present	Past	
	venzo	vencía	vencí	venceré	vencería	venza	venciera	
	vences	vencías	venciste	vencerás	vencerías	venzas	vencieras	vence tú (no venzas)
	vence	vencía	venció	vencerá	vencería	venza	venciera	venza Ud.
	vencemos	vencíamos	vencimos	venceremos	venceríamos	venzamos	venciéramos	venzamos
	vencéis	vencíais	vencisteis	venceréis	venceríais	venzáis	vencierais	venced (no venzáis)
	vencen	vencían	vencieron	vencerán	vencerían	venzan	vencieran	venzan Uds.

45 esparcir (c:z) — Participles: esparciendo, esparcido

	INDICATIVE					SUBJUNCTIVE		IMPERATIVE
	Present	Imperfect	Preterite	Future	Conditional	Present	Past	
	esparzo	esparcía	esparcí	esparciré	esparciría	esparza	esparciera	
	esparces	esparcías	esparciste	esparcirás	esparcirías	esparzas	esparcieras	esparce tú (no esparzas)
	esparce	esparcía	esparció	esparcirá	esparciría	esparza	esparciera	esparza Ud.
	esparcimos	esparcíamos	esparcimos	esparciremos	esparciríamos	esparzamos	esparciéramos	esparzamos
	esparcís	esparcíais	esparcisteis	esparciréis	esparciríais	esparzáis	esparcierais	esparcid (no esparzáis)
	esparcen	esparcían	esparcieron	esparcirán	esparcirían	esparzan	esparcieran	esparzan Uds.

46 extinguir (gu:g) — Participles: extinguiendo, extinguido

	INDICATIVE					SUBJUNCTIVE		IMPERATIVE
	Present	Imperfect	Preterite	Future	Conditional	Present	Past	
	extingo	extinguía	extinguí	extinguiré	extinguiría	extinga	extinguiera	
	extingues	extinguías	extinguiste	extinguirás	extinguirías	extingas	extinguieras	extingue tú (no extingas)
	extingue	extinguía	extinguió	extinguirá	extinguiría	extinga	extinguiera	extinga Ud.
	extinguimos	extinguíamos	extinguimos	extinguiremos	extinguiríamos	extingamos	extinguiéramos	extingamos
	extinguís	extinguíais	extinguisteis	extinguiréis	extinguiríais	extingáis	extinguierais	extinguid (no extingáis)
	extinguen	extinguían	extinguieron	extinguirán	extinguirían	extingan	extinguieran	extingan Uds.

Reflexive verbs: simple tenses

- In all simple indicative and subjunctive tenses, the reflexive pronoun is placed before the verb. In the imperative, the reflexive pronoun is attached to the verb in affirmative commands, but precedes the verb in negative commands.

Infinitive	SIMPLE INDICATIVE TENSES	SIMPLE SUBJUNCTIVE TENSES	IMPERATIVE
casarse	me caso	me case	
	te casas	te cases	cásate tú (no te cases)
	se casa	se case	cásese Ud. (no se case)
	nos casamos	nos casemos	casémonos (no nos casemos)
	os casáis	os caséis	casaos (no os caséis)
	se casan	se casen	cásense Uds. (no se casen)

Reflexive verbs: compound tenses

- In all compound tenses, the reflexive pronoun is placed before the verb.

Infinitive	COMPOUND INDICATIVE TENSES	COMPOUND SUBJUNCTIVE TENSES
casarse	me he casado	me haya casado
	te has casado	te hayas casado
	se ha casado	se haya casado
	nos hemos casado	nos hayamos casado
	os habéis casado	os hayáis casado
	se han casado	se hayan casado

Vocabulary

This glossary contains the words and expressions listed on the **Vocabulario** page found at the end of each lesson in **IMAGINA**, as well as other useful vocabulary. A numeral following an entry indicates the lesson where the word or expression was introduced.

Note on alphabetization
For purposes of alphabetization, **ch** and **ll** are not treated as separate letters, but **ñ** follows **n**.

Abbreviations used in this glossary

adj.	adjective	*indef.*	indefinite	*poss.*	possessive
adv.	adverb	*interj.*	interjection	*p.p.*	past participle
art.	article	*i.o.*	indirect object	*prep.*	preposition
conj.	conjunction	*m.*	masculine	*pron.*	pronoun
def.	definite	*n.*	noun	*sing.*	singular
d.o.	direct object	*obj.*	object	*sub.*	subject
f.	feminine	*pej.*	pejorative	*v.*	verb
fam.	familiar	*pl.*	plural		
form.	formal				

Español-Inglés

A

a *prep.* at; to **1**
 ¿A qué hora…?
  At what time…?
 a bordo aboard
 a dieta on a diet
 a la derecha to the right
 a la izquierda to the left
 a la plancha grilled
 a la(s) + *time* at + *time*
 a menos que unless
 a menudo *adv.* often
 a nombre de in the name of
 a plazos in installments
 A sus órdenes.
  At your service.
 a tiempo *adv.* on time
 a veces *adv.* sometimes
 a ver let's see
abajo *adv.* down
abeja *f.* bee
abandonar *v.* to leave **1**
abastecer *v.* to supply **7**
abierto/a *adj.* open
abogado/a *m., f.* lawyer **6**
abrazar(se) *v.* to hug; to embrace
 (each other)
abrazo *m.* hug
abrigo *m.* coat
abril *m.* April
abrir *v.* to open
abuelo/a *m., f.* grandfather;
 grandmother

abuelos *pl.* grandparents
aburrido/a *adj.* bored; boring **9**
aburrir *v.* to bore
aburrirse *v.* to get bored
abusar *v.* to abuse **6**
abuso *m.* abuse **6**
acabar de (+ *inf.***)** *v.* to have just
 done something
acampar *v.* to camp
acariciar *v.* to caress **9**
accidente *m.* accident
acción *f.* action
 de acción action (genre)
aceite *m.* oil
acento *m.* accent **10**
acera *f.* sidewalk **2**
ácido/a *adj.* acid
acomodarse *v.* to adapt **10**
acompañar *v.* to go with;
 to accompany
aconsejar *v.* to advise
acontecimiento *m.* event **3**
acordarse (de) (o:ue) *v.* to remember
acosar *v.* to harass **7**
acostarse (o:ue) *v.* to go to bed
acostumbrar *v.* to do as
 a custom/habit **2**
actitud *f.* attitude **10**
activista *m., f.* activist **6**
activo/a *adj.* active
actor *m.* actor **3**
actriz *f.* actress **3**
actualidad *f.* news; current events **3**
actualizado/a *adj.* up-to-date **3**
actuar *v.* to act **9**
acuático/a *adj.* aquatic

adaptar(se) *v.* to adapt **10**
adelgazar *v.* to lose weight;
 to slim down
además (de) *adv.* furthermore;
 besides
adicional *adj.* additional
adiós *interj.* good-bye
adivinar *v.* to guess **3, 10**
adjetivo *m.* adjective
adjuntar (un archivo) *v.* to attach
 (a file) **8**
administración *f.* **de empresas**
 business administration
administrar *v.* to manage, to run **7**
administrativo/a *adj.*
 administrative **7**
ADN *m.* DNA **8**
adolescencia *f.* adolescence **4**
adolescente *m., f.* adolescent **4**
¿adónde? *adv.* where (to)?
 (*destination*)
aduana *f.* customs **10**
adulto/a *m., f.* adult **4**
aeróbico/a *adj.* aerobic
aeropuerto *m.* airport
afecto *m.* affection **1**
afectado/a *adj.* affected
afeitarse *v.* to shave
afición *f.* hobby **7**
aficionado/a *adj.* fan **9**
afirmativo/a *adj.* affirmative
afligirse *v.* to be distressed;
 to get upset **2, 10**
afueras *f., pl.* suburbs **2**
agencia *f.* **de viajes** travel agency
agente *m., f.* **de viajes** travel agent

agobiado/a *adj.* overwhelmed **1**
agosto *m.* August
agotado/a *adj.* exhausted **7**;
   adj. sold out **9**
agotar *v.* to use up **5**
agradable *adj.* pleasant
agradacer *v.* to thank **4**
agua *f.* water
   agua mineral mineral water
aguafiestas *m., f.* party pooper **9**
aguantar *v.* to put up with;
   to tolerate **5**
águila *f.* eagle **5**
agujero negro *m.* black hole **8**
ahogar(se) *v.* to suffocate; to drown;
   to stifle **5, 6**
ahora *adv.* now
   ahora mismo right now
ahorrar *v.* to save (money) **7**
ahorros *m., pl.* savings **7**
aire *m.* air
aislado/a *adj.* isolated **4**
ajo *m.* garlic
al (*contraction of* **a + el**)
   al aire libre open-air; outdoors **5**
   al contado in cash
   (al) este (to the) east
   al fondo (de) at the end (of)
   al lado de beside
   (al) norte (to the) north
   (al) oeste (to the) west
   (al) sur (to the) south
ala: el ala *f.* **/las alas** wing(s) **9**
alcalde(sa) *m., f.* mayor **2**
alcanzar *v.* to be enough; to
   reach **4, 10**; to attain **8**
   alcanzar un sueño to fulfill
      a dream **10**
   alcanzar una meta to reach
      a goal **10**
alcoba *f.* bedroom
alcohol *m.* alcohol
alcohólico/a *adj.* alcoholic
alegrarse (de) *v.* to be happy
alegre *adj.* happy; joyful
alegría *f.* happiness
alejarse *v.* to move away **9**
alemán, alemana *adj.* German
alérgico/a *adj.* allergic
alfombra *f.* carpet; rug
algo *pron.* something; anything
algodón *m.* cotton
alguien *pron.* someone; somebody;
   anyone
algún; alguna; algunos/as *adj.* any;
   some
alguno/a(s) *pron.* any; some
alimento *m.* food
alimentación *f.* diet
aliviado/a *adj.* relieved **1**
aliviar *v.* to reduce; to relieve;
   to soothe **5**
   aliviar el estrés/la tensión
      to reduce stress/tension

allí *adv.* there
   allí mismo right there
alma *f.* soul **3**
   el alma gemela soulmate,
      kindred spirit **1**
almacén *m.* department store;
   warehouse **7**
almohada *f.* pillow
almorzar (o:ue) *v.* to have lunch
almuerzo *m.* lunch
aló *interj.* hello (*on the telephone*)
alpinismo *m.* mountain climbing **9**
alquilar *v.* to rent
alquiler *m.* rent (payment)
alrededores *m., pl.* the outskirts **2**
alternador *m.* alternator
altillo *m.* attic
alto/a *adj.* tall
aluminio *m.* aluminum
alumno/a *m., f.* pupil, student **6**
ama de casa *m., f.* housekeeper;
   caretaker
amable *adj.* nice; friendly
amado/a *m., f.* loved one,
   sweetheart **1**
amanecer *m.* dawn **9**;
   v. to wake up **10**
amar(se) *v.* to love (each other) **1**
amarillo/a *adj.* yellow
amenaza *f.* threat **6**
amenazar *v.* to threaten **5**
amigo/a *m., f.* friend
amistad *f.* friendship **1**
amnistía *f.* amnesty **10**
amor *m.* love
   amor no correspondido *m.*
      unrequited love **1**
analfabeto/a *adj.* illiterate **6**
anaranjado/a *adj.* orange
anciano/a *m., f.* elderly person **2**
andar *v.* **en patineta**
   to skateboard
andinismo *m.* mountain climbing **9**
anfitrión/anfitriona *m., f.*
   host/hostess **9**
ángel *m.* angel **3**
angustia *f.* distress **7**
ánimo *m.* spirit, mood **1**
animado/a *adj.* lively **9**
animal *m.* animal
aniversario (de bodas) *m.*
   (wedding) anniversary
anoche *adv.* last night
anotar un gol *v.* to score a goal **9**
ansioso/a *adj.* anxious **1**
anteayer *adv.* the day
   before yesterday
antepasado *m.* ancestor **4**
antes *adv.* before
   antes (de) que *conj.* before
   antes de *conj.* before
antibiótico *m.* antibiotic
anticipar *v.* to anticipate;
   to expect **10**
antídoto *m.* antidote **5**

antipático/a *adj.* unpleasant
anunciar *v.* to announce; to advertise
anuncio *m.* advertisement;
   commercial **3**
año *m.* year
   año pasado last year
añoranza *f.* homesickness **10**
apagar *v.* to turn off
aparato *m.* appliance
aparcamiento *m.* parking space **5**
aparcar *v.* to park **5**
apartamento *m.* apartment
apellido *m.* last name
apenas *adv.* hardly; scarcely; just **3**
aplaudir *v.* to applaud; to clap **9**
apodo *m.* nickname **4**
apostar (o:ue) *v.* to bet **9**
apoyar(se) *v.* to support
   (each other) **4**
apreciar *v.* to appreciate
aprender (a + *inf.*) *v.* to learn
aprobar (o:ue) *v.* to approve
   aprobar una ley *v.* to pass a law **6**
aprovechar *v.* to take advantage of **7**
apto/a *adj.* suitable **7**
apurarse *v.* to hurry; to rush
aquel, aquella *adj.* that; those
   (over there)
aquél, aquélla *pron.* that; those
   (over there)
aquello *neuter, pron.* that; that thing;
   that fact
aquellos/as *pl. adj.* those (over there)
aquéllos/as *pl. pron.* those (ones)
   (over there)
aquí *adv.* here
   Aquí está... Here it is...
   aquí mismo right here
árbol *m.* tree **5**
archivo *m.* file
arepera *f.* restaurant serving
   arepas **4**
arma *f.* weapon; gun **3, 6**
armada *f.* navy **6**
armario *m.* closet
arqueólogo/a *m., f.* archaeologist
arquitecto/a *m., f.* architect
arrancar *v.* to start (a car)
arreglar *v.* to fix; to arrange;
   to neaten; to straighten up **10**
arrepentirse *v.* to regret **3**
arriba *adv.* up
arriesgarse *v.* to take a risk **10**
arroba *f.* @ symbol **8**
arroz *m.* rice
arruinar *v.* to ruin **8**
arte *m.* art
artes *f., pl.* arts
artesanía *f.* craftsmanship; crafts
artículo *m.* article
artista *m., f.* artist
artístico/a *adj.* artistic
arveja *m.* pea
asado/a *adj.* roast

ascendencia *f.* heritage **4**
ascender *v.* to rise, to be promoted **7**
ascenso *m.* promotion
ascensor *m.* elevator
asesor(a) *m., f.* consultant, advisor **7**
así *adv.* like this; so (*in such a way*)
   así así so so
asilo *m.* asylum **4**
asimilación *f.* assimilation **10**
asimilar(se) *v.* to assimilate **10**
asistir (a) *v.* to attend
aspiradora *f.* vacuum cleaner
aspirante *m., f.* candidate; applicant **7**
aspirina *f.* aspirin
astilla *f.* splinter **6**
atraer *v.* to attract **10**
astronauta *m., f.* astronaut **8**
astrónomo/a *m., f.* astronomer **8**
ataúd *m.* casket **9**
aterrizar *v.* to land **8**
atleta *m., f.* athlete **9**
atrasado/a *adj.* late **2**
atreverse *v.* to dare
atrevido/a *adj.* daring
atún *m.* tuna
aumentar *v.* to grow **10**
   aumentar de peso to gain weight
aumento *m.* increase
   aumento de sueldo pay raise **7**
aunque *conj.* although
autobús *m.* bus
autoestima *f.* self-esteem **4**
automático/a *adj.* automatic
auto(móvil) *m.* auto(mobile)
autopista *f.* highway
autoridad *f.* authority **6**
autosubvencionarse *v.* to cover one's
   own expenses **8**
avance *m.* advance; breakthrough **8**
avanzado/a *adj.* advanced **8**
ave *f.* bird **5**
avenida *f.* avenue **2**
aventura *f.* adventure
   de aventura adventure (genre)
avergonzado/a *adj.* embarrassed
averiguar *v.* to find out
avión *m.* airplane
¡Ay! *interj.* Oh!
   ¡Ay, qué dolor! Oh, what a pain!
ayer *adv.* yesterday
ayudar(se) *v.* to help (each other) **1**
ayuntamiento *m.* city hall **2**
azúcar *m.* sugar
azul *adj.* blue

B

bailar *v.* to dance
bailarín/bailarina *m., f.* dancer
baile *m.* dance
bajar *v.* to get down **3**
   bajar(se) de *v.* to get off of/out of
   (a vehicle)

bajo *m.* bass **3**
bajo/a *adj.* short (*in height*)
bajo control under control
balcón *m.* balcony
ballena *f.* whale **5**
balón *m.* ball **9**
baloncesto *m.* basketball
banana *f.* banana
banco *m.* bank
banda *f.* band
   banda sonora soundtrack **3**
bandera *f.* flag **6**
bancarrota *f.* bankruptcy **7**
bañarse *v.* to bathe; to take a bath
baño *m.* bathroom
barato/a *adj.* cheap
barco *m.* boat
barrer *v.* to sweep
   barrer el suelo *v.* to sweep
   the floor
barrio *m.* neighborhood **2**
barro *m.* mud; clay **8**
bastante *adv.* enough; rather; pretty
basura *f.* trash **5**
baúl *m.* trunk
beber *v.* to drink
bebida *f.* drink
   bebida alcohólica
   alcoholic beverage
beca *f.* grant
béisbol *m.* baseball
bellas artes *f., pl.* fine arts
belleza *f.* beauty
beneficio *m.* benefit
besar(se) *v.* to kiss (each other) **1**
beso *m.* kiss
biblioteca *f.* library
bicicleta *f.* bicycle
bien *adj.* well
   bien educado *adj.*
   well-mannered **4**
bienes *m., pl.* goods **7**
bienestar *m.* well-being **2**
bienvenido/a(s) *adj.* welcome
bilingüe *adj.* bilingual **10**
billar *m.* billiards **9**
billete *m.* paper money; ticket
billón *m.* trillion
biología *f.* biology
biólogo/a *m., f.* biologist **8**
bioquímico/a *m., f.* biochemist **8**;
   adj. biochemical **8**
bisabuelo/a *m., f.* great-grandfather/
   grandmother **4**
bistec *m.* steak
bizcocho *m.* biscuit
blanco/a *adj.* white
blog *m.* blog **8**
bluejeans *m., pl.* jeans
blusa *f.* blouse
boca *f.* mouth
boda *f.* wedding
boleto *m.* ticket
boliche *m.* bowling **9**

bolsa *f.* purse, bag
   la bolsa de valores
   stock market **7**
bombero/a *m., f.* firefighter
bonito/a *adj.* pretty
borracho/a *adj.* drunk **2**
borrador *m.* eraser
borrar *v.* to erase; to delete **8**
bosque *m.* forest **5**
   bosque tropical tropical forest;
   rainforest
bota *f.* boot
botar *v.* to fire, throw out **4**
botella *f.* bottle
   botella de vino bottle of wine
botones *m., f. sing.* bellhop
brazo *m.* arm
brecha *f.* **generacional**
   generation gap **4**
brindar *v.* to toast (*drink*) **9**
bucear *v.* to scuba dive
bueno *adv.* well
buen, bueno/a *adj.* good
   ¡Buen viaje! Have a good trip!
   buena forma good shape
   (*physical*)
   Buena idea. Good idea.
   Buenas noches. Good evening;
   Good night.
   Buenas tardes.
   Good afternoon.
   ¿Bueno? Hello. (*on telephone*)
   Buenos días. Good morning.
buenísimo/a extremely good
bulevar *m.* boulevard
burlarse (de) *v.* to mock **10**
buscador *m.* search engine **8**
buscar *v.* to look for
buzón *m.* mailbox

C

caballo *m.* horse
cabaña *f.* cabin
caber *v.* to fit **3**
   no cabe duda de there's no doubt
cabeza *f.* head
cada *adj. m., f.* each
cadena *f.* network **3**
caerse *v.* to fall (down)
café *m.* café; *m.* coffee; *adj.* brown
cafeína *f.* caffeine
cafetera *f.* coffee maker
cafetería *f.* cafeteria
caído/a *p.p.* fallen
caja *f.* cash register, box
cajero/a *m., f.* cashier **2**
   cajero automático *m.* ATM **7**
calcetín (calcetines) *m.* sock(s)
calculadora *f.* calculator
caldo *m.* soup
   caldo de patas *m.* beef soup
calentamiento *m.* warming **5**
calentarse (e:ie) *v.* to warm up

calidad *f.* quality
    calidad de vida standard
      of living **1**
callar *v.* to silence **6**
calle *f.* street **2**
calor *m.* heat
caloría *f.* calorie
calzar *v.* to take size... shoes
cama *f.* bed
cámara *f.* camera
    cámara de video video camera
    cámara digital digital camera **8**
camarero/a *m., f.* waiter/waitress
camarón *m.* shrimp
cambiar (de) *v.* to change
cambio *m.* change
    cambio de moneda
      currency exchange
caminar *v.* to walk
camino *m.* road
camión *m.* truck; bus
camisa *f.* shirt
camiseta *f.* t-shirt
campeonato *m.* championship **9**
campo *m.* countryside
canadiense *adj.* Canadian
canal *m.* (TV) channel
cancha *f.* field **9**
canción *f.* song
candidato/a *m., f.* candidate
cansado/a *adj.* tired
cantante *m., f.* singer **3**
cantar *v.* to sing
cantera *f.* quarry **7**
caos *m.* chaos **10**
capa de ozono *f.* ozone layer **5**
capacitado/a *adj.* qualified **7**
capacitar *v.* to prepare **8**
capaz *adj.* capable; competent **7**
capilla *f.* chapel **9**
capital *f.* capital city
capó *m.* hood
cara *f.* face
carácter *m.* character; personality **4**
característica *f.* characteristic **2**
caramelo *m.* caramel
cárcel *f.* prison; jail **6**
cargo *m.* position
cariñoso/a *adj.* affectionate **1**
carne *f.* meat
    carne de res beef
carnicería *f.* butcher shop
carnicero/a *m., f.* butcher **10**
caro/a *adj.* expensive
carpintero/a *m., f.* carpenter
carrera *f.* career; race **9**
carretera *f.* highway
carro *m.* car; automobile
carta *f.* letter; (playing) card **9**
cartel *m.* poster
cartera *f.* wallet
cartero/a *m., f.* mail carrier
casa *f.* house; home

casado/a *adj.* married **1**
casarse (con) *v.* to get married (to) **1**
casi *adv.* almost
castigar *v.* to punish **3**
castigo *m.* punishment **3, 6**
catorce *adj.* fourteen
causa *f.* cause **10**
cazar *v.* to hunt **5**
CD-ROM *m.* CD-ROM **8**
cebolla *f.* onion
ceder *v.* to give up **6**
celda *f.* (prison, jail) cell **6**
celebrar *v.* to celebrate **9**
celos *m.* jealousy **1**
celoso/a *adj.* jealous **1**
célula *f.* cell **8**
celular *adj.* cellular
cena *f.* dinner
cenar *v.* to have dinner
censura *f.* censorship **3, 6**
centro *m.* downtown
    centro comercial mall **2**
cepillarse *v.* **los dientes/el pelo**
    to brush one's teeth/one's hair
cerámica *f.* pottery
cerca de *prep.* near
cerdo *m.* pork
cereales *m., pl.* cereal; grains
cero *m.* zero
cerrado/a *adj.* closed
cerrar (e:ie) *v.* to close
certeza *f.* certainty **10**
cerveza *f.* beer
césped *m.* grass
ceviche *m.* marinated fish dish
    ceviche de camarón
      lemon-marinated shrimp
chaleco *m.* vest
chamán *m.* shaman **5**
champán *m.* champagne
champiñón *m.* mushroom
champú *m.* shampoo
chantajear *v.* to blackmail **6**
chaqueta *f.* jacket
charlar *v.* to chat **9**
chau *fam. interj.* bye
chaval(a) *m., f.* kid; youngster **6**
cheque *m.* (bank) check
    cheque (de viajero)
      (traveler's) check
chévere *adj., fam.* terrific;
    great; fantastic **4**
chico/a *m., f.* boy/girl
chisme *m.* gossip **1**
chino/a *adj.* Chinese
chocar (con) *v.* to run into
chocolate *m.* chocolate
choque *m.* collision; crash **2**
chuleta *f.* chop (*food*)
    chuleta de cerdo pork chop
cibercafé *m.* cybercafé
ciberespacio *m.* cyber space **8**
ciclismo *m.* cycling
cielo *m.* sky

cien(to) one hundred
ciencia *f.* science
    de ciencia ficción *f.* science
      fiction (genre)
científico/a *m., f.* scientist **8**
cierto/a *adj.* certain
    (No) es cierto. It's (not) certain.
cinco *adj.* five
cincuenta *adj.* fifty
cine *m.* movie theater; cinema;
    movies **2, 3**
cinta *f.* (audio)tape
cinta caminadora *f.* treadmill
cinturón *m.* belt
circulación *f.* traffic
cita *f.* date; appointment
    cita a ciegas blind date **1**
ciudad *f.* city **3**
ciudadano/a *m., f.* citizen **2**
civilización *f.* civilization **4**
Claro (que sí). *fam.* Of course.
clase *f.* class
    clase de (ejercicios) aeróbicos
      aerobics class
clásico/a *adj.* classical
clave *f.* key **8**
cliente/a *m., f.* customer
clínica *f.* clinic
clon *m.* clone **8**
clonar *v.* to clone **8**
club deportivo *m.* sports club **9**
cobrar *v.* to charge; to be paid **7**
coche *m.* car; automobile **5**
cocina *f.* kitchen; stove
cocinar *v.* to cook
cocinero/a *m., f.* cook; chef
cofre *m.* hood
cola *f.* line
coleccionar *v.* to collect **9**
colesterol *m.* cholesterol
color *m.* color
combustible *m.* fuel **5**
comedia *f.* comedy **9**; play
comedor *m.* dining room
comenzar (e:ie) *v.* to begin
comer *v.* to eat
comercial *adj.* commercial;
    business-related
Comercio *m.* Business Administration **7**
cometer (un delito) *v.* to commit
    (a crime) **3**
comida *f.* food; meal
comisaría *f.* police station **2**
como *adv.* like; as
¿cómo? *adv.* what?; how?
    ¿Cómo es...? What's... like?
    ¿Cómo está usted? *form.*
      How are you?
    ¿Cómo estás? *fam.* How are you?
    ¿Cómo les fue...? *pl.* How
      did ... go for you?
    ¿Cómo se llama (usted)?
      form. What's your name?

¿Cómo te llamas (tú)? *fam.*
What's your name?
cómoda *f.* chest of drawers
cómodo/a *adj.* comfortable **10**
compañero/a *m., f.* **de clase**
classmate
compañero/a *m., f.* **de cuarto**
roommate
compañía *f.* company; firm **7**
compartir *v.* to share **1**
complejo de inferioridad/superioridad
m. inferiority/superiority complex **8**
completamente *adv.* completely
compositor(a) *m., f.* composer
compra *f.* purchase **7**
comprar *v.* to buy
compras *f., pl.* purchases
ir de compras *v.* go shopping
comprender *v.* to understand
comprensión *f.* understanding **4**
comprensivo/a *adj.* understanding
comprobar (o:ue) *v.* to check;
to prove; to confirm **8**
comprometerse (con) *v.* to get
engaged (to)
compromiso *m.* commitment;
responsibility; engagement **1**
computación *f.* computer science
computadora *f.* computer
computadora portátil *f.* portable
computer; laptop **8**
comunicación *f.* communication
comunicarse (con) *v.*
to communicate (with)
comunidad *f.* community
comunismo *m.* communism **4**
con *prep.* with
con frecuencia *adv.* frequently
Con permiso. Pardon me;
Excuse me.
con tal (de) que provided (that)
concierto *m.* concert **9**
concordar *v.* to agree
concurso *m.* game show; contest
condenado/a *adj.* condemned **8**
conducir *v.* to drive
conductor(a) *m., f.* driver **2**
confianza *f.* trust **6**
confiar (en) *v.* to trust (in) **1, 6**
confirmar *v.* to confirm
confirmar una reservación
to confirm a reservation
conformista *adj.* conformist **10**
confundido/a *adj.* confused
congelador *m.* freezer
congestionado/a *adj.* congested;
stuffed-up
conjunto musical *m.* musical group;
band **9**
conmigo *pron.* with me
conocer *v.* to know; to be
acquainted with
conocido *adj., p.p.* known

conocimiento *m.* knowledge **4**
conquista *f.* conquest **4**
conseguir (e:i) *v.* to get **9**; to obtain
conseguir entradas
to get tickets **9**
consejero/a *m., f.* counselor; advisor
consejo *m.* advice
conservación *f.* conservation
conservador(a) *adj.* conservative **6**
conservar *v.* to conserve;
to preserve **2, 5**
construir *v.* to build **2**
consulado *m.* consulate **4**
consultorio *m.* doctor's office
consumir *v.* to consume
consumo *m.* **de energía**
energy consumption **5**
contabilidad *f.* accounting
contador(a) *m., f.* accountant **7**
contagiar *v.* to infect; to be
contagious **5**
contaminación *f.* pollution **5**
contaminación del aire/del
agua air/water pollution
contaminado/a *adj.* polluted
contaminar *v.* to pollute **5**
contar (o:ue) *v.* to count; to tell
contar (con) *v.* to count (on);
rely on **1**
contentarse con *v.* to be contented/
satisfied with **1**
contento/a *adj.* happy; content
contestadora *f.* answering machine
contestar *v.* to answer
contigo *fam. pron.* with you
contraseña *f.* password **8**
contratar *v.* to hire **7**
contribuir *v.* to contribute **8**
control *m.* control
control de armas gun control **7**
control remoto remote control
controlar *v.* to control
controvertido/a *adj.* controversial **3**
conversación *f.* conversation
conversación informal *f.* small
talk **7**
conversar *v.* to converse; to talk;
to chat **2**
convertirse (e:ie) en (algo) *v.* to turn
into (something) **10**
convivencia *f.* coexistence **10**
convivir *v.* to live together;
to coexist **2**
convocar *v.* to summon **6**
cooperar *v.* to cooperate **2**
copa *f.* wineglass; goblet
coquetear *v.* to flirt **1**
coraje *m.* courage **10**
corazón *m.* heart **1**
corbata *f.* tie
cordillera *f.* mountain range **5**
corrector *m.* **ortográfico**
spell checker **8**

corredor(a) *m., f.* **de bolsa**
stockbroker
correo *m.* mail; post office
correo electrónico *m.* e-mail
correr *v.* to run
correr la voz *v.* to spread the word **9**
cortar *v.* to cut **5**
cortesía *f.* courtesy
cortinas *f., pl.* curtains
corto/a *adj.* short (*in length*)
a corto plazo *adj.* short-term **7**
corto(metraje) *adj.* short film **1**
cosa *f.* thing
costa *f.* coast **5**
costar (o:ue) *v.* to cost
costumbre *f.* custom; habit **2**
cotidiano/a *adj.* everyday **2**
cráter *m.* crater
crear *v.* to create **8**
crecer *v.* to grow (up) **10**
crecimiento *m.* growth **3**
creencia *f.* belief **4, 6**
creer (en) *v.* to believe (in)
creído/a *adj., p.p.* believed
crema *f.* **de afeitar** shaving cream
criar *v.* to raise (children) **4**
crimen *m.* crime; murder
crisis económica *f.*
economic crisis **7**
crítico/a de cine *m., f.* film critic **3**
crueldad *f.* cruelty **6**
cruzar *v.* to cross **2**
cuaderno *m.* notebook
cuadra *f.* city block **2**
¿cuál(es)? which?; which one(s)?
¿Cuál es la fecha de hoy?
What is today's date?
cuadro *m.* picture
cuadros *m., pl.* plaid
cuando *conj.* when
¿cuándo? *adv.* when?
¿cuánto/a(s)? *pron.* how much/
how many?
¿Cuánto cuesta...?
How much does... cost?
¿Cuántos años tienes?
How old are you?
cuarenta *adj.* forty
cuarto *m.* room
cuarto de baño bathroom
cuarto/a *adj.* fourth
menos cuarto quarter to (*time*)
y cuarto quarter after (*time*)
cuatro *adj.* four
cuatrocientos/as *adj.* four hundred
cubierto/a *p.p.* covered
cubiertos *m., pl.* silverware
cubrir *v.* to cover
cuchara *f.* spoon
cucharada *f.* spoonful **5**
a cucharadas in spoonfuls **5**
cuchillo *m.* knife
cuello *m.* neck

cuenta *f.* bill; account
  cuenta corriente
    checking account **7**
  cuenta de ahorros
    savings account **7**
cuento *m.* short story
cuerpo *m.* body
cuidado *m.* care **2**
cuidadoso/a *adj.* careful **1**
cuidar *v.* to take care (of) **1**
  ¡Cuídense! Take care!
culpa *f.* fault
cultivar *v.* to cultivate **4**
cultivo *m.* farming; cultivation **4**
cultura *f.* culture
cumpleaños *m., sing.* birthday
cumplimentar *v.* to fill in **7**
cumplir años *v.* to have
  a birthday
cuñado/a *m., f.* brother/sister-in law **4**
cura *m.* priest **10**
curandero/a *m., f.* folk healer **5**
curar *v.* to cure **8**
currículum *m.* résumé
curso *m.* course

D

danza *f.* dance
dañar *v.* to damage; to break down
dañino/a *adj.* harmful **5**
daño *m.* harm **10**
dar *v.* to give
  dar un consejo *v.* to give advice
  dar un paseo *v.* to take a stroll **2**
  dar una vuelta *v.* to take
    a walk/ride **2**
  dar una vuelta en bicicleta/carro/
  motocicleta *v.* to take a bike/car/
    motorcycle walk **2**
  darse con *v.* to bump into; to
    run into (something)
  darse cuenta *v.* to realize **7**
  dar para vivir *v.* to yield enough to
    live with **7**
  darse prisa *v.* to hurry; to rush
dardos *m., pl.* darts **9**
de *prep.* of; from
  ¿De dónde eres? *fam.*
    Where are you from?
  ¿De dónde es (usted)? *form.*
    Where are you from?
  ¿De parte de quién? Who is
    calling? (*on telephone*)
  ¿de quién...? *sing.* whose...?
  ¿de quiénes...? *pl.* whose...?
  de algodón (made) of cotton
  de aluminio (made) of aluminum
  de buen humor in a good mood
  de compras shopping
  de cuadros plaid
  de excursión hiking
  de hecho in fact **10**

de ida y vuelta roundtrip
de la mañana in the morning; A.M.
de la noche in the evening;
  at night; P.M.
de la tarde in the afternoon;
  in the early evening; P.M.
de lana (made) of wool
de lunares polka-dotted
de mal humor in a bad mood
de mi vida of my life
de moda in fashion
De nada. You're welcome.
De ninguna manera. No way.
de niño/a as a child
de parte de on behalf of
de plástico (made) of plastic
de rayas striped
de repente suddenly
de seda (made) of silk
de vaqueros western (*genre*)
de vez en cuando
  from time to time
de vidrio (made) of glass
debajo de *prep.* below; under
deber (+ inf.) *v.* should; must;
  ought to
deber (dinero) *v.* to owe (money) **9**
deber *m.* responsibility; obligation
debido a due to (the fact that)
débil *adj.* weak
decepción *f.* disappointment **5**
decidido/a *adj.* decided;
  determined **2**
decidir (+ inf.) *v.* to decide
décimo/a *adj.* tenth
decir (e:i) *v.* to say; to tell
  decir la verdad to tell the truth
  decir mentiras to tell lies
  decir que to say that
declarar *v.* to declare; to say
dedicarse a *v.* to devote oneself to **6**
dedo *m.* finger
  dedo del pie *m.* toe
defender (e:ie) *v.* to defend **6**
deforestación *f.* deforestation **5**
dejar *v.* to let; to quit; to leave
  behind **10**
  dejar a alguien *v.* to leave
    someone **1**
  dejar de (+ inf.) *v.* to stop
    (*doing something*)
  dejar plantado/a *v.* to stand some
    one up **1**
  dejar una propina *v.* to leave a tip
del (*contraction of* **de + el**) of the;
  from the
delante de *prep.* in front of
  por delante *adv.* ahead (of) **10**
delantero/a *m., f.* forward
  (*sport position*) **9**
delgado/a *adj.* thin; slender
delicioso/a *adj.* delicious
demás *adj.* the rest
demasiado *adj., adv.* too much

democracia *f.* democracy **6**
dentista *m., f.* dentist
dentro de (diez años) within (ten
  years); inside
dependiente/a *m., f.* clerk
deporte *m.* sport **9**
  deportes extremos
    extreme sports **9**
deportista *m.* sports person; athlete **9**
deportivo/a *adj.* sports-related
depositar *v.* to deposit **7**
deprimido/a *adj.* depressed **1**
derecha *f.* right
derecho *adj.* straight (ahead)
  a la derecha de to the right of
derechos *m., pl.* rights **6**
  derechos humanos
    human rights **6**
derogar *v.* to abolish **6**
derrocar *v.* to overflow **6**
derrotar *v.* to defeat **6**
desafiar *v.* to challenge **9**
desafío *m.* challenge **8**
desamparo *m.* helplessness **2**
desaparecer *v.* to disappear **5**
desaparición *f.* disappearance **3**
desaprovechar *v.* to not take
  advantage of **7**
desarrollar *v.* to develop
desarrollo *m.* development **5**
desastre (natural) *m.*
  (natural) disaster
desatender (e:ie) *v.* to neglect **5**
desayunar *v.* to have breakfast
desayuno *m.* breakfast
descafeinado/a *adj.* decaffeinated
descansar *v.* to rest
descargar *v.* to download **8**
descompuesto/a *adj.* not working;
  out of order
desconfiar *v.* to be suspicious,
  to not trust **10**
desconocido/a *m., f.* stranger **2**
descontrolado/a *adj.* out of control **5**
describir *v.* to describe
descrito/a *p.p.* described
descubierto/a *p.p.* discovered
descubrimiento *m.* discovery **7, 8**
descubrir *v.* to discover **8**
desde *prep.* from
desdén *m.* disdain **4**
desear *v.* to wish; to desire
desechable *adj.* disposable **5**
desempleado/a *adj.* unemployed **7**
desempleo *m.* unemployment **7**
desenlace *m.* ending; outcome **2, 8**
deseo *m.* desire **1**
desesperación *f.* desperation **3**
desesperado/a *m., f.* desperate **7**
desgracia *f.* misfortune; tragedy **10**
desierto *m.* desert **5**
desigual *adj.* unequal **6**
desigualdad *f.* inequality **6**

desinterés *m.* lack of interest **5**
desobediencia *f.* disobedience **6**
  desobediencia civil
    civil disobedience **6**
desordenado/a *adj.* disorderly
despacio *adv.* slowly
desaparición *f.* disappearance **4**
despedida *f.* farewell; good-bye
despedir (e:i) *v.* to fire **7**
despedirse (de) (e:i) *v.* to say
  goodbye (to) **10**
despejado/a *adj.* clear (*weather*)
despertador *m.* alarm clock
despertarse (e:ie) *v.* to wake up
despreciar *v.* to look down on **4**
después *adv.* afterwards; then
  después de *conj.* after
  después de que *conj.* after
destacado/a *adj.* prominent **3**
destino *m.* destination **9**
destrozar *v.* to destroy **6**
destruir *v.* to destroy **5**
detenerse (e:ie) *v.* to stop **9**
detrás de *prep.* behind
deuda *f.* debt **4, 7**
día *m.* day
  día de fiesta holiday
Diablo *m.* Devil **3**
diálogo *m.* dialogue **10**
diario *m.* diary; newspaper **3**
diario/a *adj.* daily
dibujar *v.* to draw
dibujo *m.* drawing
  dibujos animados *m., pl.*
    cartoons
diccionario *m.* dictionary
dicho/a *p.p.* said
diciembre *m.* December
dictadura *f.* dictatorship **6**
diecinueve *adj.* nineteen
dieciocho *adj.* eighteen
dieciséis *adj.* sixteen
diecisiete *adj.* seventeen
diente *m.* tooth
dieta *f.* diet
diez *adj.* ten
difícil *adj.* difficult; hard
difundir (noticias) *v.* to spread
  (news) **2**
Diga. *interj.* Hello. (*on telephone*)
digno/a *adj.* worthy **4**
diligencia *f.* errand
diminuto/a *adj.* tiny **9**
dinero *m.* money
dirección *f.* address **2**
  dirección electrónica
    e-mail address **8**
director(a) *m., f.* director; (*musical*)
  conductor **3**
dirigir *v.* to direct
  dirigirse a *v.* to address **7**
disco *m.* **compacto** compact disc (CD)
discoteca *f.* dance club **2**
discriminación *f.* discrimination

discurso *m.* speech
discutir *v.* to argue **1**
disentir *v.* to dissent; to disagree **6**
diseñador(a) *m., f.* designer
diseño *m.* design **9**
disfrutar (de) *v.* to enjoy; to reap the
  benefits (of) **2**
disgustado/a *adj.* disgusted **1**
disminuir *v.* to decrease; to reduce;
  to diminish **10**
disparar *v.* to shoot **7**
disparate *m.* silly remark/action;
  nonsense **4**
disparo *m.* shot **3**
dispuesto/a (a) *adj.* ready, willing (to) **7**
diversidad *f.* diversity **6, 10**
diversión *f.* fun activity;
  entertainment; recreation
divertido/a *adj.* fun
divertirse (e:ie) *v.* to have fun;
  to have a good time **9**
divino/a *adj.* beautiful **1**
divorciado/a *adj.* divorced **1**
divorciarse (de) *v.* to get divorced
  (from) **1**
divorcio *m.* divorce **1**
doblaje *m.* dubbing **3**
doblar *v.* to turn **2**
doble *adj.* double
  doble moral *f.* double standard **6**
doce *adj.* twelve
doctor(a) *m., f.* doctor
documental *m.* documentary **3**
documentos de viaje *m., pl.*
  travel documents
dolencia *f.* ailment **5**
doler (o:ue) *v.* to hurt
dolor *m.* ache; pain **2**
  dolor de cabeza *m.* headache
doméstico/a *adj.* domestic
dominar *v.* to dominate **9**
domingo *m.* Sunday
don/doña *title of respect used with a*
  person's first name
donde *adv.* where
  ¿dónde? where?
  ¿Dónde está...? Where is...?
dormir (o:ue) *v.* to sleep
dormirse (o:ue) *v.* to go to sleep;
  to fall asleep
dormitorio *m.* bedroom
dos *adj.* two
  dos veces *adv.* twice; two times
doscientos/as *adj.* two hundred
drama *m.* drama; play
dramático/a *adj.* dramatic
dramaturgo/a *m., f.* playwright
droga *f.* drug
drogadicto/a *adj.* drug addict
ducha *f.* shower
ducharse *v.* to shower; to take
  a shower
duda *f.* doubt **10**

dudar *v.* to doubt
dueño/a *m., f.* owner; landlord **7**
dulces *m., pl.* sweets; candy
durante *prep.* during
durar *v.* to last

E

e *conj.* and (*used instead of y before*
  words beginning with i and hi)
echar *v.* to throw; to throw away **5**
  echar (una carta) al buzón *v.*
    to put (a letter) in the mailbox;
    to mail
  echar de menos *v.* to miss **10**
ecología *f.* ecology
economía *f.* economics
ecoturismo *m.* ecotourism
Ecuador *m.* Ecuador
ecuatoriano/a *adj.* Ecuadorian
edad *f.* age
  edad adulta adulthood **4**
edificio *m.* building **2**
  edificio de apartamentos
    apartment building
editorial *f.* publisher **8**
(en) efectivo *adv., m.* cash
efecto *m.* **invernadero**
  greenhouse effect **5**
efectos *m., pl.* **especiales**
  special effects **3**
egoísta *adj.* selfish **4**
ejecución *f.* execution **6**
ejecutivo(a) *m., f.* executive **7**
ejercer *v.* to exercise, to exert **6**
  ejercer el poder to exercise/
    exert power **6**
ejercicio *m.* exercise
  ejercicios aeróbicos
    aerobic exercises
  ejercicios de estiramiento
    stretching exercises
ejército *m.* army **6**
el *m., sing., def. art.* the
él *sub. pron.* he; *adj. pron.* him
elecciones *f., pl.* election
electricista *m., f.* electrician
electrodoméstico *m.*
  electric appliance
elegante *adj.* elegant
elegir (e:i) *v.* to elect **6**
ella *sub. pron.* she; *obj. pron.* her
ellos/as *sub. pron.* they; them
embajada *f.* embassy **4**
embarazada *adj.* pregnant
emergencia *f.* emergency
emigrante *m., f.* emigrant **10**
emigrar *v.* to emigrate **1**
emitir *v.* to broadcast
emocionado/a *adj.* excited **1**
emocionante *adj.* exciting
empatar *v.* to tie (a game) **9**
empate *m.* tie **9**

empeorar *v.* to get worse **5**
empezar (e:ie) *v.* to begin
empleado/a *m., f.* employee **7**
empleo *m.* job; employment
empresa company; firm **7**
    empresa multinacional multinational company **7**
en *prep.* in; on; at
    en casa at home
    en caso (de) que in case (that)
    en cuanto as soon as
    en directo live **3**
    en efectivo in cash
    en exceso in excess; too much
    en línea in-line; online **8**
    ¡En marcha! Let's get going!
    en mi nombre in my name
    en punto on the dot; exactly; sharp *(time)*
    en qué in what; how
    ¿En qué puedo servirles? How can I help you?
    en vivo live **3**
enamorado/a (de) *adj.* in love (with) **1**
enamorarse (de) *v.* to fall in love (with) **1**
encabezar *v.* to lead **6**
encantado/a *adj.* delighted; pleased to meet you
encantar *v.* to like very much; to love *(inanimate objects)*
    ¡Me encantó! I loved it!
encarcelar *v.* to imprison **6**
encargado/a *m., f.* person in charge **5**
encima de *prep.* on top of
encontrar (o:ue) *v.* to find
encontrar(se) (o:ue) *v.* to meet (each other); to run into (each other)
encrucijada *f.* crossroads **3**
encuesta *f.* poll; survey
energía *f.* energy **5**
    energía eólica wind energy **5**
    energía nuclear nuclear energy **5**
    energía renovable renewable energy **5**
    energía solar solar energy **5**
enero *m.* January
enfermarse *v.* to get sick
enfermedad *f.* illness
enfermero/a *m., f.* nurse
enfermo/a *adj.* sick
enfrente de *prep.* opposite; facing
engañar *v.* to cheat, to deceive; to trick **1, 3**
engordar *v.* to gain weight
enigma *m.* enigma **8**
enlace *m.* link **8**
enloquecido/a *adj.* ecstatic **1**
enojado/a *adj.* mad; angry **1**
enojarse (con) *v.* to get angry (with) **1**
enriquecerse *v.* to become enriched **10**

ensalada *f.* salad
ensayar *v.* to rehearse **3**
enseguida *adv.* right away
enseñar *v.* to teach
ensuciar *v.* to get *(something)* dirty
entender (e:ie) *v.* to understand
entendimiento *m.* understanding **10**
enterarse (de) *v.* to become informed (about) **3**
enterrado/a *adj.* buried **9**
enterrar (e:ie) *v.* to bury **9**
entierro *m.* burial **2**
entonces *adv.* then
entrada *f.* entrance; ticket **9**
entre *prep.* between; among
entremeses *m., pl.* hors d'oeuvres; appetizers
entrenador(a) *m., f.* trainer
entrenarse *v.* to practice; to train
entretener *v.* to entertain **3**
entretenerse (e:ie) *v.* to amuse oneself **9**
entretenido/a *adj.* entertaining **9**
entrevista *f.* interview **7**
entrevistado/a *m., f.* interviewee **7**
entrevistador(a) *m., f.* interviewer **7**
entrevistar *v.* to interview **3**
envase *m.* container
envejecer *v.* to age **2**
enviar *v.* to send; to mail
envidioso/a *adj.* envious; jealous **8**
equilibrado/a *adj.* balanced
equipado/a *adj.* equipped
equipaje *m.* luggage
equipo *m.* team **9**
equivocado/a *adj.* wrong
eres *fam.* you are
erosión *f.* erosion **5**
es he/she/it is
    Es bueno que… It's good that…
    Es de… He/She is from…
    es extraño it's strange
    Es importante que… It's important that…
    es imposible it's impossible
    es improbable it's improbable
    Es la una. It's one o'clock.
    Es malo que… It's bad that…
    Es mejor que… It's better that…
    Es necesario que… It's necessary that…
    es obvio it's obvious
    es ridículo it's ridiculous
    es seguro it's sure
    es terrible it's terrible
    es triste it's sad
    Es urgente que… It's urgent that…
    es una lástima it's a shame
    es verdad it's true
esa(s) *f., adj.* that; those
ésa(s) *f., pron.* that (one); those (ones)

escalar *v.* to climb
    escalar montañas *v.* to climb mountains
escalera *f.* stairs; stairway
escama *f.* scale **9**
escándalo *m.* scandal **6**
escasez *f.* shortage **7**
escaso/a *adj.* scant; scarce **5**
escena *f.* scene **1**
escoger *v.* to choose
escombros *m., pl.* rubble **2**
esconder *v.* to hide
escribir *v.* to write
    escribir un mensaje electrónico to write an e-mail message
    escribir una carta to write a letter
    escribir una postal to write a postcard
escrito/a *p.p.* written
escritor(a) *m., f.* writer
escritorio *m.* desk
escuchar *v.* to listen to
    escuchar la radio to listen (to) the radio
    escuchar música to listen (to) music
escuela *f.* school
esculpir *v.* to sculpt
escultor(a) *m., f.* sculptor
escultura *f.* sculpture
ese *m., sing., adj.* that
ése *m., sing., pron.* that one
eso *neuter pron.* that; that thing
esos *m., pl., adj.* those
ésos *m., pl., pron.* those (ones)
espacio *m.* space **8**
España *f.* Spain
español *m.* Spanish *(language)*
español(a) *adj.* Spanish; Spaniard
esparcir *v.* to spread **10**
espárragos *m., pl.* asparagus
especialización *f.* major
especializado/a *adj.* specialized **8**
especie *f.* **en peligro (de extinción)** endangered species **5**
espectacular *adj.* spectacular
espectáculo *m.* show; performance **9**
espectador(a) *m., f.* spectator **9**
espejo *m.* mirror
esperanza *f.* hope **4**
esperar *v.* to hope; to wish
    esperar (+ inf.) *v.* to wait (for); to hope
espiar *v.* to spy **6**
esposo/a *m., f.* husband/wife; spouse **4**
esquí *m.* skiing
    esquí acuático *m.* (water) skiing
    esquí alpino *m.* downhill skiing **9**
    esquí de fondo *m.* cross country skiing **9**
esquiar *v.* to ski
esquina *f.* corner **2**
está he/she/it is; you are

Está bien. That's fine.
Está (muy) despejado. It's (very) clear. (*weather*)
Está lloviendo. It's raining.
Está nevando. It's snowing.
Está (muy) nublado. It's (very) cloudy. (*weather*)
esta(s) *f., adj.* this; these
esta noche tonight
ésta(s) *f., pron.* this (one); these (ones)
Ésta es... This is... (*introducing someone*)
establecer (se) *v.* to start; to establish (oneself) **10**
estación *f.* station; season **2**
　estación de autobuses bus station **2**
　estación de bomberos fire station **2**
　estación del metro subway station
　estación de policía police station **2**
　estación de tren(es) train station **2**
estacionamiento *m.* parking lot **2**
estacionar *v.* to park
estadio *m.* stadium **2**
estado civil *m.* marital status
Estados Unidos *m., pl.* (EE.UU.; E.U.) United States
estadounidense *adj.* from the United States
estampado/a *adj.* print
estampilla *f.* stamp
estante *m.* bookcase; bookshelves
estantería *f.* bookcase **3**
estar *v.* to be
　estar a la/en venta *v.* to be on sale **7**
　estar a (veinte kilómetros) de aquí to be (twenty kilometers) from here
　estar a dieta to be on a diet
　estar aburrido/a to be bored
　estar afectado/a (por) to be affected (by)
　estar bajo control to be under control
　estar bajo presión to be under pressure **7**
　estar cansado/a to be tired
　estar contaminado/a to be polluted
　estar de acuerdo to agree
　Estoy (completamente) de acuerdo. I agree (completely).
　　No estoy de acuerdo. I don't agree.
　estar de moda to be in fashion
　estar de vacaciones *f., pl.* to be on vacation
　estar embarazada to be pregnant **10**

estar en buena forma to be in good shape
estar en paro *v.* to be unemployed **7**
estar enfermo/a to be sick
estar harto/a to be fed up (with); to be sick (of) **1**
estar listo/a to be ready
estar perdido/a to be lost **2**
estar roto/a to be broken
estar seguro/a to be sure
estar torcido/a to be twisted; to be sprained
estatua *f.* statue
Este *m.* East
este *m., sing., adj.* this
éste *m., sing., pron.* this (one)
　Éste es... *m.* This is... (*introducing someone*)
estéreo *m.* stereo
estilo *m.* style **3**
estiramiento *m.* stretching
esto *neuter pron.* this; this thing
estómago *m.* stomach
estornudar *v.* to sneeze
estos *m., pl., adj.* these
éstos *m., pl., pron.* these (ones)
estrella *f.* star **3**
　estrella de cine *m., f.* movie star **3**
　estrella fugaz shooting star **8**
estrenar (una película) *v.* to release (a movie) **9**
estreno *m.* premiere; new movie **3**
estrés *m.* stress
estresado/a *adj.* stressed (out) **7**
estricto/a *adj.* strict **4**
estudiante *m., f.* student
estudiantil *adj.* student
estudiar *v.* to study
estufa *f.* stove
estupendo/a *adj.* stupendous
etapa *f.* stage
ético/a *adj.* ethical **8**
　poco ético/a unethical **8**
etnia *f.* ethnic group **4**
evitar *v.* to avoid
examen *m.* test; exam
　examen médico physical exam
excelente *adj.* excellent
exceso *m.* excess; too much
excluido/a *adj.* excluded **10**
excursión *f.* hike; tour; excursion
excursionista *m., f.* hiker
exigente *adj.* demanding **4**
exigir *v.* to demand **7**
exiliado/a *m., f.* exile **10**
　exiliado/a político/a political exile **10**
éxito *m.* success **3**
exitoso/a *adj.* successful **7**
expansión *f.* **(urbana)** (urban) sprawl **5**
experiencia *f.* experience
experimento *m.* experiment **8**

explicar *v.* to explain
explorar *v.* to explore **8**
expresión *f.* expression
extinción *f.* extinction
extinguirse *v.* to become extinct **5**
extranjero/a *adj.* foreign; *m., f.* foreigner; alien **4**
extrañar *v.* to miss **10**
extraño/a *adj.* strange
extraterrestre *adj.* extraterrestrial; alien **8**

F

fabricar *v.* to manufacture **8**
fabuloso/a *adj.* fabulous
facciones *f., pl.* features **2**
facha *f.* look **10**
fácil *adj.* easy
falda *f.* skirt
fallecido/a *adj.* deceased **9**
falso/a *adj.* insincere **1**
falta (de) *f.* lack (of) **10**
faltar *v.* to lack; to need
fama *f.* fame **3**
familia *f.* family
familiares *m.* relatives **1**
famoso/a *adj.* famous
fantasía *f.* fantasy **3**
fantasma *m.* ghost **9**
fantástico/a *adj.* imaginary **9**
farmacia *f.* pharmacy
fascinar *v.* to fascinate
favorito/a *adj.* favorite
fax *m.* fax (machine)
fe *f.* faith **4**
febrero *m.* February
fecha *f.* date
felicidad *f.* happiness **5**
　¡Felicidades! Congratulations!
　¡Felicitaciones! Congratulations!
feliz *adj.* happy
　¡Feliz cumpleaños! Happy birthday!
fenomenal *adj.* great; phenomenal
fenómeno *m.* phenomenon **3**
feo/a *adj.* ugly
feria *f.* fair **9**
festejar *v.* to celebrate **9**
festival *m.* festival
fidelidad *f.* faithfulness **1**
fiebre *f.* fever
fiesta *f.* party
fijo/a *adj.* fixed; set
fila *f.* line **2**
fin *m.* end
　fin de semana weekend
finalmente *adv.* finally
financiero/a *adj.* financial **7**
firmar *v.* to sign (*a document*) **4**
física *f.* physics
físico/a *m., f.* physicist **8**

flan (de caramelo) *m.* baked
(caramel) custard
flauta *f.* flute **3**
flexible *adj.* flexible
flor *f.* flower
foca *f.* seal **5**
folklórico/a *adj.* folk; folkloric
folleto *m.* brochure
fondo *m.* end
forma *f.* shape
formulario *m.* form
fortalecer(se) *v.* to grow stronger;
to strengthen **1, 6**
foto(grafía) *f.* photograph
fotógrafo/a *m., f.* photographer **3**
fracaso *m.* failure **6**
fraile (fray) *m.* friar; monk
(Brother) **4**
francés, francesa *adj.* French
frasquito *m.* little bottle **5**
frecuentemente *adv.* frequently
frenos *m., pl.* brakes
fresco/a *adj.* cool
frijoles *m., pl.* beans
frío/a *adj.* cold
frito/a *adj.* fried
frontera *f.* border **10**
fruta *f.* fruit
frutería *f.* fruit store
frutilla *f.* strawberry
fuego *m.* fire **9**
fuente *f.* source **5**
fuente *f.* **de fritada** platter of
fried food
fuera *adv.* outside
fuerte *adj.* strong
fuerza *f.* force **6**
fumar *v.* to smoke
funcionar *v.* to work; to function
fútbol *m.* soccer
fútbol americano *m.* football
futuro/a *adj.* future
en el futuro in the future

gafas (de sol) *f., pl.* (sun)glasses
gafas (oscuras) *f., pl.* (sun)glasses
galaxia *f.* galaxy **8**
galleta *f.* cookie
ganancia *f.* profit **4**
ganar *v.* to win **9**; to earn (money)
ganar las elecciones
to win elections **6**
ganar un partido to win a game **9**
ganarse la vida to earn a living **7**
ganga *f.* bargain
garaje *m.* garage; (mechanic's) repair
shop; garage (*in a house*)
garganta *f.* throat
garra *f.* claw **9**
gasoducto *m.* gas pipeline **7**
gasolina *f.* gasoline

gasolinera *f.* gas station
gastar *v.* to spend (*money*) **7**
gato *m.* cat
gemelo/a *m., f.* twin **4**
gen *m.* gene **8**
género *m.* genre **3**
genética *f.* genetics **8**
genial *adj.* wonderful **1**
gente *f.* people **2**
geografía *f.* geography
gerente *m., f.* manager **7**
gimnasio *m.* gymnasium
gobernar (e:ie) *v.* to govern **6**
gobierno *m.* government **6**
golf *m.* golf
golpe *m.* blow, hit
golpe de estado *coup d'état* **6**
golpear *v.* to beat (a drum) **3**
gordo/a *adj.* fat
gozar (de) *v.* to enjoy **10**
grabadora *f.* tape recorder
grabar *v.* to record **3**
grabar (un CD) to burn (a CD) **8**
gracias *f., pl.* thank you; thanks
Gracias por todo.
Thanks for everything.
Gracias una vez más.
Thanks again.
gracioso/a *adj.* funny **1**
graduarse (de/en) *v.* to graduate
(from/in)
gran, grande *adj.* big; large
grasa *f.* fat
gratis *adj.* free of charge
grave *adj.* grave; serious
gravedad *f.* gravity **8**
gravísimo/a *adj.* extremely serious
grillo *m.* cricket
gripe *f.* flu
gris *adj.* gray
gritar *v.* to scream; to shout **9**
grupo *m.* **musical** musical group,
band **9**
guantes *m., pl.* gloves
guapo/a *adj.* handsome;
good-looking
guardar *v.* to save (on
a computer) **8**
guerra *f.* war **6**
guerra civil civil war **6**
guía *m., f.* guide
guiar *v.* to guide **8**
gusano/a *m., f., pej.* (*lit.* worm)
Cuban exile **4**
gustar *v.* to be pleasing to; to like
Me gustaría... I would like…
gusto *m.* pleasure
El gusto es mío. The pleasure
is mine.
Gusto de verlo/la. *form.* It's nice
to see you.
Gusto de verte. *fam.* It's nice to
see you.
Mucho gusto. Pleased to meet you.

¡Qué gusto volver a verlo/la!
form. I'm happy to see you again!
¡Qué gusto volver a verte!
fam. I'm happy to see you again!

haber *(auxiliar)* *v.* to have
(done something)
Ha sido un placer. It's been
a pleasure.
habitación *f.* room
habitación doble double room
habitación individual
single room
habitante *m., f.* inhabitant **2**
hablar *v.* to talk; to speak
hacer *v.* to do; to make
Hace buen tiempo. The weather
is good.
Hace (mucho) calor. It's (very)
hot. (*weather*)
Hace fresco. It's cool. (*weather*)
Hace (mucho) frío. It's (very) cold.
(*weather*)
Hace mal tiempo. The weather
is bad.
Hace (mucho) sol. It's (very)
sunny. (*weather*)
Hace (mucho) viento. It's (very)
windy. (*weather*)
hacer cola to stand in line; to wait
in line **9**
hacer diligencias to run errands **2**
hacer ejercicio to exercise
hacer ejercicios aeróbicos
to do aerobics
hacer ejercicios de estiramiento
to do stretching exercises
hacer el papel (de) to play the
role (of)
hacer falta to be necessary **5**
hacer gimnasia to work out
hacer juego (con) to match (with)
hacer la cama to make the bed
hacer las maletas to pack
(one's) suitcases
hacer quehaceres domésticos
to do household chores
hacer turismo to go sightseeing
hacer un esfuerzo to make
an effort **10**
hacer un viaje to take a trip
hacer una excursión to go on
a hike; to go on a tour
hacia *prep.* toward
hallazgo *m.* discovery **3**
hambre *f.* hunger **7**
hamburguesa *f.* hamburger
hasta *prep.* until; toward
Hasta la vista. See you later.
Hasta luego. See you later.
Hasta mañana. See you tomorrow.
hasta que until
Hasta pronto. See you soon.

hay there is; there are
  Hay (mucha) contaminación.
    It's (very) smoggy.
  Hay (mucha) niebla.
    It's (very) foggy.
  Hay que... It is necessary that...
  No hay duda de...
    There's no doubt ...
  No hay de qué. You're welcome.
hecho *m.* fact **5**
hecho/a *p.p.* done
heladería *f.* ice cream shop
helado/a *adj.* iced
helado *m.* ice cream
heredar *v.* to inherit **4**
herencia *f.* heritage
  herencia cultural
    cultural heritage **6**
hermanastro/a *m., f.* stepbrother/
  stepsister **4**
hermano/a *m., f.* brother/sister
  hermano/a gemelo/a *m., f.* twin
    brother/sister **4**
  hermano/a mayor/menor *m., f.* older/
    younger brother/sister
  hermanos *m., pl.* siblings (brothers
    and sisters)
hermoso/a *adj.* beautiful
herramienta *f.* tool **8**
heterogéneo/a *adj.* heterogeneous **10**
híbrido/a *adj.* hybrid **5**
hierba *f.* grass
hijastro/a *m., f.* stepson/stepdaughter
hijo/a *m., f.* son/daughter
  hijo/a único/a *m., f.* only child **4**
  hijos *m., pl.* children
hipocresía *f.* hypocrisy **6**
historia *f.* history; story
historiador(a) *m., f.* historian **4**
hockey *m.* hockey
hogar *m.* home **10**
hoja *f.* leaf **5**
hola *interj.* hello; hi
hombre *m.* man
  hombre de negocios *m.*
    businessman **7**
homenajear a los dioses *v.* to pay
  homage to the gods **4**
homogeneidad *f.* homogeneity **10**
honrado/a *adj.* honest **4**
hora *f.* hour; the time
horario *m.* schedule **7**
  horario de trabajo
    work schedule **7**
horno *m.* oven
  horno de microondas
    microwave oven
horóscopo *m.* horoscope **3**
horror *m.* horror
  de horror horror (genre)
hospital *m.* hospital
hotel *m.* hotel

hoy *adv.* today
  hoy día *adv.* nowadays
  Hoy es... Today is…
huelga *f.* strike (*labor*) **6**
hueso *m.* bone
huésped *m., f.* guest
huevo *m.* egg
huir *v.* to flee **6**
humanidad *f.* humankind **10**
humanidades *f., pl.* humanities
hundir *v.* to sink **6**
huracán *m.* hurricane **5**

I

ida *f.* one way (*travel*)
idea *f.* idea
ideales *m., pl.* principles; ideals **10**
idioma *m.* language
  idioma oficial *m.*
    official language **10**
iglesia *f.* church
igual *adj.* equal **6**
igualdad *f.* equality **6**
igualmente *adv.* likewise
ilegal *adj.* illegal **4**
ilusión *f.* dream **2**
imparcial *adj.* impartial; unbiased **3**
impermeable *m.* raincoat
importante *adj.* important
importar *v.* to be important to;
  to matter
imposible *adj.* impossible
imprenta *f.* printer **8**
impresora *f.* printer
imprimir *v.* to print
improbable *adj.* improbable
impuesto *m.* tax **7**
inalámbrico/a *adj.* wireless **8**
incapaz *adj.* incapable;
  incompetent **7**
incendio *m.* fire **5**
incertidumbre *f.* uncertainty **10**
inconformista *adj.* nonconformist **10**
increíble *adj.* incredible
independizarse *v.* to
  become independent **4**
indicar el camino *v.*
  to give directions **2**
indiferencia *f.* indifference **7**
individual *adj.* private (*room*)
inesperado/a *adj.* unexpected **2**
inestabilidad *f.* instability **10**
infección *f.* infection
infidelidad *f.* unfaithfulness **1**
inflación *f.* inflation **7**
influencia *f.* influence **2**
influir *v.* to influence **6**
influyente *adj.* influential **3**
informar *v.* to inform
informática *f.* computer science **8**
informe *m.* report; paper
  (*written work*) **6**
ingeniero/a *m., f.* engineer **8**

ingenuo/a *adj.* naïve **2**
inglés *m.* English (*language*)
inglés, inglesa *adj.* English
ingresos *m. pl.* income **8**
injusticia *f.* injustice **6**
injusto/a *adj.* unfair **6**
inmigración *f.* immigration **10**
inmigrante *m., f.* immigrant **1**
innovador(a) *adj.* innovative **8**
inocencia *f.* innocence **9**
inodoro *m.* toilet
inolvidable *adj.* unforgettable **1**
inseguridad *f.* insecurity; lack
  of safety **6**
inseguro/a *adj.* insecure **1**
insensible *adj.* insensitive **1**
insistir (en) *v.* to insist (on)
insoportable *adj.* unbearable **1**
inspector(a) de aduanas *m., f.*
  customs inspector
instituto *m.* high school **6**
integración *f.* integration **10**
integrarse (a) *v.* to become part (of);
  to fit in **10**
inteligente *adj.* intelligent
intentar *v.* to try
intercambiar *v.* to exchange
interesante *adj.* interesting
interesar *v.* to be interesting to;
  to interest
internacional *adj.* international
Internet Internet **3**
intoxicar *v.* to poison **5**
intruso/a *m., f.* intruder **8**
inundación *f.* flood **5**
inventar *v.* to invent **8**
invento *m.* invention **8**
inversionista *m., f.* investor **7**
invertir (e:ie) *v.* to invest **7**
investigador(a) *m., f.* researcher **8**
investigar *v.* to research;
  to investigate **3**
invierno *m.* winter
invisible *adj.* invisible **9**
invitado/a *m., f.* guest (*at a function*)
invitar *v.* to invite
invocar *v.* to invoke; call on **3**
inyección *f.* injection
ir *v.* to go
  ir a (+ inf.) to be going to
    do something
  ir de compras to go shopping
  ir de excursión (a las montañas)
    to go for a hike (in the mountains)
  ir de pesca to go fishing
  ir de vacaciones to go on vacation
  ir en autobús to go by bus
  ir en auto(móvil) to go by
    auto(mobile); to go by car
  ir en avión to go by plane
  ir en barco to go by boat
  ir en metro to go by subway
  ir en motocicleta to go
    by motorcycle

ir en taxi to go by taxi
ir en tren to go by train
irse *v.* to go away; to leave
italiano/a *adj.* Italian
izquierdo/a *adj.* left
    a la izquierda de to the left of

J

jabón *m.* soap
jamás *adv.* never; not ever
jamón *m.* ham
japonés, japonesa *adj.* Japanese
jardín *m.* garden; yard **10**
jefe/a *m., f.* boss
joven *adj.* young
joven *m., f.* youth; young person
joyería *f.* jewelry store
jubilarse *v.* to retire (*from work*) **7**
juego *m.* game **9**
    juego de mesa board game **9**
jueves *m., sing.* Thursday
juez(a) *m., f.* judge **6**
jugador(a) *m., f.* player
jugar (u:ue) *v.* to play
    jugar a las cartas *f., pl.*
    to play cards
jugo *m.* juice
    jugo de fruta *m.* fruit juice
juguete *m.* toy **7**
juicio *m.* judgment **6**
julio *m.* July
jungla *f.* jungle
junio *m.* June
juntos/as *adj.* together
jurar *v.* to promise **10**
justicia *f.* justice **6**
justo/a *adj.* just; fair **2, 6**
juventud *f.* youth **4**
juzgar *v.* to judge **6**

K

kilómetro *m.* kilometer

L

la *f., sing., def. art.* the
la *f., sing., d.o. pron.* her, it; *form.* you
laboratorio *m.* laboratory
ladrillo *m.* brick **8**
ladrón/ladrona *m., f.* thief **6**
lagarto *m.* lizard **5**
lago *m.* lake
laico/a *adj.* secular; lay **6**
lamentable *adv.* regrettable **1**
lamentar *v.* regret **4**
lámpara *f.* lamp
lana *f.* wool
langosta *f.* lobster
lápiz *m.* pencil
largo/a *adj.* long
    a largo plazo *adj.* long-term **7**

las *f., pl., def. art.* the
las *f., pl., d.o. pron.* them; *form.* you
lástima *f.* shame
lastimar(se) *v.* to injure (oneself) **9**
    lastimarse el pie to injure
    one's foot
lata *f.* (*tin*) can
lavabo *m.* sink
lavadora *f.* washing machine
lavandería *f.* laundromat
lavaplatos *m., sing.* dishwasher
lavar *v.* to wash
    lavar (el suelo, los platos)
    to wash (the floor, the dishes)
lavarse *v.* to wash oneself
    lavarse la cara to wash one's face
    lavarse las manos to wash
    one's hands
lazo *m.* tie **1**
le *sing., i.o. pron.* to/for him; her;
    form. you
    Le presento a… *form.* I would
    like to introduce… to you.
lección *f.* lesson
leche *f.* milk
lechuga *f.* lettuce
leer *v.* to read
    leer correo electrónico
    to read e-mail
    leer un periódico
    to read a newspaper
    leer una revista to read
    a magazine
legal *adj.* legal **4**
leído/a *p.p.* read
lejos de *prep.* far from
lengua *f.* language **4**
    lenguas extranjeras *f., pl.*
    foreign languages
    lengua materna
    mother tongue **10**
lenguaje corporal *m.* body language **1**
lentes de contacto *m., pl.*
    contact lenses
    lentes (de sol) (sun)glasses
lentillas *m. pl.* contact lenses **8**
lento/a *adj.* slow
león *m.* lion **5**
les *pl., i.o. pron.* to/for them;
    form. you
letra *f.* lyrics **3**
letrero *m.* sign; billboard **2**
levantar *v.* to lift
    levantar pesas to lift weights
levantarse *v.* to get up
ley *f.* law **6**
liberal *adj.* liberal **6**
libertad *f.* liberty; freedom **6**
    libertad de prensa freedom
    of the press **3**
libre *adj.* free
librería *f.* bookstore
libro *m.* book

licencia de conducir *f.*
    driver's license
ligar *v.* to flirt; to hook up **1**
limón *m.* lemon
limpiar *v.* to clean
limpiar la casa *v.* to clean the house
limpieza *f.* cleaning
    limpieza étnica ethnic cleaning **10**
limpio/a *adj.* clean
línea *f.* line
lío *m.* mess **7**
listo/a *adj.* ready; smart
literatura *f.* literature
llamar *v.* to call
    llamar por teléfono to call
    on the phone
llamarse *v.* to be called; to be named
llanta *f.* tire
llave *f.* key
llegada *f.* arrival
llegar *v.* to arrive
llenar *v.* to fill
    llenar el tanque to fill the tank
    llenar (un formulario) to fill
    out (a form)
lleno/a *adj.* full **2**
llevar *v.* to carry; *v.* to wear; to take
    llevar una vida sana to lead a
    healthy lifestyle
    llevarse bien/mal/fatal (con) to
    get along well/badly/terribly
    (with) **1**
llover (o:ue) *v.* to rain
    Llueve. It's raining.
lluvia *f.* rain **5**
    lluvia ácida acid rain
lo *m., sing. d.o. pron.* him, it; *form.* you
    ¡Lo hemos pasado de película!
    We've had a great time!
    ¡Lo hemos pasado maravillosamente!
    We've had a great time!
    lo mejor the best (thing)
    Lo pasamos muy bien.
    We had a very good time.
    lo peor the worst (thing)
    lo que that which; what
    Lo siento. I'm sorry.
    Lo siento muchísimo. I'm so sorry.
lobo *m.* wolf **5**
loco/a *adj.* crazy
locutor(a) (de radio/televisión) *m., f.*
    (radio/TV) announcer **3**
lograr *v.* to attain; to achieve **10**
lomo a la plancha *m.* grilled
    flank steak
los *m., pl., def. art.* the
los *m. pl., d.o. pron.* them; *form.* you
lotería *f.* lottery **9**
lucha *f.* struggle; fight **6**
luchar (contra/por) *v.* to fight;
    to struggle (against/for) **10**
luego *adv.* then; *adv.* later
lugar *m.* place

lujo *m.* luxury **10**
luna *f.* moon **5**
lunares *m.* polka dots
lunes *m., sing.* Monday
luz *f.* light; electricity

M

madera *f.* wood **5**
madrastra *f.* stepmother **4**
madre *f.* mother
madrugada *f.* early morning **9**
madurez *f.* maturity; middle age
maduro/a *adj.* mature **1**
maestro/a *m., f.* teacher
magnífico/a *adj.* magnificent
maíz *m.* corn
mal, malo/a *adj.* bad
maleducado/a *adj.* ill-mannered **4**
malcriar *v.* to spoil **4**
maleta *f.* suitcase
malgastar *v.* to waste **5**
maltrato *m.* abuse; mistreatment **10**
mamá *f.* mom
mandar *v.* to order; to send; to mail
mandón/mandona *adj.* bossy **4**
manejar *v.* to drive
manera *f.* way
manifestación *f.* protest **4**
manifestante *m., f.* demonstrator **6**
mano *f.* hand
manta *f.* blanket
mantener (e:ie) *v.* to maintain
  mantenerse en forma to stay
    in shape
mantenimiento *m.* maintenance **10**
mantequilla *f.* butter
manzana *f.* apple
mañana *f.* morning, A.M.; tomorrow
mapa *m.* map
maqueta *f.* model **8**
maquillaje *m.* makeup
maquillarse *v.* to put on makeup
máquina *f.* machine **8**
mar *m.* sea **5**
maravilloso/a *adj.* marvelous
marcar (un gol/un punto) *v.* to score
  (a goal/a point) **9**
marcharse *v.* to leave
mareado/a *adj.* dizzy; nauseated
margarina *f.* margarine
mariscos *m., pl.* shellfish
marrón *adj.* brown
martes *m., sing.* Tuesday
martillo *m.* hammer **8**
marzo *m.* March
más *pron.* more
  más de (+ *number*) more than
  más tarde later (on)
  más… que more… than
masaje *m.* massage
matar *v.* to kill **7**
matarse *v.* to kill oneself **7**
matemáticas *f., pl.* mathematics

matemático/a *m., f.* mathematician **8**
materia *f.* course
matriarcado *m.* matriarchy **2**
matrimonio *m.* marriage **1**
máximo/a *adj.* maximum
mayo *m.* May
mayonesa *f.* mayonnaise
mayor *adj.* older
  el/la mayor *adj.* eldest/oldest
me *sing., d.o. pron.* me; *sing. i.o.
  pron.* to/for me
  Me duele mucho. It hurts me a lot.
  Me gusta… I like…
  No me gustan nada. I don't like
    them at all.
  Me gustaría(n)… I would like…
  Me llamo… My name is…
  Me muero por… I'm dying
    to/for…
mecánico/a *m., f.* mechanic
mediano/a *adj.* medium
medianoche *f.* midnight
medias *f., pl.* pantyhose; stockings
medicamento *m.* medication **5**
medicina *f.* medicine
médico/a *m., f.* doctor; *adj.* medical
medio/a *adj.* half
  medio *m.* **ambiente** environment **5**
  y media thirty minutes past the
    hour (*time*)
  medio/a hermano/a *m., f.* half
    brother/sister **4**
mediodía *m.* noon
medios (de comunicación) *m., pl.*
  means of communication; media **3**
mejor *adj.* better
  el/la mejor *m., f.* the best
mejora *f.* improvement **10**
mejorar *v.* to improve **5**
melocotón *m.* peach
mendigar *v.* to beg **2**
menor *adj.* younger
  el/la menor *m., f.* youngest
menos *adv.* less
  menos cuarto…, menos quince…
    quarter to… (*time*)
  menos de (+ *number*) fewer than
  menos… que less… than
mensaje *m.* message **8**
  mensaje de texto text message **8**
  mensaje electrónico *m.*
    e-mail message
mente *f.* mind **8, 9**
mentira *f.* lie **7**
mentiroso/a *adj.* lying; liar **1**
menú *m.* menu
mercado *m.* market **7**
  mercado al aire libre
    open-air market
merecer *v.* to deserve **1**
merendar (e:ie) *v.* to snack; to have
  an afternoon snack
merienda *f.* afternoon snack

mes *m.* month
mesa *f.* table
mesero/a *m., f.* waiter/waitress
mesita *f.* end table
  mesita de noche night stand
meta *f.* goal **10**
metro *m.* subway **2**
mexicano/a *adj.* Mexican
México *m.* Mexico
mezclar *v.* to mix **10**
mí *pron., obj. of prep.* me
mi(s) *poss. adj.* my
microondas *f., sing.* microwave
  horno *m.* **de microondas**
    microwave oven
miedo *m.* fear **10**
mientras *adv.* while
miércoles *m., sing.* Wednesday
mil *m.* one thousand
  mil millones billion
  Mil perdones. I'm so sorry.
    (*lit.* A thousand pardons.)
milla *f.* mile
millón *m.* million
millones (de) *m.* millions (of)
milonga *f. type of dance music from the
  Río de la Plata area in Argentina* **9**
mimar *v.* to pamper **4**
mineral *m.* mineral
minuto *m.* minute
mío/a(s) *poss.* my; (of) mine
mirada *f.* gaze
mirar *v.* to look (at); to watch
  mirar (la) televisión
    to watch television
misa *f.* mass **9**
mismo/a *adj.* same
mito *m.* myth **2**
mochila *f.* backpack
moda *f.* fashion
módem *m.* modem
moderno/a *adj.* modern
modo *m.* means; manner **8**
molestar *v.* to bother; to annoy
monitor *m.* (computer) monitor
monitor(a) *m., f.* trainer
mono *m.* monkey **5**
monolingüe *adj.* monolingual **10**
montaña *f.* mountain
montar *v.* **a caballo** to ride a horse
monumento *m.* monument
mora *f.* blackberry
morado/a *adj.* purple
moreno/a *adj.* brunet(te)
morir (o:ue) *v.* to die
mostrar (o:ue) *v.* to show
motocicleta *f.* motorcycle
motor *m.* motor
muchacho/a *m., f.* boy; girl
mucho/a *adj., adv.* a lot of; much; many
  (Muchas) gracias. Thank you
    (very much); Thanks (a lot).
  muchas veces *adv.* a lot;
    many times

Muchísimas gracias. Thank you very, very much.

Mucho gusto. Pleased to meet you.

muchísimo very much

mudarse *v.* to move (from one house to another) **1, 4**

muebles *m., pl.* furniture

muela *f.* tooth

muerte *f.* death **4**

muerto/a *p.p.* died

mujer *f.* woman

  mujer de negocios *f.* business woman **7**

  mujer policía *f.* policewoman **2**

mujeriego *m.* womanizer **9**

multa *f.* fine **8**

mundial *adj.* worldwide

Mundial *m.* World Cup **9**

mundo *m.* world

municipal *adj.* municipal

músculo *m.* muscle

museo *m.* museum **2**

música *f.* music

musical *adj.* musical

músico/a *m., f.* musician **9**

musulmán/musulmana *m., f.* Muslim **6**

muy *adv.* very

  Muy amable. That's very kind of you.

  (Muy) bien, gracias. (Very) well, thanks.

N

nacer *v.* to be born

nacimiento *m.* birth **4**

nacional *adj.* national

nacionalidad *f.* nationality

nada *pron.* nothing; not anything

  nada mal not bad at all

nadar *v.* to swim

nadie *pron.* no one, nobody; not anyone

naipes *m., pl.* (playing) cards **9**

naranja *f.* orange

nariz *f.* nose

natación *f.* swimming

natalidad *f.* birthrate **10**

natural *adj.* natural

naturaleza *f.* nature

navegar (en la red, en Internet) *v.* to surf (the web, the Internet) **3**

Navidad *f.* Christmas

necesario/a *adj.* necessary

necesitar (+ *inf.*) *v.* to need

negar (e:ie) *v.* to deny

negativo/a *adj.* negative

negocios *m., pl.* business; commerce

negro/a *adj.* black

nervioso/a *adj.* nervous

nevar (e:ie) *v.* to snow

  Nieva. It's snowing.

ni…ni neither… nor

niebla *f.* fog

nieto/a *m., f.* grandson/granddaughter **4**

nieve *f.* snow

ningún; ninguna; ningunos/as *adj.* no; not any

ninguno/a(s) *pron.* no; none; not any

niñez *f.* childhood **4**

niño/a *m., f.* child **4**

nivel *m.* level

  nivel de vida standard of living **10**

no *adv.* no; not

  ¿no? right?

  No cabe duda de… There is no doubt…

  No es así. That's not the way it is

  No es para tanto. It's not a big deal.

  no es seguro it's not sure

  no es verdad it's not true

  No está nada mal. It's not bad at all.

  no estar de acuerdo to disagree

  No estoy seguro. I'm not sure.

  no hay there is/are not

  No hay de qué. You're welcome.

  No hay duda de… There is no doubt…

  No hay problema. No problem.

  ¡No me diga(s)! You don't say!

  No me gustan nada. I don't like them at all.

  no muy bien not very well

  No quiero. I don't want to.

  No sé. I don't know.

  No se preocupe. *form.* Don't worry.

  No te preocupes. *fam.* Don't worry.

  no tener razón to be wrong

noche *f.* night

nombre *m.* name

  nombre de usuario user name **8**

Norte *m.* North

norteamericano/a *adj.* (North) American

nos *pl., d.o. pron.* us; *pl., i.o. pron.* to/for us

  Nos divertimos mucho. We had a lot of fun.

  Nos vemos. See you.

nosotros/as *sub. pron.* we; *ob. pron.* us

nostalgia *f.* nostalgia **10**

noticias (internacionales/locales/ nacionales) *f., pl.* (international/ local/national) news **3**

noticiero *m.* newscast

novecientos/as *adj.* nine hundred

novedad *f.* new development **8**

noveno/a *adj.* ninth

noventa *adj.* ninety

noviembre *m.* November

novio/a *m., f.* boyfriend/girlfriend

nube *f.* cloud

nublado/a *adj.* cloudy

  Está (muy) nublado. It's very cloudy.

nuclear *adj.* nuclear

nuera *f.* daughter-in-law **4**

nuestro/a(s) *poss. adj.* our; (of ours)

nueve *adj.* nine

nuevo/a *adj.* new

número *m.* number; (shoe) size

nunca *adj.* never; not ever

nutrición *f.* nutrition

nutricionista *m., f.* nutritionist

O

o *conj.* or

o… o *conj.* either… or

obedecer *v.* to obey

obra *f.* work (*of art, literature, music, etc.*)

  obra maestra masterpiece

  obra de teatro theater play **9**

obrero/a *m., f.* blue-collar worker **7**

obtener *v.* to obtain; to get

obvio/a *adj.* obvious

océano *m.* ocean

ochenta *adj.* eighty

ocho *adj.* eight

ochocientos/as *adj.* eight hundred

ocio *m.* leisure **9**

octavo/a *adj.* eighth

octubre *m.* October

ocupación *f.* occupation

ocupado/a *adj.* busy

ocurrir *v.* to occur; to happen

odiar *v.* to hate **1**

Oeste *m.* West

oferta *f.* offer

oficina *f.* office

oficio *m.* trade

ofrecer *v.* to offer

oído *m.* (sense of) hearing; inner ear

oído/a *p.p.* heard

oír *v.* to hear

  Oiga/Oigan. *form., sing./pl.* Listen. (*in conversation*)

  Oye. *fam., sing.* Listen. (*in conversation*)

ojalá (que) *interj.* I hope (that); I wish (that)

ojo *m.* eye

olor *m.* smell **9**

olvidar *v.* to forget

olvido *m.* forgetfulness; oblivion **1**

once *adj.* eleven

ópera *f.* opera

operación *f.* operation

opinar *v.* to express an opinion; to think **3**

opresión *f.* oppression **4**

oprimido/a *adj.* oppressed **6**

ordenado/a *adj.* orderly

ordinal *adj.* ordinal (*number*)

oreja *f.* (outer) ear
orgullo *m.* pride **6**
orgulloso/a *adj.* proud **1**
orquesta *f.* orchestra
ortografía *f.* spelling
ortográfico/a *adj.* spelling
os *fam., pl. d.o. pron.* you;
   fam., pl. i.o. pron. to/for you
oso *m.* bear **5**
otoño *m.* autumn
otro/a *adj.* other; another
   otra vez again
oyente *m., f.* listener **3**

P

paciencia *f.* patience **10**
paciente *m., f.* patient
pacífico/a *adj.* peaceful **6**
pacifista *adj.* pacifist **6**
padrastro *m.* stepfather **4**
padre *m.* father
padres *m., pl.* parents
pagar *v.* to pay
   pagar a plazos
     to pay in installments
   pagar al contado to pay in cash
   pagar en efectivo to pay in cash
   pagar la cuenta to pay the bill
página *f.* page
   página principal home page
país *m.* country
paisaje *m.* landscape; scenery **5**
pájaro *m.* bird **5**
palabra *f.* word
pan *m.* bread
   pan tostado *m.* toasted bread
panadería *f.* bakery
pancarta *f.* banner; sign **4**
pantalla *f.* screen **3**
pantalones *m., pl.* pants
   pantalones cortos *m., pl.* shorts
pantuflas *f.* slippers
pañuelo *m.* headscarf **6**
papa *f.* potato
   papas fritas *f., pl.* fried potatoes;
     French fries
papá *m.* dad
papás *m., pl.* parents
papel *m.* paper; role
papelera *f.* wastebasket
paquete *m.* package
par *m.* pair
   par de zapatos pair of shoes
para *prep.* for; in order to; by;
   used for; considering
   para que so that
parabrisas *m., sing.* windshield
parada *f.* stop **2**
   parada de autobús bus stop **2**
   parada de metro subway stop **2**
parar *v.* to stop **2**
parcial *adj.* biased **3**

parcialidad *f.* bias **3**
parco/a *adj.* tight-lipped **1**
parecer *v.* to seem
parecerse (c:zc) *v.* to resemble;
   to look like **4, 2**
pared *f.* wall **8**
pareja *f.* (married) couple; partner **1**
pariente *m., f.* relative **4, 10**
   parientes *m., pl.* relatives
parque *m.* park **9**
   parque de atracciones
     amusement park **9**
párrafo *m.* paragraph
parte: de parte de on behalf of
partido *m.* game; match (*sports*)
   partido político *m.*
     political party **6**
partir *v.* to split
pasado/a *adj.* last; past
pasado *p.p.* passed
pasaje *m.* ticket
   pasaje de ida y vuelta *m.* round
     trip ticket
pasajero/a *m., f.* passenger **2**;
   adj. fleeting **1**
pasamontañas *m.* ski mask **3**
pasaporte *m.* passport
pasar *v.* to go through; to pass **9**
   pasar la aspiradora to vacuum
   pasar por el banco to go
     by the bank
   pasar por la aduana to go
     through customs
   pasar tiempo to spend time
   pasarlo bien/mal *v.* to have a
     good/bad time **2**
pasatiempo *m.* pastime; hobby
pasear *v.* to take a walk; to stroll;
   to go for a walk **9**
   pasear en bicicleta to ride
     a bicycle
   pasear por to walk around
pasillo *m.* hallway
pasta *f.* **de dientes** toothpaste
pastel *m.* cake; pie
   pastel de chocolate
     chocolate cake
   pastel de cumpleaños
     birthday cake
pastelería *f.* pastry shop
pastilla *f.* pill; tablet
pata *f.* **de conejo** rabbit's foot **5**
patata *f.* potato
   patatas fritas *f., pl.* fried
     potatoes; French fries
patear *v.* to kick **9**
patente *f.* patent **8**
patinar (en línea) *v.* to (in-line) skate
patineta *f.* skateboard
patio *m.* patio; yard
patria *f.* homeland **1, 4**
pavo *m.* turkey
paz *f.* peace **6**

peatón/peatona *m., f.* pedestrian **2**
pedazo *m.* piece **5**
   pedazo de lata piece of junk **8**
pedir (e:i) *v.* to ask for; to request;
   to order (*food*)
   pedir prestado *v.* to borrow **7**
   pedir un préstamo *v.* to apply
     for a loan
pegar *v.* to hit **6, 8**
peinarse *v.* to comb one's hair
pelear(se) *v.* to fight with (one
   another) **4, 6**
película *f.* movie **3**
peligro *m.* danger **5**
peligroso/a *adj.* dangerous
pelirrojo/a *adj.* red-haired
pelo *m.* hair
pelota *f.* ball
peluquería *f.* beauty salon
peluquero/a *m., f.* hairdresser
penicilina *f.* penicillin
pensar (e:ie) *v.* to think
   pensar (+ *inf.*) *v.* to intend to;
     to plan to (do something)
   pensar en *v.* to think about
pensión *f.* boardinghouse
peor *adj.* worse
   el/la peor *adj.* the worst
pequeño/a *adj.* small
pera *f.* pear
perder (e:ie) *v.* to lose **9**; to miss
   perder las elecciones
     to lose elections **6**
   perder un partido
     to lose a game **9**
pérdida *f.* loss **4**
perdido/a *adj.* lost
Perdón. Pardon me.; Excuse me.
perdonar *v.* to forgive **2**
perezoso/a *adj.* lazy **7**
perfecto/a *adj.* perfect
periódico *m.* newspaper **3**
periodismo *m.* journalism
periodista *m., f.* journalist **3**
permiso *m.* permission
permitir *v.* to allow **2**
pero *conj.* but
perro *m.* dog
persecución *f.* persecution **10**
persona *f.* person
personaje *m.* character **1**
   personaje principal *m.*
     main character
pertenecer *v.* to belong **10**
pesas *f. pl.* weights
pesca *f.* fishing
pescadería *f.* fish market
pescado *m.* fish (*cooked*)
pescador(a) *m., f.* fisherman/
   fisherwoman
pescar *v.* to fish
peso *m.* weight
petróleo *m.* oil **5**

pez *m.* fish (*live*) **5**
pie *m.* foot
piedra (esculpida) *f.* (sculpted) stone **8**
pierna *f.* leg
pimienta *f.* black pepper
pintar *v.* to paint
pintor(a) *m., f.* painter
pintura *f.* painting; picture
piña *f.* pineapple
piscina *f.* swimming pool
piso *m.* floor (*of a building*)
pista de baile *f.* dance floor **3**
pizarra *f.* blackboard
placer *m.* pleasure
   Ha sido un placer. It's been a pleasure.
planchar la ropa *v.* to iron the clothes
planes *m., pl.* plans
planeta *m.* planet **8**
planificar *v.* to plan **8**
plano *m.* blueprint; plan **8**
planta *f.* plant
   planta baja *f.* ground floor
plantar *v.* to plant **5**
plantilla *f.* staff **7**
plástico *m.* plastic
plato *m.* dish (*in a meal*); *m.* plate
   plato principal *m.* main dish
playa *f.* beach
plaza *f.* city or town square **2**
plazos *m., pl.* periods; time
   a corto/largo plazo *adj.* short/long-term **7**
pluma *f.* pen
población *f.* population **10**
poblar *v.* to settle; to populate **2**
pobre *adj.* poor
pobreza *f.* poverty **7**
poco/a *adj.* little; few
podar *v.* to prune **5**
poder (o:ue) *v.* to be able to; can
poder *m.* power **6**
poderoso/a *adj.* powerful **4**
poema *m.* poem
poesía *f.* poetry
poeta *m., f.* poet
polémica *f.* controversy **10**
policía *f.* police (force)
policía *m.* policeman **2**
política *f.* politics **6**
político/a *m., f.* politician; *adj.* political **6**
pollo *m.* chicken
   pollo asado *m.* roast chicken
ponchar *v.* to go flat
poner *v.* to put; to place; *v.* to turn on (*electrical appliances*)
   poner la mesa *v.* to set the table
   poner un disco compacto *v.* to play a CD **9**
   poner una inyección *v.* to give an injection

ponerse (+ *adj.*) *v.* to become; to put on
   ponerse pesado/a to become annoying **1**
por *prep.* in exchange for; for; by; in; through; around; along; during; because of; on account of; on behalf of; in search of; by way of; by means of
   por aquí around here
   por delante *adv.* ahead (of) **10**
   por ejemplo for example
   por eso that's why; therefore
   por favor please
   por fin finally
   por la mañana in the morning
   por la noche at night
   por la tarde in the afternoon
   por lo menos at least
   ¿por qué? why?
   Por supuesto. Of course.
   por su cuenta on his/her own **1**
   por teléfono by phone; on the phone
   por último finally
porque *conj.* because
portada *f.* front page; cover **3**
portátil *m.* portable
porvenir *m.* future **5**
   ¡Por el porvenir! Here's to the future!
posesivo/a *adj.* possessive
posible *adj.* possible
   (no) es posible it's (not) possible
postal *f.* postcard
postre *m.* dessert
potable *adj.* drinkable **5**
practicar *v.* to practice
   practicar deportes to play sports
práctico/a *adj.* useful; practical
precio (fijo) *m.* (fixed; set) price
predecir (e:i) *v.* to predict **10**
preferir (e:ie) *v.* to prefer
pregunta *f.* question
preguntar *v.* to ask (*a question*)
   preguntar el camino to ask for directions **2**
prejucio social *m.* social prejudice **4**
premio *m.* prize; award
prender *v.* to turn on
prensa (sensacionalista) *f.* (sensationalist) press **3, 7**
preocupación *f.* concern **10**
preocupado/a (por) *adj.* worried (about) **1**
preocuparse (por) *v.* to worry (about)
preparar *v.* to prepare
preposición *f.* preposition
presagio *m.* omen **10**
prescindir (de) *v.* to do without **10**
presentación *f.* introduction
presentar *v.* to introduce; to present; to put on (*a performance*)

   Le presento a... I would like to introduce (*name*) to you (*form.*)
   Te presento a... I would like to introduce (*name*) to you (*fam.*)
presentimiento *m.* premonition **10**
presidente/a *m., f.* president **6**
presiones *f., pl.* pressures
preso/a *m., f.* prisoner **5, 6**
prestaciones *f., pl.* social assistance **4**
prestado/a *adj.* borrowed
préstamo *m.* loan
prestar *v.* to lend; to loan **7**
presupuesto *m.* budget **7**
prevenir (e:ie) *v.* to prevent **5**
previo/a *adj.* prior to **1**
previsto/a *adj.* foreseen **10**
primavera *f.* spring
primer, primero/a *adj.* first
primo/a *m., f.* cousin **4**
principal *adj.* main
prisa *f.* haste
   darse prisa *v.* to hurry; to rush
probable *adj.* probable
   (no) es probable it's (not) probable
probar (o:ue) *v.* to taste; to try
probarse (o:ue) *v.* to try on
problema *m.* problem
profesión *f.* profession
profesor(a) *m., f.* teacher
programa *m. program* **3**
   programa (de computación) software **8**
   programa de concursos game show **3**
   programa de entrevistas talk show
   programa de telerrealidad reality show **3**
programador(a) *m., f.* computer programmer
progreso *m.* progress **10**
prohibir *v.* to prohibit; to forbid
promocionarse *v.* to be promoted **7**
promulgar *v.* to enact (a law) **6**
pronombre *m.* pronoun
pronto *adv.* soon
propina *f.* tip
propietario/a *m., f.* owner **8**
propio/a *adj.* own
protagonista *m., f.* protagonist
proteger *v.* to protect **5**
protegido/a *adj.* protected **5**
proteína *f.* protein
protestar *v.* to protest **10**
proveniente *adj.* (coming) from **10**
próximo/a *adj.* next
prueba *f.* test; quiz; proof **9**
psicología *f.* psychology
psicólogo/a *m., f.* psychologist
publicar *v.* to publish **3**
publicidad *f.* advertising **3**
público *m.* audience; public **3**

pueblo *m.* town
puente *m.* bridge **2**
puerta *f.* door
Puerto Rico *m.* Puerto Rico
puertorriqueño/a *adj.* Puerto Rican
pues *conj.* well
puesto *m.* position; job **7**
puesto/a *p.p.* put
pulmón *m.* lung **5**
puro/a *adj.* pure, clean **5**

Q

que *pron.* that; which; who
  ¿En qué…? In which…?
  ¡Qué…! How…!
  ¡Qué dolor! What pain!
  ¡Qué ropa más bonita!
    What pretty clothes!
  ¡Qué sorpresa! What a surprise!
  ¿qué? what?
  ¿Qué día es hoy? What day is it?
  ¿Qué hay de nuevo? What's new?
  ¿Qué hora es? What time is it?
  ¿Qué les parece? What do you
    (*pl.*) think?
  ¿Qué pasa? What's happening?
    What's going on?
  ¿Qué pasó? What happened?
  ¿Qué precio tiene? What is
    the price?
  ¿Qué tal…? How are you?;
    How is it going?; How is/are…?
  ¿Qué talla lleva/usa? What size
    do you wear?
  ¿Qué tiempo hace? How's
    the weather?
quebrar *v.* to go bankrupt **7**
quedar *v.* to be left over; to fit
  (*clothing*); to be left behind;
  to be located **2**
quedarse *v.* to stay; to remain **2**
quehaceres domésticos *m., pl.*
  household chores
quejarse (de) *v.* to complain
  (about) **4, 7**
quemado/a *adj.* burned (out)
quemar *v.* to burn
querer(se) (e:ie) *v.* to want; to love
  (each other) **1**
queso *m.* cheese
quien(es) *pron.* who; whom; that
  ¿quién(es)? who?; whom?
  ¿Quién es…? Who is…?
  ¿Quién habla? Who is speaking?
    (*telephone*)
química *f.* chemistry
químico/a *m., f.* chemist **8**
quince *adj.* fifteen
  menos quince quarter to (*time*)
  y quince quarter after (*time*)
quinceañera *f.* fifteen-year-old girl
quinientos/as *adj.* five hundred

quinto/a *adj.* fifth
quisiera *v.* I would like
quitar *v.* to remove **5**
  quitar el polvo *v.* to dust
  quitar la mesa *v.* to clear the table
  quitarse *v.* to take off
quizás *adv.* maybe

R

racismo *m.* racism
radio *f.* radio
radioemisora *f.* radio station **3**
radiografía *f.* X-ray
raíz *f.* root **4**
rancho *m.* ranch **10**
rápido/a *adv.* quickly
raro/a *adj.* weird **6**
rascacielos *m.* skyscraper **2**
rasgo *m.* trait; feature **3**
rato *m.* while **6**
ratón *m.* mouse
ratos libres *m., pl.* free time **9**
raya *f.* stripe
razón *f.* reason **10**
realizar *v.* to carry out **8**
realizarse *v.* to become true **4**
rebaja *f.* sale
rebelde *adj.* rebellious **4**
rebeldía *f.* rebelliousness **6**
recado *m.* (telephone) message
receta *f.* prescription; recipe **4**
recetar *v.* to prescribe
rechazar *v.* to reject **10**
recibir *v.* to receive
reciclaje *m.* recycling **5**
reciclar *v.* to recycle **5**
recién casado/a *m., f.* newlywed
recoger *v.* to pick up
recomendar (e:ie) *v.* to recommend
reconocer (c:zc) *v.* to recognize **10**
recordar (o:ue) *v.* to remember
recorrer *v.* to travel (around a city) **2**
recorrido *m.* route; trip **9**
recreo *m.* recreation **9**
recursos *m., pl.* resources **5**
  recurso natural
    natural resource
red *f.* network; the Web **8**
  red de apoyo support network **1**
redactor(a) *m., f.* editor **3**
reducir *v.* to reduce
reemplazar *v.* to replace **8**
refresco *m.* soft drink
refrigerador *m.* refrigerator
refugiado/a *m., f.* refugee **10**
  refugiado/a de guerra *m., f.*
    war refugee **10**
  refugiado/a político/a *m., f.*
    political refugee **10**
regalar *v.* to give (a gift)
regalo *m.* gift
regañar *v.* to scold **4**

regatear *v.* to bargain
región *f.* region; area
regla *f.* rule **6**
regresar *v.* to return
regular *adj.* so-so; OK
reído *p.p.* laughed
reírse (e:i) *v.* to laugh
reja *f.* iron bar **6**
relaciones *f., pl.* relationships
  relaciones exteriores *f., pl.*
    foreign relations **6**
relajarse *v.* to relax **2**
relato *m.* short story **8**
religión *f.* religion **4**
reloj *m.* clock; watch
remodelar *v.* to remodel **8**
renovable *adj.* renewable **5**
renovar *v.* to renew **7**
renunciar *v.* to quit **7**
repartir *v.* to distribute; hand out **4**
repentino/a *adj.* sudden **2**
repetir (e:i) *v.* to repeat
repleto/a *adj.* crowded **2**
reportaje *m.* (news) report **3**
reportero/a *m., f.* reporter;
  journalist **3**
represa *f.* dam **7**
representante *m., f.* representative
reproductor de DVD *m.*
  DVD player **8**
reproductor de MP3 *m.*
  MP3 player **8**
rescatado/a *adj.* rescued **6**
resfriado *m.* cold (*illness*)
residencia estudiantil *f.* dormitory
residente *m., f.* resident **4**
residir *v.* to reside **5**
resistir *v.* to resist **6**
resolver (o:ue) *v.* to solve;
  to resolve **5**
respetar *v.* to respect **4**
respirar *v.* to breathe **5**
respuesta *f.* answer
restaurante *m.* restaurant
resuelto/a *p.p.* resolved
reto *m.* challenge **5**
reunión *f.* meeting **7**
reunirse (con) *v.* to get
  together (with) **9**
revisar *v.* to check
  revisar el aceite *v.* to check the oil
revista *f.* magazine **3**
revolucionario/a *adj.* revolutionary **8**
rico/a *adj.* rich; *adj.* tasty; delicious
ridículo/a *adj.* ridiculous
riesgo *m.* risk **1**
río *m.* river **5**
riqueza *f.* wealth **7**
riquezas *f., pl.* riches **7**
riquísimo/a *adj.* extremely delicious
ritmo *m.* rhythm **3**
rito sagrado *m.* sacred ritual **4**
rivalidad *f.* rivalry **9**

robar *v.* to rob **3**
robo *m.* robbery **3**
rodar (o:ue) *v.* to shoot (a movie) **3**
rodeado/a *adj.* surrounded **9**
rodear *v.* to surround **4**
rodilla *f.* knee
rogar (o:ue) *v.* to beg; to plead
rojo/a *adj.* red
romántico/a *adj.* romantic
romper *v.* to break
  romper con *v.* to break up with **1**
  romperse la pierna *v.* to break
    one's leg
ropa *f.* clothing; clothes
  ropa interior *f.* underwear
rosado/a *adj.* pink
roto/a *adj.* broken
rubio/a *adj.* blond(e)
ruido *m.* noise **9**
ruidoso/a *adj.* noisy **2**
rumorear *v.* to be rumored (that) **10**
ruso/a *adj.* Russian
rutina *f.* routine **5**
  rutina diaria daily routine **5**

S

sábado *m.* Saturday
saber *v.* to know; to know how; to taste
  saber a to taste like
sabrosísimo/a *adj.*
  extremely delicious
sabroso/a *adj.* tasty; delicious
sacar *v.* to take out
  sacar fotos to take photos
  sacar la basura to take out
    the trash
  sacar(se) un diente to have a
    tooth removed
  sacar el tema *v.* to bring up a
    topic **1**
sacerdote *m.* priest **4**
sacrificar *v.* to sacrifice **4**
sacudir *v.* to dust
  sacudir los muebles to dust
    the furniture
sal *f.* salt
sala *f.* living room; room
  sala de emergencia(s)
    emergency room
salario *m.* salary
salchicha *f.* sausage
salida *f.* departure; exit
salir *v.* to leave; to go out **9**
  salir (con) to go out (with); to date **1**
  salir a comer algo to go out
    to eat **9**
  salir a la venta to go on sale **3**
  salir a tomar algo to go out to
    have a drink **9**
  salir de to leave from
  salir para to leave for (*a place*)

salmón *m.* salmon
salón *m.* **de belleza** beauty salon
saltar *v.* to jump **9**
salud *f.* health
saludable *adj.* healthy
saludar(se) *v.* to greet (each other)
saludo *m.* greeting
  saludos a… greetings to…
salvar *v.* to save **4**
sandalia *f.* sandal
sandía *f.* watermelon
sándwich *m.* sandwich
sangre *f.* blood **3, 6**
sano/a *adj.* healthy
se *ref. pron.* himself; herself;
  itself; *form.* yourself; themselves;
  yourselves
se *impersonal* one
  Se hizo… He/she/it became…
  Se nos dañó… The… broke down.
  Se nos pinchó una llanta.
    We had a flat tire.
secadora *f.* clothes dryer
secarse *v.* to dry oneself
sección de (no) fumar *f.*
  (non) smoking section
sección de sociedad *f.*
  lifestyle section **3**
sección deportiva *f.* sports section **3**
seco/a *adj.* dry **5**
secretario/a *m., f.* secretary
secuencia *f.* sequence
secuestrar *v.* to kidnap; to hijack **6**
secuestro *m.* kidnapping **6**
sed *f.* thirst
seda *f.* silk
sedentario/a *adj.* sedentary; related
  to sitting
seguir (e:i) *v.* to follow; to continue
según according to
segundo/a *adj.* second
seguridad *f.* security; safety **6**
seguro/a *adj.* sure; safe;
  secure; confident **1**
seis *adj.* six
seiscientos/as *adj.* six hundred
selva *f.* jungle; rainforest **5**
  selva tropical tropical rainforest **5**
semáforo *m.* traffic light **2**
semana *f.* week
  fin *m.* **de semana** weekend
  semana pasada last week
sembrar *v.* to plant **10**
semejante *adj.* similar **10**
semestre *m.* semester
semilla *f.* seed **5**
sendero *m.* trail; trailhead
sensible *adj.* sensitive **1**
sentarse (e:ie) *v.* to sit down
sentido *m.* sense
  sentido común common sense **10**
sentimiento *m.* feeling **1**

sentir(se) (e:ie) *v.* to feel; to be sorry;
  to regret **1**
  sentirse realizado/a
    to feel fulfilled **10**
señal *f.* sign **9**
señor (Sr.); don *m.* Mr.; sir
señora (Sra.); doña *f.* Mrs.; ma'am
señorita (Srta.) *f.* Miss
separado/a *adj.* separated **1**
separarse (de) *v.* to separate (from)
septiembre *m.* September
séptimo/a *adj.* seventh
sequía *f.* drought **5**
ser *v.* to be
  ser aficionado/a (a) to be
    a fan (of)
  ser alérgico/a (a) to be
    allergic (to)
  ser gratis to be free of charge
  ser parcial to be biased **3**
ser humano *m.* human being **3**
serio/a *adj.* serious
serpiente *f.* snake **5**
serrar *v.* to saw **5**
servilleta *f.* napkin
servir (e:i) *v.* to serve; to help
sesenta *adj.* sixty
setecientos/as *adj.* seven hundred
setenta *adj.* seventy
sexismo *m.* sexism
sexo *m.* gender **4**
sexto/a *adj.* sixth
sí *adv.* yes
si *conj.* if
sí mismo/a himself/herself **4**
SIDA *m.* AIDS
sido *p.p.* been
siempre *adv.* always
siete *adj.* seven
significar *v.* to mean **2**
silbar (a) *v.* to whistle (at) **9**
silla *f.* seat
sillón *m.* armchair
símbolo *m.* symbol **5**
similar *adj.* similar
simpático/a *adj.* nice; likeable
sin *prep.* without
  sin duda without a doubt
  sin embargo however
  sin que *conj.* without
sincerarse *v.* to come clean **1**
sindicato *m.* labor union **7**
sino *conj.* but (rather)
síntoma *m.* symptom
sitio *m.* **web** website **3**
situado/a *p.p.* located
smog *m.* smog **5**
sobre *m.* envelope; *prep.* on; over
sobrevivir *v.* to survive **4**
sobrino/a *m., f.* nephew/niece **4**
socio/a *m., f.* partner; member **7**
sociología *f.* sociology
sofá *m.* couch; sofa

sol *m.* sun **5**
solar *adj.* solar
soldado *m., f.* soldier
soleado/a *adj.* sunny
soledad *f.* loneliness
solicitar *v.* to apply **7**
solicitud (de trabajo) *f.*
  (job) application
sólo *adv.* only
solo/a *adj.* alone **10**
soltero/a *adj.* single **1**
solución *f.* solution
sombrero *m.* hat
someterse a *v.* to undergo **8**
Son las dos. It's two o'clock.
sonar (o:ue) *v.* to ring
sonreído *p.p.* smiled
sonreír (e:i) *v.* to smile
soñar (o:ue) *v.* to dream
  soñar con to dream about **1**
sopa *f.* soup
soportar *v.* to put up with **5**
sorprender *v.* to surprise
sorpresa *f.* surprise
sospecha *f.* suspicion **3**
sospechar *v.* to suspect **7**
sospechoso/a *adj.* suspicious **8**
sótano *m.* basement; cellar
soy I am
  Soy de... I'm from...
  Soy yo. That's me.
su(s) *poss. adj.* his; her; its;
  form. your; their
subir *v.* to go up; to upload (*on a
  computer*) **2, 8**
subir(se) a *v.* to get on/into
  (*a vehicle*)
subsistir *v.* to survive **2**
subtítulos *m., pl.* subtitles **3**
suburbio *m.* suburb **2**
suceder *v.* to happen
suceso *m.* incident **3**
sucio/a *adj.* dirty
sucre *m.* former
  Ecuadorian currency
sudar *v.* to sweat
suegro/a *m., f.* father/mother-in-law **4**
sueldo *m.* salary **7**
  sueldo mínimo minimum wage **7**
suelo *m.* floor; ground **3**
sueño *m.* sleep
suerte *f.* luck
suéter *m.* sweater
sufrir *v.* to suffer
  sufrir muchas presiones
    to be under a lot of pressure
  sufrir una enfermedad
    to suffer an illness
sugerir (e:ie) *v.* to suggest
sumiso/a *adj.* submissive **4**
superar(se) *v.* to overcome;
  to better oneself **4, 10**
supermercado *m.* supermarket

superpoblación *f.* overpopulation **10**
supersticioso/a *m., f.* superstitious **10**
supervivencia *f.* survival **8**
suponer *v.* to suppose
Sur *m.* South
surgir *v.* to emerge, to arise **10**
suscribirse (a) *v.* to subscribe (to) **3**
sustantivo *m.* noun
sustituir *v.* to substitute **8**
suyo(s)/a(s) *poss.* (of) his/her; (of)
  hers; (of) its; (of); *form.* your; (of)
  yours; (of) their

T

tacaño/a *adj.* cheap; stingy **1**
tal vez *adv.* maybe
talentoso/a *adj.* talented
talla *f.* size
  talla grande *f.* large (*size*)
taller *m.* **mecánico** garage;
  mechanic's repairshop
tamaño *m.* size **8**
también *adv.* also; too
tambor *m.* drum **3**
tampoco *adv.* neither; not either
tan *adv.* so
  tan... como as... as
  tan pronto como *conj.* as soon as
tanque *m.* tank
tanto *adv.* so much
  tanto... como as much... as
  tantos/as... como as many... as
tarde *adv.* late; *f.* afternoon;
  evening; P.M.
tarea *f.* homework
tarjeta *f.* (post) card
  tarjeta de débito debit card **7**
  tarjeta de crédito credit card **7**
  tarjeta postal postcard
taxi *m.* taxi
taza *f.* cup
te *sing., fam., d.o. pron.* you;
  sing., fam., i.o. pron. to/for you
  Te presento a... *fam.* I would like
    to introduce... to you
  ¿Te gustaría? Would you like to?
  ¿Te gusta(n)... ? Do you like...?
té *m.* tea
  té helado iced tea
teatro *m.* theater **9**
techo *m.* ceiling
teclado *m.* keyboard
técnico/a *m., f.* technician
tejido *m.* weaving
teleadicto/a *m., f.* couch potato
(teléfono) celular *m.* cell (phone) **8**
telenovela *f.* soap opera **3**
telepatía *f.* telepathy **9**
telescopio *m.* telescope **8**
teletrabajo *m.* telecommuting
televidente *m., f.* television viewer **3**

televisión *f.* television
televisión por cable *f.*
  cable television
televisor *m.* television set
temer *v.* to fear
temor *m.* fear **6**
temperatura *f.* temperature
tempestuoso/a *adj.* stormy **1**
temporada *f.* season **3**
temprano *adv.* early
tendero/a *m., f.* storekeeper **7**
tenedor *m.* fork
tener *v.* to have
  tener... años to be... years old
  Tengo... años. I'm... years old.
  tener buena fama to have a
    good reputation **3**
  tener (mucho) calor to be (very) hot
  tener celos (de) to be jealous (of) **1**
  tener conexiones *v.*
    to have connections;
    to have influence **7**
  tener (mucho) cuidado to be
    (very) careful
  tener derecho a to have the right to **6**
  tener dolor to have a pain
  tener éxito to be successful
  tener fiebre to have a fever
  tener (mucho) frío to be (very) cold
  tener ganas de (+ *inf.*) to feel
    like (doing something)
  tener (mucha) hambre *f.* to be
    (very) hungry
  tener mala fama to have
    a bad reputation **3**
  tener (mucho) miedo (de)
    to be (very) afraid (of);
    to be (very) scared (of)
  tener miedo (de) que to be
    afraid that
  tener planes to have plans
  tener (mucha) prisa to be in
    a (big) hurry
  tener que (+ *inf.*) *v.* to have to
    (*do something*)
  tener razón *f.* to be right
  tener (mucha) sed *f.* to be
    (very) thirsty
  tener (mucho) sueño to be
    (very) sleepy
  tener (mucha) suerte to be
    (very) lucky
  tener tiempo to have time
  tener una cita to have a date;
    to have an appointment
  tener vergüenza (de) to be
    ashamed (of) **1**
tenis *m.* tennis
tensión *f.* tension
teoría *f.* theory **8**
tercer, tercero/a *adj.* third

terminar *v.* to end; to finish
  terminar de (+ *inf.*) *v.* to finish
    (*doing something*)
ternura *f.* tenderness **2**
terremoto *m.* earthquake **5**
terreno *m.* terrain **8**
terrible *adj.* terrible
territorio *m.* territory **10**
terrorismo *m.* terrorism **6**
terrorista *m., f.* terrorist **6**
ti *prep., obj. of prep., fam.* you
tiempo *m.* time; weather
  tiempo libre free time **9**
tienda *f.* shop; store
  tienda de campaña tent
tierra *f.* land; earth; soil **5**
Tierra *f.* Earth **5**
tigre *m.* tiger **5**
timidez *f.* shyness
tímido/a *adj.* shy **1**
tinta *f.* ink **6**
tinto/a *adj.* red (wine)
tío/a *m., f.* uncle; aunt
  tío/a abuelo/a *m.* great
    uncle/aunt **4**
  tíos *m., pl.* aunts and uncles
tira cómica *f.* comic strip **3**
titular *m.* headline **3**
título *m.* title
tiza *f.* chalk
toalla *f.* towel
tobillo *m.* ankle
tocadiscos compacto *m., sing.*
  compact disc player
tocar *v.* to play (*a musical
  instrument*) **3**; to touch
tocho *m.* tome **8**
todavía *adv.* yet; still
todo *m.* everything
  en todo el mundo throughout
    the world
  Todo está bajo control.
    Everything is under control.
  todo derecho straight (ahead)
todo/a(s) *adj.* all; whole
todos *m., pl.* all of us; *m., pl.*
  everybody; everyone
  ¡Todos a bordo! All aboard!
  todos los días *adv.* every day
tomar *v.* to take; to drink
  tomar clases *f., pl.* to take classes
  tomar el sol to sunbathe
  tomar el pelo to pull
    someone's leg **10**
  tomar en cuenta to take
    into account
  tomar fotos *f., pl.* to take photos
  tomar la temperatura to take
    someone's temperature
tomate *m.* tomato
tonto/a *adj.* silly; fool; foolish **10**
torcerse (o:ue) (el tobillo) *v.*
  to sprain (one's ankle)

torcido/a *adj.* twisted; sprained
tormenta *f.* storm
tornado *m.* tornado
tortilla *f.* tortilla
  tortilla de maíz corn tortilla
tortuga *f.* **(marina)** (sea) turtle **5**
tos *f., sing.* cough
toser *v.* to cough
tostado/a *adj.* toasted
tostadora *f.* toaster
tóxico/a *adj.* toxic **5**
trabajador(a) *adj.* hard-working **7**
trabajar *v.* to work
trabajo *m.* job; work
traducir *v.* to translate
traer *v.* to bring
tráfico *m.* traffic **2**
tragedia *f.* tragedy
traído/a *p.p.* brought
traje *m.* suit
  traje de baño *m.* bathing suit
trámite *m.* process **1**
trampa *f.* trap **6**
tranquilo/a *adj.* calm; quiet **1**
  Tranquilo. Don't worry.;
    Be cool.
transbordador espacial *m.*
  space shuttle **8**
transmisión *f.* broadcast **3**
transmitir *v.* to broadcast **3**
transporte *m.* transportation **2**
  transporte público
    public transportation **2**
tras *prep.* after **3**
trasnochar *v.* to stay up late **9**
tratar de (+ *inf.*) *v.* to try (*to do
  something*)
Trato hecho. You've got a deal.
trece *adj.* thirteen
treinta *adj.* thirty
  y treinta thirty minutes past
    the hour (*time*)
tren *m.* train
tres *adj.* three
trescientos/as *adj.* three hundred
tribunal *m.* court **6**
trimestre *m.* trimester; quarter
triste *adj.* sad
tronco *m.* trunk **5**
tú *fam. sub. pron.* you
  Tú eres... You are…
tu(s) *fam. poss. adj.* your
turismo *m.* tourism
turista *m., f.* tourist
turístico/a *adj.* touristic
tuyo/a(s) *fam. poss. pron.* your;
  (of) yours

U

ubicado/a *adj.* located **8**
último/a *adj.* last
un, uno/a *indef. art.* a; one

uno/a *m., f., sing. pron.* one
  a la una at one o'clock
  una vez once; one time
  una vez más one more time
único/a *adj.* only
unido/a *adj.* close-knit **4**
universidad *f.* university; college
universo *m.* universe **8**
unos/as *m., f., pl., indef. art.* some
unos/as *pron.* some
urbanizar *v.* to urbanize **5**
urgente *adj.* urgent
usar *v.* to wear; to use
usted (Ud.) *form., sing.* you
  ustedes (Uds.) *form., pl.* you
útil *adj.* useful
utilidad *f.* usefulness **5**
uva *f.* grape

V

vaca *f.* cow
vacaciones *f. pl.* vacation
vacío/a *adj.* empty **2**
valer la pena *v.* to be worth it **9**
valle *m.* valley
valoración *f.* assessment **7**
valorar *v.* to value **2**
valores *m., pl.* values **10**
vamos let's go
vanguardia *f.* vanguard **8**
vaquero *m.* cowboy
  de vaqueros *m., pl.* western (genre)
varios/as *adj. m., f., pl.* various;
  several
vaso *m.* glass
veces *f., pl.* times
vecino/a *m., f.* neighbor
veinte *adj.* twenty
veinticinco *adj.* twenty-five
veinticuatro *adj.* twenty-four
veintidós *adj.* twenty-two
veintinueve *adj.* twenty-nine
veintiocho *adj.* twenty-eight
veintiséis *adj.* twenty-six
veintisiete *adj.* twenty-seven
veintitrés *adj.* twenty-three
veintiún, veintiuno/a *adj.* twenty-one
vejez *f.* old age **4**
velocidad *f.* speed
  velocidad máxima *f.* speed limit
vencer *v.* to defeat **9**
vendedor(a) *m., f.* salesman/
  saleswoman **7**
vender *v.* to sell
venir *v.* to come
venta *f.* sale **7**
ventana *f.* window
ver *v.* to see
  a ver *v.* let's see
  ver películas *f., pl.* to see movies
verano *m.* summer
verbo *m.* verb

verdad *f.* truth
  ¿verdad? right?
verde *adj.* green
verduras *f., pl.* vegetables
vergüenza *f.* embarrassment
vestido *m.* dress
vestirse (e:i) *v.* to get dressed
vez *f.* time
viajar *v.* to travel
viaje *m.* trip
viajero/a *m., f.* traveler
víctima *f.* victim **6**
victoria *f.* victory **6**
vida *f.* life
  vida laboral *f.* working life **7**
  vida nocturna *f.* nightlife **2**
video *m.* video
video musical *m.* music video **3**
video(casete) *m.* video(cassette)
videocasetera *f.* VCR
videoconferencia *f.* videoconference
videojuego *m.* video game **9**
vidrio *m.* glass
viejo/a *adj.* old
viento *m.* wind
viernes *m., sing.* Friday
vigilar *v.* to watch; keep an eye on;
  keep watch on **3, 6**
vinagre *m.* vinegar
vino *m.* wine
  vino blanco *m.* white wine
  vino tinto *m.* red wine
violencia *f.* violence **6**
violonchelo *m.* cello **3**
visitar *v.* to visit
  visitar monumentos *m., pl.*
  to visit monuments
visto/a *p.p.* seen
vitamina *f.* vitamin
viudo/a *adj.* widower/widow **9**
vivienda *f.* housing; home **2**
vivir *v.* to live
vivo/a *adj.* bright; lively; living
volante *m.* steering wheel
volar (o:ue) *v.* to fly
volcán *m.* volcano
vóleibol *m.* volleyball
voltear *v.* to turn back **7**
voluntad *f.* will **1**
volver (o:ue) *v.* to return
volver a ver(te, lo, la) *v.* to see (you,
  him, her) again
vos *pron.* you
vosotros/as *form., pl.* you
votar *v.* to vote
vuelta *f.* return trip
vuelto/a *p.p.* returned
vuestro/a(s) *poss. adj.* your;
  fam. (of) yours

Y

y *conj.* and
  y cuarto quarter after (time)
  y media half-past (time)
  y quince quarter after (time)
  y treinta thirty (minutes past the
   hour)
  ¿Y tú? *fam.* And you?
  ¿Y usted? *form.* And you?
ya *adv.* already
yacimiento *m.* deposit **7**
yerno *m.* son-in-law **4**
yo *sub. pron.* I
  Yo soy... I'm…
yogur *m.* yogurt

Z

zanahoria *f.* carrot
zapatería *f.* shoe store
zapatos de tenis *m., pl.* tennis
  shoes; sneakers

English-Spanish

A

a un/(a) *m., f., sing.; indef. art.* **1**
@ (*symbol*) arroba *f.* **8**
A.M. mañana *f.*
able: be able to poder (o:ue) *v.*
aboard a bordo
abolish derogar *v.* **6**
abuse abusar *v.* **6**
abuse abuso *m.* **6**; maltrato *m.* **10**
accent acento *m.* **10**
accident accidente *m.*
accompany acompañar *v.*
account cuenta *f.*
  on account of por *prep.*
accountant contador(a) *m., f.* **7**
accounting contabilidad *f.*
ache dolor *m.*
achieve lograr *v.* **10**
acid ácido/a *adj.*
  acid rain lluvia ácida
acquainted: be acquainted with
  conocer *v.*
act actuar *v.* **9**
action (genre) de acción *f.*
active activo/a *adj.*
activist activista *m., f.* **6**
actor actor *m.,* actriz *f.* **3**
actress actriz *f.* **3**
adapt acomodarse *v.* **10**;
  adaptarse *v.* **10**
addict (drug) drogadicto/a *adj.*
additional adicional *adj.*
address dirección *f.* **2**; dirigirse *v.* **7**
adjective adjetivo *m.*
administrative administrativo/a *adj.* **7**
adolescence adolescencia *f.* **4**
adolescent adolescente *m., f.* **4**
adult adulto/a *m., f.* **4**
adulthood edad adulta *f.* **4**
advance avance *m.* **8**
advanced avanzado/a *adj.* **8**
adventure (genre) de aventura *f.*
advertise anunciar *v.*
advertisement anuncio *m.* **3**
advertising publicidad *f.* **3**
advice consejo *m.*
  give advice dar consejos
advise aconsejar *v.*
advisor consejero/a *m., f.*;
  asesor(a) *m., f.* **7**
aerobic aeróbico/a *adj.*
  aerobics class clase de
    (ejercicios) aeróbicos
  to do aerobics hacer (ejercicios)
    aeróbicos
affected afectado/a *adj.*
be affected (by) estar *v.*
  afectado (por)
affection afecto *m.* **1**
affectionate cariñoso/a *adj.* **1**

affirmative afirmativo/a *adj.*
afraid: be (very) afraid (of) tener
  (mucho) miedo (de)
  be afraid that tener miedo (de) que
after después de *prep.*; después de
  que *conj.*; tras *prep.* **3**
afternoon tarde *f.*
afterward después *adv.*
again otra vez
age edad *f.;* envejecer *v.* **2**
agree concordar *v.*
agree estar *v.* de acuerdo
  I agree (completely). Estoy
    (completamente) de acuerdo.
  I don't agree. No estoy de acuerdo.
agreement acuerdo *m.*
ahead (of) por delante *adv.* **10**
AIDS SIDA *m.*
ailment dolencia *f.* **5**
air aire *m.*
  air pollution contaminación
    del aire
airplane avión *m.*
airport aeropuerto *m.*
alarm clock despertador *m.*
alcohol alcohol *m.*
alcoholic alcohólico/a *adj.*
alien extranjero/a *m., f.* **4**;
  extraterrestre *adj.* **8**
all todo(s)/a(s) *adj.*
  All aboard! ¡Todos a bordo!
  all of us todos
  all over the world en todo
    el mundo
allergic alérgico/a *adj.*
  be allergic (to) ser alérgico/a
alleviate aliviar *v.*
allow permitir *v.* **10**
almost casi *adv.*
alone solo/a *adj.* **10**
along por *prep.*
already ya *adv.*
also también *adv.*
alternator alternador *m.*
although aunque *conj.*
aluminum aluminio *m.*
  (made) of aluminum de aluminio
always siempre *adv.*
American (North)
  norteamericano/a *adj.*
amnesty amnistía *f.* **10**
among entre *prep.*
amuse oneself entretenerse (e:ie) *v.* **9**
amusement diversión *f.*
amusement park parque *m.*
  de atracciones **9**
ancestor antepasado *m.* **4**
and y, e (*before words beginning with*
  i or hi)
  And you? ¿Y tú? *fam.*;
    ¿Y usted? *form.*
angel ángel *m.* **3**
angry enojado/a *adj.* **1**
  get angry (with) enojarse *v.* (con) **1**

affirmative afirmativo/a *adj.*
animal animal *m.*
ankle tobillo *m.*
anniversary aniversario *m.*
  (wedding) anniversary
    aniversario *m.* (de bodas)
announce anunciar *v.*
announcer (TV/radio) locutor(a) *m.,*
  f. (de televisión/radio) **3**
annoy molestar *v.*
annoying pesado/a *adj.* **1**
another otro/a *adj.*
answer contestar *v.*; respuesta *f.*
answering machine contestadora *f.*
antibiotic antibiótico *m.*
anticipate anticipar *v.* **10**
antidote antídoto *m.* **5**
anxious ansioso/a *adj.* **1**
any algún, alguno/a(s) *adj.*
anyone alguien *pron.*
anything algo *pron.*
apartment apartamento *m.*
apartment building edificio
  de apartamentos
appear aparecer *v.*
appetizers entremeses *m., pl.*
applaud aplaudir *v.* **9**
apple manzana *f.*
appliance (electric) electrodoméstico *m.*
applicant aspirante *m., f.* **7**
application solicitud *f.*
  job application solicitud de trabajo
apply (*for a job*) solicitar *v.* **7**
  apply for a loan pedir (e:ie) *v.*
    un préstamo
appointment cita *f.*
  have an appointment tener *v.*
    una cita
appreciate apreciar *v.*
April abril *m.*
aquatic acuático/a *adj.*
archaeologist arqueólogo/a *m., f.*
architect arquitecto/a *m., f.*
area región *f.*
argue discutir *v* **1**
arise surgir *v.* **10**
arm brazo *m.*
armchair sillón *m.*
army ejército *m.* **6**
around por *prep.*
  around here por aquí
arrange arreglar *v.*
arrival llegada *f.*
arrive llegar *v.*
art arte *m.*
  (fine) arts bellas artes *f., pl.*
article *m.* artículo
artist artista *m., f.*
artistic artístico/a *adj.*
arts artes *f., pl.*
as como
  as a child de niño/a
  as… as tan… como
  as many… as tantos/as… como
  as much… as tanto… como
  as soon as en cuanto *conj.*;
    tan pronto como *conj.*

ask (*a question*) preguntar *v.*
  ask for pedir (e:i) *v.*
  ask for directions preguntar
    el camino *v.* **2**
asparagus espárragos *m., pl.*
aspirin aspirina *f.*
assessment valoración *f.* **7**
assimilate asimilar *v.* **10**
assimilation asimilación *f.* **10**
astronaut astronauta *m., f.* **8**
astronomer astrónomo/a *m., f.* **8**
asylum asilo *m.* **4**
at a *prep.*; en *prep.*
  at + *time* a la(s) + *time*
  at home en casa
  at least por lo menos
  at night por la noche
  at the end (of) al fondo (de)
  At what time...? ¿A qué hora...?
  At your service. A sus órdenes.
athlete atleta *m., f.*; deportista
  m., f. **9**
ATM cajero *m.* automático **7**
attach (a file) adjuntar
  (un archivo) *v.* **8**
attain alcanzar *v.* **8**; lograr *v.* **10**
attend asistir (a) *v.*
attic altillo *m.*
attitude actitud *f.* **10**
attract atraer *v.* **10**
audience público *m.* **3**
August agosto *m.*
aunt tía *f.* **4**
  aunts and uncles tíos *m., pl.*
authority autoridad *f.* **6**
automobile automóvil *m.*; carro *m.*;
  coche *m.*
autumn otoño *m.*
avenue avenida *f.* **2**
avoid evitar *v.*
award premio *m.*

B

backpack mochila *f.*
bad mal, malo/a *adj.*
  have a bad reputation tener (e:ie)
    mala fama *v.* **3**
  It's bad that... Es malo que...
  It's not at all bad. No está nada mal.
bag bolsa *f.*
bakery panadería *f.*
balanced equilibrado/a *adj.*
balcony balcón *m.*
ball pelota *f.*; balón *m.* **9**
banana banana *f.*
band banda *f.*; conjunto/grupo *m.*
  musical **9**
bank banco *m.*
bankruptcy bancarrota *f.* **7**
banner pancarta *f.* **4**
bargain ganga *f.*; regatear *v.*
baseball (*game*) béisbol *m.*

basement sótano *m.*
basketball (*game*) baloncesto *m.*
bass bajo *m.* **3**
bathe bañarse *v.*
bathing suit traje *m.* de baño
bathroom baño *m.*; cuarto de baño *m.*
be ser *v.*; estar *v.*
  be ashamed tener vergüenza **1**
  be biased ser parcial **3**
  be contagious contagiar **5**
  be distressed afligirse **10**
  be enough alcanzar **4**
  be located quedar **2**
  be lost estar perdido/a **2**
  be necessary hacer falta **5**
  be on sale estar a la venta **7**
  be paid cobrar **7**
  be pregnant estar embarazada **10**
  be promoted ascender;
    promocionarse **7**
  be rumored (that) rumorear **10**
  be suspicious desconfiar **10**
  be under pressure estar
    bajo presión **7**
  be unemployed estar en paro *v.* **7**
  be worth it valer la pena **9**
  be... years old tener... años
beach playa *f.*
beans frijoles *m., pl.*
bear oso *m.* **5**
beat (*a drum*) golpear *v.* **3**
beautiful hermoso/a *adj.*
beauty belleza *f.*
  beauty salon peluquería *f.*;
    salón *m.* de belleza
because porque *conj.*
  because of por *prep.*
become (+ *adj.*) ponerse;
  convertirse *v.*
  become annoying ponerse *v.*
    pesado/a **1**
  become enriched
    enriquecerse *v.* **10**
  become extinct extinguirse *v.* **5**
  become independent
    independizarse *v.* **4**
  become informed (about)
    enterarse (de) *v.* **3**
  become part (of) integrarse (a) *v.* **10**
  become true realizarse *v.* **4**
bed cama *f.*
  go to bed acostarse (o:ue) *v.*
bedroom alcoba *f.*; dormitorio *m.*;
  recámara *f.*
beef carne de res *f.*
  beef soup caldo de patas
been sido *p.p.*
beer cerveza *f.*
before antes *adv.*; antes de *prep.*;
  antes (de) que *conj.*
beg rogar (o:ue) *v.*; mendigar *v.* **2**
begin comenzar (e:ie) *v.*;
  empezar (e:ie) *v.*

behalf: on behalf of de parte de
behind detrás de *prep.*
being (human) ser humano *m.* **3**
belief creencia *f.* **4, 6**
believe (in) creer *v.* (en); creer *v.*
believed creído/a *p.p.*
bellhop botones *m., f. sing.*
belong pertenecer *v.* **10**
below debajo de *prep.*
beloved amado/a *m., f.* **1**
belt cinturón *m.*
benefit beneficio *m.*
beside al lado de *prep.*
besides además (de) *adv.*
best mejor *adj.*
  the best el/la mejor *m., f.*;
    lo mejor *neuter*
bet apostar (o:ue) *v.* **9**
better mejor *adj.*
  It's better that... Es mejor que...
better oneself superarse *v.* **10**
between entre *prep.*
beverage bebida *f.*
  alcoholic beverage
    bebida alcohólica *f.*
bias parcialidad *f.* **3**
biased parcial *adj.* **3**
bicycle bicicleta *f.*
big gran, grande *adj.*
bilingual bilingüe *adj.* **10**
bill cuenta *f.*
billboard letrero *m.* **2**
billion mil millones
billiards billar *m.* **9**
biology biología *f.*
biochemical bioquímico/a *adj.* **8**
biochemist bioquímico/a *m., f.* **8**
biologist biólogo/a *m., f.* **8**
bird ave *f.*; pájaro *m.* **5**
birth nacimiento *m.* **4**
birthday cumpleaños *m., sing.*
  have a birthday cumplir *v.* años
birthrate natalidad *f.* **10**
black negro/a *adj.*
black hole agujero negro *m.* **8**
blackberry mora *f.*
blackboard pizarra *f.*
blackmail chantajear *v.* **6**
blanket manta *f.*
block (city) cuadra *f.* **2**
blog blog *m.* **8**
blond(e) rubio/a *adj.*
blood sangre *f.* **3, 6**
blouse blusa *f.*
blue azul *adj. m., f.*
blue-collar worker obrero/a *m., f.* **7**
blueprint plano *m.* **8**
boad game juego *m.* de mesa **9**
boarding house pensión *f.*
boat barco *m.*
body cuerpo *m.*
  body language lenguaje
    corporal *m.* **1**

bone hueso *m.*
book libro *m.*
bookcase estante *m.*; estantería *f.* 3
bookshelves estante *m.*
bookstore librería *f.*
boot bota *f.*
border frontera *f.* 10
bore aburrir *v.*
bored aburrido/a *adj.*
  be bored estar *v.* aburrido/a
  get bored aburrirse *v.*
boring aburrido/a *adj.* 9
born: be born nacer *v.*
borrow pedir (e:ie) *v.* prestado 7
borrowed prestado/a *adj.*
boss jefe/a *m., f.*
bossy mandón/mandona *adj* 4.
bother molestar *v.*
bottle botella *f.*
  bottle of wine botella de vino
  little bottle frasquito *m.* 5
bottom fondo *m.*
boulevard bulevar *m.*
bowling boliche *m.* 9
box caja *f.*
boy chico *m.*; muchacho *m.*
boyfriend novio *m.*
brakes frenos *m., pl.*
bread pan *m.*
break romper *v.*
  break (one's leg) romperse
    (la pierna)
  break down dañar *v.*
  The... broke down. Se nos
    dañó el/la...
  break up (with) romper (con) 1
breakfast desayuno *m.*
  have breakfast desayunar *v.*
breakthrough avance *m.* 8
breathe respirar *v.* 5
brick ladrillo *m.* 8
bridge puente *m.* 2
bring traer *v.*
  bring up a topic sacar el tema *v.* 1
broadcast transmisión *f.* 3;
  transmitir *v.*; emitir *v.* 3
brochure folleto *m.*
broken roto/a *adj.*
  be broken estar roto/a
brother hermano *m.*
  brother-in-law cuñado *m.* 4
  brothers and sisters
    hermanos *m., pl.*
brought traído/a *p.p.*
brown café *adj.*; marrón *adj.*
brunet(te) moreno/a *adj.*
brush cepillar *v.*
  brush one's hair cepillarse el pelo
  brush one's teeth cepillarse
    los dientes
budget presupuesto *m.* 7
build construir *v.* 2
building edificio *m.* 2

bump into (*something accidentally*)
  darse con; (*someone*) encontrarse *v.*
burial entierro *m.* 2
burn (a CD) grabar (un CD) *v.* 8
burned (out) quemado/a *adj.*
buried enterrado/a *adj.* 9
bury enterrar (e:ie) *v.* 9
bus autobús *m.*
  bus station estación *f.*
    de autobuses 2
  bus stop parada *f.* de autobús 2
business negocios *m. pl.*
  Business Administration
    Comercio *m.* 7
  business-related comercial *adj.*
businessman hombre *m.*
  de negocios 7
businesswoman mujer *f.*
  de negocios 7
busy ocupado/a *adj.*
but pero *conj.*; (**rather**) sino *conj.*
  (*in negative sentences*)
butcher carnicero/a *m., f.* 10
butcher shop carnicería *f.*
butter mantequilla *f.*
buy comprar *v.*
by por *prep.*; para *prep.*
  by means of por *prep.*
  by phone por teléfono
  by plane en avión
  by way of por *prep.*
bye chau *interj. fam.*

C

cabin cabaña *f.*
cable television televisión *f.*
  por cable *m.*
café café *m.*
cafeteria cafetería *f.*
caffeine cafeína *f.*
cake pastel *m.*
  chocolate cake pastel
    de chocolate
calculator calculadora *f.*
call llamar *v.*
  be called llamarse *v.*
  call on invocar *v.* 3
  call on the phone llamar
    por teléfono
calm tranquilo/a *adj.* 1
calorie caloría *f.*
camera cámara *f.*
camp acampar *v.*
can (*tin*) lata *f.*
can poder (o:ue) *v.*
Canadian canadiense *adj.*
candidate aspirante *m., f.*;
  candidato/a *m., f.*
candy dulces *m., pl.*
capable capaz *adj.* 7
capital city capital *f.*

car coche *m.* 5; carro *m.*;
  auto(móvil) *m.*
caramel caramelo *m.*
card tarjeta *f.*; (*playing*) carta *f.* 9
care cuidado *m.* 2
  Take care! ¡Cuídense! *v.*
  take care of cuidar *v.* 1
career carrera *f.*
careful cuidadoso/a *adj.* 1
  be (very) careful tener *v.*
    (mucho) cuidado
caress acariciar *v.* 9
caretaker ama *m., f.* de casa
carpenter carpintero/a *m., f.*
carpet alfombra *f.*
carrot zanahoria *f.*
carry llevar *v.*
carry out realizar *v.* 8
cartoons dibujos *m, pl.* animados
case: in case (that) en caso (de) que
cash (a check) cobrar *v.*
  cash (en) efectivo
  cash register caja *f.*
  pay in cash pagar *v.* al contado;
    pagar en efectivo
cashier cajero/a *m., f.* 2
cat gato *m.*
cause causa *f.* 10
CD-ROM CD-ROM *m.* 8
ceiling techo *m.*
celebrate celebrar *v.*; festejar *v.* 9
celebration celebración *f.*
  quinceañera *f.*
cell célula *f.* 8; celda *f.* 6
cell (phone) (teléfono) celular *m.* 8
cellar sótano *m.*
cello violonchelo *m.* 3
censorship censura *f.* 3, 6
cereal cereales *m., pl.*
certain cierto *m.*; seguro *m.*
  it's (not) certain (no) es
    cierto/seguro
certainty certeza *f.* 10
chalk tiza *f.*
challenge reto *m.* 5; desafío *m.* 8;
  desafiar *v.* 9
champagne champán *m.*
championship campeonato *m.* 9
change cambiar *v.* (de)
channel (*TV*) canal *m.*
chaos caos *m.* 10
chapel capilla *f.* 9
character (*fictional*) personaje *m.*;
  carácter *m.* 4
  (main) character *m.* personaje
    (principal); protagonista *m., f.*
characteristic característica *f.* 2
charge cobrar *v.* 7
chat conversar *v.*; charlar *v.* 9
chauffeur conductor(a) *m., f.*
cheap (*inexpensive*) barato/a *adj.*;
  (*stingy*) tacaño/a *adj.* 1
cheat engañar *v.* 1

check comprobar (o:ue) *v*.; revisar *v*.;
(*bank*) cheque *m*.
   check the oil revisar el aceite
checking account cuenta *f*. corriente **7**
cheese queso *m*.
chef cocinero/a *m*., *f*.
chemist químico/a *m*., *f*. **8**
chemistry química *f*.
chest of drawers cómoda *f*.
chicken pollo *m*.
child niño/a *m*., *f*. **4**
childhood niñez *f*. **4**
children hijos *m*., *pl*.
Chinese chino/a *adj*.
chocolate chocolate *m*.
   chocolate cake pastel *m*.
de chocolate
cholesterol colesterol *m*.
choose escoger *v*.
chop (*food*) chuleta *f*.
Christmas Navidad *f*.
church iglesia *f*.
cinema cine *m*. **3**
citizen ciudadano/a *adj*.
city ciudad *f*. **2**
   city hall ayuntamiento *m*. **2**
civil civil *adj*.
   city block cuadra *f*. **2**
   civil disobedience
desobediencia civil *f*. **6**
   civil war guerra civil *f*. **6**
civilization civilización *f*. **4**
citizen ciudadano/a *m*., *f*. **2**
clap aplaudir *v*. **9**
class clase *f*.
   take classes tomar *v*. clases
classical clásico/a *adj*.
classmate compañero/a *m*., *f*.
de clase
claw garra *f*. **9**
clay barro *m*. **8**
clean limpio/a *adj*.; puro/a *adj*. **5**;
limpiar *v*.
   clean the house limpiar *v*. la casa
clear (*weather*) despejado/a *adj*.
   clear the table quitar *v*. la mesa
   It's (very) clear. (*weather*)
Está (muy) despejado.
clerk dependiente/a *m*., *f*.
climb escalar *v*.
   climb mountains escalar montañas
climbing: mountain climbing
alpinismo *m*.; andinismo *m*. **9**
clinic clínica *f*.
clock reloj *m*.
clone clon *m*. **8**; clonar *v*. **8**
close cerrar (e:ie) *v*.
close-knit unido/a *adj*. **4**
closed cerrado/a *adj*.
closet armario *m*.
clothes ropa *f*.
   clothes dryer secadora *f*.
clothing ropa *f*.
cloud nube *f*.

cloudy nublado/a *adj*.
   It's (very) cloudy. Está
(muy) nublado.
coast costa *f*. **5**
coat abrigo *m*.
coexist convivir *v*. **2**
coexistence convivencia *f*. **10**
coffee café *m*.
   coffee maker cafetera *f*.
cold frío *m*.; (*illness*) resfriado *m*.
   be (*feel*) **(very) cold** tener
(mucho) frío
   It's (very) cold. (*weather*) Hace
(mucho) frío.
collect coleccionar *v*. **9**
college universidad *f*.
collision choque *m*.
color color *m*.
comb one's hair peinarse *v*.
come venir *v*.
   come clean sincerarse *v*. **1**
comedy comedia *f*. **9**
comfortable cómodo/a *adj*. **10**
comic strip tira cómica *f*. **3**
coming from proveniente *adj*. **10**
commerce negocios *m*., *pl*.
commercial anuncio *m*. **3**;
comercial *adj*.
commit (a crime) cometer (un delito) *v*. **3**
commitment compromiso *m*. **1**
common común *adj*.
   common sense sentido *m*. común **10**
communicate (with) comunicarse *v*. (con)
communication comunicación *f*.
   means of communication
medios *m*. *pl*. de comunicación
communism comunismo *m*. **4**
community comunidad *f*.
compact disc (CD)
disco *m*. compacto
   compact disc player tocadiscos
m. *sing*. compacto
company compañía *f*.; empresa *f*. **7**
comparison comparación *f*.
competent capaz *adj*. **7**
complain (about) quejarse (de) *v*. **4, 7**
completely completamente *adv*.
composer compositor(a) *m*., *f*.
computer computadora *f*.
   computer disc disco *m*.
   computer monitor monitor *m*.
   computer programmer
programador(a) *m*., *f*.
   computer science computación *f*.;
informática *f*. **8**
concern preocupación *f*. **10**
concert concierto *m*. **9**
condemned condenado/a *adj*. **8**
conductor (musical) director(a) *m*., *f*.
confident seguro/a *adj*. **1**
confirm confirmar *v*.; comprobar
(o:ue) *v*. **8**
   confirm a reservation confirmar
una reservación

conformist conformista *adj*. **10**
confused confundido/a *adj*.
congested congestionado/a *adj*.
Congratulations! ¡Felicidades!;
f., *pl*. ¡Felicitaciones!
conquest conquista *f*. **4**
conservation conservación *f*.
conservative conservador(a) *adj*. **6**
conserve conservar *v*.
consulate consulado *m*. **4**
consultant asesor(a) *m*., *f*. **7**
consume consumir *v*.
contact lenses lentillas *m*. pl. **8**
container envase *m*.
contamination contaminación *f*.
content contento/a *adj*.
   to be contented with
contentarse con *v*. **1**
contest concurso *m*.
continue seguir (e:i) *v*.
contribute contribuir *v*. **8**
control control *m*.; controlar *v*.
   be under control estar bajo control
controversial controvertido/a *adj*. **3**
controversy polémica *f*. **10**
conversation conversación *f*.
converse conversar *v*.
cook cocinar *v*.; cocinero/a *m*., *f*.
cookie galleta *f*.
cool fresco/a *adj*.
   Be cool. Tranquilo.
   It's cool. (*weather*) Hace fresco.
cooperate cooperar *v*. **2**
corn maíz *m*.
corner esquina *f*. **2**
cost costar (o:ue) *v*.
cotton algodón *m*.
   (made of) cotton de algodón
couch sofá *m*.
couch potato teleadicto/a *m*., *f*.
cough tos *f*.; toser *v*.
counselor consejero/a *m*., *f*.
count (on) contar (o:ue) *v*. (con) **1**
country (*nation*) país *m*.
countryside campo *m*.
coup d'état golpe de estado *m*. **6**
(married) couple pareja *f*. **1**
courage coraje *m*. **10**
course curso *m*.; materia *f*.
court tribunal *m*. **6**
courtesy cortesía *f*.
cousin primo/a *m*., *f*. **4**
cover portada *f*. **3**; cubrir *v*.
   cover one's own expenses
autosubvencionarse *v*. **8**
covered cubierto/a *p.p.*
cow vaca *f*.
crafts artesanía *f*.
craftsmanship artesanía *f*.
crash choque *m*. **2**
crater cráter *m*.
crazy loco/a *adj*.
create crear *v*. **8**

credit crédito *m.*
>**credit card** tarjeta *f.* de crédito **7**

crime crimen *m.*; delito *m.* **3**
cross cruzar *v.* **2**
crossroads encrucijada *f.* **3**
crowded repleto/a *adj.* **2**
cruelty crueldad *f.* **6**
Cuban exile gusano/a *m., f.* **4**
cultivate cultivar *v.* **4**
cultivation cultivo *m.* **4**
cultural cultural *adj.* **10**
>**cultural heritage**
>>herencia cultural *f.* **10**

culture cultura *f.*
cup taza *f.*
cure curar *v.* **8**
currency exchange cambio *m.*
>de moneda

current events actualidad *f.*;
>actualidades *f., pl.* **3**

curtains cortinas *f., pl.*
custard (baked) flan *m.*
custom costumbre *f.* **2**
customer cliente/a *m., f.*
customs aduana *f.* **10**
>**customs inspector** inspector(a)
>>*m., f.* de aduanas

cut cortar *v.* **5**
cyber space ciberespacio *m.* **8**
cybercafé cibercafé *m.*
cycling ciclismo *m.*

D

dad papá *m.*
daily diario/a *adj.*
>**daily routine** rutina *f.* diaria **5**

dam represa *f.* **7**
damage dañar *v.*
dance bailar *v.*; danza *f.*; baile *m.*
>**dance club** discoteca *f.* **2**
>**dance floor** pista *f.* de baile **3**

dancer bailarín/bailarina *m., f.*
danger peligro *m.* **5**
dangerous peligroso/a *adj.*
dare atreverse *v.*
daring atrevido/a *adj.*
darts dardos *m., pl.* **9**
date (*appointment*) cita *f.* **1**;
>(*calendar*) fecha *f.*; (*someone*) salir
>*v.* con (alguien)
>**blind date** cita a ciegas **1**
>**have a date** tener una cita

daughter hija *f.*
daughter-in-law nuera *f.* **4**
dawn amanecer *m.* **9**
day día *m.*
>**day before yesterday**
>>anteayer *adv.*

deal trato *m.*
>**It's not a big deal.**
>>No es para tanto.
>**You've got a deal!** ¡Trato hecho!

death muerte *f.* **4**

debit card tarjeta *f.* de débito **7**
debt deuda *f.* **4, 7**
decaffeinated descafeinado/a *adj.*
deceased fallecido/a *adj.* **9**
deceive engañar *v.* **1, 3**
December diciembre *m.*
decide decidir *v.* (+ *inf.*)
decided decidido/a *adj. p.p.*
declare declarar *v.*
decrease disminuir *v.* **10**
defeat derrotar *v.* **6**; vencer *v.* **9**
defend defender (e:ie) *v.* **6**
deforestation deforestación *f.* **5**
delete borrar *v.* **8**
delicious delicioso/a *adj.*; rico/a *adj.*;
>sabroso/a *adj.*

delighted encantado/a *adj.*
demand exigir *v.* **7**
demanding exigente *adj.* **4**
democracy democracia *f.* **6**
demonstrator manifestante *m., f.* **6**
dentist dentista *m., f.*
deny negar (e:ie) *v.*
>**not to deny** no dudar

department store almacén *m.* **7**
departure salida *f.*
deposit depositar *v.* **7**;
>yacimiento *m.* **7**

quarry cantera *f.* **7**
depressed deprimido/a *adj.* **1**
describe describir *v.*
described descrito/a *p.p.*
desert desierto *m.* **5**
deserve merecer *v.* **1**
design diseño *m.* **9**
designer diseñador(a) *m., f.*
desire desear *v.*; deseo *m.* **1**
desk escritorio *m.*
desperate desesperado/a *adj.* **7**
desperation desesperación *f.* **3**
dessert postre *m.*
destination destino *m.* **9**
destroy destruir *v.* **5, 6**
determined decidido/a *adj.* **2**
develop desarrollar *v.*
devote oneself to dedicarse a *v.* **6**
development desarrollo *m.* **5**
devil Diablo *m.* **3**
dialogue diálogo *m.* **10**
diary diario *m.*
dictatorship dictadura *f.* **6**
dictionary diccionario *m.*
die morir (o:ue) *v.*
died muerto/a *p.p.*
diet dieta *f.*; alimentación *f.*
>**balanced diet** dieta equilibrada
>**be on a diet** estar a dieta

difficult difícil *adj.*
digital camera cámara *f.* digital **8**
diminish disminuir *v.* **10**
dining room comedor *m.*
dinner cena *f.*
>**have dinner** cenar *v.*

direct dirigir *v.*
director director(a) *m., f.* **3**
dirty ensuciar *v.*; sucio/a *adj.*
>**get (something) dirty** ensuciar *v.*

disagree no estar de acuerdo *v.*;
>disentir *v.* **6**

disappear desaparecer *v.* **5**
disappearance desaparición *f.* **3**
disappointment decepción *f.* **5**
disaster desastre *m.*
discover descubrir *v.*; (*find out*)
>averiguar *v.*

discovered descubierto/a *p.p.*
discovery hallazgo *m.* **3**;
>descubrimiento *m.* **7, 8**

discrimination discriminación *f.*
disdain desdén *m.* **4**
dish plato *m.*
>**main dish** *m.* plato principal

dishwasher lavaplatos *m., sing.*
disk disco *m.*
disorderly desordenado/a *adj.*
disposable desechable *adj.* **5**
dissent disentir *v.* **6**
distress angustia *f.* **7**
distribute repartir *v.* **4**
dive bucear *v.*
diversity diversidad *f.* **6, 10**
divorce divorcio *m.* **1**
divorced divorciado/a *adj.* **1**
>**get divorced (from)**
>>divorciarse (de) *v.* **1**

dizzy mareado/a *adj.*
DNA ADN *m.* **8**
do hacer *v.*
>**do aerobics** hacer
>>(ejercicios) aeróbicos
>**do as a custom/habit**
>>acostumbrar *v.* **10**
>**do household chores** hacer
>>quehaceres domésticos
>**do stretching exercises** hacer
>>ejercicios de estiramiento
>**(I) don't want to.** No quiero.
>**do without** prescindir (de) *v.* **10**

doctor doctor(a) *m., f.*; médico/a *m., f.*
documentary (*film*) documental *m.* **3**
dog perro *m.*
domestic doméstico/a *adj.*
>**domestic appliance**
>>electrodoméstico *m.*

dominate dominar *v.* **9**
done hecho/a *p.p.*
door puerta *f.*
dormitory residencia *f.* estudiantil
double doble *adj.*
>**double room** habitación *f.* doble
>**double standard** doble moral *f.* **6**

doubt duda *f.* **10**; dudar *v.*
>**There is no doubt that...**
>>No cabe duda de...
>>No hay duda de...

Down with... ! ¡Abajo el/la...!

download descargar *v.* **8**
downtown centro *m.*
drama drama *m.*
dramatic dramático/a *adj.*
draw dibujar *v.*
drawing dibujo *m.*
dream ilusión *m.* **2**; soñar (o:ue) *v.* **1**
dress vestido *m.*
   get dressed vestirse (e:i) *v.*
drink beber *v.*; bebida *f.*; tomar *v.*
drinkable potable *adj.* **5**
drive conducir *v.*; manejar *v.*
driver conductor(a) *m., f.* **2**
drought sequía *f.* **5**
drown ahogar(se) *v.* **5, 6**
drug droga *f.*
   drug addict drogadicto/a *adj.*
drum tambor *m.* **3**
drunk borracho/a *adj.* **2**
dry seco/a *adj.* **5**
dry oneself secarse *v.*
dubbing doblaje *m.* **3**
during durante *prep.*; por *prep.*
dust sacudir *v.*; quitar *v.* el polvo
   dust the furniture sacudir
      los muebles
DVD player reproductor *m.* de DVD **8**

E

each cada *adj.*
eagle águila *f.* **5**
ear (outer) oreja *f.*
early temprano *adv.*
early morning madrugada *f.* **9**
earn ganar *v.*
   earn a living ganarse la vida *v.* **7**
earth tierra *f.* **5**
Earth Tierra *f.* **5**
earthquake terremoto *m.* **5**
ease aliviar *v.*
east Este *m.*
   to the east al este
easy fácil *adj. m., f.*
eat comer *v.*
ecology ecología *f.*
economic económico/a *adj.* **7**
   economic crisis
      crisis *f.* económica **7**
economics economía *f.*
ecotourism ecoturismo *m.*
ecstatic enloquecido/a *adj.* **2**
Ecuador Ecuador *m.*
Ecuadorian ecuatoriano/a *adj.*
editor redactor(a) *m., f.* **3**
effective eficaz *adj. m., f.*
effects (special)
   efectos *m.* especiales **3**
effort esfuerzo *m.* **10**
egg huevo *m.*
eight ocho *adj.*
eight hundred ochocientos/as *adj.*
eighteen dieciocho *adj.*

eighth octavo/a *adj.*
eighty ochenta *adj.*
either... or o... o *conj.*
elderly person anciano/a *m., f.* **2**
eldest el/la mayor
elect elegir (e:i) *v.* **6**
election elecciones *f. pl.*
electric appliance
   electrodoméstico *m.*
electrician electricista *m., f.*
electricity luz *f.*
elegant elegante *adj.*
elevator ascensor *m.*
eleven once *adj.*
e-mail correo *m.* electrónico
   e-mail address
      dirrección *f.* electrónica **8**
   e-mail message
      mensaje *m.* electrónico
   read e-mail leer *v.*
      el correo electrónico
embarrassed avergonzado/a *adj.*
embarrassment vergüenza *f.*
embrace (each other) abrazar(se) *v.*
embassy embajada *f.* **4**
emerge surgir *v.* **10**
emergency emergencia *f.*
   emergency room sala *f.*
      de emergencia
emigrant emigrante *m., f.* **10**
emigrate emigrar *v.* **1**
employee empleado/a *m., f.* **7**
employment empleo *m.*
empty vacío/a *adj.* **2**
enact (a law) promulgar *v.* **6**
end fin *m.*; terminar *v.*
   end table mesita *f.*
ending desenlace *m.* **2**
energy energía *f.* **5**
   energy consumption consumo *m.*
      de energía **5**
   nuclear energy energía nuclear **5**
   renewable energy
      energía renovable **5**
   solar energy energía solar **5**
   wind energy energía eólica **5**
engaged: get engaged (to)
   comprometerse (con) *v.*
engagement compromiso *m.* **1**
engineer ingeniero/a *m., f.* **8**
English (*language*) inglés *m.*; inglés,
   inglesa *adj.*
enigma enigma *f.* **8**
enjoy disfrutar (de) *v.*; gozar (de)
   v. **2, 10**
enough bastante *adv.*
entertain entretener *v.* **3**
entertaining entretenido/a *adj.* **9**
entertainment diversión *f.*
entrance entrada *f.*
envelope sobre *m.*
envious envidioso/a *adj.* **8**
environment medio ambiente *m.* **5**

equal igual *adj.* **6**
equality igualdad *f.* **6**
equipped equipado/a *adj.*
erase borrar *v.* **8**
eraser borrador *m.*
erosion erosión *f.* **5**
errand diligencia *f.*
establish establecer *v.*
   establish oneself establecerse *v.* **10**
ethical ético/a *adj.* **8**
ethnic cleansing
   limpieza étnica *f.* **10**
ethnic group etnia *f.* **4**
evening tarde *f.*
event acontecimiento *m.* **3**
every day todos los días
everyday cotidiano/a *adj.* **2**
everybody todos *m., pl.*
everything todo *m.*
   Everything is under control.
      Todo está bajo control.
exactly (time) en punto
exam examen *m.*
excellent excelente *adj.*
excess exceso *m.*
   in excess en exceso
exchange intercambiar *v.*
   in exchange for por
excited emocionado/a *adj.* **1**
exciting emocionante *adj.*
excluded excluido/a *adj.* **10**
excursion excursión *f.*
excuse disculpar *v.*
Excuse me. (*May I?*) Con permiso.;
   (*I beg your pardon.*) Perdón.
execution ejecución *m.* **6**
executive ejecutivo/a *m., f.* **7**
exhausted agotado/a *adj.* **7**
exercise ejercicio *m*;
   hacer *v.* ejercicio
   exercise (power) ejercer
      (el poder) *v.* **6**
exert (power) ejercer (el poder) *v.* **6**
exile exiliado/a *m., f.* **10**
exit salida *f.*
expect anticipar *v.* **10**
expensive caro/a *adj.*
experience experiencia *f.*
experiment experimento *m.* **8**
explain explicar *v.*
explore explorar *v.* **8**
express (an opinion) opinar *v.* **3**
expression expresión *f.*
extinction extinción *f.*
extraterrestrial extraterrestre *adj.* **8**
extreme sports deportes extremos
   m., pl. **9**
extremely delicious riquísimo/a *adj.*
extremely serious gravísimo *adj.*
eye ojo *m.*
   keep an eye on vigilar *v.* **3**

F

fabulous fabuloso/a *adj.*
face cara *f.*
facing enfrente de *prep.*
fact hecho *m.* **5**
  in fact de hecho
failure fracaso *m.* **6**
faith fe *f.* **4**
faithfulness fidelidad *f.* **1**
fair justo/a *adj.* **2, 6**; feria *f.* **9**
fall (down) caerse *v.*
  fall asleep dormirse (o:ue) *v.*
  fall in love (with)
    enamorarse (de) *v.* **1**
fall (season) otoño *m.*
fallen caído/a *p.p.*
fame fama *f.* **3**
family familia *f.*
famous famoso/a *adj.*
fan aficionado/a *adj.* **9**
  be a fan (of) ser aficionado/a (a)
fantastic chévere *adj.* **4**
fantasy fantasía *f.* **3**
far from lejos de *prep.*
farewell despedida *f.*
farm cultivar *v.* **4**
farming cultivo *m.* **4**
fascinate fascinar *v.*
fashion moda *f.*
  be in fashion estar de moda
fast rápido/a *adj.*
fat gordo/a *adj.*; grasa *f.*
father padre *m.*
father-in-law suegro *m.* **4**
fault culpa *f.*
favorite favorito/a *adj.*
fax (machine) fax *m.*
fear miedo *m.* **10**; temor *m.* **6**
fear temer *v.*
feature rasgo *m.* **3**; facciones *f., pl.* **2**
February febrero *m.*
feel sentir(se) (e:ie) *v.* **1**
  feel fulfilled sentirse realizado/a *v.* **10**
  feel like (*doing something*) tener
    ganas de (+ *inf.*)
feeling sentimiento *m.* **1**
festival festival *m.*
fever fiebre *f.*
  have a fever tener *v.* fiebre
few pocos/as *adj. pl.*
  fewer than menos de (+ *number*)
field cancha *f.* **9**
field: major field of study
  especialización *f.*
fifteen quince *adj.*
  fifteen-year-old girl quinceañera *f.*
fifth quinto/a *adj.*
fifty cincuenta *adj.*
fight luchar, pelear *v.* **6, 10**
  fight for/against luchar
    (por/contra) *v.*
  fight with (one another)
    pelear(se) *v.* **4**

fight lucha *f.* **6**
figure (*number*) cifra *f.*
file archivo *m.*
fill llenar *v.*
  fill in cumplimentar *v.* **7**
  fill out (a form) llenar
    (un formulario)
  fill the tank llenar el tanque
film critic crítico/a de cine *m., f.* **3**
finally finalmente *adv.*; por último;
  por fin
financial financiero/a *adj.* **7**
find encontrar (o:ue) *v.*
  find (each other) encontrar(se)
  find out averiguar
fine multa *f.* **8**
  That's fine. Está bien.
(fine) arts bellas artes *f., pl.*
finger dedo *m.*
finish terminar *v.*
  finish (*doing something*)
    terminar *v.* de (+ *inf.*)
fire incendio *m.* **5**; despedir (e:i)
  v. **7**; botar *v* **4**; fuego *m.* **9**
  fire station estación *f.*
    de bomberos **2**
firefighter bombero/a *m., f.*
firm compañía *f.*; empresa *f.*
first primer *adj.*; primero/a *adj.*
fish (*food*) pescado *m.*; pescar *v.*;
  (*live*) pez *m.* **5**
  fish market pescadería *f.*
fisherman pescador *m.*
fisherwoman pescadora *f.*
fishing pesca *f.*
fit (*clothing*) quedar *v.*
  fit in integrarse (a) *v.* **10**
five cinco *adj.*
five hundred quinientos/as *adj.*
fix arreglar *v.* **10**
fixed fijo/a *adj.*
flag bandera *f.* **6**
flank steak lomo *m.*
flat tire: We had a flat tire. Se nos
  pinchó una llanta.
flee huir *v.* **6**
fleeting pasajero/a *adj.* **1**
flexible flexible *adj.*
flirt coquetear *v.* **1**
flood inundación *f.* **5**
floor (*of a building*) piso *m.*; suelo *m.*
  dance floor pista *f.* de baile **3**
  ground floor planta *f.* baja
  top floor planta *f.* alta
flower flor *f.*
flu gripe *f.*
flute flauta *f.* **3**
fly volar *v.*
fog niebla *f.*
folk folklórico/a *adj.*
folk healer curandero/a *m., f.* **5**
follow seguir (e:i) *v.*
food comida *f.*; alimento
fool tonto/a *m., f.* **10**

foolish tonto/a *adj.*
foot pie *m.*
football fútbol *m.* americano
for para *prep.*; por *prep.*
  for example por ejemplo
  for me para mí
forbid prohibir *v.*
force fuerza *f.* **6**
foreign extranjero/a *adj.*
  foreign languages
    lenguas extranjeras *f., pl.*
  foreign relations
    relaciones exteriores *f., pl.* **6**
foreigner extranjero/a *m., f.* **4**
foreseen previsto/a *adj.* **10**
forest bosque *m.* **5**
forget olvidar *v.*
forgetfulness olvido *m.* **1**
forgive perdonar *v.* **2**
fork tenedor *m.*
form formulario *m.*
forty cuarenta *adj.*
forward (*sports position*)
  delantero/a *m., f.* **9**
four cuatro *adj.*
four hundred cuatrocientos/as *adj.*
fourteen catorce *adj.*
fourth cuarto/a *adj.*
free libre *adj. m., f.*
  be free (of charge) ser gratis
  free time tiempo libre;
    ratos libres **9**
freedom (of the press) libertad *f.*
  (de prensa) **3, 6**
freezer congelador *m.*
French francés, francesa *adj.*
  French fries papas *f., pl.*
    fritas; patatas *f., pl.* fritas
frequently frecuentemente *adv.*; con
  frecuencia *adv.*
friar (monk) fraile (Fray) *m.* **4**
Friday viernes *m., sing.*
fried frito/a *adj.*
  fried potatoes papas *f., pl.* fritas;
    patatas *f., pl.* fritas
friend amigo/a *m., f.*
friendly amable *adj.*
friendship amistad *f.* **1**
from de *prep.*; desde *prep.*;
  proveniente *adj.* **10**
  from the United States
    estadounidense *adj.*
  from time to time de vez
    en cuando
  He/She/It is from… Es de…
  I'm from… Soy de…
front page portada *f.* **3**
fruit fruta *f.*
  fruit juice jugo *m.* de fruta
  fruit store frutería *f.*
fuel combustible *m.* **5**
fulfill (a dream) alcanzar (un sueño) *v.* **10**
full lleno/a *adj.* **2**

fun divertido/a *adj.*
  fun activity diversión *f.*
  have fun divertirse (e:ie) *v.*
function funcionar *v.*
funny gracioso/a *adj.* **1**
furniture muebles *m., pl.*
furthermore además (de) *adv.*
future futuro *adj.*; porvenir *m.* **5**
  Here's to the future!
    ¡Por el porvenir!
  in the future en el futuro

G

gain weight aumentar *v.* de peso;
  engordar *v.* **8**
galaxy galaxia *f.* **8**
game juego *m.;* (*match*) partido *m.*
  game show programa *m.*
    de concursos **3**
garage (*in a house*) garaje *m.*; garaje
  m.; taller (mecánico)
garden jardín *m.* **10**
garlic ajo *m.*
gas pipeline gasoducto *m.* **7**
gas station gasolinera *f.*
gasoline gasolina *f.*
gaze mirada *f.*
gender sexo *m.* **4**
gene gen *m.* **8**
generation gap brecha generacional *f.* **4**
genetics genética *f.* **8**
genre género *m.* **3**
geography geografía *f.*
German alemán, alemana *adj.*
get conseguir (e:i) *v.* **9**; obtener *v.*
  get along well/badly/terribly (with)
    llevarse bien/mal/fatal (con) **1**
  get angry enojarse *v.* **1**
  get bored aburrirse *v.*
  get off of (a vehicle)
    bajar(se) de *v.* **2**
  get on/into (a vehicle)
    subir(se) a *v.* **2**
  get out of (a vehicle)
    bajar(se) de *v.*
  get tickets conseguir (e:i) *v.*
    entradas **9**
  get together (with) reunirse
    (con) *v.* **9**
  get up levantarse *v.*
  get upset afligirse *v.* **2**
  get worse empeorar *v.* **5**
ghost fantasma *m.* **9**
gift regalo *m.*
girl chica *f.*; muchacha *f.*
girlfriend novia *f.*
give dar *v.*; (*as a gift*) regalar *v.*
  give directions indicar *v.* el camino **2**
  give up ceder *v.* **6**
glass (*drinking*) vaso *m.*; vidrio *m.*
(made) of glass de vidrio
glasses gafas *f., pl.*
  sunglasses gafas *f., pl.* de sol

gloves guantes *m., pl.*
go ir *v.*
  go away irse
  go bankrupt quebrar *v.* **7**
  go by boat ir en barco
  go by bus ir en autobús
  go by car ir en auto(móvil)
  go by motorcycle ir en moto(cicleta)
  go by taxi ir en taxi
  go by the bank pasar por el banco
  go down bajar(se) *v.* **2**
  go for a walk pasear *v.* **9**
  go on a hike (in the mountains)
    ir de excursión (a las montañas)
  go on sale salir a la venta *v.* **3**
  go out salir *v.* **9**
  go out to eat salir a comer algo **9**
  go out to have a drink salir a
    tomar algo **9**
  go out (with) salir *v.* (con) **1**
  go up subir *v.* **2**
  go with acompañar *v.*
  Let's go. Vamos.
goal meta *f.* **10**
goblet copa *f.*
going to: be going to (*do something*)
  ir a (+ *inf.*)
golf golf *m.*
good buen, bueno/a *adj.*
  Good afternoon. Buenas tardes.
  Good evening. Buenas noches.
  Good idea. Buena idea.
  Good morning. Buenos días.
  Good night. Buenas noches.
  have a good reputation
    tener (e:ie) buena fama *v.* **3**
  It's good that... Es bueno que...
goodbye adiós *interj.*
  say goodbye (to)
    despedirse (e:i) *v.* (de)
good-looking guapo/a *adj.*
goods bienes *m., pl.* **7**
gossip chisme *m.* **1**
govern gobernar (e:ie) *v.* **6**
government gobierno *m.* **6**
graduate (from/in) graduarse *v.*
  (de/en)
grains cereales *m., pl.*
granddaughter nieta *f.* **4**
grandfather abuelo *m.*
grandmother abuela *f.*
grandparents abuelos *m., pl.*
grandson nieto *m.* **4**
grant beca *f.* **7**
grape uva *f.*
grass hierba *f.*
grave grave *adj.*
gravity gravedad *f.* **8**
gray gris *adj. m., f.*
great fenomenal *adj.*
  chévere *adj.* **4**
great aunt tía abuela *f.* **4**
great-grandfather bisabuelo *m.* **4**
great-grandmother bisabuela *f.* **4**
great uncle tío abuelo *m.* **4**
green verde *adj.*

greenhouse effect
  efecto invernadero *m.* **5**
greet (each other) saludar(se) *v.*
greeting saludo *m.*
  Greetings to... Saludos a...
grilled (*food*) a la plancha
  grilled flank steak
    lomo a la plancha
ground suelo *m.* **3**
  ground floor planta baja *f.*
grow (up) aumentar; crecer *v.* **10**
growth crecimiento *m.* **3**
guess adivinar *v.* **3, 10**
guest (*at a house/hotel*) huésped *m.,*
  f. (*invited to a function*) invitado/a *m., f.*
guide guía *m., f.*; guiar *v.* **8**
gun arma *f.* **3**
  gun control control *m.* de armas **7**
gymnasium gimnasio *m.*

H

habit costumbre *f.* **2**
hair pelo *m.*
hairdresser peluquero/a *m., f.*
half medio/a *adj.*
  half-brother/sister
    medio/a hermano/a *m., f.* **4**
  half-past... (*time*) ... y media
hallway pasillo *m.*
ham jamón *m.*
hamburger hamburguesa *f.*
hammer martillo *m.* **8**
hand mano *f.*
hand out repartir *v.* **4**
  Hands up! ¡Manos arriba!
handsome guapo/a *adj.*
happen ocurrir *v.*; suceder *v.*
happiness alegría *f.*; felicidad *f.* **5**
Happy birthday! ¡Feliz cumpleaños!
happy alegre *adj.*; contento/a *adj.*;
  feliz *adj. m., f.*
  be happy alegrarse *v.* (de)
harass acosar *v.* **7**
hard difícil *adj.*
hard-working trabajador(a) *adj.* **7**
hardly apenas *adv.* **3**
harm daño *m.* **10**
harmful dañino/a *adj.* **5**
haste prisa *f.*
hat sombrero *m.*
hate odiar *v.* **1**
have tener (e:ie)
  have a bad reputation tener *v.*
    mala fama **3**
  have a bad time pasarlo mal *v.* **2**
  have connections
    tener conexiones *v.* **7**
  have a good reputation tener
    buena fama **3**
  have a good time divertirse (e:ie);
    pasarlo bien **2, 9**
  Have a good trip! ¡Buen viaje!
  have influence tener conexiones **7**
  have the right to tener derecho a **6**

have time tener tiempo
  have to (*do something*) tener
    que (+ *inf.*); deber (+ *inf.*)
  have a tooth removed sacar(se)
    un diente
he él *m., sing., pron.*
head cabeza *f.*
headache dolor *m.* de cabeza
headline titular *m.* **3**
headscarf pañuelo *m.* **6**
health salud *f.*
healthy saludable *adj.*; sano/a *adj.*
  lead a healthy lifestyle llevar *v.*
    una vida sana
hear oír *v.*
heard oído/a *p.p.*
hearing: sense of hearing oído *m.*
heart corazón *m.* **1**
heat calor *m.*
Hello. Hola.; (*on the telephone*) Aló.;
  ¿Bueno?; Diga.
help ayudar *v.*; servir (e:i) *v.*
  help each other ayudarse *v.* **1**
helplessness desamparo *m.* **2**
her su(s) *poss. adj.*
  (of) hers suyo(s)/a(s) *poss.*
her la *f., sing., d.o. pron.*
  to/for her le *f., sing., i.o. pron.*
here aquí *adv.*
  Here it is. Aquí está.
herself sí misma **4**
heritage ascendencia *f.* **4**
heterogeneous heterogéneo/a *adj.* **10**
Hi. Hola. *interj.*
hide esconder *v.*
high alto/a *adj.*
  high school instituto *m.* **6**
highway autopista *f.*; carretera *f.*
hijack secuestrar *v.* **6**
hike excursión *f.*
  go on a hike hacer una
    excursión; ir de excursión
hiker excursionista *m., f.*
hiking de excursión
him: to/for him le *m., sing., i.o. pron.*
himself sí mismo **4**
hire contratar *v.* **7**
his su(s) *poss. adj.*
  (of) his suyo(s)/a(s) *poss. pron.*
his lo *m., sing., d.o. pron.*
historian historiador(a) *m., f.* **4**
history historia *f.*
hit pegar *v.* **6, 8**
hobby pasatiempo *m.*; afición *f.* **7**
hockey hockey *m.*
holiday día *m.* de fiesta
home casa *f.*; hogar *m.*; vivienda
  f. **2, 10**
  home page página *f.* principal
  home country patria *f* **1**
homeland patria *f.* **4**
homesickness añoranza *f.* **10**
homework tarea *f.*
homogeneity homogeneidad *f.* **10**

honest honrado/a *adj.* **4**
hood capó *m.*; cofre *m.*
hook up ligar *v.* **1**
hope esperar *v.* (+ *inf.*); esperar *v.*;
  esperanza *f.* **4**
  I hope (that) ojalá (que)
horoscope horóscopo *m.* **3**
horror (genre) de horror *m.*
hors d'oeuvres entremeses *m., pl.*
horse caballo *m.*
hospital hospital *m.*
host anfitrión *m.* **9**
hostess anfitriona *f.* **9**
hot: be (*feel*) **(very) hot** tener
  (mucho) calor
  It's (very) hot. Hace (mucho) calor.
hotel hotel *m.*
hour hora *f.*
house casa *f.*
household chores
  quehaceres *m. pl.* domésticos
housekeeper ama *m., f.* de casa
housing vivienda *f.* **2**
How…! ¡Qué…!
  how ¿cómo? *adv.*
  How are you? ¿Qué tal?
  How are you? ¿Cómo estás? *fam.*
  How are you? ¿Cómo está usted? *form.*
  How can I help you? ¿En qué
    puedo servirles?
  How did it go for you…?
    ¿Cómo le/les fue…?
  How is it going? ¿Qué tal?
  How is/are…? ¿Qué tal...?
  How is the weather?
    ¿Qué tiempo hace?
  How much/many?
    ¿Cuánto/a(s)?
  How much does… cost?
    ¿Cuánto cuesta…?
  How old are you? ¿Cuántos
    años tienes? *fam.*
however sin embargo
hug (each other) abrazar(se) *v.*
human humano/a *adj.*
  human being ser humano *m.* **3**
  human rights
    derechos humanos *m., pl.* **6**
humanities humanidades *f., pl.*
humankind humanidad *f.* **10**
hundred cien, ciento *adj.; m.*
hunger hambre *f.* **7**
hungry: be (very) hungry tener *v.*
  (mucha) hambre
hunt cazar *v.* **5**
hurricane huracán *m.* **5**
hurry apurarse *v.*; darse prisa *v.*
  be in a (big) hurry tener *v.*
    (mucha) prisa
hurt doler (o:ue) *v.*
  It hurts me a lot… Me duele
    mucho…
husband esposo *m.* **4**

hybrid híbrido/a *adj.* **5**
hypocrisy hipocresía *f.* **6**

I

I yo *pron., m., sing.*
  I am… Yo soy…
  I hope (that) Ojalá (que) *interj.*
  I wish (that) Ojalá (que) *interj.*
ice cream helado *m.*
  ice cream shop heladería *f.*
iced helado/a *adj.*
  iced tea té *m.* helado
idea idea *f.*
ideals ideales *m., pl.* **10**
if si *conj.*
ill-mannered maleducado/a *adj.* **4**
illiterate analfabeto/a *adj.* **6**
illness enfermedad *f.*
imaginary fantástico/a *adj.* **9**
immigrant inmigrante *m., f.* **1**
immigration inmigración *f.* **10**
impartial imparcial *adj.* **3**
important importante *adj.*
  be important to importar *v.*
  It's important that… Es
    importante que…
impossible imposible *adj.*
  it's impossible es imposible
imprison encarcelar *v.* **6**
improbable improbable *adj.*
  it's improbable es improbable
improve mejorar *v.* **5**
improvement mejora *f.* **10**
in en *prep.*; por *prep.*
  in the afternoon de la tarde;
    por la tarde
  in a bad mood de mal humor
  in the direction of para *prep.*
  in the early evening de la tarde
  in the evening de la noche;
    por la noche
  in fact de hecho *adv.* **10**
  in front of delante de *prep.*
  in a good mood de buen humor
  in the morning de la mañana;
    por la mañana
  in love (with) enamorado/a (de)
  in search of por *prep.*
incapable incapaz *adj.* **7**
income ingresos *m. pl.* **8**
incompetent incapaz *adj.* **7**
incident suceso *m.* **3**
increase aumento *m.*
incredible increíble *adj.*
indifference indiferencia *f.* **7**
inequality desigualdad *f.* **6**
infect contagiar *v.* **5**
infection infección *f.*
inferiority complex complejo de
  inferioridad *m.* **8**
inflation inflación *f.* **7**
influence influir *v.* **6**

influence influencia *f.* **2**
influential influyente *adj.* **3**
inform informar *v.*
informed: become informed about
　enterarse (de) *v.* **3**
inhabitant habitante *m., f.* **2**
inherit heredar *v.* **4**
injection inyección *f.*
　give an injection poner *v.*
　una inyección
injure (oneself) lastimar(se) *v.* **9**
　injure (one's foot) lastimarse *v.*
　(el pie)
injustice injusticia *f.* **6**
ink tinta *f.* **6**
inner ear oído *m.*
innocence inocencia *f.* **9**
innovative innovador(a) *adj.* **8**
insecure inseguro/a *adj.* **1**
insecurity inseguridad *f.* **6**
insensitive insensible *adj.* **1**
inside dentro *adv.*
insincere falso/a *adj.* **1**
insist (on) insistir (en) *v.*
instability inestabilidad *f.* **10**
installments: pay in installments
　pagar *v.* a plazos
instrument: play an instrument tocar
　v. (un instrumento) **3**
integration integración *f.* **10**
intelligent inteligente *adj.*
intend to pensar *v.* (+ *inf.*)
interest interesar *v.*
interesting interesante *adj.*
　be interesting to interesar *v.*
international internacional *adj.*
　international news noticias *f.*
　internacionales **3**
Internet Internet **3**
interview entrevista (laboral) *f.* **7;**
　entrevistar *v.* **3**
interviewee entrevistado/a *m., f.* **7**
interviewer entrevistador(a) *m., f.* **7**
introduction presentación *f.*
　I would like to introduce (name)
　　to you... Le presento a... *form.*;
　Te presento a... *fam.*
intruder intruso/a *m., f.* **8**
invent inventar *v.* **8**
invention invento *m.* **8**
invest invertir (e:ie) *v.* **7**
investigate investigar *v.* **3**
investor inversionista *m., f.* **7**
invisible invisible *adj.* **9**
invite invitar *v.*
invoke invocar *v.* **3**
iron hierro *m.*
　iron bar reja *f.* **6**
　iron (clothes) planchar *v.* (la ropa)
isolated aislado/a *adj.* **4**
it lo/la *sing., d.o., pron.*
Italian italiano/a *adj.*
its su(s) *poss. adj.*
　suyo(s)/a(s) *poss. pron.*
It's me. Soy yo.

jacket chaqueta *f.*
jail celda *f.* **6**
　(jail) cell celda *f.* **6**
January enero *m.*
Japanese japonés, japonesa *adj.*
jealous celoso/a *adj.* **1;**
　envidioso/a *adj.* **8**
　to be jealous (of) tener
　celos (de) **1**
jealousy celos *m., pl.* **1**
jeans bluejeans *m., pl.*
jewelry store joyería *f.*
job empleo *m.*; puesto *m.*;
　trabajo *m.* **7**
　job application solicitud *f.*
　de trabajo
jog correr *v.*
journalism periodismo *m.*
journalist periodista *m., f.* **3;**
　reportero/a *m., f.*
joy alegría *f.*
　give joy dar *v.* alegría
joyful alegre *adj.*
judge juez(a) *m., f.* **6**
judge juzgar *v.* **6**
judgment juicio *m.* **6**
juice jugo *m.*
July julio *m.*
jump saltar *v.* **9**
June junio *m.*
jungle selva, jungla *f.*
just apenas *adv.* **3;** justo/a *adj.* **2**
　have just done something
　acabar de (+ *inf.*)
justice justicia *f.* **6**

keep conservar *v.*
　keep an eye on vigilar *v.* **3**
　keep watch on vigilar *v.* **6**
key llave *f.;* clave *f.* **8**
keyboard teclado *m.*
kick patear *v.* **9**
kid chaval(a) *m., f.* **6**
kidnap secuestrar *v.* **6**
kidnapping secuestro *m.* **6**
kill matar *v.* **7**
　kill oneself matarse *v.* **7**
kilometer kilómetro *m.*
kind: That's very kind of you.
　Muy amable.
kiss beso *m.*
　kiss (each other) besar(se) *v.* **1**
kitchen cocina *f.*
knee rodilla *f.*
knife cuchillo *m.*
know saber *v.*; conocer *v.*

knowledge conocimiento *m.* **4**
know how saber *v.*

labor union sindicato *m.* **7**
laboratory laboratorio *m.*
lack faltar *v.*
　lack (of) falta (de) *f.* **10**
　lack of interest desinterés *m.* **5**
　lack of safety inseguridad *f.* **6**
lazy perezoso/a *adj.* **7**
lake lago *m.*
lamp lámpara *f.*
land tierra *f.* **5;** aterrizar *v.* **8**
landlord dueño/a *m., f.*
landscape paisaje *m.* **5**
language lengua *f.* **4**
　official language
　lengua *f.* oficial **10**
laptop (computer)
　computadora *f.* portátil **8**
large grande *adj.*
large (*clothing size*) talla grande
last durar *v.*; pasado/a *adj.*;
　último/a *adj.*
　last name apellido *m.*
　last night anoche *adv.*
　last week semana *f.* pasada
　last year año *m.* pasado
late atrasado/a *adj.* **2**
late tarde *adv.*
later (on) más tarde
　See you later. Hasta la vista.;
　Hasta luego.
laugh reírse (e:i) *v.*
laughed reído *p.p.*
laundromat lavandería *f.*
law ley *f.* **6**
lawyer abogado/a *m., f.* **6**
lay laico/a *adj.* **6**
lazy perezoso/a *adj.*
lead encabezar *v.* **6**
leaf hoja *f.* **5**
learn aprender *v.* (a + *inf.*)
least, at por lo menos *adv.*
leave salir *v.*; irse *v.*; abandonar *v.* **1;**
　marcharse *v.*
　leave a tip dejar una propina
　leave behind dejar *v.* **10**
　leave for (*a place*) salir para
　leave from salir de
　leave someone dejar a alguien *v.* **1**
left izquierdo/a *adj.*
　be left over quedar *v.*
　to the left of a la izquierda de
leg pierna *f.*
leisure ocio *m.* **9**
lemon limón *m.*
lend prestar *v.* **7**
less menos *adv.*
　less... than menos... que
　less than menos de (+ *number*)
lesson lección *f.*
let dejar *v.*

let's see a ver
letter carta *f.*
lettuce lechuga *f.*
liar mentiroso/a *m., f.* **1**
liberal liberal *adj.* **6**
liberty libertad *f.*
library biblioteca *f.*
license (*driver's*) licencia *f.* de conducir
lie mentira *f.* **7**
life vida *f.*
   of my life de mi vida
lifestyle: lead a healthy lifestyle
   llevar una vida sana
   lifestyle section sección *f.*
      de sociedad **3**
lift levantar *v.*
   lift weights levantar pesas
light luz *f.*
   traffic light semáforo *f.* **2**
like como *adv.*; gustar *v.*
   I don't like them at all.
      No me gustan nada.
   I like... Me gusta(n)...
   like this así *adv.*
   like very much encantar *v.*;
      fascinar *v.*
   Do you like...? ¿Te gusta(n)...?
likeable simpático/a *adj.*
likewise igualmente *adv.*
line línea *f.*; cola (*queue*) *f.*; fila *f.* **2**
link enlace *m.* **8**
lion león *m.* **5**
listen (to) escuchar *v.*
   Listen! (*command*) ¡Oye! *fam., sing.*;
      ¡Oiga/Oigan! *form., sing./pl.*
   listen to music escuchar música
   listen (to) the radio escuchar
      la radio
listener oyente *m., f.* **3**
literature literatura *f.*
little (*quantity*) poco/a *adj*; poco *adv.*
live vivir *v.*; en directo/vivo **3**
   live together convivir *v.* **2**
lively animado/a *adj.* **9**
living room sala *f.*
lizard lagarto *m.* **5**
loan préstamo *m.*; prestar *v.*
lobster langosta *f.*
local: local news
   noticias *f.* locales **3**
located situado/a *adj.*;
   ubicado/a *adj.* **8**
   be located quedar *v.*
loneliness soledad *f.*
long largo/a *adj.*
   long term a largo plazo *adj.* **7**
look facha *f.* **10**
look (at) mirar *v.*
   look down on despreciar *v.* **4**
   look for buscar *v.*
   look like parecerse (c:zc) *v.* **2, 4**
lose perder (e:ie) *v.* **9**
   lose a game perder un partido **9**

lose elections perder
   las elecciones **6**
lose weight adelgazar
loss pérdida *f.* **4**
lost perdido/a *adj.* **2**
   be lost estar perdido/a **2**
lot, a muchas veces *adv.*
lot of, a mucho/a *adj.*
lottery lotería *f.* **9**
love (*another person*) querer (e:ie) *v.*;
   (*each other*) amarse; quererse (e:ie)
   v. **1**; (*inanimate objects*) encantar
   v.; amor *m.*
   in love enamorado/a *adj.* **1**
   I loved it! ¡Me encantó!
   unrequited love amor no
      correspondido *m.* **1**
luck suerte *f.*
lucky: be (very) lucky tener
   (mucha) suerte
luggage equipaje *m.*
lunch almuerzo *m.*
   have lunch almorzar (o:ue) *v.*
lung pulmón *m.* **5**
luxury lujo *m.* **10**
lyrics letra *f.* **3**
lying mentiroso/a *adj.* **1**

M

ma'am señora (Sra.); doña *f.*
machine máquina *f.* **8**
mad enojado/a *adj.* **1**
magazine revista *f.* **3**
magnificent magnífico/a *adj.*
mail correo *m.*; enviar *v.*, mandar *v.*;
   echar una carta al buzón
   mail carrier cartero *m.*
mailbox buzón *m.*
main principal *adj.*
maintain mantener *v.*
maintenance mantenimiento *m.* **10**
major especialización *f.*
make hacer *v.*
   make an effort hacer
      un esfuerzo **10**
   make the bed hacer la cama
makeup maquillaje *m.*
   put on makeup maquillarse *v.*
mall centro comercial *m.* **2**
man hombre *m.*
manage administrar *v.* **7**
manager gerente *m., f.* **7**
manner modo *m.* **8**
manufacture fabricar *v.* **8**
many mucho/a *adj.*
   many times muchas veces
map mapa *m.*
March marzo *m.*
margarine margarina *f.*
marinated fish ceviche *m.*
   lemon-marinated shrimp
      ceviche *m.* de camarón
marital status estado *m.* civil

market mercado *m.* **7**
   open-air market mercado al
      aire libre
marriage matrimonio *m.* **1**
married casado/a *adj.* **1**
   get married (to) casarse (con) *v.* **1**
marry casar *v.*
marvelous maravilloso/a *adj.*
marvelously maravillosamente *adv.*
mask: ski mask pasamontañas
   m., sing. **3**
mass misa *f.* **9**
massage masaje *m.*
masterpiece obra maestra *f.*
match (*sports*) partido *m.*
match (with) hacer *v.* juego (con)
mathematician matemático/a *m., f.* **8**
mathematics matemáticas *f., pl.*
matriarchy matriarcado *m.* **2**
matter importar *v.*
mature maduro/a *adj.* **1**
maturity madurez *f.*
maximum máximo/a *adj.*
May mayo *m.*
maybe tal vez; quizás
mayonnaise mayonesa *f.*
mayor alcalde(sa) *m., f.* **2**
me me *sing., d.o. pron.*
   to/for me me *sing., i.o. pron.*
meal comida *f.*
mean significar *v.* **2**
means modo *m.* **8**
means of communication
   medios *m., pl.* de comunicación
meat carne *f.*
mechanic mecánico/a *m., f.*
   mechanic's repair shop
      taller mecánico
media medios *m., pl.*
   (de comunicación) **3**
medical médico/a *adj.*
medication medicamento *m.* **5**
medicine medicina *f.*
medium mediano/a *adj.*
meet (each other) encontrar(se) *v.*;
   conocerse(se) *v.*
meeting reunión *f.* **7**
member socio/a *m., f.* **7**
menu menú *m.*
mess lío *m.* **7**
message recado *m.*; mensaje *m.* **8**
   text message mensaje de texto **8**
Mexican mexicano/a *adj.*
Mexico México *m.*
microwave microondas *f.*
   microwave oven horno *m.*
      de microondas
middle age madurez *f.*
midnight medianoche *f.*
mile milla *f.*
milk leche *f.*
million millón *m.*
   million of millón de

mind mente *f.* **8, 9**
mine mío/a(s) *poss.*
mineral mineral *m.*
  mineral water
    agua *f.* mineral
minimum mínimo/a *adj.* **7**
  minimum wage
    sueldo *m.* mínimo **7**
minute minuto *m.*
mirror espejo *m.*
misfortune desgracia *f.* **10**
Miss señorita (Srta.) *f.*
miss perder (e:ie) *v;* echar *v.* de
  menos *v.* **10;** extrañar *v.* **10**
mistaken equivocado/a *adj.*
mistreatment maltrato *m.* **10**
mix mezclar *v.* **10**
mock burlarse (de) *v.* **10**
model maqueta *f.* **8**
modem módem *m.*
modern moderno/a *adj.*
mom mamá *f.*
Monday lunes *m., sing.*
money dinero *m.*
monitor monitor *m.*
monkey mono *m.* **5**
monolingual monolingüe *adj.* **10**
month mes *m.*
monument monumento *m.*
mood ánimo *m.* **1**
moon luna *f.* **5**
more más
  more… than más… que
  more than más de (+ *number*)
morning mañana *f.*
mother madre *f.*
  mother tongue lengua materna *f.* **10**
mother-in-law suegra *f.* **4**
motor motor *m.*
motorcycle motocicleta *f.*
mountain montaña *f.*
mountain range cordillera *f.* **5**
mouse ratón *m.*
mouth boca *f.*
move (*from one house to another*)
  mudarse *v.* **1, 4**
  move away alejarse *v.* **9**
movie película *f.* **3**
  movie star estrella *f.* de cine **3**
  movie theater cine *m.* **2**
  new movie estreno *m.* **3**
  shoot (a movie) rodar (o:ue) *v.* **3**
movies cine *m.* **3**
MP3 player reproductor *m.* de MP3 **8**
Mr. señor (Sr.); don *m.*
Mrs. señora (Sra.); doña *f.*
much mucho/a *adj.*
  very much muchísimo/a *adj.*
mud barro *m.* **8**
multinational multinacional *adj. m., f.* **7**
  multinational company
    empresa *f.* multinacional **7**
municipal municipal *adj.*

murder crimen *m.*
muscle músculo *m.*
museum museo *m.* **2**
mushroom champiñón *m.*
music música *f.*
  music video video *m.* musical **3**
musical musical *adj.*
  musical group conjunto/grupo *m.*
    musical **9**
musician músico/a *m., f.* **9**
Muslim musulmán/musulmana *adj.* **6**
must deber *v.* (+ *inf.*)
  It must be… Debe ser…
my mi(s) *poss. adj.;* mío/a(s) *poss pron.*
myth mito *m.* **2**

N

naïve ingenuo/a *adj.* **2**
name nombre *m.*
  be named llamarse *v.*
  in the name of a nombre de
  last name apellido *m.*
  My name is… Me llamo…
  user name nombre de usuario **8**
napkin servilleta *f.*
national nacional *adj.*
  national news noticias *f., pl.*
    nacionales **3**
nationality nacionalidad *f.*
natural natural *adj.*
natural disaster desastre *m.* natural
  natural resource
    recurso *m.* natural
nature naturaleza *f.*
nauseated mareado/a *adj.*
navy armada *f.* **6**
near cerca de *prep.*
neaten arreglar *v.*
necessary necesario/a *adj.*
  It is necessary that…
    Hay que…
neck cuello *m.*
need faltar *v.;* necesitar *v.* (+ *inf.*)
negative negativo/a *adj.*
neglect desatender (e:ie) *v.* **5**
neighbor vecino/a *m., f.*
neighborhood barrio *m.* **2**
neither tampoco *adv.*
neither… nor ni… ni *conj.*
nephew sobrino *m.* **4**
nervous nervioso/a *adj.*
network cadena *f.* **3;** red *f.* **1**
never nunca *adj.;* jamás
new nuevo/a *adj.*
  new movie estreno *m.* **3**
new development novedad *f.* **8**
newlywed recién casado/a *m., f.*
news noticias *f., pl.* **3;**
  actualidades *f., pl.*
  international news
    noticias internacionales **3**
  local news noticias locales **3**

  national news
    noticias nacionales **3**
  news report reportaje *m.* **3**
newscast noticiero *m.*
newspaper periódico *m.* **3;**
  diario *m.* **3**
next próximo/a *adj.*
  next to al lado de *prep.*
nice simpático/a *adj.;* amable *adj.*
nickname apodo *m.* **4**
niece sobrina *f.* **4**
night noche *f.*
  night stand mesita *f.* de noche
nightlife vida *f.* nocturna **2**
nine nueve *adj.*
nine hundred novecientos/as *adj.*
nineteen diecinueve *adj.*
ninety noventa *adj.*
ninth noveno/a *adj.*
no no; ningún, ninguno/a(s) *adj.*
  no one nadie *pron.*
  No problem. No hay problema.
  no way de ninguna manera
nobody nadie *pron.*
noise ruido *m.* **9**
noisy ruidoso/a *adj.* **2**
nonconformist inconformista *adj.* **10**
none ningún, ninguno/a(s) *adj., adv.*
nonsense disparate *m.* **4**
noon mediodía *m.*
nor ni *conj.*
north Norte *m.*
  to the north al norte
nose nariz *f.*
nostalgia nostalgia *f.* **10**
not no *adv.*
  not any ningún, ninguno/a(s) *adj., adv.*
  not anyone nadie *pron.*
  not anything nada *pron.*
  not bad at all nada mal
  not either tampoco *adv.*
  not ever nunca *adv.;* jamás *adv.*
  not trust desconfiar *v.* **10**
  not very well no muy bien
  not working descompuesto/a *adj.*
notebook cuaderno *m.*
nothing nada *pron.*
noun sustantivo *m.*
November noviembre *m.*
now ahora *adv.*
nowadays hoy día *adv.*
nuclear nuclear *adj. m., f.*
  nuclear energy energía nuclear
number número *m.*
nurse enfermero/a *m., f.*
nutrition nutrición *f.*
nutritionist nutricionista *m., f.*

O

oblivion olvido *m.* **1**
o'clock: It's… o'clock Son las…
  It's one o'clock. Es la una.
obey obedecer *v.*
obligation deber *m.*

obtain conseguir (e:i) *v.*; obtener *v.*
obvious obvio/a *adj.*
    it's obvious es obvio
occupation ocupación *f.*
occur ocurrir *v.*
October octubre *m.*
of de *prep.*
    Of course. Claro que sí.;
        Por supuesto.
offer oferta *f.*; ofrecer (c:zc) *v.*
office oficina *f.*
    doctor's office consultorio *m.*
official oficial *adj.*
    official language lengua oficial *f.* **10**
often a menudo *adv.*
Oh! ¡Ay!
oil aceite *m.*; petróleo *m.* **5**
OK regular *adj.*
    It's okay. Está bien.
old viejo/a *adj.*
old age vejez *f.* **4**
older mayor *adj.*
    older brother, sister
        hermano/a mayor *m., f.*
oldest el/la mayor
omen presagio *m.* **10**
on en *prep.*; sobre *prep.*
    go on sale salir a la venta *v.* **3**
    keep an eye on vigilar *v.* **3**
    on behalf of por *prep.*
    on the dot en punto
    on time a tiempo
    on top of encima de
once una vez
one un, uno/a *adj.; m., f.; sing. pron.*
    one hundred cien(to)
    one million un millón
    one more time una vez más
    one thousand mil
    one time una vez
onion cebolla *f.*
online en línea *adj.* **8**
only sólo *adv.*; único/a *adj.*
    only child hijo/a único/a *m., f.* **4**
open abierto/a *adj.*; abrir *v.*
open-air al aire libre
opera ópera *f.*
    soap opera telenovela *f.* **3**
operation operación *f.*
opinion opinión *f.*
    express an opinion opinar *v.* **3**
opposite enfrente de *prep.*
oppresion opresión *f.* **4**
oppressed oprimido/a *adj.* **6**
or o *conj.*
orange anaranjado/a *adj.*; naranja *f.*
orchestra orquesta *f.*
order mandar; (*food*) pedir (e:i) *v.*
    in order to para *prep.*
orderly ordenado/a *adj.*
ordinal (*numbers*) ordinal *adj.*
other otro/a *adj.*
ought to deber *v.* (+ *inf.*) *adj.*
our nuestro/a(s) *poss. adj.; poss. pron.*

out of control descontrolado/a *adj.* **5**
out of order descompuesto/a *adj.*
outcome desenlace *m.* **2, 8**
outdoors al aire libre **5**
outskirts alrededores *m., pl.* **2**
oven horno *m.*
over sobre *prep.*
overcome superar *v.* **4**
overpopulation superpoblación *f.* **10**
overthrow derrocar *v.* **6**
overwhelmed agobiado/a *adj.* **1**
owe (money) deber *v.* (dinero) **9**
own propio/a *adj.*
    on his/her own por su cuenta. **1**
owner dueño/a *m., f.* **7**; propietario/a
    m., f. **8**
ozone layer capa *f.* de ozono **5**

P

p.m. tarde *f.*
pacifist pacifista *adj.* **6**
pack (one's suitcases) hacer *v.*
    las maletas
package paquete *m.*
page página *f.*
    front page portada *f.* **3**
pain dolor *m.* **2**
    have a pain tener *v.* dolor
paint pintar *v.*
painter pintor(a) *m., f.*
painting pintura *f.*
pair par *m.*
    pair of shoes par *m.* de zapatos
pamper mimar *v.* **4**
pants pantalones *m., pl.*
pantyhose medias *f., pl.*
paper papel *m.*; (*report*) informe *m.*
Pardon me. (*May I?*) Con permiso.;
    (*Excuse me.*) Perdón.
parents padres *m., pl.*; papás *m., pl.*
park estacionar *v.*; aparcar *v.* **5**;
    parque *m.*
parking lot estacionamiento *m.* **2**
parking space aparcamiento *m.* **5**
partner (*one of a married couple*)
    pareja *f.*; socio/a *m., f.* **7**
party fiesta *f.*
    party pooper aguafiestas *m., f.* **9**
pass pasar *v.* **6**
    pass a law aprobar (o:ue)
        una ley *v.* **6; 9**
passed pasado/a *p.p.*
passenger pasajero/a *m., f.* **2**
passport pasaporte *m.*
password contraseña *f.* **5**
past pasado/a *adj.*
pastime pasatiempo *m.*
pastry shop pastelería *f.*
patent patente *f.* **8**
patience paciencia *f.* **10**
patient paciente *m., f.*
patio patio *m.*

pay pagar *v.*
    pay the bill pagar la cuenta
    pay homage to the gods
        homenajear a los dioses *v.* **4**
    pay in cash pagar *v.* al contado;
        pagar en efectivo
    pay in installments pagar *v.*
        a plazos
    pay raise aumento *m.* de sueldo **7**
pea arveja *m.*
peace paz *f.* **6**
peaceful pacífico/a *adj.* **6**
peach melocotón *m.*
pear pera *f.*
pedestrian peatón/peatona *m., f.* **2**
pen pluma *f.*
pencil lápiz *m.*
penicillin penicilina *f.*
people gente *f.* **2**
pepper (black) pimienta *f.*
per por *prep.*
perfect perfecto/a *adj.*
performance espectáculo *m.* **9**
perhaps quizás; tal vez
permission permiso *m.*
persecution persecución *f.* **10**
person persona *f.*
    person in charge
        encargado/a *m., f.* **5**
personality carácter *m.* **4**
pharmacy farmacia *f.*
phenomenal fenomenal *adj.*
phenomenon fenómeno *m.* **3**
photograph foto(grafía) *f.*
photographer fotógrafo/a *m., f.* **3**
physical (exam) examen *m.* médico
physician doctor(a), médico/a *m., f.*
physicist físico/a *m., f.* **8**
physics física *f. sing.*
pick up recoger *v.*
picture cuadro *m.*; pintura *f.*
pie pastel *m.*
piece pedazo *m.* **5**
    piece of junk pedazo de lata **8**
pill (tablet) pastilla *f.*
pillow almohada *f.*
pineapple piña *f.*
pink rosado/a *adj.*
place lugar *m.*; poner *v.*
plaid de cuadros
planet planeta *m.* **8**
plan plano *m.* **8**; planificar *v.* **8**
plans planes *m., pl.*
    have plans tener planes
plant planta *f.*; plantar *v.* **5**;
    sembrar *v.* **10**
plastic plástico *m.*
    (made) of plastic de plástico
plate plato *m.*
    platter of fried food
        fuente *f.* de fritada
play drama *m.*; comedia *f.*; jugar
    (u:ue) *v.*; (*a musical instrument*)
    tocar *v.*; (*a role*) hacer el papel de;
    (*cards*) jugar a (las cartas); (*sports*)
    practicar deportes; poner *v.* **9**

play a CD poner un disco compacto **9**
play an instrument tocar *v.* **3**
player jugador(a) *m., f.*
playwright dramaturgo/a *m., f.*
plead rogar (o:ue) *v.*
pleasant agradable *adj.*
please por favor
Pleased to meet you. Mucho gusto.; Encantado/a. *adj.*
pleasing: be pleasing to gustar *v.*
pleasure gusto *m.*; placer *m.*
  It's a pleasure to… Gusto de (+ *inf.*)
  It's been a pleasure. Ha sido un placer.
  The pleasure is mine. El gusto es mío.
poem poema *m.*
poet poeta *m., f.*
poetry poesía *f.*
poison intoxicar *v.* **5**
police (force) policía *f.*
  police station comisaría *f.* **2**
policeman policía *m.* **2**
policewoman mujer policía *f.* **2**
political político/a *adj.*
  political exile exiliado/a político/a *m., f.* **10**
  political party partido político **6**
  political refugee refugiado/a político/a **10**
politician político/a *m., f.* **6**
politics política *f.* **6**
polka-dotted de lunares
poll encuesta *f.*
pollute contaminar *v.* **5**
polluted contaminado/a *m., f.*
  be polluted estar contaminado/a
pollution contaminación *f.* **5**
pool piscina *f.*
poor pobre *adj.*
populate poblar *v.* **2**
population población *f.* **10**
pork cerdo *m.*
  pork chop chuleta *f.* de cerdo
portable portátil *adj.*
  portable computer computadora *f.* portátil
position puesto *m.*; cargo *m.*
possessive posesivo/a *adj.*
possible posible *adj.*
  it's (not) possible (no) es posible
post office correo *m.*
postcard postal *f.*
poster cartel *m.*
potato papa *f.*; patata *f.*
pottery cerámica *f.*
poverty pobreza *f.* **7**
power poder *m.* **6**
powerful poderoso/a *adj.* **4**
practical práctico/a *adj.*
practice entrenarse *v.*; practicar *v.*

predict predecir (e:i) *v.* **10**
prefer preferir (e:ie) *v.*
pregnant embarazada *adj.*
premiere estreno *m.* **3**
premonition presentimiento *m.* **10**
prepare preparar *v.*; capacitar *v.* **8**
preposition preposición *f.*
prescribe (*medicine*) recetar *v.*
prescription receta *f.*
present regalo *m.*; presentar *v.*
preserve conservar *v.* **2, 5**
president presidente/a *m., f.* **6**
press prensa *f.* **3, 7**
  freedom of the press libertad *f.* de prensa **3**
  sensationalist press prensa sensacionalista **3**
pressure presión *f.*
  be under a lot of pressure sufrir muchas presiones
pretty bonito/a *adj.*; bastante *adv.*
prevent prevenir (e:ie) *v.* **5**
price precio *m.*
  (fixed, set) price precio *m.* fijo
pride orgullo *m.* **6**
priest sacerdote *m.* **4**; cura *m.* **6**
principles ideales *m., pl.* **10**
print estampado/a *adj.*; imprimir *v.*
printer impresora *f.*; imprenta *f.* **8**
prior to previo/a *adj.* **1**
prison cárcel *f.* **6**
  (prison) cell celda *f.* **6**
prisoner preso/a *m., f.* **5, 6**
private (*room*) individual *adj.*
prize premio *m.*
probable probable *adj.*
  it's (not) probable (no) es probable
problem problema *m.*
process trámite *m.* **1**
profession profesión *f.*
professor profesor(a) *m., f.*
profit ganancia *f.* **4**
program programa *m.*
programmer programador(a) *m., f.*
progress progreso *m.* **10**
prohibit prohibir *v.*
prominent destacado/a *adj.* **3**
promise jurar *v.* **10**
promotion (*career*) ascenso *m.*
pronoun pronombre *m.*
proof prueba *f.* **9**
protect proteger *v.* **5**
protected protegido/a *adj.* **5**
protein proteína *f.*
protest protestar *v.* **10**; manifestación *f.* **4**
proud orgulloso/a *adj.* **1**
prove comprobar (o:ue) *v.* **8**
provided (that) con tal (de) que *conj.*
prune podar *v.* **5**
psychologist psicólogo/a *m., f.*
psychology psicología *f.*

public público *m.* **3**
  public ransportation transporte *m.* público **2**
publish publicar *v.* **3**
publisher editorial *f.* **8**
Puerto Rican puertorriqueño/a *adj.*
Puerto Rico Puerto Rico *m.*
pull tirar; sacar *v.*
  pull a tooth sacar una muela
  pull someone's leg tomar el pelo *v.* **10**
punish castigar *v.* **3**
punishment castigo *m.* **3, 6**
pupil alumno/a *m., f.* **6**
purchase compra *f.* **7**
purchases compras *f., pl.*
pure puro/a *adj.* **5**
purple morado/a *adj.*
purse bolsa *f.*
put poner *v.*; puesto/a *p.p.*
  put (a letter) in the mailbox echar (una carta) al buzón
  put on (a performance) presentar *v.*
  put on (clothing) ponerse *v.* **7**
  put on makeup maquillarse *v.* **7**
  put up with aguantar *v.*; soportar *v.* **5**

Q

qualified capacitado/a *adj.* **7**
quality calidad *f.*
quarry cantera *f.* **7**
quarter (*academic*) trimestre *m.*
  quarter after (*time*) y cuarto; y quince
  quarter to (*time*) menos cuarto; menos quince
question pregunta *f.*
quickly rápido *adv.*
quiet tranquilo/a *adj.*
quit dejar *v.*; renunciar *v.* **7**
quiz prueba *f.*

R

rabbit's foot pata de conejo *f.* **5**
race carrera *f.* **9**
racism racismo *m.*
radio (*medium*) radio *f.* **3**
  radio (set) radio *m.*
  radio announcer locutor(a) *m., f.* de radio **3**
  radio station radioemisora *f.* **3**
rain llover (o:ue) *v.*; lluvia *f.* **5**
  It's raining. Llueve.; Está lloviendo.
raincoat impermeable *m.*
rainforest bosque *m.* tropical; selva *f.* **5**
  tropical rainforest selva tropical *f.* **5**
raise (*salary*) aumento de sueldo
raise (*children*) criar *v.* **4**
ranch rancho *m.* **10**

rather bastante *adv.*
reach alcanzar *v.* 4, 8
   reach a goal alcanzar
     una meta *v.* 10
read leer *v.*; leído/a *p.p.*
   read e-mail leer correo electrónico
   read a magazine leer una revista
   read a newspaper
     leer un periódico
ready listo/a *adj.*; dispuesto/a (a) *adj.* 7
   (Are you) ready? ¿(Están) listos?
reality: reality show programa *m.*
   de telerrealidad 3
realize darse cuenta de *v.* 7
reap the benefits (of) *v.* disfrutar *v.* (de)
reason razón *f.* 10
rebellious rebelde *adj.* 4
rebelliousness rebeldía *f.* 6
receive recibir *v.*
recipe receta *f.* 4
recognize reconocer (c:zc) *v.* 10
recommend recomendar (e:ie) *v.*
record grabar *v.* 3
recreation diversión *f.*; recreo *m.* 9
recycle reciclar *v.* 5
recycling reciclaje *m.* 5
red rojo/a *adj.*
red-haired pelirrojo/a *adj.*
reduce reducir *v.*; disminuir *v.* 10
   reduce stress/tension aliviar
     el estrés/la tensión
refrigerator refrigerador *m.*
refugee refugiado/a *m., f.* 10
   political refugee
     refugiado/a político/a 10
   war refugee refugiado/a
     de guerra 10
region región *f.*
regret arrepentirse *v.* 3; lamentar
   v. 4; sentir (e:ie) *v.*
regrettable lamentable *adv.* 1
rehearse ensayar *v.* 3
reject rechazar *v.* 10
related to sitting sedentario/a *adj.*
relative pariente *m., f.* 4, 10
   relatives familiares *m., pl.* 1;
     parientes *m., pl.* 4
relax relajarse *v.* 2
release (a movie) estrenar *v.*
   (una película) 9
relieve aliviar *v.* 5
relieved aliviado/a *adj.* 1
religion religión *f.* 4
rely (on) contar (o:ue) (con) *v.* 1
remain quedarse *v.*
remember acordarse (o:ue) *v.* (de);
   recordar (o:ue) *v.*
remodel remodelar *v.* 8
remote control control remoto *m.*
remove quitar *v.* 5

renew renovar *v.* 7
renewable renovable *adj.* 5
rent alquilar *v.*; (*payment*) alquiler *m.*
repeat repetir (e:i) *v.*
replace reemplazar *v.* 8
report informe *m.* 6; reportaje *m.*
   news report reportaje *m.* 3
reporter reportero/a *m., f.* 3
representative representante *m., f.*
reputation: have a good/bad
   reputation tener buena/mala fama
     v. 3
request pedir (e:i) *v.*
rescued rescatado/a *adj.* 6
research investigar *v.* 3
researcher investigador(a) *m., f.* 8
resemble parecerse (c:zc) *v.* 4
reservation reservación *f.*
reside residir *v.* 2
resident residente *m., f.* 4
resign (from) renunciar (a) *v.*
resist resistir *v.* 6
resolve resolver (o:ue) *v.* 5
resolved resuelto/a *p.p.*
resources recursos *m., pl.* 5
respect respetar *v.* 4
responsibility deber *m.*;
   responsabilidad *f.*; compromiso
   m. 1
rest descansar *v.*
restaurant restaurante *m.*
   restaurant serving arepas
     arepera *f.* 4
résumé currículum *m.*
retire (from work) jubilarse *v.* 7
returned vuelto/a *p.p.*
revolutionary revolucionario/a *adj.* 8
rhythm ritmo *m.* 3
rice arroz *m.*
rich rico/a *adj.*
riches riquezas *f., pl.* 7
ride a bicycle pasear *v.* en bicicleta
ride a horse montar *v.* a caballo
ridiculous ridículo/a *adj.*
   it's ridiculous es ridículo
right derecha *f.*
   be right tener razón
   right? (*question tag*) ¿no?;
     ¿verdad?
   right away enseguida *adv.*
   right here aquí mismo
   right now ahora mismo
   right there allí mismo
   to the right of a la derecha de
rights derechos *m.*
ring (*a doorbell*) sonar (o:ue) *v.*
rise ascender *v.* 7
risk riesgo *m.* 1
rivalry rivalidad *f.* 9
river río *m.* 5
road camino *m.*
roast asado/a *adj.*
   roast chicken pollo *m.* asado
rob robar *v.* 3
robbery robo *m.* 3

rollerblade patinar *v.* en línea
romantic romántico/a *adj.*
room habitación *f.*; cuarto *m.*
   living room sala *f.*
roommate compañero/a *m., f.*
   de cuarto
root raíz *f.* 4
roundtrip de ida y vuelta
   roundtrip ticket pasaje *m.* de
     ida y vuelta
rout recorrido *m.* 9
routine rutina *f.*
rubble escombros *m., pl.* 2
rug alfombra *f.*
ruin arruinar *v.* 8
rule regla *f.* 6
run correr *v.*; administrar *v.* 7
   run errands hacer diligencias 2
   run into (*have an accident*)
     chocar (con) *v.*; (*meet*
     accidentally) encontrar(se)
     (o:ue) *v.*; (*run into some*
     thing) darse (con) *v.*
   run into (each other)
     encontrar(se) (o:ue) *v.*
rush apurarse, darse prisa *v.*
Russian ruso/a *adj.*

S

sacred ritual rito sagrado *m.* 4
sacrifice sacrificar *v.* 4
sad triste *adj.*
   it's sad es triste
safe seguro/a *adj.*
safety seguridad *f.* 6
said dicho/a *p.p.*
salad ensalada *f.*
salary salario *m.*; sueldo *m.*
sale rebaja *f.*; venta *f.* 7
   go on sale salir a la venta *v.* 3
salesman vendedor *m.* 7
saleswoman vendedora *f.* 7
salmon salmón *m.*
salt sal *f.*
same mismo/a *adj.*
sandal sandalia *f.*
sandwich sándwich *m.*
Saturday sábado *m.*
sausage salchicha *f.*
save salvar *v.* 4; (*on a computer*)
   guardar *v.* 8
   save (money) ahorrar *v.* 7
savings ahorros *m., pl.* 7
   savings account cuenta *f.*
     de ahorros 7
saw serrar *v.* 5
say decir *v.*; declarar *v.*
say (that) decir (que) *v.*
   say goodbye despedirse (e:i) *v.* 10
   say the answer decir la respuesta
scale escama *f.* 9
scandal escándalo *m.* 6
scant escaso/a *adj.* 5
scarce escaso/a *adj.* 5
scarcely apenas *adv.*

scared: be (very) scared (of)
tener (mucho) miedo (de)
scene escena *f.* 1
scenery paisaje *m.* 5
schedule horario *m.*
school escuela *f.*
science *f.* ciencia
   science fiction ciencia *f.* ficción
scientist científico/a *m., f.* 8
scold regañar *v.* 4
score (a goal/a point) marcar *v.* (un gol/un punto); anotar *v.* un gol 9
screen pantalla *f.* 3
scuba dive bucear *v.*
sculpt esculpir *v.*
sculptor escultor(a) *m., f.*
sculpture escultura *f.*
sea mar *m.* 5
seal foca *f.* 5
search engine buscador *m.* 8
season temporada *f.* 3; estación *f.*
seat silla *f.*
second segundo/a *adj.; m., f.*
secretary secretario/a *m., f.*
lifestyle section sección *f.* de sociedad 3
sports section sección *f.* deportiva 3
secure seguro/a *adj.* 1
secular laico/a *adj.* 6
security seguridad *f.* 6
sedentary sedentario/a *adj.*
see ver *v.*
   see (you, him, her) again volver a ver(te, lo, la)
   see movies ver películas
   See you. Nos vemos.
   See you later. Hasta la vista.; Hasta luego.
   See you soon. Hasta pronto.
   See you tomorrow. Hasta mañana.
seed semilla *f.* 5
seem parecer *v.*
seen visto/a *p.p.*
self-esteem autoestima *f.* 4
selfish egoísta *adj.* 4
sell vender *v.*
semester semestre *m.*
send enviar; mandar *v.*
sensationalist: sensationalist press prensa *f.* sensacionalista 3
sensitive sensible *adj.* 1
separate (from) separarse *v.* (de)
separated separado/a *adj.* 1
September septiembre *m.*
sequence secuencia *f.*
serious grave *adj.*
serve servir (e:i) *v.*
set (*fixed*) fijo *adj.*
   set the table poner la mesa
settle poblar *v.* 2
seven siete *adj.*
seven hundred setecientos/as *adj.*
seventeen diecisiete *adj.*
seventh séptimo/a *adj.*

seventy setenta *adj.*
several varios/as *adj. pl.*
sexism sexismo *m.*
shaman chamán *m.* 5
shame (*pity*) lástima *f.*; (*embarrassment, remorse*) vergüenza *f.*
   it's a shame es una lástima
shampoo champú *m.*
shape forma *f.*
   be in good shape estar en buena forma
   stay in shape mantenerse en forma
share compartir *v.* 1
sharp (*time*) en punto
shave afeitarse *v.*
shaving cream crema *f.* de afeitar
she ella *f., sing. pron.*
shellfish mariscos *m., pl.*
ship barco *m.*
shirt camisa *f.*
shoe zapato *m.*
   shoe size número *m.*
   shoe store zapatería *f.*
   tennis shoes zapatos *m., pl.* de tenis
shoot disparar *v.* 7
   shoot a movie rodar (o:ue) *v.* 3
shop tienda *f.*
shopping, to go ir *v.* de compras
   shopping mall centro *m.* comercial
short (*in height*) bajo/a *adj.*; (*in length*) corto/a *adj.*
   short film cortometraje *m.* 1
   short story cuento *m.;* relato *m.* 8
   short term a corto plazo *adv.* 7
shortage escasez *f.* 7
shorts pantalones cortos *m., pl.*
shot disparo *m.* 3
should (*do something*) deber *v.* (+ *inf.*)
shout gritar *v.* 9
show espectáculo *m.* 9; mostrar (o:ue) *v.*
   game show programa *m.* de concursos 3; concurso *m.*
   reality show programa *m.* de telerrealidad 3
shower ducha *f.*; ducharse *v.*
shrimp camarón *m.*
shy tímido/a *adj.* 1
shyness timidez *f.*
siblings hermanos/as *pl.*
sick enfermo/a *adj.*
   be sick estar enfermo/a
   get sick enfermarse *v.*
   get sick (of) (*be fed up*) estar harto *v.* 1
sidewalk acera *f.* 2
sign firmar *v.* 3; letrero *m.* 2; pancarta *f.* 4; señal *f.* 9
silence silencio *m.*
silence callar *v.* 6

silk seda *f.*
   (made of) de seda
silly tonto/a *adj.*
   silly remark/action disparate *m.* 4
similar semejante *adj.* 10
since desde *prep.*
sing cantar *v.*
singer cantante *m., f.* 3
single soltero/a *adj.* 1
   single room habitación *f.* individual
sink lavabo *m.*; hundir *v.* 6
sir señor (Sr.); don *m.*
sister hermana *f.*
sister-in-law cuñada *f.* 4
sit down sentarse (e:ie) *v.*
six seis *adj.*
six hundred seiscientos/as *adj.*
sixteen dieciséis *adj.*
sixth sexto/a *adj.*
sixty sesenta *adj.*
size talla *f.*; tamaño *m.* 8
   shoe size número *m.*
(in-line) skate patinar (en línea)
skateboard andar en patineta *v.*
ski esquiar *v.*
   ski mask pasamontañas *m., sing.* 3
skiing esquí *m.* 9
   cross country skiing esquí de fondo 9
   downhill skiing esquí alpino 9
   water-skiing esquí acuático
skirt falda *f.*
sky cielo *m.*
skyscraper rascacielos *m.* 2
sleep dormir (o:ue) *v.*; sueño *m.*
   go to sleep dormirse (o:ue) *v.*
sleepy: be (very) sleepy tener (mucho) sueño
slender delgado/a *adj.*
slim down adelgazar *v.*
slippers pantuflas *f.*
slow lento/a *adj.*
slowly despacio *adv.*
small pequeño/a *adj.*
   small talk conversación informal *f.* 7
smart listo/a *adj.*
smell olor *m.* 9
smile sonreír (e:i) *v.*
smiled sonreído *p.p.*
smog smog *m.* 5
smoggy: It's (very) smoggy. Hay (mucha) contaminación.
smoke fumar *v.*
smoking section sección *f.* de fumar
   (non) smoking section *f.* sección de (no) fumar
snack merendar *v.*;
   afternoon snack merienda *f.*
   have a snack merendar *v.*
snake serpiente *f.* 5
sneakers los zapatos de tenis *m., pl.*
sneeze estornudar *v.*
snow nevar (e:ie) *v.*; nieve *f.*

snowing: **It's snowing.** Nieva.;
Está nevando.
so (*in such a way*) así *adv.*; tan *adv.*
so much tanto *adv.*
so-so regular *adj.*
so that para que *conj.*
soap jabón *m.*
soap opera telenovela *f.* **3**
soccer fútbol *m.*
social assistance prestaciones *f., pl.* **4**
social prejudice prejuicio social *m.* **4**
sociology sociología *f.*
sock(s) calcetín (calcetines) *m.*
sofa sofá *m.*
soft drink refresco *m.*
software programa *m.*
(de computación) **8**
soil tierra *f.*
solar solar *adj. m., f.*
solar energy energía solar
sold out agotado/a *adj.* **9**
soldier soldado *m., f.*
solution solución *f.*
solve resolver (o:ue) *v.* **5**
some algún, alguno/a(s) *adj.*; unos/as
pron. m., f., pl; indef. art.
somebody alguien *pron.*
someone alguien *pron.*
something algo *pron.*
sometimes a veces *adv.*
son hijo *m.*
song canción *f.*
son-in-law yerno *m.* **4**
soon pronto *adv.*
See you soon. Hasta pronto.
soothe aliviar *v.* **5**
sorry: be sorry sentir (e:ie) *v.*
I'm sorry. Lo siento.
I'm so sorry. Mil perdones.;
Lo siento muchísimo.
soul alma *f.* (*but:* el alma) **1, 3, 6**
soulmate alma gemela **1**
soundtrack banda *f.* sonora **3**
soup caldo *m.*; sopa *f.*
source fuente *f.* **5**
south Sur *m.*
to the south al sur
space espacio *m.* **8**
space shuttle
transbordador *m.* espacial **8**
Spain España *f.*
Spanish (*language*) español *m.*;
español(a) *adj.*
spare (free) time ratos libres
speak hablar *v.*
special: special effects
efectos *m.* especiales **3**
specialized especializado/a *adj.* **8**
species especie *f.* **5**
endangered species especie en
peligro (de extinción) **5**
spectacular espectacular *adj.*
spectator espectador(a) *m., f.* **9**

speech discurso *m.*
speed velocidad *f.*
speed limit velocidad *f.* máxima
spell checker
corrector *m.* ortográfico **5**
spelling ortografía *f.*; ortográfico/a *adj.*
spend (*money*) gastar *v.* **7**
spirit (*soul*) alma *f.* **6**;
(*mood*) ánimo *m.* **1**
splinter astilla *f.* **6**
spoil malcriar *v.* **4**
spoon (*table or large*) cuchara *f.*
spoonful cucharada *f.* **5**
in spoonfuls a cucharadas **5**
sport deporte *m.*
sports club club *m.* deportivo **9**
sports-related deportivo/a *adj.*
sports section
sección *f.* deportiva **3**
spouse esposo/a *m., f.*
sprain (one's ankle) torcerse
(o:ue) *v.* (el tobillo)
sprained torcido/a *adj.*
be sprained estar torcido/a
sprawl expansión *f.* **5**
urban sprawl expansión urbana **5**
spread esparcir *v.*; difundir *v.* **2, 10**
spread news difundir *v.* **2**
spread the word correr *v.* la voz **9**
spring primavera *f.*
spy espiar *v.* **6**
(city or town) square plaza *f.*
square plaza *f.* **2**
stadium estadio *m.* **2**
staff plantilla *f.* **7**
stage etapa *f.*
stairs escalera *f.*
stairway escalera *f.*
stamp estampilla *f.*
stand in line hacer *v.* cola
stand (someone) up
dejar *v.* plantado/a **1**
standard of living nivel *m.* de vida
f. **10**; calidad *f.* de la vida *f.* **1**
star estrella *f.* **8**
movie star estrella de cine **3**
shooting star estrella fugaz **8**
start (*a vehicle*) arrancar *v.*;
(*establish*) establecer *v.*
station estación *f.* **2**
bus station estación *f.*
de autobuses **2**
fire station estación *f.*
de bomberos **2**
police station estación *f.*
de policía **2**
radio station radioemisora *f.* **3**
subway station estación *f.*
del metro **2**
train station estación *f.* de trenes **2**
statue estatua *f.*
status: marital status
estado *m.* civil

stay quedarse *v.* **2**
stay in shape mantenerse
en forma
stay up late trasnochar *v.* **9**
steak bistec *m.*
steering wheel volante *m.*
step etapa *f.*
stepbrother hermanastro *m.* **4**
stepdaughter hijastra *f.*
stepfather padrastro *m.* **4**
stepmother madrastra *f.* **4**
stepsister hermanastra *f.* **4**
stepson hijastro *m.*
stereo estéreo *m.*
stifle ahogar *v.* **6**
still todavía *adv.*
stingy tacaño/a *adj.* **1**
stock market bolsa *f.* de valores **7**
stockbroker corredor(a) *m., f.*
de bolsa
stockings medias *f., pl.*
stomach estómago *m.*
stone piedra *f.* **8**
sculpted stone piedra esculpida **8**
stop parar *v.*; detenerse (e:ie) *v.* **2, 9**
stop (*doing something*) dejar de
(+ *inf.*)
stop parada *f.* **2**
bus stop parada *f.* de autobús **2**
subway stop parada *f.* de metro **2**
store tienda *f.*
storekeeper tendero/a *m., f.* **7**
storm tormenta *f.*
stormy tempestuoso/a *adj.* **1**
story cuento *m.*; historia *f.*
stove cocina, estufa *f.*
straight derecho *adj.*
straight (ahead) derecho
straighten up arreglar *v.*
strange extraño/a *adj.*
it's strange es extraño
strawberry frutilla *f.*; fresa *f.*
street calle *f.* **2**
strengthen fortalecer *v.* **6**
stress estrés *m.*
stressed (out) estresado/a *adj.* **7**
stretching estiramiento *m.*
do stretching exercises hacer
ejercicios; *m. pl.* de estiramiento
strict estricto/a *adj.* **4**
strike (*labor*) huelga *f.* **6**
stripe raya *f.*
striped de rayas
stroll pasear *v.*
strong fuerte *adj.*
to grow stronger fortalecerse *v.* **1**
struggle lucha *f.* **6**
struggle (for/against) luchar *v.*
(por/contra)
student estudiante *m., f.*; estudiantil
adj.; alumno/a *m., f.* **6**
study estudiar *v.*
stuffed-up (*sinuses*)
congestionado/a *adj.*
stupendous estupendo/a *adj.*

style estilo *m.* **3**
submissive sumiso/a *adj.* **4**
subscribe (to) suscribirse (a) *v.* **3**
substitute sustituir *v.* **8**
subtitles subtítulos *m., pl.* **3**
suburb suburbio *m.* **2**
suburbs afueras *f., pl.* **2**
subway metro *m.* **2**
   subway station estación *f.*
    del metro
   subway stop parada *f.* del metro **2**
success éxito *m.* **3**
successful exitoso/a *adj.* **7**
   be successful tener éxito
such as tales como
sudden repentino/a *adj.* **2**
suddenly de repente *adv.*
suffer sufrir *v.*
   suffer an illness sufrir
    una enfermedad
suffocate ahogarse *v.* **5**
sugar azúcar *m.*
suggest sugerir (e:ie) *v.*
suit traje *m.*
suitable apto/a *adj.* **7**
suitcase maleta *f.*
summer verano *m.*
summon convocar *v.* **6**
sun sol *m.* **5**
sunbathe tomar *v.* el sol
Sunday domingo *m.*
(sun)glasses gafas *f., pl.*
   (oscuras/de sol); lentes *m.*
   pl. (oscuros/de sol)
sunny: It's (very) sunny. Hace
   (mucho) sol.
superiority complex complejo de
   superioridad *m.* **8**
supermarket supermercado *m.*
superstitious supersticioso/a *adj.* **10**
supply abastecer *v.* **7**
support apoyo *m.*
   support (each other)
    apoyar(se) *v.* **4**
   support network red *f.*
    de apoyo *m.* **1**
suppose suponer *v.*
sure seguro/a *adj.*
   be sure estar seguro/a
surf (*the Internet/web*) navegar *v.* (en
   Internet/en la red) **3**
surprise sorprender *v.*; sorpresa *f.*
surround rodear *v.* **4**
surrounded rodeado/a *m., f.* **9**
survey encuesta *f.*
survival supervivencia *f.* **8**
survive subsistir *v.* **2**
suspect sospechar *v.* **7**
suspicion sospecha *f.* **3**
suspicious sospechoso/a *adj.* **8**
sweat sudar *v.*
sweater suéter *m.*
sweep the floor barrer *v.* el suelo

sweets dulces *m., pl.*
swim nadar *v.*
swimming natación *f.*
   swimming pool piscina *f.*
symbol símbolo *m.* **5**
symptom síntoma *m.*

T

table mesa *f.*
tablespoon cuchara *f.*
tablet (*pill*) pastilla *f.*
take tomar *v.*; llevar *v.*;
   (not) take advantage of
    (des)aprovechar *v.* **7**
   take a bath bañarse *v.*
   take care of cuidar *v.*
   take a bike/car/motorcycle ride
    dar una vuelta en bicicleta/carro/
    motocicleta *v* **2**
   take off quitarse *v.*
   take out the trash *v.* sacar
    la basura
   take photos tomar *v.* fotos;
    sacar *v.* fotos
   take a risk arriesgarse *v.* **10**
   take (*wear*) **a shoe size** calzar *v.*
   take a shower ducharse *v.*
   take someone's temperature
    tomar *v.* la temperatura
   take a stroll dar un paseo *v.* **2**
   take a walk/ride dar una vuelta *v.* **2**
talented talentoso/a *adj.*
talk hablar *v.*; conversar *v.* **2**
   talk show programa *m.*
    de entrevistas
tall alto/a *adj.*
tank tanque *m.*
tape recorder grabadora *f.*
taste probar (o:ue) *v.*; saber *v.*
   taste like saber a
tasty rico/a *adj.*; sabroso/a *adj.*
tax impuesto *m.* **7**
taxi taxi *m.*
tea té *m.*
teach enseñar *v.*
teacher profesor(a) *m., f.*;
   maestro/a *m., f.*
team equipo *m.* **9**
technician técnico/a *m., f.*
telecommuting teletrabajo *m.*
telepathy telepatía *f.* **9**
telephone teléfono
   cellular telephone
    teléfono *m.* celular
telescope telescopio *m.* **8**
television televisión *f.*;
   television set televisor *m.*
   television viewer televidente *m.,*
    f. **3**
tell contar *v.*; decir *v.*
tell (that) decir *v.* (que)
   tell lies decir mentiras
   tell the truth decir la verdad

temperature temperatura *f.*
ten diez *adj.*
tenderness ternura *f.* **2**
tennis tenis *m.*
   tennis shoes zapatos *m., pl.*
    de tenis
tension tensión *f.*
tent tienda *f.* de campaña
tenth décimo/a *adj.*
terrain terreno *m.* **8**
terrible terrible *adj. m., f.*
   it's terrible es terrible
terrific chévere *adj.*
territory territorio *m.* **10**
terrorism terrorismo *m.* **6**
terrorist terrorista *m., f.* **6**
test prueba *f.*; examen *m.*
text message mensaje *m.* de texto
thank agradecer *v.* **4**
Thank you. Gracias. *f., pl.*
   Thank you (very much).
    (Muchas) gracias.
   Thank you very, very much.
    Muchísimas gracias.
   Thanks (a lot). (Muchas) gracias.
   Thanks again. (*lit. Thanks one*
    more time.) Gracias una vez
    más/de nuevo.
   Thanks for everything. Gracias
    por todo.
that que; quien(es); lo que *pron.*
   that (one) ése; ésa; eso *pron.*;
    ese; esa; *adj.*
   that (*over there*) aquél, aquélla,
    aquello *pron.*; aquel, aquella *adj.*
   that which lo que *conj.*
   that's me soy yo
   That's not the way it is. No es así.
   that's why por eso
the el *m.*, la *f. sing.*; los *m.*, las *f., pl.*
theater teatro *m.* **9**
   theater play obra *f.* de teatro **9**
their su(s) *poss. adj.*;
   suyo/a(s) *poss. pron.*
them los/las *pl., d.o. pron.*
   to/for them les *pl., i.o. pron.*
then (*afterward*) después *adv.*; (*as a*
   result) entonces *adv.*; (*next*) luego
   adv.; pues *adv.*
theory teoría *f.* **8**
there allí *adv.*
   There is/are… Hay…
   There is/are not… No hay…
therefore por eso
these éstos; éstas *pron.*;
   estos; estas *adj.*
they ellos *m.*, ellas *f. pron.*
thief ladrón/ladrona *m., f* **6**
thin delgado/a *adj.*
thing cosa *f.*
think opinar *v.* **3**; pensar (e:ie) *v.*;
   (*believe*) creer *v.*
   think about pensar en *v.*
third tercero/a *adj.*

thirst sed *f.*
thirsty: be (very) thirsty tener
  (mucha) sed
thirteen trece *adj.*
thirty treinta *adj.*
thirty (*minutes past the hour*) *adj.*
  y treinta; y media
this este; esta *adj.*;
  éste, ésta, esto *pron.*
  This is… (*introduction*) Éste/a es…
  This is he/she. (*on telephone*)
    Con él/ella habla.
those ésos; ésas *pron.*; esos; esas *adj.*
those (over there) aquéllos; aquéllas
  pron.; aquellos; aquellas *adj.*
thousand mil *adj.*
threat amenaza *f.* **6**
threaten amenazar *v.* **5**
three tres
three hundred trescientos/as *adj.*
throat garganta *f.*
through por *prep.*
throughout: throughout the world
  en todo el mundo
throw away echar *v.* **5**
throw out botar *v.* **4**
Thursday jueves *m., sing.*
thus (*in such a way*) así *adj.*
ticket boleto *m.*; entrada *f.* **9**; pasaje *m.*
tie (*clothing*) corbata *f.*; empate *m.* **9**;
  (*link*) lazo *m.* **1**; (*a game*) empatar *v.* **9**
tiger tigre *m.* **5**
tight-lipped parco/a *adj.* **1**
time vez *f.*; tiempo *m.*
  have a good/bad time pasarlo
    bien/mal
  We had a great time. Lo pasamos
    de película.
  What time is it? ¿Qué hora es?
  (At) What time…? ¿A qué hora…?
times veces *f., pl.*
  many times muchas veces
  two times dos veces
tiny diminuto/a *adj.* **9**
tip propina *f.*
tire llanta *f.*
tired cansado/a *adj.*
  be tired estar cansado/a
to a *prep.*
toast (*drink*) brindar *v.* **9**
toast pan *m.* tostado
toasted tostado/a *adj.*
  toasted bread pan tostado *m.*
toaster tostadora *f.*
today hoy *adv.*
  Today is… Hoy es…
toe dedo *m.* del pie
together juntos/as *adj.*
toilet inodoro *m.*
tolerate aguantar *v.* **5**
tomato tomate *m.*
tome tocho *m.* **8**
tomorrow mañana *f.*
  See you tomorrow. Hasta mañana.

tongue lengua *f.* **10**
  mother tongue lengua materna *f.* **10**
tonight esta noche *adv.*
too también *adv.*;
  too much demasiado *adv.*;
    en exceso
tool herramienta *f.* **8**
tooth diente *m.*
  toothpaste pasta *f.* de dientes
tornado tornado *m.*
tortilla tortilla *f.*
touch tocar *v.*;
tour an area recorrer *v*; excursión *f.*
tourism turismo *m.*
tourist turista *m., f.*; turístico/a *adj.*
toward hacia *prep.*; para *prep.*
towel toalla *f.*
town pueblo *m.*
toxic tóxico/a *adj.* **5**
toy juguete *m.* **7**
trade oficio *m.*
traffic circulación *f.*; tráfico *m.* **2**
  traffic light semáforo *f.* **2**
tragedy desgracia *v.* **10**; tragedia *f.*
trail sendero *m.*
  trailhead sendero *m.*
train entrenarse *v.*; tren *m.*
  train station estación *f.*
    (de) tren *m.* **2**
trainer entrenador(a) *m., f.*
trait rasgo *m.* **3**
translate traducir *v.*
transportation (public)
  transporte *m.* público **2**
trap trampa *f.* **6**
trash basura *f.* **5**
travel viajar *v.*
  travel agent agente *m., f.*
    de viajes
travel (*around a city*) recorrer *v.* **2**
traveler viajero/a *m., f.*
  (traveler's) check cheque
    (de viajero)
treadmill cinta caminadora *f.*
tree árbol *m.* **5**
trick engañar *v.* **3**
trillion billón *m.*
trimester trimestre *m.*
trip viaje *m.*; recorrido *m.* **9**
  take a trip hacer un viaje
tropical forest bosque *m.* tropical
true verdad *adj.*
  it's (not) true (no) es verdad
trunk baúl *m.*; tronco *m.* **5**
trust confianza *f.* **5**
trust (in) confiar (en) *v.* **1, 6**
truth verdad *f.*
try intentar *v.*; probar (o:ue) *v.*
  try (*to do something*) tratar de
    (+ *inf.*)
  try on probarse (o:ue) *v.*
t-shirt camiseta *f.*
Tuesday martes *m., sing.*

tuna atún *m.*
turkey pavo *m.*
turn doblar *v.* **2**
  turn back voltear *v.* **7**
  turn into (*something*) convertirse
    (e:ie) en (algo) *v.* **10**
  turn off (*electricity/appliance*)
    apagar *v.*
  turn on (*electricity/appliance*)
    poner *v.*; prender *v.*
turtle tortuga *f.* **5**
  sea turtle tortuga marina **5**
twelve doce *adj.*
twenty veinte *adj.*
twenty-eight veintiocho *adj.*
twenty-five veinticinco *adj.*
twenty-four veinticuatro *adj.*
twenty-nine veintinueve *adj.*
twenty-one veintiún *adj.*;
  veintiuno/a *adj. m. f,*
twenty-seven veintisiete *adj.*
twenty-six veintiséis *adj.*
twenty-three veintitrés *adj.*
twenty-two veintidós *adj.*
twice dos veces
twin gemelo/a *m., f.*
  twin brother hermano gemelo
    m. **4**
  twin sister hermana gemela *f.* **4**
twisted torcido/a *adj.*
  be twisted estar torcido/a
two dos *adj.*
  two hundred doscientos/as *adj.*
  two times dos veces

<table>
<tr><td>U</td></tr>
</table>

ugly feo/a *adj.*
unbearable insoportable *adj.*
unbiased imparcial *adj.* **3**
uncertainty incertidumbre *f.* **10**
uncle tío *m.* **4**
under bajo *adv.*; debajo de *prep.*
undergo someterse a *v.* **8**
understand comprender *v.*; entender
  (e:ie) *v.*
understanding comprensión *f.* **4**;
  entendimiento *m.* **10**
understanding comprensivo/a *adj.*
underwear ropa interior
unemployed desempleado/a *adj.* **7**
unemployment desempleo *m.* **7**
unequal desigual *adj.* **6**
unethical poco ético/a *adj.* **8**
unexpected inesperado/a *adj.* **2**
unfair injusto/a *adj.* **6**
unfaithfulness infidelidad *f.* **1**
unforgettable inolvidable *adj.* **1**
union unión *f.* **7**
  labor union sindicato *m.* **7**
United States Estados Unidos
  (EE.UU.) *m. pl.*
universe universo *m.* **8**
university universidad *f.*
unless a menos que *adv.*

unmarried soltero/a *adj.*
unpleasant antipático/a *adj.*
until hasta *prep.*; hasta que *conj.*
up arriba *adv.*
   up-to-date actualizado/a *adj.* **3**
upload subir *v.* **8**
upset disgustado/a *adj.* **1**
urbanize urbanizar *v.* **5**
urgent urgente *adj.*
   It's urgent that... Es urgente que...
us nos *pl., d.o. pron.*
   to/for us nos *pl., i.o. pron.*
use usar *v.*
use up agotar *v.* **5**
used for para *prep.*
useful útil *adj.*; práctico/a *adj.*
usefulness utilidad *f.* **5**
user name nombre de usuario **8**

V

vacation vacaciones *f., pl.*
   be on vacation estar
     de vacaciones
   go on vacation ir
     de vacaciones
vacuum pasar *v.* la aspiradora
   vacuum cleaner aspiradora *f.*
valley valle *m.*
value valorar *v.* **2**
values valores *m., pl.* **10**
vanguard vanguardia *f.* **8**
various varios/as *adj. pl.*
VCR videocasetera *f.*
vegetables verduras *pl., f.*
verb verbo *m.*
very muy *adv.*
   very much muchísimo *adv.*
   (Very) well, thank you. (Muy)
     bien, gracias.
victim víctima *f.* **6**
victory victoria *f.* **6**
video video *m.*
   music video video *m.* musical **3**
   video camera cámara *f.* de video
   video(cassette) video(casete) *m.*
   videoconference
     videoconferencia *f.*
   video game videojuego *m.* **9**
viewer: television viewer
   televidente *m., f.* **3**
vinegar vinagre *m.*
violence violencia *f.* **6**
visit visitar *v.*
   visit monuments
     visitar monumentos
vitamin vitamina *f.*
volcano volcán *m.*
volleyball vóleibol *m.*
vote votar *v.* **6**

W

wage sueldo *m.* **7**
wait (for) esperar *v.* (+ *inf.*)
   wait in line hacer *v.* cola **9**

waiter/waitress camarero/a;
   mesero/a *m., f.*
wake up despertarse (e:ie) *v.*;
   amanecer *v.* **10**
walk caminar *v.*
   take a walk pasear *v.*;
   walk around pasear por
wall pared *f.* **8**
wallet cartera *f.*
want querer (e:ie) *v.*
war guerra *f.* **6**
   war refugee refugiado/a
     de guerra **10**
warehouse almacén *m.* **7**
warm (oneself) up calentarse
   (e:ie) *v.*
warming calentamiento *m.* **5**
wash lavar *v.*
   wash one's face/hands lavarse
     la cara/las manos
   wash (the floor, the dishes)
     lavar (el suelo, los platos)
   wash oneself lavarse *v.*
washing machine lavadora *f.*
waste malgastar *v.* **5**
wastebasket papelera *f.*
watch vigilar *v.* **3**; mirar *v.*; reloj *m.*
   watch television mirar
     (la) televisión
water agua *f.*
   water pollution contaminación
     del agua
   water-skiing esquí *m.* acuático
way manera *f.*
we nosotros(as) *m., f.*
Web red *f.* **8**
weak débil *adj. m., f.*
wealth riqueza *f.* **7**
weapon arma *f.* (*but:* el arma) **6**
wear llevar *v.*; usar *v.*
weather tiempo *m.*
   The weather is bad. Hace
     mal tiempo.
   The weather is good. Hace
     buen tiempo.
weaving tejido *m.*
web red *f.*
   surf the web navegar *v.* en la red **3**
website sitio *m.* web **3**
wedding boda *f.*
Wednesday miércoles *m., sing.*
week semana *f.*
weekend fin *m.* de semana
weight peso *m.*
   lift weights levantar *v.* pesas *f., pl.*
weird raro/a *adj.* **6**
welcome bienvenido(s)/a(s) *adj.*
well pues *adv.*; bueno *adv.*
   (Very) well, thanks. (Muy)
     bien, gracias.
well-being bienestar *m.* **2**
well organized ordenado/a *adj.*
well-mannered (bien) educado/a *adj.* **4**
west oeste *m.*
   to the west al oeste

western (*genre*) de vaqueros
whale ballena *f.* **5**
what lo que *pron.*
what? ¿qué?
   At what time...? ¿A qué hora...?
   What a pleasure to... ! ¡Qué
     gusto (+ *inf.*)...
   What day is it? ¿Qué día es hoy?
   What do you guys think? ¿Qué
     les parece?
   What happened? ¿Qué pasó?
   What is today's date? ¿Cuál
     es la fecha de hoy?
   What nice clothes! ¡Qué ropa
     más bonita!
   What size do you take? ¿Qué
     talla lleva/usa?
   What time is it? ¿Qué hora es?
   What's going on? ¿Qué pasa?
   What's happening? ¿Qué pasa?
   What's. . . like? ¿Cómo es...?
   What's new? ¿Qué hay de nuevo?
   What's the weather like? ¿Qué
     tiempo hace?
   What's wrong? ¿Qué pasó?
   What's your name? ¿Cómo se
     llama usted? *form.*
   What's your name? ¿Cómo te
     llamas (tú)? *fam.*
when cuando *conj.*
When? ¿Cuándo?
where donde
where (to)? (*destination*) ¿adónde?;
   (*location*); ¿dónde?
   Where are you from? ¿De dónde
     eres (tú)? *fam.*; ¿De dónde es
     (usted)? *form.*
   Where is...? ¿Dónde está...?
   (to) where? ¿adónde?
which que *pron.*; lo que *pron.*
which? ¿cuál?; ¿qué?
   In which...? ¿En qué...?
   which one(s)? ¿cuál(es)?
while mientras *adv.*; rato *m.* **6**
whistle (at) silbar (a) *v.* **9**
white blanco/a *adj.*
   white wine vino blanco
who que *pron.*; quien(es) *pron.*
who? ¿quién(es)?
Who is...? ¿Quién es...?
   Who is calling? (*on telephone*)
     ¿De parte de quién?
   Who is speaking? (*on telephone*)
     ¿Quién habla?
whole todo/a *adj.*
whom quien(es) *pron.*
whose? ¿de quién(es)?
why? ¿por qué?
widow viuda *f.* **9**
widowed viudo/a *adj.* **1**
widower viudo *m.* **9**
wife esposa *f.* **4**
will voluntad *f.* **1**

English-Spanish

willing (to) dispuesto/a (a) *adj.* 7
win ganar *v.* 9
  win a game ganar un partido 9
  win elections ganar
    las elecciones 6
wind viento *m.*
window ventana *f.*
windshield parabrisas *m., sing.*
windy: It's (very) windy. Hace
  (mucho) viento.
wine vino *m.*
  red wine vino tinto
  white wine vino blanco
wineglass copa *f.*
wing(s) el ala *f.* /las alas 9
winter invierno *m.*
wireless inalámbrico/a *adj.* 8
wish desear *v.*; esperar *v.*
  I wish (that) ojalá (que)
with con *prep.*
  with me conmigo
  with you contigo *fam.*
within (ten years) dentro de (diez
  años) *prep.*
without sin *prep.*; sin que *conj.*
wolf lobo *m.* 5
woman mujer *f.*
womanizer mujeriego *m.* 9
wonderful genial *adj.* 1
wood madera *f.* 5
wool lana *f.*
  (made of) wool de lana
word palabra *f.*
work trabajar *v.*; funcionar *v.*; trabajo *m.*
  work (*of art, literature, music,
    etc.*) obra *f.*
  work out hacer gimnasia
  work schedule horario *m.*
    de trabajo 7
working life vida laboral *f.* 7
world mundo *m.*
World Cup Mundial *m.* 9
worldwide mundial *adj.*
worried (about) preocupado/a (por)
  adj. 1
worry (about) preocuparse *v.* (por)
  Don't worry. No se preocupe.
    form.; Tranquilo.; No
    te preocupes. *fam.*
worse peor *adj.*
worst el/la peor, lo peor
worthy digno/a *adj.* 4
Would you like to...?
  ¿Te gustaría…? *fam.*
write escribir *v.*
  **write a letter/post card/e-mail
  message** escribir una carta/postal/
    mensaje electrónico
writer escritor(a) *m., f*
written escrito/a *p.p.*

wrong equivocado/a *adj.*
  be wrong no tener razón

X

X-ray radiografía *f.*

Y

yard jardín *m.*; patio *m.*
year año *m.*
  be... years old tener… años
yellow amarillo/a *adj.*
yes sí *interj.*
yesterday ayer *adv.*
yet todavía *adv.*
yield enough to live on dar para
  vivir *v.* 7
yogurt yogur *m.*
You tú *fam.*, usted (Ud.) *form. sing.*;
  vosotros/as *m., f. fam.* ustedes
  (Uds.) *form. pl.*;
  (to, for) you te *fam. sing;* os *fam.
    pl.*; le *form. sing.*; les *form pl.*
  you te *fam., sing.*; lo/la *form.,
    sing.*; os *fam., pl.*; los/las
    form., pl, d.o. pron.
You don't say! ¡No me digas! *fam.*;
  ¡No me diga! *form.*
You are. . . Tú eres…
You're welcome. De nada.; No hay
  de qué.
young joven *adj.*
  young person joven *m., f.*
  young woman señorita (Srta.) *f.*
younger menor *adj.*
younger: younger brother, sister
  hermano/a *m., f.* menor
youngest el/la menor *m., f.*
youngster chaval(a) *m., f.* 6
your su(s) *poss. adj. form.*
  your tu(s) *poss. adj. fam. sing.*
  your vuestro/a(s) *poss. adj.
    form. pl.*
  your(s) suyo(s)/a(s)
    poss. pron. form.
  your(s) tuyo(s)/a(s) *poss.
    fam. sing.*
  your(s) vuestro(s)/a(s) *poss. fam.*
youth juventud *f.* 4

Z

zero cero *m.*

Index

Credits

Text Credits

36–37   "Poema 20" Pablo Neruda – "Poema 20", VEINTE POEMAS DE AMOR Y UNA CANCIÓN DESESPERADA © Fundación Pablo Neruda, 2013.

74–75   "La vida y los recuerdos" Eugenia Viteri.

114–115   "La desesperación de las letras" ©2006 Ginés S. Cutillas.

152–153   "El eclipse" ©Augusto Monterroso.

190–191   "La Luna" By permission of Judith Sabines.

228–229   "La mejor tinta" By permission of Armando Valladares.

264–265   "La mirada" Juan Madrid. "La mirada", CUENTOS DEL ASFALTO. © Juan Madrid, 1987.

298–299   "La intrusa" By permission of Susana Fitere.

332–333   "El beso de los dragones" ©Wilfredo Machado.

370–371   "Algo muy grave va a suceder en este pueblo" Gabriel García Márquez, "Algo muy grave va a suceder en este pueblo" ©Gabriel García Márquez, 2003.

Film Credits

8–9   "No me ama" By permission of Martín Piroyanski.

46–47   "Adiós mamá" By permission of IMCINE.

84–85   "Encrucijada" By permission of IMCINE.

124–125   "El Rincón de Venezuela" By permission of Reyther Ortega.

162–163   "Raíz" By permission of Gaizka Urresti.

200–201   "Hiyab" By permission of Xavi Sala Camarena.

238–239   "Recursos humanos" By permission of El médano producciones.

274–275   "El clon" By permission of Mateo Ramírez Louit.

308–309   "Espíritu deportivo" By permission of IMCINE.

342–343   "Un pedazo de tierra" By permission of Jorge Gaggero.

Photography and Art Credits

All images ©Vista Higher Learning unless otherwise noted.

Master Art: 9, **47**, **85**, **125**, **163**, **201**, **239**, **275**, **309**, **343** (full pg/background) © Randall Fung/Corbis.

Cover: (full pg) © Tracy Kahn/Getty Images.

Lesson One: 2 (full pg) © Radius Images/Corbis; **4** (l) Anne Loubet; (tm) © Edyta Pawlowska/Fotolia.com; (bm) Nicole Winchell; (tr) © Jamie Grill/Getty Images; (mr) © FotoliaI/Fotolia.com; (br) Martín Bernetti; **12–13** (t) © Colorblind/Corbis; **13** (tl) © Deborah Feingold/Corbis; (tr) © Allstar Picture Library/Alamy; (bl) © Louise Heusinkveld/Alamy; (br) Courtesy of New Mexico governor's office; **14** (l) © Frazer Harrison/Getty Images; (inset left) © Fernanda Calfat/Getty Images; (r) Cover design by Lisa Fyfe. Cover images by Mark Owen/Arcangel Images. From IN THE TIME OF BUTTERFLIES by Julia Alvarez © 1994 by Julia Alvarez. Reprinted by permission of Algonquin Books of Chapel Hill. All rights reserved.; (inset right) © Bill Eichner, Reprinted by permission of Susan Bergholz Literary Services, New York. All rights reserved.; **15** (t) *Earache Treatment*. 1989. Oil on canvas. 17 x 15 inches. © Carmen Lomas Garza. Hirshhorn Museum and Sculpture Garden, Smithsonian Institution, Museum Purchase, 1995. Photo credit: Lee Stalsworth.; (b) © Photos 12/Alamy; (inset) © Gareth Cattermole/Getty Images; **16** Janet Dracksdorf; **21** (l, r) Martín Bernetti; (m) José Blanco; **24** Janet Dracksdorf; **25** (tl) Ali Burafi; (tm) Janet Dracksdorf; (tr) José Blanco; (br) Paola Rios-Schaaf; (bm) © Oscar Artavia Solano; (br) Martín Bernetti; **27** © Corbis; **28** (tl, tr, bl, br) Martín Bernetti; (tm) Ali Burafi; (bm) Lauren Krolick; **32** © J. Emilio Flores/Corbis; **33** © Otna Ydur/Big Stock Photo; **35** © Mary Evans Picture Library/The Image Works; **36** (foregound) © Josh Westrich/Corbis; (background) © Image Source/Corbis.

Lesson Two: 40 (full pg) © Don Mason/Blend Images/Corbis; **42** (tl) © David R. Frazier Photolibrary, Inc./Alamy; (tr) Martín Bernetti; (m) Carlos Gaudier; (bl) © Shubroto Chattopadhyay/ Corbis; (bm) Ventus Pictures; (br) © Stockbyte/Getty Images; **50** (bl) © Robert Fried/Alamy; (br) © Dave G. Houser/Corbis; **50–51** (t) © Wojtek Buss/Age Fotostock; **51** (tl) © vario images GmbH & Co.KG/Alamy; (tr) © Kelly-Mooney Photography/Corbis; (bl) © andres balcazar/ iStockphoto; (br) © wendy connett/Alamy; **52** (l) © Albright-Knox Art Gallery/Corbis. © 2013 Banco de México Diego Rivera Frida Kahlo Museums Trust, Mexico, D.F./Artist Rights Society (ARS), New York; (r) © Reuters/Corbis; **53** (t) © dpa/Landov; (b) Diego Rivera murals in the Secretaria de Educacion Publica. Mexico. Detail of *Batalla de los Aztecas y Espanoles*, fresco. Palace of Cortes, Cuernavaca, Mexico. © 2013 Banco de México Diego Rivera Frida Kahlo Museums Trust, Mexico, D.F./Artists Rights Society (ARS), New York. Photo credit: © Russell Gordon/Danita Delimont.; **54** © Buddy Mays/Corbis; **58** © Mark Lewis/Alamy; **61** © James W. Porter/Corbis; **62** © Angus McComiskey/Alamy; **70** © Shaul Schwarz/Corbis; **71** © TOLGA BOZOGLU/epa/ Corbis. © 2013 Banco de México Diego Rivera Frida Kahlo Museums Trust, Mexico, D.F./Artist Rights Society (ARS), New York; **73** By permission of Eugenia Viteri; **74** © Barranquilla [1970]. Gabriel Carvajal Pérez/Biblioteca Pública Piloto/Archivo Fotográfico; **76** Ali Burafi.

Lesson Three: 78 (full pg) © W2 Photography/Corbis; **80** (tl) Martín Bernetti; (tm) © Tsian/ Dreamstime.com; (tr) José Blanco; (m) © Damir Karan/iStockphoto; (b) Pascal Pernix; **88–89** © Ocean/Corbis; **89** (tl) © Peter Guttman/Corbis; (tr) © Richard Bickel/Corbis; (bl) José Blanco; (br) © Bob Krist/Corbis; **90** (l) Wifredo Lam. *Vegetación Tropical*. 1948. Moderna Museet. Estocolmo, Suecia. © 2013 Artists Rights Society (ARS), New York/ADAGP, Paris; (tr) © ALBERTO CRISTOFARI/Contrasto/Redux; (br) Book Cover copyright © 1997 by Vintage Español, a division of Random House, Inc., from LA CASA DE LA LAGUNA by Rosario Ferre. Used by permission of Vintage Books, a division of Random House, Inc.; **91** (l) © Stuart Ramson/Stringer/ Getty Images; (r) Courtesy of EDICIONES DE LA DISCRETA S.L.; (inset) © Graham Tim/Corbis Sygma; **92** © Patrick Eden/Alamy; **97** © Hugh Burden/Masterfile; **102** © Carlos Alvarez/Getty Images; **108** © 2009 Goodshoot/Photononstop; **110** (t) © Patrik Giardino/Corbis; (bl) © John Parra/ Wire Image/Getty Images; (bm) © Comstock/Corbis; (br) © Lawrence Manning; **111** © Ingram Publishing/Alamy; **113** Photo courtesy of Hospes; **114** © Chris Knorr/Design Pics/Corbis.

Lesson Four: 118 (full pg) © Paul Burns/Getty Images; **120** Oscar Artavia Solano; **121** © Randy Faris/Corbis; **128–129** © Danny Lehman/Corbis; **129** (tl) © Craig Lovell/Eagle Visions Photography/ Alamy; (tr) Oscar Artavia Solano; (bl) Martín Bernetti; (br) © The Associated Press/ESTEBAN FELIX; **130** (t) © Alberto Cristofari A3/Contrasto/Redux; (b) *Dos peras en un paisaje*. 1973. Armando Morales. 2013 Artists Rights Society (ARS), New York/ADAGP, Paris; **131** (t) © Richard Bickel/Corbis; (inset) © Danny Lehman/Corbis; (b) Camio Minero (1917–2005). *Sin título (niña dormida)* 1956. Oleo sobre lienzo, 64 x 83.5 cm. Colección Museo de Arte de El Salvador -MARTE- donación familia Balseiro. Àrchivo fotográfico del MARTE.; **132** Paola Rios; **138** (l, r) Martín Bernetti; **140** (all) Martín Bernetti; **144** © Danny Lehman/Corbis; **145** © martin norris/Alamy; **148** (t) Janet Dracksdorf; (b) © Gerardo Borbolla/Fotolia.com; **149** © El Universal/Newscom; **150** José Blanco; **151** © Toni Albir/epa/Corbis; **152** © Peresanz/Dreamstime.com.

Lesson Five: 156 (full pg) Martín Bernetti; **158** (tl) © Corel/Corbis; (tm) Martín Bernetti; (tr) Janet Dracksdorf; (ml) Ventus Pictures/Thomas Junhg; (mr) © Carsten Reisinger/Fotolia.com; (bl) © Frank Burek/Corbis; (br) Anne Loubet; **166** (b) Mauricio Osorio; **166–167** (t) Martín Bernetti; **167** (t) Martín Bernetti; (m) Paola Rios-Schaaf; (b) © Daryl Benson/Masterfile; **168** (l) © Mark Mainz/Getty Images; (inset) © Carlos Alvarez/Getty Images; (r) © Piero Pomponi/Liaison/Getty Images; **169** (tl) Escobar, Marisol (1930–). Art © Marisol Escobar/Licensed by VAGA, New York, NY. *President Charles DeGaulle*. 1967. Mixed media: wood, plaster and mirror. Dimensions: 107 1/4 x 86 1/4 x 31 7/8 in. Smithsonian American Art Museum, Washington, DC/Art Resource, NY; (tr) © Oscar White/Corbis; (b) Guayasamín, Oswaldo. Ecuador. *Violinista*. Oil on canvas. 184 x 69 cm. 1967. Fundación Guayasamín; **170** Martín Bernetti; **175** © szefei/Shutterstock.com; **177** © Medioimages/Photodisc/Getty Images; **186** Carlos Arango; **187** Martín Bernetti; **188** © Royalty Free/Corbis; **189** © The Associated Press; **190** (full pg) © Images.com/Corbis.

Lesson Six: 194 (full pg) © Jamie Grill/Blend Images/Corbis; **196** (t) © Brooks Kraft/Corbis; (ml) © Comstock/Getty Images; (mr) Martín Bernetti; (b) © Bloomberg via Getty Images; **199** (l) Katie Wade; (ml) Martín Bernetti; (mr) José Blanco; **204** (bl) Lars Rosen Gunnilstram;

(br) © Eric Wheater/Lonely Planet Images/Getty Images; **204–205** (t) © Hubert Stadler/Corbis; **205** (tl) © Beyond Fotomedia GmbH/Alamy; (tr, br) Lauren Krolick; **206** (l) Reprinted by permission of HarperCollins Publishers.; (m) © Christophe Simon/AFP/Getty Images; (r) Violeta Parra Foundation; **207** (t) © Luis Hernán Herreros Infante www.luishernanherreros.com; (m) Roberto Matta (1911–2002). *L'Etang de No. 1958*. Oil on canvas, 293 x 200 cm. Musee National d'Art Moderne, Centre Georges Pompidou, Paris, France. © 2013 Artists Rights Society (ARS), NY/ADAGP, Paris. Photo credit: CAN/MNAM/Dist. Réunion des Musées Nationaux/Art Resource, NY.; (b) © Marc Alex/AFP/Getty Images; **208** Lauren Krolick; **216** Lauren Krolick; **220** Martín Bernetti; **221** (l) © Fridmar Damm/Corbis; (r) © Jon Arnold Images Ltd/Alamy; **224** (l) © Bettmann/Corbis; (r) © Diego Goldberg/Sygma/Corbis; **227** © Jean-Paul Guilloteau/Kipa/Corbis; **228** (full pg) Susan Prentiss.

Lesson Seven: 232 (full pg) © Image Source RF/Chad Springer/Getty Images; **234** (tl, tr, bl) Martín Bernetti; (br) Ana Cabezas Martín; **238** © RAGMA IMAGES/Shutterstock.com; **242** (b) © SouthAmerica Photos/Alamy; **242–243** (t) © Theo Allofs/Corbis; **243** (tl) © David Rumsey/Cartography Associates; (tr) © Travelscape Images/Alamy; (bl) María Eugenia Corbo; (br) © Brian Atkinson/Alamy; **244** (l) Arturo Reque Meruvia. *Familia Quechua*. 1939. Image courtesy of Arturo Reque Cereijo, espana.; (r) © Sophie Bassouls/Sygma/Corbis; **245** (t) Graciela Rodo Boulanger. *Altamar*. 2000. © Courtesy Sandra Boulanger; **246** © Steve Humphreys/iStockphoto; **258** (tl, bl, br) Martín Bernetti; (tm) José Blanco; (tr) Rossy Llano; (bm) Dario Eusse Tobon; **260** © age fotostock/SuperStock; **263** © Quim Llenas/Cover/Getty Images; **264** © JUPITERIMAGES/Brand X/Alamy.

Lesson Eight: 268 (full pg) © Ocean/Corbis; **270** (tl, b) © Luca di Filippo/iStockphoto; (tm) © Ugurhan Betin/ iStockphoto; **273** © alphaspirit/Shutterstock.com; **277** (l) © L_amica/Shutterstock.com; (m) © clearviewstock/Fotolia.com; (r) © Fuse/Getty Images; **278** (b) Francisco Cevallos; **278–279** (t) © Fridmar Damm/Corbis; **279** (tl) © Jarnogz/ Dreamstime.com; (bl) © Michael & Patricia Fogden/Corbis; (br) Martín Bernetti; **280** (l) © MANUEL H DE LEON/EPA/Newscom; (r) © Maritza Lopez Castillo; **281** (l) Fernando de Szyszlo. *Cajamarca*. 1959. Collection of the Art Museum of Americas, Organization of the American States.; (r) © Music MGP (Peru); **282** © Jgz/Fotolia.com; **290** Martín Bernetti; **292** © Forrest J. Ackerman Collection/Corbis; **294** © Mick Roessler/Corbis; **295** © Bettmann/Corbis; **297** Photo courtesy of Susana Fitere; **298–299** © Image Source/Corbis;

Lesson Nine: 302 (full pg) © Degree/eStock Photo -- All rights reserved.; **304** (tl) © Imag'In Pyrénées/Fotolia.com; (tm) © Chris/Fotolia.com; (tr) Martín Bernetti; (ml) © FogStock LLC/Photolibrary; (mm) © John James Wood/Photolibrary; (mr) Anne Loubet; (bl) © Dmitri Mikitenko/Fotolia.com; (br) © Gene Chutka/iStockphoto; **306** Martín Bernetti; **311** María Eugenia Corbo; **312** (b) José Blanco; **312–313** (t) © Eduardo Rivero/Shutterstock.com; **313** (tl, tr) María Eugenia Corbo; (bl) Ali Burafi; (br) © Andres Stapff/Reuters/Corbis; **314** (l) © Andrew Alvarez/AFP/Getty Images; (r) © Horacio Villalobos/Corbis; (tl) Photo courtesy of www.todotango.com; **315** (tr) © EFE/JAUME SELLART/a.a; (b) Ali Burafi; **316** María Eugenia Corbo; **319** Janet Dracksdorf; **328** (tl, tr), bl María Eugenia Corbo; (br) Janet Dracksdorf; **329** María Eugenia Corbo; **331** Photo courtesy of Wilfredo Machado; **332–333** © Carl & Ann Purcell/Corbis.

Lesson Ten: 336 (full pg) © Duane Osborn/Somos Images/Corbis; **338** (tl) © TOMAS BRAVO/Reuters/Landov; (tr) Paula Díez; (m) © Tom Grill/Corbis; (b) Janet Dracksdorf; **346** (b) © José Ignacio Soto/Fotolia.com; **346–347** (t) © Jon Arnold Images Ltd/Alamy; **347** (tl) © Hamish Barrie/iStockphoto; (tr) © Hemis/Alamy; (bl) © adrian beesley/iStockphoto; (br) Velazquez, Diego Rodriguez (1599–1660) *Las Meninas* (with Velazquez' self-portrait) or the *Family of Philip IV*, 1656. Oil on canvas, 276 x 318 cm. Museo del Prado, Madrid, Spain. Photo credit: Ali Burafi; **348** (t) © Jose Jordan/AFP/Getty Images; (b) © Kurt Vinion/WireImage/Getty Images; **349** (t) © Bernat Armangue/AP; (b) © Colita/Corbis; **350** © DIOMEDIA/Alamy; **357** © SW Productions/Getty Images; **364** © Bloomberg/Getty Images; **366** (t) © Carolina/Shutterstock.com; (b) © Digital Vision/Getty Images; **367** © Bettmann/Corbis; **369** © Carlos Mario Lema Notimex/Newscom; **370** © SambaPhoto/Nelson Kon/Getty Images.

Manual de gramática: 381 Martín Bernetti; **388** (all) Martín Bernetti; **394** Martín Bernetti; **411** Martín Bernetti.